Opera: Lactantius Placidus Commentarios in Statii Thebaida Et Commentarium in Achilleida, Recensuit R. Jahnke. 1898

Publius Papinius Statius, Alfred Klotz, Richard Jahnke

P. PAPINIVS STATIVS

VOL. III

LACTANTII PLACIDI

QVI DICITVR

COMMENTARIOS IN STATII THEBAIDA

ET

COMMENTARIVM IN ACHILLEIDA

RECENSVIT

RICARDVS JAHNKE

LIPSIAE

IN AEDIBVS B. G. TEVBNERI

MDCCCXCVIII

LACTANTII PLACIDI

QVI DICITVR

COMMENTARIOS IN STATII THEBAIDA

ET

COMMENTARIVM IN ACHILLEIDA

RECENSVIT

RICARDVS JAHNKE

LIPSIAE

IN AEDIBVS B. G. TEVBNERI

MDCCCXCVIII

97950

LIPSIAM: TYPIS B. G. TEVBNERI

HERMANNO · VSENER

L · M

· PRAEFATIO.

Praefanti mihi hunc librum maxime id agendum uidetur, ne quis nimium exspectet. nam quamquam hos commentarios edendos abhinc sex fere annos suscepi, tamen quod mihi proposueram ut perfecerim, tantum abest, ut saepissime muneris aliisque officiis obrutus de opere perficiendo desperauerim. reuera hic liber nunquam confectus esset, nisi satis habuissem fundamentum iecisse, quo nixos alios plura inuestigaturos esse spero. nolui igitur aut omnes illos codices perlustrare, quibus horum commentariorum partes maiores uel minores continentur, aut illos, quorum marginibus haec scholia fere omnia adiectis nouis adscripta sunt. sed ad textum restituendum eos tantum adhibui libros, quibus soli commentarii traduntur. qui sunt codex Monacensis 19482 (**M**) et Parisini 8063 (**Pa**) et 8064 (**Pb**).

Codex Monacensis 19482, quem benigne transmissum Confluentiae contuli, in Philologi uol. XXIV p. 156 a Woelfflino laudatur.

Codicem Parisinum 8063, quem Kohlmannus in Philologi uol. XXXIII p. 129 sq. descripsit, ut Parisiis compararem, contigit mihi Vseneri magna erga me beneuolentia anno h. s. nonagesimo tertio.

Codicem Parisinum 8064, qui eodem loco quo prior descriptus est, in hac urbe Elberfeldensi contuli.

Praeter hos codices librum (**L**) adhibui, cui titulus hic est: 'Papinii Surculi Statii opera quae extant. Placidi

Lactantii in Thebaida et Achilleida commentarius. **Ex Bibliotheca Fr. Pithoei. J. C. Collatis MSS, ueteribusque exemplaribus, recensuit; partim nunc primum edidit, Fr. Tiliobroga ..... Parisiis, Ex officina Plantiniana, Apud Hadrianum Perier, uia Jacobaea. M.D.C.'** de codicibus, quibus usus sit, Tiliobroga in praefatione ipse haec affert: 'Lactantium ex Fr. Pithoei I. C. bibliotheca collatum habui, in quibusdam adiutus sum exemplari MS. Regio; sed quod integritate cedebat Pitheano'. qui fuerint hi codices, pro certo dicere non audeo, sed eos cum **Pa** et **Pb** codicibus summa coniunctos esse affinitate concedet, qui uarias lectiones percensuerit.

Horum fontium purissimum esse **M** codicem tam manifestum est, ut demonstrare supersedeam. hunc autem, quem potissimum secutus sum, non solum a me ipso collatum habebam, sed etiam ab Edmundo Kelter Hamburgensi, qui schedas suas benigne mihi tradiderat. praeterea Ricardus Klotz Treptouiensis apparatus critici lectiones cum eiusdem libri collatione, quam olim confecerat, accuratissime comparauit.

Nec tamen, quamquam libros quos dixi imprimis adhibendos esse putabam, alios fontes, qui quidem mihi suppeditarent, neglexi uelut codicem Monacensem 6396 (de quo conf. Philol. uol. XXIV p. 156), codicem Bambergensem M IV 11 (cf. eundem locum), codicem Gudianum 54, quorum lectiones idem Edmundus Kelter mecum communicauerat. ex quibus libris codex Monacensis 6396 eadem fere praebet, quae Monacensis 19482. codicem Casselanum Mscr. poet. fol. 8, in quo scholia leguntur a I 688 usque ad II 109, a Georgio Wissowa olim collatum ut adhiberem, benigne mihi permiserat Ricardus Klotz. ipse uero codicem Parisinum 10317 (**Pc**) — de quo conf. Philol. uol. XXXIII p. 130 sq. — quibusdam quidem locis comparaui. ne totum codicem perlustrarem, temporis breuitate impeditus sum, id quod eo magis doleo, quod hunc librum etiam ad Statii carmina emendanda summo usui esse mihi persuasi.

Praeter haec instrumenta praesto mihi fuerunt ex bibliotheca Bonnensi liberalissime credita ea, quae Philippus Kohlmann praematura morte absumptus reliquit. qui uir summa doctrina diligentiaque instructus postquam Statii Thebaida et Achilleida edidit, hos quoque commentarios edendos sibi proposuerat nec non tres priores commentariorum libros iam apparatu critico ornauerat. his aliisque ab eo relictis, quae Vsenero auctore bibliothecae Bonnensis facta sunt, quibus locis usus sim, accurate significaui. pro fundamento autem editionis ea non habui, quoniam Kohlmannum, qui codices non totos comparauisset, commentarios alia ratione editurum fuisse uerisimile est atque mihi ipsi uidebatur.

Mihi quidem id summopere agendum uisum est, ut tandem aliquando denuo horum commentariorum contextum proferrem, qualis antiquitus sub Lactantii Placidi nomine tradebatur. quae uero partes antiquissimae sint, quae postea quibusque temporibus additae sint, discernere ausus non sum. at quas partes compluribus de causis nouissime additas putabam, uncis seclusi, quamquam multo plura secludenda esse non ignoro. de his quidem rebus diiudicari posse spero, si omnium codicum Statianorum scholia cum his commentariis comparata erunt. tum fortasse etiam perspicietur, quis fuerit Lactantius ille Placidus quoue tempore uixerit, num commentarius in Achilleida, qui in **L** et **M** libris solis traditur, ab eodem auctore scriptus sit atque in Thebaida, quae ratio intercedat inter haec scholia aliosque rerum mythicarum scriptores, alia. ipse hoc quidem loco de his rebus agere nolui, sed postea alio loco me acturum esse spero. satis igitur habui tabulam addidisse locorum, qui aliquomodo cum Mythographis Vaticanis consentiunt. Seruianorum locorum tabulam addere omisi, quandoquidem Ricardum Klotz hanc rem tractaturum esse scio. In indicem neque ea nomina recepi, quae ex ipsis Statii carminibus exscripta sunt, neque quae in uersibus qui laudantur sunt commemorata. in scribendis autem nominibus ea usus sum ratione, ut non ad ueram formam recederem, sed eam restituere studerem, quam a commentariorum auctore scriptam esse credebam. quodsi in uocabulis scribendis non semper mihi constiti, ueniam mihi dabit, qui, per quantum temporis spatium huic libro edendo operam dederim, considerauerit.

Restat, ut gratias agam quam maximas uiris doctis, qui in elaboranda hac editione re atque consilio me adiuuerunt: Edmundo Kelter, qui collationes accuratissime factas mihi concessit, Ricardo Klotz, qui etiam in corrigendis plagulis mihi auxiliatus est, Friderico Vollmer, qui denuo officiosissimum in me amicum se praestitit. summas uero gratias ago Hermanno Vsener, cuius liberalitate adiutus Lutetiae Parisiorum uersatus sum. a quo, ut hunc librum pietatis documentum accipiat, peto pio gratoque animo.

Scribebam Elberfeldae mense Iulio anni MDCCCXCVIII.

COMMENTARII IN THEBAIDA

M codex Monacensis 19482.
Pa codex Parisinus 8063.
Pb codex Parisinus 8064.
P horum librorum consensus.
Pc codex Parisinus 10317.
L Tiliobrogae liber.
Lc coniecturae Tiliobrogae.
Lm codices manuscripti a Tiliobroga laudati.
Bamb. codex Bambergensis M IV 11.
Cassel. codex Casselanus Mscr. poet. fol. 8.
Gudian. codex Gudianus 54.
Mon. codex Monacensis 6396.

COMMENTARIVS IN LIBRVM I.

1 FRATERNAS ACIES ALTERNAQVE REGNA PROFANIS DE- Lind. p. 1
CERTATA ODIIS quia pacti erant fratres, ut mutuis annis
regnarent et sibi inuicem succederent. hoc dicit: narra-
5 mus gesta certamina causa regnorum. ALTERNA ut placuerat, non ut possessa sunt. PROFANIS quia per eos
uiolata sunt iura naturae, et bene profanis, quia nefas
erat germanos odia retinere, ergo exsecrabilibus, contra
naturam sumptis.

10 2 SONTESQVE E. T. uel propter bella praesentia uel
propter Oedipoden, quia cum matre concubuit.

3 PIERIVS Musicus. VNDE IVBETIS IRE DEAE quia
multa sunt principia Thebanae historiae, unde possimus
inchoare narrationem.

15 5 SIDONIOS RAPTVS Europam dicit, quam Iuppiter rapuit et uitiauit. ET INEXORABILE PACTVM L. A. iusserat
enim Cadmo filio suo Agenor, quem ad requirendam filiam
Europam miserat, ut non nisi inuenta sorore rediret ad
patrem.

20 7 TREPIDVM SI | MARTIS O. quia Cadmus Europam quae- Lind. p. 2
rens uenit ad ea loca, in quibus post Thebae constructae
sunt, ubi inuento dracone qui Marti consecratus erat et
eo perempto dentes draconis seuit, unde terrigenae nati

---

1 DECERTATA ODIIS om. LP ‖ 6 sint Pa fuerant LPb ‖ 8 ger-
manis Pb ‖ 10 E. T. om. LP | 11 Oedipodem Pa | qui LPa ‖
12 PIERIVS Musicus sequitur post narrationem M | Piericus Pb ‖
13 sunt om. Pa | possemus P ‖ 16 et uitiauit om. Pb | L. A. om.
LP ‖ 17 quaerendam P ‖ 20 o. om. LP ‖ 21 in quibus] ubi Pb |
22 consacratus Pb ‖ 23 terrigine Pb

sunt, qui se mutuis uulneribus peremerunt. ergo **Martis operti** id est pugnae terrigenarum latentis. TREPIDVM AGRICOLAM Cadmum.

10 IVSSERIT AMPHION T. A. M. hic Iouis filius fuit uel ut alii dicunt Mercurii. cuius lyra accepta canens muros 5 Thebanos dicitur constituisse, ut eius cantu spontanea se saxa muris imponerent. unde Virgilius ⟨ecl. II 23 sq.⟩: ʽcanto quae solitus, si quando armenta uocabat, Amphion Dircaeus' et alibi Statius ⟨Theb. II 454 sq.⟩: ʽaut triplices alio tibi carmine muros Amphion'. TYRIOS ACCEDERE 10 MONTES ἐμφατικῶς dixit **montes pro saxis**.

11 VNDE GRAVES IRAE C. I. M. B. Pentheus aspernabatur Liberi patris mysteria. iratus Liber furorem eius matri immisit, quae armata furore Pentheum filium necauit. et bene dixit **cognata**. Agaue enim, Semele, Autonoe, Ino 15 sorores fuerunt Thebanae.

12 QVOD SAEVAE IVNONIS OPVS Iuno dum uideret a Ioue Semelen diligi, in aniculam uersa est decoratam. dolum meditans Semeles limen ingressa est, cui ita locuta est: Si te, ut perhibent, integre amat Iuppiter, hoc ab eo 20 impetra, ut talis ad te ueniat, qualis Iunoni solet uideri. quae ita inducta Iouem rogauit. qui cum negaret et diceret aspectum dei nullo modo ferre posse mortalem, tandem promisit tali se habitu ad eam esse uenturum, quali

---

4 IVSSERAT L *corr. in* IVSSERIT M | T. A. M. *om.* LP | filius Iouis LP | uel] *conieci* ut Pb *om.* LMPa ‖ 6 constituisse LmM construxisse LP ‖ 7 muris LPb humeris MPa | unde . . . . Amphion² *leguntur post* TYRIOS . . . . saxis MP ‖ 8 amphion ductus Pb ‖ 10 alio] o. M odio LP ‖ 11 MONTES *om.* Pa | emphasticos Pb enfasticos Pa enfaticos M | montes pro saxis *om.* M ‖ 12 C. I. M. B. *om.* LP ‖ 13 Liber] ergo LPa *om. add.* M | eius furorem P *transpos. corr.* M ei furorem L | matris Pb ‖ 14 vocauit Pa ‖ 15 agauen . semelen . autoen M ‖ 18 semelē Pa | est *om.* L | iuno decoratam MPb luna decorata Lm | decoratam *illud in suspicione mihi est. latetne* dedecoratam decoctam decrepitam *tale quid?* luna decima orta *Vnger.* | domum LmM | 19 meditaris M ‖ 22 ita *om.* LP ////ita M | indocta *corr. in* inducta M | rogauit] cognouit Pb ‖ 23 posse ferre L ‖ 24 promittit Pb

ad Iunonem consueuit. qui cum uenisset cum fulmine,
Semele sustinere non potuit et obiit. Iuppiter uero aperto
eius uelocissime utero Liberum patrem aperto femore ab-
didisse dicitur, ut expletis nouem mensibus legitime nasce-
5 retur.   CVI SVMPSERIT ARCVM INFELIX ATHAMAS Leucothea, quae et Ino, Liberi patris nutrix fuisse dicitur.
huius marito Athamanti talem furorem Iuno immisit, ut
filios suos uellet occidere, sperans quod Liberum patrem
inuenire posset et simili sorte perimeret.   qui Athamas
10 unum filium suum Learchum arcu uel sagittis exstinxit.
Leucothea uero, ubi maritum suum furere conspexit, cum
Palaemone filio suo se dedit in mare. quae postmodum in
marinam deam conuersa est et uocatur Mater Matuta,
filius eius deus Portunus. unde Virgilius ⟨Aen. V 241 sq.⟩:
15 'manu magna Portunus euntem impulit'.

14 IONIVM quod se in Ionio mari Leucothea praecipitauerit.

15 GEMITVS ET PROSPERA id est infelicitates et felici- Lind. p. 3
tates Cadmi reticeo.

20   16 LIMES MIHI principium et finis dicitur limes.

17 CONFVSA DOMVS quia idem filius et maritus, eadem
mater et uxor, iidem filii qui nepotes.

18 SPERARE TRIVMPHOS ideo Graeca bella scribo, quia
Latina non possum.

25   19 BISQVE IVGO RHENVM B. A. L. I. per fluuium gentem
Gallorum bis a Vespasiano uictam ostendit.

20 ET CONIVRATO contra nos scilicet.

22 BELLA IOVIS pugnam quam in Capitolio Domitianus

---

3 aperto *delendum est* Lc | femori LP | addidisse MP ‖
4 fertur Pb ‖ 5 sumpserat Pa | arcus Pa | leucothoea Pa leu-
cothoe LPb ‖ 6 et *om.* L ‖ 7 inmisit *sic fere semper* M ‖ 8 sperans
qui Pb ‖ 9 possit M | perimere? ‖ 10 suum filium Pa | lear-
cum P | 12 filio *om.* Pa ‖ 13 matri Pb | Matuta] naturae Pa ‖
14 Portumnus L ‖ 15 magna manu Pa | impulit *om.* P ‖ 16 pre-
cipitauit Pb ‖ 18 id est *om.* Pb | et felicitates *om.* L ‖ 20 *schol.*
deest Pb ‖ 22 ////ide̅ M idem Pa | filii et nepotes Pb ‖ 23 bella
Graeca LPb ‖ 25 B. A. L. I. *om.* LP ‖ 27 ET *om.* MP

gessit, quando patrem suum Vespasianum obsessum a Vitellio liberauit. ergo Vespasiano imperatori sui temporis adulatur. DECVS ADDITE FAMAE Titum Domitianum, filium Vespasiani, dicit.

23 SVBEVNTEM EXORSA PARENTIS ad imitationem patris. 5

24 LICET ARCTIOR quamuis densentur astra, dum spatiosus tibi locus paretur in caelo. licet omnes stellae se contrahant, ut tibi locum faciant quem uolueris, licet Sol te magis uelit diei implere curricula quam se et tibi suum cedat officium aut tecum Iuppiter aequa parte 10 caelum partiri desideret: tamen melius tibi erit terrae regnare quam caelo, et sis terrae uel maris dominus et superis caeleste dones imperium.

25 PLAGA L. C. hoc est orientalis.

26 BOREAEQVE septentrionalis. ET HIVLCI FVLMINIS 15 E. quia fulmen, quicquid percusserit, hiare facit. expers uero australem partem dicit, quia semper fulmine caret.

27 SOLLICITET tuo scilicet amore. LICET IGNIPEDVM FRENATOR EQVORVM id est Sol licet tibi cedat suam potestatem et tradat tibi currus suos. ut Lucanus ⟨I 48⟩: 20 'seu te flammigeros Phoebi conscendere currus'.

28 RADIANTEM CRINIBVS ARCVM circulum in quo sol suos cursus explet, quia ueluti arcus uidetur, quod sol ab oriente nascens usque in occidentalem partem desinit.

31 ET SIDERA DONES concedas numinibus uel locis 25 suis esse sinas.

Lind. p. 4 32 [PIERIO Musico.] OESTRO instinctu, stimulo, quem

---

5 admirationem L ‖ 6 quamuis .... in caelo *om.* Pb ‖ 9 uelit te magis LPa | implere diei L | curriculo Pa ‖ 10 cedat officium suum L | suum *om.* Pa | credat *Mon.* | tecum] cum MP ‖ 11 terrae] terra L terra//// M ‖ 14 L. C. *om.* LP ‖ 15 Boreae MP | ET *om.* MP | FVLMINIS *om.* Pb ‖ 16 E. *om.* LP ‖ 17 v̊ *supra rasuram add.* M ‖ 18 scilicet tuo Pb | LICET *om.* MP ‖ 21 curros MPa | p. c. LP ‖ 22 a. arcum M | ARCVM circulum *om.* Pb ‖ 23 exercet cursus suos Pb ‖ 24 nascens *om.* Pb | occidentem Pb ‖ 25 *schol. in contextu om. in marg. inf. suppl.* M | donas Pb ‖ 27 PIERIO Musico *om.* M | instinctū Pb

Romani asilum dicunt, Graeci oestrum. [alii dicunt, quod
fons isto nomine sit apud Siculos, ubi Musae coluntur.]

33 NVNC TENDO CHELYN citharam. Graece enim χέλυς
testudo dicitur, cuius neruis sonantibus Apollo uel Mer-
5 curius citharam dicitur inuenisse. nunc hoc dicit: se adhuc
Romana bella scribere non posse, nisi tunc cum maior
pectore Phoebus aduenerit. SATIS sufficienter.
ARMA REFERRE AONIA Thebana, ab Aone rege, filio Neptuni,
uel a monte Boeotiae. nam ipsa est Aonia, quae et Boeotia,
10 quae et Thebae.

34 ET GEMINIS SCEPTRVM E. T. Eteoclis et Polynicis.

35 NEC FVRIIS POST F. M. ut Lucanus ⟨I 551 sq.⟩:
'scinditur in partes geminoque c. s. T. i. r.' hunc autem
sensum in duodecimo libro calcatius exsequitur.

15 37 ET EGESTAS euacuatas, populis exspoliatas. AL-
TERNIS MORTIBVS Thebani et Argiui. ⟨VRBES⟩ ciuitates
id est Thebas et Argos.

38 CVM RVBVIT infecta est.

40 ISMENON fluuius.

20 41 QVEM PRIVS HEROVM ad inuocationem redit poeta.
interrogatiue quaerit a Musa, quem uelit a se primum
heroum describi. figura διαπόρησις id est addubitatio.

---

1 asylum **LM** | dicunt *om.* **Pb** | oestrum uocant **Pb** | alii ...
coluntur *post u.* 33 Thebae *posuit Kohlm.* | quod *om.* **Pb** ‖
2 apud siculos sit isto nomine **Pb** | hoc nomine **L** ‖ 3 NVNC
om. **L** | chelin **Pa** chelim **Pb** c. chelin **M** | chelon **MP** ‖ 4 Apollo
om. **Pb** | uel Mercurius *om.* **LM** ‖ 5 inuenisse dicitur **Pb** ‖
6 romana bella adhuc **Pb** ‖ 7 SATIS sufficienter *om.* **Pa** ‖ 9 boetie
sic fere semper libri | nam *om.* **M** | ē////aonia **M** ‖ 11 ET *om.* **MP** |
geminum **Pa** | E. T. *om.* **LP** ‖ 12 F. M. *om.* **LP** ‖ 13 geminoque
cis. t. i. r. **LMPa** geminoque cis. t. i. & **Pb** ‖ 14 calcatius **M**
superscr. al. m. enucleatius ‖ 15 ET *om.* **M** | populis exspoliatas
om. **M** | spoliatas **Pb** ‖ 16 thebanorum **L** thebarum **P** | argiui
corr. in argiuorum **M** argiuorum **LP** | VRBES *suppl. Grotius* ‖
17 id est] uelut **L** uel **Pa** | et] uel **L** | *scholia* 38 *et* 40 *se-*
cuntur in libris post laudibus ‖ 18 id est infecta est **L** ‖ 19 his-
meñ **Pa** hic menon **Pb** Hismenon **L** | fluuius est **L** ‖ 20 eorum
Pa | ad interogationem **Pb** ‖ 21 ex Musa **LP** ‖ 22 eorum **P** |
diaporisis **MPa** dyaporosis **Pb** | ////dubitatio **M**

ut Horatius ⟨carm. I 12, 13 sq.⟩: 'quid prius dicam so-
litis parentis laudibus'. IMMODICVM IRAE T. Tydeus
Oenei et Euriboeae filius, gener Adrasti. et bene immo-
dicum irae, quia auctoris suae necis cerebro dicitur
immoriens pastus.   5

 42 LAVRIGERI S. A. V. H. Amphiaraum Lyncei et Hyper-
mestrae filium dicit, qui hiatu terrae, dum curru dimicaret, absumptus est. quem laurigerum dixit eo quod
Apollinis esset antistes.

 43 VRGET ET HOSTILEM PROPELLENS CAEDIBVS AMNEM 10
TVRBIDVS HIPPOMEDON compellit ad scribendum.

 44 HIPPOMEDON Nesimachi et Nasicae filius. qui, dum
in Ismeneta fluuio dimicaret, exstinctus est. PLORAN-
DAQVE BELLA P. miseratione digna et in puerili aetate
praesumpta. bella Parthenopaei, Meleagri et Atalantes 15
filii, dicit.

 45 ALIO CAPANEVS HORRORE C. bene alio horrore,
maiore impetu dictionis. ut ipse alibi ⟨Theb. V 585⟩ de
Capaneo 'grauioraque tela mereri'. Capaneus, ut alii putant, Hippotae et Astynomiae filius.   20

 46 IMPIA IAM MERITA S. L. D. merito impia. dextra
parricidae bene merita, quae uindicauit.

---

 2 T. *om.* LP ∥ 3 euriboe MPa ∥ 4 dicitur *om.* M ∥ 5 moriens
LPb ∥ 6 A. V. H. *om.* Pa subitos an Pb hoc est L | Amphiarai
LPa | Lyncaei L | Hipermenestrae L ∥ 7 dicitur quia Pb ∥
11 HIPP. *om.* P ∥ 12 nessimaci MP | nessice Pb | filiū M dicit
add. man. 2 ∥ 13 in *om.* Pb | Ismeneta *corrigere nolui.* His-
meneta L ismenonta MPb ismeñta Pa ismenone al. isme-
nonta Lm *cf. Vnger. p.* 21 *sq.* ∥ 14 P. *om.* LP | miseratione ...
bella *om.* Pb | pueri *corr. in* puerili M ∥ 15 Parthenoi L par-
thenone Pa parthonopei Pb | atalantis MPa atlantis Pb ∥
16 dicit] pici Pb ∥ 17 C. *om.* L ca. Pb | honore M ∥ 18 in-
spectu *corr. in* inp&u *man. 2* M ∥ 19 grauioraque ... Capa-
neus *om.* M | magis ut M ∥ 20 ippote MPa | astinomeae *Mon.*
Astimoniae L astinonie M astimone P *cf. Vnger. p.* 22 | Hip-
ponoi et Astimones Lm | filio MP ∥ 21 MERITA *om.* L | S. L. D.
om. LP | dextera MPa ∥ 22 uendicauit Pb indicauit Pa

47 MERSERAT A. D. N. P. O. absconderat pudorem. omnis enim uerecundia de aspectu est.

49 ILLVM INDVLGENTEM operam dantem. ut Virgilius ⟨Aen. IX 165⟩: 'indulgent uino'.

5   51 CIRCVMVOLAT ALIS SAEVA DIES ANIMI lux conscientiae atque Furiarum. nam quamuis caecus esset, facinora sua conscientia arguente cernebat.

55 PVLSAT INANE SOLVM bene inania Tartara, ut Virgilius ⟨Aen. VI 269⟩: 'perque domos Ditis uacuas et 10 inania regna'.

56 DI SONTES ANIMAS ANGVSTAQVE TARTARA POENIS Q. R.   Lind. p. 5
in hac prece orantis artem et ordinem seruat. primo meritum suum memorat, cum dicit ⟨u. 60⟩: 'si bene quid merui', exponit iniuriam ⟨u. 74⟩: 'orbum uisu regnisque 15 carentem', uindictam quaerit ⟨u. 80 sq.⟩: 'tu saltem, debita uindex, huc ades e. t. i. p. o. n.'. angusta autem Tartara merito, quippe cum scelera sobolis suae Eteoclis et Polynicis poenarum numerum uincant.

57 TVQVE VMBRIFERO STYX LIVIDA FVNDO [nihil omnino 20 apud superos cernere hoc est reuera Stygem uidere. Styx liuida] id est nigra, ut Virgilius ⟨Aen. VII 687⟩: 'liuentis plumbi'. unde et liuidos dixere inuidos id est nigros, ut Horatius ⟨sat. I 4, 85⟩: 'hic niger est, hunc tu, Romane, caueto'.

25   58 QVAM VIDEO paene oxymoron. quid enim caecus uidet? sed tenebras se uidere credit. nihil enim apud superos uidere hoc est reuera Stygem uidere.

59 PERVERSAQVE VOTA S. id est mala, quae opto,

---

1 A. D. N. P. O. om. LP ‖ 11 Dii LP | POENIS om. P | Q. R. om. LP ‖ 14 merui etc. L ‖ 15 parentem M Pa | Tu] cum Pb ‖ 16 e. t. i. p. o. n.] &c L et Pa &t Pb ‖ 17 subolis Pa | Eteoclis et Polynicis om. M ‖ 19 LIVIDA om. Pa | FVNDO om. LPa | nihil ... liuida om. LPb ‖ 20 reuera est Pa ‖ 22 dixisse Pb | id est] et L | scribere malim inuidos dixere liuidos uel nigros | ut] unde Pb ‖ 23 Horatius om. Pb ‖ 25 eximeron M Pb oximeron asperum uel accutum Pa ‖ 26 uidere se M | nihil ... Stygem uidere om. MP ‖ 28 s. om. LP

comple. [quia pater filiis imprecabatur. nam ipsi sunt secunda, quae sunt aduersa felicibus.]

60 SI BENE QVID MERVI se increpat, [condemnat oracula] quia non contentus generis falsitate responsa consuluit. nam ei cautio diuinationis fuit occasio parricidii. 5

61 ET TRAIECTVM VVLNERE PLANTAS responderat oraculum Laio, quod a filio suo posset occidi. unde natum Oedipum iussit proici transfixis cruribus. harum omnium seriem fabularum in argumento digessimus.

62 CIRRHAEA ista enim ciuitas iuxta Parnasum est 10 montem, qui in duo iuga diuiditur, in Heliconem et Cithaeronem: BICORNI id est bicipiti Parnaso, ut Persius ⟨prol. 2 sq.⟩: 'nec in bicipiti somniasse Parnaso memini'. item Lucanus ⟨V 78⟩: 'unoque iuga, Parnase, latebas'.

64 POLYBO rex Phocidis fuit, qui Oedipum pro filio 15 suo aluit.   TRIFIDAEQVE IN PHOCIDOS uel propter tria promunturia, quae sunt ibi, uel quia in confinio regionum ipsa ciuitas est sita, uel quia habet tres uias, quae post multa spatia in unam se iungunt plateam. ideo ait trifidae. 20

65 LONGAEVVM IMPLICVI REGEM bene regem, hoc enim solum parricidii tempore recognouit.

66 SI SPHINGOS INIQVAE CALLIDVS A. T. P. R. callidus non ignarus: si Sphingos uideor soluisse ambages, o Furia,

---

1 comple͵͵͵ M compleri LP | *quae secuntur, mendosa sunt. fortasse suppleri debet* peruersa *et pro* quia *scribi oportet* quae. is uero qui *nam ... felicibus* scripsit, *secunda* imperatiuum qui *comple* uocabulo declaratur male intellexisse uidetur. denique pro *felicibus* exspectamus *filiis* ‖ 2 uersa Pb ‖ 4 qui MPb | contemptus Pa | consuluit] contempsit LM ‖ 5 caucio M causa LP | causa paricidū Pb ‖ 6 ET *om.* MP ‖ 7 lai MP ‖ 8 proici *om.* Pb | trasfixis cruribus perditum iri Pb ‖ 11 montem est L ‖ 13 Parnasso sompniasse Pa | memini me Pb m. m. M ‖ 14 item ... latebas *om.* M | parnasse latebras Pa ‖ 15 POLYBO Polybus L | fuit *om.* Pa ‖ 16 TRIFIDAE L | TRIFIDAEQVE ... trifidae *om.* M ‖ 17 promontoria L promuntoria P | uel quae in confinio Pa ‖ 19 iungant LPa ‖ 22 cognouit LP ‖ 23 SPHYNGOS L spingos MPb | iniq̄ Pa | A. T. P. R. callidus *om.* LP ‖ 24 si *om.* MPb sis Pa

ut bene de te merito parricidae tuo incestum praemium
dares. dicta Sphinx, quod ita stringeret homines suis
quaestionibus, ut se expedire non possent — nam Graece
σφίγγειν constringere dicitur uel uincire — quod quasi
5 omnium mentes suis propositionibus ligaret. Sphinx monstrum erat alas et ungues habens in similitudinem Har-
pyiarum, quod insidens scopulo uiae imminenti insolubilia
aenigmata transeuntibus proponebat. quae cum soluere
non possent, ex improuiso ueniens alis et unguibus ad se
10 in rupem trahebat. cuius locutionis ambages Oedipodes
sua calliditate soluit. quod factum beneficio Furiae imputat. alii dicunt, quod Sphinx simia uillosa sit, quod
hoc loco non congruit.

69 CONVBIVM concubitum matris dulces furias dixit.
15 et bene totum, etiam quod ignarus admisit, imputat Furiae,
ut beneficiorum assiduitate suffulta tamquam suum sibi
uindicet parricidam. GAVISVS INII hic uis | sceleris con- Lind. p. 6
scientia probatur admissi, quod tali conubio sit gauisus.

70 SAEPE TVLI facile enim purgatur, quicquid semel
20 uel casu committitur.

71 MOX AVIDVS POENAE DIGITIS CAEDENTIBVS VLTRO
INCVBVI id est festinaui edere de me ipse supplicium, ne
ulterius tanta scelera celarem. nam cum caederent digiti,
poenae magis quam mortis auidus pronus incubui. nam
25 desiderasse mortem hoc fuerat fugisse supplicium.

73 EXAVDI SI DIGNA PRECOR QVAEQVE IPSA FVRENTI
id est quae tu suadere potuisti. Furiarum est enim semper

---

1 ut t tu M | parricide tuo merito MP ‖ 2 dicta Sphinx ...
congruit *om.* M ‖ 3 posset Pb | 4 σφίγγειν] sphinx Pb spinx
Pa | stringere Pb | uel *om.* Pb | uinculum P ‖ 6 harpyarum L
harpiarum Pa arpiarum Pb ‖ 8 preponebat Pb ‖ 10 rupe Pb ‖
11 sed hoc factum Pb ‖ 12 sed hoc loco Pa ‖ 14 CONNVBIVM L
Comnubium Pb ‖ 15 que *corr. in* qd M | inputat M ‖ 16 tan-
quam L ‖ 17 iudicet Pb | INII *om.* L ini P id est *in rasura* M |
huius sceleris admissi Pb ‖ 18 probatum Pb | qui *corr. in*
qd M | connubio Pb ‖ 21 CAEDENTIBVS *om.* P ‖ 22 INCVBVI *om.* M |
festinaui ... digiti *om.* Lm ‖ 24 hoc f. pronius Pb ‖ 26 QVAEQVE
IPSA *om.* M | FVRENTI *om.* LM furentem Pb s. Pa ‖ 27 enim est L

suadere crudelia. ut Virgilius ⟨Aen. VII 335⟩: 'tu potes unanimos armare in proelia fratres'.

74 ORBVM VISV REGNISQVE PARENTEM NON REGERE id est orbatum regnis et uisu non regere ut caecum.

76 QVOS GENVI QVOCVMQVE TORO licet sint de incesto progeniti.

80 IGNAVVS GENITOR uel cum sacrilegio optat audiri. ut Virgilius ⟨Aen. II 326⟩: 'ferus omnia Iuppiter Argos'.

TV SALTEM DEBITA VINDEX ut Virgilius ⟨Aen. XII 646 sq.⟩: 'vos o mihi manes este boni, quoniam superis auersa uoluntas'.

81 HVC ADES ET TOTOS IN POENAM ORDIRE NEPOTES ordire dispone. hoc est: persequere genus meum omne usque ad nepotes. notandum sane quod totos pro omnibus dicit. cum numerum significare uolumus, omnes dicimus, cum corpus, totum. usurpatiue tamen poeta posuit totos pro omnibus. ut Virgilius ⟨Aen. I 185⟩: 'hos tota armenta secuntur', et econtra pro toto omne ut ⟨Aen. II 750 sq.⟩: 'omnemque reuerti per Troiam' atque ⟨Aen. III 3⟩: 'omnis humo fumat Neptunia Troia'.

82 INDVE QVOD MADIDVM TABO indue liberis meis diadema, quod ego Laio abripui cruore pollutum.

84 I MEDIA IN FRATRES signum est discordiae. ut Virgilius ⟨Aen. I 348⟩: 'quos inter medius uenit furor'.

85 DISSILIANT multi 'dissiciant' legunt. est autem

---

1 ut *om.* L | potens **Pa** ‖ 2 unanimeis L unanimes P | unanimos p. n. r. **M** ‖ 3 VISV] iussum Pb | CARENTEM L ‖ 4 regnare **M** *corr. in* regere *man. 2* | ut caecum *om.* **M** *add. man. 2* ‖ 5 THORO L | de incerto **M** de scesto Pb ‖ 8 ut ... SALTEM *om.* **Pa** ‖ 9 DEBITA VINDEX *om.* L**Pa** ‖ 10 mihi *om.* Pb ‖ 12 impoena Pb | NEPOTES *om.* P ‖ 13 ordire *om.* LP | dispone *om.* Pb | prosequere L**Pa** ‖ 14 sane *om. suppl. ante* totos **M** ‖ 15 dixit L ‖ 17 totos *om.* L ‖ 18 sequuntur L s. **MPa** ‖ 21 libris Pb ‖ 22 abrupi Pb ‖ 23 I *om.* L | IN *om.* L | discordia **Pa** ‖ 24 medios *corr. in* medius **M** medios *Mon.* ‖ 25 dissiciant *scripsi* (*cf.* Neue *lat.* Formenl.[2] II 921 *sqq.*) dissentiant L dissitiant **MPa** disuciant Pb

sensus: aut ipsi filii germanitatem suam ferro dissipent
aut ipsa germanitas ferro dissipetur.   TARTAREI REGINA
BARATHRI Tartarus est profunditas inferorum, barathrum
uero squaloris altitudo.   dicit autem hoc: fac ut tantum
5 scelus filii audeant, quod optet etiam pater caecus uidere.

87 MEA PIGNORA NOSCES quos ad facinora scelerum
tam pronos inuenies, ut meos filios esse non dubites.

88 SEVEROS tristes, ut Virgilius ⟨Aen. VI 374⟩: 'am- Lind. p. 7
nemque seuerum'.

10 89 ADVERTIT VVLTVS bene uultus, non faciem dixit.
uultus enim mutatur ex animi qualitate, facies semper
est simplex.   INAMOENVM a quibusdam tapinosis creditur,
qui putant poetam 'squalidissimum' debuisse dicere. in-
amoenum ergo dixit, sine ulla amoenitate, et est una
15 pars orationis. ut Virgilius ⟨Aen. VI 438⟩: 'tristisque
palus inamabalis unda'.

90 RESOLVTAQVE VERTICE CRINES ut Virgilius ⟨Aen.
IV 509⟩: 'crinis effusa sacerdos'.

91 SVLPHVREAS id est ardentes.   nunquam sulphur
20 defluit nisi de loco flagranti.   sulphur enim terrae ebullientis
spuma est.

93 TRISTIBVS bene ad nefas: tristibus locis exsiluit,
quia habent etiam inferi loca amoena.   DISCEDIT INANE V.
discedunt umbrae, quae solidis corporibus carent.

25 95 ET CALIGANTES A. E. C. obscuros campos illa petit,
in quibus est turba animarum.

96 TAENARIAE LIMEN Malea promunturium est Laconicae, in cuius radicibus locum quendam profundum Taena-

---

1 suam *om.* Pb ‖ 2 aut ipsa . . . dissipetur *om.* Pb ‖
5 quod] q M | optat Pb | patri Pb ‖ 10 Auertit Pb ‖ 11 imi-
tatur Pb | 12 est *om.* LPa | inamoeno M | enim a Pa ‖ 13 di-
cere debuisse Pb ‖ 14 una est orationis pars L ‖ 15 tristique
Pb | 16 palus *om.* Pb | undae LPa ‖ 17 cernes Pb ‖ 18 crines L ‖
19 sulfur Pb ‖ 20 bullientis L ebulientis Pb ‖ 23 quia] q̃ Pa |
inferi etiam L | inferiora LmM inferiori Pb | DISCEDIT *om.*
Pa | INANE *om.* P | v. *om.* LP ‖ 24 discedunt *om.* MPb | quam
Pb | solide Pa ‖ 25 A. E. C. *om.* LP ‖ 27 tenaree MP | laco-
niae LP ‖ 28 in quibus radicibus Pb

rum uocant, in quo dicitur esse aditus inferorum. Virgilius ⟨georg. IV 467⟩: 'Taenarias etiam fauces, alta ostia Ditis'.   IRREMEABILE eo quod ab inferis ad superos mortalium nullus remeat naturaliter. ·ut Virgilius ⟨Aen. VI 128 sq.⟩: 'sed reuocare gradum superasque euadere ad 5 auras hoc opus, hic labor est'.

97 SENSIT ADESSE DIES id est: Furiae aspectu. turbatus est.

98 PROCVL ARDVVS ATLAS procul: longe est enim nimis occasus a Thessalia, in quo Atlas est positus. Atlas, Iapeti 10 filius et Clymenes, cum hospitio non susciperet Perseum, Iouis et Danaes filium, qui a Polydecte rege missus fuerat ad Medusam Gorgonam occidendam, quam Perseus Minerua monstrante interfecit, rediens, cum ab ·Atlante Libyae finibus prohiberetur, monstrato Gorgonis capite in ·montem 15 eum mutauit. [qui postquam Furiam uidit, territus est.]

99 ET DVBIA CAELVM C. R. dubia ad timorem rettulit Furiae uenientis: quam dubiam metus fecerat. et deest prope, ut Virgilius [nimis poetice usque ad credibilia] ⟨Aen. VIII 657⟩: 'Galli per dumos aderant arcemque 20 tenebant'. deest paene, nam prope tenuerant.

Lind. p. 8   101 NOTVM ITER carum, ut Virgilius ⟨ecl. I 51⟩: 'hic inter flumina nota'.   VELOCIOR ad assiduitatem rettulit ueniendi. nam nouitas itineris moras solet afferre erroris.

---

1 Virgilius ... Ditis *om.* M ‖ 4 ut *om.* L ‖ 5 s. a. e. Pa ‖ 6 hoc ... est *om.* LPa   hoc h. l. e. M ‖ 7 et esse Pa   e. e. M   diem Pb   d. M ‖ 9 *totum schol. corruptum esse apparet. corrigere nolui* ǀ ATLAS *om.* Pb ǀ procul *om.* LPa ǀ nimius M ‖ 10 est atlas Pb ǀ positus *om.* Pb ‖ 11 climene P   clemenę M ‖ 12 danare M   damne Pb   dane Pa ‖ 13 Gorgona L   Gorgoneti Pb ǀ monstrante minerua Pb ǀ Minerua monstrante Perseus L   minerua monstrante ipse Perseus Pa ‖ 14 ab *om.* Pb ‖ 15 monstrato *om. in marg. add. corr.* M   monstratur Pb ‖ 16 posteaquam L ‖ 17 ET *om.* M ǀ C. R. *om.* LP ǀ dubia *om.* L ǀ retulit MPa ǀ furie retulit Pb ‖ 18 quem dubium *Mon.* ‖ 19 nimis ... credibilia *om.* LP ‖ 20 arcemque tenebant *om.* L at P ‖ 21 deest paene *om.* L ǀ penā M ‖ 22 Nouum *corr. in* Notum M ‖ 23 retulit *libri* ‖ 24 morā M

102 ITQVE REDITQVE ad crimen pertinet Thebanorum, quorum pro suis Furia finibus utebatur. COGNATAQVE TARTARA MAVVLT neque bis accipiendum. hoc est: neque uelocior neque mauult. ut Virgilius ⟨Aen. XII 541⟩: 'nec 5 misero clipei mora profuit aeris', id est nec clipei nec aeris. MAVVLT nec magis uult habitare Tartara quam Thebas, postquam illic probauit parricidium et incestum libenter admissum.

103 CENTVM pro innumerabilibus posuit.

10 104 SEDET polysemus sermo est. significat enim placet, ut ⟨Aen. II 660⟩: 'sedet hoc animo', aliquando cogito, ut ⟨Aen. IX 4⟩: 'Turnus secreta ualle sedebat', aliquando positum est ut hoc loco, et aliquando curat ut ⟨Aen. I 56⟩: 'celsa sedet Aeolus arce', et reuera sedet.

15 105 QVALIS talis erat lux illi, qualis est luna, cum laborat magica arte. nam pagani magicis artibus credebant lunam posse mutari. unde Virgilius ⟨ecl. VIII 69⟩: 'carmina uel lunam caelo deducere possunt'.

106 ATRACIA RVBET ARTE L. Atracis, qui fuit rex 20 Thessaliae et pater Hippocatiae, quam Pirithous duxit uxorem, qui primus artem magicam apud Thraciam constituit. ergo Atracia est magica scientia. RVBET ARTE LABOR hoc est: qualis color est lunae deficientis arte magica.

25 108 QVO LONGA SITIS MORBIQVE FAMESQVE quasi in

---

1 thebanarum corr. in thebanorum M ‖ 2 finibus furia Pb ⫶ 3 nec . . nec . . nec Pb ‖ 6 MAVVLT om. M ⫶ neque L ‖ 7 primo quam Pa ⫶ patricidium Pa parciduum Pb ⫶ non cestum Pb ⫶ 10 scholion om. M ‖ 12 sacrata Vergilius ‖ 13 est om. Pa ⫶ et om. Pb ‖ 15 scholion om. M ⫶ talis qualis L ⫶ illa L ⫶ est] & L ⫶ 16 paganis Pb ‖ 18 carmine Pa ⫶ luna Pa ⫶ caelo . . . possunt om. Pa ⫶ uel coelo p. d. l. Pb ‖ 19 rebet arte Pb r. a. l. M Pa om. L ⫶ Atracies M Pa athracias Pb Athracies L Atracis ars Vnger. Atracis Kohlm. ⫶ rex suppleui cum Bodio ‖ 20 et om. L ⫶ pater om. Pb ⫶ pater et M Pa ⫶ ippocatie M Pa hipeccatie Pb Hippodamiae (s. Hippocratiae) Bodius ⫶ Perithous L ‖ 21 apud Atraciam Vnger., fortasse scribendumst uel Atraciam tale quid ‖ 22 RVBET ARTE LABOR om. MP ‖ 25 m. fi. q. Pa m. f. r. q. Pb

pestilentia nulla sit mortis discretio. ut Virgilius ⟨georg.
III 471 sqq.⟩: 'nec singula morbi corpora corripiunt, sed
tota aestiua repente, spemque gregemque simul cunctamque ab origine gentem'. trium ergo Furiarum tres memorat potestates: sitis, morbi famesque'.   5

109 ET POPVLIS MORS VNA VENIT ut item Maro ⟨Aen.
XII 851 sq.⟩: 'siquando letum horrificum morbosque deum
rex molitur meritas aut bello territat urbes'.   RIGET
HORRIDA TERGO P. riget dura est. horrida sordida. ut
Virgilius ⟨Aen. VI 555⟩: 'palla succincta cruenta'. ⟨palla⟩ 10
amictum significat, ut idem Maro ⟨Aen. VI 301⟩: 'horridus
ex humeris nodo dependet amictus'.

110 REDEVNT IN PECTORA NODI redeunt ad duplicationem rettulit alterius nodi.

111 ATROPOS HOS A. I. N. P. C. ut ostenderet Furiarum 15
ministerio et fatorum decreta compleri et Proserpinae
uoluntatem.   NOVAT nouos retexendo facit.

112 TVM GEMINAS ut fratres utraque manu armaret.
HAEC IGNE ROGALI FVLGVRAT HAEC VIVO MANVS AERA VER
BERAT HYDRO ut Virgilius ⟨Aen. VI 570 sqq.⟩: 'continuo 20
sontes ultrix succincta flagello Tisiphone quatit insultans
toruosque sinistra intentans angues'.

Lind. p. 9   114 VT STETIT postquam stetit.   PLVRIMVS longus.
ut Virgilius ⟨georg. III 52⟩: 'plurima ceruix'.   ARCE

---

1 nullo Pb ‖ 2 corpora o. s. t. a. r. s. g. c. q. a. o. g. M |
corripuit Pa ‖ 3 cunctam Pb ‖ 4 memoras Pb ‖ 5 sitis om. M |
famisque LPb ‖ 6 ET om. L | uana M ‖ 7 loetum M lectum
Pa | orificum MPb ‖ 9 TERGO om. L | P. om. LP | riget om. Pb |
est dura L | horrida est dura Pa | est horrida om. Pb ‖ 10 palla
suppleui ex coniectura. hoc loco L praebet REDEVNT ... NODI ‖
11 horridus] sordidus Vergilius ‖ 12 ex om. Pa ‖ 13 REDEVNT ...
NODI hoc loco om. L | NODI om. P ‖ 15 HOS A. I. N. P. C. om. LP |
ostenderet iustitiam Furiarum L ‖ 16 ministerio M superscr.
a man. 2 | decreto L ‖ 17 uoluntate L | nouas L ‖ 18 ut'que
Pa ‖ 19 regali Pa | HAEC VIVO ... HYDRO om. MPb ‖ 20 sqq.
accincta Pb Vergilius | flagello om. Pa | intentat Pa | continuo
suncincta u. f. t. q. i. t. q. s. i. a. M ‖ 23 posteaquam L ‖
24 plurima ceruix om. Pb

altitudine siue cacumine. CITHAERON mons Baccho
sacer, ut Maro ⟨Aen. IV 302 sq.⟩: 'Baccho orgia nocturnusque uocat clamore Cithaeron'.

115 CRINE VIRENTI uenenato siue anguibus texto, quae
5 dicuntur sibilare. ut Virgilius ⟨Aen. VII 447⟩: 'tot Erinys
sibilat hydris'.

116 VNDE OMNIS ACHAEI O. M. L. sicut Virgilius ⟨Aen.
VII 514 sq.⟩: 'Tartaream intendit uocem, qua protinus
omne intremuit nemus et siluae insonuere profundae.

10 117 PELOPEAQVE REGNA R. regna Peloponnesum dicit
[a Pelope] et Argos. ut Virgilius ⟨Aen. II 193 sq.⟩:
'magno Pelopea ad moenia bello uenturos'.

118 AVDIIT ET MEDIVS CAELI PARNASVS bene medius,
quia umbilicus terrae Parnasus dicitur. nam cum Iuppiter
15 medium mundi locum uellet agnoscere, ex ortu atque occasu duas aquilas dimisisse fertur, quae pari uolatu
lapsae in Parnasi uertice consederunt. uel quod cataclysmi
tempore terrae fuerat discrimen et astris. ut Lucanus
⟨V 75 sq.⟩: 'hoc solum fluctu terras mergente cacumen
20 emicuit pontoque fuit discrimen et astris'. ET ASPER
EVROTAS asper, quod bello acres procreet uiros, uel propter
μαστίγωσιν. quibus uirtuti est in sacris caedi uerberibus

---

2 bachi M barchi Pa ‖ 3 clamore om. P | Cithaeron om.
Pb ‖ 4 CRINE] come Pb | quia MPb quem L ‖ 5 dicunt L |
Erynnis L erinis MPa crimis Pb ‖ 6 si hi Pb | idris M ‖ 7 OM-
NES L | o. M. L. om. L | M. L. om. P ‖ 9 sil. intremu est coruste
Pb | sonuere LPa ‖ 10 supra Pelopeaq̃ rasuram longioris
spatii praebet M | PELOPEIAQVE L | R. om. LP | regna om. LP |
Peloponesum L pelopenesum Pa Pelopenesia add. man. 2 M |
regna Peloponnesia Vnger. | a Pelope om. LM ‖ 11 id est et Pa
idem est et Pb | magno M superscr. man. 2 ic ‖ 12 pelea Pa |
uenturam Vergilius ‖ 13 AVDIT L | meridius Pb | CAELI ... medius
om. Pb ‖ 14 quia] q̃ Pa | Parnassus L | dicitur parnasus Pb ‖
15 mundi medium L | ab exortu Pa ab ortu Pb | ab occasu
Pa ‖ 16 pari om. LPa ‖ 17 lassae L | Parnassi L | cataclismi
MPa cont'aclisimi Pb ‖ 18 et astris om. Pa ‖ 20 ET om. MPb ‖
21 uiros om. Pb ‖ 22 martigos in M manti ... uel in Pb mar-
tires gof. in Pa | uirtus P | dedi Pb

sine corporis motu. Eurotas autem fluuius est Lace-
daemoniae.

119 DVBIAMQVE IVGO dubiam Oeten dixit, quia inter
Thessaliam et Thraciam hic mons interiacet, ut, cuius esse
uideatur, incertum sit.   IMPVLIT hyperbole. quasi casu- 5
ram impulit ac dubiam fecit.

120 ET GEMINIS VIX FLVCTIBVS OBSTITIT ISTHMOS Cen-
chreis et Lechaei, inter quos angusto tractu in mare terra
porrigitur, quam Isthmon poeta significat. huic contrarius πορθμός, quod Latine fretum dicitur, inter uicinas 10
terras angustum mare. unde Virgilius ⟨Aen. III 127⟩:
'et crebris legimus freta concita terris'. Isthmos dicitur
terra angusta in mari. ut Lucanus ⟨I 101⟩: 'et gracilis
medium mare separat Isthmos'.

121 IPSA SVVM GENITRIX Leucotheam dicit et bene 15
ipsam elegit hoc loco ponere, quae iam malum didicerat
Furiarum. et iocunde dictum ⟨u. 122⟩ pressit. et a
Thebanis numinibus non recessit, quae ueluti praescia magis
metuunt patriae quam Furiarum sonitus perhorrescunt. et
mire dicendo pressit affectionem maternam explicuit.   20

124 CONSTITIT ut Virgilius ⟨Aen. IV 252 sq.⟩: 'hic
primum paribus nitens Cyllenius alis constitit'. ASSVE-
TAQVE INFECIT NVBE PENATES assueta nube solito furore,
quia multa scelera facta erant Thebis.

---

1 corporibus Pa | Laconiae LP ‖ 3 Dubiaq₃ Pa | dixit
Oetem L | quia] que Pa ‖ 4 ut] et M | esse om. Pb ‖ 5 hipbole M
yperbole Pb | casurum L ‖ 7 VIX FLVCTIBVS GEMINIS LPa | VIX ...
ISTHMOS om. Pb | ISTHMOS] Id est L | Cenchrei L cencherei Pa
cenᵇcherei M centᵗerei Pb citherei Mon. ‖ 8 et non legitur in
libris | Siletei LPa silethei MPb silthei Mon. | sinus Cenchrei
et Lechaei Vnger., ipse scribere malim Cenchrei sinus et
Lechaei ‖ 9 huius L | contrarium Pb ‖ 10 prothinus LmM Mon.
protinus Pa protinos Pb Porthmos L ‖ 14 geminum gracilis
Lucanus | mare om. L se mare Pb ‖ 15 genetrix Pb | Leuco-
thoen L ‖ 16 eligit L | quia iam L quantam Pb ‖ 17 iracunde
L iucunde Lm iocundū M ‖ 19 metuit P | perhorruerit Pb
perorruerint Pa ‖ 21 ut om. L ‖ 23 assuetaque Pa ‖ 24 quia]
que Pa

125 PROTINVS ATTONITI F. S. P. M. hoc est: statim perturbationes discordiarum esse coeperunt. figura ὑπαλλαγή.
non attoniti motus, sed attonito sub pectore. ut Virgilius
⟨Aen. VI 268⟩: 'ibant obscuri sola sub nocte per umbram'.

5   126 GENTILESQVE ANIMOS SVBIIT F. id est quali furore
illi fuerunt de terra progeniti, qui se ipsi interemerunt.
et est eiusdem familiae maximum signum, ut in se suorum furerent more maiorum.

126 INVIDIA subiit inuidia fratrum animos, quae semper
10 laetis rebus infesta est. ut Horatius ⟨epist. I 2, 57⟩: 'inuidus alterius macrescit rebus opimis'.   ATQVE PARENS
ODII METVS quia de timore semper odium nascitur. eos
enim odio habemus, quos timemus. ut Virgilius ⟨Aen. I
361 sq.⟩: 'conueniunt, quibus aut odium crudele tyranni
15 aut metus acer erat'.

128 SAEVVS AMOR fortissimus. aut certe proprie dixit,
quia reuera saeuum est imperare uelle germano.

130 [DISCORDIA in collegio namque duorum regum uix
discordia abest, si unius regni simul iura gubernent. nam
20 semper alter ueretur, ne se spreto alter singulariter eli-
gatur. haec enim inter Pompeium et Iulium Caesarem
ciuile bellum mouit. et hoc est quod sequitur] SOCIISQVE
COMES D. R.   ut Lucanus ⟨I 92 sq.⟩: 'nulla fides regni
sociis omnisque potestas impatiens consortis erit'.

25   134 ARDVA CERVIX DESCENDIT IN ARMOS secundum situm Lind. p. 10
Italiae loquitur, ubi boues trahunt collo. nam dum nisu
trahendi anteriora petunt, ceruix in armos reflectitur.

---

1 attonitu Pa | F. S. P. M. *om.* LP ‖ 2 hippalage Pb ypall-
lage MPa ‖ 3 attoniti sub Pa ‖ 5 GENTILES L | subdit Pa
sbīt Pb *om.* L | F. *om.* LP ‖ 6 ipsos LPb ‖ 7 est *om.* Pb | in
suos Pb in suorum M *deleuit man.* 2 in ‖ 9 Inuidia fratrum
animos subiit L ‖ 11 macrescit *om.* M | rebus emarcescit L |
opimis *om.* M ‖ 12 ODII] AVDI L ‖ 16 *scholion om.* Pb ‖ 17 germanos. princeps Pa ‖ 18 DISCORDIA .... sequitur *om.* MPb *Mon.* ‖
20 spretus Pa ‖ 21 Caesarem *om.* Pa ‖ 22 hec Pa | SOCIISQVE ...
erit *om.* Pb ‖ 23 D. R. *om.* LPa ‖ 25 IN ARMOS DESCENDIT L ‖
26 Italiae situm L | *cogitaui de scribendo* ritum ‖ 27 in armore
flectitur Pb | *totum scholion om.* M *Mon.*

. **139** EXILIO MVTARE DVCEM ut altero regnante alter esset extra urbem in exilio constitutus et completo anno rediret ad regnum, et cui successum fuerat, iret in exilium rediturus anno completo.   SIC IVRE MALIGNO F. T. I. iniqua commutatione felicitatem imperii exilii infelicitate commutant.

143 NEC IN REGEM PERDVRATVRA S. licet iniqua esset ista diuisio, tamen ad secundum regem peruenire non potuit, quia expleto anno cum Polynices repeteret regnum, negante Eteocle mota sunt bella.

144 ET NONDVM CRASSO L. F. METALLO haec cum stomacho pronuntianda. Lucanus ⟨I 96 sq.⟩: 'nec pretium tanti tellus pontusque furoris tunc erat; exiguum dominos ...'

145 MONTIBVS AVT ALTE GRAIIS Lacedaemonio marmore et aliis Graeciae metallis.

146 CONGESTOS SATIS E. C. id est condentia satis uenientium turbam. imitatus Virgilium, ut est ⟨georg. II 462⟩: 'mane salutantum totis uomit aedibus undam'.

EXPLICITVRA large admissura, quae multos caperent clientes et extenderent, nondum erant.

147 NON IMPACATIS REGVM quibus suspectus dormiat imperator habens circa atria semper armatos. et est sensus: non regum somnis impacatis pila uigilantia erant scilicet ad custodiam regum. pila uigilantia pro ipsis,

1 EXILIO ... urbem in *om.* **Pa** ‖ 2 orbem *corr. in* vrbem **M** ‖ 4 SIC] Hic **P** | F. T. I. *om.* **LP** | īqua **Pb** ‖ 6 commutat **Pb** ‖ 7 S. *om.* **L** secundum **Pb** | licet *om.* **Pb** | esset iniqua **L** | inique **Pb** ‖ 9 regnante **LMPa** ‖ 11 L. F. *om.* **P** | METALLO *om.* **Pb** | haec *om.* **M** ‖ 13 exiguum dominos *om.* **LMPa** ‖ 15 Monti **Pb** | AVT *om.* **Pa** | grais **P** ‖ 16 Graeciae] geīmīe **Pa** ‖ 17 Congesto **P** | E. C. *om.* **LP** | adest **Pb** | condens **Pa** *om.* **LPb** | satis *om.* **Pb** ‖ 1S ueuieutum **LP** | turba **Pa** | *scribere malim* imitatur ‖ 19 salutantium **M** salutatum **Pb** | uomat **Pb** uomis **Pa** | undam *om.* **Pb** ‖ 20 caperet *libri* ‖ 21 extenderet *libri* | nondum enim erant **LPb** ‖ 22 inpacatis **M** ‖ 24 somnis] sensus **Pb** | erant *om.* **M** ‖ 25 scilicet] sed **MPb** si **Pa** | custodias **Pa** | pila uigilantia *om. libri praeter Mon.*

qui uigilant, dixit μετωνυμικῶς: per id, quod continet, id, quod continetur.

149 NEC CVRA MERO COMMITTERE GEMMAS A. A. V. C. nondum eis luxuria suaserat pocula habere gemmata, ut Virgilius ⟨georg. II 506⟩: 'ut gemma bibat et Sarrano dormiat ostro'. committere autem mire dictum est quasi ad periculum: quae possent frangi inter trepidantes ministros et semigraues uino conuiuas.

151 DE PAVPERE REGNO Eteocli et Polynici, qui ciuilia bella gesserunt, dicit non esse idoneum regnum, propter quod fratres odia suscitauerunt. et exsequitur potentissima regna uaria descriptione.

152 DVMQVE VTER ANGVSTAE S. I. D. V. Boeotiam dicit Lind. p. 11 Cadmi, qui a patre pulsus peracto exilio condidit Thebas. ergo: dum uter squalentia arua uerteret .... SQVALENTIA inculta, ut Virgilius ⟨georg. I 507⟩: 'squalent abductis arua colonis'. VERTERET araret, ut Virgilius ⟨georg. III 161⟩: 'et campum horrentem fractis inuertere glæbis'.

153 NON ALTVS OVARET altus magnus. et est ordo: et dum ambigitur, uter fratrum ouaret in solio Tyrii

---

1 uigilabant Pb | metonimicos MPa metonomicos L Methonomicos Pb | continetur Pa | id² om. Pb | *propono*: per id quod continetur id quod continet. *cf.* Charis. p. 273, 19 sq. *aut transponendum est* per ‖ 3 GEMMAS *om.* Pa | A. A. V. C. *om.* LP ‖ 5 pocula ut gemma Pb ‖ 6 mare Pa | mire dictum est *om. spatio uacuo relicto* Pb ‖ 7 frangi *om.* MPa ‖ 8 semigraues uino conuiuas *estne uersiculus?* ‖ 9 regio Pa | *propter* Etheocles & Polynices L etheoclen et polinicem Pa etheoclen enim et polinicen Pb ‖ 10 regnum non esse idoneum L | regnum *om.* Pa | nondum esse Pb ‖ 11 fratris Pa | suscitauerit Pb *scribere malim* suscitarent | et *om.* LPa ‖ 13 iter Pb | ANGVSTVM L | S. I. D. V. *om.* LP | boetiam P ‖ 14 consilio *corr. in* exsilio M ‖ 15 uter s. frater Pb | SQVALENTIA ARVA L | uerteret. SQVALENTIA *om.* L ‖ 16 ut luč. M *excidit fortasse Lucani uersiculus uelut* I 205 V 39 IX 735, 939 | adductis Pb ‖ 20 alter Pb | alter Pb | est *om.* Pa ‖ 21 et *om.* L | utrum Pa | ouare Pa | tirii Pa tyriis et Pb

exulis hoc est Cadmi. non altus, quoniam modicum erat regnum.

154 PERIIT IVS FASQVE BONVMQVE E. V. M. P. ius legum est, quia unus foedus laesit; fas hominum, quia fratres contra se arma sumpserunt; bonum, quia usque ad 5 interitum pugnauerunt; et vitae mortisque pudor, quia mutuis periere uulneribus et cremati sunt rogorum discrepantibus flammis.

155 QVO TENDITIS IRAS apostropha ad fratres.

156 QVID SI PETERETVR CRIMINE TANTO dicit non 10 oportuisse a fratribus arma sumi nec si ideo pugnaretur, ut unus orbis imperium possideret, uel si caeli possessio peteretur. CRIMINE non dicam bello. inter fratres enim uel leue odium crimen est.

157 VTERQVE POLI utrumque complexus est mundi 15 cardinem. nam sol oriens respicit occasum, cum occidit prospectat orientem. ut Lucanus ⟨I 15 sq.⟩: 'unde uenit Titan et nox ubi sidera condit, quaque dies medius flagrantibus aestuat horis'.

159 QVASQVE PROCVL TERRAS OBLIQVO SIDERE TANGIT 20 AVIVS utique sol auius quasi sine uia, quia ab hac mundi parte semotus est.

160 AVT BOREA GELIDAS MADIDIVE TEPENTES I. N. gelidas et tepentes septentrionalis et meridianae plagae partes ostendit.

25

---

1 ex illis *corr. in* exulis **M** | hec **Pa** | quoniam] quia **L** ‖ 2 regem **Pb** ‖ *sequitur in* **Pa** *denuo schol. ad* I 130: Hec. p. preceps discordia. In collegio ... spretus ... hoc ... [Caesarem] ... comes discordia regnis. *in* **Pb** *hic leguntur haec*: uix discordia abest si unus ... gubernet ... nec se spreto alter sigulariter obligatur hoc enim inter pom. et Iulius caeciuile ... di regnis ‖ 3 E. V. M. P. *om.* **LP** ‖ 4 laesit foedus **LP** | fratres ... bonum quia *om.* **Pb** ‖ 6 quia] q₃ **Pb** ‖ 9 Apostrophe **L** ‖ 13 ///peteret⌐ **M** *scriptum fuisse uidetur* expeteretur | non dicam] tanto **L** ‖ 15 Vtrunque **L** | compressus **Pb** | mundum carmine **L** ‖ 16 occasum respicit **LP** ‖ 19 oris **L** ‖ 20 QVASQVE ... TANGIT *ad Lucani uersus traxit* **L** ‖ 21 qui ab **M** ‖ 23 boreę gelidus **Pb** | TEPENTES *om.* **LPa** | I. N. *om.* **LP** ‖ 24 septētrionales et meridionales **Pb** | partes plagae **L**

161 NON SI TYRIAE PHRYGIAEVE SVB VNVM CONVECTEN-
TVR OPES non si unus possideat opes Phrygias et Tyrias.
opes autem Tyrias dixit, ut ostenderet Tyrios semper
diuites fuisse, secutus Virgilium dicentem ⟨Aen. I 363 sq.⟩:
5 'portantur auari Pygmalionis opes pelago; dux femina
facti'. item Horatius ⟨carm. II 12, 22⟩: 'aut pingues
Phrygiae Mygdonias opes'.

162 LOCA DIRA ARCESQVE NEFANDAE S. O. F. I. E. O. S. L.
declamatio, quae significat eas causas mouisse odia, quae
10 restinguere debuissent. fugere enim debuerant hi fratres
loca dira et sceptra Oedipi parricidae potius quam ad
haec bellorum crimina properarent.

166 VACVA CVM SOLVS IN AVLA non uere solus, sed
quia is sine turba prae turba est homo, qui aliis est
15 odiosus.

168 ET NVSQVAM PAR STARE CAPVT id est tui con-
sortem diadematis. IAM MVRMVRA SERPVNT P. E. Thebani populi. Echionis enim et Agaues filius Pentheus rex
Thebanorum fuit.

20 **169** TACITVMQVE A PRINCIPE VVLGVS DISSIDET tacitum
id est tacite, siue tacitum dixit timore perculsum.

170 ET QVI MOS POPVLIS VENTVRVS AMATVR hoc uult
intellegi: non praesens diligitur Eteocles, sed desideratur
futurus Polynices.

---

1 Non si tirię frigię c. o. **M** TYRIAEVE SVB VNVM CONVECTEN-
TVR OPES L Non Frigiae Pa Non si phrigie Pa ‖ 4 secundum
Virgilium L ‖ 5 portantem auri Pb | pigmaliolis **M** | pelago . . .
facti *om.* LMPa ‖ 6 aut *om.* L ‖ 7 migdonides opertes Pb ‖
8 NEFANDAE *om.* Pa | s. *om.* LPa | o. f. i. e. *om.* LP | o. s. l.
om. LP e. s. l. **M** ‖ 9 quae *om.* Pb | sig̃t Pa ‖ 10 restringere
Pa restringuere **M** | enim *om.* Pa ‖ 11 dura Pb ‖ 12 crimine **M** ‖
13 CVM] est Pb ‖ 14 is *om.* Pb | sine turba *om.* LM sine fine
turba Pa | prae P pro LM | est] in Pb ‖ 15 odio solus LP
odio ///sus **M** s¹ *correcta uidetur ex* 1 ‖ 16 PAR] pars **M** p̃ P |
STARE] tale **M** ‖ 17 P. E. *om.* LP ‖ 18 agaue MP *scribendum*
uidetur Agauae. *cf.* I 98 Clymenes | Pentheus] penitus Pa ‖
20 disidet Pa dissidet *corr. ex* dissedit **M** *om.* Pb ‖ 22 MOX L ‖
23 intellegi LP | ñ *corr. ex* nã **M** | etheocles diligitur Pb

Lind. p. 12

171 ATQVE ALIQVIS CVI MENS HVMILI L. V. S. utique unus ex plebe, cui erat mens laedendi summa. HVMILI VENENO id est maledictionibus carpere meliores ut apud Homerum ⟨Thersites⟩. dicit autem illum locutum, cui mos erat in dignitate regia positos maleloquii ueneno per- 5 stringere et impositum iugum seruitutis indomita ceruice deicere, cui est uotum uel modice laedere id est inuidere potentibus.

173 HANCNE OGYGIIS AIT A. R. F. T. V. Ogyges, ut Varro docet in libris de gente populi Romani, rex fuit 10 Thebanorum, sub quo primum diluuium est factum longe ante quam illud, quod sub Deucalione factum esse narratur. aut certe ab Ogygio uno terrigena, Thebanorum primo rege, a quo Thebani antiquas res Ogygias nominabant, qui primus eis imperauit. 15

174 TOTIENS MVTARE TIMENDOS quia uicissim placuerat imperare. illi, inquit, ut imperent, uices mutant, nos ser- uitia non mutamus.

176 PARTITI VERSANT POPVLORVM FATA id est sub imperio et dicione habent. MANVQVE FORTVNAM FECERE 20 LEVEM id est contemptibilem. nam Fortuna solet reges facere et exules. isti fecerunt, ut circa reges et exules ea fortuna seruetur, ut ex illorum uoluntate constitutum sit, quando debeant exilium petere, quando ad imperium re- meare. itaque in illis Fortuna, quae semper solet esse 25 dubia, non habet potestatem, quippe cum de futuris certi sint. et ipsi regunt fata populi, dum excluserunt fortunam.

---

1 humilis *libri* | L. V. S. *om.* LP ‖ 2 unus] ūr Pb | Thersites *suppleui cum Kohlm.* ‖ 5 mens erat Pb | posito MPa posita Pb | male loqui MP | p̄stringere M prestingere Pb ‖ 7 deiicere L | est *om.* P | inuidere *corr. ex* inodire M ‖ 9 Hancne ait o. s. a. r. f. u. M | AIT ... V. *om.* LP ‖ 11 factum est LP ‖ 12 esse *om.* Pb | nar- ratur] naturaliter Pb ‖ 13 oggio M ogio Pa ‖ 15 imperium Pa ‖ 16 placuerat uicissim Pb ‖ 17 ut imperent *om. in marg. add. man. 2* M | uires Pb ‖ 20 ditione L | FORTVNAM FECERE LEVEM *om.* P (*in* Pb *exstat lacuna*) ‖ 21 id est *om.* M ‖ 22 facere reges L | isti ... exules *om.* Pb ‖ 24 debeat Pb | quando²] epi- scopi Pb ‖ 26 dubiam Pb ‖ 27 regū ut M | facta Pa

177 SEMPERNE VICISSIM E. S. D. quia semper dux erat mutandus exilio. et licet sit grauis omnis seruitus, grauior tamen est, quae·subiacet indignis. uicissim rerum omnium mutabilitate aut uice seruiendi. nam uere uicem 5 pro poena posuit.

179 SOCIIS propter Harmoniam, quae fuit filia Martis et Veneris.

180 SEDIT placuit.

181 EX QVO SIDONII NEQVIQVAM BLANDA IVVENCI non 10 Sidonius iuuencus, sed Sidonium pondus. de Sidone enim fuit Europa, quam pater Agenor Cadmo inquirendam mandauit. ille cum pererrasset mare Carpathium id est Aegyptium — nam Carpathus insula est inter Aegyptum et Rhodon — cum nec sororem reperire potuisset, secun-15 dum praecepta patris in exilio remansit et duce Apolline peruenit ad Thebas Boeotiae, quas Hyanteas uocant a nympha, quae illic colitur.

184 FRATERNASQVE ACIES eo quod illic draco fuit, cuius sati sunt dentes.

20 185 AVGVRIVM S. D. A. V. N. ut Horatius ⟨ep. VII 17 sq.⟩: 'acerba fata Romanos premunt scelusque fraternae necis'.

186 CERNIS VT ERECTVM T. S. F. M. [nomen pro ad- Lind. p. 13 uerbio.] ad Iouem hoc [autem] aut ad aliquem de plebe, 25 quasi Eteoclem ostendat, eloquitur.

---

1 Semper Pa | uicisset Pb | E. S. D. *om.* LP | dixerat Pb ‖ 3 omnium *om.* L ‖ 4 mutabilitatem Pb | uere *om.* L uilem Pa | 6 per] propter Pb | hermionam P ermionam M | et martis Pb | filia *post* Veneris *posuerunt* LP ‖ 9 sido Pa | NEQVIQVAM ... IVVENCI *om.* MP | NEQVICQVAM L ‖ 10 Sidonii iuuenci MP | ponde (= pondere) M | autem fuit Pb ‖ 11 europaʒ Pa ‖ 12 carphatium M ‖ 13 egiptum M | aẹgiptū ///ʋ rodon M ‖ 14 et *om.* Pb | Rhodum L | potuit *corr. in* potuisset M ‖ 16 boetiẹ ciuitatem Pb ‖ 18 FRATERNAS ACIES *om.* LMP *seruauit Mon.* | uel eo LPa uel Pb | fuerit LMP fuit *Mon.* | fuerit interfectus LPb | 19 seuit LP *Mon.* ‖ 20 S. D. A. V. N. *om.* LP ‖ 21 facta L | agunt *Horatius* ‖ 23 CERNIS VT *om.* L | T. S. F. M. *om.* LP | nomen pro aduerbio *om.* MP ‖ 24 autem *om.* MP ‖ 25 etheoclen Pa | et loquitur Pa loquitur LPb

188 QVAS GERIT ORE MINAS aut ore loquitur cum superbia aut minas gerit in facie.

190 MITIS ET AFFATV BONVS 'erat' subaudimus. ubique iam hoc queritur, quod nemo succedit, cum superius uices gemeret seruitutis. et dicit Eteoclen·quondam circa 5 rogantes fuisse clementem, quae laus imperatoris est maxima. quae omnia dicit esse conuersa, quia successor exclusus est, qui iustitiam pateretur et esset in sermone comis.

191 QVID MIRVM NON SOLVS ERAT ideo bonus, quia non 10 erat solus. NOS VILIS IN OMNES P. M. C. ut Virgilius 〈Aen. XI 372〉: 'nos animae uiles'.

192 CVICVMQVE non lecto.

193 QVALITER HINC GELIDVS BOREAS optima comparatio: ignotae rei descriptio per similitudinem notae. et egre- 15 gie rempublicam naui iactatae tempestatibus similat, sicut Tullius 〈pro Roscio § 51〉: 'ad gubernacula reipublicae' et Horatius 〈carm. I 14, 1 sq.〉: 'o nauis, referent in mare te noui fluctus?' etiam ita et iste fecit comparationem contra artem poeticam. nam comparatio a persona poetae 20 debet induci. simul uentos fratribus comparauit, nauem reipublicae, cum bellis ciuilibus turbaretur.

196 HIC IMPERAT ILLE MINATVR id est imperat Eteocles, quia fidem fregit, minatur Polynices, quia amisit imperium. et necesse est populis Thebanorum 25 sub unius imperio duorum timere saeuitiam, quoniam

---

1 QVAS GERIT om. LPb | MINAS aut ore om. Pb | loquitur om. P ‖ 3 MITIS ET om. L | affatus Pb | subaudiuimus Pa ‖ 4 succendit M ‖ 5 condam P | contra rogantes Pb ‖ 7 esse om. Pa ‖ 8 esse om. t Pa ‖ 9 cōmunis M ‖ 10 solum Pb | erat etheocles bonus ideo Pb ‖ 11 uides Pa | P. M. C. om. LP ‖ 13 lectu M ‖ 14 in gelidos P | BOREAS om. P ‖ 15 id est ignote Pa sed ignotae L | egregiae M ‖ 16 simulat Pa ‖ 17 ad gubernandam Pb | rem publicam MP ‖ 18 o om. Pb | in mari noui te M Pa in mare nouiter Pb ‖ 19 etiam om. L | facit Pb ‖ 21 nauim Pb ‖ 23 imperat om. M impera Pa ‖ 24 quia²] qui Pa ‖ 25 imperium amisit Pb ‖ 26 tēnere M teñere Pb temnere Lm tenere al. timere Pa

alter speratur uenire. [aut generaliter explicuit: modo
hic, modo ille.]

197 RAPIDI SVPER ATRIA CAELI L. C. D. C. O. concilium Lind. p. 14
deorum describit. rapidi autem caeli uolubilis, ùt Vir-
5 gilius ⟨georg. I 92⟩: 'rapidiue potentia solis'. atria
caeli poetice, ut est ⟨Aen. X 1⟩: 'domus omnipotentis
Olympi'.

199 INTERIORE POLO id est secretiore, ut Virgilius
⟨Aen. IV 494 sq.⟩: 'tu secreta pyram tecto interiore sub
10 auras erige', siue medio, ut ab ortu et occasu conuen-
turis numinibus spatiorum esset aequa distantia, quasi ad
quoddam caeli secretum numinum ordo conueniat. SPA-
TIIS HINC OMNIA IVXTA ut ostendat ad eum caeli locum
numina conuenisse, cui iuxta sunt omnia, id est unde sic
15 uideantur omnia tamquam iuxta. ergo medium caeli
locum dixit.

200 PRIMAEQVE OCCIDVAEQVE DOMVS orientis occasusque
loca describit. EFFVSA SVB OMNI TERRA ATQVE V. D.
effusa patens. sub omni die sub omni caelo.

20 201 MEDIIS SESE ARDVVS L. I. D. id est Iuppiter. ut
Virgilius ⟨Aen. IX 28 et VII 784⟩: 'medio dux agmine
Turnus uertitur arma gerens et toto uertice supra est'.
mediis ut idem ⟨Aen. X 117⟩: 'caelicolae medium quem
ad limina ducunt'.

25 204 CAELICOLAE VENIAM D. P. I. S. hoc est: donec Iuppiter protenta manu hortaretur ueniam sedendi id est
beneficium. ut Virgilius ⟨Aen. I 519⟩: 'orantes ueniam'.

---

1 minatur modo hic LP ‖ 3 L. C. D. C. O. *om.* LP ‖ 4 scribit
Pa | caeli *om.* Pb | i. uolubilis L ‖ 6 poetice] potentiae Pb ‖
10 uenturis Pb ‖ 13 HINC] huic Pa ‖ 14 nomina M | cui] quia
Pb | unde *om.* M ‖ 18 Effusaq; Pb | SVB *om.* Pb | ATQVE *om.*
LPb | v. D. *om.* LP ‖ 19 die id est L ‖ 20 medius Pa | I. I. D.
om. LP | id est *om.* Pb ‖ 21 medio . . . et *om.* LmMP ‖ 22 ge-
rens] tenens *Vergilius* ‖ 23 Medius. & ut L medius ut Pa ‖
24 ducunt *corr. in* dicunt M ‖ 25 d. p. i. s. h. M *om.* LP | id
est LP ‖ 26 protensa L | *pro* hortaretur *scribere malim* pro-
faretur *tale quid*

206 SEMIDEVM qui in inferioribus zonis degunt, id est qui nec mortales nec superi sunt. ET SVMMIS COGNATI NVBIBVS AMNES secundum Lucretium, qui ⟨VI 476 sqq.⟩ dicit ex sudore terrae nebulas oriri, ex nebulis nubes, ex nubibus pluuias, e quibus amnes augentur. hinc Virgilius ⁵ ⟨Aen. VIII 64⟩: 'caelo gratissimus amnis'. dicit enim occulto tractu aquas in caelum reuerti et inde in nubibus imbrem esse.

207 ET COMPRESSA METV SERVANTES MVRMVRA VENTI ut Virgilius ⟨Aen. VII 27 sq.⟩: 'tum uenti posuere omnisque ¹⁰ repente r. f.'

209 RADIANT MAIORE SERENO quasi serenitas caelo maior illuxerit.

213 ET VOCEM FATA SECVNTVR quasi, quicquid dixerit Iuppiter, fata sint. ut Lucanus ⟨V 92 sq.⟩: 'siue canit ¹⁵ fatum, seu, quod iubet ille, canendo fit fatum'.

214 TERRARVM DELICTA N. E. D. I. M. Q. quae homines deliquerunt. DIRIS Furiis, unde et Furiae Dirae sunt appellatae. queritur ergo Iuppiter de hominum peccatis, quos dicit superasse se malis. nam fortiores eos dicit ²⁰ esse ad committenda peccata quam se ad uindicandum, et commemorat, quae mala commiserint.

215 QVONAM VSQVE N. E. I. P. hoc est: quousque cogor laborare, dum suppliciis criminosos afficio.

217 IAM PRIDEM CYCLOPVM O. F. B. ὑπερβολή. dixerat ²⁵ uti fulminibus non libere. addidit augmentum, ut dicat deesse fulmina. Cyclopes enim fatigati sunt suggerendo

---

1 Semedium Pa | qui] q₃ Pb quia L | in *om.* M | inferiori Pa | uel id est LPa ‖ 2 cognati/// Pb cognita Pa ‖ 3 Lucretium secundum Pb ‖ 4 udore L odore Pa ‖ 5 ex quibus L | hic Pb ‖ 6 grandissimus Pa ‖ 11 r. f. *om.* Pb ‖ 13 inluxerit M | maior celo illuxerat Pb ‖ 14 fĉa Pa | sequntur Pb sequuntur LM ‖ 15 fĉa Pa ‖ 16 quod] quā M que Pb | illa MPa | Sit fatum L f. s. Pa ‖ 17 Terrorum Pa | N. ... Q. *om.* LP ‖ 20 eos M illos LP ‖ 21 esse *om.* Pb ‖ 22 memorat Pb | obmiserit P ‖ 23 Qm̄ Pa | N. E. I. P. *om.* LP | id est LP ‖ 24 criminosis Pa ‖ 25 O. F. B. *om.* LP | hiperbole Pb yperbole Pa iperbole M ‖ 26 addidit *om.* Pb ‖ 27 fati *om.* gati Pa

fulmina. ergo hoc taedet et quod intulit desunt. FATISCVNT autem lassata sunt.

218 ET AEOLIIS DESVNT INCVDIBVS IGNES ad fulmina fabricanda ignem non posse sufficere.

5 219 ATQVE ADEO TVLERAM F. R. S. S. E. deest patienter: ut mundum Phaethon incendio concremaret. SOLVTOS SOLIS EQVOS non sine frenis, sed, quia regi non poterant, licenter errantes.

220 ROTIS ERRANTIBVS quasi a legitimo cursu deuianti-
10 bus. dicit ergo Iuppiter nil illud incendium profuisse, quoniam humanum genus emenoari non potuit.

221 ET PHAETHONTEA MVNDVM S. F. Phaethon, Solis et Lind. p. 15 Clymenes filius, patris currus petiuit. quos cum regere non potuisset, fulmine est praecipitatus in Padum.

15 222 NIL ACTVM NEQVE TV V. Q. C. L. I. P. I. P. G. D. id est: nec illud profuit ad emendationem humani generis, quod diluuium factum est. Neptunus enim impulsu cuspidis coegit excedere fluctus litorum legem et uniuersas terras obruere. dicit ergo Iuppiter nihil emendationi humani generis
20 profuisse supplicia, cum nihilominus peccare non desinant.

224 NVNC GEMINAS PVNIRE DOMOS duas familias significat Thebanorum et Argiuorum, quorum se originem dicit existere, id est Argiuorum a Perseo — Perseus autem Iouis et Danaes filius fuit — Thebanorum per Cadmum,
25 qui ab Epapho ex Iouis origine uenit. constat ergo utrique genti Iouem esse auctorem.

---

1 et *om.* Pb eo M ‖ 3 ET *om.* Pb | iocundibus Pb ‖ 4 negat ignem posse LP ‖ 5 IDEO LP | F. ... E. *om.* LP ‖ 6 pheton MP | 11 quoniam *Mon.* quo LMP ‖ 12 s. F. *om.* LP ‖ 13 climene MP | patrem MP *fortasse recte* ‖ 15 actum est Pb | NEQVE TV *om.* L | V. ... D. *om.* LP ‖ 16 neque illud L ‖ 17 quod diluuium ... supplicia *om.* Pb | inpulsu *om. superscr.* M ‖ 18 littorum L ‖ 19 nil L ‖ 20 profuisse *om.* M ‖ 22 thebano Pb | quorum ... existere *om.* Pb | dixit MPa ‖ 23 id est *om.* LP | thebanorum a Cadmon argiuorum Pb ‖ 24 damnes Pb dane M diane Pa | cadim Pa ‖ 25 qui *om.* P | per Epaphum LP | et a iouis Pa a iouis Pb | per Epaphum originem ducit a Ioue L | ergo aut Pa autem Pb | utrique Pa ‖ 26 geniti Pa

225 PERSEOS ALTER IN ARGOS Perseos pro Perseios, principale pro deriuatiuo, atque ideo media syllaba producta est, quamuis et alio ordine produci posse uideatur, ut ⟨Aen. I 611⟩: 'Ilionea petit dextra'. nam paenultima huius nominis longa est, quae secundum communem regulam breuis esse debuerat.

229 MALA GAVDIA MATRVM aut propter Agauen, quae parricidio suo insana gaudebat, aut propter Iocastam, quae cum filio laeta concubuit.

230 ERRORESQVE FEROS NEMORVM Athamantis scilicet, qui furiata mente cum Learchum filium iugularet, leonem se putauit occidere. ET RETICENDA DEORVM CRIMINA et hoc ἀμφίβολον: aut quae homines in deos commiserunt aut quae | dei irrogauere mortalibus. si hominum in deos, haec sunt: quia praetulit se in pulchritudine Niobe Latonae, Pentheus Libero, Semele Iunoni; uel propter Tantalum, qui uolens deorum mentes inquirere Pelopem filium suum diis posuit epulandum. haec enim deorum crimina. quae a Pentheo inlata sunt in Liberum, Ouidius refert.

231 VIX LVCIS SPATIO V. N. A. ut Virgilius ⟨Aen. I 374⟩: 'ante diem clauso componet Vesper Olympo'.

233 HIC IMPIVS HERES Oedipum dicit, qui matris gremium ut incestaret, appetiuit.

235 PROPRIOS MONSTRO R. I. O. nomine usus est pro

Lind. p. 16

---

1 PERSEOS ... ARGOS *om.* M | ALTER *om.* P | agros Pb | Perseos *om.* Pb Perseus M | persios Pb ‖ 2 diriuatiuo MPa ‖ 3 est *om.* L | tali *corr. in* alio M ‖ 4 ilione appetit Pb Dionea petit Pa | dextra *om.* L ‖ 5 regulam communem LPa ‖ 7 MATRVM *om.* P ‖ 8 parridio Pa ‖ 10 scilicet *om.* Pb ‖ 11 learcum MP | credidit leonem se Pb ‖ 12 occidere *om.* Pa | et *om.* L ‖ 13 hoc *om.* LPa | amphiarabolon Pb | homines] o͞s (= omnes) Pa | commisere Pb ‖ 14 dii P | inrogauere M i͞rogauere Pa ‖ 15 se ei in pulcritudine Pa | quia ... pulchritudine *om.* M ‖ 17 quia uolens Pa | polepen Pa Pelopen L ‖ 18 haec enim ... Liberum *om.* Pa ‖ 19 illata Pb | ut Ouidius refert LP ‖ 20 Lux lucis Pb | V. N. A. *om.* LP ‖ 22 hic *om.* P ‖ 23 appetiit LPa appetii Pb ‖ 24 PROPRIOS *om.* Pb | R. I. O. *om.* LP | pro monstruose nomine Pb | est *om.* LP

aduerbio, id est: monstro pro monstrose.   quia reuocauit semina in ortus suos.

237 PROIECITQVE DIEM induxit sibi caecitatem, ut cito
uindicta sequeretur.   AETHERE NOSTRO id est: luce, quam
5 nos largimur. ut est ⟨Aen. I 546 sq.⟩: 'uescitur aura
aetheria'.

238 FACINVS SINE MORE facinus separandum, ut sit
irascentis exclamatio. sine more iniuste, sine exemplo.

239 CALCAVERE OCVLOS insultauere caecitati patris.
10 IAM IAM RATA V. T. apostropha ad ipsum Oedipum. rata
sensu uocis regentem.

244 ADRASTVS SOCER qui pro genero Polynice pugna-
uit. atqui adhuc non erat socer, sed quia deus est, futura
praedicit.   ADIVNCTA SINISTRIS adiuncta pro adiun-
15 genda. nondum enim adiuncta erant. sinistris infensis
numinibus et contrariis, quia morituri sunt.

246 NEQVE ENIM ARCANO D. P. F. T. reddit causas, cur
etiam Argiuos uelit euertere: scilicet propter Tantali scelus,
qui decipere se credidit deos, quando epulandum his appo-
20 suit filium, uel quod epulando cum diis secreta eorum
mortalibus prodidit. ob quod facinus dignas apud inferos
poenas soluit. fallax autem quia deorum prodebat consilia.

248 SAVCIA pro sauciata.

249 FLAMMATO VERSANS ut Virgilius ⟨Aen. I 50⟩:
25 'talia flammato secum dea corde uolutans'.   INOPINVM
quod Thebarum gaudebat exitio de suis urbibus iam secura.

---

1 id est ... monstrose *om.* Pb | monstruose L monstrasse
Pa | qua reuocant Pb ‖ 3 Proiectoque Pa | inluxit M ‖ 5 sq. Aethe-
rea uescitur aura LPb etheria uexitur aura Pa aetheria
uescitur aura M *transposui* ‖ 7 Facimus Pb | moa Pa | facinus
om. Pb ‖ 9 cecitate Pa occitati Pb ‖ 10 IAM[1] *om.* M | V. T. *om.*
LP | anastrophe L anastrophē Pb anastrophen Pa | RATA VOTA
LP | 11 sensus M | vocē sensu regentē *Mon.* | *schol. non in-
tellego* | 12 pugnauerit atq3 Pb ‖ 14 adiuncta ... sinistris *om.*
Pb | 15 enim *om.* Pa ‖ 16 qua morituri Pa ‖ 17 ENIM *om.* L |
D. P. F. T. *om.* LP ‖ 21 tradidit Pb ‖ 22 autem *om.* L | con-
cilia M ‖ 24 FLAMMATO ... uolutans *hoc loco om.* MP *cf. ad*
v. 258 ‖ 26 quod M quo Pa quia L ergo Pb | exilio *libri*,
corr. Vnger.

250 MENE O IVSTISSIME DIVVM inuidiose se pro Argis dixit. ut Virgilius ⟨Aen. I 250⟩: 'nos, tua progenies, caeli quibus adnuis arcem'.

251 SCIS SEMPER VT ARCES CYCLOPVM quia semper Iuno fauit Argiuis. ut Virgilius ⟨Aen. I 24⟩: 'prima quod ⁵ ad Troiam pro caris gesserat Argis'. Cyclopum autem: aut quas Cyclopes fecerunt, aut magni ac miri operis. nam quicquid magnitudine sua nobile est, Cyclopum manu dicitur fabricatum.

Lind. p. 17 252 MAGNIQVE PHORONEOS I. F. | rex Argiuorum, qui ¹⁰ primus dicitur Iunoni templa dicasse et sacrificiorum instituisse sollemnia.

254 CVSTODEM PHARIAE S. L. I. bene prius somno. nam hic, qui centum habebat oculos, nisi somno oppressus occidi non poterat. Argum describit, quem Mercurius di- ¹⁵ citur occidisse.

255 RESTINGVAS perimas. bene restinguas, quia anima ignis est. ut Terentius in Adelphis ⟨u. 314 F.⟩: 'primo ipsi seni animam exstinguerem' et Virgilius ⟨Aen. VI 730⟩: 'igneus est ollis uigor et caelestis origo'. ²⁰

SAEPTIS ET TVRRIBVS AVREVS INTRES Acrisius, pater Danaes, oraculum accepit causam mortis sibi futurum, qui ex filia nasceretur .... sed Iuppiter conuersus in aurum

---

1 DIVVM *om.* Pb | inuidiose sēp M inuidiose pro L inuidiase pro Pa | agris Pb ‖ 3 caeli ... arcem *om,* MP ‖ 4 arce Pb ‖ 5 Iuno semper L | fauet LP | primo Pa ‖ 7 aut¹ *om.* MPb | ac] aut Pb ‖ 8 manibus Pb man' Pa ‖ 10 Magisque Pb | faroneos Pb pharonoes Pa | I. F. *om.* LP | Phoroneus rex L ‖ 11 iunonis Pb ‖ 12 solemnia LPb ‖ 13 PHARIAE] famę Pb | S. L. I. *om.* LP ‖ 14 hic] homo LP | habet Pb ‖ 15 poterit Pb | Argum] ergo Pb Argum ergo LPa ‖ 18 ignea LP ‖ 19 primum Pb | extinguerent Pa ‖ 20 est *om.* Pa | sollis *corr. in* solis M illi Pa olis Pb | et caelestis origo *om.* MP ‖ 21 INTRES *om.* L | Acrius Pb | danes M damnes Pb clanaes Pa ‖ 22 qui oraculum LP | futuram LM | quia L ‖ 23 *post* nasceretur *scholii partem excidisse manifestum est. quam lacunam expleas ex mythographi uerbis:* „unde sollicitus turrem aeneam fecit et in ea filiam Danaen posuit adhibens intus puellas custodes, foris uero satellites canesque uigiles." | in taurum M in imbrem aureum L

uitiauit Danaen. ex quo coitu Perseus natus dicitur, qui
Acrisium obiecto Gorgonis capite conuertit in saxum.

256 MENTITIS IGNOSCO TORIS id est: non irascor illi
ciuitati, ubi mutatus adulteria commisisti. cum aliis enim
maiestate dissimulata concumbis, ad Semelen uero pro-
fessus numen intrasti.

257 VBI CONSCIA MAGNI SIGNA TORI T. A. hoc est:
quibus mecum coire consuesti. tonitrus genere masculino protulit, cum Lucanus neutro ut ⟨VI 692⟩: 'fractae-
que tonitrua nubis'.

258 ET MEA FVLMINA TORQVES id est: insignia matri-
monii mei, quae debui sola sentire, uel mihi soli nota et
mihi tantum obnoxia. mea fulmina physicum est. nam
simplici ratione si intellegis, uxorem respicis. ceterum
fulmen esse sine aere non potest, quia ipse aer Iuno est.
etenim si non fuerint nubes aere collisae, fulmen nullum
est. ut Lucanus ⟨I 151⟩: 'qualiter expressum uentis per
nubila fulmen'. mea fulmina: hoc est secundum ponti-
fices, qui aiunt certa cuique fulmina deo ascripta, in quibus
et Mineruae.

260 QVIN AGE figurate: concedimus, quod fieri nolumus.
ut Virgilius ⟨georg. IV 329⟩: 'quin age et ipsa manu
felices erue siluas'.

---

1 danaem Pa //////eam Pb | ex om. Pb | dicitur] est Pb ‖
2 acrisius Pa | conuertit] conterit Lm ‖ 4 mutatas Pa ‖ 5 cum-
cubis Pb concubuisti Schottky | Semelē L ‖ 7 signa m̄. Pa
signa magis Pb | T. A. om. LP | id est L ‖ 8 consueuisti Pb ‖
9 cum Lucanus ... nubis om. M | fractaque LP ‖ 10 tonitrua-
que Pa | nubis om. LP sequitur in fulmen quae cogitur aer L
in fulmen cogitur aer Pa atque ut fulmen cogitur aer Pb cf.
Verg. Aen. V 20: atque in nubem cogitur aer ‖ 11 ET om. MPa |
insigna Pb ‖ 12 mihi om. Pa ‖ 13 me fulmina Pb | phisica
corr. in phisicū M ‖ 14 intelligis LP ‖ 17 post per nubila
fulmen sequitur in P scholion ad u. 249 supra omissum Flam-
mato v. (enim Pb) .. d. c. u. ‖ 18 mea om. M | hec Pa | est
om. MP ‖ 21 figurataę M ‖ 22 ipse LP ‖ 23 post siluas sequitur in M f. n. i. i. sunt Vergilii uerba fer stabulis inimicum
ignem

261 ET SAMON ET VETERES ARMIS EXSCINDE MYCENAS
V. S. S. Samos et Mycenae atque Sparta, Graeciae ciuitates,
Iunoni sacratae sunt. Samos enim cara Iunoni; haec enim
prima Iunonis nuptias uidisse dicitur. ideo cara insula
attestante Virgilio ⟨Aen. I 16⟩: 'posthabita coluisse Samo'. 5
Spartam uero dixit ciuitatem Laconicae regionis ut Virgilius ⟨Aen. I 316⟩: 'Spartanae uel qualis equos Threissa
fatigat'.

262 SANGVINE FESTO uictima sacrificiorum.

263 TVRIS EOI id est Sabaei. ut Virgilius ⟨Aen. I 10
416 sq.⟩: 'centumque Sabaeo ture calent arae sertisque
recentibus halant'.

265 COPTOS ciuitas Mareotica Aegypti, in qua Io uersa
in Isidem colitur, cuius sacris sistro celebratis Nilus ex-
aestuat.   ET AERISONI LVGENTIA F. N. de sacris Isidis 15
tractum, quia prouentum fructuum quaerunt Aegyptii usque
ad ueros planctus. nam irrigatio Nili supra dictorum
fletibus imploratur. siue lugentia dicit propter Osirin,
quem planctibus quaerunt et inueniunt; eundemque Solem
dicunt. Martianus ⟨II 191 sq.⟩: 'Iseum te Serapim Nilus, 20
Memphis ueneratur Osirim'. aerisoni ait: aeris sonum
dantis propter sistrum.

Lind. p. 18   267 SVBVENIT in mentem uenit.

269 FVRIAS pro criminibus posuit et peccatis ut illud
Virgilii ⟨Aen. I 41⟩: 'et furias Aiacis Oilei'.   25

---

1 ET¹ om. P | ueteresq3 Pb uet'isq3 Pa ‖ 2 v. s. s. om. LP |
samo MPa samus Pb | atque] et Pb | Spartae L sparte P ‖
3 saṃos etiā M haec enim . . . dicitur om. in marg. add. M ‖
5 etiam Virgilio L ‖ 6 Laconiae ciuitatem L laconice ciuitatem
Pa | laconię Pb | ut Virgilius . . . fatigat om. M ‖ 7 Threissa
fatigat om. Pb ‖ 10 id est orientalis siue sabei Pb ‖ 11 sertisque . . . halant om. MP ‖ 13 meotica Pb ‖ 14 inisdem Pb ‖
15 exestruat Pa | ET om. MP | F. N. om. LP | isidē Pa ‖ 16 que-
ritur Pa queř M ‖ 17 supre Pb ‖ 18 Osirim LPb ‖ 19 que-
ritur Pa queř M ‖ 20 Martianus . . . Osirim om. M | Martial. L
Martianis Pb | Isaeum L | te om. LPb | seraphī Pb Seraphin
LPa ‖ 21 Memphis om. L | Osyrim LPa | ait] id est Pb ‖ 22 dan-
tis sonum aerius per sistrum Pb ‖ 24 ut et illud Pb | illud om. L ‖
25 Virgilius Pb om. LMPa | et om. LMPa | Oilei om. Pa

271 SVBTERLABITVR VNDA fabulam tangit. nam dicunt
Alpheum fluuium Elidis et Pisarum, quae ciuitates sunt
Arcadiae, ad Arethusam nympham Siciliae per occultos
maris meatus uenire. ideoque dicit 'praeterlabitur uaga
5 unda'. alii autem dicunt, quod Arethusa uenatrix fuerit,
quae cum se in Alpheo post laborem ablueret, ab eo ada-
mata est. et diu fugiens deorum miseratione in fontem
mutata ad Siciliam per secretos meatus uenit. quam Al-
pheus dicitur persequi usque ad Siciliam. quod Virgilius
10 exsequens ait ⟨georg. IV 344⟩: 'et tandem positis uelox
Arethusa sagittis'. ideoque Iuno precatur Iouem, ut si
placeat sibi emendare saecula, retro ⟨269⟩ id est a sedibus illis incipiat parcens interim Argiuis.

274 ILLIC MAVORTIVS AXIS OENOMAI Elidem dicit et
15 Pisas, ubi Oenomaus regnauit, rex crudelissimus. [notissima
fabula Oenomai in Seruio.]

---

post schol. u. 269 in P *secuntur haec:* De Atreo et Thyeste
notissima est fabula. nam Atreus et Thyestes cum in dis-
sensionez sibi nocere non possent, in simulatam gratiam
uenisse. Thyestes cum fratris uxore concubuit. Atreus uero
epulandum filium ei (sibi filium Pb) apposuit. quem (quam Pb)
sol ne pollueretur, aufugit. sed ueritas hic (h' Pb) est: Atreus
apud Mycenas primum solis eclipsin (eclipsim Pb) inuenisse
dicitur (*om.* Pb). cui inuidens frater ex urbe discessit tempore
quo probata sunt dicta. *eadem leguntur in* L *p. 499 sq. cum
his discrepantiis:* notissima [est] ... uenerunt. qua occasione
Thyestes ... quo sol ... ueritas haec ... eius dicta || *deinde
in* P *scholia secuntur hoc ordine:* 274 sq. ILLIC ... crudelissimus. 275 sq. GETICOQVE ... carne pascebantur. 282 MELIVS ...
occiderat. 271 SVBTERLABITVR ... Argiuis. 274 sq. notissima ...
Seruio. 275 sq. notandum ... locis. || 1 *scholion om.* M |
Subterlabit Pb | fabula Pa || 2 sunt ciuitates L || 3 nympha
Pb | occultas Pa || 4 preter labent Pb || 5 fuit L || 6 in flumine
Alpheo L | abluerat Pa || 7 miseratione deorum Pb || 8 in si-
ciliam Pb || 9 usque in L | quod] ut Pb || 10 uelox positis LP ||
11 Arethusa sagittis *om.* P || 12 placet P | id est *om.* P || 13 ite-
rum Pb | *post* Argiuis *sequitur in* Pb: hic omittit exponem
(= exponere) uersum illum dubium (273 sq.): Archades hic tua
nec pudor est delubra nephastis imposuere locis. || 14 Eliden
LMPa | et] ut M || 15 notissima ... Seruio *om.* M || 16 in Seruio
om. L

275 GETICOQVE PECVS STABVLARE SVB HAEMO DIGNIVS id est: equi digni erant stabulare in Scythia, ubi equi Diomedis erant, qui humana carne pascebantur. notandum autem, quia equos illos, quibus prouocabantur proci ad curule certamen, poeta pecus uocat, quod est gene- 5 rale nomen omnium animalium effigie humana carentium. quos equos dicit Iuno digniores esse ad stabulandum in Haemo, monte frigidissimo Graeciae, quam in prae-fatis locis.

282 MELIVS GENEROS PASSVRA NOCENTES Polynicen per 10 patris incestum et Tydeum, qui fratrem suum Toxeum occiderat.

288 AVSVRAMQVE DIONEN Veneris matrem dicit solli-citam futuram propter Harmoniam, Veneris et Martis filiam, Cadmi uxorem. 15

Lind. p. 19 294 REGNISQVE ILLAPSVS OPACIS umbro|sis, sine sole. Virgilius ⟨Aen. VI 534⟩: 'et tristes sine sole domos'.

298 LEGE EREBI quia dicuntur inhumatorum animae multis errare temporibus. Virgilius ⟨Aen. VI 329⟩: 'cen-tum errant annos'. 20

---

1 dignus **LMP** ‖ 2 equi qui **LP** | stabulari **LP** | in Thracia **L** ‖ 3 carne *om.* **Pb** | notandum . . . locis *om.* **M** *om. etiam Monac., qui post* pascebantur *haec praebet:* (278) Placet i. n. uel propter Graecos ⟨qui⟩ ibi latuerunt, quando Troia capta est. uel — quod melius huic loco conuenit — propter Ganymedem, qui dum uenaretur in Ida silua, raptus est a Ioue et appositus est in ministerium domus remota Hebe filia Iunonis. (278 sq.) Mentita m. c. t. quae mentitur se habere sepulchrum tuum. *cf. Seru. ad Aen.* I 28 *et infra ad Theb.* I 548 ‖ 5 uocat pecus **Pb** ‖ 6 nomen *om.* **Pb** ‖ 7 digniores dicit ad ad **Pb** ‖ 8 montes **Pa** | Thraciae **L** | quam ad standum in dictis locis **Pb** ‖ 10 me-lios **M** | n. Nocentes **M** | per] propter **L** qui **Pb** ‖ 11 Toxeum **LPa** doxeum **M** tossico **Pb** *latetne* toxico? ‖ 13 Ausuram **Pb** | Dio-nam **M** DIONEM **LPa** dionenque **Pb** ‖ 14 Hermionem **LPb** ermionē **Pa** ormoniem *corr. in* ermionem **M** | et Martis *om.* **Pb** ‖ 16 inlapsus **M** ‖ 17 Virgilius . . . domos *om.* **M** | tristis **Pb** | ut tristis *Vergilius* ‖ 18 lege **M** | herebi **LMPa** | quę **Pb** ‖ 19 Virgilius . . . annos *om.* **M** ‖ 20 erant **Pa**

299 TVMENTEM iactantem se exilio propter cognationem Adrasti. et hoc quasi deus ad eum dicit, nam futura sunt haec. Virgilius ⟨Aen. IV 235⟩: 'qua spe inimica in gente moraris'.

303 PARET ATLANTIADES non respondit, quasi numen inferius, sed paruit iussis.

304 SVMMA PEDVM petasum dicit id est alatum calciamentum Mercurii. Virgilius ⟨Aen. IV 239 sq.⟩: 'pedibus talaria nectit aurea'.

305 OBNVBITQVE COMAS ET TEMPÉRAT A. G. ordo est: obnubit comas galero et temperat astra, quasi uniuscuiusque dei caput astrum sit. igitur obnubit, obscurat, ne nudo capite descendens terras fulgore percuteret. temperat, uel quia benefica stella Mercurii maleficarum temperat flammas, uel — certe occulte — nobis exponit quinque plagas caeli ex istis constare sideribus: Saturni, Iouis, Martis, Mercurii, Veneris. Saturni frigida est stella id est nocens, [ut ⟨georg. I 336⟩: 'frigida Saturni sese quo stella receptet'. et frigidus nocens, ut ⟨ecl. VIII 71⟩: 'frigidus in pratis cantando rumpitur anguis']. Martis calida, Mercurii frigida, Iouis et Veneris temperata. ergo quia per mediam zonam uolabat, Iouis et Veneris uicina sidera frigido transitu temperabat. GALERO pilleo. ut Virgilius ⟨Aen. VII 688⟩: 'fuluosque lupi de pelle galeros'.

306 TVM DEXTRAE VIRGAM INSERVIT ut Virgilius ⟨Aen. IV 242⟩: 'tum uirgam capit'. QVA PELLERE DVLCES AVT SVADERE ITERVM SOMNOS mortis somnos dulces dixit,

---

1 lactantem MPa ‖ 2 ad Deum LPa ‖ 3 hic Pb | Virgilius ... moraris om. M | in gente inimica L ‖ 4 moratur Verg. ‖ 5 scholion om. LmM | athalantiades Pa atlantides Pb | respondet L | quia L ‖ 6 iussis om. Pb | 7 scholion om. LmM | per mythogr. petasum mutare non licet | dixit L | id est] et L ‖ 10 ET TEMPERAT A. G. om. LP ‖ 11 obnubit⁓ M Obnubitque L ‖ 12 diei M | astrum caput Pb | igitur M legitur LPa ideo Pb ‖ 13 fulgure corr. in fulgore M | & temperat L ‖ 17 stella om. M ‖ 18 ut ... anguis om. M | ut om. Pb | qua sese L | sese ... receptet] s. q. Pa s. g. Pb ‖ 19 et .. anguis om. Lm ‖ 23 pileo LPb ‖ 25 dextro Pa dextram Pb ‖ 27 AVT ... SOMNOS om. LPa | mortis somnos dulces om. Pa

3*

nam in uita dulces non sunt. ut Cicero ⟨fragm. inc. sed.⟩: 'hoc iter uitae tam confragosum putamus, tam plenum iniuriarum ac miseriarum atque laborum' et Virgilius ⟨Aen. VI 721⟩: 'quae lucis miseris tam dira cupido?'

309 DESILVIT cum saltu descendit. ut ⟨Aen. X 453⟩: 5 'desiluit Turnus biiugis'.   TENVIQVE EXCEPTVS I. A. tenui aura, qua mortales fruuntur. ut Virgilius ⟨Aen. I 387 sq.⟩: 'auras uitales carpis'. nam aer crassior est aethere. inhorruit autem, quia ab aere calido in aerem frigidum descendit. alii inhorruit ad stridorem referunt 10 alarum.

311 CARPIT transit.   DESIGNAT NVBILA GYRO quasi more auium, ut uolatus ipsius uideretur esse descensus in gyrum, siue gyrum Irim dicit. transitus enim nubium necesse est ut leuem concitet rorem. nubilum autem ex 15 transitu nubium fit et astrorum motu. sol uero cum aduersam tetigerit radiis nubem aquosam, Irim facit. nam ipsa est transitus deorum.

Lind. p. 20   312 OLIM VAGVS EXVL quia superius ⟨u. 164 sq.⟩ dixit: 'iam sorte carebat dilatus Polynicis honos'. hinc ergo 20 incipit poeta describere, quemadmodum exul ad Adrastum peruenerit.

313 FVRTO clam. exulem enim nisi furtim non licebat eos fines attingere, quibus fuerat expulsus.

314 AONIAE Thebanae regionis. ut Virgilius ⟨ecl. VI 25 65⟩: 'Aonas in montes'.   MALE DEBITA REGNA non in-

---

1 in om. Pa | non sunt om. Pa ‖ 2 uitae] iure L | tam plenum] uitam plenam esse L uitam plenum MPa ‖ 3 atque om. MPa et L | et] ut LP ‖ 4 cupido est Pb ‖ 5 Dissiluit Pb corr. in desiluit M ‖ 6 desiluut M dissiluit Pb | I. A. om. LP ‖ 7 tenum aura quę Pb | ut ... carpis om. M ‖ 8 aer] ęther M ‖ 9 aethere om. M in aethere L ‖ 11 aliarum Pb ‖ 12 gico corr. ex bico Pb | quasi] quia si Pa ‖ 13 in gyrum om. MPa ‖ 14 siue in girum Pb ‖ 16 niuium fit Pb numinum fit LmMPa | motum Pa ‖ 20 Delatus L | honor M ‖ 21 ad om. Pb ‖ 23 FVRTIM L | nili Pa ‖ 24 fines om. M | a quibus L ‖ 25 regionis corr. in regiones M | ut ... montes om. M ‖ 26 Aonios LPb

debita ut ⟨Aen. IV 8⟩ 'male sana', sed male debita
dixit, quae esset proeliorum incommodis petiturus. aut
certe male concipit animo regna sibi debita, quae sciebat
germanum nunquam sibi redditurum sponte.

5 315 SIGNIS CVNCTANTIBVS tarde procedentibus. ad desiderium rettulit spem gerentis.

317 CVRA VIRVM recursans ad cogitationem eius rettulit, non ad diem.

319 HAC AEVVM CVPIAT PRO LVCE PACISCI id est: pro
10 illo die, quo cupit se uidere regnantem, libenter totius
uitae suae offert tempora. ut Virgilius ⟨Aen. V 230⟩:
'uitamque uolunt pro laude pacisci'.

320 NVNC QVERITVR CEV TARDA FVGAE D. descriptio
hominis anxii: nunc superbiam secum regnantis reputat
15 fratris, modo uotis erigitur in regio spiritu.

321 ET SEDISSE SVPERBVS sibi effectum uoti frustra
gaudebat.

323 CONSVMIT GAVDIA VOTO semper optando regnum
consumit gaudium. de rebus enim inopinatis magis laeta-
20 mur quam de his, quae mente semper tractauimus.

324 TVM SEDET INACHIAS VRBES sedet placet. ut
⟨Aen. II 660⟩ 'sedet hoc animo'. Inachias sine praepositione: ad Inachias urbes, ad arua Danai id est Ar-
golica. ut ⟨Aen. VII 286⟩ 'Inachiis sese referebat ab
25 Argis'. DANAIAQVE ARVA Danaus et Aegyptus fratres

---

2 quae] quia Pb propter q; *superscr.* quę M | incommode
Pa | periturus Pa perituros Pb ‖ 4 numquam Pb | sibi *om.*
LMPa ‖ 5 ad *om.* Pb ‖ 6 retulit MPa ‖ 7 recursans *om.* MP |
contagionem Pa | retulit MPa ‖ 8 *post* diem *leguntur in* LmM
Mon.: id est si regni (*corr. in* regna M) cupiditas ad finem ‖
9 ac Pb | AEVVM] ēi Pa ‖ 11 offerret L | ut *om.* L ‖ 12 vitaque M ‖
13 D. *om.* LP ‖ 15 spiritu regio L ‖ 16 ET *om.* MP | sibi *om.* L ‖
effectum uoti compotem L ‖ 18 VOTA L | semper ... gaudium *om.*
M | 19 enim] autem Pb | laetatur Pa ‖ 20 semper mente L |
mente *om.* Pb | semper *om.* M ‖ 21 TVNC L ‖ 22 Inachia sine Pb |
23 ad arua *om.* L | Danai *om.* L campi MP *an scribendumst*
Inachi? | id est Argolica *hoc loco om.* L ‖ 24 aut inachias Pb |
ab *om.* Pb ‖ 25 Argis *om.* P | *post* ARVA *secuntur quae supra*

fuerunt Beli filii.   Danao fuit uirilis sexus quinquaginta
numerus filiorum, e diuerso Aegypto par numerus filiarum.
uoluit ergo Danaus fratris filias liberis suis matrimonio
sociare.   at Aegyptus oraculo cognouerat, quod generi sui
manibus interiret. iussit ergo filiabus, ut sponsos occiderent. ⁵
sola Hypermestra, dum ceterae facinus perpetrassent, Lynceo
pepercit.

325 ET CALIGANTES ABRVPTO SOLE M. de Atreo et
Thyeste notissima historia est, quod alter alterius liberos
interfecit, quo aspectu Sol dicitur refugisse, unde Virgilius ¹⁰
⟨Aen. I 568⟩: 'nec tam auersus equos Tyria Sol iungit
ab urbe'.   abrupto autem sole dixit subducto lumine
et a cursu suo reuocato.

326 FERRE ITER IMPAVIDVM non iter impauidum, sed
ipse impauidus.   PRAEVIA dux uiae. praeuii enim di- ¹⁵
Lind. p. 21 cuntur duces | uiarum.

327 SEV FORS ILLA VIAE hoc est: illud iter aut furor
suasit aut casus aut fatum.

328 VLVLATA FVRORIBVS ANTRA in quibus Liber pater
colitur ululatu Baccharum. descriptio itineris illius. ulu- ²⁰
lata participium sine uerbi substantia ut regnata, trium-
phata, nupta.

---

omissa sunt: campi id est agricolae L | Egyptus L egistus **MP**
cf. mythogr.
1 Beli filii *om.* **M** | belli **Pa** | filiis **Pb** | fuerunt **Pb** | uirilis
sexus *om.* **Pb** ‖ 2 numerus *om.* **Pb** numer, **Pa** | filie et ediuerso
egisto quinquaginta filii **Pb** | egisto **MPa** ‖ 3 filios **Pb** | copulare
seu sociare**Pb** ‖ 4 at *coniecit Schottky* et L**Pa** *om.* **MPb** | Egyptus L
egistus **MP** | cognouerat oraculo **Pb** ‖ 5 ergo *om.* **MPb** ‖ 6 Hyper-
mnestra L īpernestra **Pa** hipermestre **M** | lino linceo **Pb** | *fabu-*
lam in L**MPa** *plane peruersam esse quamuis manifestum sit,*
tamen **Pb** *codicem, qui priorem quidem partem rectiorem praebet,*
ut sequerer animum non induxi ‖ 8 SOLE *om.* **P** | M. *om.* L**P** | de
. . . refugisse abrupto *in contextu om. in marg. sup. add.* **M** ‖
9 est *om.* L | alter] unus L**P** | epulas fecit L**P** ‖ 10 aspecto **Pb** |
unde . . . urbe *om.* **M** ‖ 11 tam *om.* **Pa** | aduersus **Pa** | iungit
ab urbe *om.* **Pa** ‖ 14 inpauidū **M** | impauidum *om.* **MP** | sed
om. **P** ‖ 15 inpauidus **M** | DVCIT L dux uie **MP** ‖ 19 baccharum in
quibus **Pb** ‖ 20 bacharum **M** bachorum **Pa** | descriptio *om.* **Pb** ‖
21 substantia] subea **Pb**   sub'a **Pa**

329 BACCHEO SANGVINE COLLES sanguine, quem perempto Pentheo Agaue mater effudit. Cithaeronem significat, ubi se Bacchae secant in honorem Liberi. ut Virgilius ⟨Aen. IV 303⟩: 'orgia nocturnusque uocat cla-
5 more Cithaeron'.

330 INDE PLAGAM id est regionem. QVA MOLLE SE-
DENS id est: qua paulatim tumores collium in planum
relaxantur. molle pro molliter: ubi in campum effunditur
nimis extensum.

10 331 LASSVM utique fluctibus caesum, uel quia in hanc
partem deuexus uires amiserit in excelsa crescendi.

332 ARTE anguste siue doctrina, hoc est quadam sol-
lertiae leuitate iter faciens. PENDENS quicquid enim in
praecipiti stat, uidetur pendere. nam qui per angustias
15 ardui montis incedit, quasi pendeat, eminus cernentibus
sic uidetur.

333 INFAMES SCIRONE PETRAS notas dixit infames, ut
est ⟨Horat. carm. I 3, 20⟩ 'infames scopulos Acroceraunia'.
hic Sciron hospites suos uel transeuntes saxo residens
20 cogebat pedes sibi lauare et eos ex improuiso praeci-
pitabat, quem tamen Theseus dicitur peremisse.
SCYLLAEAQVE RVRA Megaram significat ciuitatem, in qua
Nisus regnasse dicitur crinem purpureum atque fatalem
habens, quem dormienti patri Scylla filia secuit. nam ut
25 Virgilius utrumque monstraret, ⟨georg. I 405⟩ ait: 'et
pro purpureo poenas dat Scylla capillo'. item alibi
⟨ecl. VI 74 sq.⟩: 'quid loquar aut Scyllam Nisi aut quam

---

6 plaga Pb | sedem Pb ‖ 7 id est qua om. L ‖ 8 relaxans
LP | effunditur om. Pb ‖ 10 censum Pb exesum Lc ‖ 11 diuexus
M | uires om. Pa post excelsa transpos. L ‖ 12 ARCTE L | siue
arte doctrina L | id est L | solertiae L solertia Pb soller//////
man. 2 superscr. cie M ‖ 13 leuitati M | iter] id LPa ‖ 14 an-
gustas M ‖ 15 pendat Pb ‖ 17 PETRAS om. MP | nota L ‖ 18 sco-
pulosa croceraonea M scopulosa sa ceraunia Pb ‖ 19 Scyron
hic Pb | suo Pb ‖ 20 sibi pedes Pb | leuare corr. in lauare M |
inprouiso M ‖ 21 tandem L | peremisse ... dicitur om. in marg.
sup. add. M ‖ 22 megara Pb megerā M ‖ 24 habentes Pa ‖ 25 utramque MPa namque Pb ‖ 26 alibi om. Pb ‖ 27 an silla nisi Pb

fama secuta est candida succinctam latrantibus inguina monstris'.

334 MITEMQVE CORINTHON tranquillum siue otiosum.

335 ET IN MEDIIS AVDIT D. L. C. Isthmon significat, qui inter duo sit maria constitutus, ut Horatius ⟨carm. I 7, 2 sq.⟩: 'bimarisque Corinthi moenia', id est inter Ionium et Aegeum describit Corinthum positam ciuitatem.

336 IAMQVE PER EMERITI SVRGENS CONFINIA PHOEBI a re militari, quasi et sol diei militare uideatur. emeriti occidentis. confinia bene dixit, quia iuxta ipsum surgit, oritur. quomodo emeritos dicimus simili labore donatos, sic et emeritus sol occidens dicitur | post laborem, cui noctis astra succedunt, ut Virgilius ⟨Aen. V 70⟩: 'emeritaeque exspectant praemia palmae'.

337 TITANIS luna. ut Virgilius ⟨Aen. VI 725⟩: 'lucentemque globum lunae Titaniaque astra'. sic autem Titan et Titanis dicitur, quemadmodum Phoebus et Phoebe. MVNDO SVBIECTA SILENTI id est superiecta. ut Virgilius ⟨Aen. XII 287 sq.⟩: 'et corpora saltu subiciunt in equos'.

338 TENVAVERAT AERA BIGA bene tenuauerat, quia diei aer crassior est, noctis tenuis.

339 IAM PECVDES V. T. sic Virgilius ⟨Aen. IV 525⟩: 'cum tacet omnis ager, pecudes pictaeque uolucres'. IAM SOMNVS AVARIS INSERPIT CVRIS auaris indefessis.

---

1 secuta est *om.* Pb | candida . . . monstris *om.* LP ‖ 3 chorintho Pb | tranquillam . . . otiosam *Vnger.* ‖ 4 ET *om.* MP | D. L. C. *om.* LP | ismon Pa ‖ 5 qui] qđ M | maria sit LP | constitutū MP ‖ 6 bimarisue *Hor.* | Corinthi *om.* P ‖ 9 et diei Pb ‖ 10 iusta ipsum ////// oritur M ‖ 11 surgit *om.* L(M)P *suppl. Vnger.* ‖ 12 sic *om.* Pb | et *om.* L | emeritos M emeritis Pb | senili languore damnatos *Vnger.* ‖ dicitur occidentis Pb | post] primo Pa ‖ 13 succe///dunt M ‖ 14 meritaeque exspectent *Vergilius* ‖ 15 Titanes M | lucentem Pa ‖ 16 aut Pa ‖ 17 et[1] *om.* L ‖ 18 SILENTI *om.* LMPa | id est *om.* MP | superiecta *om.* Pb ‖ 19 subiiciunt L ‖ 21 Tenuerat *superscr.* au M tenuant Pb | aere Pa | tenuerat *superscr.* au M tenuant Pb ‖ 22 aer *om.* Pb | curssior Pa | tenuis noctis LP ‖ 23 v. t. *om.* LP u. q. t. M ‖ 25 AVARIS] auarus Pa

auarus enim animus difficile fatigatur. ut Horatius 〈carm.
III 29, 61〉: 'addunt auaro diuitias mari'.

340 NVTAT pendet.

341 LABORATAE VITAE per laborem peractae.

5   342 SED NEC PVNICEO R. N. C. hoc uult poeta monstrare: serenum diem non contigisse Polynici. nec enim
ulla serenitatis signa promiserat solis occasus. puniceo
ergo sereno dixit. ut Virgilius 〈georg. I 453〉: 'caeruleus
pluuiam denuntiat, igneus Euros'.

10   344 NITVERE CREPVSCVLA PHOEBO crepusculum dicitur,
quod inter diei finem est et exordium noctis. unde et
decrepiti senes dicuntur esse iam prope occasum salutis
et initium mortis. utrumque enim tempus ostendit: et
diei initium et extremum noctis. siue crepuscula, quia
15 praecedentis solis radii percutiuntur a crepusculo, id est
ab extrema parte noctis.

345 DENSIOR A TERRIS densiorem noctem nebulam dicit,
quod quando ima petunt nebulae, serenitas est [Virgilius
〈georg. I 401〉: 'at nebulae magis ima petunt campoque
20 recumbunt'], quando altum, sine dubio imbres futuros
ostendunt.   ET NVLLI PERVIA FLAMMAE quam neque
Solis neque Aurorae ualeat flamma penetrare.

346 IAM CLAVSTRA RIGENTIS AEOLIAE frigidae, quia
prope est, ubi habitant uenti.

25   347 PERCVSSA SONANT certamine uentorum exire uo-
lentium.

348 VENTI TRANSVERSA FREMENTES ut Virgilius 〈Aen.
V 19〉: 'mutati transuersa fremunt'.

---

1 auaro *corr. in* auari M ‖ 5 Set Pa | NE L | R. N. C. *om.* LP |
hoc] Hic L | modo stare Pb ‖ 7 nulla Pb | promiserat signa Pb
praemiserat L ‖ 10 Nitare Pb ‖ 11 finem diei L | et[1] *om.* Pb
unde . . . mortis *om.* Lm ‖ 12 senes *om.* Pb | esse *om.* LPa qui
Pb | mortis . . . diei initium *om.* Pb ‖ 14 siue crepuscula] *scri-
bendum esse puto* sole repercusso *tale quid* ‖ 18 nebulae . . .
petunt *om.* Pb | Virgilius . . . recumbunt *om.* M ‖ 19 campoque
corr. ex campuque Pb ‖ 23 rigendis M Pa | AEOLIAE *om.* M P ‖
25 PERCLVSA L | certamina LPa ‖ 27 *schol. om.* M | fremunt con-
fligunt ut P | ut et Pb ‖ 28 transuersa] tñsū Pa | fremunt *om.* Pa

349 CONFLIGVNT ut ⟨Aen. II 417⟩ 'confligunt Zephyrusque Notusque'.

350 DVM CAELVM caelum pro nubibus posuit, [ut Virgilius ⟨Aen. II 416⟩: 'aduersi rupto ceu quondam ....']

352 SICCO QVOS ASPER HIATV physicam rationem secutus est. nam si primo Auster pluuias faciat, mox sequitur Boreas et easdem aut in niuem aut in grandinem mutat. inde Ouidius ⟨met. IX 220⟩: 'utque ferunt imbres gelidis concrescere uentis' id est gelari.

353 NEC NON ABRVPTA TREMESCVNT FVLGVRA coruscationes enim quasi ruptis nubibus tremunt. fulgura a fulgore dicta sunt.

354 RVMPITVR AETHER quasi ex collisione nubium.

355 IAM NEMEA silua uel mons iuxta Cleonam, Graeciae ciuitatem, ubi Hercules leonem uicit. ut Lucanus ⟨IV 612⟩: 'ille Cleonaei proiecit terga leonis' et Virgilius ⟨Aen. VIII 295⟩: 'et uastum Nemeae sub rupe leonem'. notandum autem, quod nomen a litera terminatum longum est. Latinitas hoc non habet, sed ideo, quoniam est nomen Graecum, in quo melius Graeca ratio considerabitur.

CONTERMINA LVCIS confinia atque uicina his lucis montium Argiuorum.

356 ARCADIAE CAPITA ALTA MADENT quinque montium cacumina Arcadiae regionis ostendit id est Cylleni, Ly-

Lind. p. 23 (marginal)

---

1 *schol. om.* M | CONFLIGVNT ut confligunt *om.* Pb | erusq; noctusq; Pb ‖ 3 caelum *om.* LMP *seru. Mon.* | ut ... quondam *om.* M | quondam &c. L *om.* Pb ‖ 5 Sic quo uos Pa ‖ 6 facit L ‖ 7 et *om.* Pb qui L noc̃s Pa | niues Pb ‖ 8 Vnde L | utique Pb | fert⌐ Pa fer///// *superscr.* t M ‖ 9 gelide Pa | congelari LPb ‖ 10 abrupte Pb | TREMISCVNT LPb | fulgora M | corusc. ... fulgura *om. in marg. inf. add.* M ‖ 11 enim] aũ M ‖ 12 fulgẽ Pa ‖ 13 AETHER *om.* MP | quasi *om.* Pb ‖ 14 silua *om.* Pb | silua uel mons] palus M | cleonum Pb cleoniã M ‖ 16 et Virgilius ... leonem *om.* M ‖ 18 notandum .... considerabitur *hoc loco omissum sequitur in* MP *post* Argiuorum | littera LP ‖ 19 est *om.* LPa | hoc *om.* LPa | quia L ‖ 20 grecum est nomen Pb ‖ 21 his *om.* L ‖ 22 argiuorum montium Pb ‖ 24 *cf.* Plin. n. h. IV 6, Strabon. VIII 8. Cylleni L quillei MPa | licei quilei Pb

caei, Licornis, Argolionis, Maenali.   RVIT festinat impetu exire. ut Virgilius ⟨Aen. I 83⟩: 'qua data porta, ruunt'.   AGMINE multitudine aquarum.   ut Virgilius ⟨georg. I 322⟩: 'ruit agmen aquarum'.

5   357 INACHVS fluuius regionis Argiuae.   ERASINVS fluuius in septentrione.

358 CALCANDAQVE FLVMINA NVLLAE si his fluminibus, quae ante aquae penuria calcabantur hoc est pedibus transiri poterant, riparum aggestiones opponeres, quo minus
10 effunderentur, nullam faceres moram.

359 REFVSA commota, ut Virgilius ⟨Aen. I 126⟩: 'stagna refusa uadis'.

360 LERNA lacus est apud Argos, in quo Hydram superasse Hercules dicitur.   ait ergo in hoc stagno tantam
15 uim undarum fuisse, ut iterum ueneno scatere uideretur. notandum autem, quod ueteri dixit, cum omne nomen generis neutri, quod in us exit, nunquam nisi e litera terminetur, ut pecus pecore, nemus nemore.

361 RAPIVNT ANTIQVA P. B. S. ut Virgilius ⟨georg.
20 I 483⟩: 'cum stabulis a. t.' bracchia siluarum ramos arborum dixit. ut Virgilius ⟨Aen. VI 282⟩: 'in medio ramos annosaque bracchia pandens'.

362 NVLLISQVE ASPECTA PER AEVVM SOLIBVS hoc est: inuisa soli multis temporibus. ut est ⟨Aen. VIII 195⟩
25 'solis inaspectam radiis'.

363 VMBROSI PATVERE A. L. euersis scilicet arboribus

---

1 Licornis LPb   licoronis Pa   lycononis M | Argolionis L agolionis MP | menelai Pb ‖ 2 porta ruunt]   porcar₂ Pa ‖ 4 ut ruit MPa | ruit] uenit *Vergilius* ‖ 7 NVLLAE *om.* MP | si in his LP ‖ 8 transire L ‖ 10 effunderent M | nullum M ut nullam Pb | feceras Pa ‖ 13 palus LP | in qua LP | idram MPa ‖ 15 ueneno] uenis L | scaturire Pb ‖ 16 dixit] dixerit M ‖

17 neutri generis Pb | in u exit Pb | in e Pb | a litera M ‖ 19 antiquam Pb | P. B. S. *om.* LP ‖ 20 stabilis *corr. in* stabulis M | a. t.] &c. L *om.* Pa | brachia *libri* ‖ 22 pandit *Vergilius* pendens Pa pendent L p. Pb ‖ 23 AEVVM] euē Pa ‖ 25 in aspectum L inaccessam *Vergilius* ‖ 26 patiere Pb | A. L. *om.* LP | euersis *om.* L

Lycaei, montis Arcadiae, aestiua patuerunt. aestiua autem dicuntur pecorum stabula tempore aestatis umbrosa.

364 FVGIENTIA dilabentia.

365 NVBIGENAS qui pluuiis augentur, ut ⟨Theb. I 206⟩ 'et summis cognati nubibus amnes'.

366 AVRE PAVENS auditu timens. ut Virgilius ⟨Aen. II 728 sq.⟩: 'sonus excitat omnis suspensum'.

367 NON SEGNIVS AMENS id est non segnior.

368 PER NIGRA SILENTIA terribilia. [ut Virgilius ⟨Aen. II 755⟩: 'nunc ipsa silentia terrent'.]

369 HAVRIT ITER consumit. [ut Virgilius ⟨Aen. X 314⟩: 'latus haurit apertum'.]   METVS VNDIQVE ET VNDIQVE FRATER aut cuius solius timet insidias, aut cuius inuidet regno. haurit ergo accipit, id est: terribile iter oculis, auribus et omni percipit sensu et ubique sic terretur, tamquam ibi sit frater. ut est ⟨Cic. Cat. I 18⟩ 'quicquid increpuerit, Catilinam timeri'.

Lind. p. 24   370 HIBERNO PONTO tempestuoso. ut Virgilius ⟨Aen. I 125⟩: 'emissamque hiemem sensit Neptunus' id est tempestatem.

371 CVI NEQVE TEMO PIGER pigrum temonem septentrionem dixit, qui nunquam mergitur. ut Virgilius ⟨georg. I 246⟩: 'Arctos oceani metuentes aequore tingi'.

373 MALIGNIS latentibus siue dubiis. ut Virgilius ⟨Aen. VI 270⟩: 'sub luce maligna'.

---

1 Lycaei *om.* MP | montibus Pa ‖ 4 Nubiginas Pa | augerētur Pb ắgerentur Pa augerentur M ‖ 5 et *om.* Pb | cognatis MPa ‖ 6 faues̄ Pb ‖ 8 AMENS *om.* MP ‖ 9 ut ... terrent *om.* M ‖ 10 nunc] simul *Vergilius; cf. infra ad u.* 494 ‖ 11 ut ... apertum *om.* LM ‖ 12 nunc latus Pb | ET VNDIQVE *om.* Pb ‖ 14 accipit *corr. in* accepit M | terribil/// it̃ M | *pro* iter *in* Pb *semper fere legitur inter* ‖ 16 ibi] ubiq; LP | frater *om.* Pb ‖ 17 catilina Pb | timeri aut uideri LPa ‖ 18 PONTO *om.* M | id est tempestiuo L tempestiuo MPa uel tempestuoso Pb ‖ 19 hiemem *om.* M | sensit neptunus yeme Pa | neptumnus Pb ‖ 22 emergitur Pb ‖ 23 artos Pa antros Pb

376 TALIS OPACA id est qualis nauta timens, tamen nulla segnitie uir fortis ingressum iter emetiebatur.

377 VASTO METVENDA VMBONE pro clipeo, a parte totum. [ut Virgilius ⟨Aen. II 546⟩: 'summo clipei nequiquam umbone pependit'.] FERARVM EXCVTIENS STABVLA id est siluas. nunc clipeo ferarum lustra discutit aut certe dirumpit, nunc pectoris impulsu. [ut Virgilius ⟨Aen. VI 7 sq.⟩: 'pars densa ferarum tecta rapit siluas'.]

379 DAT STIMVLOS ANIMO V. M. T. id est: nimium timendo non timet. sic enim tunc timent, dum non timent. ut Cicero ⟨pro Mil. 2⟩: 'non timere sine aliquo timore possumus'. VIS MAESTA TIMORIS tristitia est. huic loco congruit illud Virgilii ⟨Aen. II 354⟩: 'una salus uictis nullam sperare salutem'.

380 DONEC AB INACHIIS Argiuis, ab Inacho fluuio. [ut Virgilius ⟨Aen. VII 286⟩: 'ecce autem Inachiis sese referebat ab Argis'.] dicit tam diu errasse Polynicen, quam diu de Inachiis tectis id est de Argiua ciuitate uictis tenebris lux emicuisset: de ciuitatis arce, quae Larissa nominatur. non nos autem debet confundere, quod et Thessaliae ciuitas Larissa dicitur. [a qua et ⟨Aen. II 197⟩ 'Larissaeus Achilles'.] haec enim, quam nunc commemorat, arx est ciuitatis Argiuae, quae Larissa dicitur.

---

1 talis //// nauta Pb | tamen] tantum L bene Pb ‖ 2 sine ulla LP ‖ 3 clippco Pa *sic fere semper* | apte *corr. in* a parte M | a patre Pb ‖ 4 ut ... pependit *om.* M | nequicquam LP ‖ 6 ut nunc Pb | aut certe dirumpit *om.* L ‖ 7 impulsu stabula id est siluas L impulsu stabula siluas Pb impulsu stabulas siluas Pa | ut .... siluas *om.* M ‖ 8 tecta] excutiens stabula L *om.* Pa | 9 stumulos Pa | v. m. t. *om.* LP ‖ 10 sic] si M | enim tunc timent *om.* Pb | timet Pb ‖ 11 ne non timere L *Cic.* | timeri MP ‖ 12 possimus L *Cic.* | MAESTA *om.* MP | est tristitia LPa ‖ 13 huic ... salutem *om.* M | contiguit Pb | Virgilii *scripsi* Virg. LPa uirgilius Pb ‖ 14 nullam *om.* Pa | sperare *om.* P | salutem *om.* Pa ‖ 15 Argiuis ... autem Inachiis *om.* Pb ‖ 16 ut ... ab Argis *om.* M | ecce] eo Pa | autem ab Pa ‖ 17 ab Argis] a. Pa | policen Pa ‖ 20 non uos P | autem] aut Pb ‖ 21 ciuitatis Pa | a qua ... Achilles *om.* M ‖ 22 et Larissaeus ... quam *om.* Pb

381 DEVEXA IN MOENIA FVNDENS quasi imaginem lucis accipere debeat. ut Virgilius ⟨Aen. VIII 280⟩: 'deuexo interea propior fit Vesper Olympo'. deuexa in latere montis posita.

382 LARISSAEVS APEX arx ciuitatis Argiuae, ut est superius adnotatum. ILLO SPE CONCITVS OMNI E. id est ad illam partem. unde posteaquam lumen emicuisse uidit, desiit timere.

383 IVNONIA TEMPLA PROSYMNAE Prosymna ciuitas est, ubi colitur Iuno.

384 LAEVVS HABENS id est sinistro latere praeteriens.

HINC HERCVLEO SIGNATA VAPORE L. S. ad dextrum latus Lernae stagna. Herculeo uapore signata quasi in famam dimissa. si ueram quaeramus historiam, Lerna palus fuit, quae cum frequenter siccaretur ac denuo impleretur aquis, Hercules deprehendit uenas terrae incendio posse praecludi atque ideo, postquam exhausit eam, ignem adhibuit, et si qua unda prorumpebat, obstruxit. nam Hydram monstrum fuisse ἀπὸ τῶν ὑδάτων fabula nomen obtinuit.

385 TANDEMQVE RECLVSIS I. P. signum est pacificae ciuitatis.

386 ACTVTVM confestim. ut Terentius ⟨Adelph. 634 F.⟩: 'aperite aliquis actutum'.

389 TENVES A. D. C. S. leues. subtiliter: in paupere magnus est somnus. Lucanus ⟨V 505 sq.⟩: 'in quorum

---

1 IN om. Pa ‖ 3 fit] sit M ‖ 6 annotatum L adnotandū corr. in adnotatū M | E. om. LP ‖ 8 uidet L ‖ 9 Iuno tua Pa | PROSYMNAE om. Pa prosinne Pb | prosinna Pb ‖ 11 habet MPb | id est om. P | ꝑterit M ‖ 12 HIC L | VAPORE SIGNATA L | VAPORE om. P | L. S. om. LP ‖ 14 infamia LPb in infamia Pa | lercia Pb ‖ 15 ac] et L ‖ 17 posteaquam L ‖ 19 hydra Pb | ἀπὸ τοῦ ὕδατος L apothonydaton MPa apotonidaton Pb | fabulae L ‖ 20 nomine Vnger. | optinuit Pa ‖ 21 RECLVSIS om. P | I. P. om. LP ‖ 24 actutum aperite aliquis L eod. ord. P | aperite] periet Pb perite Pa ‖ 25 TENVIS L | A. D. C. S. om. LP | subtiles L suptilites M futtiles Pb

pectora somno dat uires fortuna minor'. Iuuenalis
⟨I 16 sq.⟩: 'consilium Sullae dedimus, priuatus ut altum
dormiret'.

390 REX IBI TRANQVILLE MEDIO DE LIMITE VITAE id est
5 tunc, cum aetatis esset mediae.

391 ADRASTVS Talai filius et Eurynomes.

392 DIVES AVIS hoc est a maioribus nobilis. ut
Virgilius ⟨Aen. VII 56⟩: 'Turnus auis ata|uisque potens'. Lind. p. 25

ET VTROQVE IOVEM DE SANGVINE DVCENS paterni ma-
10 ternique generis nobilitatem explicuit.

393 HIC SEXVS MELIORIS INOPS ut Virgilius ⟨Aen.
VII 50 sq.⟩: 'filius huic fato diuum prolesque uirilis nulla
fuit'. [sed et alibi ⟨ib. 52⟩: 'sola domum et tantas seruabat filia sedes'.

15 394 NATARVM ut ⟨Aen. I 654⟩ 'maxima natarum'.]

400 AEGRESCIT CVRA PARENTIS aegritudinem indicat.
ut Virgilius ⟨Aen. XII 46⟩: 'aegrescitque medendo'. hoc
est: responsi quidem nesciebat euentum, cura autem tor-
quebatur ancipiti.

20 401 ECCE AVTEM ANTIQVAM FATO CALYDONA RELINQVENS
Calydon, Pleuron et Olenos ciuitates sunt Aetoliae, unde
fuit Tydeus. atque ideo modo Olenium dicit, modo Caly-
donium, modo Pleuronium. hic autem Tydeus fratrem suum
interemit. moris autem fuit antiqui, sicut etiam Homerus
25 dicit, ut reus homicidii exularet. ergo Tydeus conscius
parricidii dimisit paternum regnum et casu eadem nocte

---

2 Syllae L sille P si ille M ‖ 4 IBI TRANQVILLE *om.* L |
MEDIO ... VITAE *om.* P ‖ 5 tunc *om.* L | cum *om.* Pa | esset
aetatis L essem etatis Pb ‖ 6 thalai MPa talaonis Pb | euri-
nomes MPa eurimones Pb ‖ 8 Turnus *om.* MPa ‖ 9 ET *om.* MP ‖
10 generis] sanguinis L ‖ 12 filius *om.* P | diui Pa ‖ 13 sed et ...
sedes *om.* M | domos Pb ‖ sedes] sed Pa ‖ 15 *scholion om.* M *in*
L *legitur sic:* natorum n. d. *quasi Vergilii essent uerba.* Pa
praebet haec: natorum est maxima n. l. sedes ‖ 16 inducit Pb
indič *add. at man. 2* M producit L ‖ 17 egrescit Pa ‖ 20 an-
tiqua Pa ‖ 21 pleuros LMP | olenus Pb oleǒnos M ‖ 23 pleurenium
Pb | fratrem suum focum LmM *cf. u.* 282 ‖ 24 antiquis LP |
et homerus Pb ‖ 26 parricidii *om.* Pb

iisdem confectus imbribus, quibus Polynices, Argos uenit.
Calydona uero urbem esse Aetoliae Virgilius loquitur
dicendo ⟨Aen. VII 307⟩: 'quod scelus aut Lapithis tantum aut Calydona merentem'.

402 FRATERNI SANGVINIS quia occiderat auunculum suum
Thoantem, Althaeae matris fratrem, uel, ut quidam uolunt,
Apharea. manifestius tamen est, quod Menalippum fra-
trem suum, dum uenatur, occidit.

403 AGIT insequitur. EADEM SVB NOCTE pari tempestate uexatus.

404 LVSTRA hoc est ferarum cubilia. [ut Virgilius
⟨Aen. III 647⟩: 'lustra domosque traho uastosque a rupe
Cyclopas'.]

405 LIQVENTIA distillantia.

406 VNO TEGMINE tecti scilicet, quo Polynices.

408 RABIEM litem.

409 DEFENDERE NOCTEM prohibere iniuriam tempestatis
non passi sunt. ut Virgilius ⟨Aen. X 905⟩: 'hunc, oro,
defende furorem' id est prohibe.

410 ALTERNIS mutua uice uerborum. aduerbium pro
inuicem. [Virgilius ⟨ecl. III 59⟩: 'alternis dicetis'.]

411 VT IACTIS SERMONIBVS quasi si uulnus facerent. ut
Sallustius ⟨Iug. XI 5⟩: 'Iugurtha inter alias res iacit'.

413 EXERTARE nudare. ut ⟨Lucan. II 543⟩: 'exertique
manus uesana Cethegi'. NVDAMQVE sine ferro.

---

1 hisdem **L** hijsdem **Pa** ĩstē **M** | quibus] quidem **Pb** ‖
2 calidonā **M** calidonam **Pb** Calydoniam **LPa** | uero etiam
Pb | esse *om.* **Pb** ‖ 3 laphitis **M** | tantum *om.* **Pb** ‖ 5 materni **Pb** ‖
6 thoas saltem **Pb** toasa altěę **M** | Althaeae *om.* **LPa** | uelud **M** ‖
7 aserea † afarea **M** ‖ 8 suum ... uenatur *om.* **Pb** | uenaretur
L ‖ 9 argit **Pb** auet **Pa** ‖ 10 uṭexatos **M** ‖ 11 hoc est *om.* **Pb** |
cubicula **Pa** | ut ... Cyclopas *om.* **M** ‖ 14 distilantia **P** ‖ 17 pro-
hibere *om.* **Pb** | iniustis *del.* iniuriā *superscr.* **M** iniuriamq̃ **Pb** ‖
18 oro *om.* **M** ‖ 19 defende *in marg. praeb.* **M** ‖ 20 uoce **Pb** ‖
21 inuice ut **Pb** | Virgilius ... dicetis *om.* **M** | dicetis &c. **L** ‖
22 VT *om.* **MP** | quasi qui **LPa** ‖ 24 exertique] exerta **M** ex-
traq̃ **Pb** ‖ 25 uenenosa **M** | cethes **Pb** | nudam **MP**

414 CELSIOR ILLE GRADV Polynices pedibus longior et membris decorus.

415 INTEGER ANNORVM id | est iuuentute firmissima. Lind. p. 26 Virgilius ⟨Aen. IX 255 sq.⟩: 'atque integer aeui Ascanius'.

5　417 MAIOR IN EXIGVO REGNABAT CORPORE VIRTVS ut Virgilius ⟨georg. IV 83⟩: 'ingentis animos angusto in pectore uersant'. uiribus ergo compensauit, quod proceritati natura non concessit, ut paruo corpori ingens robur infunderet.

10　419 TELORVM AVT GRANDINIS INSTAR R. telorum propterea, quod uulnera infligebant, grandinis, quod assidue. Riphaeae id est Scythicae. Riphaeus mons Scythiae, in quo semper nimiae tempestates sunt. ut Virgilius ⟨georg. III 382⟩: 'Riphaeo tunditur Euro'.

15　420 FLEXOQVE GENV duplicato, quod Graeci διπλογόνασιν uocant.

421 NON ALITER QVAM PISAEO S. L. T. Pisae ciuitas Elidis, ubi Olympica corona est, hoc est: ubi agon in honorem Olympici Iouis celebratur finito quinquennio.

20　422 CRVDIS SVDORIBVS duris aut magnis siue uehementibus.

423 TENEROS ...... EPHEBOS imprudentes. CAVEAE DISSENSVS id est: fauor populi dissidentis instigat ephebos. et expressit fauentum studia.

25　424 EXCLVSAEQVE EXSPECTANT PRAEMIA MATRES sacro-

---

5 regnabit corpore uirtus Pa om. L ‖ 6 lugentis M ingentes LP ‖ 7 uersans L u. MP | proceritate M ‖ 8 cessit MPa ‖ 10 AVT ... INSTAR om. L | R. om. LP | telorum om. L ‖ 12 Scythie Pb | mons tracie MPa ‖ 13 sunt om. L ‖ 15 δυπλογόνασιν L cuploginu Pa dyplogumitini Pb dyplogo natī corr. in dyploganatī M latetne διπλοις γόνασιν tale quid? διπλοῦν γόνασιν Vnger. ‖ 17 alter Pb | QVEM L | S. L. T. om. LP ‖ 18 helidis MPa | hoc est] id est L

hic Pb | ubi om. L ‖ 22 Teneris ephoebus M | inprudentes M impudentes Pb ‖ 23 discessus Pb | discedentis Pb dissidens corr. in dissidentis M | infugat Pa | ephoebus M ‖ 24 et om. Pb | fauentum P fauentium L uauentū corr. in fauentiū M

rum lege prohibitum est Olympicum certamen spectare
mulieres.

425 NVLLAQVE CVPIDINE LAVDIS non pecunia aut praemii
nimietate certabant, sed laudis auidis solius erat uirtutis
intentio.

426 INTIMA VVLTVS genetiuus est singularis.

430 IVVENIS THEBANE apostropha ad Polynicen.

433 MAGNIS CVI SOBRIA CVRIS PENDEBAT S. I. D. S.
pendebat sollicita erat. ut Virgilius ⟨Aen. VI 614⟩:
'suspensi poenam exspectant'.

434 SOMNO IAM DETERIORE SENECTVS deficiente calore
sanguinis minimum quietis senectus capit. ordo: cui
magnis curis pendebat somnus. quia in ingenti cura
minor est somnus.

Lind. p. 27 435 NVMEROSA LVCE cum multis lampadibus.

439 EXTERNI IVVENES alterius generis. ut Virgilius
⟨Aen. III 42 sq.⟩: 'non me tibi Troia externum tulit'.
aut certe illud uult magis intellegi: tantam ciuium suorum metu regis esse formidinem, ut nullus audeat manu
litem conserere. talis est ergo sensus: externi estis, o
iuuenes. nam ciuis meus nunquam usque adeo finem litis
suae audet extendere, ut transferat in manus furorem.

442 ANGVSTA DIES ad discordiam conserendam. TRISTE
tristis res. PARVMPER PACEM ANIMO et animo triste est

---

1 certatā Pa | spectare //// M ‖ 3 laude Pa ‖ 4 laude Pa | auidi
LP audiui corr. in auidis M ‖ 5 contentio L ‖ 6 genitiuus LMPa ‖
7 apostrophe L ‖ 8 s. i. d. s. om. LP ‖ 9 pendebat om. LPa |
solita Pb ‖ 10 suspendi corr. in suspensi M inclusi Vergilius |
poena Pa ‖ 11 SENECTVS om. MP ‖ 12 nimium LP minimum
superscr. t nimium M | quietus Pb | cui] cū M ‖ 13 pendebat
curis Pb | in om. MP ‖ 16 Extremi Pb | alius gentis ed. Veneta
Schottky p. 10 ‖ 17 non] namque haud Pb | tibi tibi L | extre-
mum Pb ‖ 18 aut . . . conserere seclus. Schottky p. 10 | in-
tellegi LP ‖ 20 ergo sensus] ordo LP ‖ 21 meus ciuis Pb cui'
mēs Pa | litis suę audet finem M | fine Pa | litis suae audet
om. Pb ‖ 22 īmanis Pb ‖ 24 PARVMPER om. MP | et] id est L |
tristi L tristis P | est om L

pacem paulisper pati. adeo dies uestrae pugnae non
suffecit, ut noctem quieti non daretis?

443 PRODITE dicite.

445 HAVT HVMILES [ignobiles] ut Virgilius ⟨Aen. IV
5 13⟩: 'degeneres animos timor arguit'. quisquis enim timet in discrimine, degener est. econtra qui imperterritus
fuerit, generosi sanguinis indolem profitetur.

447 OBLIQVA TVENTES id est: inuicem se iuuenes male Lind. p. 23
obliquis oculis intuentes.

10 451 CONFVDERE SONIS pariter dicendo significationem
turbauere uerborum.   IN ORDINE iam non turbato.sono.

452 SOLACIA CASVS quia fratrem occidit. casus, quia
parricidium ignarus admisit. dicitur enim uenationis fortuito peremisse germanum.

15 453 MONSTRIFERAE CALYDONIS propter aprum, qui illic
monstri similis natus est et iracundia Dianae regionem
Calydoniam totam uastabat. [quem postea Meleagrus occidit.]   ACHELOIAQVE ARVA Achelous amnis Thessaliae
oriens Aetoliam perfluit, Thetidis filius, qui primus uinum
20 poculis miscuit. ut Virgilius ⟨georg. I 9⟩: 'poculaque
inuentis Acheloia miscuit uuis'.

455 CAELVM PROHIBERE caelum pro aere et nimbis
posuit. id est pluuiam tecto declinare.   QVIS ISTE id
est: quam gerit potestatem, qui hospitalitatis communio-
25 nem sic prohibet?

457 BIMEMBRES duplicium membrorum. ut Iuuenalis

---

2 sufficit L Pa corr. ex suffeč M | detis L ‖ 4 Haud L Pb |
ignobiles om. MP ‖ 6 in certamine LP | qui om. Pb | inper-
territus Pa ‖ 7 generosis Pb | indole Pb ‖ 10 somnis Pb ‖ 12 so-
LATIA L Pa | quia¹] qui Pb ‖ 13 fortuito uenationis L | uenatoris
Pb ‖ 16 monstro Pb | et] ex L | diana M | qui regionem L ‖
17 quem . . . occidit om. M | Meleager L | occisit Pa ‖ 18 in
Thessalia L rectius uidetur ‖ 19 praeterfluit L | Thetidis mu-
tare nolui. est uero Thetis illa maior, quae laudatur a myth.
(I 204). tetide Pa ‖ 23 declinarunt Pb | id est] deest L ‖ 24 quam]
quadam Pb

in quinto ⟨XIII 64 sq.⟩: 'egregium sanctumque uirum si cerno, bimembri hoc monstrum puero'.

459 COMPOSITOS ex uariis gentibus. SVNT ET RABIDIS Iuuenalis ⟨XV 163⟩: 'Indica tigris agit rabida cum tigride pacem.'

460 FASQVE SVVM iura humanitatis atque concordiae.

SOCIARE CVBILIA TERRAE 'et' deest. non licuit per iracundiam. [iratis enim sermo deficit. Virgilius ⟨Aen. I 135⟩: 'quos ego'.]

461 AVT HODIE SPOLIIS GAVISVS ABIBIS ut Virgilius ⟨Aen. X 862 sq.⟩: 'aut hodie uictor spolia illa cruenta et caput Aeneae referes Lausique dolorum'.

463 SANGVIS HEBET stupet originis uirtus horrore parricidii perpetrati. DE STIRPE CREATVM OENEOS Mars Meleagri pater, Meleager Oenei, Oeneus Tydei, quamuis plerique dicant eum Marte procreatum conuerso in uultum Oenei. ordo talis: accipies non degenerasse me a paterna uirtute.

465 ACCIPIES senties siue experieris.

466 ILLE REFERT CONTRA Polynices respondet iniuriis, sed incesti conscius celauit nomen parentis. ergo si accusabis, facti legis, si purgas, fati.

467 CVNCTATVR PROFERRE PATREM timet Oedipum nominare, quia frater est et pater.

470 COEANT DEXTRAE haec apud ueteres foedera fuisse

---

1 in quinto *om.* L in u MPa | sicerno *corr. in* secerno M ‖ 2 hoc ē M *corr. deleu.* ē ‖ 3 SVNT ... pacem *om.* M | rabide Pa ‖ 4 rapida Pa ‖ 6 iura L hora MP | concordia Pb ‖ 7 SOCIARE ... TERRAE *om.* MP | et *om.* L | per] propter L ‖ 8 in iratis Pa | iratis ... ego *om.* M | defecit Pb ‖ 10 HAVT L | ABIBIS. Spolia illa. ut LPa abibis et item ut Pb | Virgilius *om.* Pb ‖ 11 haut L *om.* Pb | uictor *om.* MP ‖ 12 Lausique dolorum *om.* L ‖ 13 habet M | uiribus Pb uictus L ‖ 14 DE *om.* MP | creatum oeneus M ‖ 16 plerique] multi Pb | Marte *om.* Pa ‖ 17 degenerare L | me *om.* MP | patria L ‖ 20 Ille *corr. in* Illi M | polinicem Pb | respondet *mut. man. 2 in* respondens M ‖ 21 ergo ... fati *om.* P ‖ 22 facti legis *superscr. man. 2* sacrilegii M ‖ 23 edippodum Pb oedipeduʒ Pa ‖ 24 frater et pater est LPa ‖ 25 foedera *om.* Pb

et Virgilius testatur, ut ⟨Aen. VIII 124⟩: 'excepitque manu dextramque amplexus inhaesit'.

474 FATA SENEX bene dixit fata. quicquid enim senex loquitur, propemodum fatum est. et reuera quasi 5 instinctu numinis locutus est. nam ex discordia magna familiaritas conflata est inter Tydeum et Polynicem.

475 EXTREMA extreme. nomen pro aduerbio. PROTERVO quod amore Proserpinae inferos penetrare non timuit. esse ergo pro fuisse dixit et recte. nam omnia, 10 quae nimis bona aut mala sunt, pro praesentibus ascribuntur. extrema ergo, quia fides extrema erat usque ad inferos. id est: quanta fide perhibent fuisse extrema partitum Pirithoo Thesea.

476 THESEA PIRITHOO hanc talem fidem uult esse, 15 qualem colebat antiquitas. quatuor namque amicitiarum exempla fuisse certissimum est: Thesei et Pirithoi, Orestis et Pyladis, Achillis et Patrocli, Tydei et Polynicis. Theseus et Pirithous conspirauerunt filias Iouis uxores ducere: Theseo rapuerunt Helenam adhuc paruam, Pirithous cum 20 filiam Iouis quaereret et non inueniret, quia apud inferos erat Proserpina, conuenerunt, ut descenderent pariter. qui deprehensi poenas dederunt. — Orestes post necem matris furias passus est. ut Virgilius ⟨Aen. IV 471⟩: 'Agamemnonius scenis agitatus Orestes'. huic Pylades tulit 25 in calamitate solacium, cuius auxilio furiis liberatus est.

---

1 et om. LPb ‖ 2 dextraq3 LMPa ‖ 4 factum P ‖ 5 institutum Pb ‖ 6 polinicen Pa policem Pb ‖ 9 esse] uere Pb ‖ 10 mala et bona L | sunt aut mala Pb | adscribuntur L ‖ 12 prohibent Pb | extrema. PARTITVM EXT. P. L ‖ 13 piritho corr. in perithoo M pyrithoo Pa peritoo Pb | Thesea om. L ‖ 14 THESEA PIRITHOO om. Pb | talem suo loco deletum posuit post esse Pb ‖ 16 exemplū M extra Pb | hoĩstis pilade (om. et) Pb ‖ 17 Pyladae LPa | patrocle Pb ‖ 19 Theseus rapuit LP ‖ 20 aput M | in inferos esset Pb ‖ 21 conuenerunt M coniurauerunt LP ‖ 22 ponas descenderunt Pa ‖ 23 est om. libri, seruauit Monac. | Agamemnonis senis Pb ‖ 24 agitatur Vergilius | pro hoc uersu in L legitur Aen. III 331: 'et scelerum furiis agitatus Orestes'

— Patroclus deside Achille causa Briseidis armis ipsius indutus uenit ad Troiam atque ibi manu procubuit Hectoris.

— Tydeus uero causa Polynicis pergit ad Thebas ibique dimicans periit.

[477 RABIDAM id est contra eum furentem. nam tres esse Furiae dicuntur Plutoni deseruientes, quarum prima Alecto, quae impausabilis dicitur, altera Tisiphone quasi τούτων φωνή id est istarum uox, tertia Megaera quasi μεγάλη ἔρις. primum est ergo non pausando furiam concipere, secundum est in uocem prorumpere, tertium iurgium protelare.]

Lind. p. 29 479 VENTIS VT DECERTATA parenthesis per similitudinem. Lucanus ⟨V 217 sq.⟩: 'sed ut timidus Boreas post flamina uentus rauca gemit'.

480 LAXATIS id est cessante uento distentis.

481 PASSI SVBIERE PENATES ordo est: tunc passi subiere penates, id est tunc permiserunt sibi, ut pariter Adrasti domum subirent.

483 INANEM LEONEM hoc est pellem leonis. ut ipse alibi ⟨VI 697⟩ inanem tigridem dicit.

484 IMPEXIS compositis aut non compositis. VTRIMQVE ex utroque humero.

485 QVEM PER TEVMESIA [TEMPE] oppidum Thessaliae. tempe aut loca amoena a caeli temperamento dicta aut Boeotiae montem designat. illius leonis scilicet, ·quem in Teumeso Hercules occidit. nam idem duos superasse

---

1 reside Pb | briseide MPb breseidē Pa | ipsis Pb ‖ 2 ibi om. Pa | occubuit Pb ‖ 3 ad om. superscr. M ‖ 5 scholion om. M ‖ 7 impassibilis Pb impossibilis Pa ‖ 8 τούτων] toton Pa tanto Pb ‖ 9 ἔρις] aeris Pa | ergo est L | pausando L pulsandum P ‖ 10 in uoce Pa | tertium est Pb ‖ 11 procelare Pb | L p. 500: ita ex Fulgentio Planciade mytholog. hunc locum restituimus ‖ 13 sed om. L | timidis borea Pb | tumidus Boreae post ... pontus Lucanus ‖ 16 subiecere Pb | pacti Grotius ‖ 17 ⸎miserunt Pa permiserant Pb promiserunt L M ‖ 21 inpexis MPa | utrinque LP ‖ 22 numero Pa ‖ 23 TEMPE om. M P ‖ 24 tempe om. L | aut¹) autem Pb ‖ 25 significat LmPb ‖ 26 Theumesia L t(h)eumesio MP

dicitur: primum Teumesium, secundum Cleonaeum. Teumesus mons Boeotiae est, Nemaeus mons Arcadiae, qui est Cleonaeus.

489 AMBIRE uelare seu cingere.

490 CALYDONIS HONOS quasi ipse aper Calydonius esset appellatus.

492 VOCALIBVS ANTRIS fatidico Apollinis specu. ⟨uocalibus⟩ responsa promentibus.

493 OBTVTV fixo aspectu, id est aut stupore animi aut senectute. ut ⟨Aen. VII 250⟩ 'obtutu tenet ora soloque immobilis haeret'.

494 HORROR IIT medie dictum. horror enim aut gaudiorum est aut maeroris. sed modo gaudii intellegendum. timoris horror est, quem Virgilius ⟨Aen. II 755⟩ dicit: 'horror ubique animo, simul ipsa silentia terrent', laetitiae, ut Terentius ⟨Eun. 83 sq. F.⟩: 'totus, Parmeno, tremo horreoque, postquam aspexi hanc'.

495 AFFORE adesse.   NEXIS AMBAGIBVS obscuris responsis. ut Virgilius ⟨Aen. VI 100⟩: 'obscuris uera inuoluens'.

496 VVLTV FALLENTE superficie sola.

498 NOX QVAE TERRARVM C. A. L. laus noctis, quia Lind. p. 30 habet officium suum caelum, lunae uel siderum cursus amplexa. ut Maro ⟨Aen. II 251⟩: 'inuoluens umbra magna terramque polumque'.

---

1 Teumesus] themeus P   the////mesius M ‖ 2 mons¹ *om.* Pb | qui est] qui etiam L, *scribere malim cum mythogr.* (II 160) qui et ‖ 3 oleneus MPa eleoneus Pb ‖ 5 Calidonus horos Pb | Calydonius *mendosum uidetur, fortasse scribendumst* Calydon ‖ 7 Apollinis Pa | *ante* responsa *supplendum putaui* uocalibus ‖ 12 Orror *add.* H *man.* 2 M Error Pb Orror Pa | orror P | gaudii Pb | 13 est *om.* LPa | sed modo ... horror est *om.* Pb ‖ 14 quam Pb quem M *add. man.* 2 admodum ‖ 15 animum L animos P | ipsa ... terrent *om.* Pb ‖ 16 tremori Pa tremor Pb ‖ 17 hornorque Pb | 18 Afore *superscr.* f *man.* 2 M | nextis Pa | ut *om.* L | 21 scola Pa ‖ 22 QVAE] q̄q̄ʒ Pa | C. A. L. *om.* LP | quia] que Pb | 23 lunam LPb luna Pa | cursus syderum disponere. AMPLIXA L ‖ 24 mare Pb | magna *om.* Pb

499 TRANSMITTIS SIDERA aut transire facis per te, aut cum ipsa transis. quia fixa sunt sidera.

500 INDVLGENS REPARARE ANIMVM dixit, quid sideribus praestet; quid etiam mortalibus praebeat, dicit. hoc est: indulgens otium, quo animus reparatur. ut Ouidius de 5 Somno libro XI ⟨623 sqq.⟩: 'Somne, quies rerum, placidissime, Somne, deorum, pax animi, quem cura fugit, qui corpora duris fessa ministeriis mulces reparasque labori'.

501 AGILES celeres. summa est enim celeritas illi redeundi. celeres ergo in nostro officio: quibus agimur. 10

502 TV MIHI PERPLEXIS QVAESITAM ERRORIBVS quia oraculum de generis erat obscurum.

503 ADVEHIS ALMA FIDEM id est responsa Apollinis soluis. VETERIS FATI praeteriti responsi.

504 ADSISTAS OPERI precor, ut nuptiarum beneficia 15 compleas.

505 DIMENSIS ORBIBVS finitis annis singulis. anniuersarium illi sacrificium pollicetur. ut Virgilius ⟨Aen. V 53⟩: 'annua uota tamen sollemnesque ordine pompas'.

507 LVSTRALIAQVE EXTA pinguia, nec possumus quin- 20 quennalia accipere, cum constet anniuersarium sacrum dicatum fuisse. lustralia ergo pecora sunt, quae per quinquennale tempus deuota sacrificiis nutriuntur et ideo pinguia.

[509 SALVE PRISCA FIDES TRIPODVM tripos species 25

---

1 transmittit Pb | SIDERA om. MP ‖ 2 propono aut · cum iis ipsa aut cum ipsis ‖ 3 dixit om. Pb | qui corr. in quid M ‖ 4 qui corr. ex quid M ‖ 6 undecimo Pb ‖ 7 quam cura Pb ‖ 9 enim est L | illis LPb ‖ 10 nostris officiis LmPb | quibus MP quo L | illud quibus agimur trahi debet ad agiles ortus ‖ 11 perplexeas corr. in perplexeis M | Q. ERRORIS L om. MP ‖ 13 ALMA FIDEM om. MP | id est om. L | Apollinis om. M ‖ 14 solus Pa | uati M | presenti responsi Pb ‖ 15 beneficium LP ‖ 18 sacrum L ‖ 19 solemnesq₃ ex ordine po Pb om. LMPa | 20 -QVE om. MP | nec possumus … dicatum fuisse om. L ‖ 23 quinqueannale sunt tempus Pb ‖ 25 SALVE — tecta om. LmM in P hoc loco omissa leguntur post scholion 514

est lauri, tres habens radices, Apollini | consecrata propter Lind. p. 31
triplicem uim diuinationis.   nam et Sol praeterita uidit
et praesentia cernit et futura uisurus est. est etiam tripos
mensa Apollinis corio Pythonis serpentis tecta.] prisca
5 magna.   OBSCVRIQVE RECESSVS pro uoluntate deorum
ant oraculi fide latente.   μετωνυμία: per id, quod efficit,
id, quod efficitur.

510 DEPRENDI FORTVNA DEOS agnoui oraculum.

512 CANIS albis. ut Horatius ⟨carm. I 4, 4⟩: 'prata
10 canis albicant pruinis'. Virgilius ⟨georg. I 43 sq.⟩: 'canis
cum montibus humor liquitur'.

514 ADOLERE FOCOS uerbum proprie est sacra red-
dentium. quod significat uotis uel supplicationibus numen
auctius fieri. ergo adolere accumulare. unde Virgilius
15 ⟨Aen. VII 71⟩: 'adolet dum altaria taedis'.

515 INSTAVRARE IVBET renouare, sacrificium celebrare,
ut intellegamus superiore die uota Apollini persoluta, quae
nunc aduentu iuuenum praecipit renouari in honorem
Apollinis.

20 516 VARIO S. I. T. R. ut Maro ⟨Aen. I 705⟩: 'centum
aliae totidemque pares aetate ministri'.

518 EMVNIRE TOROS instruere.   TAPETAS genere
masculino. ut Virgilius ⟨Aen. IX 358⟩: 'pulchrosque tapetas'. [tertio declinatur hoc nomen et tapetum, tapeti
25 et hoc tapete, huius tapetis. unde est ⟨Aen. IX

---

1 apollinis consacrata Pb ‖ 2 Sol et? | uidelicet L ‖ 6 fidem
MP | latent̄ M latent͡ Pa latentur Pb | metonomia MP ‖ 8 de-
p̄hendi Pa ‖ 9 prata om. LM ante pruinis pos. P ‖ 10 albicat
ora pruinis L | Virgilius ... liquitur om. M ‖ 11 loquitur Pa ‖
12 est] ēē Pa ‖ est proprie Pb ‖ 13 uotis uel rationibus uel
supplicationibus Pb ‖ 14 a̅ctius M acuus Pa | unde om. L ut
Pb | 15 adolet] augent Pb | taedis om. L ‖ 17 intelligamus libri ‖
18 praecepit Pb | renouare Pb reuocari Pa ‖ 20 s. i. t. r. om.
LP secuntur in Mon.: (517) Regia quando fixum est significat
palatium | 21 aliae] arae L ‖ 22 Et munire Pb | tapeta generis
ma. Pb | 23 pulchrosue L pictosque Pb pulcrosque M Pa ‖
24 tertio ... accusatiuus om. M | et om. L | tapeti Pa ti LPb ‖
25 tapete om. L | huius om. LP | tapetis om. Pa

325 sq.⟩ 'qui forte tapetibus altis exstructus'. declinatur et Graece ὁ τάπης, τοῦ τάπητος, a qua declinatione est iste accusatiuus.]

519 LEVARE lucidas facere. ut Virgilius ⟨Aen. V 306⟩: 'leuato lucida ferro'. MENSAS pro uasculis posuit.

[521 TENDVNT AVRATIS VINCVLA LYCHNIS uitandae humilitatis aucupio lucernas noluit dicere. sic Maro ⟨Aen. I 726⟩: 'dependent lychni laquearibus aureis'. indignum enim hoc heroo carmine fuerat.]

527 SICCATI VVLNERA LYMPHIS secundum Virgilium lota aqua uulnera siccata dixit. ut ⟨Aen. X 834⟩ 'uulnera siccabat lymphis'.

530 ALTRIX nutrix.

531 IVSTAE VENERI legitimas nuptias dixit.

532 TACITA pro aduerbio tacite, aut fideli.

Lind. p. 32   536 TERRORE MINVS id est sine terrore. pulchritudinem potuit dare deae, potestatem uero non potuit praebere mortali. sensus uero talis est: quantum ad pulchritudinem, Mineruae et Dianae similes erant, quantum ad terrorem, minores.   NOVA DEINDE PVDORI V. V. F. noua facies id est peregrinorum uisa est pudicis uirginibus, quae per pudorem et palluerunt et rubuerunt.

538 PVRPVREAS HAVSERE GENAS purpureas pulchras. hausere consumpsere, quia desierunt esse purpureae. VERENTES uerecundiam patientes.

539 AD SANCTVM REDIERE PATREM primo patrem, post iuuenes et iterum patrem aspexerunt. mores expressit

---

1 exstructus declinatur *om.* Pb ‖ 2 ὁ tapetes Pb | τοῦ *om.* L cor Pa | ταπήτος L ‖ 3 iste P | hic L ‖ 4 Leuato lucida face Pb ⌈ ut *om.* Pb ‖ 5 ferre M | mensa Pb ‖ 6 *scholion om.* M | lichinis Pb ‖ 7 aut cupio P ‖ 8 aurei Pa auris Pb ‖ 9 haec Pa | eroo Pa heroico Pb ⌈ carmini Pa ‖ 11 siccata ..... uulnera *om.* Pb ‖ 13 alitrix Pa ‖ 14 ueneris Pb | dixit nuptias Pb ‖ 15 Tacite M | autem Pb | fideliter L ‖ 18 quantum ad pulchritudinem *iterauit post* similes erant Pb ‖ 20 v. v. f. *om.* LP ‖ 21 propter LPb per MPa ‖ 22 expalluerunt Pb *corr. ex* et palluerunt M ‖ 23 PVR- PVREAS .. GENAS *om.* L ‖ 24 dixerunt Pb ‖ 26 post *superscr.* posuit M ‖ 27 iterum] item MPb | morem Pb

erubescentium, quae si nouam uiderint faciem, statim suos oculos ad notam sibi personam retorquent.

541 IASIDES πατρωνυμικόν ab antiquis ducibus ductum, qui ante Danaum fuerunt: Iasi filius Iasides. Iasus et
5 Phoroneus antiqui reges Argiuorum fuere, qui primi Iunoni sacrificauerunt. poposcit ergo Adrastus ex more pateram, qua assuerant Argiuorum antiqui principes diis litare. ut Virgilius ⟨Aen. I 729 sq.⟩: 'impleuitque mero pateram, quam Belus et omnes a Belo soliti'.

10 543 CAELATA insculpta.

[544 AVREVS Perseus significatur. aureus ideo, quia in auro erat sculptus. qui uolatu dicitur uenisse ad interficiendum Gorgona. quod ideo fingitur, quia nauigio uenit. nam haec duo inter se reciprocantur. ut Virgilius ⟨Aen.
15 III 520⟩: 'uelorum pandimus alas'. item alibi ⟨georg. IV 59⟩: 'nare per aestatem'.]

545 ITA VISVS IN AVRAS ad probationem rei, tamquam uerum esset, exposuit.

546 GRAVES OCVLOS morituros, et quia omnem uim
20 nocendi in oculis habebat, quaerebat abscisa sectorem. ad admirationem uiri finxit et sensum.

547 VIVO FVLVO, quod uiui colorem habeat. ⟨pallescit⟩, quod pallidus mortui habet colorem. admiratur autem, quod cum in uiuo sit picta, mortis tamen pallore torpescat.

---

1 rubescentium Pb | que M qui LP | suos om. Pb ‖ 2 oculos post personam pos. Pb ‖ 3 Iaspides Pb | patronomicum Pa ex patronomicon corr. M patronimicum Pb patronymicum L | dictum LPa ‖ 4 damnaum Pb damnauit Pa | fuit libri praeter Monac. | scholion corruptum esse puto. fortasse sic scribendum est: SENIORQVE (542) qui ante Danaum fuit | Iasides om. LPb | Iasus om. Pa ‖ 5 phoreneus Pa | fuerunt Pb | 7 assueuerant L | corr. ex assuerant M | libare L ‖ 8 pateram quam] pateraq; Pa | 11 scholion om. M | perseum Pb | significat Pb sign̄ Pa ‖ 12 interficiendam Pb ‖ 14 hic Pb ‖ 15 Idem L ‖ 17 rei om. Pa ‖ 19 et om. Pb ‖ 20 obscisa Pa occisa L | septorem Pb | ad admiracionem M | āmirationem Pa ‖ 21 uiri M ueri Mon. om. LP | 22 habebat LPb habeat MPa | pallescit inserui ex coniectura | 23 quum pallidus L | habeat L ‖ 24 mors L

548 HINC PHRYGIVS ... VENATOR Ganymedes Troili regis et Callirrhoae filius, quom Iuppiter dilexit [et per aquilam rapuit. et adhibitus est ministerio deorum remota Hebe, Iunonis filia. hinc Virgilius ⟨Aen. I 28⟩: 'et rapti Ganymedis honores']. 5

549 GARGARA summae partes Idae montis quasi Carcara id est capitis caput. κάρα enim Graeci caput uocant.

550 STANT MAESTI COMITES ut Virgilius ⟨Aen. V 256⟩: 'longaeui palmas nequiquam ad sidera tendunt'.

554 COMITVM FAMVLVMQVE .... MANVS id est ami- 10 corum et seruorum multitudo. PVDICA FRONDE id est lauro. pulchre propter Daphnen, quae uirgo permansit. [fuit autem filia Penei, fluminis Thessaliae. quam cum Apollo amaret et illa fugeret, deorum miseratione in laurum conuersa est, quae in tutela Apollinis esse dicitur.] 15

555 CVI FESTA DIES Apollini scilicet. ut est ⟨Aen. II 249⟩ 'festa uelamus fronde per urbem'.

Lind. p. 33 557 FORSITAN O IVVENES sensus talis est: credo, sanctissimi iuuenes, unde nobis sint sacrorum ista sollemnia, animos uestros uelle cognoscere. 20

562 SINVOSA VOLVMINA spatiosa. longum hyperbaton: postquam perculit.

564 TERENTEM crebris amplexibus tenuantem.

565 CASTALIIS magnae arbores iuxta Castalium fontem sunt, qui in Boeotia esse dicitur Musis consecratus. 25

566 NIGRO SITIENS ALIMENTA VENENO quaerens acci-

---

1 Troii filius regis troiani et calirce Pb | Trocli L ‖ 2 callirohe M Callirhoes L calirce Pa | et per .. honores om. M ‖ 6 quasi] quas Pa | carcaros Pb (= κὰρ καρός?) ‖ 7 id est] a Pb | κάρη L καρ Pb cara MPa | graece LPa | uocatur L ‖ 9 nequicquam LP ‖ 11 pudico M | id est LMPb uel Pa ‖ 12 pulchre M pulchra L pulcrum Pa pulchrum Pb pudica coniecit Grotius ‖ 13 fuit ... dicitur om. M | autem LPa ergo Pb | penei fluminis filia Pb | Thessaliae om. Pb ‖ 14 Apollo om. Pb | illum Pb ‖ 15 esse ... 555 ... Apollini om. Pb ‖ 16 Apollinis LPa ‖ 18 forsitam Pb ‖ 23 crebris] longis Pb ‖ 25 consacratus Pb

pere alimenta, ut augeret uenenum. ueneno enim proficit,
quicquid acceperit serpens bibendum. ut supra ⟨u. 91⟩
'sulphureas permiserat anguibus undas.'

570 CROTOPI hic rex Arguius fuit, qui Apollinem
5 Pythonis caede pollutum expiauit. huic filia Psamathe
fuit, cum qua Apollo concubuit. de quo compressu genuit ac mox editum partum exposuit. quod Apollo indignanter accipiens in uindictam iniuriae suae iniecit monstrum, quod Coroebus occidit.

10 572 DECORE PIO ex natura uenienti, non fucis aut
cura decorato. SERVABAT NATA PENATES Psamathen dicit,
Crotopi filiam. seruabat possidebat. ut Virgilius ⟨Aen.
VII 52⟩: 'sola domum et tantas seruabat filia sedes'.

573 FELIX SI DELIA NVNQVAM FVRTA id est: felix, si
15 nunquam fuisset Apollinis perpessa concubitus.

575 AD FLVMINIS VNDAM morem habent poetae, ut ex
diis genitos super fluminum ripas memorent esse conceptos,
ut facilis numini possit esse ablutio. [Virgilius ⟨Aen. I
617 sq.⟩: 'tune ille Aeneas, quem Dardanio Anchisae alma
20 Venus Phrygii genuit Simoentis ad undam?']

576 BIS QVINOS uult poeta monstrare legitime editum
partum puerperae auctore Virgilio ⟨ecl. IV 61⟩: 'matri
longa decem tulerunt fastidia menses'. Terentius ⟨Adelph.
474 sq.⟩: 'uirgo ex eo compressu grauida facta est; mensis
25 hic decimus est'.

577 NEPOTEM quia ex Apolline nascebatur.

1 augeret M man. 2 superscr. tangeret | uenenū corr. ex
ueneno M uenena LPa | uenenum augeret Pb ‖ 2 ut supra om.
Pb | 3 ꝑmiserat Pa permiserit Pb ‖ 5 tiphonis libri, corr.
Kohlm. | Psamate L samate LmPb semate Pa samata M ‖
6 fuit om. MP ‖ genuit MP edidit L ‖ 10 PIO] puero Pb ‖
11 cara Pb | scribere malin decorata | Psamaten L samatam
MP | 13 domos Pb | tantos Pa tantas LMPb Vergilius | nata
penates LMPa filia sedes LmPb Vergilius ‖ 15 concubitum Pb ‖
18 numini MP nimirum L | Virgilius ... ad undam om. M
20 undas L ‖ 22 auctore ut uirgil. Pb ‖ 23 et terentius Pb ‖
24 facta om. Pb | hic mensis est decimus Pb ‖ 26 nepotes Pb |
quia MPb q3 Pa qui L

581 CVSTODI huius in historia Helenus nomen inuenitur.

Lind. p. 34 582 NON TIBI DIGNA PVER quasi indumenta eius essent ex libris et arbuto. arbutei (584) ergo pro ilignei posuit, nam arbutus tegimen non habet.

586 ET PECORI COMMVNE SOLVM ut ostenderet pecori pastorique domum esse communem. ut Iuuenalis ⟨VI 4⟩: ᶜet pecus et dominos communi clauderet umbra'.
SED FATA NEC ILLVM CONCESSERE LAREM id est: fatorum necessitas puerum uiuere nec in indigno loco permisit. ut Virgilius ⟨Aen. VI 869 sq.⟩: ᶜostendent terris hunc tantum fata nec ultra esse sinent.

588 TEMERE casu, periculose.   ET PATVLO CAELVM ORE TRAHENTEM ut Virgilius ⟨georg. I 376⟩: ᶜet patulis captauit naribus auras'.

591 ADIT percutit.   PVLSI EX ANIMO conscientiae haec sunt tria supplicia: uerecundia, pudor et supplicii metus. haec omnia mortui filii dolor exclusit.

593 VACVVMQVE FERENS VELAMINE PECTVS id est scissis uestibus nudauerat pectus.

594 NEC MOTVS uel paterna admonitione uel luctu.

595 INFANDVM absolute dixit. ut Virgilius ⟨georg. I 478 sq.⟩: ᶜpecudesque locutae (infandum!)'.

596 SERO MEMOR THALAMI bene sero, quia post mortem eius iniuriam uindicauit, siue quod eam ulcisci magis uoluerit quam tueri.   SOLACIA MORTI solacia pro ultione posuit.

---

1 Heleni L ‖ 2 NON TIBI DIGNA PVER MP CLAVSA ARBVTEI L | eius om. Pa corr. in ei M ‖ 3 arbuteis LMPa arbutris Pb arbutei Mon. | illigeis Pb ligneis LMPa lignei Mon., corr. Vnger. ‖ 4 tegmen LPb ‖ 5 SOLVM om. LPa | pecoris Pb ‖ 7 dominos| dm̄ M | communis LMPa ‖ 8 set Pa | concesisse Pb | in om. Pb uti superscr. manus 2 M ‖ 10 ostendunt LPa | 11 sinunt L Pa ‖ 12 ET om. MP ‖ 13 et ante patulis non legitur in Vergilio, fortasse excidit uersus ‖ 15 ADIT percutit om. LPb ‖ 16 sunt hec Pb | pudor] pavor Lc ‖ 20 ammonitione MPa | luct' M ‖ 21 absoluit Pa | dixit om. Pb | 22 pro locutae exstat lacuna Pb | infandum om. Pa ‖ 23 THALAMI] thebani Pb ‖ 24 maluerit Pb

599 AETERNVM aduerbium est, id est semper.

600 FERRVGINEAM nigram. est sensus: ferrugineam frontem anguis discriminat, quasi a media fronte consurgat, ut, quod facit uitta in crinibus feminarum, hoc in monstri
5 capite anguis faciat.

601 NOCTVRNO quod noctu incederet. nam quasi infernum monstrum uitabat aspectum lucis.

602 A STIRPE RECENTES mox natas id est pueriles animas, ut ostenderet, quam rem dolor Apollinis uindicaret.

10 607 POSTHABITA quibus facile est famam morte mer- Lind. p. 35
cari. ut Virgilius ⟨Aen. IX 205 sq.⟩: 'est hic, est animus lucis contemptor et istum qui uita bene credat emi, quo tendis, honorem'. qui hic uitam spernit, famam acquirit.

608 NOVOS . . . . P. quos nondum uastauerat.

15 609 IN BIVIO aditus ut ex illa parte et hinc patens. ut Virgilius ⟨Aen. XI 516⟩: 'ut biuias armato obsidam milite fauces'. PARVVM pro paruorum.

610 ET IAM VNCA MANVS VITALIBVS HAERET horum uiscera lacerare iam coeperat.

20 611 FERRATIQVE VNGVES duri.

615 PROFVNDO insatiabili, qui semper mortuos rapit.

616 HABERE IOVI utique Plutoni, ut ⟨Aen. IV 638⟩ 'sacra Ioui Stygio'. VISERE IVXTA quia uiuo monstro comminus accedere non licebat.

25 618 PROLVVIEM cadaueribus humanis uteri confectam proluuiem.

---

2 et est sensus Pb sensus est L ‖ 4 uita Pa uitia M
superscr. manus 2 uitta ‖ 6 quasi nam Pb | quasi . . . 602 . . .
id est *in contextu om. in marg. sup. add. manus 2* M ‖ 7 lucis
om. Mon. M ‖ 10 famam *om.* P | mortem P ‖ 11 En hic LPa ‖
12 istam L | vitam L | quo tendis honorem] quod h. Pa q. i.
h. M quasi dicat L ‖ 13 hic M enim LP | adquirit MPa ‖ 14 P.
om. L per P ‖ 15 ut *om.* LP | paciens Pa ‖ 16 ut[1] *om.* LPa | amato
Pa | obsidant L ‖ 20 Ferrati MPa ferranti Pb ‖ 22 ut quod
sacra Pa ‖ 24 cominus L Pb ‖ 25 confectam uteri? ‖ 26 per
proluuiem Pb

619 QVA NOSTRAE CECIDERE ANIMAE ad superiora respondet, id est qua aluo.

620 PALLENT aut propter monstrum, quia horrore sui etiam post mortem timeri coeperat, aut pallor, qui ex luctu et timore inerat omnibus, tantus fuit, ut nec post 5 gaudia sedaretur, quae solent immutare hominum uultus.

622 MOLARES id est natos ad molarum usum lapides, eo quod natura sunt asperi. ut Virgilius ⟨Aen. VIII 250⟩: 'uastisque molaribus instant'.

623 DECVLCARE de alto illidere siue deprimere. 10 NEQVIT IRAM EXPLERE POTESTAS licentia securi aspectus satiari ira non poterat.

625 IMPASTAE FVGISTIS AVES eleganter impastae per hyperbolen dixit, ut 'etiam esurientes abstinuistis', ne satiatae abstinuisse crederentur. hic ergo aut propter formam 15 aut propter foetorem fugisse impastas uolucres dixit.

Lind. p. 36 628 BIVERTICIS .. PARNASI qui in duos diuiditur colles.

629 INIQVO irato.

630 CYCLOPVM TECTA uelut Cyclopum. idonee enim omnia constructa aedificia Cyclopea dixit antiquitas. 20

631 NEBVLARVM INCENDIT AMICTV id est morbo uitiauit seu polluit. amictu nebularum nebularum aere pestilenti.

632 MORS FILA SORORVM ENSE METIT non iam pollice fila rumpuntur, sed ad saeuiendum infestius ferro exse- 25 cantur. tanta festinatio mortis fuerat. ut Lucanus ⟨VI 100⟩: 'sed languor cum morte uenit'.

---

1 NOSTRAE] matre Pb | respondet Pb respondit LMPa ‖ 2 aluo] proluuie *Mon.* ‖ 3 horror Pb ‖ 4 timĕ Pa ‖ 5 omnibus Pa hominibus LMPb ‖ 6 inmutare MPa ‖ 7 morales Pb ‖ 8 eoq3 Pb | sint M | ut *om.* LP ‖ 9 instat *Vergilius* ‖ 10 inlidere MPa siue] fuit Pb ‖ 13 Inpaste MPa | per *om.* M ‖ 14 ut] nec L ‖ 15 hoc Pb ‖ 16 fuisse Pb | inpastas Pa ‖ 17 inuerticis Pb | PARNASSI LM | quasi Pb ‖ 19 uelud M ‖ 20 Cyclopaea L ciclopeia P antiquitus M ‖ 21 incende Pa | AMICTV ... polluit *om.* Pb ‖ 22 nebularum *om.* LP | pestilenti *om.* Pb ‖ 24 sororum e. m. n. M ‖ 25 infestius *Vnger.* instantius *Barth.* in facinus LP ut facinus M | execantur P ‖ 27 langor Pa longor Pb

633 FERT MANIBVS VRBEM hoc est in urbe dominatur.

634 DVCI Crotopo   LAEVVS IGNIS iniquissimus pestilentiae furor. siue Sirius, qui certis temporibus uideri
pestilens solet, nunc sibi anni spatia uindicaret.

5   637 IVVENES QVI CAEDE POTITI id est qui peremerant
monstrum.

638 FORTVNATE ANIMI apostropha ad ipsum iuuenem,
qui pro patria optauit mori. DIGNE PROMERITVRE DIEM
digne aduerbium est.

10   641 COMMINVS ORA FERENS cum ob declinandam mortem
posset Coroebus se occulere, propior tamen se Apollini
furenti obtulit de poena securus.

643 NON MISSVS THYMBRAEE TVOS Thymbraeus dici- Lind. p. 37
tur Apollo ab herba thymbra, quae in templo Troados
15 abundat. missus humilis, deiectus, aut coactus. sed sponte
huc ueni, non ad supplicium, sed magis ad iracundiam
tuam lacessendam.   [PENATES pro templo posuit. nam
penates hominum sunt, deorum templa. sed hic per dif-
finitionem templum domus deorum.]

20   644 MEA ME PIETAS E. C. V. pietatem posuit, quia
ciues suos internecio monstri seruauerat, uirtutem, quia
non timebat interitum aut quia uirtute monstrum occiderat.

646 MORTALE NEFAS eleganter ostendit se culpa carere
25 peccati, siquidem nil sanctum uiolauerit, cum constet nefas
peremptum fuisse mortale.

---

1 orbe M ‖ 3 temporibus certis LPa ‖ 5 peremerant M ‖
7 apostrophe L ‖ 8 quod pro Pb ‖ 10 COMINVS LP ‖ 11 se Cho-
roebus L | occultare Pb | propior LMP propiore Mon. propio-
rem Vnger. ‖ 12 furenti corr. in ferienti M | optulit MPa ‖ 13 non
nisi thimbre tuos Pb ‖ 14 troades Pb ‖ 15 humilis om. Pb ‖ 17 PE-
NATES ... domus deorum om. M ‖ 18 difinitionem Pa ‖ 20 me
mea MP | E. C. V. om. LP ‖ 21 internetio corr. in internitio M
internectione L ab imtemperatione Pb ab internitione Pa |
uirtus uirtutem posuit Pb ‖ 24 NEFAS MORTALE L | morale Pa
mortalem Pb | eleganter om. M ‖ 25 constat Pb ‖ 26 fuisse per-
emptum Pb | mortalē M

647 SINISTRI POLI corrupti aeris siue nullum habentis remedium sanitatis.

648 INIQVE iniuste, qui pro aliena culpa alios punis.

649 VILIOR ORBI cui orbis iactura uilior est? id est quibus diis uilius damnum sit homines perire quam monstra?

650 INCLEMENTIA iracundia. ut Virgilius ⟨Aen. II 602⟩: 'diuum inclementia, diuum'.

651 QVID MERVERE ARGI cur pro aliena culpa punis innoxios? ME ME DIVVM OPTIME pro salute ciuium se obtulit puniendum. ut Virgilius ⟨Aen. IX 427⟩: 'me, me, (adsum, qui feci), in me conuertite ferrum'. diuum optime per ironiam dictum. non enim conueniebat, ut, quem supra iniquum dixerat, nunc praeconio laudis efferret.

653 LENE MAGIS CORDI iucundum. id est si tibi cordi sunt magis monstra quam homines. QVOD DESOLATA DOMORVM id est orbitatibus uacuas domos et tecta iam paene inania.

655 LVCET AER scilicet ex rogis.

656 EXSPECTANT MATRES ut morbus ciuium meo finiatur interitu.

657 SATIS EST MERVI NE PARCERE VELLES hoc est: sufficit mihi, quod talibus te prouocaui conuiciis, ut dignus ueniae tuae esse non debeam.

658 PROINDE MOVE PHARETRAS meretur reus ueniam, cum sibi eligit poenam. SONOROS grauiter sonantes. [sonat

---

1 *post* poli *inseruit manus 2* id M | habentis nullum Pb ‖ 3 quod LPa *om.* Pb | pro *om.* Pb | alios *om.* Pa ‖ 4 uilice orbi Pb | cui orbi MPa ‖ 5 diis quibus LM | damnum *om.* Pb | fit Pb ‖ 8 diuum¹ *om.* L | diuum² *om.* Pb ‖ 9 Quod *corr. in* Quid M ‖ 10 OPTIME *om.* M oprimere Pb ‖ 12 conuerticem Pb uertite Pa ‖ 13 conuenit Pb ‖ 14 praeconio laudis LMPb laudibus Pa ‖ 16 iocundum P | id *om.* M ‖ 17 monstra magis L | monstri Pb | QVOD] qui Pb ‖ 18 orbitatibus LP orbitatis *corr. in* orbitate M orbitate *Mon.* | domus MPa domos LPb ‖ 20 ager P | ex rogis scil. L ‖ 26 mouetur Pb ‖ 27 elegit Pa | sonat ... sonoras *om.* M *in marg. inf. add. manus ut uidetur recentior:* sonat quod

enim, quod leuiter strepit, sonorat, quod grauiter. utrumque aduertimus docente Virgilio: leuiter ⟨Aen. II 728 sq.⟩
'sonus excitat omnis suspensum', grauiter ⟨Aen. I 53⟩
'tempestatesque sonoras'.]

5 659 INSIGNEMQVE ANIMAM artificiosa concessio, quae
habet quandam correctionem. si insignis est, non meretur,
ut pereat. est et apud Virgilium ⟨Aen. IV 381⟩ ista
concessio: 'i, sequere Italiam, uentis' — addidit terrorem —
'pete regna per undas'.

10 660 PALLIDVS globum pestilentiae, antequam moriar,
discute.

661 MERENTES bene promeritos semper respicit aequa
fortuna. nam cum paratus uenisset ad mortem, Apollinis
fauore seruatus est, quia non merebatur occidi.

15 662 ARDENTEM saeuientem.   TENVIT repressit.
REVERENTIA quia iustum uirum non sine pudoris sui iactura Lind. p. 38
potuisset occidere.

663 SVMMISSVS flexus siue misericordia inclinatus.
HONOREM id est praemium donatae uitae, quod uir fortis,
20 qui se saluti uouerat ciuium, non libenter accepit.

665 STVPEFACTI uirtutis tuae admirantis audaciam.

666 EXORATVS orare est preces fundere, exorare orata
meruisse. ut Terentius ⟨Hec. prol. 9 sq.⟩: 'orator ad uos
uenio ... sinite exorator siem'. ergo poeta hoc uult
25 intellegi: innitum Coroebum precibus ciuium a mortis discessisse proposito.   STATA SACRA constituta, quae differri nefas est. stata ab eo, quod stent nec mutentur

---

leuiter strepit sonorat quod grauiter | sonorus enim quod gra-
uiter scerpit sonat quod leuiter Pb

   3 suspensam L ‖ 6 meretur ut pereat om. Pb ‖ 7 et om. Pb |
et est LPa ‖ 8 insequere Pb id est sequere L | errorem MPa
errore Pb | 13 cum om. Pa | ad om. Pb ‖ 14 est seruatus Pb |
quia] quę Pb qui M ‖ 16 iniustum P ‖ 19 donare Pb | uidetur
fortis Pb | 20 accipit LP ‖ 21 tuę del. superscr. tante man. 2 M |
mirantis L ‖ 22 exorare orata] est preces Pb ‖ 24 ueni MPa |
ut siem item Pb | hoc om. M hic Pb ‖ 25 intellegi LPa ‖ 27 stent
LMPb stetit Pa | neque LPb

neque differri possint. ut Virgilius ⟨Aen. VIII 173⟩: 'annua, quae differre nefas'.

668 FORTE INVISITIS ARAS duce fortuna ad haec sacra uenistis.

669 OENEVS Tydeum dicit, Oenei et Althaeae filium. ⁵

670 ET PARTHAONIAE regionis Aetoliae, in qua Portheus, Tydei patruus, regnauit. sensus: Oeneus Calydonius et Parthaoniae tibi cura domus. et ad Polynicem uersus: tu quis sis, indica, quis ad Argos .ueneris. SI CERTVS AD AVRES id est si bene audisse me memini. ¹⁰

671 QVIS ex quo genere uel quo sanguine procreatus.

672 QVANDO quoniam.

673 DEIECIT signum uerecundiae. erubuit Polynices propter parricidium et matris incestum. indolem uenerandi pudoris agnoscit, erubescit crimen familiae, ne simul indi- ¹⁵ cetur. ISMENIVS HEROS Polynices a fluuio Thebarum.

675 OBLIQVARE OCVLOS uerecundia coepit opprimi, quoniam necesse erat, ut dedecus generis sui inimicus agnosceret.

678 INTER SACRA FATERI piaculum est, si audias ge- ²⁰ nitorem.

Lind. p. 59 679 SED SI PRAECIPITANT | CVRAE Virgilius ⟨Aen. II 10⟩: 'sed si tantus amor casus cognoscere nostros'.

680 CADMVS ORIGO PATRVM eleganter patrem propter

---

1 nec Pb | 2 anima *del. superscr.* annua *man. 2* M | nefas est LP ‖ 3 iniustis Pb inuisistis Pa ‖ 4 uenitis LPb ‖ 5 Oenei *om.* Pb ‖ 6 ET *om.* L | parthonię Pb parithonie Pa | &olei Pb | Portheus *Vnger.* Proetus L poetus M p̃tus Pa pręcius Pb *scribendum uidetur* Parthaon ‖ 8 cura M iura LPa utra Pb | polinicen M ‖ 9 quiˢ sis M quis scis Pa qui sis Pb | qui MP | ad argis Pb ‖ 10 id est *om.* Pb | audiuisse Pb | te audisse memini L ‖ 11 sanguine uel ex quo genere L | pro- latus *superscr. man. 2* procreatus M ‖ 13 mestus deiecit Pb ‖ 14 incestus P | indoles L indolis M ‖ 15 cognoscit Pa | crimen familiae, erubescit L | similis LPb ‖ 16 heres Pa ‖ 17 oblique Pb obliquere Pa ‖ 18 quoniam] quando Pb ‖ 19 agnosceret inimicus Pb ‖ 20 piaculi genus est Pb piaculum genus est Pa ‖ 24 pa- trem *in contextu om., in marg. legitur* pater, *add. man. 2* quis esset M patris Lm | propter *om.* Pa

infamiam tacuit, auum significasse contentus. [ut ⟨Aen. III 328⟩ 'Ledaeam Hermionen'.] TELLVS MAVORTIA THEBE Mauortiam dixit aut propter Harmoniam Martis et Veneris filiam aut fortem significat, ut ⟨Aen. XI 374⟩ 'si patrii quid Martis habes'. aut ad terrigenas referendum est, quos constat draconis dentibus genitos, qui fuit in tutela Martis.

681 TVM MOTVS ADRASTVS motus affectu, quo quis circa hospites suos solet moueri.

10 683 SCIMVS AIT aut quod ipse Oedipum aliquando susceperat aut quod ipse ab Oedipode fuerat aliquando susceptus. NEC SIC AVERSVM FAMA MYCENIS non ita a nobis sol auersum uoluit iter, ut ea, quae longe constituti compererint, nos finitimi nesciamus. Virgilius ⟨Aen. I 568⟩· 'nec tam auersus equos Tyria Sol iungit ab urbe'.

684 REGNVM ET FVRIAS O. P. egregie dictum: qui considerato commisso iudicarunt se dignos esse supplicio.

685 HORRET propter nimium frigus. hoc est: si quis sub septentrionali plaga sit constitutus.

20 686 GANGEN fluuius Indiae. AVT NIGRVM O. I. O. quasi eo loci domicilium noctis sit, ubi est solis occasus.

687 SYRTES ἀπὸ τοῦ σύρειν id est ⟨trahere⟩. INCERTO quia subito de mari siccus fit locus.

---

1 contēptus Pa | ut ... Hermionen om. LM ut deleam hermionē Pa ut est ledram hermionē Pb ‖ 3 THEBAE L | Hermionā M Hermionē Pa hermionem corr. in hermionen Pb | Martis et Veneris filiam Harmionem L ‖ 5 patrii corr. in patris M | ad om. Pa ‖ 6 quos] quod Pa quod corr. in quid M ‖ 7 fuerit P fuerat L | tutella Pb | mař Pa ‖ 10 AIT om. Pb | quod] q̅ manus 2 corr. in quia M q̅ Pb | Oedipum ... ipse om. Pb | oedippū M oedippedon Pa Oedipodem L ‖ 11 oedipode L oedippe Pa oedippo MPb ‖ 12 ADVERSVM LP | a om. Pb ‖ 13 aduersum L ‖ 14 finitum Pa ‖ 15 aduersus Pb | eoquos Pb aequor Pa ‖ 16 o. P. om. LP t. q. p. M ‖ 17 iudicare Pa iudicř corr. man. 2 in iudicauert M | supplicatio M ‖ 18 siquis M siqui P qui L ‖ 19 sit M sint L sunt P | constituti LP ‖ 20 o. i. o. om. LP ‖ 21 eo corr. ex ei M | eolico Pb ‖ 22 apotu sirin MPa ἀπο του σιρίνι Pb | id est om. Pb | trahere suppl. Vnger. | id est trahere] Graece σύρειν id est * L ‖ 23 incertus MP | de mare Pb | sit Pa

688 DESTITVVNT reciprocis meatibus deserunt.

CASVSVE PRIORVM non habes uocis maculam. culpa est prioris fortunae, non tua.

690 ERRAVIT PIETAS in nostro etiam genere pietas aberrauit. hoc propter Tantalum dicit: sceleribus ne suos 5 quidem caruisse maiores.

691 TV MODO DISSIMILIS ut tu non sis criminosus.

MEREARE SECVNDIS sensus: enitendum tibi est, ut factis tuis non solum parentibus uideare dissimilis, sed etiam illos facias innocentes. 10

692 ET IAM TEMONE SVPINO LANGVET H. G. P. V. Ophiuchum significat, qui sub Ursa est. aduentu enim diei incipiunt sidera septentrionis hebescere.

694 SERVATOREMQVE PARENTVM cum responsum accepisset Thyestes aliter malorum remedium inueniri· non 15 posse, nisi cum Pelopeia filia concubuisset, paruissetque responsis, natus est ex ea Aegisthus, Clytaemestrae adulter, Agamemnonis parricida.

Lind. p. 40   696 PHOEBE PARENS inuocatio siue hymnus Apollinis.

LYCIAE PATAREA Lyciae ciuitas est Patara, Apollini 20 sacra. unde Horatius ⟨carm. III 4, 64⟩: 'Lycius et Patareus Apollo'.

---

1 Restituunt Pb ‖ 2 CASVSQVE L | notis L uocis MP *locum mendosum esse puto. cogitaui de* necis *aut* noxae *scribendo* ‖ 4 pietas *om.* L ‖ 5 hoc *om.* M | nec LP ‖ 7 tu *om.* L ‖ 8 tibi *om.* Pb | fratris tuis Pb ‖ 9 illos etiam Pb ‖ *in* P *scholia quae secuntur leguntur hoc ordine:* 696 PHOEBE ... Apollinis. 694 SERVATOREMQVE ... parricida. 692 ET IAM ... albescere. 696 LYCIAE ... Apollo. 698 CASTALIAE .. praecipitauit. 699 VOLENTEM ... inuitus. 701 [IVVAT] ... iuuabit. 699 THYMBRAEVS ... senescit. *in* M, *praeterquam quod schol.* 694 SERVATOREMQVE .. parricida *ante schol.* 692 ET IAM ... hebescere *legitur, ordo seruatus est* ‖ 11 H. G. P. V. *om.* LP | Ophiocum M *ob hoc uicum* Pa obhiucum Pb ‖ 13 hebescere M albescere LP ‖ 15 inuenire MP ‖ 17 est *om.* M | Aegyptus L | Clitēnestrae L clitemnestre̜ Pb clitemestre̜ MPa ‖ 20 licee Pa | pataria Pb | patera Pa ‖ 21 consecrata L consacrata Pb sacrata Pa sacra *superscr.* ta M sacra *Mon.* | Delius *Horatius* | Pataraeus L patᵉ ei' Pa

698 CASTALIAE ubi quondam uirgo Castalia fuit. quam
cum Apollo amaret et uim uellet inferre, in fontem se
praecipitauit.

699 THYMBRAEVS HABES Thymbra autem locus est
5 Troiae ab herba cognominatus, quam Latine puleium dicimus. illic Admeto regi pecus pauit. [Thymbraeum
Apollinem philosophi imberbem dixerant, quoniam ipse
sol est. sol autem ignis est, qui nunquam senescit.
VOLENTEM bene uolentem, ne putaretur inuitus.

10 701 IVVAT Virgilius ⟨Aen. XI 131⟩: 'saxaque sub-
uectare humeris Troiana iuuabit'.] LATONIVS VMBRA
CYNTHVS Cynthus mons est Deli, cuius tantam uult esse
magnitudinem, ut umbra sua Aegaei maris ambitum pro-
tegat. ipse enim Latonam susceperat, cum adhuc Delos
15 erraret. et est sensus: si te non iuuat esse in Delo, quae
instabilitate sua hospes est litorum diuersorum.

703 LENTANDVS flectendus, ut Virgilius ⟨Aen. III 384⟩:
'lentandus remus in unda'.

704 DONO CESSERE PARENTES Apollinem imberbem
20 philosophi tradunt eo, quod ipse sit sol. sol autem ignis
est, qui nunquam senescit. et est sensus: dono cessere
aetherei parentes genas aeternum florere.

706 PARCARVM PRAENOSSE MANVS quia quaecumque
fata parant, tu nosti, et omne futurum tibi patet.

25 707 PLACITVRA IOVI id est: quia adhuc decreta non
sunt, quae summo Ioui displicere non poterunt.   QVIS

---

1 Castalis Pb Casia Pa | quēdam Pa | fuit om. M ‖ 2 unice
amaret L ‖ 4 HABES om. L | autem om. LP a. M | lat M man. 2
add. ini ‖ 5 poleium P uerbenam Lm ‖ 6 Admeti regis L |
Thymbraeum ... senescit om. LM ‖ 9 VOLENTEM ... iuuabit om. M |
Volantem Pa ‖ 10 IVVAT om. P | saxa Pb | subuetare Pb sub-
uectaret Pa ‖ 11 iuuabit om. Pb ‖ 12 Cynthus om. LM | est om.
L | esse om. Pb ‖ 16 sua om. Pa | hospes erat Pb ‖ 18 un-
dam Pb ‖ 19 cessare Pb | inberbem LM ‖ 20 sit solis Pa ‖
21 donec etheriis parentis gene M ‖ 22 parentis Pb ‖ 23 PRAE-
NOSCE LM ‖ 25 quia corr. in que M ‖ 26 poterint M potuerunt
L | delendumne est non?

LETIFER ANNVS letiferum annum: famem, morbum immu-
tationemque regnorum. multa complexus est mala, quae
etsi diuersis modis distincta sunt, unius tamen pestilentis
anni esse noscuntur.

709 TV PHRYGA SVBMITTIS CITHARAE Marsyam dicit, 5
qui uictus submissus est poenae. siue inferiorem facis.

·710 TITYON Tityos, Terrae filius, Latonam, Apollinis
matrem, amasse dicitur, sed ne sacrilegae libidinis com-
mento impune potiretur, ab Apolline uinctus est et de-
ductus ad Tartara. cuius iecur a uulture tunditur, in aeter- 10
nitatem supplicii pullulantibus fibris. [Virgilius ⟨Aen.
VI 600⟩: 'nec fibris requies datur ulla renatis'.]

711 TE VIRIDIS PYTHON aut epitheton est serpentum,
quia uirides sunt, aut ueneni plenus. THEBANAQVE MATER
Nioben dicit, Tantali filiam, Amphionis uxorem, fecundam, 15
antequam Latonam sperneret. namque cum quattuordecim
mater filiorum esset, ingressa templum Latonae se prae-
tulit illi, quae tantummodo duos peperit. unde Apollo
iratus filios sagittis necauit, Diana autem filias, ad ultimum uero ipsam matrem. Iuuenalis ⟨VI 177⟩ ait: 'atque 20
eadem scrofa Niobe fecundior alba'.

713 PHLEGYAN Phlegyas, filius Martis, qui apud Delphos
templum Apollinis incendit. eius Virgilius meminit ⟨Aen.
VI 618 sq.⟩: 'Phlegyasque miserrimus omnis admonet'.

---

1 mutationemque L ‖ 2 Quae mala LP *transpos. literis a
et b superscript.* M ‖ 3 sunt *om.* Pb ‖ 6 sūmissus MPa | facit
Pb ‖ 7 Tityos *om.* LMP *seruauit Cassel.* ‖ 9 uinctus MPa uictus
LPb | est *om.* Pb | deducitur Pa ‖ 10 ad *om.* Pb | a *om.* MP |
tunditur LMPa tūdicitur Pb tondetur *Vnger.* ‖ 11 Virgilius
... renatis *om.* M ‖ 13 uiride Pa | phiton P | serpentium M |
serpentis est Pb ‖ 14 quia serpentes uirides Pb | uiride Pa |
pleni *Cassel.* ‖ 16 namque MPa nam LPb | esset M fuisset LP ‖
17 ingressa ... matrem *om.* M | ingressi Pa | Latonae LPb
diane Pa | prętulit se P ‖ 19 filio Pa | aut Pa ‖ 20 ipsam *om.* L |
ait *om.* L ‖ 21 Niobe *om.* LMP ‖ 22 PHLEGIAM L plegian P
phlegian M | ptegias Pb | qui apud] quia post Pa ‖ 23 cuius
LPb ‖ 24 peliasq₃ Pa | omnes Pb

714 AETERNO PREMIT ACCVBITV id est super ipsum accumbit, ne quando possit requiem capere.

715 INSTIMVLAT inicit illi cupiditatem. fames quidem urget, ut capiat, sed comedere timore fastidit. comesse ⁵enim non sinitur, cui fastidium irrogatur. [Virgilius ⟨Aen. VI 605 sq.⟩: Furiarum maxima iuxta accubat et manibus prohibet contingere mensas'.]

716 MEMOR HOSPITII propter Crotopum. adsis faueas.

717 SEV TE ROSEVM TITANA VOCARI dicit Apollinem ¹⁰a diuersis gentibus uariis appellari nominibus. apud Achaemenios enim Titan uocatur, apud Aegyptios Osiris, apud Persas, ubi in antro colitur, Mithra uocatur. quod autem ⟨u. 720⟩ dicitur torquentem cornua, ad illud pertinet, quod simulacrum eius fingitur reluctantis tauri cornua re-¹⁵tentare. quo significatur lunam ab eo lumen accipere, cum coeperit ab eius radiis segregari.

718 SEV PRAESTAT OSIRIM secundum Aegyptios, qui Osirim Solem interpretantur, per quem prouentum frugibus existimant posse contingere. quae sacra primum Persae ²⁰habuerunt, a Persis Phryges, a Phrygibus Romani. apud Persas Sol proprio nomine Mithra dicitur, ut Osthanes refert.

719 SEV PERSEI SVB RVPIBVS ANTRI Persae ab Achaemene, Persei et Andromedae filio, qui iis imperauit, nunc

2 accubit P ‖ 3 iniicit LPb | illi om. Pb | qᷓ est urget M ‖ 4 cum esse Pa ‖ 5 enim om. Pa | inrogatur M | Virgilius . . . mensas om. M ‖ 8 auspitii Pa | post Crotopum legitur in Cassel. qui eum recepit hospitio ‖ 10 achemonios P ‖ 11 uocatur om. L ‖ 12 mitra P Mytra L mythra M | quod autem . . . segregari sequitur in L post 719 uehitur ‖ 13 dicitur om. M dicit P | ad illud . . . tauri cornua om. M ‖ 14 retēptaret Pb ‖ 15 lunā L luna MP ‖ 16 coeperit corr. ex coepit M | segregari LM separari P ‖ 17 scholion legitur post schol. 719 in MP | OSYRIN L Osirim MPb ostrū Pa ‖ 20 habuerunt om. Pb | romani acceperunt Pb ‖ 21 solo primo nomine dicitur mitra Pb | Hostanes LMP cf. Plin. nat. hist. 28, 5, 69, 256, 261; 30, 8, 11, 14. ‖ 23 SEV om. M P | SVB . . . Persei om. Pb | persea panchermone M | Persae] Persei L | Achemene L achemone Pa ‖ 24 qui ibi L quis M qui iis Vnger.

Achaemenii dicuntur. ubi Apollinem solem dicunt, cuius et sacrorum ritus inuenisse dicuntur. sub rupibus: Persae in spelaeis coli Solem primi inuenisse dicuntur. est enim in spelaeo Sol Persico habitu cum tiara et utrisque manibus bouis cornua comprimens. quae interpretatio ad 5
Lind. p. 41 Lunam dicitur. nam | indignata sequi fratrem occurrit illi et lumen subtexit. his autem uersibus sacrorum · Solis mysteria patefecit. Sol enim, Lunam minorem potentia sua et humiliorem docens, taurum insidens cornibus torquet. quibus dictis Statius Lunam bicornem intellegi uo- 10 luit, non animalia, quibus uehitur.

720 INDIGNATA SEQVI TORQVENTEM CORNVA MITHRAM prius ordinem dicit, postmodum sensum. seu Mithram uocari praestat sub Persei antri rupibus torquentem cornua indignata sequi. sensus talis est: Persae in spelaeis 15 Solem colunt. et hic Sol proprio nomine uocatur Mithra, qui, quia eclipsin patitur, ideo intra antrum colitur. est autem ipse Sol leonis uultu cum tiara Persico habitu et utrisque manibus bouis cornua comprimens. quae interpretatio ad Lunam dicitur, quae indignata sequi fratrem 20 occurrit illi et lucem eius obscurat. nudauit autem mysteriorum partem. Sol ergo quasi Lunam minorem docens ideo taurum torquet. mire autem cornua posuit, ut Lunam manifestius posset exprimere, non animal, quo illa

---

1 Achaemenii *om.* Pb achemeni Pa | dicuntur *om.* LM | dicentem Pb ‖ 2 etiam Pb | persei Pa ‖ 3 primū uenisse Pa | 4 Sol *om.* LM | et *om.* L ‖ 5 bonis Pb *corr. in* bouis M ‖ 7 lunam subtexit Pb | Solis *om.* L ‖ 8 b̊ole lun̊am (*omisso* enim) M ‖ 9 et *transpos. ante* potentia M ‖ 12 torrentem Pa ‖ 13 dicit sensum L | mitra Pb ‖ 14 sub L seu MP ‖ 16 et hic sol proprio nomine vocatur Mytra L et est hic sol quasi episso mutas Pa et est hic sol pepisso (pepiso Pb) mitras MPb et est hic sol proprio nomine uocatus mitras *Cassel., in* episso (pepisso, pepiso) *illo graecam uocem latere puto uelut* ἐπ᾽ ἴσον ‖ 17 qui quia MPb quique LPa | eclypsim Pb ‖ 18 uultum P ‖ 21 eius MP ei L | listeriorem Pa mysteriorem MPb ‖ 23 cornu torquet Pb ‖ 24 nam animal Pa

uehi figuratur. sed tamen quia locus non est secreta deorum istorum iuxta tenorem internae philosophiae disserere,
tamen de figuris, quibus creditur, paucis dicamus. Sol
ineffabilis, quia principale signum inculcat et frenat, Leonem
5 scilicet, idcirco et ipse hoc uultu fingitur, uel quod hic
deus inter ceteros ui numinis et potentiae impetu excellat,
ut inter reliquas feras leo; uel quod sit rapidum animal.
Luna uero, quia propius taurum coercet adducitque, ideo
uacca [luna] figurata est. ceterum diuini et regii dii isti,
10 ut comparent in orbe, sic sunt expertes mortalis figurae
tam hominis quam beluae, non habentes initium terminum-
que uel quod interpoletur medium, ut dii minores et reliqui, ut supra ⟨u. 205 sq.⟩ ipse ait: 'mox turba uagorum
semideum'. id enim ratio aeternitatis expostulat.

---

15 COMMENTARIVS IN LIBRVM II.

Reditus Mercurii cum umbra Lai per Taenarum, La- Lind. p. 42
coniae promunturium. aduentus ipsius umbrae ad Thebas.
immutatio eius in Tiresiam et admonitio ad Eteoclem, ut

---

1 tamen om. L tantum Pb | secreta post istorum praebet
L | 2 intimae Cassel. ‖ 3 de figuris tamen L | creduntur Schottk. ‖
4 est ineffabilis L ineffabilis est Pb | quia LM qui Pa om.
Pb | inculcat] inculit Cassel. incolit Mon. ‖ 5 scilicet om. Pb |
iccirco L ‖ 6 deos Pb | inter add. Vnger. | sui numinis L sui
nominis Pa ui numinis MPb Cassel. ‖ 8 uero om. M | quod]
quia L | tauro adhaeret L taurum coheret Pa taurum coercet
MPb ‖ 9 uaca Pa | lu- nae M Cassel. | isti dii L ‖ 10 com-
parentur L comparetur Pa | orbem Pa | experte mortales M ‖
11 tam hominis L seu hominis MP | habens MPb Cassel |
terminum LPa ‖ 12 interpelletur Pb ‖ Explicit liber primus.
Incipit liber secundus M
Argumentum in Pc non legitur, in Mon. duae lineae erasae
sunt, ita ut incipiatur vocabulis illorum gratularia ‖ 16 Red-
ditus Pa | laii LMPb ‖ 17 promunctorium M promuntorium Pa
permontorium Pb promontorium L ‖ 18 inmutatio Pa | eius]
ipsius Pb | ad Etoclem om. LMP add. Kohlm. e Colb.

contra fratrem bella suscipiat. descriptio orientis diei.
pollicitatio Adrasti filias suas in coniugio Polynicis et
Tydei. illorum gratulatoria responsio. descriptio nuptialis
ascensus puellarum in Mineruae templum, ubi et augurium
est factum futuri belli. descriptio monilis Harmoniae, 5
quod gerebat Argia. Polynicis de regno desiderium. allocutio coniugis hoc deprehendentis. mariti consolatio. legatio Tydei ad Eteoclem de regno repetendo. allocutio
regis negantis alternationem imperii. responsio bellum
minitantis. regressus eius. quinquaginta a rege missi, qui 10
redeuntem Tydeum occiderent. descriptio rupis Sphingos.
immissi ab Eteocle Tydeo insidias collocarunt. pugna
Tydei cum omnibus et interitus eorum. Mineruae allocutio ad Tydeum. Maeonis unius dimissio ad indicium
communis belli. tropaeum Mineruae factum a Tydeo eius- 15
que hymnus in laudem Mineruae.

Lind. p. 43   1 INTEREA GELIDIS reditum Mercurii ab inferis poeta
describit impeditum, quia nulla re uolatus eius adiuuari
poterat crassioris poli aere tardante. Styx quoque cir-
cumflua remeantis numinis impediebat regressum. in primo 20
enim libro Iuppiter Mercurio, ut inferos peteret, imperauit,
euocaretque umbram Lai, qua innitente nepotibus belli

---

2 filiarum suarum L ‖ 3 gratularia M P *Mon. fortasse recte* ‖
4 ascensus . . . monilis *om.* Pb | ascensio MPa ascensus L *Mon.
an post* nuptialis *aliquid excidit?* ‖ 5 est *om.* L Pa Harmiones L
armoniȩ P ermonie M *superscr. man. corr.* hermione ‖ 6 quod]
qui Pa | aloqutio Pb ‖ 7 hec deferentis Pb | 8 Tydei legatio et
allocutio apud L Pa   tidei allocutio apud Pb   legatio tidei ad
M | de regno repetendo *hic om.* M allocutio . . . minitantis *in
contextu om. in marg. leguntur* M ‖ 9 alternationem imperii
add. Kohlm. e Colb. de regno repetendo M *om.* LP | ad bellum
inuitantis L ‖ 10 regressio L ‖ 13 cum omnibus tidei P *literis
adscriptis transpos.* M | eorum interitus L ‖ 14 dimissi Pb ‖
16 in laudem (laude Pa) mineruȩ hymnus LPa ‖ Incipit secun-
dus M ‖ 17 gelide Pa | Mercuri Pc ‖ 18 uolatius Pb | adiuuari
poterat *om.* Pb ‖ 19 cursioris Pa | quoque *om.* L ‖ 20 Inp̄catio
superscr. primo M ‖ 21 ad inferos uadat Pb ‖ 22 laii *libri* |
furor belli L

furor incresceret.   GELIDIS VMBRIS bene gelidis, quia
calor in uita est, frigus in morte. unde Virgilius ⟨Aen.
IV 705⟩: 'dilapsus calor, atque in uentos uita recessit'.

4 NEC ZEPHYRI zephyros pro omnibus posuit. sunt ueuti
5 iuxta Graecorum uoluntatem nati ex Astraeo et Aurora,
unde Titanes duce Atlante originem trahunt. quos Iuno
causa Epaphi ex Io nati contra Iouem excitauit arma sus-
tollere. unde uicti poenas dederunt adiuuantibus diis. et
Atlanti caeli onus imposuit. unde Virgilius ⟨Aen. I 132⟩:
10 'tantane uos generis tenuit fiducia uestri?' hi autem ap-
pel|lantur diuersis nominibus tam a Graecis quam a nobis. Lind. p. 44
illi zephyrum, nos fauonium uocamus; nos aquilonem, illi
boream dicunt; illi eurum, nos Africum uocamus.

5 AVRA POLI polus est circuitus, qui in se totum
15 continet.

6 TORRENTVM INCENDIA tardius ab inferis Mercurius
remeabat propter crassum aerem et sine uento et propter
Stygis impedimenta et fluuios ardentia fluenta uoluentes.

7 PONE retro. ut ⟨Aen. II 725⟩ 'pone subit coniunx'.

20 8 CAPVLO totus ensis mersus est in uulnere Lai, quod
ei Oedipus intulit. ut Virgilius ⟨Aen. II 553⟩: 'capulo
tenus abdidit ensem'.

10 ET PRIMAS FVRIARVM id est exordium furoris filii
pater pertulit. primus: inflexio. per quod intellegi uult:
25 quae secuta sunt postea, fuerunt multo peiora, Iocastae
concubitus, Oedipi caecitas.

---

1 GELIDIS ... recessit om. M sequitur post 4 ... Africum
uocamus | gelide umbra Pa | gelide Pa ‖ 2 unde om. L ‖ 4 Ze-
phyri sunt uenti L ‖ 6 unde MP inde L ‖ 7 ex ioue LPb om. Pa ‖
10 nostri L ‖ 11 a nostris Pb ‖ 12 fauonium LP austrum LmM
Mon. ‖ 13 borean M | dicunt om. Pb | Africum] fauonium Pb ‖
16 ab inferis om. Pb ‖ 17 aera L ‖ 18 Stygis] frigoris LmPa |
fluentia Pb ‖ 19 ut ... coniunx om. LmM | coniux subit Pa subit
cum iusta Pb ‖ 20 capulo tenus totus LPb | ensis in sese mer-
sus M | lai LMP ‖ 22 enses M ‖ 23 ET om. L ‖ 24 inflexio L inflixus
Pa influxus in rasura Pb inflexim corr. in. inflixit M inflixi Pc |
intellegi Mon. ‖ 25 fuerint MP | 1. q. ioocastae cōubit' M

11 ET MEDICA FIRMAT VESTIGIA VIRGA caduceum ostendit insigne Mercurii, quod illi medetur, qui nequeat ambulare. Virgilius ⟨Aen. IV 242 sq.⟩: 'hac animas ille euocat Orco pallentes'. uestigia firmat ut idem ⟨Aen. III 659⟩: 'trunca manu pinus regit et uestigia firmat'.

13 ET FERRVGINEVM NEMVS horridum. Virgilius ⟨Aen. VI 303⟩: 'et ferruginea subuectat corpora cumba'.

14 MIRATVR PATVISSE RETRO nouitatem: cum introeuntibus solis pateat, dedisse ipsum iter et reditum. ut Virgilius ⟨Aen. VI 126, 128 sq.⟩: 'facilis descensus Auerni; sed reuocare gradum superasque euadere ad auras, hoc opus, hic labor est'.   NEC LIVIDA TABES mores inuidentium tangit et bene liuorem dixit, ad animi enim qualitatem adiecit.

15 ET IAM LVMINE CASSIS quasi nec mortuis defuit, unde esse posset inuidia, nec illi defuit, qui redeunti inuideret. ordo hic est: nec liuida tabes inuidiae defuit functis hoc est mortuis. non recedit a naturae malo liuor inuidiae. ut Virgilius ⟨georg. III 37 sq.⟩: 'inuidia infelix furias amnemque seuerum Cocyti metuet'.

17 GRAVIS EXITVS AEVI quasi hoc accipiendum poeta uoluerit, ut intellegamus hunc nescio quem pro morum suorum meritis occidisse, et uotum eius malae mentis ostendit, quod esset etiam apud inferos reseruatum.

18 REBVSQVE AEGRESCERE LAETIS id est de aliorum

---

1 ET *om.* MP | MEDIA L | VIRGA *om.* P ‖ 2 quo L | medeatur LP ‖ 3 uocat P ‖ 4 ut idem ... firmat *om.* Pb | et idem M ‖ 5 manum L | pinum MPa ‖ 6 ET *om.* MP ‖ 7 et *om.* LMPa | cimba MPb nimba Pa cymba L ‖ 9 deee *corr. in* decedere M deest *Bamb.* deesset *Mon.* dedisse *conieci* | et *om.* L | redeuntibus LP ‖ 11 auernis Pa ‖ 12 hic labor hoc opus MPa ‖ 13 tangit *om.* MPa | et *om.* MP | animū M ‖ 14 qualitatem *om.* M | adiecit quia superas euadere ad auras hoc opus hic labor est MPb ‖ 15 IAM *om.* L | quia si MPa ‖ 16 posset esse L | non illi LP | qui ... functis *om.* Pb ‖ 18 defunctis L | non *om.* Pb ‖ 19 ut *om.* M ‖ 20 Cocyti metuet *om.* MP ‖ 23 ostendat M ‖ 24 etiam esset Pa | et apud ueteres Pb

felicitate torqueri. nam cum malis pasceretur alienis, prosperitate tabescebat. ut Terentius ⟨Andr. 627 sq.⟩: 'ut malis gaudeant atque ex incommodis alienis sua ut comparent commoda'.

19 QVOSCVMQVE VOCARIS IN VSVS in quaecumque obsequia uel remedia uocaris excitus.

21 FVRIATA SACERDOS furore correpta maga, qualis describitur apud Lucanum ⟨VI 507 sqq.⟩.

22 ARCANO SEPVLCRO proprio siue inferno.

23 HEV interiectio dolentis siue inuidentis alienis bonis.

SOLEMQVE RELICTVM quem moriens reliquisti, aut certe nos omnes animae, dum ad inferos ueniremus.

24 VIRIDES | TERRAS E. P. F. A. apud inferos steriles Lind. p. 45 sunt terrae et caenosi fluuii, ad quorum comparationem superiores puros dixit, qui ex splendidissimis fontibus generantur.

25 TRISTIOR quod natura humana non tantum gaudet in bonis fruendis, quantum dolet, cum his priuata fuerit.

INTRATVRE TENEBRAS et hoc quasi inuidus imprecatur. id est: non tamen diu apud superos immoraberis.

27 ATQVE OMNES CAPITVM SVBREXIT HIATVS et ad ipsius canis capita referendum est et ad serpentium, qui capita eius cingunt. id est: aut omnis hiatus horum capitum, quia Cerberus est, aut omnis hiatus serpentium, quibus caput eius collaque uallantur. ut Virgilius ⟨Aen. VI 419⟩: 'cui uates horrere uidens iam colla colubris'.

---

1 alieni P ‖ 2 ut om. LMPa ‖ 3 ex om. L | alterius Terentius | sua om. MPa ‖ 5 quoscumque Pb ‖ 6 excitus om. M | 7 magna MPb ‖ 8 a Lucano LPb ‖ 9 sepulchro LM ‖ 10 aspiratio M | seu Pa | deliquisti M re add. man. 2 ‖ 12 ueniemus Pb ‖ 13 e. p. f. m. M om. LP ‖ 14 ad ... superiores om. M PVROS FONTIBVS L ‖ 15 quia L ‖ 16 creantur fontibus Pb ‖ 18 iis Pb ‖ 20 tam L tantum Pb | moraberis LPb ‖ 21 omnis Pb | 22 est om. Pb | serpentum LP ‖ 23 cinguntur aut omnis Pa | horum ... hiatus om. Pb | est id est aut Pa ‖ 24 serpentum LP ‖ 25 ei M | uelantur L uallatur Pb ‖ 26 cui uates om. L | colubris Pb comasque LMPa.

28 SAEVVS ET INTRANTI POPVLO ut feritatem circa exeuntes exprimeret, addidit 'et intrantibus saeuus'.

Lind. p. 46 29 IAM SPARSA SOLO TVR|BAVERAT OSSA turbauerat et sparsa fecerat. hypallage. et hoc irascentis est, ut Virgilius ⟨Aen. VIII 297⟩: 'ossa super recubans', Gigantum scilicet ossa insepultorum. fingitur enim Cerberus cadaueribus pasci. ut Lucanus ⟨VI 702 sq.⟩: 'qui uiscera saeuo spargis nostra cani'.

31 FERREA TERGEMINO propter bina lumina trium capitum, quasi tot illi somnos miserit, quot capita luminibus armarentur.

32 EST LOCVS INACHIAE D. T. G. haec topothesia dicitur, id est fictus locus secundum poeticam licentiam. nam in eiusmodi descriptione, ubi ueri loci facies demonstratur, topographia dicitur; ubi fictum quid uelit, topothesia; cosmographia dicitur mundi descriptio.

33 MALEAE SPVMANTIS I. A. Malea promunturium est Laconicae. in auras it erigitur. spumantis in qua fracti spumant fluctus.

35 SERENVS quia nubes excedit.

36 ET TANTVM FESSIS INSIDITVR ASTRIS super ipsum fessa astra considunt, id est propter eminentiam sui sedem praestat astris rapido cursu fatigatis.

---

2 et om. L eius Pa ‖ 3 OSSA turbauerat om. LPa | et P id est L om. M ‖ 4 hypallage ē M | ut om. L ‖ 5 gigantium M ‖ 6 fingit Pa significat Pb | enim om. Pb | cerberum Pb ‖ 9 bina] trina L tria Pb ‖ 10 immiserit L | quot] quatinus Pa | hominibus Pb ‖ 12 D. T. G. om. LP | haec] ut Pb | tepostesa corr. in topostesia M ‖ 13 dicitur om. Pb | id . . . licentiam om. M ‖ 14 acies MP ‖ 15 ubi fictum . . . . dicitur om. Pb | factum quod Pa | uenit L ‖ 17 I. A. om. LP | locum prorsus corruptum ex coniectura restitui | Maleum LP corr. ex malea M | promunctorium . . . fluctus om. partim in marg. add. M ‖ 18 Laconiae LPb om. M | in] ergo quia malee promuntorium (est Pa) in P | auras] altum Pb | it] om. MP IT CAPVT L | spumantis suppleui | in qua om. LPa | fracti . . . fluctus] frangentia litora curuat P om. L ‖ 20 excedit et infra se despicit L ‖ 21 ipsum om. Pa ‖ 22 consistunt M | per L | exciditne aliquid ante sui uelut capitis?

42 ATQVE INGENS MEDIO NATAT in tantum Taenarum montem elatum dicit, ut meridianis horis, quibus sol occidui caeli occupat partem, umbra eius inumbret medium mare.

5 **43** INTERIORE SINV dicit nescio qua parte Taenarum recuruari ad uicem portus, in quo refert equos suos consueuisse stabulare Neptunum. est autem hyperbaton, talis ut sit ordo: et tantum fessis insiditur astris. interiore sinu frangentia litora curuat Taenaros, expositos non 10 audax scandere fluctus. ast ubi prona dies longos super aequora fines exigit atque ingens medio natat unda profundo, illic Aegaeo Neptunus gurgite fessos in portum deducit equos. consequens est enim, ut non appropinquante nocte curuet Taenarus sinum, quia est natura montis im-15 mobilis, sed ut incipiente nocte illo ad requiescendum Neptunus equos adducat. FRANGENTIA LITORA CVRVAT epitheton, quia in litoribus solent fluctus frangi. TAE-NAROS EXPOSITOS topographia. Taenaros locus Laconicae, in quo aditus dicitur esse inferorum. ut ⟨georg. IV 467⟩: 20 'Taenarias etiam fauces, alta ostia Ditis'. et est ordo: locus Maleae spumantis id est iuxta Maleum fluctibus concitatum eo quod ibi mare saeuum sit, ubi est promunturium Maleum. unde Virgilius ⟨Aen. V 193⟩: 'Maleaeque sequacibus undis'. inde mons exsurgit, qui Tae-

---

1 *schol. in* **LMP** *sequitur post* 43 . . . adducat | medio n. p. **M** | et tantum **Pb** ‖ 3 eius umbra **L** | inumbrat **Pa** ‖ 5 IN-TERIORE SINV *om.* **M** | in qua parte **L** ‖ 7 stabulari **LP** | autem *om.* **L** | hyperbaton . . . sit *om.* **P** ‖ 8 ordo talis **P** ‖ 9 Taenarus **LP** | expositus **Pb** | non audax *om.* **M** ‖ 10 audax **Lm** ausus **L** audens **Pa** audiens **Pb** ‖ 10 longo **M** ‖ 11 equore **Pb** | finis **Pa** | 13 enim] non **L** | non *om.* **LP** ‖ 14 nocte . . . nocte *om.* **Pb** | Taenarus curuet **L** ‖ 15 incipiente nocte *om.* **L** | illo equos Neptunus ad requiescendum **L** | illos **Pa** | ad requiescendum *om.* **Pb** ‖ 16 equos *om.* **Pa** ‖ 17 fluctus frangi solent **Pb** | TAE-NARVS **L** *om.* **MP** ‖ 18 chorographia **P** choriographia **L** | Taenarus **LPa** | locus *om.* **Pb** | Laconiae *libri* ‖ 19 dicitur esse aditus **Pb** ‖ 20 tenareas inter **Pb** ‖ 21 id est *om.* **Pb** ‖ 24 undae **Pa** | tenarus **M**

naros dicitur.   SERENVS DESPICIT infra se nubes.
ET TANTVM FESSIS INSIDITVR ASTRIS altitudinem uoluit
exprimere, quasi illic astra requiem sumant.   NON AVDAX
non ultra fines litorum progrediens. euecti fluctus intra
Taenarum. ergo Taenarus mons est altior fluctibus, ut 5
eiectos fluctus et euitet et repellat.

    45 ILLIC in eadem regione.   AEGAEO GVRGITE mari
ab Aegeo, Neptuni filio, Thesei patre.

    46 HAVRIT ferit. Virgilius ⟨Aen. X 314⟩: 'latus haurit
apertum'. quasi per transitum Neptuni equos mira ratione 10
descripsit.

    48 DEVIVS VMBRAS TRAMES AGIT hac animae mortuorum
destinantur ad Tartara. deuium autem tramitem dixit,
quod sit deuius uiuis.   trames itineris compendium.
NIGRI IOVIS Stygii.   15

    51 ET GEMITVS POENARVM quas apud inferos nocentes
persoluunt.   ATROQVE TVMVLTV quia tumultus, qui fit
apud inferos, auditur in illo loco. atro ergo quasi infernali.

    52 VOCESQVE MANVSQVE manus, quod flagellis per- 20
sonant, dum noxios caedunt, uoces secundum Maronem,
qui ⟨Aen. VI 572⟩ ait: 'uocat agmina saeua sororum'.

    54 AGRICOLAS CAMPIS AVDITVS ABEGIT quia iuxta ha-
bitantes terrore suo fugauit agricolas.

    56 EXILIT aurae uitalis afflatu laetior factus est.   25

Lind. p. 47   58 INDE PER ARCTVRVM id est superio|ribus. per Arctu-

---

1 SERENVS ... ASTRIS *om.* L altitudinem ... sumant
praebet supra post fatigatis ‖ 3 AVDIENS L ‖ 4 euecti ... Taenarum *corrupta uidentur* ‖ 5 mons est *Colbert.* nomen ē mons
M nō est L nomen est P ‖ 6 euectos L erectos Pb ‖ 7 ILLIC
... GVRGITE *om.* Pb | maria M ‖ 10 quo quasi L ‖ 14 uiuis de-
uius trames LPa | trames ... Stygii *post* AGIT *leguntur in* L |
trames *post* deuius, nigri iouis stigii teneris compendium *post*
AGIT *praebet* Pa ‖ 16 ET *om.* MP | nocentis Pb ‖ 18 illa loca Pa |
atrox .. infernalis Pa ‖ 20 manus *om.* Pa ‖ 23 CAMPIS ....
ABEGIT *om.* Pb | quia *Cassel.* quasi LMP ‖ 25 leuior *Mon.* Pe ‖
26 INDE] ille Pb | superioribus] *latetne* superior ibat?

rum id est per septentrionem. per arcton enim solet
uolare Mercurius, quia ibi maior est uentus et citatiores
facit eius uolatus.   MEDIAEQVE SILENTIA LVNAE philosophi lunam terram esse dicunt, quae circa nostrum hoc
5 solum circulo altiore suspensa est.   haec autem omnia
corpora maiora gignit, utpote quae uicina sit caelo. poetae
denique omnes asserunt leonem de his polis ortum, quem
Hercules prostrauit, ut etiam Olympus ait, quare proximus
sit terris et ultimus. de lunari autem globo apud mor-
10 talium genus caeli ratio ignoratur. leuiorem perstringam,
quia hoc diuinum lumen animas tam de astris omnibus
quam de omni materia mundi subtracta parte superna
excipit et decerpit quasi lumina, quae postea ter quinis
diebus, ut collegerat, totidem refundit in fratrem.

15   59 ARVA SVPER ut Virgilius ⟨Aen. IV 256⟩: 'terras
inter caelumque uolabat'.

     61 DECEDIT LIMITE CAELI quasi non solum obuius
Mercurio Somnus assurgat, sed uenientem tramite certo
declinet.

20   62 INFERIOR quia super lunares polos dixerat ire Mercurium.   PRAEREPTAQVE non enim naturae lege, sed ferro
uita defunctus est.

     64 POLLVTAMQVE SVO D. P. B. illam tangit historiam:
cum deus, scilicet Mercurius, somnum caperet, quidam, cuius
25 nomen fabulae tenent, dormienti tetendit insidias. qui conata peregisset, nisi eum filia Palaestra excitauisset. qui

---

1 id est *om.* P | arctos MP | enim *om.* MP ‖ 2 et . . . uo-
latus *om.* Pb ‖ 4 esse terram L | in terram Pa in terra Pb ‖ 5 hoc
Pb ‖ 6 maiora *om.* L | gignunt P | sit L sunt MP ‖ 7 polis
sortem M poli sortem P ‖ 8 Olympius *iam Wernsdorfius propos.* |
quasi L | quare . . . ultimus *non intellego. in Cassel. Gud. Colb.
leguntur post* ignoratur ‖ 9 de globo autem *superscr.* lunari M
autem lunari Pb *Mon.* ‖ 11 quia MPb quod L et Pa ‖ 13 lumina
MPa lunam LPb ‖ 15 ut . . . inter *om.* M | Virgilius *om.* Pb ‖
18 ueniente L ‖ 21 praerepta MP | enim] in Pb ‖ 23 D. P. B.
om. LP ‖ 24 scilicet Mercurius *om.* M ‖ 25 qui tamen MPe qui
cum Pb ‖ 26 eum] *cogitaui de* deum *scribendo*

cum odio terrae migrasset ad caelum, creditus est obisse. quo facto iniuriosam meruit sepulturam. sed melius de Laio creditur, qui cum ad Naubolum hospitem Phocidis pergeret, occisus a filio est. DESPECTAT PHOCIDA de iugo Cirrhae uidit bustum suum, quod fuerat in Phocide. 5 Cirrha Boeotiae planities est, in quo campo Apollini lustrum datur. Phocis ergo Boeotia est.

69 PAENE RETRO T. A. significare uoluit: quia, ut fama est, timet umbra, quae passa est.

71 ET TVNC FORTE DIES id est primus natalis Liberi, 10 quo fulminata est Semele et exsecto utero Liber Iouis femini insertus est. secundus enim dies natalis Dionysi ille dicitur, quo exactis mensibus legitimi partus Iouis est productus ex femine, quem diem homini scire fas non est. ideo et διθύραμβος dicitur id est bis genitus. 15

73 TYRIIS propter Cadmum Tyrium, qui conditor est Thebarum.

74 EDVCERE NOCTEM ut Virgilius ⟨Aen. IX 166 sq.⟩: 'noctem custodia ducit insomnem ludo'.

76 ANHELVM DEVM Somnum, ut Virgilius ⟨Aen. IX 20 336 sq.⟩: 'multoque iacebat membra deo uictus'.

78 AERAQVE TAVRINOS nam tympanis, quae sunt ex taurina pelle, plus sonant cymbala, quae sunt ex aere, acutiore tinnitu. ut est ⟨Aen. IX 619⟩: 'tympana uos ind. p. 48 buxusque uo|cant'. 25

80 BACCHO MELIORE CITHAERON non sic irato Baccho, ut cum Agaue occidit filium furens. uel meliore, ut si

---

1 obiisse **LMPb** ‖ 3 ad Naubolum **LmM** ad Polybum **LPa** apollinem **Pb** ‖ 4 pergeret *om.* **Pb** ‖ 5 uidet **Pb** uide **Pa** | qui **Pa** ‖ 6 mons est boetie̦ **Pb** boetie̦ mons est **Pa** | est *om.* **M** ‖ 7 in Beotia **LP** ‖ 8 *schol. om.* **Pb** | T. A. *om.* **LPa** ‖ 11 in quo **Pb** ‖ 12 foemori **LPb** | Dionysii **LMP** ‖ 13 mensibus] legibus **Pb** ‖ 14 productus est **Pb** | foemore **L** semine **Pb** | scire *om.* **Pa** ‖ 15 Qui dithyrambus ideo dicitur **L** Quid (quod **Pb**) ditirambus ideo ditirambus dicitur (*om.* **Pb**) **P** ‖ 16 qui *om.* **Pb** ‖ 20 DEVM *om.* **MPb** ‖ 24 acutiore enim sunt tinnitu **L** | uox **M** ‖ 27 ut *om.* **Pb** | ut si *om.* **M**

qua deliquerit, propter diem ipse Liber ignoscat. Cithaeron mons Boeotiae, ubi Liberi patris sacra celebrantes
matres Pentheum discerpserunt. nunc ergo sanas dicit
sine furore.

5   81 QVALIA PER RHODOPEN mons Thraciae.

82 BISTONES Thraces a Bistone rege, unde Orpheus
fuit, aut certe ipsi Thraces.   OSSAE Ossa mons inter
Thraciam et Thessaliam.

85 AT OGYGII S. Q. A. I. Thebani ab indigena, ut ante
10 ⟨I 173 sq.⟩: 'Ogygiis, ait, aspera rebus fata tulere uicem'.
sic Pindarus in hymnis: Ὠγυγίους δ' εὗρεν, ὅπου πόλιν
αἴτεε τάνδ' ἐς αἰπύ.   AFFLAVIT non apte hic posuit proprie fulminis uerbum. ut ⟨Aen. II 649⟩: 'fulminis afflauit
uentis et contigit igni'.   IACCHI Bacchi. hoc est: cum uinum
15 hauserint. ut Horatius ⟨carm. I 27, 1 sq.⟩: 'natis in usum
laetitiae scyphis pugnare Thracum est'.

86 SAEVVS ODOR qui ducit ad facinus.

89 NOX EA id est: talis nox erat tunc Thebanis, qualia
conuiuia solent Thraces exercere.

20   90 REGIS ECHIONII Eteoclis ab Echione rege Thebanorum.

---

1 deliquerit *om.* MP | ut ipse M ‖ 3 nunc] non Pb ‖
6 *scholia inuerso ordine praebent* LMP ‖ 7 OSSAE *om.* LPa ‖
8 Thraciam] an Pa ‖ 9 AT *om.* L | S. Q. A. I. *om.* LP S. a. i. M |
ab indigena M *Mon.* Pa ab Ogyge rege LPb | ut ame *superscr.*
anne M ut anve Pa aut amne LPb ‖ 11 hymnis *Boeckhius* som-
nis MPb sompnis Pa somniis L | *uerba Graeca restitui posse
desperans Boeckhii lectionem textui inserui, non quo eam genui-
nam esse crederem, sed ne lacunam relinquerem. reliquas
emendationes, quas Kohlm. collegit, afferre supersedeo. suppleas
autem* κτισθεῖσαν ἐξεῖναί οἱ οἰκίζειν (*Pindari opera rest.* Boeckhius
t. II p. II p. 567) | opite IѠC De eYPeNOΠONNHTHe TANeC-
CIΠY L opireiѠC De eYPeN OPONNHTHeΦλHe· CCINHyHᾱ M
opiteiѠC De eYPeNONONNHTHFΦdNeCCyNy *Mon.* opiseiѠC
DC ePYPeHOPѠNNethΦλNeCCINHYI Pa opite IѠC ΔEEYPe-
NѠNNHTHeΦλNeCCIΠI *Gudian.* opite IѠC dEEyPENyNNN-
THeΦdNeCCIΠI *Cassel. spatio uacuo relicto om.* Pb ‖ 12 AFFLAVIT
om. MP | non *om.* M ‖ 13 fulminis proprie Pb | proprium *Klotz.* ‖
14 lnachi Pa nachi Pb iachi ē M | cum ·*om.* LPa ‖ 15 hauserit
MPb | ut *om.* L ‖ 20 et etheoclis Pb | a rege Thebanorum
Echione L

93 CAPIT ILLE DAPES aut quia rex aut quia regnum destruxit aut quia perfidus, ideo quietem capere non debet.

HABET ILLE SOPOREM exclamatio, ut ⟨Aen. X 501⟩: 'nescia mens hominum fati sortisque futurae', quod futurus parricida munera securitatis amplectitur.

95 OPACOS TIRESIAE VVLTVS Tiresias, Perierae filius, genere Thebanus, uates. qui fertur in feminam uersus, cum discertantibus Ioue et Iunone, utrum mas an femina maiorem sentiret coitus uoluptatem, nouem | partibus libidinis dixit feminam potiorem et una uirum. ob quod caecatus est a Iunone. — est et alia talis fabula: in monte Cyllenio Tiresias dracones coeuntes calcasse dicitur. ob id in mulieris figuram uersus est, ut Ouidius ⟨Met. III 316 sqq.⟩ refert. deinde monitus sortibus in eundem locum rediit in figuram pristinam. eo tempore, ut diximus, inter Iouem et Iunonem fuit certatio, in quo sexu esset maior libido, Tiresia iudice, qui expertus fuerat utrumque sexum. cum Ioui iudicasset, illa irata manus eius praecidit et excaecauit. Iuppiter ob id fecit, ut septem aetates niueret uatesque praeter ceteros mortales ueracissimus haberetur.

96 VELLERA NOTA INDVITVR quae similia Tiresiae uideri poterant, non mutauit. ut Virgilius ⟨Aen. I 689 sq.⟩: 'et alas exuit et uultu gaudens incedit Iuli'.

98 FALSA CVCVRRIT I. id est non sua, quasi uatem sola infula mentiretur.

Lind. p. 49

5
10
15
20
25

---

1 aut quia rex *om.* P | quiᵃ ... quiᵃ M | ille regnum Pb ‖ 2 deberet LPa ‖ 5 ciuitatis Pb ‖ 6 teresię .. teresias M | Perierae *cod. mythogr.* II Pericli L perieri MPa peeri Pb peneri Lm ‖ 8 disceptantibus LP ‖ 9 sentiret maiorem uoluptatem coitus Pb | *excidisse aliquid uelut* iudex esset factus *manifestum est* ‖ 10 femina peiorem Pb ‖ 11 et est P | cilleno Pb ‖ 12 teresias M ‖ 13 est *om.* LMPa ‖ 14 deinde *om.* M | *utrum ante* rediit *excidit aliquid uelut* reuersus *an* monitus *idem significat quod* uocatus? ‖ 15 impristinam figuram Pb ‖ 16 stat *superscr.* fuit M | certatio *superscr.* c̄ M ‖ 17 teresia M | utrumque sexum *om.* M ‖ 18 ioue M | indicasset Pa | ei M ‖ 19 ob id *om.* L ‖ 20 per ceteros MP | certissimus M ‖ 21 quae simillima Pb qui sinistra L ‖ 23 et *om.* L | uultu] gressu Pb *Vergilius* ‖ 24 I. *om.* LP | id est *om.* Pb | uate M

99 OLIVAE ipse honos uittarum adnexus glaucae oliuae.

100 TANGERE RAMO PECTORA Eteoclis dormientis.

105 TV VELVTI MAGNVM hyperbaton est. id est: tu cunctaris, ita quietem agis ut gubernator dormiens uentis mare uersantibus.

108 SCIT FAMA id est: sic de eo fama loquitur, uel notum est, quod dico, omnibus.

109 CAPESSAT quasi perpetuo retenturus. Sallustius ⟨Cat. 52, 5⟩: 'expergiscimini aliquando et capessite rem publicam'.

110 QVIS NEGET id est: uiribus quibus neget tibi regnum. DESTINAT AVLA in aula, in qua tu iaces, in eadem tuus frater sibi pollicetur senectutem te expulso.

112 NEC NON IN FOEDERA VITAE id est in amicitiarum foedus.

113 POLLVTVS PLACVIT id est: Tydeus aduersum te pactus est foedus. pollutus autem san|guine Menalippi   Lind. p. 5 fratris sui, quem in uenatu incautus occiderat ut Peleus Phocum, unde reiecta post terga manu pingitur. et ille nihilominus talia cogitat, qui tales sibi quaerit auctores.

117 AVSVRVMQVE EADEM GERMANVM E. quae nunc hortor, ut tu facias, ille ausurus est. id est: repetenti regnum nega, quod te exule facturus est.

119 AVT CADMO DOMINAS INFERRE MYCENAS Cadmo pro Thebis, Mycenas pro Argis.

120 PALLIDA TVRBANT SIDERA LVCIS EQVI pallentia Solis aduentu. lucis id est solis.

---

1 glaucae innexus L ‖ 4 longam requiem agis ita Pb | agens L | ut om. Pa ‖ 6 sic LP | sic om. L | fama de eo LPb ‖ 7 omnibus quod dico Pb ‖ 8 retentiarus capit Pb ‖ 11 id est] inde Pb | quis L | regnum] om. P sic (scilicet Klotz.) omnia negaturus fraude pactorum M ‖ 12 DESTINET LPa | aula Pa ‖ 13 iacet sibi Pb | senectutem om. Pa | senectutem te pollicetur L(P) ‖ 14 in om. L | inimicitiarum Pa | 19 unde] ut Pb | manu post terga Pb | manus corr. ut uidetur ex manu M ‖ 20 adiutores Lc ‖ 21 E. om. L est P ‖ 22 tu om. Pb | facies Pb ‖ 23 exulem M ‖ 24 Cadmo ... Mycenas om. Pb ‖ 27 sol Pa

124 PERFVNDIT VVLNERE SOMNVM uulnere pro sanguine posuit. non somnum perfudit, sed ipsum Eteoclem dormientem. uulnere ergo suo Laius id est sanguine Eteoclem perfudit, ut eum pollutum sceleribus imbueret.

126 MONSTRIS pro terroribus posuit.   5

127 EXCVTIENS putans se uero sanguine esse perfusum.

129 HORRVIT IN MACVLAS quasi saeuitiam feritatis macularum praemonstret horrore. ut Virgilius ⟨Aen. X 726 sq.⟩: 'comasque arrexit et haeret uisceribus superincumbens'. aut certe maculas, quae in retibus texuntur, explicuit de reti- 10 culo uariis minutis maculis pleno in horrorem.

133 IN ABSENTEM CONSVMIT PROELIA FRATREM ut Virgilius ⟨Aen. XI 491⟩: 'et spe iam praecipit hostem'. quia iam uidebatur peregisse bella cum fratre. ad animum rettulit Eteoclis belli auidum.   15

Lind. p. 51   134 MYGDONIIS Lydiis uel Phrygiis. Tithonus enim Lydius fuit, maritus Aurorae. unde Virgilius ⟨Aen. IV 585⟩: 'Tithoni croceum linquens Aurora cubile'. est ergo Mygdonia regio in finibus Asiae, a rege Mygdonio.

137 SERAS FLAMMAS hoc est: Aurorae flammas Lu- 20 cifer serus accendit. siue ad comparationem dixit ceterorum siderum, quia omnibus stellis tardius occidit Lucifer.

ADVERTIT id est: ad eam et contra eam uertit.

139 LVCIFER EXIT EQVO nam uerso caelo ad aduentum Aurorae, cum cetera sint apud antipodas, Lucifer solus 25 apud nos inuenitur. hoc est alienum aethera, qui est diei, siue quia caelum stellis nocte concessum est. ergo

---

1 perfundit *corr. ex* fudit M | somnū scilicet etheoclem Pb ‖ 2 non *om.* Pb | perfundere L perfudere Pa *om.* Pb | sed . . . Eteoclem *om.* Pb | Eteoclen ipsum L ‖ 3 id est Lai L | id est *om.* M Pa ‖ 4 etheocla M Pa | profudit Pa profundit Pb | pollutu Pb ‖ 6 profusum P ‖ 9 herens M P ‖ 10 & explicuit L Pa ‖ 11 uariis L Pa uerris Lm M ueris Pb | maculas Pa | plenum horrore M P (horrorem Pb) ‖ 13 et *om.* Pb | praeripit L Pb ‖ 14 & ad L ‖ 16 MYGDONEIS L ‖ 19 Mygdono L ‖ 21 sero Pb | ascendit P *om.* L ‖ 24 traxit Pa ex Pb ‖ 26 est[1] *om.* M ‖ 27 siue *om.* L Pb | quod L

Lucifer officio suo nocte non fungitur, cum eum oriri
constet prope lucis aduentum. hinc alieno aethere uidetur
exoriens.

140 RADIOS VETAT ESSE SORORI ut Virgilius ⟨georg.
₅ I 396⟩: 'et fratris radiis obnoxia surgere Luna'.

142 DIRCAEVS Polynices a Dirce fonte Thebanorum.

ACHELOIVS HEROS Tydeus ab Acheloo fluuio, qui per
Aetolos fluit in Calydonem.

143 CORRIPVERE TORIS causa, cur tardius Tydeus et
₁₀ Polynices a somno surrexerint, Adrastus uero celerius.

145 AT INACHIO notanda elegantia poetae, qui tres
duces fluuiorum cognominibus designauit: Dircaeum Polynicem, Acheloium Tydeum, Inachium Adrastum.

150 ARCANAS APTVM uenerunt ad locum aptum, se-
₁₅ cretum fabulis uel curis. nam ab eo, quod in secretis
locis curae publicae disserantur, ad hoc electa loca curias
nominauit antiquitas.

151 INSIDVNT hyperbaton. id est: postquam insidunt.

153 INVEXIT NOX ATRA MEIS quos per imbres et fulmina Lind. p. 52
₂₀ non sine fato in regnum meum Apollo perduxit.

154 INTEMPESTVMQVE TONANTEM hoc est uehementer
tempestuosum, hiemalem. econtra Virgilius, cum cle-
mentiam uerni temporis uellet ostendere, ⟨ecl. VII 60⟩
ait: 'Iuppiter et laeto descendet plurimus imbri'.

₂₅ 159 LAETA FIDES ordo est: Argia et Deipyle geminae
mihi natae pubescunt, nepotum laeta fides.

160 NE CREDITE PATRI ne laudare magis uideretur

---

1 eum] aut Pb ‖ 3 exoriens M ‖ 4 RADIOS] indies Pb ‖ 5 et]
nec *Vergilius* ‖ 9 tideus tardius Pb ‖ 10 surrexerit M sur-
rexerant Pb ‖ 11 poetarum Pb ‖ 13 Acheloum L | Inachum L ‖
14 APTVMQVE L | & secretum L ‖ 15 nam *corr. ex* non M non P
habeo P ideo L ‖ 16 disserantur *superscr. man.* 2 ba M | ad
hec Pb ‖ 17 nomināt antiqui Pb ‖ 18 *schol. om.* L | insiliunt Pa ‖
19 dextra P | et per fulmina L ‖ 20 produxit appollo Pb ‖
21 intempestiuumque P ‖ 22 tempestuosum Lc tempestiuum
LMP | hiemalem *om.* Pb | & contra LP | clementia P ‖ 24 de-
scendit LPb d. M ‖ 25 est *om.* LP | deiphile LMP ‖ 26 nec .. nec Pb

quam uerum dicere, fidem suam uoluit ipsis testibus approbare. HONOS pulchritudo. ut Virgilius 〈Aen. I 591〉: 'et laetos oculis adflarat honores'.

161 SVPER pro inter.

162 HAS TVMIDI SOLIO imperio superbi. et artificiose, ne uideatur hos procerum inopia generos elegisse, ait se multos repudiasse et honore praestantes.

163 LONGVM ENVMERARE PHERAEOS OEBALIOSQVE accipiamus Laconicos. Oebalus enim rex Laconum fuit. ACHAEA PER OPPIDA MATRES Atalanten significat, Parthenopaei matrem.

165 TVVS DESPEXERAT OENEVS Oeneus, Tydei pater, cuius Deianira filia a multis in coniugium exoptata procis. pro qua Hercules et Achelous, Aetoliae amnis, certasse dicuntur. Deianiram ergo, Oenei et Althaeae filiam, uno tempore in coniugium petebant Hercules et Achelous acceptaque lege ab Oeneo, ut qui uirtute superasset, Deianiram duceret, congressi in certamine. cum superaretur Achelous ab Hercule, in diuersas mutatus est figuras. Oeneus Tydei pater. ideo ait tuus.

166 PISAEISQVE Oenomaus, Martis filius, propter Hippodamiam filiam procos suos uictos curuli certamine morte afficiebat ad reliquorum terrorem. ideo hunc metuendum dixit.

170 STIRPEMQVE ANIMOSQVE VENITIS figura Graeca usus

---

1 uoluit fidem suam Pb | 3 et om. L M Pa | afflauit L a. M Pa ‖ 4 scholion om. Pb ‖ 6 uidentur (pro uideretur ut saepissime) Pb | procerum L Pb | generos om. Pb ‖ 8 PHERAEOS .... MATRES om. M P, accipiamus ... fuit secuntur post matrem M P | accipiamus ergo P ‖ 9 laconios Pb | Laconum rex P ‖ 10 Athalantem L Pa atlantem Pb athalantē M ‖ 12 TVVS ... OENEVS] spem generis M P ‖ 14 amnis] fluuius Pb ‖ 15 Althaeae scripsi aethelie Pa etholię M Pb Aethesiae L ‖ 16 hercules et achelous petebant Pb | acceptaque corr. in acceperunt M ‖ 17 ut om. P add. man. 2 M | superaret Pb ‖ 19 per diuersas L P | immutatus P ‖ 20 oeneus oeneus Pb ‖ 21 piseusque Pb ‖ 22 filiam om. P | uinctos M | curuli M cum curuli Pb ‖ 23 terrores M P

est. illi enim sic dicunt: uenit doctus sapientiam.
TALES quasi fortes et nobiles.

171 VT RESPONSA IVVENT ut me delectet tales generos
Apollinis meruisse responso.

5   175 SED CVNCTIS TYDEVS AVDENTIOR ACTIS talis ubi- Lind. p. 53
que monstrabitur, etiam tempore, quo ei moriendum est.
sensus talis est: dum sibi inuicem detulerunt, pendebat
amborum ore loquendi principium. dubitabant ergo, quis
prior deberet incipere. quod intellectum est ex eo, quod
10 se mutuis intuebantur aspectibus.

176 O QVAM TE PARCVM IN PRAECONIA FAMAE MENS
AGITAT ordo: o quam te parcum agitat mens matura in
praeconia famae tuae. hoc est: pudore nimio plurimum
tuis laudibus detrahis. FERENTEM feliciter praecedentem.

5   178 FORTVNAM DOMAS quae solet alios secundis rebus
extollere. ut Virgilius ⟨Aen. X 502⟩: 'et seruare modum
rebus sublata secundis'. CVI CEDAT ADRASTVS quippe
quo nullus potior inuenitur.

179 QVIS TE SOLIO SICYONIS AVITAE Sicyon ciuitas est
20 Achaiae, in qua primo regnauit. unde Argos rogatus
Adrastus aduenit, ut mores barbaros naturae suae leni-
tate componeret.

183 ISTHMOS Peloponnesum significat. omne autem,
quod summouet Helladem a Sicyonia, ... adhuc enim

----

3 VT] et Pb ‖ 4 Apollinis responso meruisse L responso
apollinis meruisse M ‖ 6 et tempore Pb ‖ 7 est om. Pb | pen-
debant Pb prehendebat Pa Lm ‖ 9 prior om. M ‖ 10 mutuis se L ‖
11 o . . . ordo om. Pa | te quam Pb | FAMAE om. Pb | MENS
AGITAT om. M Pb ‖ 12 ordo est o te quam Pb ‖ 15 FORTVNAM . . .
extollere secuntur post inuenitur M P ‖ 16 ut om. L ‖ 17 lassata
M Pa | CVI . . ADRASTVS om. M P | CEDIT L ‖ 19 adiutor Pb | Si-
cyon om. L P | est om. L P ‖ 20 et unde L ‖ 21 bonitate Pb ‖
23 scholion corrigere non potui. explicanturne ea quae excidisse
Duebnerus suspicatus est? cogitaui de scribendo sic: Peloponnesum significat omnem aut quod summouet Helladem a Si-
cyonia . . . . adhuc enim illis locis Thesei ratem esse legitur |
autem M P enim L ‖ 24 Helladen L bella dam M P

illis locis Thesei uatem legunt. unde est Peloponnesus
Sicyonia. sensus ergo talis est: si tua mansuetudo illis
gentibus praesideret, nunquam Mycenae fraterno scelere
potuissent fugam Solis scire.   INFRA intus et infra. dicit
Aegaeum mare et Ionium, quae Isthmos diuidit. id est
illas gentes, quae sunt intra et extra Isthmon.

185 SAEVA NEC ELEAE Elea ciuitas est Oenomai, cuius
crudelitatem detestatur, quod in petitores filiae suae Hippodamiae crudelis exstiterit.

186 ET QVAE uel de quibus crudelitatibus et tu, Thebane Polynices, queri poteris.

191 NONDVM LAETA VENVS quod superius deest, hic
redditur. iuuat laeta Venus. docet poeta infelices felicibus
iunctos fortunam et laborem uitae contra fata posse transire.
sic Cicero in Philippicarum primo ⟨I 4, 10⟩: 'multa etiam
contingunt praeter naturam praeterque fatum.' et hoc di-
uersum est: nam qui putant, quod infelices felicibus iuncti
immutant fortunam fataue superant, uel ipsius felicitatis
factos sine fato esse participes, hoc non est. nam ut miser
iungeretur felici homini, per quem ad bonum statum
peruenire potuisset, id ipsum fati fuit. ut Virgilius ⟨Aen.

---

1 unde **MP** ubi **L** | peloponnessū **MP** Peloponnesus **L** ∥
2 siciona **Pb** ∥ 4 figuram **Pb** | infra i. intus **M** | et *om.* **Pb** | intra
egeum mare et ionium **Pc** ∥ 5 Aegeum dicit **LP** | quasi istmos
diuidi **M** | id est *om.* **Pb** ∥ 6 alias **L** ∥ 7 Elea] Eleae **M** ∥ 10 ET
QVAE *om.* **MP** | uel . . . poteris *supra leguntur post* scire **MP** |
uel *om.* **L** | impietatibus **L** ∥ 12 hoc **Pb** ∥ 13 infelicibus **M** ∥ 14 et
laborem **MPb** et lare **Pa** superare et incommoda **L** ∥ 15 autem
impendere uidebantur *Cicero* ∥ 16 p̄t̄ (*om.* que) **M** ∥ 17 est *om.*
Pb | nam . . . 19 est: *in textum recepi Lindenbrogii lectionem.*
locum prorsus corruptum ipse sic corrigere malim: nam quod
putant infelices felicibus iunctos et immutantes fortunam fata
superasse uel ex ipsis felicitatis sine fato factos esse participes, hoc non est ∥ 17 iuncti] uincant **Pb** ∥ 18 et immutantes
MP | fata superasse **MP** | ut ex **P** uel ex **M** | ipsis *corr. in*
ipsius **M** | felicitate **MP** ∥ 19 factum sine **M** fati sed **P** feli-
citate iam se fati esse **Lm** | participem **MP** | huius (*ut fere*
semper pro hoc) **M** ∥ 20 bonum humili statum **Pb** ∥ 21 posset
Kohlm. | fatum fuit **Pb** | Virg. **L** *om.* **MP**

VII 234⟩: 'fata per Aeneae iuro' et ⟨Aen. X 814 sq.⟩:
'Lauso Parcae fila legunt' et alibi ⟨Aen. VI 683⟩ totum
iunxit fatum praeposito: 'fataque fortunasque uirum mo-
resque manusque'. denique infinitos scimus fidos carosque
potentibus, cum essent humiles laborum, potentia omni
priuatos fato prohibente, et alios nuper agnitos et nullius
fructus multa bona ab eisdem meruisse. NONDVM LAETA
VENVS quia felicium ista sunt uota. RESEDIT TRISTITIA
bene: praesentibus gaudiis praeterita oblitus est, quo ostenditur humana uarietas.

193 NEC MINVS HAEC LAETI notandum, quod comparationem miscet allocutioni, ut supra ⟨uu. 105 sq.⟩ 'tu ueluti, magnum si iam tollentibus austris Ionium'.

194 PROSPECTET AMICAM suffecerat addidisse 'humum',
nisi iungeret et 'amicam'. ut Plautus in Menaechmis ⟨uu.
226 sqq.⟩: 'uoluptas nulla est nauitis, Messenio, maior
meo animo, quam quando ex alto procul terram pro-
spiciunt. maior, non dicam dolo, quam si adueniens terram conspicias, quae fuerit tua'.

197 FORTVNA TRANSIRE TVA sub tutela fortunae tuae.
hoc est: iunctos felicibus infelices posse aduersa superare.
dicunt ergo laetari se, quod futuras aerumnas suas felicitatis eius prosperitate ualeant euitare.

202 PRIMISQVE HYMENAEIS Virgilius ⟨Aen. I 345 sq.⟩: Lind. p. 54
'cui pater intactam dederat primisque iugarat ominibus'.

204 TVMIDA IAM VIRGINITATE matura.

205 GAVDIA MENTE PARANT id est: dum uotis deos

---

1 iuro *om.* L ‖ 3 iuxta M | proposito Pb ‖ 4 infinito M ‖
5 c͞e͞t Pa | humili M *Mon.* | iuxta f. praepositum *Klotz.* ‖ 6 pr.]
promeritos M *Mon.* promerita priu. *Klotz.* | nullis rei Pa | rei
fructu L ‖ 11 leti ostendunt Pb ‖ 12 tu *om.* MP ‖ 13 si ... Ionium
om. MP ‖ 14 prospectat MP | suffec͞et Pb | addisse P ‖ 15 et *om.*
LPb ‖ 16 est est autem P | nautis mesenio MP | maior meo]
maio me Pa *corr. in* maiore M maior Pb ‖ 17 amo Pa eo modo
Pb | quando L qui MPa Q͞ Pb | procul L ad MP | terram] te
nostra Pb ‖ 18 Maior est L ‖ 23 eualeant imitare Pb ‖ 24 PRIMIS
L | 27 id est *om.* MP | dum ... parant *om.* Pa | deos *om.* MPb

exagitant, uidentur parare, quod gaudeant. ordo ergo: alacres Argi gaudia mente parant.

206 LYCAEOS PARTHENIOSQVE montes Arcadiae. et in Lycaeo templum est Panos, in quo natus asseritur. unde Virgilius ⟨Aen. VIII 344⟩: 'Panos de more Lycaei'. famam ergo ait in haec loca penetrasse.

207 ERHYRAEAQVE RVRA Corinthiorum regioni confinia extrema posuit. Corinthus namque a mari Arcadiam, a terra Peloponnesum claudit.

208 EADEM DEA TVRBIDA uelox Fama. OGYGIAS Thebas. non montes Ogygios, sed locum, ubi Thebae sunt constitutae.

209 PERFVNDIT rumoribus implet.

210 LABDACIVM Eteoclen. patronymicum ab auo Oedipi, huius proauo. CONSONA NOCTI conuenientia, ut nihil a somniis discreparent. conueniens ergo cum somnio praecedentis noctis, qua a Laio in Tiresiae effigiem mutato Eteocles fuerat admonitus. uel ipsa fama consonat praemissae nocti, id est quae nuper exacta est, qua Laius futura uisus est commonere. consona autem: conuenientem famam cum promissis Lai, qui ait superius ⟨uu. 111 sq.⟩:
Lind. p. 55 'dant animos socer augurio fatalis Adra|stus dotalesque Argi'.

213 IAM BELLA CANIT canit ubique subaudiendum est ab eo, quod dicturus est: 'quis furor est? iam bella canit'.

---

1 exagitantur Pb | gaudent Pb ‖ 2 argi alacres M ‖ 5 Panos om. M ‖ 7 ephuraq₃ Pb ‖ 8 a mari om. superscr. M | Archadia P ; et archadia terra peloponessun/// claudunt M ‖ 11 sed om. Pb | sunt thebe Pb ‖ 13 perfudit P | inpleuit M impleuit P ‖ 14 Etheoclem LPb | ab ioue Pa ab iocis Pb ‖ 15 huius om. Pb ‖ 16 somno L ‖ 17 q corr. man. 2 in quia M ‖ 18 ammonitus M attonitus Pb | consona L ‖ 19 idem Pb ‖ 20 commouere Pa | consonā MPb | inter L Pa aut MPb ‖ 21 praemissis LPb | Laii LPb ‖ 22 animo P ‖ 25 est om. LPa | ab eo MPb de eo L ab Pa | est dicturus Pb | est om. Pa om. superscr. M | est om. Pa om. superscr. M | scholion corruptum puto. exciditne post subaudiendum est 'et separandum est'?

215 CERNERE AVORVM imagines auorum comminus cernere. est operae pretium descriptio eorum, quorum statuae in Adrasti domo fuerant constitutae. ut Virgilius ⟨Aen. VII 177 sqq.⟩: 'quin etiam ueterum effigies ex ordine auorum antiqua. e cedro L. p. S. u.'.

216 CERTANTIA VVLTIBVS AERA. Virgilius ⟨Aen. VI 848⟩: 'et uiuos ducent de marmore uultus'.

217 TANTVM AVSAE PERFERRE MANVS ut imitarentur uitam. quasi contra naturam fecissent, quod addidissent aeri spiritum.

219 PLACIDVSQVE PHORONEVS quod primus Iunoni sacrificasset. IASIVSQVE SENEX etiam iste rex Arginorum fuit.

220 ET BELLATOR ABAS Abantis filius Proetus, cuius filiae Proetides furore immisso a Venere boues sibi sunt creditae. quas Melampus expiauit. [INDIGNATVSQVE TONANTEM Acrisius rex Argiuorum fuit, qui filiam habuit nomine Danaen. quam, posteaquam est a Ioue uitiata, pater intra arcam inclusam in mare praecipitauit. quae delata ad Italiam inuenta est a piscatore cum Perseo, quam illic enixa fuerat, et oblata est regi, qui eam sibi fecit uxorem, cum qua etiam Ardeam condidit.]

221 COROEBVS hic est, qui ne Argi pestilentia laborarent, Apollini se perimendum obtulit et ueniam meruit.

---

1 imagines auorum *om.* Pa *post* Cominus *praebet* L | cernere *om.* Pb ‖ 2 pretium *om.* Pa ‖ 3 domo Adrasti L ‖ 4 uentorum Pb | ex *om.* Pb ‖ 5 Antiquae L antique M Pa antiqua Pb | cedri d. L cedra Pa credo Pb | i. p. s. *om.* Pb | u. *om.* LP ‖ 7 et *non legitur in Vergilio* | ducunt LM Pa ‖ 8 PROFERRE LPb | immutarentur Pa ‖ 10 spatium Pb ‖ 11 placidus Pb placidet Pa | iam suis Pa a suis Pb | -QVE SENEX *om.* MP | iste hic L | Argiuorum *om.* Pb ‖ 14 abbas abbatis Pb | preti Pb ‖ 15 ptides filiae M Pa preti filie Pb | furore ... Venere] furiis fauentibus M | 16 credite s̄ M | quam Pa | menalippus Pb | INDIGNATVSQVE ... condidit *secuntur post schol.* 222 *in* LP *om.* M ‖ 17 habuit filiam P | 18 danam Pa damne Pb | que postquam P ‖ 19 patrem Pb pater eam Pa ‖ 21 qui *om.* Pa ‖ 23 COROEBVS *om.* Pb ‖ 24 se *corr. in* sese M | ottulit Pb

FERENS CAPVT uel suum altius ferens, uel illius, quod occiderat, monstri.

222 TORVAQVE IAM DANAI F. M. I. Danaus, Beli filius, ex pluribus coniugibus quinquaginta filias habuit, totidemque Aegyptus, frater eius, filios, qui Danaum fratrem filias suis filiis in matrimonium postulauit. Danaus responso comperit, quod generi sui manibus interiret. Argos profectus est et primum dicitur nauem fecisse, a cuius nomine Argo dicta est nauis. Aegyptus misit filios suos ad persequendum fratrem hisque praecepit, ut aut Danaum interficerent aut ad se non redirent, ut Agenor filio imperauerat. qui postquam uenerunt Argos, coeperunt patruum oppugnare. Danaus postquam uidit se resistere non posse, filias suas fratris sui filiis spopondit uxores. quae patris iussu uiros uniuersae suos interfecerunt. sola Hypermestra Lynceo pepercit.

225 QVIS PROPIOR DE REGE GRADVS quisquis regem affinitate contingit, id est proceres et illi, qui regibus genere iungebantur, et stabant primi, ut singulorum ordo poscebat et generis gradus. STANT ORDINE PRIMI alto ordine stant primi. hos autem dicit, quos Tullius ⟨de imp. Cn. Pompei 24⟩ sic nominauit: 'qui uiuunt in regnis' hoc est qui regibus obsecuntur. stant primi: illi etiam proximi regi stabant, qui ornabantur generis dignitate.

227 CASTA MATREM C. C. A. multitudine religiosa, id est pars matrum uirginibus nupturis admixta.

---

1 quo Pb　qui Pa ‖ 3 F. M. I. om. LP | belli Pa ‖ 5 egistus MP ‖ 6 filiis suis Pb ‖ 7 generis Pa ‖ 8 primus Myth. ‖ 9 argos Pb nauis om. Pb | egistus MP | mittit P ‖ 10 isq; Pb | ut om. M | danium Pa ‖ 11 aut ut M ‖ 12 et 13 posteaquam L | se uidit non posse resistere M ‖ 14 filiis om. Pa　om. superscr. M ‖ 16 Hypermnestra L　ipermestra M　hypermestra Pb　hipermedestra Pa | lioceo Pa ‖ 17 proprio Pb　propio Pa　PROPRIOR L ‖ 18 proceris superscr. e M ‖ 19 iungebantur genere Pb ‖ 20 poscebat om. Pb STANT ... obsecuntur om. Pa ‖ 23 id est L | obsecundantur L | stant corr. in stabant M ‖ 25 castam P | MATRES L | C. C. A. om. LP | multitudinem religiosam Pb | id est] uel Pa

229 FOEDERA CONCILIANT id est sponsos commendant et docent eas foedera nuptiarum.

230 VERENDO uirginali.   Lind. p. 56

232 DEIECTAEQVE GENAS id est terram intuentes prae 5 pudore.

233 PRIMAEQVE MODESTIA CVLPAE culpam putant amissionem uirginitatis.

235 TENEROS PARENTES timidos, quia delectauerunt Adrastum filiarum lacrimae. erat enim pudoris insigne 10 etiam uota trepidare.

237 ET ASPERIOR PHOEBI SOROR fratre asperior, quia ille citharae, illa uenatibus operam dedit.

239 ILLA SVAS CYNTHO COMITES AGAT H. A. Cynthus Deli mons est Dianae sacer, unde Diana Cynthia dicta 15 est. Aracynthus Atticae regionis mons Mineruae sacer.

240 TVNC SI FAS id est si liceat, quoniam mortalibus concessum non est uidere caelicolas.

244 FATIGANT diu inuocant. unde Horatius ⟨carm. I 2, 26 sqq.⟩: 'prece qua fatigent uirgines sanctae minus 20 audientem carmina Vestam?'

245 FACVLTAS unusquisque pro uiribus suis uota faciebant.

247 NEC MINVS AVDITI sensus: nec minus auditi sunt illi, qui ture deos placabant, illis, qui hostias immolabant. 25 uictimarum enim loco sola etiam bona conscientia diis litatur. sicut Persius ⟨II 73 sq.⟩: 'compositum ius fasque animi sanctosque recessus mentis et incoctum generoso pectus honesto'.

---

1 sponsas L corr. in sponsos M ‖ 2 eos Pb ‖ 4 id est] In L ‖ 8 delectauerint M ‖ 9 enim MP etiam L ‖ 10 in uota L ‖ 13 suos MPa | CYNTHO om. P | COMITES AGAT om. Pb | H. A. om. LP ‖ 14 mons est deli Pb | archandie diane M | Cynthia Diana L ‖ 15 actice Pb | 16 id est si om. Pb | inliceat Pb ‖ 17 concessum non est] non licet Pb ‖ 18 diu diu Pb | ut MPb ‖ 19 preceque L ‖ 22 faciebat LP ‖ 24 placant LP | quam illi Pb | immolarent L immolarat Pa immolarant Pb ‖ 25 et bona Pb ‖ 26 letatur Pa ‖ 27 generosum L

249 LACHESIS unam pro omnibus posuit.

252 PALLADA MVNICHIIS quae Pallas non minus diligit Larisam quam Munichiam. Larisa autem oppidum est Lind. p. 57 Adrasti, in quo nunc | nuptiae fiunt, non illa Thessaliae, unde Achilles dicitur esse natus. ⁵

255 LIBARE uel consecrare uel aliquid templis appendere. Virgilius ⟨Aen. VII 391⟩: 'sacrum tibi pascere crinem' id est nutrire. PRIMOSQVE SOLEBANT EXCVSARE TOROS id est in templo Mineruae solebant uirgines nupturae placare deam, quae sit fautrix uirginitatis, et ex-¹⁰ cusare, quod necessitate et lege naturali nubere cogebantur.

258 ARCADOS EVHIPPI SPOLIVM Euhippus, rex Argiuorum, mirae felicitatis fuit. cuius clipeum, qui apud Argos nobiliter rem gessisset, accipiebat, ut illo per urbem incedens honestaretur. unde prouerbium apud illos tale ¹⁵ est, cum alicuius ignauiam irriderent, ut Callimachus ait, ὡς τὴν ἀσπίδ' ἄεθλον ἑλών. hoc nunc spolium dicit faces nuptiales exstinxisse, cum caderet uera ominis ratione, quia nuptias bella diremerunt.

260 EQVE ADYTIS SIMVL E. R. Virgilius ⟨Aen. III 92⟩: ²⁰ 'et mugire adytis cortina reclusis'.

263 MOX AVDISSE NEGANT ut homines suspicionem sedarent, more uulgi potentibus blandientes audisse se negant, quae constabat gaudiis obfutura.

---

2 monichiis LM monichii P | palla P | minus non P ‖ 3 Larissam LMPb | Monichiam LP monichian M | Larissa LM | est om. L ‖ 4 thesalię M ‖ 5 ubi Pb | dicit Pb | esse om. LP ‖ 6 consacrare Pb ‖ 8 EXCVSARE om. M ‖ 9 id est] uel LPa ‖ 10 placere Pb | ad eam Pa ‖ 13 quia MP ‖ 14 grecos Pa | ut] uel Pa | p̄ Pa | urbes M ‖ 15 tale est om. L ‖ 16 arriderent P ‖ 17 de Callimachi uerbis uide Philol. XXXIII p. 131 sqq. | ꙍCτeΝΛCΝΙΔΛΤΟΝΕΛΘΝ M ꙍCτeΝΛCΝΙΟΔΛΤΟΝΕΔΘΝ Mon. ꙍCΤΗΝΔCΠΙΟΛΔCΘΟΝΗΤΗ Bamb. ꙍϛεν ΑCΠΙΟΛϟΤΟΝ εΙΘΝ L ꙍCeΝΛCΝΙΟΛΛΙΟΝϲΙΘΝ Pa ꙍCτeΝΔCΠΙΟΔΔΤΟΝ εΛΘΝ Pc linea uacat Pb ‖ 17 nunc LM non P ‖ 18 careret L | una Pa | omni Pb | ratione om. Pa ‖ 19 dirimerent L dirimerunt P dirimer̄ MPc ‖ 20 similiter Pb | E. R. om. LP ‖ 21 fortuna Pb ‖ 22 NEGANT ... audisse om. Pb ‖ 23 mortem Pa | uidisse Pa ‖ 24 constabant LMPa | offutura gaudiis M | defutura Pb

266 ORNATVS ARGIA GERIS dicit non esse mirandum,
quod aduersum omen acciderit, siquidem Argia, uxor Polynicis, funestum monile acceperit, quod Thebis ueniens
ad Argos extulerat. et repetit originem huius muneris,
5 quod a Vulcano Veneri fabricatum fuisse dicatur et deinde
Harmoniae fuerit, postremo reginarum omnium, quae Thebis
uixerunt, quas istius monilis omine dicit infeliciter de-
perisse.

272 HARMONIAE DOTALE DECVS ut illa puniretur, quae
10 ex adulterio Martis et Veneris nata esset. huiusmodi enim
uenenis infecerat illud monile Vulcanus, ut necesse esset
hoc monile gestanti aerumnarum mole opprimi. hoc enim
usa est Harmonia, Agaue, Semele, Iocasta, Argia, ultimo
Eriphyla. nam ad Polynicen hoc hereditario iure per-
15 uenerat. quaecumque ergo hoc ornatu usae sunt, graui
exitu et aerumnis affectae sunt. SVB LVCE IVGALI id
est sub die nuptiarum, quo Cadmo nupserat.

273 DOCTI QVAMQVAM M. L. C. quamquam maiora docti
sunt facere, tamen hoc laboriose fecerunt.

20 274 NOTIQVE OPERVM TELCHINES hi tres fratres dicuntur fuisse inuidia liuidi. qui cum uicinorum agros
uiderent prouentu fertiles, natura felices, hos sparsisse dicuntur aquis Stygiis, ut redderent infecundos. qua culpa
poenam metuentes solum uerterunt seque ad Cyclopes con-
25 tulerunt. est ergo sensus: in hoc | plurimus est Vulcano Lind. p. 53

---

1 admirandum L ‖ 2 accideret L M Pa ‖ 3 acceperat Pb ‖
4 repetat Pb | muneris uel monilis P ‖ 5 dicitur L fertur Pb ‖
6 Hermonies L (h)ermione MP | fuit L om. P | qd M latetne
quot? ❙ 7 uiserunt Pb ‖ 9 Harmonies L (h)ermione MP ‖ 11 Vulcanus . . . monile om. Pb ‖ 13 Harmonie L ermione P ermiona
M | iocasta semele libri ‖ 14 heriphila M Pa herphila Pb Eri-
phile L | polinicē Pa | hoc post iure praebet M ‖ 15 usa est siue
use sūt Pb ‖ 16 sunt affectae L ‖ 18 QVAMQVAM om. L Pb | m. l. o.
M om. LP | uis maiora Pb ‖ 19 sint M | tamen om. M | haec
M ❙ 20 OPERVM om. L | teloines Pa teclines Pb | hi om. Pb ‖
22 fertiles prouentu Pb ‖ 24 ad Cyclopas L ad ciclopes ultro
M | contulerunt . . Cyclopes om. Pa ‖ 25 et est L | sensus om. Pb

sudor, quamuis et Cyclopes in hoc laborauerunt ipsique
Telchines.   Telchinas ergo inuidos ad hoc monile faciendum concordasse dixit, ut fieret.

275 PLVRIMVS IPSI SVDOR Vulcano scilicet, ut, qui facienda aliqua imperare consueuerat, personam sumeret
fabricantis.   unde Virgilius ⟨Aen. XII 90 sq.⟩: 'ensem,
quem Dauno ignipotens deus ipse parenti fecerat' id est
per se, non per ministros.

276 IGNE SMARAGDOS uirides lapides.   quemadmodum
glaucum pro 'uiride', sic ignem pro splendore posuit.

277 PERCVSSVM ADAMANTA id est characteribus nocen-
tissimis sculptum.

278 GORGONEOSQVE ORBES ita exsecrandum monile
describit, ut huic pulchritudinem conferat atque terrorem.
nam Gorgoneos orbes ponit instar oculorum, ut ad
monstri speciem stupefaceret intuentes magnitudo et pulchritudo gemmarum.

279 FVLMINIS EXTREMI CINERES hoc est: qui perfecto
fulmine superfuissent, quasi hoc perniciosiores essent. constat enim hoc monile post fulmina fabricatum de fragmentis.   VIRIDVMQVE DRACONVM uel iuuenum uel ue-
nenosorum.

280 HIC FLEBILE GERMEN HESPERIDVM in Aethiopia
speciosissimum pomarium Atlantis fuit, in quo nascebantur
mala aurea, quae Hesperides custodiebant Aegle, Erethusa,
Hesperethusa et draco peruigil. — acceperat autem responsum, ut ea quandoque ex Ioue genitus raperet. — nihilo-

---

1 et *om.* M ǁ 2 Telchinas] Thelchines L | faciendum mo-
nile Pb ǁ 3 dicit LPb ǁ 4 qui] quod Pb | faciendo P ǁ 5 im-
petrare Pb ǁ 6 ensemq3 (*om.* quem) Pb ǁ 7 ipsi MPb ǁ 9 sme-
ragdos Pb ǁ 10 uiridi L uidere Pa uide Pb ǁ 11 adamantē P ǁ
14 describitur M | pulcritudinem MPa pulchritudine Pb ǁ 15 po-
suit L ǁ 18 qui] quasi Pb | pfecto M ǁ 19. superfuisset Pa | per-
niciores Pa ǁ 20 de *om.* Pb ǁ 21 uel] id est LPa ǁ 23 FLEBILE *om.*
Pb ǀ gramē Pb ǁ 24 pomerium M pomorium Pb | Atlanti L |
fuit athlantis M ǁ 25 custodiebant *om.* Pb | Aretusa L ǁ 26 Hes-
perie L esperetusa Pb *uide Seru. Aen.* IV 484 | autem *om.*
MP ǁ 27 quoniam ea (*om.* quandoque) Pb

minus tamen fides responsi explicata est, missusque est
ab Eurystheo rege Hercules, Iouis filius, qui ea mala abstulit occiso dracone peruigili. diximus poetam omnia
contulisse, quae gratiam facerent et timorem. ideo etiam
5 aurum uult infame fuisse, quo monile compositum est, ut
iure confirmetur malum fuisse.

281 ET DIRVM PHRIXEI VELLERIS AVRVM Phrixus et
Helle insania a Libero abiecti cum in silua errarent, Ne-
bula, mater eorum, dicitur uenisse et arietem uellere aureo
10 insignitum exhibuisse, in quo praedictos filios suos iussit
ascendere et in Colchos ad regem Aeetam transire ibique
arietem immolare. qui cum ex praecepto matris ascen-
dissent, illos aries in pelagus detulit. Helle lapsa nomen
ponto dedit. Phrixus matris praecepto parens arietem im-
15 molauit pellemque auream Martis templo dicauit. (quam
Iason, Aesonis filius, cum Argonautis dicitur petisse).
hunc Aeeta rex libens recepit filiamque ei dedit uxorem.
et cum ex ea filios suscepisset, ueritus est Aeeta, ne se
a regno deiceret — quod ei responsum ex prodigiis fuerat —
20 aduena, Aeoli progenies. et cum mortem caueret, Phrixum
interfecit. at filii eius ratem ascenderunt, ut ad auum Atha-
mantem transirent. hos naufragos Aeson excepit.

283 ET QVAE PESSIMA CESTON etiam illam uim monili
permiscuit, quae uis ceston probat id est quae, cuius sit

---

1 tamen *om*. Pb ‖ 2 aristeo Pa ‖ 3 peruigili Dracone L |
peruigiliis Pb ‖ 5 infame fuisse uult M ‖ 6 confirmet LPb *corr*.
in confirmet✓ M ‖ 7 ET DIRVM *om*. L | AVRVM *om*. L | Frixus.
Fabula frixi et ᵸelles M ‖ 8 Helles L elles Pa | abiecti LmM
Mon. *Myth*. obiecta LP | neobula MPa ‖ 9 inuenisse Pb ‖ 10 in
quem *Myth*. ‖ 11 oetam LMP ‖ 12 immolare *om*. Pb | cui Pa |
ex *om*. Pb ‖ 13 aries *om*. LPa | in pelago Pa | Helles L elles
MP ‖ 16 hesonis MPa | petiisse L p&sse M ‖ 17 hunc] Phrixum
autem *Kohlm*. | oeta LMP ‖ 18 at *uel* sed? | cum *om*. Pa | libe-
ros LP *Myth*. | est *om*. *Myth*. | oeta LMP ‖ 19 a *om*. L | a rege
Pb | deiiceret L ‖ 20 ut ab aduena L ab aduenae progenie
Myth. | eoli M coli P | progenie LMP *corr*. Pc ‖ et cum *om*.
LP *Myth*., *add*. *man*. 2 M ‖ 21 ath(a)lantē MPa ‖ 22 quos L |
beson MPa exon Pb ‖ 23 etiam ... ceston *om*. Pb | vim illam
L ‖ 24 vix L | quaeˀ *om*. LP

potestatis, ostendit. ceston enim cingulum dicitur Veneris, quo utitur ad honestas nuptias. et quoniam uirgo
Cadmo nupserat Harmonia, ideo hoc iunxit. nam ad turpes
nuptias Venus dicitur non uenire. ideo incestum dicitur,
quod sacrato illo Veneris cingulo non fuerit uinctum.   5

285 ATQVE HILARI id est lucido, ut possit exinde aliquid fingi laetitiae, ut esset facile delectabile et gratum,
latenter autem nociuum et pestiferum.

Lind. p. 59   286 NON HOC PASITHEA id est una Gratiarum. sunt
autem tres: Pasithea, Aglaie, Euphrosyne, Iouis et Auto- 10
noes filiae, Veneris famulae.

289 PRIMA FIDES OPERI periculum. huius monilis
fidem fecit Harmonia, quae prima experta est. nam in
anguem uersa est cum marito ob hanc causam, quod Agenoris et Europae filius draconem Martis, qui fontem cu- 15
stodiebat, occidit. ideo uult hoc contigisse, quia nuptialibus
donis hoc monile possederat.

292 IMPROBA MOX SEMELE uult etiam Semelen huius
infelicitate monilis exstinctam et magis ornatus inuidia a
Iunone quam paelicatus inductam, ut a Ioue improbe 20
posceret, quod nefas esset corpus sustinere mortale. optime
autem Semelen improbam dixit, quod uoti fuit immodica,
ut Iouem uellet uidere cum fulmine.

294 TEQVE ETIAM INFELIX P. I. D. P. N. bene infelix,

---

1 dicitur] est Pb ‖ 2 quando L Pa ‖ 3 Harmonie L ermionēa
M ermiona Pa hermonie Pb | hęc Pb ‖ 4 nuptas Pb ‖ 5 iunctum M‖
7 facie?] facile et L Pa | delectabile om. Pb | delectabile debile Pa‖
8 letanter Pa letenter corr. in latenter M | nocuum L corr. in
nociuum M ‖ 9 id om. L | una nomina gratiarum P | Gratiarum.
nomina autē Graiarum (sic) sunt tria L ‖ 10 egiale Pb egale
Pa agiale M | euprosina M euprosine P | Authonores Pb au-
tonois Lm M Pa Harmiones L ‖ 12 periculi Pb ‖ 13 facit Pb |
Harmonie L ermione M Pa hermione Pb | proxime L | nam om.
Pb | in angues L Pa ‖ 14 quod om. Pb ‖ 15 eutrope Pa ariopę
M Agriopes L Arionae Lm | Martis om. Pb | fontem] antrum
Martis Lm Pb ‖ 16 occidit om. Pb ‖ 17 hoc om. Pb | possiderat
M Pb ‖ 19 infelicitate huius L ‖ 20 pellicatus L pelicatus M Pa |
policatus Pb | indutam Pa ‖ 22 semelē Pa om. Pb ‖ 24 p. i. c.
d. u. p. M om. LP

quae non imposuit per malorum experimenta finem cupiditati. nam hoc monile Iocastam etiam post Agauen certum est habuisse.

298 SACRO AVRO exsecrabili. ut Virgilius ⟨Aen. III 57⟩:
5 'auri sacra fames'.

299 VIDERAT HOC CONIVNX Eriphylen dicit, Amphiarai uatis uxorem.	ET ARAS ANTE OMNES quia apud antiquos ante aras numinum celebrabant iura nuptiarum. et est ordo: ante aras et epulas nuptiarum.

10 302 NIHIL AVGVRIIS ADIVTA PROPINQVIS propinquis siue quia auguris uxor est, uel his prodigiis, quae paulo ante clipei casu contigerant. — nihil proderat, inquit, quod augurem habebat maritum; nam infausta cupit. secundum illud Virgilii ⟨Aen. IX 328⟩: 'sed non augurio potuit 15 depellere pestem'.

303 QVANTAS CVPIT IMPIA CLADES mariti mortem, furorem filii, interitum suum.

305 INSONTES NATI MERVERE FVRORES Alcmaeonem dicit, qui post mortem matris conuersus est in furorem 20 patre mandante. ut Iuuenalis ⟨VI 173⟩: 'nil pueri faciunt, ipsam configite matrem'. item Lucanus ⟨II 108⟩: 'crimine quo parui caedem potuere mereri'.

307 ISMENIVS HEROS Polynices, qui a Thebano fluuio Lind. p. 60 nomen accepit, quem poeta fluuium frequenter appellat.

25 308 IAMQVE ET SVA REGNA eleganter sua, quia et apud Argos ex coniunctione regia imperabat.

1 inposuit M | pro malorum experimento Pb ‖ 2 iocasta Pa | etiam om. LP | agaue LmM ‖ 4 sacro myro M | ut om. L ‖ 6 VIDERAT om. Pb | HOC om. P | coniux MP | ta eriphilem Pb eriphpile Pa ‖ 7 uatis om. Pb ‖ 8 et est ... nuptiarum om. Pb | 10 propinquum Pb ‖ 12 clipei] dixi LmPb | contigerant Pa contĭngerant M contingerat Pb ‖ 13 infesta corr. in infausta M | capit Pb ‖ 14 uirgilius Pb | sed non] si ne Pa | auguriis LMPa | poterit Pb ‖ 17 filiis Pb ‖ 18 insontis Pb insonantes M | sorores Pb | alchmetonē Pa ‖ 19 matris t c̄ c̆cubitu c̆uersus M | matris quam interfecit mandante patre conuersus Lc ‖ 20 patrē M | i. i. (= lib. II?) nichil Pa ι ι nil M ‖ 22 caedes LPa ‖ 23 Hismenius L hist(h)menius P histmenios M | a fluuio Thebano L ‖ 25 IAM IAM SVA QVAERERE REGNA L | qui MPb

311 DESCISSE DEOS quasi dii non innocentes, sed potentes et feliciores sequantur, sic a se ad fratrem esse traductos. descisse ergo quasi ab amicitiis, ut ciuitas, quae ad hostes decurrit, desciscere dicitur. ut Lucanus ⟨II 727 sq.⟩: 'lassata triumphis desciuit Fortuna tuis'. 5

312 NVDVM LATVS ab amicis desertum. regum enim semper latera stipatorum satellitumque corona claudebat.

313 NAMQVE VNA SOROR Antigonen dicit, quae fratrem sepeliuit. nam et Ismenen aliam sororem habuit Polynices. PRODVCERE prosequi. ut Terentius ⟨Heaut. tim. 10 144 F.⟩: 'comes produxi'.

315 ET MAGNA LACRIMAS INCLVSERAT IRA id est dolore nimio siue iracundia lacrimarum clauserat cursum. ut Virgilius: 'inclusitque dolor lacrimas'.

316 TVNC QVOS EXCEDENS HILARES cogitat, discessu suo 15 qui gauisi sint, qui doluerint. omnia, inquit, haec in animo reuoluebat, et fratris cultum et quos sibi profugo gemuisse prospexerat. ergo si aliquibus potuit exilium displicere, reuertentem tanto magis poterunt adiuuare.

321 SPES VBI LONGA VENIT qua nulla grauior morta- 20 libus cura est. Sallustius ⟨Iug. 64, 6⟩: 'animo cupienti nihil satis festinatur'. Cicero ⟨Catil. IV 8⟩: 'eripis etiam spem, quae sola homines in miseriis consolatur'. hanc enim curarum omnium constat esse postremam. graue enim tormentum est spes, quae longa exspectatione dif- 25 fertur. Terentius ⟨Adelph. 219 F.⟩: 'spem pretio non emo'. NVBEM cogitationum multitudinem, quae animum sollicitudinis mole confundit.

---

1 quasi deos Pb ‖ 2 sic *om.* Pb | ad fratrem a se Pb ‖ 3 amicis Pa ‖ 4 desciscere Lc descire LMP ‖ 5 lassaq₃ MP lassa L ‖ 7 latus Pb ‖ 8 quam frater L | Hismelen L histmelen Pb hismelē Pa istmenen M ‖ 10 Virg. L ‖ 11 comes] omnis *Terentius* | produxit LPa produxerat Pb ‖ 14 *est uersus Statii Theb. XII 318* ‖ 15 (h)ilaris MP ‖ 16 sunt LPa | et qui Pb | doluerunt LMPa | hoc in animo inquit reuoluerat Pb ‖ 19 poterī M ‖ 20 vbi] uobis Pa | quia M ‖ 22 festinare MP | eripit .. hominem .. consolari solet *Cicero* ‖ 28 solitudinis Pb | confundunt L

322 DIRCEN fontem Thebanum, per quem Boeotiam debemus accipere. Cadmi autem domos Thebas dicit.

326 RECEPTO SANGVINE id est recepta uirtute. Lucanus ⟨II 338 sq.⟩: 'dum sanguis inerat, dum uis materna, 5 peregi iussa, Cato'.

328 ET CAPTA ARMENTA REPOSCIT ab inimico uictore.

332 MENTE ACVIT exercuit uel in maiorem rabiem con-   Lind. p. 61 citauit.   FIDA proprium uxoris epitheton.

333 SENSERAT Argia dispositionem mariti senserat, 10 prima exorta aurora complexa uirum. pallorem dixit colorem croceum. primo enim aurora cum Luciferi candore pallescit, deinde fulgore rosei solis afflatur.

335 NIL TRANSIT AMANTES Virgilius ⟨Aen. IV 296⟩: 'quis fallere possit amantem?'

15 337 NVNQVAM IN PACE SOPOR id est dormiens semper inquietaris curis. aut hoc dicit: quod noctu, cum solent homines in quiete esse, tu peruigilas, non admittis soporem. pacem enim hic proprie nocturnam quietem asseruit.

20 338 LATRANTIA PECTORA CVRAS ex magnis curis tumultuantia.

339 ADMOTA DEPREHENDO MANV lacrimas tantum an pectoris motus et pulsus?   NIL FOEDERE RVPTO oratorie. cur enim metuit, si se dicit posse contemnere? Virgilius 25 ⟨Aen. X 42⟩: 'nil super imperio moueor'.

340 CONVBIISVE SVPER figura synaeresis oratorie facta.

---

1 dircem Pb ‖ 2 aut P | dicit M dicimus L debemus accipere P ‖ 3 id est om. Pb ‖ 4 sanguinis Pb | uix L ‖ 5 iussa Cato om. L ‖ 6 ET om. MP | capta mente P ‖ 7 mentē Pa | uel in om. Pb ‖ 9 dispositiones L disputatiōe Pa ‖ 10 primo ortu aurorae L ‖ 11 prima Kohlm. | candor Kohlm. | candore pallore pallescit P ‖ 12 roseo? ‖ 13 nihil MP ‖ 14 qui Pb | posset L ‖ 16 quia Pb ‖ 17 homines om. superscr. ante solent M | per uigilias MPa | nec L ‖ 18 pace Pb ‖ 20 LATRANTIA om. L del. inser. lactantia M | CVRAS om. MP ‖ 22 aut Pb ‖ 23 nihil MPb ‖ 24 si om. Pa ‖ 25 nichil Pa ‖ 26 CONNVBIISVE LPb | syncrisis Pa sincresis Pb | fata Pa

quod euenire timebat, hortabatur. ut Virgilius ⟨Aen. IV 381⟩: 'i, sequere Italiam' et ⟨Aen. IV 431⟩: 'non iam coniugium antiquum, quod prodidit, oro'. [VIDVAQVE IVVENTA id est non propter me dico hoc, licet sim iuuenilis aetatis et licet mea aetas tam cito deseratur a te, tantum propter tuam salutem, ne in aliquo damnetur, timeo.]

341 ETSI CRVDVS AMOR recens, immaturus necdum temporis longinquitate firmatus. ergo talis ordo est: etsi necdum intepuere tori. sensus: etsi necdum post nuptias calefactus est torus mariti nec temporis prolixioris accessibus deferuescit. adeo pauci dies sunt, ex quo sunt nuptiae celebratae.

343 ANGIT AMATE SALVS sic agit, ut uincat, quia propter suum commodum nil suadet, sed asserit se agere causa mariti, et hoc totum, quod ad cautelam mariti proficit, sibi putat acquiri. INERMIS aut facultatibus, quae desunt, inermis aut non tu inermis, sed armatorum multitudine destitutus.

345 SI NEGET ergo si negauerit, subsequens est, ut fratris insidiis pereas. ATQVE ILLVM SOLLERS sensus talis est: atque illum fama tumidum narrat, quae solet ducum indicare mores. ordo autem est: atque illum tumidum narrat fama, quae sollers est reges deprehendere.

---

1 quae L | ut *om.* Pb ‖ 2 i *om.* M Pa id est Pb ‖ 3 antiquū vel quod Pa | VIDVAQVE . . . timeo *om.* M *post schol. 341 pos.* LP ‖ 5 mea aetas Pb mea Pa uidua L | deserar L | tamen P ‖ 6 damneris L ‖ 8 est ordo LP | etsi . . . sensus *om.* L ‖ 9 intepuere *om.* Pb | post M Pb primo Pa primis L ‖ 10 nuptiis L ‖ 11 feruescit L Pb | nuptie sunt Pb ‖ 13 AMATA L Pb | ait L Pb *superscr.* ng M | qua Pb ‖ 14 in cōmodum nequaq̄ Pb | a se Pb | angere L *corr. ex* agere M angi ex *Barth.* ‖ 17 aut Inermis L inermis autem Pa aut Pb | non *om.* Pb | armorum *superscr.* at M ‖ 19 si ergo Pb | est *om.* Pb ‖ 20 parcas Pb | SOLLERS *om.* MP | sensi Pa ‖ 21 talis est *om.* LP | tumidum fama nominauerat Pb ‖ 22 autem *om.* M aut autem Pb | est *om.* LP | atque *om.* Pb ‖ 23 fama narrat illum tumidum Pb | solet (*om.* est) Pb | regē M | dephendere M

fama enim ista studia semper illustrat, et quae semper
maiore dissimulatione celebrantur.

347 NECDVM CONSVMPSERAT ANNVM qui necdum consumpto anno inimicus tibi atque infestus fuit, quid censes
eum nunc moliturum, quippe cum eum deponendi imperii
cura sollicitet?

348 EXTA MINANTIA DIVOS quae deos minantur iratos.

350 NVNQVAM MIHI FALSA Iuno enim, quae Argis praesidet, nec potest fallere, quos deprehendit, et Homerus
dicit somnium de experimento esse, ut maritus terreatur.

351 NI CONSCIVS ARDOR DVCIT uel alterius coniugis
uel amicae. inuidiose quasi mulier. credidit enim Poly-
nicen aliam Thebis coniugem reliquisse. ni|hil enim putat Lind. p. 62
nisi amorem uxori praeferri posse.

353 RISIT ECHIONIVS IVVENIS risit Polynices, quod
obiecit illi amorem alterius coniugis more et leuitate muliebri, quoniam semper familiare uxoribus est suspicari
maritos suos aliarum mulierum illecebris detineri. docet
autem poeta obiectis falsis criminibus ridendum potius
quam dolendum.

355 TEMPESTIVA quasi opportuna et tempori conuenientia. LACRIMASQVE REPRESSIT incertum est cuius,
suas an coniugis: si suas, ne fleret, si uxoris, ut iam
non fleret.

---

1 ista *om.* L | ita enim Pb | semper studia L | et *om.* L |
semperque LMPb ‖ 2 maiori Pb | celebratur Pa celantur? ‖
3 ANNVM *om.* P | qui *om.* Pb ‖ 4 infensus est Pb ‖ 5 nunc eum
Pb | deponendi eum L | imperii *om.* Pb ‖ 6 sollicitat MPa sol-
licite Pb ‖ 7 diuos Pb ‖ 8 NVNQVAM ... FALSA *om.* MP | qui Pb |
IVTO VENIT quia *Vollmer.* ‖ 9 depͪendi M defendit *Vollm.* |
Homerus *om.* L ‖ 10 somnum LP | esse *om.* P | unde Pb |
cogitaui de scribendo sic: et hoc uerum dicit somnium se ex-
pertam esse ‖ 11 NON M | ducis P | uel amice uel alteri(u)s
coniugis Pb ‖ 13 thebis aliam Pb ‖ 15 IVVENIS *om.* L ‖ 16 illi]
ei Pb | 17 mulieribus Pb ‖ 21 oportuna quasi (*om.* et) LP | tem-
pori *corr. ex* tempora M ‖ 22 est *om.* P | cuius *om.* Pb ‖
23 coniugis an suas L | nec Pb ut iā *del. superscr.* et iā M
ut eum L nec iam Pb ‖ 24 non] ne M

356 MERENTVM CONSILIIS eorum consiliis, qui merentur imperia gubernare, dabitur mihi regnum. desiste, inquit, de maerore meo esse sollicita. bene sic coepit, quia uxor hoc se solum timere dixerat, quod pro ipso faceret.

357 TE FORTIOR ANNIS ordo est: te non decet cura, quae tuis annis est fortior.

358 SCIAT HAEC SATVRNIVS quod futurum sit, Iuppiter nouerit.

359 OCVLOSQVE POLO DIMITTERE sensus: haec ad Iustitiam cura pertineat, si tamen respicit terras. id est: futura nostra sciunt fata et Iustitia, si reuera respicit terras aut homines curat.

361 FORS ADERIT LVX ILLA TIBI bonus ordo, ut metum coniugis in fine felicitatis promissionibus solaretur.

366 AFFATVR TRISTIS ADRASTVM ordo: Tydea et Adrastum affatur tristis. cetera διὰ μέσου inserta sunt.

367 FIT MORA CONSILIO id est diu habito tractatu cunctati sunt, ut multum cogitantibus placeret una sententia, id est utrum bello an legatis regnum peteret Polynices.

368 NAM POTIOR CVNCTIS id est omnibus melior sententia placuit, Eteoclis fidem legatione temptare.

370 EA MVNERA legationis officium.

373 TVTIQVE REGRESSVS LEGATO quod legatum nefas esset interfici. sacrosancta enim sunt legationis officia, ut inquit Cicero, ut etiam inter hostium tela incolumis uersaretur.

---

2 inquit desiste Pb ‖ 3 meo] modo LPb ‖ 5 est *om.* LMPa | te *om.* M ‖ 7 hoc P ‖ 8 nouerat Pb ‖ 9 demittere Pb | sensus *om.* M hoc ad iniustitiam Pa ‖ 11 fata sciunt M ‖ 12 hominum Pa | cura Pb curas Pa *corr. in* curat M ‖ 13 illa lux M ‖ 14 finem prosperitatis Pb ‖ 15 ADRASTVM ... tristis *om.* Pb ‖ 16 dia meson MP (i. ex medio *superscr.* M *in marg. praeb.* Pa) per parenthesin L ‖ 17 habitu M ‖ 18 cogitationibus Pb ‖ 19 id est *om.* Pb | utrum] an Pb | legatum regno Pb | peteret regnum L ‖ 21 omnibus *om.* Pb | melior omnibus L ‖ 22 tentare L ‖ 23 officia L ‖ 24 regressi legatio Pa ‖ 25 occidere Pb ‖ 26 inquit *om.* MPa | *in Verrem* I 85 *et de oratore* I 202 *citat Kohlm.*

375 SILVIS AC LITORE id est siluis, quae erant in li- Lind. p. 63
tore. aut quia iter difficile est per siluas et litora.

377 INTEPET HYDRA VADIS hic enim in Lerna palude
hydram Hercules igni perdomuit damnis capitum et uulneribus pullulantem. intepuit ideo, quia cum ferro
uinci non posset, uulneribus ignis est admotus. tepet ergo
adhuc quasi flamma uictrici. ET QVA VIX CARMINE RARO
sensus: et quamuis Nemaeum leonem constet Herculis
uirtute prostratum, tamen prioris periculi metu interrupit
pastorum timidas cantilenas.

379 QVA LATVS EOOS Corinthi latus emensus est. et
orientem dixit Eoos, occidentem Euros.

380 SISYPHIIQVE SEDENT PORTVS cum inter duo maria
montem positum Sisyphus crudeli latrocinio occupasset
— hac enim poena mortalium pascebatur, ut homines
praegrauans ingenti saxo necaret — tandem ab accolis
deorum lege punitus apud inferos saxi, quod uoluit, poenas
exsoluit pondere. portus Corinthus ex utraque parte duos
habet, Sisypheum et Lechaeum, quos nunc poeta commemorat. IRATAQVE TERRAE Isthmon significat, ubi se
Ino cum Palaemone praecipitauit. Lechaeum uero promunturium Corinthiorum.

382 NISVM Megaram significat, in qua Nisus regnauit.
quidam Nisum montem Megarensium dicunt, in quo se-
pultus est Nisus, quem ferunt crinem habuisse purpureum.

---

1 et MP | littore L MPb | id ... litore om. Pb ‖ 2 difficile
est iter L ‖ 3 lerne P Lernea L ‖ 4 hercules hydram Pb ‖ 5 cum
om. Pb | 6 poterat Pb | est ignis LP ‖ 7 uictrice LPa | QVAMVIS
LP ‖ 8 et om. L | Nemeeum L | constat M ‖ 9 perdomitum Pb |
metu periculi L | interrūpit M ‖ 11 emersus Pa ‖ 13 SISYPHEIQVE
L ‖ 14 crudeli latrocinio Sisyphus L ‖ 15 hec Pa | ut om. L ‖
16 necare LPa | oculis Pa ‖ 18 corinthū MP | duas Pb corr. in
dnos M | 19 sisiphium M | licheum LMPa liceum Pb ‖ 21 Ly-
cheum L letheum MPa liceum Pb ‖ 23 NISVM om. (spatio rel.)
Pb | megarum Pb | dixit L ‖ 24 cognita quidam Pb | montem
om. Pb | promunthorium dicunt Pb ‖ 25 Nisus est sepultus L |
qui Pb | fertur Pa(b) | purpureum habuisse fertur Pb

ELEVSIN oppidum est Athenis uicinum, in quo Ceres eximie colitur, unde sacra Cereris Eleusina uocantur. ut Virgilius ⟨georg. I 163⟩: 'tardaque Eleusinae matris uoluentia plaustra'. Ceres, cum Proserpinam filiam suam quaereret, uenit ad Eleusium regem, cuius uxor Hioma puerum peperit Triptolemum, seque nutricem simulauit. hanc regina libens nutricem filio suo recipit datque ei nutriendum. Ceres, dum alumnum suum uellet immortalem reddere, interdiu lacte diuino nutriebat, noctu clam igne eum obruebat. itaque praeterquam soliti erant mortales, crescebat. cum hoc autem pater miraretur, nocturno tempore obseruauit, et cum Ceres puerum igne obrueret, pater exclamauit. illa irata Eleusium exanimauit ac Triptolemo alumno suo beneficium aeternum contulit. nam fruges ei propagandas et currum draconibus iunctum tradidit. quibus ille uectus orbem terrarum frugibus obseuit. postquam domum rediit, Cepheus rex eum tamquam aemulus interficere conatus est. sed re cognita iussu Cereris Triptolemo regnum tradidit. ibique oppidum constituit, quod ex patris sui nomine appellauit Eleusium. Cererique primus sacra | instituit, quae Θεσμοφόρια Graece appellantur.

Lind. p. 64

383 TEVMESIA uel oppidum Teumesum uel promunturium dicit, de quo se Ino cum Melicerte filio praecipitem dedit, qui Graece Palaemon, Latine Portunus di-

---

1 ELEVSIS L eleusim Pb | uicinum athenis M ‖ 2 ut om. LMPa ‖ 3 Eleusiniae L ‖ 4 Ceres cum om. Pb ‖ 5 Eleusinum L Celeum Myth. | hyoma Pb hionia Pa Cothonea L Iona Lm ‖ 6 simulabat L simulat P ‖ 7 filio suo nutricem Pb | recepit M | nutriendo Pb ‖ 9 interdum Pa | nocte Pb | cum igne obruerat Pb ‖ 10 preter (om. quam) Pb ‖ 11 hec Pb | autem om. LP ‖ 12 patri exclamare Pb ‖ 13 Eleusinum L eulisium Pb ‖ 14 aeternum beneficium LP ‖ 15 et om. Pb | uictum Pb ‖ 16 uectus L prouectus M uictor P | posteaquam L primo quam Pa ‖ 17 Celeus LmPb ‖ 20 sui om. Pb | Eleusinum L Pc eleusim Pb eleusiū MPa | Cereri LP ‖ 21 sacra primus LPa sacra Pb | temosphoria Pb ‖ 22 Taenarum LMPb tenerum Pa Teumesum scripsi ex coniectura | uel om. M ‖ 23 in quo M | Melicerto LM melicerta Pb ‖ 24 quia L | Portumnus L portumuȝ Pa

citur. arua ergo Teumesia a campo eiusdem regionis Thebis uicino. item arces Agenoreas propter Cadmum, conditorem Thebarum, Agenoris filium.

386 TRANS LEGEM id est ultra anni spatia, quae sortitus fuerat, ut primo ipse regnaret.

388 QVERITVRQVE FIDEM oratorie Eteocles in suum fratrem transtulit crimen, quod tunc demum Polynices deposcat imperium. dolet ergo, quod cessantibus legatis tam sero frater uicissitudinis fidem reposcat, quod iam dudum negare potuisset, uel quod tardius ei perpetrandi parricidii detur occasio.

391 PRONVSQVE CALORI militaribus armis imbutus ordinem ac modum orationis ignorat.

392 IVSTIS MISCENS TAMEN ASPERA COEPIT non blanda locutus est, quae possent persuadere, sed aspera, quae magis ad iram accenderent. et ostendit Tydeum uirum fortem militiae magis quam eloquentiae operam tribuisse.

393 SI TIBI PLANA FIDES quia, ut supra edoctum est, hoc iurauerant fratres, ut annis singulis imperium gubernarent. ergo queritur, quod contra legem aut sacramentum germano negaret regnum.

396 FORTVNAM EXVERE hoc est deponere dignitatem.

ET LAETVM id est non inuitum.

398 PACTAE TANDEM SVCCEDERET AVLAE hoc est inter uos partitae, quam ex pacto debitam accipere iam debebat.

399 SED QVIA DVLCIS AMOR REGNI id est: sed quia omnibus dulce est regnum, ultro rogaris. non dixit 'quod Polynices cupiditate regnandi coactus est te rogare', ne

2 ET L item MP ‖ 3 Thebarum om. MP ‖ 6 ante in suum add. man. 2 & M ‖ 7 qui P ‖ 9 fratri Pb super Pa ‖ 10 ei om. Pb et Pa | uel quod post tardius iterauit Pb ‖ 12 armis] artibus Lm | 16 accederent Pa ‖ 18 PLENA LPb | est om. Pb ‖ 19 iurauer M iuuerant Pa inierant Pb ‖ 21 negaret germano M ‖ 22 scholia inuerso ordine praebent MPb ‖ 23 id est om. L ‖ 24 SVCCED.] scilicet Pb | 25 nos Pb | quia Pa | iam accipere L ‖ 26 id est om. Pb | 27 ultra Pb | dicit quia L ‖ 28 regnanti cupiditate Pb | regnare non uideretur illo pro maledicere Pb

uideretur illi maledicere, sed dicit hoc uitium generale
esse. aut certe illud exsequitur 'ignoscimus tibi, quod
cupiditate regnandi minime imperium exuisti, nam hoc
uitium commune est omnium'. generalia enim uitia ueniam
facillime promerentur. ut Lucanus ⟨V 260⟩: 'quicquid ⁵
multis peccatur, inultum est'.

401 REDIERVNT MONTIBVS VMBRAE id est in illo loco
sunt umbrae, in quo fuerunt tempore illo, quo es adeptus
imperium: ut ex conuersione temporum annum iam trans-
·isse monstraret.

403 EXVL AGIT CASVS oratorie praesens tempus amplexus est. agit casus hypallage pro 'agitur casibus'.
Virgilius ⟨Aen. I 9⟩: 'tot uoluere casus'.

404 SVB IOVE id est sub caelo. Horatius ⟨carm. I
Lind. p. 65 1, 25 sq.⟩: 'manet sub Ioue frigi|do uenator'. tamen Iouis ¹⁵
non recte Caelum dicitur. nam si Saturnus, pater eiusdem,
Caeli et Terrae est filius, Caelum — si dici potest —
auus ipsius est Iouis potius quam ipse Iuppiter.

405 AMBIRE circumire.

407 TENVEM in quo tenuis fuit et inops. ²⁰

408 MONEO iucunda conclusio. moneo, inquit, ut regnorum gaudia sponte dediscas et, dum pateris te aula recedere, propter hanc ipsam patientiam dignus esse dicaris,
qui recipias dignitatem. qui enim sponte non reddit, cum
ui perdiderit, qua audebit fronte repetere? ²⁵

409 MEREARE REVERTI id est ut sis exemplo fratris
et tu profugus et uidearis ad regnum redire.

---

1 uitium hoc L P | generale est L ‖ 2 quod *om.* Pb ‖ 4 est
om. Pb | facile L ‖ 5 ut *om.* L | quod multis Pb ‖ 7 id est ...
umbrae *om.* Pb | in *om.* Pa | loco illo L ‖ 8 illo tempore LP |
adeptus es L eas demptus Pb ‖ 9 ut *om.* Pb | temporis Pb |
iam annum L ‖ 11 amplexat' ē M aggressus *corr. ex* aggressum
(*om.* est) Pb | Virg. .... casus *om.* M ‖ 14 id est *om.* LP ‖ 15 sub
celo Pb | frigido ... dicitur *om.* Pb | frigidus M Pa | Ioui M ‖
17 Caeli ... ipsius est *om.* Pb | sic L ‖ 18 esse L | iuppiter ipse
Pa ‖ 19 circuire L ‖ 21 iocunda M P ‖ 22 gaudia] spatia Pb |
sponte *om.* Pa ‖ 24 sponte accipit et non reddit L Pb ‖
26 fratri L ‖ 27 et² *om.* L etiam Pb

411 IGNEA CORDA FREMVNT more peccantum, qui audire uera non possunt.

412 CVI SVBTER INANES id est: quasi serpens diu sub
concauis terrarum latebris perpessa sitim atrocius gerebat
5 uenenum.

414 CONVOCAT IN FAVCES uirus ex omnibus artubus
colligit in fauces, et in fauces proprie, quia et hic contrario eiecturus est uenena uerborum.

415 COGNITA SI DVBIIS sensus: si mihi essent iurgia
10 fratris incognita, orationis tuae prosecutione, qualis erga
me esset futurus, agnoscerem.

416 NEC CLARA ODIORVM quod aperte ostendit suum
odium contra me.

417 SVFFICERET VEL SOLA FIDES id est: nisi fratris
15 in me odia et orationis tuae furorem agnoscerem, ad
reddenda, quae reposcis, potui fide compelli.   QVAM
TORVVS quoniam deest iusta defensio, loquendi tantum
inuenitur occasio. ut in Terentio ualidae propositioni
lenonis quia respondere adolescens non potuit, minatus
20 est caedem. leno enim dixerat ⟨Ad. 192 sq. F.⟩: 'quid? si
ego illam nolo uendere, coges me?' contra adolescens
iusto argumento lenonis inclusus calumniosa ac multum
diuersa respondet ⟨Ad. 180 sqq. F.⟩: 'ante aedes non fecisse
erit melius hic conuicium: nam si molestus pergis esse,
25 iam intro abripiere atque ibi usque ad necem operiere loris'.

---

1 peccantium L ‖ 3 id est *om.* Pb | sub *om.* Pb ‖ 4 con-
cauas MP | latebras MPb tenebras Pa | sitim perpessa L per-
pessa sunt Pa | atrotium Pb | gerit L gereb M ‖ 6 uir. Pa | ar-
tibus in fauces conuocat siue colligit Pb ‖ 7 hi Pb ‖ 9 si] sub
Pb | 10 prosecutione] prouocatione Pc ‖ 12 ne Pa ‖ 15 ex óra-
tionis tuae furore L ‖ 16 QVA L ‖ 17 id est quanquam L quō M |
tamen L ‖ 18 ualida propositio leonis Pb ‖ 19 adolescens
respondere Pb | adolescens *corr. in* adolescentis M ‖ 20 diẍ M |
qd M qui Pa ‖ 21 ego tibi illam *Terentius* illam ego L ergo
illam Pa illam Pb | nolī M | cogis M ‖ 22 inclusum Pb ‖ 23 re-
spondit L responderet Pa | aedis *Terentius* | fecisses MP ‖
24 melius erat MP | hic *om.* MP | si ... iam *om.* MP ‖ 25 intro]
ita M tam P | arripiere L abripere P

418 LAXET commoueat, diruat: talem se gerit, quasi iam teneat urbis statum et euertat.

419 FOSSOR fossores dicuntur in exercitu cuniculatores, qui cuniculos faciunt, per quos ingressi milites murorum fundamenta conuellunt. dicit ergo Tydei orationem illi tempori conuenire, quo ista fiunt. ideo ait 'praefuris' id est ante furis, cum adhuc, quae dixerat, non agantur. hucusque ergo principii tenditur sensus: si quid de iurgiis fratris odiisque dubitarem, sufficeret mihi fides, qua praefuris hoc est in qua tu ualde furis. nunc autem quid necesse | est minari, cum odiorum arcana nudata sint?

421 AVT REFVGO PALLENTES SOLE GELONOS refugo id est deuio, quia dicuntur Scythae, quos nunc Gelonos appellat, non habere aeris temperamenta, quia longe a sole submoti sunt. hi sub septentrione degunt, ad quos Sol uix peruenit: ideo pallentes.

422. ET MEDII REVERENTIOR AEQVI nihil enim magis medium est quam iustitia. considerata ergo reuerentia iustitiae parcior esses alloquio.

423 NEC TE FVRIBVNDAE id est non te arguo propter crimina mentis tuae. agnosco enim fratris esse, quaecumque tua prosecutione complecteris.

425 PACE SEQVESTRA id est media.

426 ET PROPIOR CAPVLO MANVS hoc dicendo significauit ad bellum potius esse uicinos, cum regna magis

---

1 laxet *corr. ex* laxat M | nam talem Pb ‖ 2 habeat M ‖ 3 conculcatores P ‖ 4 coniculos Pa | introgressi L intergressi Pb ‖ 5 cuellunt *corr. ex* cpellunt M ‖ 6 conueniri Pb ‖ 8 aguntur M | si quid L qui MP ‖ 10 hoc *om.* Pb id L | est *om.* Pa | inquam P ‖ 11 quod Pb qd M | minitarii Pb ‖ 12 sunt Pa ‖ 13 gelones Pb ‖ 14 id est *om.* LP i. M | gelones Pb ‖ 15 a longo a Pb ‖ 16 st' moti Pb sumoti Pa | hic Pb | ad quos degunt Pa ‖ 17 uix sol L | p////uenit M ‖ 18 nihil autem Pb ‖ 19 quam iustitia est P ‖ 20 esset allocutio Lm ‖ 21 NEQVE L | TE] tu Pb | non] nec Pb ‖ 22 mentis] gentis LP ////gentis M mtis *Mon.* ‖ 25 manus *corr. ex* minus M | dicendo *om.* Pb

debuerint fide reposcere. unde in principio quidam hoc accipiunt non absurde: 'sufficeret uel sola fides'.

427 ARGOLICO dicendo 'Argolico' et non 'Thebano' inuidiose fratri praescripsit, quasi ibi debeat imperare,
5 non Thebis. NONDVM AEQVA quasi in comparatione Tydei prosecutionis leuiora mandentur.

428 QVAE SORS IVSTA MIHI iusta, quia maior natu erat. et ideo dicit se priorem regnare debuisse quippe natu maiorem. licet placitum fuisse dixerimus, ut uicissim
10 imperium gubernarent, tamen sorte perfectum est, ut aliquis primus acciperet potestatem. sed oratorie Eteocles, quoniam scit in sorte esse casum, non iudicium, stringit ad hoc, ut merito accidisse uideatur, non fortuito. ideo ait 'iusta'.

15 430 TE PENES ordo: te penes est regia Inachiae dono coniugis, quam Danae Argiua possidebat. hoc autem ideo dictum, ut doceat fratrem habere, quod repetit.

432 INVIDEAM nolo enim uerbis maioribus cumulare, ne uidear inuidere.

20 433 LERNAMQVE REGAS Amymone, Danai filia, dum studiose in insula iaculo exerceretur, imprudens Satyrum percussit. et eam cum Satyrus uiolare uellet, illa Neptuni implorauit auxilium. quod cum Neptunus uidisset, fugato Satyro ip|se eam compressit. ex quo coitu natus est Nau- Lind. p. 67
25 plius, pater Palamedis. unde Virgilius ⟨Aen. II 82⟩

---

1 debuerunt L | quidam in principio L ‖ 2 uel *om.* Pa *post* fides *posuit* Pb ‖ 3 Argolica Pa ‖ 4 fratri *om.* Pb | imperare debeat L ‖ 5 in *om.* Pb | prosecutionis Tydei (L)P | persecutionis L ‖ 11 primū M ‖ 12 scit] misit Pa | c̄stringit M ‖ 15 Inachia L danaę M dane Pa damne Pb ‖ 16 hoc est quam L quem P | damne Pb dane Pa | possideat LMPa possidebat Pb possederat *Barthius* ‖ 17 doc& *superscr.* a M ‖ 18 maioribus uerbis L ‖ 19 uideatur Pb ‖ 20 REGE L | armimone Pa minone Pb | danarum Pa ‖ 21 in *om.* P | sylua L | iaculo insula Pb | exerceret Pb exercetur *superscr.* re M | inprudens M ‖ 22 et *om.* L | uiciare Pb | neptumni (*sic fere semper*) Pb ‖ 23 quo L | Neptunus cum LP | uenisset L ‖ 24 satyrum Pb | est *om.* Pb ‖ 25 pater Pc naupli Pa ex Nauplio L *om.* MPb | Palamedes L

prosapiem repetens ait: 'Belidae nomen Palamedis'. Neptunus uero cuspide dicitur locum, in quo Amymonem com-
presserat, percussisse. unde cum aqua flueret, Lernaeus
fons dictus est et fluuius Amymones. HORRIDA DIRCES
memor poeta superiorum. nam ait ⟨I 152 sq.⟩: 'dumque ⁵
uter angustae squalentia iugera Dirces uerteret'.

435 NON INDIGNATI oratorie disputat, quasi Polynices
indignetur felicitate elatus. sensus ergo: et licet miserum
Oedipum non tamen indignor patrem uocare.

436 ET TANTALVS AVCTOR Tantalus, Iouis et Plotidis ¹⁰
nymphae filius. ideo ait: 'propiorque fluat de sanguine
iuncto Iuppiter' propter Perseum, unde Danaum origo
maxime trahitur.

439 HVNC LAREM exiguum et pauperem.

442 OFFENDAT SOCER ILLE SENEX quasi superbam et ¹⁵
indignaturam talem socerum dicit. IAM PECTORA VVLGI
tertia causa ualidior, quare non reddat imperium, in fine
est collocata non sine aliqua specie ueritatis. certatur
magna cum commendationis scaena. dicit enim perfidum
se uelle dici, dummodo suis ciuibus prosit. ²⁰

443 PLEBISQVE PATRVMQVE more Romano locutus est,
ut primo plebem dicat, post patres.

446 REGNVM BREVE id est: breuis administrator suc-
cessori imperium seruare non patitur. et in primo ideo
querelam populi induxit posse ambos perdere. QVANTVS ²⁵
HORROR cum de me agitur. quasi Thebani timere coepissent,
si Polynici redderetur imperium.

448 QVIS CERTA EST SVB TE DVCE POENA RELINQVAM

. 1 prosapiam **LPb** ‖ 2 ũ cũ **M** | locum *om.* **LM** | in quo loco **L** |
amimone percusserat **M** ‖ 3 terram percussisse **L** ‖ 4 Amymonius
L amimone **MP** ‖ 5 namque **Pb** ‖ 10 ET *om.* **LPb** | plotide **Pb** ‖
11 ideoque **L** ‖ 12 propter *om.* **Pa** | Danaes **L** dampnauit **Pa** ‖
13 trahit **Pb** *corr. ex* trahitur **M** ‖ 15 OFFENDIT **L** offendat et **MP** |
superbe **L** ‖ 16 indignaturus **L** | dixit **L** ‖ 17 in *om.* **Pb** ‖ 18 col-
lata **M** ‖ 19 cum *om.* **MP** | scena **Pa** sceua **Pb** cena **M** scema
L ‖ 21 patrum **Pa** ‖ 22 dic **Pa** diceret **L** ‖ 23 administratio **L** |
successum **Pa** ‖ 24 in *om.* **Pa** ‖ 25 posse se *Vollmer.* ‖ 28 SVB TE
DVCE *om.* **MP**

id est: hos tibi ego ad supplicium tradam, si tamen fueris adeptus imperium, quibus certa est poena meritorum? merentur enim supplicia, quod mihi paruerint.

449 FAC VELLE fac me regnum ad fratrem uelle transducere, ciues non sinent.

453 INGEMINAT REDDES Tydeus tantum hac inuidia orationis egit, ut, licet legatus esset, iuste tamen mereretur occidi. NON SI TE FERREVS AGGER nec tibi blandiaris, quod sis firmissimo muro uallatus. quicquid enim obuium fuerit, superabitur nostra uirtute.

455 AMPHION Amphion, Iouis et Antiopae filius, lyrae carmi'nibus ad Thebanos aedificandum muros dicitur saxa Lind. p. 68 duxisse.

457 DIADEMATE PVLSES oratorie, ut infelicior poena sit mori cum dignitate, quam fraude possedit.

458 AST HORVM MISERET ciuium scilicet tuorum. conciliauerat sibi Eteocles omnium animos militum, quos rursus Tydeus omnes infensos regi facit, dum dicit ipsum causam esse bellorum. QVOS SANGVINE VILES ad mortem faciles. ut Virgilius ⟨Aen. XI 372⟩: 'nos animae uiles'.

463 SANGVINIS AVCTOR primum auctorem generis Oedipum dicit. nam cuius atrocitatem deprehendimus, maiorum uituperationem ad exaggerandum inuehimus. ut Virgilius ⟨Aen. III 248⟩: 'Laomedontiadae, bellumne inferre paratis?'

464 SED FALLIT ORIGO ex dissimilitudine et bonitate morum Polynices Oedipi filius non putatur.

---

1 ergo Pa om. Pb | tradam] reddas Pb | tandem? ‖ 2 adeptus fueris Pb ‖ 4 ad fratrem uelle regnum L uelle imperium ad fratrem Pb ‖ 5 traducere LPb | sinunt LM sumunt Pa ‖ 6 ingeminant Pb | reddet Pa | hac corr. ex hanc M ‖ 7 rationis Pb | licet corr. ex liceret M | iuste ... occidi om. Pa | iure Pb ‖ 10 uirtute nostra Pb ‖ 11 Amphion om. MP ‖ 14 pulsus Pb | felicior L ‖ 15 possidere Pb ‖ 16 miserere Pa ‖ 17 Etheocles sibi L | omnium om. L | militum animos Pb ‖ 18 rursum Pb om. M ‖ 21 esse generis L ‖ 22 dicit om. LP | reprehendimus L | maiorum corr. ex maior M | atrocem uituperationem Pa ‖ 23 exaggerandum MPa ‖ 26 Set Pa

465 HAEC PRAEMIA MORVM id est poenas et capti-
uitatem tuorum.

466 NOS POSCIMVS ANNVM subaudis 'sed tu regna perpetua'. ut Lucanus ⟨I 348 sq.⟩: 'arma tenenti omnia
dat, qui iusta negat'.

467 RETRO VOCIFERANS sensus: haec, cum egrederetur,
dicebat respectans in limine.

470 FVLMINE MALAE propter aduncos dentes, quod
more ictus fulmine prostrauisset.

471 PELOPEA PHALANX id est Argiua, quae auxilio
uenerat. ut Ouidius ⟨met. VIII 267⟩ refert. ergo Peloponnesus uicina Aetoliae.

473 IXIONA Pirithoum significare uidetur, Ixionis filium.

474 MELEAGRE metathesis pro 'Meleager'.

476 CALYDONIVS HEROS propria ratio Tydeo. Calydonius propter patriam, mores et tegimentum.

481 OENIDAE Oeneus, Parthaonis filius, Aetoliae rex,
cuius ciuitas est Calydon nobilissima. et summam potestatem regni sui turbauit neglegentia sacrorum, annua
siquidem uota pro imperii fructibus celebrans numen
Dianae contempsit. propter quam nimiam indignationem
oppressus est, ut uideretur omnes placaturus, si illam
solam adorasset. ea aprum magnitudinis summae regioni

---

3 subaudi LP ‖ 6 agrederetur Pb ‖ 7 limine *corr. ex* limite
M limine etheoclen Pb(Pa?) ‖ 8 FVLMINE ... 476 ... tegumen-
tum *om.* M *secuntur infra post schol.* 481 | qᵭ M ꝗ Pa quod
Pb quos L ‖ 9 iectus Pb | flumine Pb fulminei? ‖ 10 PELOPEA
om. Pb | id est *om.* L ‖ 11 pelopenensus Pa peloponenses Pb
peloponessos M Peloponesus L ‖ 12 Oetholiae L ‖ 13 Perithoum
LPb | significare ... 474 ... pro *om.* Pb ‖ 15 Tydeus propria ratio
L properat ideo Pb ‖ 16 propter apri mortem Lc | patrum L |
mores *om.* Pb et mores Pa | tegumentum LPa gementum Pb ‖
17 Oenee uindex MP | partha iouis *corr. in* parthaonis M |
18 est *om.* LPa | nobilissimus Pa nobilissimam Pb | et] eius L ‖
19 sui *om.* L ‖ 20 nomen P ‖ 21 quam] quod L cuius *Myth.*
nimia indignatione LPa ‖ 22 placatorum Pa placaturos Pb ‖
23 solam *om.* Pa | in regionem L regionis P

eius immisit, qui uastatis Calydoniis terris Calydonius ab
urbe gentis est appellatus. cuius feritate Oeneus fractus
edictum tale proposuit, ut dimidiam regni partem caperet,
qui monstrum interemisset. Meleagri uirtus periculum non
5 expauit, siquidem eius filius undique iuuentutem collectam
ad illam noui generis expeditionem uocauit. inter quos
etiam Atalante conuenit, Iasii filia, summa uenatrix. quae
in saltibus prima omnium praedictum aprum sagitta percussit. postea Meleager in se uenientem feram excepit
10 interemitque. et gratus aduersus puellam futurus, quae
inter uiros successu uirtutis enituerat, pellem monstri
illius cum capite ei dedit ad testimonium laudis. sed
munus peractum fortitudine inuidia prodidit. Plexippus
namque et Agenor, Meleagri auunculi, indignati sunt sibi
15 praelatam fuisse uir|ginem et eam dono spoliauerunt. qua Lind. p. 60
contentione fata sibi maturauere. id enim indignatus Meleager consanguinitate calcata matris suae fratrem Ple-
xippum occidit sibique matris affectum abstulit. Althaea
siquidem dum saeuit ultione germanorum, titionem, quem
20 habebat occultum — qui, cum Meleager nasceretur, in
regia subito apparuerat eius sortis, ut iuuenis tamdiu
uiueret, quoad is esset seruatus — mater ignibus mersit
eumque cum filii fatis exstinxit. quae postquam admissum
nefas agnouit, laqueo uitam finiuit.

25   482 NEC PIGER INGENIO id est qui semper sollers fuit

---

1 eius immisit] immissit suę **Pb** | qui] q3 **Pa** | Calydonis
terris **L** *om.* **Pa** | calidonis **Pb** | ab urbe gentis Calydonius **L** ‖
2 appellatus est **LPb** ‖ 4 intermisisset **Pb** ‖ 5 eius filius **MP** is **L**
ipse eius filius *Myth.* ‖ 7 Atalanta **L** athalantē **Pa** atlantice
corr. in atlante **Pb** | Iasi **LP** | filiā **Pa** ‖ 9 in saeuientem **LmPc** ‖
12 ei *om.* **MP** ‖ 13 peractum **MPa** peraptum **Pb** paratum **L** |
perdidit **LPb** ‖ 14 auunculus **Pb** ‖ 15 uirginem fuisse **Pb** ‖ 16 con-
temptione **Pb** conditione **L** | facta **Pb** | enim *om.* **Pa** ‖ 18 obs-
tulit **Pb** ‖ 19 in ultionem **L** ultionem **Pb** | nam titionem **MPb** ‖
21 apparuerat eius sortis **MP** traditus fuit a Parcis **L** | tam
om. **Pb** ‖ 22 quo adiis **M** quę adiis **Pb** | quem mater **MP** ‖ 23 fatis
filii extinserit **Pb** | posteaquam **L**

et peritus scelerum. quia inuidiose aggressus fuerat Eteoclen Tydeus legatus missus a Polynice, inde iam cogitat, quemadmodum insidias praeparet.

486 ET SANCTVM diffinitio legati. et cum exclamatione pronuntiandum. ut sensum exaggerationis adiuuaret, sanctum 5 legationis nomen adiecit.

488 QVID REGNIS NON VILE CVPIT indignatio poetae auxesin fecit. dicit enim: quid non uile ducit regnandi cupiditas?

490 O SEMPER TIMIDVM SCELVS antequam fiat, de potentia 10 aduersantis timidum, post de conscientia iuxta Tullium dicentem ⟨pro Mil. 61⟩: 'ut nihil timeant, qui nihil commiserint, et poenam semper ante oculos uersari putent, qui peccauerint'. timidum scelus, quod nisi a timentibus non committitur. sed utrum hoc ad Eteoclen refert, 15 qui sceleratus est, quia Tydeum timet, an ad illos quinquaginta, quos ideo parauerat, quia timebat? denique hoc sequitur: EXIT IN VNVM PLEBS FERRO quia insidiis agitur. et hoc ideo timidum, ut sit catalogus. plebs autem dixit, ut inuidiam numero hoc nomine compararet. exit 20 in unum: quia scelus commissuri pauci timebant, idcirco plures armauerat. at contra unius Tydei caput plebs iurata consurgit.

495 MACTE ANIMI laus Tydei, cuius uirtus non unius insidiantis dextram poscit. 25

---

1 etheoclem Pb ‖ 3 prepararet MPa | 4 difinitio Pa ‖ 5 sanctum] secundum *in rasura* Pb ‖ 7 CVPIT] CVPIT id est putat L putat MPb non putat Pa | indignatione Pa ‖ 8 aures infecit M | auxexin Pa auxexim Pb | ducit] putat Pb ‖ 10 Antea quam L‖ 11 de *om.* Pa ‖ 12 nihil[1]] neque *Cicero* ‖ 13 semper *om.* L ‖ 14 peccarint *Cicero* ‖ 15 hęc Pb ‖ 16 qui quia sceleratus est, Tydeum L ‖ 17 paruerat Pa | hoc] aū M ‖ 18 exi/////nū *superscr.* exiit in unū M | *quae secuntur, corrupta sunt.* quia insidiis agitur *spectare uidentur ad* CAECA CONSILIA. *pro* catalogus *Meiners proponit* ὑπαλλαγή ‖ 20 inuidia Pa | numeroso L | nomine] numero Pb | exiit M ‖ 21 timebat Pb ‖ 22 armauerit ad Pb ‖ 23 uitata Pb ‖ 25 insidiatis uni Pb | dexteram MPa

496 FERT VIA PER DVMOS PROPIOR hoc est: ducit uia Lind. p. 70
compendiosior latente calle. ut Virgilius ⟨Aen. VIII 594 sq.⟩:
'olli per dumos, qua proxima meta uiarum, armati tendunt'. topographia. [propior: distat inter propiorem
5 et propiorem. nam propior est uicinior uel familiarior,
ut ⟨Aen. I 526⟩ 'propius res aspice nostras'. 'propius'
citius significat. Cicero in Verrinis ⟨V 94⟩: 'nec quicquam est propius factum, quam ut illud (Vticense) exemplum de Adriano referretur Syracusas'.] QVA CALLE
10 LATENTI docet per compendium insidiatores praecessisse.

498 MALIGNIS non his, qui obsidere possunt, sed illis,
quorum causa obsidentur.

499 VRGENTVR artantur.

502 ARTE strictim. aduerbium est.

15 **504** IMPORTVNA CREPIDO feralis, luctuosa. contra campum crepido erat id est saxum eminens. saxum illud
dicit, in quo Sphinx fuit. et quaerendum, utrum impor-
tunum exsecrandum dixerit an importuna non conueniens, quia ex ipso saxo insidiae uideri poterant prae-
20 paratae.

505 HIC FERA QVONDAM Sphinga dicit, quae in hoc
aliquando insederat saxo.

506 ERECTA GENAS erectas genas habens. SVFFV-
SAQVE TABO LVMINA eorum cruore, quos occiderat, orbes
25 oculorum habens suffusos.

---

1 FERT ... topographia *secuntur post* Syracusas P | PROPIOR
om. MP | uia *om.* MP ‖ 4 topographia *om.* L | propior ... Sy-
racusas *om.* M ‖ 5 et ... est *om.* Pa | propiorem ... est
om. L | uiciniorem L | uel familiarior *om.* L ‖ 6 propius' ...
significat *om.* L ‖ 7 quicquid LP ‖ 8 prius (pius Pa) propius P |
sanctum Pb | qui ut LP | Vticense *om.* LP | recusat de
Adriano referetur L de adriano recussas referetur Pa adriano
terecusas referentem Pb ‖ 9 transferretur *Cicero* ‖ 10 latendi
ducet M | processisse L ‖ 11 GEMINI PROCVL . topographia . MA-
LIGNIS L ‖ 12 obsidetur LMPa ‖ 13 artantur *om.* L ‖ 14 arcte
LPb | strictim] statimus Pb ‖ 15 inportuna Pa ‖ 17 inportunum M
importuna L ‖ 18 execrandā L excidendum Pa | inportuna M |
non *om.* Pb ‖ 21 Spingā MPa | -ga dicit ... ERECTA *om.* Pb |
23 Erecte Pa | suffusa P ‖ 25 effusos Pa *superscr.* suffusos M

507 CONCRETIS solidatis et in unum redactis abundantia sanguinis. ut Virgilius ⟨Aen. II 277⟩: 'concretos sanguine crines'.

511 INEXPLICITIS inexplicabilibus siue obscuris uocibus habens confabulationem. ut Virgilius ⟨Aen. VIII 309⟩: 'uarioque uiam sermone leuabat'.

512 COMMERCIA aenigmatis illius, quod Sphinx proposuit. commercium autem proprie est mutare inuicem aut emere uel uendere. hic nunc iucunde deriua|uit commercium, ut diceret audire uoces et reddere.

Lind. p. 71

513 QVIN ACVENS si non soluisset propositam quaestionem.

514 LIVENTESQVE MANVS peremptorum scilicet cruore perfusas.

515 TERRIBILI APPLAVSV alarum sonitu. ut Virgilius ⟨Aen. V 215 sq.⟩: 'plausumque exterrita pinnis dat tecto ingentem'. dicit ergo Sphinga alarum strepitu deuictos circumuolare consuetam.

517 HEV SIMILI DEPRENSA VIRO uel tam callido uel tam scelerato, hoc est crudeli parricidae, matris marito, qui meruit, ut se sponte caecaret. ergo hic dixit simili errore pari consecrando. CESSANTIBVS ALIS motus alarum suspendit. uolatum ergo Sphinx alis cessantibus distulit.

520 AVIDVM PECVS quamuis auidum. ut Lucanus: 'impastae fugistis aues'.

---

1 in uanum **Pb** | habundantia **MPa** ‖ 2 ut *om.* **Pb** ‖ 4 uicibus **MPa** ‖ 6 leuabant **LMPa** ‖ 7 praeposuit **Pa** ‖ 9 uel] aut **L** | diriuauit iocunde **Pa** iocunde deriuat **Pb** | commercium deriuauit **L** ‖ 11 Qui **Pb** | siluisse **Pa** | praepositam **L** ‖ 13 liuentisque **P** *corr. ex* liuentesque **M** ‖ 15 terribilia plausu **P** ‖ 16 pennis **LPb** ‖ 17 spingā **MP** ‖ 19 DEPREHENSO **L** | uel tam' *om.* **Pb** ‖ 20 parricidię **M** ‖ 21 ergo hoc **L** hoc ergo **Pb** ‖ 22 *pro* errore *propono.* terrore *uel* horrore | pari **MP** pariter **L** | coexsecrando *Barth.* ‖ 23 detulit **M** ‖ 24 inpaste **Pa** | *uersus est Statii Theb. I 625, apud Lucanum VI 627 sq. legitur:* 'fugere remulsis unguibus inpastae uolucres'

523 PRODIGIALE NEMVS illud dicit, quod ossibus humanis albebat.

524 PERITVRA COHORS illos iuuenes dicit, quos Tydeus est occisurus.

5 527 HVMENTI PALLA roscido uelamine.

531 QVA LAXANT RAMI NEMVS qua pro 'ex qua parte' rariores arbores steterant. ADVERSAQVE SVB VMBRA luci, quae esse aduersa uenientibus uidebatur.

533 OBSTVPVIT furore potius quam timore.

10 534 ADMOVET ENSEM ut sit paratus ad caedem, manu tractat auxilium, id est euaginationem parat.

536 NON HVMILI TERRORE ROGAT interrogabat non territus.

539 QVO DVCE FRETA COHORS id est qui armis praeerat.

15 540 DEVS ET FORTVNA 'deus' ad uictoriam rettulit. FORTVNA RECESSIT id est frustratus est eius ictus.

541 OLENII TEGMEN SVIS Olenos Aetoliae regio est, in qua sus Calydonius dicitur interemptus, cuius exuuiis Tydeus nunc tegitur et armatur.

20 542 SVPER LAEVOS HVMEROS id est super sinistri humeri partem hasta imminens paene uulnus inuenit.

543 ET VIDVO LIGNO cuspide ab ea parte, quae ferro caret ac per hoc infirma. metaphora a muliere: ut, quae auxilio mariti caret, infirma est, ita | lignum, quod non Lind. p. 72 25 habet ferrum, unde uulnus infligat, infirmum est.

545 IRA furore, non metu.

546 BELLA PARARI paucos esse credidit nec putauit quinquaginta sibi uirorum fortium insidias comparari.

---

1 aū////nem' M | dicit om. LPa ‖ 2 alebat Pa peritura albebat Pb ‖ 3 PERITVRA om. Pb | dixit Pb ‖ 5 humentis Pb ‖ 6 qua pro scripsi pro qua MPa pro L om. Pb ‖ 7 ADVERSAQVE SVB om. MP | 10 admonet MPa ‖ 12 interrogat LPb ‖ 13 interitus Pb ‖ 15 retulit LMP ‖ 16 FORTVNA RECESSIT om. M ‖ 17 olenei M onelei Pb | Olenas MP | in qua est Pb ‖ 19 nunc tideus Pb ‖ 20 humeris Pb corr. in humeri M ‖ 22 ET om. MP | duo (om. ui) Pa | qua Pb ‖ 23 ac] et Pb | infirmo LMP corr. Kohlm. | ut q; Pb ut quae si L ‖ 24 auxilio om. Pb | marito carens Pb ‖ 28 uirorum fortium sibi Pb | comparare Pb

548 QVIS TIMOR AVDENDI quis pauor uestram frenauit
audaciam?

551 HOS DEIRE IVGIS anastrophe: hos de iugis ire.

553 VT CLAVSAS INDAGINE PROFERT IN MEDIVM haec
comparatio ad superiora referenda est. dicit enim sic 5
illos aut de iugis prodisse aut de uallibus creuisse, quemadmodum de retibus ferae, quas in medium uox uenantum
et clamor expellit. tunc enim licet scire, quam multae
sint, cum terrore clamoris coactae fuerint non latere. est
ergo ordo: sic illos exire e latebris uidet, ut clausas in- 10
dagine feras uox prima in medium profert. indago
autem est, cum siluam uenantum corona uallat, ut ferae
euadere non possint.

554 QVAE SOLA MEDENDI TVRBATA RATIONE VIA EST
id est quae sola uia salutis est: in hostes incidentem 15
ardua petere.

556 ET ABSCISIS ordo est: et abscisis cautibus infrin-
gens uncas manus iuga dura exsuperat.

558 VNDE PROCVL TERGO METVS qui locus esset faci-
lior ad nocendum et a periculo defenderet terga pugnantis. 20
hoc est: de longe esset timor, ne a tergo circumueni-
retur. in quo saxo stans interim post se hostes timere non
poterat.

559 QVOD VIX PLENA CERVICE bene et iuuenci et
plena ceruice. bona auxesis: ut aetati robur adiungeret. 25

---

1 pauor] timor Pb ‖ 3 DEIRE] prodire M ‖ 6 prodiisse L
creuisse om. L ante de uallibus pos. P ‖ 7 de om. Pb | quasi
M | uenantium L ‖ 9 clamores terrore M ‖ 10 ergo] autem Pb
illos] nos superscr. illos M | exire Pa excursare L excusare Pb
superscr. i M | lateribus Pb | inclausas Pb ‖ 11 profertur Pb ‖
12 uenantium L corr. ex uenantū M ‖ 14 QVAE ... id est
om. Pb | uia ratio ē M | VIA om. Pa | est² om. P ‖ 15 in
hostem Pb | incidentem in hostes M ‖ 17 ET om. Pb | ABSCISIS
.. abscisis L ‖ 18 unca Pb anca Pa | manu Pa ‖ 19 qui] quia
M | est Pb ‖ 20 defendet superscr. er M ‖ 21 esse M ‖ 24 bene
... ceruice om. Pb | in L post CERVICE haec leguntur: perfecta
aetate. plena ceruice. bona. auxesis. bene iuuenci ut ...
adiungeret

561 DEIN TOTO SANGVINE NIXVS id est toto corporis nisu. ut Virgilius ⟨Aen. II 6.38 sq.⟩: 'quibus integer aeui sanguis'.

563 QVALIS IN ADVERSOS LAPITHAS Lapithae, gens
5 Thessaliae omnium uirium sublimis patientia, cum ceteris diis immortalibus annua sacra conficerent, in ipsa religione genus sacrilegii commissum est. cum enim Pirithoi, regis sui, nuptiae celebrarentur et sacrificia diis omnibus facerent, Martis solius aras incultas reliquerunt; siue igno-
10 rantia seu contemptu numinis, habetur incertum. quae res manifesto punita est exitu. Mars namque fecit, ut aduersus Centauros bellarent, a quibus uicti | sunt. ciuitas   Lind. p. 73 damno intellexit religionis uirtutem. unde Virgilius ⟨Aen. VII 304 sq.⟩: 'Mars perdere gentem immanem Lapithum
15 ualuit'.

564 STVPET OBVIA LETO iam a comparatione discessit et ad factum Tydei redit. potest enim ambiguitas circumuenire lectorem.

569 TREMEFACTVM in honorem occidentis laudantur occisi.
20 570 TEMNENDA aphaeresis: pro contemnenda.

573 TERRIGENAS CONFISVS AVOS qui gloriaretur auos se promeruisse terrigenas, de Cadmi sationibus originem ducens, qui mutuis uulneribus perierunt.

574 SECVNDVS inferior, id est equitandi arte peritus.
25 575 PENTHEVMQVE TRAHENS id est a Pentheo originem

---

1 nisus Pb | id est om. L | ex toto L ‖ 2 nixu L ‖ 3 sit sanguis L sub sanguis Pa ‖ 4 gentes L ‖ 5 uirorum sublimes L | 6 conficerint M confiteretur Pa | in ipsis religionibus Pb | religioni M ‖ 8 celebrarent Pb | nuptias celebrarent? | omnibus diis L | 9 incultas aras L | incultas om. Pb ‖ 10 seu] siue L scis qui Pb ‖ 11 manifesta corr. in manifesto M | est] fuit Pb ‖ 12 uicta Pb ‖ 13 damno om. Pb ‖ 14 inmanem M | Lapithum om. Pb ‖ 15 potuit L ‖ 16 a om. Pb ‖ 17 fatum L | rediit Pb | potes Pa potuit L ‖ 20 apoferesis Pa auferres is Pb aferis corr. in aferesis M ‖ 21 CONFESSVS L | gloriarentur auo Pb ‖ 22 terrigenas . . . ducens om. Pb | nationibus M | originem om. Pa ‖ 23 multis Pb ‖ 24 id est] uel de Pa ualde Kohlm. ‖ 25 id est] uel Pa uelut L | id . . . trahens om. Pb

generis trahens.   NONDVM TE PHAEDIMVS Phaedimus
nomine nondum te propter Penthei nomen, Liber, habens
propitium Tydei armis occubuit.

580 LIBENS ne uideretur ab hostibus loco, in quo
steterat, pulsus.

581 ORBEM scutum obuolutum. bene subdidit 'orbem'.
sunt enim scuta oblongae facturae.

583 TEGMINA NOTA id est terga sua et caput muniuit
apri Calydonii tegmine.

586 OGYGIDAE Thebani, ab Ogygio terrigena.   ENSEM
BISTONIVM TYDEVS unde Tydeo Bistonius ensis, nisi quia

Lind. p. 74 Oeneus Martis est filius? | primum quia uicina est Aetolia
Thraciae, aut quia Mars apud Bistonas colitur. ensem
uero Bistonium Thracium dixit, quia Bistonia gens
Thraciae est.

590 DECVTIT obiectu depellit scuti.

592 IN SOCIOS ERRARE MANVS ut ex constipatione
iaculari uolentes sese inuicem uulnerarent.

594 ANGVSTVS TELIS optime dixit 'angustus', id est
qui aditum uulneribus non daret.   INEXPVGNABILIS
quia uni in multos facilis iactus est, multis in unum dif-
ficilis.   Sallustius in Iugurthino ⟨58, 3⟩: 'pauci in pluribus minus frustrabantur'.

595 NON ALITER Briareum bello Gigantum constat
cum Ioue sensisse. sed hic contra sic posuit, quemadmodum Virgilius ⟨Aen. X 567⟩: 'Iouis cum fulmina

---

1 trahens generis **L** | TE *om.* **Pa** | Phaedimus *om.* **MPb** ‖
2 n̄o ē *corr. in* nom̃ ē **M** nomine **LP** ‖ 6 subdit **Pb** ‖ 7 oblonge
LMP | facta **LPb** facte **Pa** facturaȩ **M** ‖ 8 TEGMINE **LMPa** | NOTO
L | muniit **M** munui **Pb** ‖ 10 thebā **Pa** | ogigio *corr. ex* ogigido
M ‖ 11 Bistonium tideus ensem (ense **M**) **MP** ENSEM BYSTHONIVM
Tydei ensē **L** | ensis *om.* **M** | quia *om.* **Pb** ‖ 12 Oenius **L** | quia]
q̣ȝ **Pb** ‖ 14 Bisthoneū **M** | Thraciarum **L** thrahaciū **M** | Bystona
L bistona **M** biston **Pb** ‖ 15 Thraciarum **LP** ‖ 16 obiectu **Pb** ab
ictu **LMPa** ‖ 17 conspiratione **Pa** ‖ 18 uulnerare **Pa** ‖ 19 an-
gustas *L̸s* **Pb** ‖ 20 quia **L** | uulnerantibus **L** ‖ 21 q̣ȝ **Pb** | uni *om.*
L ‖ 23 frustabantur **L** frustrari *Sallust.* ‖ 24 gigantiū **M** ‖
25 contra Iouuem **LP** | contra autem sit **Pb**

contra' et ut Terentius ⟨Adelph. 50 F.⟩: 'ille ut item contra
me habeat'. contempta ab hoc etiam fulmina. uidebatur
enim suis sibi tantum manibus fortiter dimicare. fabula:
Tartarus ex Terra procreauit Typhonem immanem magni-
5 tudine, cui centum capita draconum ex humeris nata erant.
hic Iouem prouocauit, ut, si uellet, secum de regno cer-
taret. Iuppiter fulmine pectus ei percussit. qui cum fla-
graret, Aetnam ei superimposuit, et ex eo dicitur ardere
adhuc. ipse etiam alio nomine Briareus et Aegaeon di-
10 citur. de quo Virgilius ⟨Aen. X 565⟩: 'Aegaeon qualis,
centum cui bracchia dicunt'. PHLEGRAE Phlegra regio
est Macedoniae, in qua Terra Gigantes procreauit.

598 INDE PELETHRONIAM Thraciam siue Thessaliam.
ut Virgilius ⟨georg. III 115⟩: 'frena Pelethronii Lapithae'.
15 ipsae enim regiones dicatae sunt Marti.

599 MVTATA refecta siue ad proelium renouata.
PYRACMONE quia Virgilio docente cognouimus etiam hunc
fulminum fabricatorem fuisse. ait enim ⟨Aen. VIII 425⟩:
'et nudus membra Pyracmon'.

20 600 NEQVIQVAM aut nequiquam obsessus, aut nequiquam queritur multitudini manuum suarum hostes deesse,
cum fuerit uictus.

602 HVC ILLVC CLIPEVM circumspectat omnes partes,
ne ab hostibus circumuentus occumbat.

---

1 et . . . contra om. L | item ut MPa om. Pb | me contra
Pb | 2 contenta Pb | ad hoc Pb habet M ‖ 3 fabula om. M ‖
4 Tartarus ex om. L | inmanem M immane Pa mirae L | magnitu-
dinis L ‖ 6 ut om. P | certare Pb ‖ 7 Quare Iuppiter L | pectus
eius fulmine L eod. ord. Pb | eius L Pa | quia M ‖ 8 superin-
posuit LMPa ‖ 9 dicitur om. L ‖ 11 PHLEGRAE . . . procreauit
om. LP in cod. Valentin. leguntur haec: Flegrę mons est
geticę prouincię in quo gigantomachia dicitur id est pugna
gigantum contra deos ‖ 14 pelethroni M ‖ 15 sunt om. Pb | Marti]
martiria I Pb ‖ 16 renouata spatio uacuo relicto om. Pb ‖ 17 pi-
racmone MP | uirgilius Pb | cognouimus sp. uac. rel. om. Pb ‖
18 ait enim sp. u. rel. om. Pb ‖ 20 NEQVICQVAM LP | aut ne-
quiquam[1] sp. uac. rel. om. Pb | nequicquam L | nequicquam
LPb | 21 multitudine MP | manum Pb ‖ 23 parentes Pb

605 ARMANTQVE VIRVM nam ipsa in hostes retorquet, quia aliorum telorum impetus retunditur, cum in tela impingit. Lucanus ⟨VI 172⟩: 'totaeque uiro dant tela ruinae'.

607 NEC MORTEM ita fuerat uulneratus, ut mortem timere non posset.

608 COMITEMQVE ILLI IVBET iubet facit. est enim πολύσημος sermo: aliquando significat uult, ut Virgilius ⟨Aen. II 3⟩: 'infandum, regina, iubes', aliquando imperat, aliquando facit, ut hoc loco.

Lind. p. 75 613 DEMISSVS fluens.

617 PROCIDIT IMPVLSV dicit illum furore genitum, non dolore. dum enim Dryope, mater eius, praegnans furore bacchatur, reluctantem taurum cornibus traxit. dicit ergo hunc non nascendi ordine procreatum, sed conatu nimio utero matris expulsum.

620 VNVSNE VIRI Virgilius ⟨Aen. IX 783 sq.⟩: 'unus homo et uestris, o ciues, undique saeptus aggeribus'.

621 VIX CREDAT FAMA REVERSO quod unus tantos occiderit.

624 TEVMESIA CORNVS Thebana. Teumeson mons est Thebanorum. ideo Tydeus Thebana hasta, quia spoliis hostium armatus exstiterat.

625 ATQVE ILLI VOCE REPLETA ordo: atque illi uoce intercepta prorupto in sanguine natat repleta lingua.

---

1 ipsa tela L | torquet quis Pb ‖ 2 in *om.* L | repingitur Pb ‖ 3 dant] dum L ‖ 7 *schol. om.* M *ante schol.* 602 *praebent* P | comites Pa | illi *om.* Pa | iubet *om.* Pb ‖ 8 uult LPa uis Pb ‖ 9 imperat, aliquando *om.* Pb ‖ 10 hoc in loco Pb ‖ 12 INPVLSVS L inpulsu MPa | gemitum Pb | non *om.* L ‖ 13 dolere L | cum M | Pryope L | fluore Pb ‖ 14 bachatur MP | taurum *om.* Pa ‖ 15 procreauit Pa ‖ 17 uniusne Pa unus Pb ‖ 18 et] e L | aggeribus *om.* LP a. M ‖ 19 credit Pb ‖ 21 CORNV L | Teumeson .. Thebanorum *om.* P | est *om.* L ‖ 22 ideo] quasi quod P ideo quod L | quia] et LP ‖ 23 hostium *om.* Pb | extiterat Mon. P extiterit M fuerat L ‖ 24 ordo *om.* Pb | *ante* ordo *legitur in* M: per id quod efficit, id quod efficitur

629 CVR INFITIATVS HONORA ARGVERIM FAMA cur uos
arguerim id est priuauerim? honora fama id est
honesta, honorifica.

631 INDOLE CLARIVS ILLA indolem corporis dixit,
5 pietatem animi.

633 SINGVLTIBVS ARTVM angustum. singultibus enim
angustatur latus.

634 EXHAVRIT concauum facit id est uacuat.   NEC
VINCLA COERCENT inundatio lacrimarum galeae uincla rum-
pebat.

635 CVM MVLTA GEMENTI id est: cum | multa gemeret, Lind. p. 76
a tergo percussus est et hostili gladio corpori fratris
affixus.

638 CONSERIT coniungit.   ILLE OCVLOS qui prior
5 fuerat uulneratus, oculos aperuit, ut in utraque morte
fratrum ambo lugerent se inuicem morientes.

642 VOTVM MORTIS uotum iniquae mortis, quia et
uno telo et gemini et eodem momento periere.

644 IDEM VLTRO coepit iam ipse ultro hostes insequi,
10 a quibus antea appetebatur.

645 VESTIGIA RETRO sua retro uestigia urgebat fugiendo
imminente Tydeo.

646 INIQVA quae fuerat sanguine madefacta. hic autem
iniqua proprie inaequali dixit.

15 647 DISTRACTVS extensus. hic uero sub hac significatione
ponendum est, ut Virgilius ⟨Aen. VII 767⟩: 'turbatis distractus equis'. quamuis Cicero in Philippicis ⟨II 104⟩:

---

1 CVI **L** | cum uos **Pb** | arcuerim? ‖ 2 honorificata **P** ‖
4 clarus **M** ‖ 6 ARCTVM **LPb** | id est angustum **Pb** ‖ 8 haurit **Pb** |
id est *om.* **L** | uacuat] caluat **Lm** ‖ 9 uincula **M** | cohercent **MPa**
coercet **Pb** | uincula **M** | rumpebat galee uincla **Pb** ‖ 11 id est
om. **LP** ‖ 13 affisus est **Pb** ‖ 15 oculos *om.* **MP** | apparuit **Pa** ‖
16 frm **M** | iūgerent **L** ‖ 17 VOTVM] uoto **P** ‖ 18 et[1] *om.* **L** | eidem
Pa | perire **Pa** ‖ 19 coepit *om.* **L** | ultro] uult **LPa** ‖ 20 ante **LP** ‖
21 sua] seu **Pb** | urguebat **M** ‖ 22 tidon **Pa** ‖ 23 Iniquę *corr. in*
Iniqua **M** ‖ 24 inaequali *om.* **L** ‖ 25 hic] hoc **MPa** | hac] ac **Pb**
ea **L** ‖ 26 ponendus **L** | ut *om.* **M** | distractis **Pa**

'de Varronis bonis rem ullam esse distractam'. sed etiam illic ingenio legentis possumus diuisam accipere. distractus ergo hic ait extensis manibus, ut rogaret.

648 NITENTEM conantem, ab eo, quod est nitor, niteris.

649 INTERLABENTIBVS VMBRAS sensus: quae umbrae sunt eo tempore, quo stellae labuntur.

650 NOCTEMQVE TVAM hoc est: quae tibi fauet, quam tu tuam effecisti uincendo.

651 VVLGIQVE PER ORA PAVENTIS dum tua facta refero, perculsi.

652 CONTEMPTO TE REGE CANAM id est uirtutis tuae facta referam, quae aures Eteoclis satis offendunt.

Lind. p. 77 655 NIHIL VVLTVM MVTATVS nimirum quia, qui ignoscentis animum gerunt, primum frontis suae nubilum disserenant. ut Lucanus ⟨IV 363⟩: 'at Caesar facilis uultu menteque serenus'.

658 QVID TIMIDE SEQVERIS COMPENDIA VITAE iucunde consolatur et terret. namque hoc pollicetur nullum, si bella uenerint, euasurum. in hac autem parte si consideres, prouisum tibi est, quod nunc moreris, ne grauiori supplicio reserueris.

659 BELLA MANENT Lucanus ⟨IV 221 sq.⟩: 'non hoc ciuilia bella, ut uiuamus, agunt'.

660 IAM REDIT corpore iam reuulsum telum. neque enim poterat gladium uagina recondere nisi hoste iam perempto.

1 de fortunis Varronis *Cicero* | bonis *om.* **Pb** | Rem illam **L** | esse *om.* **M** | destractam **L** detractam *Cicero* ‖ 2 legentes? | diuisam possumus **Pb** ‖ 3 extensum **Pb** ‖ 4 nitor ... 651 ... ORA PA- *om.* **Pa** | nitor. eris **L** ‖ 9 tuam *om.* **MPb** ‖ 10 -QVE PER ORA *om.* **MPb** ‖ 12 contento **P** | tuae *om.* **Pa** ‖ 13 offendunt *corr. in* offendant **M** ostendunt **P** ‖ 14 nil **MP** ‖ 15 geritur **Pa** | primo **P** | deserenant **L** ‖ 16 ut *om.* **L** | uultum **L** uult **Pa** ‖ 17 mentemque **L** *non legitur apud Lucanum* ‖ 18 iocunde **P** ‖ 19 nullos **L** ‖ 20 ad bella **L** | uenirent **Pb** | euasuros **L** | in hanc autem partem *Duebnerus* ‖ 21 est tibi **Pb** | morieris **LPb** ‖ 22 reserueri supplicio **Pb** ‖ 23 monent **Pb** | haec **LP** hoc *Mon. corr. ex* huius **M** ‖ 24 ut *om.* **Pb** ‖ 25 uulsum **Pa**

661 TRIETERICA dixerat enim ea nocte Tydeum Thebas intrasse, qua Libero patri sacra celebrantur. trieterica ergo et orgia Liberi sacra sunt, quae exacto triennio mos est celebrari, sicut Olympiaci Iouis sacrum redit intermisso 5 quinquennio.

663 SCELERARE PARENTES id est crudelitate sua scelestum facere, quia Bacchae insaniunt usque adeo, ut crudelis Bacchus in illarum furore uideatur. quia Agaue homicidium nescia perpetrauit. et ideo hoc deo potius 10 ascribitur quam furori.

664 NEBRIDAS pelles damarum, quae Graece νεβροί appellantur. ac per hoc Baccharum indumenta significat, quibus sacrificiorum tempore uti consuerunt. ut Virgilius ⟨Aen. VIII 282⟩: 'pellibus in morem cincti'.

15 665 IMBELLEM AD SONITVM tympani et saltationis Baccharum imbellis.   MARIBVSQVE INCOGNITA VERIS in comparatione Thebanorum 'ueris maribus' dicit.   INCOGNITA PROELIA luxuriosae saltationis. quasi hi, qui aduersum se pugnauerunt, sacrorum consuetudine fuerint 20 effeminati.

666 CELAENAEA Celaenae Marsyae ciuitas, ubi primum dicitur tibiarum usus inuentus, quibus Apollinem prouocare ausus est. a quo uictus temeritatis suae poenas exsoluit. Marsyas enim Celaenaeus fuit. ut ipse · infra 25 ⟨IV 186⟩: 'et illustres Satyro pendente Celaenae'.

---

1 triaterica **MP** ‖ 2 patri *om.* Pb | celebrabantur LPb | triaterica **M**Pa | trieterica . . . sunt *om.* Pb ‖ 3 qui **Pa** ‖ 6 id est *om.* Pb | scelestos L scelestes Pb *corr. ex* scelentes **M** scelestum Pa ‖ 7 bache **MP** ‖ 8 bachus **MP** | furore furer L ‖ 11 dānarum M | nebri MP νεβρίδες L ‖ 13 consueuerunt LP | uirg̃. † **M** ‖ 14 more Pa mortē **M** ‖ 15 lnbellem **M**Pa | timpanis Pb | salūtationes **M** ‖ 16 inbelles **M**Pa imbelles Pb ‖ 17 comparatiōe Pb ‖ 18 luxuriosae *om.* Pb | saltationis *corr. ex* saltationes **M** | quasi] qui Pb | qui] per Pb | aduersus L ‖ 19 pugnauerunt L pugnauer̃ **M** pugnauerint Pa pugnant Pb | 23 est *om.* Pb ‖ 24 exsoluit] dedit Pb | ipsa **M** ‖ 25 perdente Pb | Celaenas *Statius*

FOEDA PROELIA stupra. ut Virgilius ⟨Aen. XI 736⟩: 'at non in Venerem segnes nocturnaque bella'.

667 HIC ALIAE CAEDES non parricidales. contra illas, quas matres intulisse dicuntur, et hic increpat.

668 PAVCIQVE in comparationem uirtutis meae. HAEC INTONAT quippe plenus furore uirtutis.

671 NEC SVSTINET VMBO hic umbonem pro humero posuit aut pro manu.

672 MVTATVM SPOLIIS Theronis scilicet, cuius clipeum, cum perfodisset, acceperat. aut certe mutatum spoliis infectum sanguine sociorum. itaque per cruorem suum mutauerat iam colorem. ut Lucanus ⟨VI 224⟩: 'perdiderat uultum rabies'.

674 RORIBVS cruentis aspersionibus. ut Lucanus ⟨VII 837⟩: 'sanguineis stillauit roribus arbor'.

Lind. p. 78 676 MASSYLAS id est Mauras. ut Virgilius ⟨Aen. IV 132⟩: 'Massylique ruunt equites'.

677 ET TABE GRAVATAE tabes dicitur recentis cadaueris foetor — Lucanus ⟨II 73⟩: 'longusque in carcere foetor' — et humor, qui destillans cadaueribus corrumpit terram. unde Virgilius ⟨Aen. III 29⟩: 'et terram tabo maculant'.

682 ET SANGVINE PLENVS sensus hic de Homero uenit, ut tunc demum castris Dolonis Diomedes excedat, cum esset admonitus a Minerua. nam Virgilius hunc sensum in Nisi et Euryali personis seruauit ⟨Aen. IX 355⟩: 'acceleremus, ait, nam lux inimica propinquat'.

685 CALIGINE PLENVM id est nimia felicitate mentis

---

1 ut *om.* L ‖ 3 parricidiales L parricidales P parricedales M | illos Pb ‖ 4 qua L | dicunt L ‖ 5 in comparatione M ‖ 6 hoc Pb ‖ 7 substinet Pb ‖ 10 profodisset Pb ‖ 12 mutaũ M | iam mutauerat Pb ‖ 14 cruentis. Idẽ M ‖ 16 massilias M | id est *om.* MPb ‖ 17 ruunt aequales L ‖ 18 dr̃ Pa ‖ 20 foetor LM pedor P *Lucanus* | distillans L | cadaueribus mortuorum M ‖ 21 unde] ut Pb | tabe Pa ‖ 23 *Iliad. X 507 sqq.* | uenit de homero Pb ‖ 24 excederet? ‖ 25 monitus M ‖ 26 personas P | absistamus *Vergilius* ‖ 28 felicitatis Pa

obcaecatum. caligine dixit: quae non prospiciebat futura pericula.

[686 SVPERBI OENEOS Oeneos genitiuus Graecus ut Memnon, Memnonos.]

5 687 VINCERE THEBAS nam in istis quinquaginta, quod omnes lectissimae uirtutis fuerant, absentes uictae sunt Thebae.

689 PARCE DEIS nam qui immoderate sua felicitate utitur, fauentes sibi deos fatigat. elatus enim animus rebus 10 secundis utilia minime respicit. Virgilius ⟨Aen. X 502⟩: 'et seruare modum rebus sublata secundis'. HVIC VNA FIDES ut tantae uirtutis gloriam solus consecutus fuisse uidearis.

693 AEROS genitiuus Graecus est ut Memnon, Memnonos.

15 694 NEC VERITVS hoc dicit: nec ueritus est hic augur prohibere ducem id est Eteoclen, ne morituros tot mitteret, sed instantia morituris fata fidem augurii derogauerunt. ut Virgilius ⟨Aen. II 246 sq.⟩: 'tunc etiam fatis aperit Cassandra futuris o. d. i. n. u. c. T.'

696 DAMNATVR liberatur.

697 AONIDVM Thebanorum. ut Virgilius ⟨ecl. VI 65⟩: Lind. p. 79 'Aonas in montes'.

700 FRAGILES uetustate corruptos.

703 TALES IN BELLA VENIMVS et in Romana historia 25 hoc Porsennae Mucius dixisse fertur, cum dextra focis

---

1 occecatum Pb | caliginē M | quia L | prespiciebat pericula futura Pb ‖ 3 schol. om. MP ‖ 5 quadraginta Pb ‖ 8 diis M | inmoderate M Pa ‖ 9 fatigaūt M ‖ 11 modum om. M | lassata LMPa | huc Pa ‖ 12 fuisse om. M ‖ 14 schol. om. L cf. schol. u. 686 | heros MPb eros Pa | genetius Pb | est om. Pa | ut om. Pb | Memnon om. Pb | mēnon' Pa mēnōes Pb mennonos M ‖ 15 hec M | hic om. L ‖ 16 etheoclem Pb ‖ 17 auguri L | derogar̃ Pa derogarunt Pb derogaueī M derogauere L ‖ 18 tunc . . . 697 . . . Virgilius om. Pa | casandra fiduris Pb ‖ 19 o. . . . . T. om. LP | o.] c. M ‖ 21 ut om. LM ‖ 24 in om. Pb | historia romana Pb ‖ 25 hec Pb | Porsena L | cum eius MPb | dext'a Pa dextera M dexteram Pb

imposita diceret suae patientiae similes uiros atque uirtutis a senatu plures in eius exitium destinatos.

710 HVIC LEVES GALEAS in hoc consecrando Virgilium
secutus est. nam ille, dum Marti offerret exuuias, ait
⟨Aen. XI 8 sq.⟩: 'aptat rorantes sanguine cristas telaque ⁵
trunca uiri'.

Lind. p. 80   715 INGENIVMQVE PARENTIS bene ingenium, quia de
capite nata dicitur Iouis. et hoc antiqui bene figuratum
esse dixerunt, ut, quia naturae ratione prudentia omnis
in capite est, Minerua, quae sapientiae dea est, nata de ¹⁰
Iouis capite crederetur. est uero mysterium, quod lucis
intaminata atque armis munita uirgo de uertice dei maximi et secreti orta dicatur.

716 HORRORE DECORO ipse quidem terror uultus pulchritudine mitigatur: speciosus terror, pulchritudo terribilis. ¹⁵

717 CRVDESCIT crudelior fit. zeugma.

718 HASTATA hastis armata siue hastifera, id est
magis tu bellicosa quam Mars aut Bellona.

719 IMPVLERIT pro impellit. mutauit modum.

720 SEV PANDIONIO Pandionium montem dicit a Pan- ²⁰
dione, filio Erichthonii. Tereus, Martis filius, Thrax.

721 ITONE Itone ciuitas Boeotiae, Mineruae sacra,
ut ipse ait ⟨VII 330 sq.⟩: 'ducit Itonaeos et Alalcomenaea
Mineruae agmina'. Bacchylides Mineruam Itoniam dicit.

---

1 inposita **M** impositam **P** ‖ 2 a *om.* **Pb** | destinatum **Pb** ‖
3 Virgilius est secutus **Pb** secutus est Virgil. **L** ‖ 4 illi **Pb** ‖
6 uirum **L** ueri **Pa** uirgilius **Pb** ‖ 7 quae **L** ‖ 9 omnis] hominis
Barthius ‖ 10 sapientia dei (*om.* est) **LP** ‖ 11 creditur **Pb** | mi-
nisterium lucis ꝗ **Pb** | quod lucis] in his quod **Lo** ‖ 12 de
uirtute **Pb** ‖ 13 uocatur **Pa** ‖ 14 DECORO *om.* **Pb** | pulcritudine **Pb**
pulcritudo **Pa** pulcritudines **M** ‖ 15 mitigat//// **M** | speciosus]
sonsus **Pb** | pulcritudo **MPa** ‖ 16 zeuma **MP** zeugma ab in-
ferioribus **L** ‖ 18 tu *om.* **L** ‖ 19 Inpulerit **M** | mutauit *corr. ex*
mutat **M** ‖ 20 SEV PANDIONIO *om.* **M** | Pandionium . . . Erich-
thonii *om.* **P** | Pandionio **M** ‖ 21 erictonii seu pandionio **M** |
Tereus] Zetus **Pb** terus **Pa** | ferax **Pb** ‖ 22 Itone *om.* **MP** ‖
23 it(h)oneus **LMP** | et] atque **L** | alcomeneꝗ **Pb** alchmenee **M**
Alchemoneae **L** alchonee **Pa** ‖ 24 baccilidis **M** baccillide **Pa** |
ithonomiam **Pb** | *cf. poet. lyr. ed. Bergk* III⁴ *p.* 577

Itone. ergo Mineruam ab oppido cognominauit, quod
est in Macedonia, ubi eius antiqua est aedes, uicina
Boeotiae, in qua Itonus regnauit, Herculis filius et Paphies.

722 TRITONE fluuius uel palus in Libya, in qua Mi-
5 nerua dicitur nata, sicut Lucanus affirmat. unde Graeci
eam Mineruam Tritogeniam uocant.

724 INTEMERATARVM participium sine uerbi origine.

726 PARTHAONIS Parthaon Oenei pater fuit, auus Tydei.

727 MARTIA PLEVRON constat Tydei genus a Marte
10 defluere, ut idem ait ⟨I 464⟩: 'Marti non degenerare paterno'. nam Meleager Martis filius fuit. Pleuron Aetoliae
ciuitas prope Calydonem, Marti consecrata. alii regionem Calydoniorum dicunt. Pleuron Martia, quia ibi
maxime Mars colitur.

15 728 AVREA cum in media urbe tibi aedem dicauero,
in tantum templi altitudo tolletur, ut et Ionium mare et
Echinadas insulas Acheloumque despicias. harum insula-
rum Lucanus meminit ⟨VI 363 sq.⟩: 'et tuus, Oeneu, paene
gener crassis oblimat Echinadas undis'. in Acheloo enim,
20 Aetoliae fluuio, tres insulas his nominibus natura con-

1 ab Ithone L ithonie Pa ‖ 2 antiquę sunt M | uicinę M ‖
3 in quibus M | regnauit Antinous L | anthonius Pa thonus Pb
athon M Itonus *Kohlm.* ‖ 4 in² *om.* Pb ‖ 5 IX 354 | unde] bene
Pb ‖ 6 eam] eciam M | Mineruam *om.* L | *post* uocant *in* M
eecuntur haec: Sed alcius intuentibus tritonia uocari uidetur
ꝗasi tritonia (tritonoia Pc *ad. u.* 237) idē tercia notia (noticia
Pc) scire uidelicet dm mundū et animam; nam haec oīa sa-
pientia colliguntur; que intelleguntur p mineruam; Vel tritonia
dr̄. ἀΝΟΤΟΙ ΤΡΗΘΗΝ. i. a terrore ‖ 7 intemerata Pa Inte-
meratarum *superscr.* i. infatigabilium M ‖ 9 MARTIA *suppleui* |
PLEVRON *om.* L ‖ 11 fuit *om.* MP | pleuron quia Pb ‖ 12 con-
sacrata LPb cūsecretā Pa ‖ 13 calidonorum Pb ‖ 14 maximus
Pb | maxime ibi mars colebatur M ‖ 15 cum] TVNC L *Kohlm.* |
tibi] ubi L | tibi diem Pb | dicabo *Kohlm.* ‖ 16 tollitur Pa *corr.*
in tolletur M | et¹ *om.* L ‖ 17 echinidas MPb | despiciat Pb |
ha insula Pa ‖ 18 et] ut L | tuus ... crassis *om.* L tuum sine
upe crassis Pa ‖ 19 undas Pb unde Pa | enim] autem M ‖
20 Aetoliae *om.* L

stituit: Artemita, Agalia, Megale — Ouidii quoque cele-
bratas carminibus.

732 HIC EGO MAIORVM PVGNAS maiorum sui generis
scilicet.

734 ARMA THOLIS Virgilius ⟨Aen. IX 408⟩: 'suspendiue tholo'. tholus est in media templi camera locus,
in quo uouentium primitiae aut exuuiae figebantur.

737 ACTAEAS Athenienses, quia Athenarum iuxta litus
sita sunt secreta nemorum loca. ut Virgilius ⟨Aen.
V 613⟩: 'in sola secretae Troades acta'. ET AB ARBORE
CASTA oliua siue lauro. pro inuentore id, quod inuentum
est. nam casta non est olea, sed Minerua. aliter: castam arborem dixit, quae post quinquennium Athenis Mineruae offerebatur. [tam pestilentiae ciuitatem quam uer-
benam nominant, in qua omnium frugum pomorumque
primitias obligabant, ut Cratinus ait.] hanc igitur castam
arborem dicit, in qua purpureis nexibus omnia supra
dicta pendebant, quae tamen interiectis duobus pedibus
candida fila discriminant.

740 ARCANVM NVNQVAM INSPECTVRA PVDOREM arcanum
pudorem dicit aut eius simulacrum uerum, id est Palladium, quod illicitum erat cernere — quo quidam quondam
uiso priuatus est uisu — aut uirginitatem eius. ergo, si sic
est, inspectura pro rimatura uel inquisitura accipitur.

741 TV BELLIS TV PACE FERES bellorum potens, quod
proprium est Mineruae.

---

1 Artemites **LMPa** artemtes **Pb** Artemita *Kohlm.* | me-
gale Aggallia **M** | Aggalia **L** agallia **P** | megalei **Pa** |
metam. VIII 587 sqq. | queque **Pa** | celebrate **MPa** ‖ 2 carmi-
nibus celebratas **LPb** ‖ 4 scilicet *om.* **Pb** ‖ 6 tholos **M** | tholum
L tholū **MP** tholus *Kohlm.* | medio **MPb** ‖ 7 in qua **Pa** | finge-
bantur **Pb** ‖ 8 Eteas **Pa** atheas **Pb** | littus **LPb** ‖ 9 ut *om.* **M** ‖
10 insula **MPa** | secreta **M** | Troadas **L** ‖ 11 p inuentorem **MP** ‖
tam ... ait *om.* **P** | ob liberatam pestilentia ciuitatem **Lc**
fortasse recte. an latet VITTAS? ‖ 16 Crates π. Ἀττ. διαλ.?
Vsener in marg. editionis Lind. | igitur] ergo **Pb** ‖ 17 dicit
om. **Pa** dicit id est **L** ‖ 18 pedibus *om.* **Pa** ‖ 20 *schol. om.* **P** |
ARCANVM *om.* **M** ‖ 25 ferens **Pb** ‖ 26 est *om.* **Pb** | Mineruae] ei **M**

742 NON INDIGNANTE DIANA semper tibi de primitiis sacrificabo, nec mihi, sicut solet, Diana indignabitur. occulte historiam tangit, ubi Diana contempta in sacrificio immisit aprum, qui Calydoniam regionem uastaret.

---

⁵ COMMENTARIVS IN LIBRVM III.

Conquestio Eteoclis de tarditate quinquaginta mis-Lind. p. 81
sorum. Maeonis aduentus et caedis indicium. indignatio regis. mors Maeonis et eius a rege interdicta sepultura. profectio lugentium matrum ad locum caedis et cadauerum
¹⁰ funeratio. de Thebanis malis conquestio et regis iniustitia. Iouis imperium Marti, ut Thebana bella suscipiat. Veneris querela apud Martem de Thebanis. Martis responsio pro Thebanis. regressio Tydei uulnerati et eius hortatio ad bellum. Polynicis allocutio pro iniuria Tydei
¹⁵ affectionisque obliquae. curatio Tydei. descriptio solis occidentis et orientis noctis. descriptio Martis bellum mouentis. captatio auguriorum ab Amphiarao et Melampode in monte Aphesante et omnium signorum descriptio. allocutio Capanei iniuriosa contra Amphiaraum et religionem.
²⁰ Argiae apud patrem allocutio et belli postulatio. patris responsio permulcentis.

1 PERFIDVS aut quia regnum negauit aut quia contra Lind. p. 82
ius gentium legato parauit insidias. docet enim poeta malorum conscientiam esse peruigilem, quippe Eteocles,

---

4 inmisit **MP** ‖ Explicit argumt̄u pars IIIᵃ incip̄ **Pa** ‖ ɪɴᴄɪP̄ ʟɪʙᴇʀ ɪɪɪ **M** ‖ 7 nuntium **L** ‖ 10 et *om.* **Pb** ‖ 11 bella] mala **Pb** ‖ 12 de Thebanis apud Martem **L** ‖ 14 oratio **Pa** | adlocutio **M** ‖ 15 affectionis **LMPb** affectionesque? | solis ... descriptio *om.* **Pb** ‖ 17 auguriorum ... Melampode *om.* **Pb** | Melampode *Kohlm.* Menalippo **LMPa** ‖ 18 Apesante *Kohlm.* Aphesante **L** aphesan **M** aphesant **Pa** aphesam **Pb** | adlocutio **M** ‖ 19 iniuria *superscr.* os **M** | et deorum religionem *Kohlm. e Colbert.* ‖ 22 regn. neg.] regnauit **Pb** ‖ 23 gentum **Pa** | parauit legato **Pb** | enim *om.* **Pb**

quamuis adhuc stellis ·labor supersit, ut ascenso axe per-
ueniatur ad lucem, tamen otia somni non accepit. Ouidius
in libro secundo ⟨met. II 775 sqq.⟩, ubi .describit Inuidiam:

Lind. p. 83

'Pallor in ore sedet, macies in corpore toto,
numquam recta acies, liuent rubigine dentes,
pectora felle uirent, lingua est suffusa ueneno.
risus abest, nisi quem uisi mouere dolores,
nec fruitur somno uigilantibus excita curis,
sed uidet ingratos intabescitque uidendo
successus hominum, carpitque et carpitur una'.

2 ANCIPITI uel propter noctem ancipitem, cum ipse
anceps esset, uel ancipiti media. notanda figura anacoluthon. secundum Sallustium: 'qua nocte ipse fiebat
anceps'.

4 SCELERISQVE PARATI prima enim sceleris nostri poena
est cogitatio. ut Iuuenalis ⟨XIII 2 sq.⟩: 'prima est haec
ultio, quod se iudice nemo nocens absoluitur'. constat
ergo malorum conscientiam semper esse peruigilem.

6 EI intèriectio timentis.

8 ANIMVMQVE REPENDIT non cogitabat contra numerum
tantorum unius subsistere posse uirtutem.

9 NVM REGIO DIVERSA VIAE proponit sibi, quod fieri
potuit aliter, quam ipse mandauerat. ideo autem lau-
dandus Tydeus, quia, quod fecit, nec metuens potuerit
suspicari.

10 AN SCELERIS DATA F. P. V. id est uiolatae legationis sanctimonia, uel quod religiosum officium legati pe-

---

1 aut **Pa** | ascendo **M** accenso **Pb** ‖ 2 lucem *om.* **Pb** | som-
nii **M** sompnum **Pa** *om.* **L** | accipit **Pb** ‖ 3 in *om.* **LPb** | libro
om. **L** | secundo **Pb** II **LM** b. **Pa** | inuidam **LPa** ‖ 4 sed **Pa**
in *om.* **Pb** ‖ 5 Nusquam **LPb** *Ouidius* numquam **MPa** | robigine
Pa r. **M** ‖ 6 ferent **Pb** ‖ 7 nisi *om.* **M** | que uisie **Pa** | fecere **Pb**
8 uigilacibus *Ouidius* ‖ 9 intabescit **M** ‖ 10 carpiturque **Pa**
11 ancipiti tibi **Pa** | ancipitem *om.* **L** ‖ 12 notatur **M** ‖ 13 sa-
lutem **Pb** | *uide* Maurenbrecher histor. reliq. II p. 162 | fidebat
Pa ‖ 15 scelerique **Pb** | nostri sceleris **L** ‖ 16 hec est **MP** ‖ 19 HEI
LPb ‖ 21 substinere **Pb** ‖ 22 non **Pb** ‖ 24 q₃ q₃ **Pa** ‖ 26 F. P. V.
om. **LP** | auolate **Pa** ‖ 27 religiosi **Pb**

teretur insidiis. tertium, quod suspicatur, tale est: dicit quippe a finitimis ciuitatibus Tydeo aduersus insidiantes esse subuentum.

13 ET CHROMIS ET DORYLAS Dorylas saxo periit inter illos quatuor, quos uno ictu dicit esse prostratos. Chromis inter sacra uulnere prostratus occubuit.

17 HEV SEGNES uere segnes, sicut conflixerunt et ab uno uincuntur.

22 IAM PVDET INCEPTI nam pudet ad praeteritum spectat, piget ad futurum. et licet una paene sit significatio, tamen dicimus 'piget me illud facere', 'pudet fecisse'. unde et interdum — apud Sallustium praecipue — simul ponuntur.

23 ARBITER ALNO species pro genere. quilibet arbiter est magister id est gubernator.

25 OLENII ASTRI progressus haedorum serenus, quod sidus pluuiale est in ortu et in occasu serenum aerem facit. ut Virgilius ⟨Aen. IX 668 sq.⟩: 'quantus ab occasu ueniens pluuialibus haedis uerberat imber humum'. sensus: frustra nauigare compulit Olenii astri purior gradus.

26 HIBERNI SVBITVS IOVIS Arcadii, quod ibi fuerit capra, quae Iouem nutriuit, Amalthea.

27 CLAVSTRA TONANT cardines dixit, quia uoluuntur. ut ⟨Aen. I 90⟩ 'intonuere poli'. et quasi conuersum polum facit pondere congre|gatarum niuium. INCLINAT Lind. p. 84 ORION Iuppiter et Neptunus, cum ad Oenorionem regem in hospitium uenissent et ab eo liberaliter recepti fuis-

---

1 sufficiatur Pb | dixit Pa ‖ 2 tideus Pb ‖ 4 Dorylas *om.* P ‖ 5 quatuor *om.* L M | uno] suo Pa | tronis Pb ‖ 6 inter sacra *mendosum est* ‖ 7 si cōflixerunt L Pb | flixerunt Pa *corr. ex* fluxerunt M ‖ 9 *schol. om.* L P ‖ 14 speciē L spes Pb | progenie *superscr.* er M ‖ 15 est *om.* M Pa id est L | id est M Pb uel L Pa ‖ 16 olenei M Pa ‖ 17 occasu] hoc Pb hoc cāu Pa | aere Pa | facit aerem Pb ‖ 19 sensum Pb | olenei M P ‖ 21 SVBITVS *om.* L | Olenii dicit archadii M | arcadiiq; ubi Pb | fuerat L ‖ 22 nutriit L Pa ‖ 23 sonant Pb | quia] q; Pa ‖ 25 congregatorum Pa ‖ 26 Oenopionem L *Mythogr.* enorionem M Pa orionem Pb ‖ 27 excepti L

sent, optionem dederunt, ut, siquid uellet, ab eis exposceret.
ille liberos sine coniuge postulauit. cui Neptunus et Iuppiter imperauerunt, ut tauri corium, quem eis immolauerat,
terrae infoderet. illi in eo urinam fecere, unde natus
est Orion. qui cum Dianae stuprum inferret, illa Terrae 5
ope scorpionem uindicem sumpsit. quem occisum Iuppiter
in caelum transtulit. simili modo et Diana uindicem
suum inter sidera collocauit. — mensis ergo Ianuarii
tempus poeta describit, quo Orion in occasu est constitutus.

30 NESCIVS qui nesciret, non qui nesciretur. 10

32 MAERENTIBVS INCREPAT aut sollicitis, quibus nox
maerore geminari uidetur, aut maerentibus dictis.

35 HYPERIONA PONTO cum primum oceano sol exit. ex
Hyperione autem Graeci fabularum scriptores stulte natos
esse finxerunt uenerabiles deos, Solem et Lunam, pariter 15
et Auroram, sperantes ueluti stolidi homines, quia falla-
ciis superorum numinum natiuitatis posset fides offerri ab
his, qui non nouerunt nec mundum nec diem sine Sole
Lunaque esse potuisse a primordiis rerum nec tanta lumina utero fuisse gestata. Hyperiona ergo non, ut Graeci 20

---

1 expectent (= expeteret) **Pb** ‖ 3 imperarunt **LPa** | quem
superscr. đ **M** | inmolauerat *corr. ex* inmolauerunt **M** ‖ 5 quam
corr. in qui **M** | stupri uim ferret **Pb** stuprum inferre uellet
L stuprum ferret **Pa** ‖ 7 et *om.* **M** | diane **Pa** ‖ 8 in cẹlum con-
locauit **Pb** | ianuari **Pb** ‖ 9 occasum **Pb** occassus **Pa** ‖ 10 nesciret
non qui *om.* **Pa** | qui² *corr. ex* que **M** ‖ 11 INCREPAT *om.* **Pb**
sollicitus **Pa** ‖ 12 maerore nox **LP** | geminare **Pb** *corr. in* geminari
M ‖ 13 primo **P** | cano **MP** ‖ 14 hi(m)periona **P** | scriptores fa-
bularum **M** ‖ 16 ueluti **MP** uidelicet **L** | solidi **Pb** | *in resti-*
tuendo loco corruptissimo imprimis **M** *secutus sum* | quia **M**
quia eorum **Pc** suis **LP** ‖ 17 superborum **Pc** sup *superscr.* ero-
rum **M** *om.* **LP** | numinum *om.* **LP** *om. superscr.* **M** | natiuitates
L siderum **P** | fides *om. superscr.* **M** *ante* natiuitatis *praebet* **Pc**
fidem *post* auferre **P** *om.* **L** | posset auferre se *superscr.* t
offerri **M** potuisset offerri **Pc** posse auferri **L** posse se auferre
Pa se posse auferre **Pb** | ab *om.* **P** ‖ 18 qui *om.* **Pa** | non **Pc**
om. **LMP** | neque .. neque **Pb** ‖ 19 luna soleque **Pb** ‖ 20 fuissent
Pa | gestabat **Pb** | ut *om.* **Pa**

fingunt, Titanis filium accipiendum, sed simplicitate Latina explicandum est ambiguum Graecitatis: Hyperiona
dicunt 'super omnia saecula'.

36 IMA FLAGELLATIS dicunt physici, quod suis fixa
5 ponderibus in aere librata pendeat tellus. et omne graue
cum pendet, si motum habeat, flagellatur. ergo terra cum
in medio fuerat aere librata, motum passa est, suis flagel-
lata ponderibus.

39 SEPTENAEQVE IVGO CONCVRRERE PORTAE Thebarum
10 portas ostendit, quia dicitur Thebana ciuitas septem habere portas. unde a Graecis ἑπτάπυλος dicta est.

40 ET PROPE SVNT CAVSAE quibus prodigia ista con-
tigere.

42 HAEMONIDES hic est, quem Tydeus, ut uictoriae
15 suae esset testis, non est dignatus occidere.   DVBIVSQVE
NOTARI tempus diei significauit et noctis, quo difficile Lind. p. 85
hominis uultus ad perfectum potuisset agnosci. sensus:
quamuis per obscurum nuntius agnosci non posset, quid
tamen nuntiaturus esset, manifestis agnouerant signis.

20   44 LACRIMAS NAM PROTINVS OMNES F. id est: quis
esset, adhuc ignorabatur, et tamen, quid nuntiaret, habitus
et gestus eius prodiderat.

47 ABEGIT numerum per diuersa dispersit.

48 ET HIBERNAE quia signa tempestatis in lunae sunt
25 cornibus constituta.

---

1 fingunt est Pb | Titanis filium *om.* P | latina simplicitate
LP | 4 flagellatus Pa | ducunt Pb | quod *om.* Pb || 6 cum²]
quoniam Lc || 7 liberata Pa || 10 portas Thebarum LP | q₃ Pa ||
11 a *om.* LPa | septapilos Pa heptapolis Pb epta polos *corr. in*
eptaphilos M | *post* dicta est *secuntur in* M *haec:* Thebę ergo
egypti ciuitas a qua thebei ekatonpilos i. c. portarum. *eadem*
fere leguntur in Mon. || 12 cūtingere Pa || 15 testis esset LP ||
16 signauit L designauit P | quod L || 17 potuisset ad per-
fectum Pb | sensum Pb || 18 quamuis . . . agnosci *om.* Pb | non
posset agnosci M | quod P || 19 agnouerunt Pb || 20 *schol. uncis*
sclusit Kohlm. | F. *om.* LP || 21 ignorabat Pb | qui Pa quod M |
nuntiasset M || 23 abigit Pb | diuersām M | dispergit Pa || 24 Ethy-
mone Pa | q₃ Pa qui Pb qua *add.* si M || 25 cornibus sunt L |
post constituta in L *secuntur:* DOMINO. id est hero.

52 TAVROS comparatione ergo tauros dixit, aut quia solent tauros lupi uincere.

55 TOLLVNT CLAMOREM tantum clamorem tulerunt, quantus fit in ciuitate ab hostibus capta aut naufragio iam carinam mergente.

63 VAGA LVMINA absolute stellas dicit, ut sit generaliter, aut quinque planetas Saturni, Iouis, Martis, Veneris et Mercurii. ceterum Sol et Luna non sunt stellae nec ex planetarum numero, sed totius mundi duces ac domini.

64 ET TE MALA PROTINVS ALES quoniam manu sua erat periturus, ait 'mala ales' id est malum augurium. quotienscumque enim ales feminino genere dicitur, malum Lind. p. 86 por|tendit augurium, ut Horatius ⟨ep. X 1⟩: 'mala soluta nauis exit alite', masculino autem bonum demonstrat, ut Virgilius ⟨Aen. XII 247⟩: 'namque uolans rubra fuluus Iouis ales in aethra'.

67 IGNARA MOVERI ATROPOS quae ab his, quae semel mortalibus statuit, moueri non possit. ut Virgilius ⟨Aen. VIII 334⟩: 'Fortuna omnipotens et ineluctabile Fatum'.

69 PRODIGA VITAE PECTORA quemadmodum fortunarum prodigus dicitur, qui patrimonium decoquit, ita et uitae prodigus, qui non terretur exitio, sed uitam prodigere uult id est effundere. pectora autem dixit nihil horrescentia.

71 ASPICIAS utar, inquit, libertate, qua non utitur, nisi qui mori paratus est. ut Virgilius ⟨Aen. X 881⟩: 'desine, nam uenio moriturus'. et hoc clamore pronuntiandum. hic enim uerbis satisfacit dolori suo peritura libertas.

---

1 conparationem M (P) | ergo] *om.* L ero *corr. in* uero M | *latetne comparationis ergo?* ‖ 4 quantum Pb | fuit Pa ‖ 5 carina L Pb carinā Pa *corr. ex* carina M ‖ 7 aut *om.* Pb | Iouis] <u>unus</u>//// M ‖ 8 et sol et Pa ‖ 10 id est quoniam Pa quem M ‖ 11 ait] aut Pb ‖ 12 enim *om.* Pb | d̄r gen̄r M ‖ 15 rubra *om.* L M P | filius M fluuis Pb | aethera L ‖ 19 Fatum *om.* Pa ‖ 20 fortuna Pa ‖ 21 qui . . . prodigus *om.* Pb | uitẹ prodigus dicitur Pa ‖ 22 prodigeri Pa ‖ 23 effundere L M P finire Pc | dicit L | nil L P ‖ 24 quia M ‖ 25 est *om.* Pb | ut *om.* L Pb ‖ 26 iam M Pb | pronunciando Pa

72 MOVISTI aut ius legationis aut iura pietatis aut legationis leges.

73 GLISCIS hic 'cupis' significat. id est cupiditatis tuae crescit incendium.

5 75 TE DIRO HORRORE VOLANTES Q. A. integer se oculis tuis ingeret numerus occisorum. et dicendo 'quinquaginta animae' se quoque optima uirtute iunxit occisis. VOLANTES quasi circa ora tua uolabunt et ingerent se oculis tuis. sapientes dicunt nocentium esse poenas, si quas-
10 dam figuras cum uiderint, timeant. ut Virgilius ⟨Aen. IV 386⟩: 'omnibus umbra locis adero', et ut ostenderet hoc sceleratorum esse supplicium, adiecit: 'dabis, improbe, poenas'.

79 ET NON CVNCTATOR INIQVI qui iniusta omnia po-
15 terat sine dubitatione complere.

81 PROTVRBARE ne conuiciaretur regi aut se certe iuste percuteret.

82 ET NVNC TRVCIS ORA TYRANNI quasi utrumque aspiciens, quid esset fugiendum, quid dulcius uideretur,
20 ferrum aut tyrannus.

84 IMPERDITA TYDEO PECTORA id est quae Tydeus noluisset occidere. Virgilius ⟨Aen. X 430⟩: 'et uos, o Grais imperdita corpora, Teucri'.

85 EREPTA FATA in proelio paulo ante dilata.

25 87 TE SVPERIS FRATRIQVE eclipsis figura. deest enim 'relinquo puniendum'. quasi festinus in uulnere orationem

---

1 aut ius legationis *om.* L | pietatis iura L ‖ 3 hic *om.* Pb | significat *om.* Pb ‖ 4 indicium M ‖ 5 Q. A. *om.* LP ‖ 6 ingeret ... oculis tuis *om.* Pb ‖ 7 animose se L ‖ 9 nocentum LP ‖ 10 unde LPa ‖ 11 hec Pa ‖ 12 inprobe Pa ‖ 14 INIQVI ... dubitatione *om.* Pb | quia L ‖ 15 est complere Pb ‖ 16 PERTVRBARE L perturbatne Pb | conuitia faceret in regem L | regem Pa *corr. ex* regi M | certe *om.* iniuste L ‖ 18 ORA *om.* Pb ‖ 19 esse Pa ‖ 20 an Pb ‖ 21 Inperdita MPa | qui Pb ‖ 22 Virgilius *om.* P ut M ‖ 23 grai Pb | inperdita M | pectora Pb | Teucrum L ‖ 25 Ellipsis L eclipsi Pb | deest] est Pb

implere non potuit. ut Virgilius ⟨Aen. IV 76⟩: 'incipit effari mediaque in uoce resistit'.

88 DOLORI PVGNAT contra dolorem repugnat, ne putaretur sentire, cum moritur.

Lind. p. 87 92 TVRBATAQVE MVSSANT bene 'mussant', quia nulla loquendi libertas est sub tyranno. ut Virgilius ⟨Aen. XI 344 sq.⟩: 'cuncti se scire fatentur, quid fortuna ferat populi, sed dicere mussant'.

94 ET TORVVM id est adhuc toruum, adhuc minantem. Sallustius de Catilina ⟨61, 4⟩: 'ferociam, quam uiuus habuerat, in uultu retinens'.

95 LAETATI non diu gauisi, quod rediit, quia statim se peremit.

97 PACEMQVE SEPVLCRI quia dixit inquietam illis fore animam, qui ferro pereunt aut insepulti remanent.

98 NEQVIQVAM bene 'nequiquam', quia secundum Epicurum nihil mortui sentire uidentur. unde Virgilius ⟨Aen. II 646⟩: 'facilis iactura sepulcri'. quorundam enim opinio est animas cum corporibus interire, ut Lucretii. iuxta hos homini sepultura nihil prodest.

100 PASSVRE SITVM obliuionis mala minime patieris. unde Virgilius ⟨Aen. IX 446 sq.⟩: 'si quid mea carmina possunt, nulla dies unquam memori uos eximet aeuo'.

102 SANCIRE VIAM uiam dedisti, per quam contemnendo regiam potestatem ad libertatis possimus insignia peruenire.

---

1 inplere **M** complere **Pb** ‖ 2 affari **Pb** ‖ 3 repugnat *om.* **Pb** pugnat **M** ‖ 5 que **Pa** qua **M** ‖ 7 quod **MP** ‖ 9 ET *om.* **L** | id est *om.* **Pb** ‖ 10 de Catilina *om.* **L** | uiuus *om.* in uultu habebat adhuc retinens **Pb** ‖ 12 qua **M** | quia *corr. ex* qua **M** et **Pb** | se statim **LP** ‖ 14 SEPVLCHRI **LM** | qui **P** | dicit **Pb** ‖ 15 quia **M** | perierũt **Pb** ‖ 16 NEQVICQVAM . . . nequicquam **L** | que **Pa** ‖ 17 unde] ut **L** ‖ 18 sepulchri **LM** | quorumdam **LP** ‖ 19 ut *om.* **Pb** | lucretius **M** Lucret. **LP** ‖ 19 iuxta hos homini *Barth.* | iusta **LPb** iusti **M** iux̃ **Pa** | hos *om.* **LMP** quae **Lc** ‖ 20 hominis **LMP** ‖ 21 passura fatum **Pb** | malum **Pb** ‖ 23 exibet **Pa** *corr. ex* eximet **M** ‖ 24 uiam *om.* **Pb** | dedisti **M** dicit **LP** | contendo **Pb** ‖ 25 insignia possimus **L**

105 LAVRO SVA propter Daphnen dicit, cuius arborem aeternum uiuere uoluit pro perpetuitate amoris sui.

106 ET NEMORVM DODONA PARENS in Chaonia regione, quae pars est Epiri, Dodonaei Iouis templum esse dicitur notum numinis reuerentia, ubi duae columbae fuisse dicuntur sedentes super duas quercus et responsa dantes, exprimentes in mutis animalibus, quod homo adorare uellet. et postea una earum transuolauit Delphos, quae ciuitas in regione Boeotiae est iuxta Parnasum montem eiusdem regionis, ibique Delphici Apollinis oraculo opinionem parauit. altera Ammonis Iouis templum in Africa tenuit. Dodonaeum igitur fuit oraculum Iouis in Epiro, ubi de quercu columba hominibus responsa dabat.

107 SVSPENDERE sollicitos facere. ut Virgilius ⟨Aen. III 372⟩: 'suspensum numine ducit'. sensus: otia habebunt oracula te mortuo, hoc est propter tuum interitum conticescent.

109 ELYSIAS hunc solum de Thebanis dicit Elysios promeruisse campos, ceterum pro meritis scelerum nullam ad Elysios campos animam Thebanam peruenire.

113 ET NEMVS ET TRISTIS VOLVCRVM REVERENTIA SERVAT

---

1 schol. hoc loco om. post schol. u. 107 praebent MP | LAVROQVE (om. SVA) L | daphnin M daphnem Pb dāpnū Pa | dicit om. MP ‖ 2 uirere L | post amoris sui in M leguntur haec: in eius namq; laurum tutela ascribunt. unde eum amasse daphnin penei fluminis filiam. et unde laures nasci posset nisi ex fluuialibus aquis. maxime quia eiusdē penei fluminis ripę habundare dř. at uero amica apollinis ob hanc rem uocata est quia illi qui de somniorum interteptatione scriperunt dicunt quod si laurum dormientibus ad caput posueris uera somnia v̄ē uisuros. similia praebet Pc cf. Kohlm. Neue Schol. p. 6. Myth. II 23 ‖ 3 ET ... regione om. Pb ‖ 4 est pars Pb | esse templum Pb ‖ 5 nominis Pa ‖ 7 mutis corr. in multis Pa | quid L ‖ 8 earum] ex Pa | transuolat Pb ‖ 9 est in regione tratis Pb | est om. L ‖ 11 Hammonis LPb amonis MPa ‖ 13 omnibus Pa ‖ 14 ut om. Pb ‖ 18 ELYSIOS LPb ‖ 20 thebanam animam M | prouenire P ‖ 21 tristi M P | SERVAT ... reuerentia om. Pb

aut quae mortuo exhibetur reuerentia, aut quod ore prohibebantur attingere.

Lind. p. 88   116 QVISQVE SVAS AVIDE ad suas quisque lacrimas,
id est quas de suis habituri sunt. et est uerbum sine
praepositione. ut Sallustius: 'radicem montis accessit'.   5

118 SOLANDI STVDIO quorum licet nemo fuisset occisus, tamen solandi gratia sequebantur.

121 INFAMES SCOPVLOS aut Sphingos caedibus notos,
aut quia illic a Tydeo quinquaginta confossi sunt. ut
Horatius ⟨carm. I 3, 20⟩: 'infames scopulos Acroceraunia'. 10

124 ACCENSA id est suorum cadaueribus uisis.

126 LVCTVS ATROX hoc totum poetice incorporauit.

128 PROCIDVAE paene cadentes id est ruentes in faciem.

129 LVMINA SIGNANT id est claudunt oculos mortuorum.

131 NEQVIQVAM quia mortuis nullus doloris sensus est. 15

Lind. p. 89   134 MAGNA PARENS IVVENVM ibat enim ad sepulturam
duorum.   IDE nomen est mulieris, cuius duos filios
geminos a Tydeo diximus interemptos. ergo Graeca de-
clinatio: nominatiuus 'haec Ide', ⟨genetiuus⟩ 'huius Ides'.

135 SVBLATA COMAM squalentem comam sublatam 20
habens.

137 TERROR INEST LACRIMIS id est prae dolore luctus
coeperat esse terrori. sexus oblita quippe uirorum fortium mater durauerat.

138 VOLVTANS πάθος doloris a facto.   25

---

1 quae] quia L | quia L ‖ 3 SVAS *om.* Pa | AVIDE *om.* MPa
id est Pb ‖ 5 *fragm. inc. 159 Gerlach.,* 6 *Kritz.* | excessit L ‖
7 g̅r̅a̅ *add.* m M | sequantur Pb ‖ 8 aut Sphingos ... scopulos
om. Pb ‖ 9 quia] q꜔ Pa | illi M ‖ 10 infames M | acroceraunie̦
M ‖ 12 incorporauit] INVENTAQVE MONSTRANT CORPORA Lo ‖
13 paene] quasi Pb | irruentes L | in ferem Pb ‖ 15 NEQVICQVAM
LP | quia] q̅ Pa | nullis M | sensus est doloris Pb ‖ 17 est *om.*
Pa ‖ 18 declinatio] de libro Pb ‖ 19 nominatiuo LP | hic Pb
om. L | genetiuus *om.* LMP ‖ 20 squalentem *corr. ex* squali-
tatem M | sublata Pa ‖ 23 terror. Sensus L | quidem L | duorum
uirorum fortium Pb ‖ 25 dolores MPa dolorem Pb | fato Pb
corr. ex facto M

139 OMNIQVE IN CORPORE PLANGIT omnia putans filiorum esse cadauera per errorem lamentabatur per singula corpora.

140 THESSALIS HAVT ALITER BELLO GAVISA R. sic etiam in Lucano ⟨VI 624 sqq.⟩ maga uidetur esse descripta, recens cadauer quaerens occisi hominis. constat enim animas eorum, qui olim defuncti fuerunt, reuocari non posse.

141 CVI GENTILE NEFAS id est cui proprium hoc et facile est, quia omnimodis suae gentis est crimen hominem reuocare. ut Virgilius ⟨ecl. VIII 98⟩: 'saepe animas imis excire sepulcris', ut in corpora iterum hominum redire compelleret.

142 MVLTIFIDA multifarie fissa.

144 EXPLORAT MANES innoxia uirorum. BVSTO mortuo uel cadaueri.

145 QVERVNTVR id est dolent sibi requiem tolli.

150 LACRIMISQVE OCVLI obducuntur enim oculorum uisus humore lacrimarum. qui ubi profusus fuerit, reddit aspectum.

152 TVOR pro intueor. EXTREMO IN FINE LIGAVIT memor poeta superioris descriptionis. ait enim ⟨II 637 sq.⟩: 'exit et in fratrem cognataque pectora ferro traicit'.

155 TANGERE aequare, contingere.

156 TITVLIS titulus est memoria bonorum factorum,

---

2 cadauera contra per Pb ‖ 4 HAVD LPa aut Pb | bella P | R. om. LP ‖ 5 magna P ‖ 7 eorum] quorum Pb | ex longo olim tempore Pa olim longo tempore Pb | disiuncti Pb | euocari LPa euocare Pb ‖ 9 hoc est Pb | hoc ... est om. Pb | et om. MPa ‖ 10 q̄ Pa | omnis malus P omnis malis M | gñis Pa ‖ 11 renouare Pa | imis animas Pb ‖ 12 corpora corr. ex corpore M ‖ 13 compellat Pb ‖ 14 id est multifariam Pb ‖ 15 uulnera innoxia Lc ‖ 16 uel] ut Pb ‖ 17 id est om. Pb | requiem sibi Pb ‖ 18 oculi corr. in oculis M | deducitur Pb ‖ 19 perfusus Pb | redit Pa reddi Pb ‖ 20 aspectu Pa ‖ 21 intuor LP ‖ 23 Fixit L | et om. Pb | telo conserit Statius ‖ 25 TITVLIS ... mortuorum om. M | est om. Pa | beneficiorum Pb

qui solet superponi tumulis mortuorum.   ANTEIRE PA-
RENTES Nioben specialiter tangit.

157 DEXTRAQVE in sorte prospera.

Lind. p. 90   158 QVIS STERILES THA|LAMI quibus thalami infecundi.

ET NON VLVLATA LVCINA id est non inuocata par- 5
turientibus prae dolore.   ut Terentius ⟨Adelph. 487⟩:
'Iuno Lucina, fer opem, serua me, obsecro'.   quanto melius, inquit, cum illis agitur, quae propter sterilitatem
suam non subiacent orbitati.

160 CAVSA LABOR mire dixit, ut liberos cum labore 10
genuisse uideatur, quos nunc cernit exstinctos.   laboraui
ergo, ut infelix fierem.   IN LVCE PATENTI publice, honesto interitu.   quia nocte occubuerunt nec luce pugnantes,
ubi uirtus potuisset uideri. [alii: querela, quod inglorii
nocte perierunt.]   15

161 AETERNAQVE quae essent apud omnes gentes
memorabilia.

163 NVMERANDAQVE quia inter paucos nec in magno
proelio concidistis [aut quia nocte perempti fuistis].

164 ET SINE LAVDE quia non inter cuneos hostium 20
nobilis est datus interitus.

167 INDISCRETIQVE SVPREMIS una uobis traditur sepultura, quos nec in morte fata discriminant.

169 DIGESTA id est dispositis cadaueribus urnisque
iam cognitis.   25

171 PVERIQVE RVDES aut aetate breues aut malorum
ignari.

172 PACTVM sponsum.   ut Virgilius ⟨Aen. X 722⟩:
'et pactae coniugis ostro'.

---

2 niobem Pb ‖ 3 in] id est L ‖ 4 infoecundi LMPa inficiendi
Pb ‖ 5 id est] dea Pa dea id est Pb | uocata Pb ‖ 8 qui Pb ‖
11 nunc om. MPa | uidet Pb ‖ 12 ergo] enim M | IN om. Pb ‖
13 q3 Pa ‖ 14 alia LPb | ingloria Pa | nocte inglorii Pb ‖ 16 -QVE
om. LP | gentes om. Pa ‖ 18 qui L om. Pa ‖ 19 proelio om. Pb |
conciditis Pa concideris Pb | qui Pa | fuistis om. P ‖ 20 q3 Pa ‖
21 nobis Pb | est om. Pa ‖ 22 SVPREMIS om. MP ‖ 25 conditis L ‖
26 aut[1] om. M | ad etatem M ‖ 29 ostro om. LPb o. MPa

176 GRANDIOR AEVO quo in loco Aletes aeuo grandior lugentibus ante rogos suos gemitus solabatur.

179 SAEPE QVIDEM INFELIX haec oratio consolationem tenet, quae constat exemplis. ut Virgilius ⟨Aen. I 199⟩: 5 'o passi grauiora'. dicit autem nunquam tantam scaenam infelicitatis accidisse Thebanis. et ne contra praeceptum faciat, si infelicitatem carere dicat exemplo, ideo dicit ⟨u. 191⟩ unum diem posse istis cladibus comparari, quo Niobe quattuordecim filios uno momento ira numinum 10 perdidit. omnes enim reliquae historiae de Thebanorum calamitate, praecipue ex superioribus, bene iam notae sunt.

182 VNDE NOVI FETVS proprie fetus, quia fetus Lind. p. 91 terrae partus est. ut Virgilius ⟨georg. I 82⟩: 'sic quoque mutatis requiescent fetibus arua'.

15 185 CONSEDIT corruit, consumpta est. NEQVE FV- NEREA putabat se occiso filio Learcho Athamas gloriam consecuturum, quem prae furore feram putauit. gloria- batur ergo insana mente uenationis euentu.

186 DE MONTE de quo Leucothea se cum Palaemone 20 praecipitauit in fluctus.

188 HIC GEMITVS THEBIS talis qualis nunc est quin- quaginta hominum clade peremptis.

189 FVROREM VICIT resipuit ad hoc solum, ut agnosceret orbitatem.

25 190 EXPAVIT quia adhuc causam nesciebat.

191 VNA DIES prope est, ut haec infelicitas consolatione

---

1 eletes Pb ‖ 2 gemitus om. add. M ‖ 3 haec oratio] hoc ideo Pb | consolationis Pa ‖ 4 continet L | quod Pb ‖ 5 tam Pb tanta Pa | obscenam Pb scemam L superscr. famā M scenam Pa ‖ 6 infelicitatem Pb ‖ 7 cauere MP | dicat] dixit P ‖ 10 omnis Pa ‖ 11 ex om. Pb ‖ 12 sed unde Pb | q̄ Pa ‖ 13 quoque] cum Pb ‖ 14 re- quiescent MPa requiescunt LPb ‖ 15 corruit corr. ex corrupit M | FVNERA LPb funere MPa ‖ 17 consequiturum Pb ‖ 18 sana mentis Pb | euentum M ‖ 19 de ... Palaemone om. Pb | se leucothea M ‖ 20 praecipitauit in fluctus cum Palaemone L ‖ 23 respuit Pb superscr. i Pa corr. ex resipit M ‖ 25 nesciebat causam M

careat, si nihil unquam tale contigit. ideo subdidit exemplum. quia, ut Ouidius ⟨met. VI 165 sqq.⟩ ait, Niobe
Latonam coli uetabat in se cupiens transferre honorem
numinis, quod illam in utroque sexu liberorum se iactabat
fetibus anteire. Tantalis autem Niobe, quia Tantali 5
fuit filia. filii Niobes hi: Archemorus, Antegorus, Tantalus, Phaedimus, Sipylos, Xenarchus, Epinicos. item filiae:
Astycratia, Pelopia, Chloris, Cleodoxe, Ogime, Phthia,
Neaera.

193 INNVMERIS quia innumera orbitas cinxerat matrem, 10
ut nunc uirorum fortium caede circumuallabat orbitas
ciuitatem.

194 CORPORA TOT quia pro numero filiorum rogos
quoque mater exstruxerat. RAPERET TERRA illa re
raperet. nam hodie quoque Niobe sic pingitur: gremium 15
conferta tot natis, dum unum quemque amplecti manibus
affectat.

196 LONGO EXAMINE id est turba.

197 INVIDIAM PLANXERE DEIS ut Lucanus ⟨II 35 sq.⟩:
'et nullis defuit aris inuidiam factura parens'. 20

198 BINA PER INGENTES Thebae a ueteribus hepta-
pylae sunt nominatae, quia septem portis ambiebantur.
ut ostenderet Nioben quattuordecim habuisse filios, ait:

---

1 contingit Pa ‖ 2 qua Pa | Niobe *om.* M ‖ 3 transferri
Pb ‖ 4 hominis Pa | quod *om.* Pb ‖ 5 foetibus iactabat anteire
se L | autem *om.* Pb *add.* M | quia *om.* Pb quod Pa ‖ 6 fuit
om. Pb | niobe MPa | hii Pb | ı Pa | antogorus M ‖ 7 phadimos
MPb phadimus Pa | Siphylos L sipilos MPa siphilos Pb | Exenar-
cus Pa xenarcus M xemarcus Pb | Epinites L epinitos P epitinos
M ‖ 8 Asticratia LMPa astricatia Pb | Pelopeia L | cheloris
MP | cleodore Pb | ogime *corr. ex* ogie M | Phega L phtia
MPa phitia Pb ‖ 9 Neera LP ne////era M ‖ 10 q; Pa quia LPb
qm̄ M | cesserat Pb | ////unc M ‖ 11 orbam Lc ‖ 12 ciuitatem or-
bitas M ‖ 13 q̄ Pa ‖ 14 queque P | m̄re struxerat Pb | illa terra
Lc ‖ 15 hodie quoque L hodieque Pa hodie Pb hodique *corr.*
in oblique *man.* 2 M | sic *om.* Pb ‖ 16 complecti M ‖ 18 exag-
mine Pb ‖ 19 TRAXERE L | diis M ‖ 21 ab auctoribus L ‖
22 q̄ Pa ‖ 23 niobe MPa

bina funera per singulas portas efferebant. ut et hinc daretur intellegi Thebanam ciuitatem septem portarum exitu decoratam.

203 MOLOSSI Actaeonem dicit, qui mutatus in ceruum Lind. p. 92 putatur, quod Dianam nudam aspexerat, et a suis dicitur canibus laniatus.

205 IN SVBITOS REGINA LACVS Dircen significat, quam Amphion et Zetus, Antiopae et Iouis filii, tauro uinxerunt, de cuius sanguine fons natus est eius nomine decoratus.

SIC DVRA SORORVM ideo, inquit, illa non fleo, quia patientius fertur, quod fato accidit. nunc ergo quinquaginta isti regis uitio ceciderunt. sic Cicero in Philippicis ⟨I 4, 10⟩: 'multa autem impendere uidentur praeter naturam etiam praeterque fatum'. ideoque poeta describit illud fatorum fuisse, hoc non. de qua re magna quaestio est. sed si philosophiae inuestigemus arcana — si haec tamen talia credamus euenisse — reperire possumus hoc magis fato factum, quam per Eteoclis insidias contigit. quod enim deorum iracundiis extra fatum? licet enim diis, qui ipsa fata senserunt, facere quod uelint. qui humanum genus hoc uinculo ligauerunt, ut iuuit suas uoluntates atque licentias. attamen si utrumque perpendas, et hoc de fato euenisse cognoscis. nam ut quinquaginta morerentur, per regis perfidiam contigit. et illa,

---

1 bine Pb | et *om.* P | 2 intelligi LP | 4 atheonem dixit Pb | ceruum *corr. ex* ceruam M ‖ 5 axpesserit Pb ‖ 8 letus Pa | Iouis et Antiopae L | iunxer̄ M ‖ 9 est natus L ‖ 10 illa inquit Pa | illam Pb | quia *om.* Pa ‖ 12 uitio *om.* Pa ‖ 13 inpendere M ‖ 14 etiam *om.* LP | praeterque MP *et* praeter L | *cf. schol.* II 191 | ideo *et* LP ‖ 16 si *om.* Pb | philosophice L ‖ 17 tamen haec Pb | talia tamen euenisse credamus L | euenisse credimus Pb | hec Pb ‖ 18 factum *spat. uac. rel. om.* Pb facto Pa | quod LMPa quam Pb | per *om. add.* M | contingit Pa ‖ 19 qud Pb quid? ‖ 20 qui M quibus Pb q̨ Pb quia L | sanxerunt Pb | quia L | obligarunt Lm ‖ 21 ut iuuit L ut iuret *in Barth.* nunc MPb *non* Pa *Gudian.* ‖ 23 hoc] hoc et illud L hoc illud P | de *om.* L | cognosces L ‖ 24 morirentur Pb | per *om.* Pb | perfidia Pb | contingit Pa euenit Pb

quae superius facta narrauit de Dirce, de Niobe, de Pentheo, de Agaue, de Actaeone, etiam decreti fuisse poteramus agnoscere. omne enim, quodcumque, fato moritur. ut Virgilius ⟨Aen. X 467⟩: 'stat sua cuique dies'.

208 EXVIMVS perdidimus, tamquam quae tegerent aut ornarent.

209 EXTREMA DOLEMVS sensus: cum nondum bella commissa sint, iam timemus extrema bellorum, quae uicti pati consuerunt.

Lind. p. 93 **216** VNDE EA LIBERTAS quaeritis, inquit, quo uoto Aletes crimina in regem libere congerat. uidet enim sibi et uitae finem propinquum et omne incolumitatis spatium esse translatum. et propter hoc, ne moriatur inglorius, quasi liber et constans, ut hoc de illo populus post loquatur, optat occidi. unde Lucanus ⟨III 134 sq.⟩: 'uanam spem mortis honestae concipis'.

221 BISTONAS ET GETICAS gentes Thraciae crudelissimae, ob quam causam Mars de Thracia esse dicitur. ut Virgilius ⟨Aen. III 35⟩: 'Gradiuumque patrem, Geticis qui praesidet aruis'.

223 FVLMINE CRISTATVM quod exibat de crista galeae infinitum luminis habens. eratque galea in morem fulminis cristis ornata.

224 TRISTIA quae quamquam essent aurea, tamen tristitia non carerent, ut esset terror in pretio.

225 TONAT AXE POLVS incertum, utrum poli axem an currus dixerit. sed rectius currus axem accipimus.

---

1 superius **L** regibus **MP** | fata **Pb** | de dicere **P** ‖ 2 decretū **M** | poterimus **L** ‖ 4 Virgilius *om.* **Pb** ‖ 5 perdimus **Pa** ‖ 8 extrema bellorum iam timemus **Pb** ‖ 9 pacti **Pb** | consueuerunt **LPb** esueuerunt **Pa** ‖ 10 EA] et **P** | uultu **L** ‖ 12 et *om.* **L** | propinqum **Pb** | incolomitatis **M** ‖ 13 hec **M** | me *del.* **M** ‖ 14 quasi] qui **Pb** | de illo hoc postea populus **L** | populo **Pa** | poste **Pb** ‖ 15 unam **LPb** ‖ 16 concipitis **L** ‖ 18 esse de Thracia **LPb** ‖ 19 grandeuumq; **Pb** ‖ 21 exiebat **MPa** ‖ 22 lumen **L** | in modum **L** ‖ 24 aura **Pb** ‖ 25 crebant **Pb** ‖ 26 an . . axem *om.* **Pb** ‖ 27 currus²] currum **L**

226 AEMVLVS luce radianti par magnitudine.

230 SIC ENSE MADENS AC NVBILVS IRA madentem sanguine gladium tenens aut ferens et furore tristis.

231 EXTVRBENT RESIDES FRENOS id est uincula legis
5 et foedera, quibus tenentur in pace. ut Virgilius ⟨Aen. XII 568⟩: 'ni frenum accipere'.   ET CVNCTA PEROSI quasi communis uerbi sit participium: ut 'perosus te' et 'perosus tibi'. Virgilius ⟨Aen. VI 435⟩: 'lucemque perosi', alibi ⟨Aen. IX 141 sq.⟩: 'non genus omne perosum fe-
10 mineum'.

233 ET FOEDERA TVRBA ante bellum enim Thebanum inter Argos et Thebas odia penitus non fuerunt.

234 QVAE DEDIMVS concessimus tibi longa otia subito bello turbare.

15 239 ADDE FIDEM ut nuntianti Tydeo credat.

241 NIGRAE infernae, quia bellorum.

242 COLVS pensa. notandum: plurali numero declinatur.   AB ORIGINE MVNDI secundum illos, qui dicunt nascente mundo praefinita esse hominum fata.

20 243 IN PROELIA NATI quasi mundi haec constituta sint lege, ut hi populi bellis intereant.

246 ARCEM HANC AETERNAM inter ortum et occasum Lind. p. 94 omne quod medium est, meridies nominatur et est sedes deorum. unde illud est Graecum ἀ μεσότης ἀϱετά id

---

1 luci **L** | pari **Pb** | per magnitudinē **Pa** ‖ 2 SIC ... madentem *om.* **Pb** | SIC *om.* **M** | en **Pa** | ENSE] ipse **Pa** | AC] & **M** ‖ 3 ferens aut tenens **L** ‖ 5 tenentur *corr. ex* tenuntur **M** ‖ 6 ni] tu **Pb** | accipe **Pb** ‖ 7 te *om.* **Pb** ‖ 8 tibi ut **Pb** | lucem (*om.* que) **Pa** ‖ 9 perosos *Vergilius* ‖ 11 ante] atn **Pb** | enim ... odia *om.* **Pb** ‖ 12 fuerant **Pb** ‖ 13 QVAE] cui **P** | tibi] uel **Pb** | ocia longa **LP** ‖ 14 bellū **Pa** ‖ 15 nuntianti *om.* **L** | Tydeo *om.* **P** | credant **Pa** *om.* **Pb** credatur? ‖ 17 nōtantū **Pa** notandū est **Pb** | declinatum **L** declinatas **Pa** declinata **Pb** ‖ 19 mundum **Pb** ‖ 20 nata **Pb** | mundi huius **Pb** ‖ 21 populi hi **L** | hi *om.* **Pa** | bellis populi **Pb** ‖ 23 uocatur **L** *om.* **Pb** ‖ 24 unde et **P** | illis **Pa** | est illud **L** | Graecum *om.* **M** | ἀ .. ἀϱετά] *sp. uac. rel. om.* **Pb** ANNOTATE CAPETA **L** Anne tote capeta **Pa** anne tote //// capeta **M** (*erasae sunt literae* pa) *corr. Reifferscheid (Philol. XXIV p. 157)*

est 'aurea mediocritas'. inde facile apud Maronem Mercurius ad Atlantem uenit, quamuis ⟨Aen. I 225 sq.⟩ 'hic
uertice caeli constitit'. intellegamus prope septentrionem.

247 ETIAM MIHI NVMINA FONTES ordo: testor Elysios
fontes, qui etiam mihi sunt numina. ut Virgilius ⟨Aen.
VI 324⟩: 'di cuius iurare timent et fallere numen'.

248 IPSE MANV THEBAS ut consoletur omnes, minatur
Argiuis. constat enim timorem periculi accipere solatium,
si hoc non solus quicumque patiatur.

250 VERTAM aut in mare traham aut diluuio conteram.

Lind. p. 95 **253** MORTALIA CREDAS sic praecepto Iouis cuncta sunt
territa numina, ut crederentur esse mortalia.

262 IAMQVE ITER EXTREMVM parte qua deficit caelum.
ut Homerus ⟨Il. I 591⟩: ῥῖψε ποδὸς τεταγὼν ἀπὸ βηλοῦ
θεσπεσίοιο significans interuallum, quo terra separatur a
caelo. ⟨CAELIQVE ABRVPTA⟩ sic et 'abrupta montium'
dicimus. id est Olympi ardua. quod caelum dixere ideo,
quia apex eius omnibus inuisibilis est. infra eum enim
nubes sunt. ut Lucanus ⟨II 271⟩: 'nubes excedit Olympus'.

263 NVLLA FORMIDINE nec mirum, quod Martis arma
non timuit, quae irati Iouis temnere consueuit iras.

264 IAM IAMQVE RIGENTES erectas siue horribiles. ut
Virgilius: 'riget horrida tergo palla'.

266 ACCLINATA IVGO incumbens. Venus super iugum

---

1 *Horat. carm. II 10, 5* ‖ 2 *Aen. IV 238 sqq.* | sic *Vergil.* ‖
3 intelligimus **LPa** intelligamus **Pb** ‖ 4 & (*om.* IAM) **Pb** | testor
om. **Pb** ‖ 5 etiam *om.* **Pb** | sunt mihi **LPa** | Vnde **L** ‖ 6 dii
LP ‖ 7 omnibus **L** ‖ 8 timore **P** | pericula **Pb** ‖ 9 hec non
solum **Pb** | paciantur **Pb** ‖ 12 esse *om.* **LPa** ‖ 14 PIERIO ΛΟΟΤΕ
ΤΛΟΟVΝΛΙΟ ΒΕΛΟΙΟ ΤΕΟΝΟΙΟΙ **L** pieno ΛΟΟ ΤΕΤΛΟΥΙΝΛΙΟΒΕΑ . . . .
M pieno axte tacto namo. Bunc te cincimj **Pa** *linea uacat* **Pb**
corr. Woelfflin. (Philol. XXIV p. 157) ‖ 15 significas **Pa** ‖
16 CAELIQVE ABRVPTA *suppleui ex coniectura* ‖ 17 id est] & **L** |
QVOD CAELVM DIXERE **L** *locus corruptus uidetur esse* ‖ 18 infra
om. **Pb** | eum *om.* **L** meum **Pb** | enim *om.* **Pb** ‖ 20 quia **M** *om.*
P | maritum matrem amata **P** ‖ 21 natum **Pb** | iratum iouem
timere **Pa** | iras *om.* **LP** ‖ 22 Vt iam **M** ‖ 23 *est Statii uersus:*
Theb. I 109 sq. ‖ 24 Adclinata **MPb**

uultum madentem lacrimis oblicum tenens, ut hoc habitu Martem in amorem suum magis magisque succenderet.

269 SOCERO quia Cadmus Harmonien, Martis et Veneris filiam, duxit uxorem. iure ergo Martem socerum nominauit.

273 CRIMINIS HAEC MERCES adulterii scilicet, quia spreto Vulcano cum Marte concubuit.

274 LEMNIACAE DE TE MERVERE CATENAE quibus in Lemno deprensa cum Marte uincta fuit. quamquam Veneris et Vulcani notissima fabula sit, breuiter tamen exinde pauca perstringam. postquam filiabus Solis Venus amores immisit et singulae exitiali morbo detentae interiere, Vulcanus Mineruae consilio monile astu perfecit. nam consciam facti Mineruam indicant oculi Gorgonae, quos dicit poeta ⟨Theb. II 278⟩ in illo monili gemmis insertos. fecit ergo monile pulcherrimum infausti ominis, quod dedit Harmoniae, cum Cadmo nuberet. cuius malo omine in dracones cum marito conuersa est. deinde hoc monile Semele gestauit, quae fulminibus Iouis absumpta est. inde habuit Ino, quae, a marito Athamante occiso per furorem uno ex filiis Learcho, cum alio id est Palaemone se praecipitauit in mare, ut mariti insequentis uitaret insaniam. post habuit Agaue et ipsa filium furore percussit. hae omnes filiae Cadmi et Harmonies fuerunt. habuit et Iocasta, quae per errorem filio nupsit. habuit et Argia, sed Eriphylae dedit, ut mariti proderet latebras.

---

276 SERVIT TAMEN IRA MARITI iam nec coniugii memor est, quae uocat crimen. amat dolor acerbare coniugium. ut apud Virgilium ⟨Aen. IV 323 sq.⟩ hospitem appellauit Aeneam Dido furore percussa: 'cui me moribundam deseris, hospes? hoc solum nomen quoniam de coniuge restat'.

280 ARMA TIBI ut ⟨Aen. VIII 433⟩ 'Marti currumque rotasque uolucris'. TV aposiopesis. ut Virgilius ⟨Aen. I 135⟩: 'quos ego'. AENA aerea id est fortia.

283 INFAVSTISQVE DABAS HYMENAEIS Hymenaeus puer genere Atheniensis fuit. is cum annos puerilis aetatis excederet neque adhuc uirum posset implere, ea pulchritudine praeditus fuisse dicitur, ut feminam mentiretur. istum cum una ex ciuibus suis uirgo nobilis adamasset, ipse mediocribus ortus parentibus, quia nuptias desperabat, quod poterat tamen, puellam extrema amoris linea diligens satis animo solo satisfaciebat aspectu. cumque nobiles feminae cum uirginibus sacra Cereris Eleusinae celebrarent, subito aduentu piratarum raptae sunt. inter quas etiam Hymenaeus, qui illam amatam fuerat subsecutus, qui puella creditur. cum igitur per longinqua Lind. p. 96 maria praedam piratae uexissent, ad quan|dam regionem tandem deuoluti peruenerunt ibique somno oppressi ab insequentibus sunt perempti. Hymenaeus relictis ibi uirginibus reuersus Athenas pactus est a ciuibus dilectae

---

1 CRIMINIS HAEC MERCES L *recte ut uidetur* | maritis Pa ‖ 2 aceruare P *corr. ex* aceruice M ‖ 3 Virgilius (*om.* apud) Pb | 4 me *om.* Pb ‖ 7 ut *om.* Pb ‖ 9 AHENA L aenea P *corr. ex* aena M ‖ 10 INFAVSTISQVE DABAS *om.* MP | HYMENAEIS *om.* Pb ‖ 11 atheniensis fuit genere Pb ‖ 12 pulcritudine P ‖ 14 is . . unam . . uirginem nobilem L ‖ 15 *ante* ipse *correct. add.* sed M | ortum Pb ‖ 17 animo *corr. in* animū Pb | satisfaciebat MPa faciebat L pascebat Pb ‖ 18 eleusina Pb ‖ 19 celebrabant M ‖ 20 illam *corr. ex* illo M illo L | amatam *corr. in* amauit M | obsecutus Pb ‖ 21 qui *Kohlm. coll. Myth. III* cui MP quod L | crederetur L ‖ 22 piratae . . . tandem *om.* Pa ‖ 23 tandem regionem Pb | perueniunt LPa | obpressi M ‖ 24 interempti L ‖ 25 a ciuibus pactus est Pb | dilectae *om.* Pb

nuptias, si eis suas filias restituisset. quas ubi pro uoto restituit, exoptatam accepit uxorem. quod coniugium quia felix fuerat, placuit Atheniensibus nomen Hymenaei nuptiis miscere.

285 DE SANGVINE IACTAS propter quinque illos, qui de draconis dentibus nati sunt et occisis reliquis soli superfuisse dicuntur. qui condenti Thebas Cadmo socii fuerunt, id est Echion, Pelorus, Hyperion, Tydeus et Chthonius.

286 IOVIS SERIE GENVS Cadmi scilicet, cuius origo hoc ordine a Ioue descendit: Iouis filius Elus, Eli filius Belus, Beli et Libyae Agenor, Danaus et Aegisthus, Agenoris Cadmus, Cadmi Polydorus, Polydori Labdacus, Labdaci Laius, Lai Oedipus, Oedipi Ismene, Antigone, Eteocles, Polynices.

290 ILLYRICAS ubi Cadmus fugiens infortunia Thebarum, existimans se loco etiam mutare fortunam, cum Harmonie coniuge uersi sunt in dracones in Illyrico. ut Lucanus ⟨III 189⟩: 'Encheliae uersi testantes funera Cadmi'.

295 ET SACRA VOLVPTAS matheseos hic monstrauit. Lind. p. 97 si enim mixtus aliis sideribus Mars fuerit, uehementior truculentiorque fit, econtra si Iouis, bonus, si Veneris, supplex fiet.

---

1 filias suas L ‖ 3 nuptiis Hymenaei LMP ‖ 5 DE om. MP ‖ 6 de om. M ‖ 7 fuisse add. sup M | thebam Pa ‖ 8 pelogus M peloius Pb | hymppion Pa | t(h)ibeus MP Idaeus Myth. ‖ 9 donios MPa denios Pb ‖ 11 Iouis LM ius aliter ios et (om. Pb) iouis P | Eleus L belus Pb | Elei L | filius om. LP ‖ 12 uelus MP | ueli MP | et¹] qui Pb | Aegisthus] cf. schol. I 324 ‖ 13 Cadmus om. M | Cadmi Polydorus om. P | Labdacius Labdacii L ‖ 14 Laii LPb | ysmene M & Sineneae L sine nec Pa simeneę Pb ‖ 16 infortuna MPa | thebanorum Pa ‖ 17 cum loco L | etiam loco Pb ‖ 18 (h)ermione MPb hermonie Pa ‖ 21 post matheseos 'scium' add. Barth. | haec? ‖ 22 si corr. in sic M | Mars om. Pb | uehementior ... Iouis om. Pb ‖ 23 et contra Pa contra L | Ioui L | Veneri L ‖ 24 supplex LP simplex superscr. sup M

296 VNAQVE PAX ANIMO pacem a Venere petiit, quia soli concessum est Martem domare. ut Lucretius ⟨I 31 sqq.⟩:
'nam tu sola potes tranquilla pace iuuare
mortales, quoniam belli fera moenia Mauors
armipotens regit, in gremium qui saepe tuum se
reicit aeterno deuinctus uulnere amoris'.

302 EXCIDERVNT propter metrum. · ut ⟨ecl. IV 61⟩ 'longa decem tulerunt fastidia menses'. PRIVS IN PATRVI prius perdam condicionem huius potestatis, quam aliquando mei sanguinis obliuiscar.

[303 EXARMATVS id est prius perdam immortalitatem, quam mei generis obliuiscar.]

304 SVPREMI summi. ut Terentius ⟨Adelph. 196 F.⟩: 'pro supreme Iuppiter'. iureiurando confirmauerat se omnium meminisse, et superest, ut queratur contra Thebanos aliquid moliri. per uenialem statum excusat. dicit enim se facere, sed coactum.

305 NEQVE ENIM VVLCANIA nunquam enim ad haec potest mitti Vulcanus. et opportune obiecit imbecillitatem mariti, ut amorem Veneris in se transferret.

311 CONCIPE CARA METVS id est nolo timeas excidium Thebanorum, qui non uincentur ita, ut penitus pereant.

316 APERTO id est caelo.

318 IRA IOVIS id est fulmen. SI QVANDO quoniam hi montes tam finguntur altissimi, ut inter nubes potius delitescant.

---

1 una Pb | cui soli? ‖ 2 ut *om.* L ‖ 4 quoniam L quia M Pb que Pa | uenia mauros Pb ‖ 5 omnipotens P | quia Pa *corr. ex* qui M | se *om.* M ‖ 6 reiicit L Pb | amoris L mauors M mauoris Pa *om.* Pb | *uide Lucretium* ‖ 7 EXCIDERANT L ‖ 8 tulerant L tulere Pb ‖ 9 quide/// *superscr.* perdam M | ciuitatis L ‖ 11 *schol. om. in marg. add. man. 2:* id ē ... inmortalitatem M | id est *om.* L ‖ 13 ut Terentius *om.* M ‖ 14 se omnium confirmauerat M ‖ 15 querēti L ‖ 16 se excuset L ‖ 18 ENIM ... nunquam *om.* Pb | uulcanalia Pa ‖ 19 et *om.* Pb ‖ obicit Pa probat Pb | imbecillitatem obiecit L *eod. ord.* Pa ‖ 20 transferat Pb ‖ 21 excidia P ‖ 22 uincetur Pa | ita *om.* Pb ‖ 23 id est *om.* L Pb ‖ 24 id est *om.* Pb ‖ 25 ita ut L | potius] penitus L m

320 ARMAVITQVE IN NVBE MANVM nubem dixit fulmen.
ut Virgilius ⟨Aen. VII 143⟩: 'ipse manu quatiens ostendit
ab aethere nubem'.

321 TRISVLCA pro quadrisulca, quia fulmen ex quattuor
consistit: aqua, igni, nube, uento.

322 DITIBVS locupletibus id est fertilibus.

323 SIGNA DARE ut signum det aut perituras esse
fruges aut nauigantibus imminere naufragia.

324 IAMQVE EMENSVS ITER transitus ad Tydeum.	Lind. p. 98

325 LEGIT praeterit. et est sermo nauticus. ut Virgilius ⟨Aen. III 292⟩: 'litoraque Epiri legimus'.

326 STANT horridi sunt, aut certe pleni sunt puluere.

328 RETRO maciem indicat, quasi retro facies eius
ducta sit.

333 SVPERBIT omne quippe gaudium, quod est nimium,
nostri nos facit immemores. ideo dixit superbire uirtutem,
sicut animum uirtutemque transcendat.

334 VACVA quod in ea solus iacet. quasi ad gloriam
suae uirtutis exspectet superato hoste pectus habere con-
fossum. quem laus uictoriae et uicti gemitus consolantur.

337 ASOPON fluuius est Boeotiae. dicit autem omne
spatium, quod inter Asopon et Argos interiacet, in bellum
Tydei inflammationibus excitatum.

343 CREDERE SVADET Tydei relatione.

345 ET FORTE VERENDVS oeconomia opportuna. | quippe	Lind. p. 99

---

1 Armauit M ‖ 3 ad ethera P ‖ 4 q M ‖ 5 consistat Pb *corr.*
in consistit M | igne M ‖ 6 id est] uel Pb ‖ 8 nauigantis Pa |
naufragium Pb ‖ 9 REMENSVS LP ‖ 10 praeterit *om.* Pa | et . . .
legimus *om.* M | ut *om.* LPb ‖ 12 horrent L ‖ 13 quasi] certe
Pb | faciem Pb | eius facies M ‖ 15 TVMET VIRTVS L | quod L qui
Pa *corr. in* quia M quia Pb | nimium nostri est Pb est nostri
animum Pa ‖ 16 inmemores Pa | immemores facit L(Pa) | dicit
L | uictorem sicut si animo uirtuteque Lc ‖ 17 sicut] quia Pb |
transcendit Pb ‖ 18 iaceat LP ‖ 19 exspectat M spectet L |
confussum Pa ‖ 20 q₃ Pb | consolatur LPa ‖ 21 asapon MPa
asopom Pb | omne *om.* L ‖ 22 iacet Pb ‖ 23 inflamationi Pb ‖
25 ET *om.* MP | VERENDOS LP | quippe *om.* Pb

hoc actum est occasione concilii, ne reuertenti Tydeo publicus deesset auditor.

350 AEQVVM FAS quia scelerati hac spe peccant, dum sperant deos criminum uindices non fore. ut Virgilius ⟨Aen. VIII 7⟩: 'contemptorque deum Mezentius'. nam sunt philosophi, qui, cum uideant naturae mala necessitate res contrarias ac pessimas in mundo parari, dicunt curam humanarum rerum penitus deos non habere. unde Virgilius ⟨Aen. IV 379 sq.⟩ Epicurum secutus ait: 'scilicet is superis labor est, ea cura quietos sollicitat'. aut si omnino ad deum humanarum rerum pertinet cura, crudelis est. ut idem ⟨ecl. VIII 35⟩: 'nec curare deum credis mortalia quemquam'.

351 AVT CVRA IOVIS quasi uiolatae hospitalitatis gratia deum hospitio praesulem uiolatum esse dixit. ut Virgilius ⟨Aen. I 731⟩: 'Iuppiter, hospitibus nam te dare iura locuntur'.

352 SAVROMATAS AVIDOS Sauromatae ultra Pontum sunt uicini sedibus Amazonum, ad quos non peruenit potestas Romanorum. unde Iuuenalis ⟨II 1 sq.⟩: 'ultra Sauromatas fugere hinc libet'. Sauromatas ergo Sarmatas dicit, genus hominum ad omne paratissimum scelus.

353 BEBRYCII NEMORIS Pollux cum Argonautis ad

---

1 hoc] quod Pb | consilii L | ne om. M | reuertente Pb reūteneo Pa narranti L ‖ 2 deest Pa ‖ 4 non pos. post dum MP | unde L ut de M ‖ 5 meleneius Pa ‖ 6 male P mala corr. in malā M | necessitatem P corr. ex necessitate M ‖ 8 humana Pa humanū superscr. ar M | deos om. MP ‖ 9 epicureū Pa | scilicet om. Pb ‖ 10 hic L his Pb | sollicitat LPb s. Pa sunt M | aut si omnino om. Pb ‖ 11 ac Lc | ad eum MP | non pertineat Lc ‖ 12 ne Pa ‖ 13 credis deum Pa | credas L ‖ 14 AVT om. MP | IVRA L | hospitalitatis uiolate Pb ‖ 15 hospitii M hospiciū Pb inuiolatum L om. Pb | dixisset L ‖ 17 loquuntur LM 1. Pb ‖ 18 Sauromatos M saromatas Pa ‖ 19 uicinis M | sedibus om. L | Amazonibus L amazonarum M amazona Pa | ad ... Romanorum om. LP ‖ 20 ut L | sauromatos M saromatas Pa ‖ 21 libet et glacialem oceanum L | sauromatos M | sarmatas superscr. o M (uocem deleu. man. 2) ‖ 22 ad omne scelus genus hominum paratissimum Pb ‖ 23 BEBRYCI L

Bebryciam appulsus est, cum eum Amycus Bebryciorum
rex ad caestuum prouocasset certamen. Amycus autem
hanc consuetudinem semper habuit, ut insidiaretur in Be-
brycio nemore, ubi, si quis forte aduena deuolutus fuisset,
ab eo caestibus prouocatus occumberet. hunc Pollux
eodem certamine superatum dicitur occidisse. hic autem
Amycus Neptuni et Melopes filius fuit, quem Pollucem
diximus prostrauisse. cuius mortem uindicaturi ciues cum
Polluci instarent, Argonautae asserturi commilitonem suum
in aciem processerunt uictoriamque Bebryciorum contulerunt. Bebrycia autem Bithynia est. ut Virgilius ad
Daretis augendum uirtutis meritum dixit ⟨Aen. V 372 sq.⟩:
'qui se Bebrycia ueniens Amyci de gente ferebat'.

356 ARTAM COMPAGIBVS VRBEM muris ualloque muni-
tam. quia 'urbem' dicere iactantis erat, ideo adiecit
'artam' id est angustam.

358 NOCTE DOLOQVE VIRI quantae occasiones pericu-
lorum fuerint, Tydeus exponit: nox, dolus, ipse inscius
locus et tam aperte uicinus.

360 VACVAM uiris fortibus exhaustam.

369 PARABAS ut huiusmodi mihi parares insidias, aut
certe qualis Tydeus reuersus est, talis et ego ad Argos
redirem.

371 GRANDE NEGAVI utique ego debui proficisci, ut
frater plenum parricidii titulum possideret.

373 CAVSA TVMVLTVS ut Virgilius ⟨Aen. IX 216⟩: Lind. p. 100
'ne matri miserae tanti sim causa tumultus'.

374 RES DEXTRA LEVAVIT nec me, inquit, tantum ex-

---

1 bebricam Pa | pulsus Pb | rex Bebryciorum L ‖ 3 in *om.*
MP | 4 nemori LMP | aduolutus Pb ‖ 6 aut Pa ‖ 7 Melies L ‖
8 dicimus Pb | uendicaturi Pb ‖ 9 adsertori M assertori P ‖
10 precesserunt M Pa | uictorumque MP | tulerunt L ‖ 11 dicta
est L | ut *om.* Pb ‖ 12 daritis Pa ‖ 14 ARCTAM .. arctam LPb |
murisque Pa ‖ 17 periculum fuit Pb ‖ 19 locus LMPa loci Pb |
uicimus Pa *corr. in* uicinus M | *scribendum puto:* et tamen
aperte uicimus ‖ 22 ad argos ... 371 .. ego *om.* Pb ‖ 27 neu
Verg. | matris MPa | doloris *Vergil.*

LACT. PLAC. rec. Jahnke.   11

tollit coniugii repentina felicitas, ut nesciam, quam sit durum quietos homines ad bella compellere. hoc autem mire anticipat, ne postea ipse culpetur. alioquin nullus magis bella desiderat. agitur quippe de eius imperio.

375 QVAM TRISTE REVELLI scio, inquit, quemadmodum durum sit a liberis distrahi ituris ad bellum.

376 VLLIVS DOMVS nolo domorum habere maledicta, si quae forte fuerint uiduatae necessitate bellorum.

377 TRVCES OBLIQVO LVMINE MATRES desiderio filiorum mihi infestae sunt. ut Horatius ⟨carm. I 1, 24 sq.⟩: 'bellaque matribus detestanda'. id est quarum filii me sequantur ad bella.

378 IBO LIBENS cum dicit 'ibo', facit, ut solus ire non debeat.

379 AVDITVS a me scilicet. ut obtemperans primum non isse sic. hoc dicit, ut intellegamus Polynicem ad Thebas ante ire uoluisse. sed prohibitum se ab Adrasto queritur, ut prius legatio mitteretur. artificiosa ergo conquestio est, quae sic agitur, ut in ultionem sui etiam nolentes ire compellat.

383 OMNIBVS VLTRO defectu orationis totius aperuit uoluntatem. nam dum astute repudiabat auxilia, id. egit, ut mereretur. ultro bene, quia ille ingeniose noluerat putans se ultro uelle. aut ultro 'ultra' accipimus. ut Virgilius ⟨Aen. II 145⟩: 'et miserescimus ultro'.

386 SED ALTVS CONSILIIS profundus pater consilio siue prouidus. ut Virgilius ⟨Aen. VI 9 sq.⟩: 'arces, quibus altus Apollo praesidet'.

---

2 hec Pb ‖ 3 nullus] ipse Pb ‖ 6 iturus Pb | bella LPa ‖ 7 VLLIVS DOMVS om. MP ‖ 8 forte om. LPa | uiduate fuerint Pb ‖ 9 TRVCES .. LVMINE om. MP | filiorum desiderio L filiorum Pb ‖ 10 sunt om. LP ‖ 11 detestata Hor. ‖ 12 sequentur Pb ‖ 13 lboque MP ‖ 16 non isse sic om. L | sic] significetur? ‖ 17 se om. Pb ‖ 18 queritur autem M | prius leg.] priuilegio Pa ‖ 19 agitur M ait LP ‖ 20 nolentem Pb | conpellat M compellant Pb ‖ 22 id] ita Pb ‖ 23 ut om. Pa | moreretur M ‖ 24 accipimus superscr. a M ‖ 26 pater … prouidus om. Pa | consiliis LP ‖ 27 siue om. L ‖ 28 persidet L om. Pb

388 ISTA QVIDEM SVPERIS more Romano orationem de bello habiturus primum sibi deos facit esse propitios.

398 EPIDAVRIVS ciuitas in Graecia, unde Aesculapius fuisse dicitur, medicinae artis inuentor. et bene perito medico illius ciuitatis tribuit gloriam, a qua inuentor artis ipsius dicitur sumpsisse principium.

399 NVNC VELOX FERRO non ad asperitatem rettulit, sed ad bene faciendum uelocitate operis, dum aliquid resecatur.

401 PRINCIPIA IRARVM id est orationis suae libertatem, uel quae huic ab Eteocle responsa fuerint.

403 VBI MAXIMVS ILLI SVDOR quos fortiores reppererit, apud quos tota uirtute pugnauerit.

404 SERVATVM MAEONA quemadmodum unum seruasset Maeonidem, qui indicia Thebanis acceptae cladis exponeret.

406 TYRIVSQVE INCENDITVR EXVL inflammatur Polynices referente Tydeo, quid fecerit, nimia aemulatione uirtutis.

407 DEVEXO MARGINE inclinato in eam partem mundi, Lind. p. 101 qua de caelo in oceanum mergitur. tota enim haec poetica descriptio translata est de Homero. ille enim hanc scaenam in Neptuni descriptione depinxit.

410 RAPIDIS PASSIBVS uelociter transeuntibus. ACCVRRVNT HORAE quasi Solis Horae sint comites. praeterea descriptionis istius consideranda pictura est, quemadmodum diuersa diuersis funguntur officiis.

413 MERITOS bene meritos, post laborem scilicet fatigatos. IVGALES equi Solis dicuntur Xanthus et Aethon,

---

1 ISTA ... bello om. Pb ‖ 2 habiturum Pb | esse om. LPa ‖ 3 Epidaurus MP ‖ 4 inuentor .... artis om. Pb ‖ 6 dicitur om. Pb | 10 suae] siue M ‖ 11 fuerunt LPb ‖ 12 reperit L rerum pererit Pb | 14 SERVATVM MAEONA om. MP ‖ 15 Maeoniden LPb | 16 Tyrius Pa ‖ 17 quot Pa | nimia om. Pb ‖ 20 quae LPb | mergit corr. in mergit⁀ M | haec om. LP ‖ 21 descriptio poetica Pb | 22 scemam LM ‖ 25 est pictura L | 26 funguntur Pb . finguntur MPa | 27 bene meritos om. Pb | scilicet om. Pb ‖ 28 Solis om. Pb | aethon corr. in aethus M

quorum nomina edidit Martialis libro octauo ⟨21, 7 sq.⟩ dicendo: 'quid cupidum Titana tenes? iam Xanthus et Aethon frena uolunt'. Ouidius uero omnium quattuor equorum Solis nomina euidentius suis demonstrauit carminibus dicens ⟨met. II 153 sqq.⟩: 5

'interea uolucres Pyrois et Eous et Aethon,
Solis equi, quartusque Phlegon hinnitibus auras
flammiferis implent pedibusque repagula poscunt'.

415 NOX SVBIT alterne quippe crescit umbra noctis, ut quidam uolunt, aut subiit in caelum. ut Virgilius 10 ⟨Aen. II 250⟩: 'uertitur interea caelum et ruit oceano nox'. sic ergo cum oritur dies, nox ruit, cum occidit, nox surgit, alterno ut surgant, alterno ut cadant.

419 IMAGINE occupant eum labores egregii. in somnis enim uidebat ea, quae gesserat. 15

Lind. p. 102 422 THERAPNAS ciuitatis nomen est, | in Lycia Apollini sacra nec a sororis eius religione dissentiens, ut ipse alibi ⟨Achill. I 344⟩: 'Hecate lassata Therapnis'.

425 PAVOR ARMIGER ut quicquid sonuisset, populis esset horrendum. 20

429 VRGET ENIM STIMVLIS quasi Fama sit Martis auriga, quae omnia rumore compleret.

430 FACTA INFECTA LOQVI Virgilius ⟨Aen. IV 188⟩: 'tam ficti prauique tenax, quam nuntia ueri'. — omnes ergo terrores circa Martis currum fuisse poeta describit. 25

---

1 edidit MP ponit L ‖ 3 ethus MP | noluit Pa | quatuor LPa ‖ 4 uersibus suis demonstrauit L | suis om. Pb | carminibus om. P ‖ 6 Pyrous L pyrosis Pb pyros Pa | et om. LPb ‖ 7 quantus flegoto Pb | inmitibus MPa ‖ 8 impletur Pa | laxant Pb ‖ 9 SVBIT L | alterna P altera M ‖ 10 ut ... interea caelum om. Pa | subit L ‖ 11 interea] in L ‖ 12 sic ... ruit om. Pb | si M | si ergo] signo Pa ‖ 13 alternam Pb ‖ 15 uiderat Pb ‖ 16 THERAMNAS LPb | Lycia] cf. schol. VII 793 ‖ 17 religionis Pa ‖ 18 ecate M echate Pb exate Pa om. L ‖ 19 quid M ‖ 21 stimulus M ‖ 23 Factaq; Pb | infacta Pa om. Pb | ut Virg. Pa ‖ 24 ficti corr. ex uicti M facti Pa | paruique corr. in puerique M, paruique Pa | qua Pa

ut Virgilius ⟨Aen. XII 336⟩: 'Iraeque Insidiaeque, dei comitatus, aguntur'.

434 INICIT AEGAEO Aegei fabula, patris Thesei, et apud Virgilium bene comperta est: ex cuius nomine, 5 quod se propter Theseum in mare praecipitauerit, id pelagus Aegaeum sit appellatum.

439 MAGNIQVE FIDEM TESTARIS ALVMNI hic enim praestitit, ut uentos illa contemneret et munere auxilii et fidei officio esset stabilis. cuius fabulae notio apud Virgilium manifesta est.

10 440 SEPTIMA ex quo Tydeus reuersus fuerat.

Lind. p. 103

441 PERSEIVS HEROS mos poetae huius est frequenter easdem personas nondum cognitis praenominibus inuocare, ut nunc Adrastum significat. Perseus enim Argis regnauit, 15 ut ipse alibi ⟨Theb. I 225 sq.⟩: 'Perseos alter in Argos scinditur'.

443 MVLTA SVPER BELLO GENERISQVE TVMENTIBVS bene 'generis'. nam et Tydeus in uindictam sui bellum desiderat et Polynices, ut recuperaret imperium. ergo bellum 20 desiderant unus uictor, alter incensus. ideo 'tumentibus' id est anhelantibus bellum.

451 SACRA MOVERE DEVM temptare audire, auguria belli per uates cognoscere. Lucanus ⟨V 68⟩: 'finemque expromere rerum'. proprie enim moueri sacra dicuntur, 25 ubi coeperint inchoari. ut Lucanus ⟨I 608⟩: 'sacris tunc admonet aris'.

453 SED MENTE VIRENS hic Proetidas insanientes accitus a Proeto senex purgauit. Proetus igitur, Abantis

---

1 diei Pa die Pb ‖ 3 INICIT LPb Initat corr. in Incitat M in Pa ‖ 4 conperta M ‖ 5 se qud Pb | praecipitauerat L pcipitauit Pb ‖ 9 conteneret Pb ‖ 11 erat L ‖ 12 perseus Pb ‖ 14 significat] generis Pa | enim om. Pb | argos M alter in argos Pb ‖ 15 perseus P ‖ 17 generis P ‖ 18 in om. Pb ‖ 19 recuperarent Pb ‖ 20 dederant P ‖ 22 tentare L ‖ 23 belli et per L | finesque L ‖ 24 mouere LMP ‖ 25 ut om. L ‖ 27 ptidas superscr. man. 2 pdictas M perditas Pb ptidias Pa ‖ 28 a Praeto L a protheo P om. M | sene? | protheus MP

filius, rex Argiuorum, inimicam felicitatis suae habuit coniugis fecunditatem. tres etenim sustulit filias et ad tempus nuptiarum usque perduxit. sed incontinens uirginum lingua infelicitatis edidit causas. hae enim feruntur sollemniter templum Iunonis intrasse et se praetulisse deae. his rebus 5 offensa Iuno in iuuencas uertit puellas et cupiditatem iniecit siluas petendi .... credentes se formam induxisse uaccarum. quod eo usque passae sunt, donec Proetus regni partem, si quis eas in pristinum statum mentis restituisset, proposuit habiturum et ex his coniugem. a 10 Melampo ergo Proetides sunt insania liberatae, acceptamque Melampus unam ex uirginibus duxit uxorem et consors regni Proeti fuit et gener. idem Melampus herbariae artis peritissimus fuit. ut Virgilius ⟨georg. III 550⟩: 'Amythaoniusque Melampus'. 15

454 ASSOCIAT PASSVS id est dedit uaticinandi scientiam. et est sensus: dubium erat, utrum Amphiarao an Melampo pronus Apollo magis esset, uel cuius ora potius satiasset unda Cirrhaea. hoc autem, quia uterque nobilis, uterque diuinandi peritus. 20

458 MINITANTIA VENA diuinantia exta negauerant bonum exitum futurum esse bellorum.

460 AVDACI usque adeo audax emerserat altitudo, ut caelum posset pulsare cacumine. et bene 'audaci', quod propius caelo ausus esset insurgere. 25

461 APHESANTA mons est Tarsi Ciliciae, unde se

---

2 fecunditates **Pb** | enim **LPa** ‖ 3 ubiq3 **Pb** ‖ 4 hec **P** | solemniter **L** ‖ 5 deae. Antigone laomedontiades. his **M** *Mon. cf. Myth. II 69* ‖ 6 *in* **P** *post* Iuno *interseruntur haec:* inmisit eis furore ut se uaccas putarent ‖ 7 *lacunam expleas ex Mythographi uerbis:* 'adeo ut plerumque mugirent et collo iuga timerent credentes ...' ‖ 9 mentis statum eas **Pb** ‖ 11 sunt pretides ab insania **Pb** | acceptaque **Pa** ‖ 12 melampus *corr. ex* melampost **M** | una **P** ‖ 13 idem **MPa** hic **L** inde **Pb** ‖ 16 adsociat **Pa** ‖ 18 cuius esse hora **Pa** ‖ 19 hec autem **Pa** *om.* **MPb** | ꝗ **Pa** qui **Pb** | uterque *om.* **LP** | nobilis *om.* **Pb** ‖ 20 diuinandique **L** ‖ 21 militantia **P** | negauerunt **Pb** ‖ 25 proprius **Pb** *corr. ex* propius **M** ‖ 26 Apesanta *Kohlm.* | tharsi *Mon.* T(h)arso **LMP** | Siciliae **L** | se *om.* **Pb**

Perseus emiserat ad uolandum, cum ad exstinguendam
Gorgonam Libyen peteret. ἀπὸ τοῦ ἀφεῖναι Aphesanta
nomen accepit.

463 TEMERASSE VOLATV uiolasse, ut sibi uindicaret,
5 quod homini natura non dedit.

465 AC PAENE SECVTA EST Perseum Danae mater. et
mire temperauit sensum et sollicitudinem carae matris
expressit.

466 CANENTIS OLIVAE candidae.

10 468 EVADVNT PARITER pariter ascendunt.

469 LAXAVIT SOLE PRVINAS sol incipiens aera frigidum gelu dissoluit. Ouidius ⟨met. IV 82⟩: 'solque prui-
nosas radiis siccauerat herbas'.

471 PERNICIBVS uelocibus.   Lind. p. 104

15 472 ADDERE CONSILIVM 'addere' bene dixit. non est
enim ipsius, quod mouetur.

474 CIRRHA DEVM Cirrha prope Parnasum est, quo in
loco Apollo futura praedicit.

476 CHAONIAS SONVISSE TIBI Epiroticas quercus dicit, in
20 quibus sedentes columbae sciscitatoribus futura dicebant. ut
Virgilius ⟨georg. II 16⟩: 'atque habitae Grais oracula quercus'.   ARIDVS AMMON INVIDEAT ut Iuuenalis ⟨VI 553 sqq.⟩:
'quicquid dixerit astrologus, credunt a fonte relatum Ammonis'. — Liber, cum ex India ueniens in deserta et in
25 extrema parte Libyae teneretur ac siti laboraret exercitus,
rogasse dicitur Iouem, ut se patrem probaret. unde ex

---

1 miserat L | extinguendum Pa ǁ 2 Gorgonem L P | Libyam
L lybiē Pb | apoto M a ponto Pb | ἀφιῖναι Kohlm. aphine
M Pa a fine Pb ǀ 3 accepit nomen Pb ǁ 4 uendicaret Pb ǁ 5 nomini
Pa homini M superscr. man. 2 humana | dederat L P ǁ 6 dane
Pa t dapne superscr. M ǁ 7 solitudinem Pb ǁ 9 canentis al. can-
dentis Pa ǁ 10 Et uadunt Lm M ǁ 12 gelum Pa ǁ 15 bene dixit
addere Pb ǁ 17 DEVM om. L ǁ 18 praedicat P ǁ 19 caonicos Pb ǁ
20 ut om. L P ǁ 21 habito Pb | graiis Pb om. Pa ǁ 22 HAMMON L
amon M Pa | ut om. M Pb uel Pa ǁ 23 credent Iuu. ostendunt
Pb ǀ 24 rex Pa | dextra atque Pb ǁ 25 laborarent Pb ǁ 26 dicitur
rogasse L | unde] unus P

arena subito aries apparuit, quo duce Liber aquam inuenit. petit Iouem, ut arietem in astra transferret. in
eo autem loco, in quo aqua fluxit, templum constituit,
quod Iouis Ammonis dicitur. simulacrum autem eius adiectis
cornibus arietinis confictum est. de quo templo postea 5
data esse dicuntur oracula.

478 NILIACVMQVE PECVS Apin dicit, taurum lunatum
Isidis, qui Aegyptiis motu corporis sui et quibusdam signis
futura praedicit, qui e Memphide nascitur.

479 BRANCHVS Branchi meminit Terentianus de metris 10
⟨un. 1886 sqq.⟩:

Lind. p. 105

'hymnum Branchiadae Phoebo cantasse Iouique
pastorem Branchum, cum captus amore pudico
fatidicas sortes docuit depromere Paean'.
Branchus Thessalus fuit, dilectus Apollini, ut Hyacinthus, 15
quem acriter interfectum dolens sepulcro et templo sacra-
uit. illinc Branchiades Apollo dicitur. hoc Zoamachon
opinione Metrodori Periegetici condidit ab Aethiopia usque in Libyam tria opinata templa. triannus solis in
Aethiopia hoc est ter fulgentis. quantum per ceteram 20
terram ardet inclinare ultimo Librae, quod Sagittario
clauditur, signo esse Ammonis templum Iouis intra Aethiopes

---

1 harena **LPb** ‖ 2 petitque **L** ‖ 3 constituit templum **Pb** ‖
4 dicitur ammonis **Pa** ‖ 5 confectum **LPb** ‖ 6 dicuntur data
esse **L** ‖ 7 ap̄i **Pa** ⎮ dicitur **Pb** ‖ 8 hysidis **M** ysides **Pa** insidiis
Pb ⎮ q₃ **Pa** ⎮ notu **Pb** ‖ 9 ememphide **P** *superscr.* in **M** Memphis **L** ‖ 10 *scholion prorsus corruptum sanare non potui* ⎮
Brancus branci **Pb** ‖ 12 hymnum] Inonӯ **Pa** ⎮ Battiaden *edidit*
Keil. ‖ 13 pastori branchus **Pb** ‖ 15 delectus **Pb** ⎮ apolloni **Pa** ⎮
iacyntus **Pb** iacinthus **MPa** ‖ 16 interfectum *corr. ex* infectorum
M ⎮ templo et sepulchro **L** ⎮ et *om.* **Pa** ⎮ consecrauit **L** ‖ 17 illic
LPb ille **Pa** ⎮ brachiis ades **Pb** ⎮ hic **LP** ⎮ Zoamacon **L** lo-
machon **Pa** zomachon **Pb** ‖ 18 Perigetici **L** perhigetici **M** phi-
ligetici **Pa** pigetici **Pb** ⎮ credidit **Pa** ‖ 19 opotata **Pb** ⎮ Triannus
corr. in Triamus **M** Traianus **L** tanus *superscr.* i **Pa** *Graecum*
uocabulum uelut τϱιλαμπούς *latere puto* ⎮ solis *om.* **Pa** ‖ 20 quantum ab ethiopia per certam (*om.* terram) **Pa** ‖ 21 libre **MPa**
Libyae **LPb** ‖ 22 amonis **MPa** ⎮ inter **Pb** ⎮ Aethiopas **LPa**
etiopias **Pb**

Indos. sunt enim et qui Pseudo-Aethiopae uocantur. et
Libyas ultimas esse prope Alexandriam. Branchiadae qui
Iouem Branchum colunt. potest et haec deriuatio reli-
gionum currere: quod Isthmia, quae in honorem Neptuni
5 aguntur, finguntur Melicertia. nam constat Melicertam ab
Aethiope rege susceptum, cum Boeotia nauigio Isthmos
delatus esset. nam et Archemoria in honorem Iouis celebrare uolunt. credunt enim, quod magnum Iouis fuerit
incrementum.

10   480 PANA LYCAONIAE Pan apud Pisas rusticos numine
suo replere solet, datque oracula qui impletur deo. ergo
neque ille aequari potest tibi, o Iuppiter, qui in nocturna
umbra audit Pana, id est: quasi per ipsum numen loquitur
hominibus.

15   481 DITIOR ILLE ANIMI diuersa loca commemorat et
quis deus quo in loco futura praedixerit. laus uero augurii est, quae per reliquarum artium diminutionem ex-
tollitur.

482 MIRVM VNDE in errorem inducitur ista admiratio
20 cum inuocatione. nam quasi Virgilium, sed non recto
ordine, sequitur. ait enim ⟨georg. I 415⟩: 'haud equidem
credo, quia sit diuinitus illis'.

483 HIC HONOR ALITIBVS rationem redditurus est, unde
concessum sit auibus futura praedicere. quod Virgilius

---

1 induos Pa Indi L | et om. Pb | et²] ut P ‖ 2 Libyas
L | Branchiades L branchiadas M branchadas Pa brachiandes
Pb | 3 brachium Pb | potenter Pa | diriuatio M | currere reli-
gionum Pb ‖ 4 histhmia M histhimia P | quae om. Pb ‖ 5 meli-
cerna superscr. ti M melicritia Pb ‖ 6 ethiopie rege Pb ‖ 7 ante
cum iterant nam P del. M | Beotiam LPa | boetia cum naui-
gatio Pb ‖ 7 et om. Pb | celebrari scribendum uidetur ‖ 8 fuerit
Iouis LP ‖ 10 lycaonia Pb | Pan] nam Pb ‖ 12 aequare M |
potuit L | tibi om. L | in om. Pb ‖ 13 aud M audis Pb aud'
Pa | pana man. 2 corr. in peana M | loquatur LP ‖ 15 illi Pb |
commemoratus Pb ‖ 16 deus & quo L ‖ 17 quae om. Pb | reli-
quam Pa ‖ 19 dicitur in errorem (om. inducitur) Pb | ammiratio
M | 21 sequatur Pb | aut Pb ‖ 22 que Pa quod Pb ‖ 24 sit]
est MPb om. Pa | alitibus M | quod ... praedicere om. Pb

quasi philosophus explicat Epicureus, hic quasi Platonicus.
prima opinio est ab Hesiodo: futura praedicere, quia
supernus conditor orbis, cum chaos figuraret in semina,
hanc illis potestatem concessit. in noua autem semina,
ut generatim omnia procrearent, quae corpora, ut Epi- 5
curei uolunt, textu inani fiunt atomorum et mutantur ad
originem uersis corporibus. hoc philosophice. aiunt enim
μετεμψύχωσιν fieri animarum in corpora. ut lectum est
in Horatio ⟨epod. XV 21⟩: 'nec te Pythagorae fallunt
arcana renati'. primo enim anima ipsius in Euphorbum mi- 10
grasse dicitur Troiano proelio, dum de clipeo ageretur
Danai de poste refixo, secundo in Pythagoram, tertio in
pauonem, quarto in Homerum, quinto in Ennium poetam.
ergo animas in qualiuis corpore eandem sapientiam tenere. haec autem secunda opinio est. 15

486 SEV PVRIOR AXIS tertia opinio dicit aues ideo
futura praedicere, quia in aere sunt et purissime uiuunt,
exinde, quia raro terris insidunt, quae sunt nefastae. ergo
aues uera dicere illa res facit: axis purior.

492 SOLVERE ECHIONIAS LERNAEA CVSPIDE PORTAS 20
soluere: in excidium deducere. Echionias id est Thebanas. Lernaea cuspide: Argolico ferro.

493 LAEVVSQVE TONES id est bono omine confirmes
auspicia, quia optimum augurantibus signum est, si de

---

1 epicurus **M** ‖ 2 quasi ab esiodo **M** | que **Pa** ‖ 3 figurat **Pb** ‖
4 hanc . . . semina *om.* **Pb** ‖ 5 epicuri **M** ‖ 6 uolunt *om.* **LPb** |
testantur **LPb** | inania **L** *om.* **Pb** ‖ 7 *propono*: et 'mutatae ab
origine uersis corporibus' | physice **LPb** ‖ 8 μετεμψύχωσιν
Lc & * apsin **L** et absin **M** et absunt **Pa** et absim **Pb** ‖ 10 pri-
mum **L** | ipsius] eius **L** | euforiū **Pa** euforbū *corr. in* eu-
forbiū **M** ‖ 11 bello **Pb** ‖ 12 depositione fixum **Pa** | refixum
LMPb | pithagore **MPa** ‖ 13 pauonis **MPa** | homeri **MPa** | ennii
M enni **Pa** | poete **MPa** ‖ 14 qualiuis **M** quauis **Pb** qua **Pa**
quo sunt **L** | eandem *om.* **Pb** ‖ 16 ideo aues **Pb** ‖ 18 quia **Pb** ‖
20 echionas **Pa** ‖ 21 exilium **M** | id est *om.* **LP** ‖ 22 argolicas
Pa ‖ 23 *schol. in* **LP** *legitur ante schol.* 492 | leuibusque tenes
Pa | id est *om.* **Pb** ide₃ **Pa** ‖ 24 q̄ **Pa** | est si] id est si **L**
est iđe **M**

sinistra caeli parte tonuerit. ut Virgilius 〈Aen. IX 630 sq.〉:
'caeli de regione serena intonuit laeuum'. et totum poeta
quasi augurandi peritus exposuit. dextra enim parte in
contrario, laeua in bono. Virgilius 〈ecl. IX 15〉: 'ante
5 sinistra caua monuisset ab ilice cornix'.

495 HINC NECTE MORAS hoc est: ne ad Thebanos ire
cogamur incassum. DEXTRISQVE ALITIBVS quia de caelo
uenientibus a dextra parte auibus auguria mala sunt.

498 CALIGINE MVNDI quicquid hominibus non patet,
10 solus uidebat. intentionem incredibilem describit. nam
obtutu uno fixi oculi num dubitatione caligant?

502 NONNE SVB EXCELSO ordo: nonne uides, Amphiarae, ^{Lind. p. 106}
sub excelso limite caeli spirantes cursus? aut uentorum
dixit aut stellarum.

15 503 CVRSVS id est uolatus. Virgilius 〈ecl. VI 80〉:
'quo cursu deserta petiuerit'. serenos autem prosperos
dixit.

504 LIQVIDO id est ornato uolatu pendeat.

505 PLANXERIT quodam stridore ululatum dederit.
20 uides ergo, ut nulla auis placatum sonitum dederit.
planxerit ergo: cum stridore sonuerit. ut 〈georg. I 334〉
'nunc litora plangunt'.

506 NON COMES OBSCVRVS TRIPODVM coruum dicit, qui
in tutela Apollinis est. cur autem coruus Apollini sit
25 dicatus, haec fabula est: Apollo, cum Coronidem grauidam fecisset, coruum ei custodem apposuit, ne quis ad

---

1 parte caeli Pb | parte om. Pa | ut . . . laeuum om. Pb |
Virgilius om. L ‖ 2 caeli genitor de parte *Verg.* | et per totum
LPa | 3 dextera MPa ‖ 4 leuo Pa leuā M ‖ 5 mouisset M ‖
6 hic *Statius* om. L ‖ 7 cogamur ire L | q̄ Pa ‖ 8 ad dexteram
partem M aperte dextra Pb | auibus om. Pb ‖ 9 credibilem M ‖
11 nunc Pb | dubitationem P | caligant *corr. in* caligant✓ M ‖
13 aut *et* dixit *del.* M ‖ 15 Virgilius om. M ‖ 16 casu Pb | pe-
tiuit Pb | serenos autem om. Pb ‖ 17 dixit om. Pb ‖ 18 id est
om. LPb ‖ 19 quoddam M | strepitu Pb ‖ 20 uides . . . dederit
om. MPb | nullus Pa ‖ 22 lictore *superscr.* t M lictera Pa pectora
L | plangeñt Pa ‖ 23 coruus Pa | dixit Pb | quia M quod Pb ‖
24 tutelam P | est Apollinis L

eam occulte temerator accederet. cum hac Lycus occulte
concubuit, quem fulmine Iuppiter exstinxit. ipsam Coronidem Apollo sagittis occidit, cuius mortuae exsecto utero
Aesculapium produxit in lucem. unde Virgilius ⟨Aen.
VII 773⟩: 'fulmine poenigenam Stygias detrusit ad undas'
id est per poenam matris natum. coruum autem ex albo
nigrum fecit, unde lac album Homerus dicit aut in calice
aut in alio uitreo uase missum in sole umbram non facere. unde lac digestum dicit. ait enim: γάλα λευκόν.

507 AVIS VNCA MINERVAE huius alitis talis est fabula:
Nycteus, Aethiopum rex, felix, si nunquam pater fuisset,
filiam habuit Nyctaeam nomine. quae cum scelerato
amore patrem diligeret, amorem suum nutrici confessa
est infandumque petiuit auxilium. ea, cum mentita esset
domino suo Nycteo a quadam illum extranea diligi uirgine, impetrauit, ut filiae suae imprudens uteretur amplexibus. sero illi cognitum facinus statuit uindicare. quapropter agnitam inter ipsos amplexus filiam cum uoluisset exstinguere, illa Mineruae implorauit auxilium.
cuius protectione periculo est erepta uersaque in auem,
quae ex conscientia commissi facinoris diei fugit aspectum
et Mineruae tutelae dicata est. alii dicunt filiam Proeti
fuisse patrisque uim timentem aufugisse, quam Minerua
mutauit in noctuam.

508 NON VENIT AVGVRIO MELIOR QVI VVLTVR id est
uultur, qui solet bona omina augurantibus facere. cuius

---

1 occultū Pa | lix' Pa ‖ 2 Iuppiter fulmine LPb ‖ 3 inter-
fecit M | exsecte superscr. o M ‖ 5 stigias corr. ex stigiis M |
destruxit Pa detruxit Pb ‖ 6 ex nigro album MPa ‖ 9 Δ 434
E 902 | galea Pa corr. in galeam M galeaa Pb ‖ 11 niteus
Pb | & tyopon superscr. h M ‖ 12 habuit filiam MPb | Nyctaeam
L noyctin M ninctan Pa nicti Pb Nyctimenem Myth. ‖
14 infandum M ‖ 16 inprudens MPa ‖ 17 ille Kohlm. | uindicare
corr. in indicare M ‖ 19 inplorauit M ‖ 20 periculum euasit Pb |
cōnuersaq; Pb que uersa Pa ‖ 21 ex om. Pa | conscia L ‖
22 Proeti om. Pb ‖ 23 patrisque ... aufugisse om. Pb | patris
MPa ‖ 25 AVGVRIIS L Statius | QVAM L p Pa ‖ 26 omnia Pb
omͣ corr. in omina M | ferre LPb

auis auspicio fundata dicitur Roma. quod Lucanus praeteriens tetigit ⟨VII 437⟩ dicens: 'uulturis ut primum
laeuo fundata uolatu'.

511 ET FERALIA BVBO. cum filiam suam Ceres raptam
a Dite comperisset, conquesta a Ioue impetrauit, ut ei
filia redderetur, ita tamen, si nihil apud inferos gusta-
uisset. et cum in eo fuisset, ut matrem filia sequeretur,
Ascalaphus, qui apud inferos erat, dixit Proserpinam e
pomario Ditis e malo punico gustasse tria grana. indignata Ceres connertit Ascalaphum in bubonem. de Proserpina uero ficta sic fabula est. ceterum tenore philosophiae diuina anima esse signatur, quae indicans naturae
nefariae cogitationes et polluens necessitate haesit tenta infernali hoc mundo praelibans dira ui. qua eius fruge id
est cruentis epulis. buboni autem tale studium non tam
fabula quam natura praescripsit, quam sit ferale bubonis
augurium, testis est poeta Virgilius ⟨Aen. IV 462⟩: 'so-
laque culminibus ferali carmine bubo'.

516 VARII PATER OMINA PHOEBI saepe, inquit, tuli Lind. p. 107
uaria Phoebi omina, ex quo me inter reges semideos
pinus duxit Thessala. dicit autem: ex illo tempore, quo
cum Argonautis uectus sum. semideos reges ait, quia

---

1 roma dicitur Pb | non praeteriens L ‖ 4 ET om. L ‖ 6 gu-
stasset Pb ‖ 7 ut om. Pb ‖ 8 qui om. Pb ‖ 9 epomanio Pb epo-
maro Pa epamario corr. in epomario M | dicti se e Pb | e] ///e
M (de?) | gustauisse L ‖ 11 sic ficta L sic facta Pb | fabulat
Pa (om. est) | tenere M tener Pb ‖ 12 anima signatur esse di-
uina Pb | indicans L insidens M incidens Pa indicens Pb ‖
13 farie M | ogitationes Pa | pollutus Pa | haesit] exit Pb |
temta M (P superscript) certa Pb retenta Lc ‖ 14 dira corr. in dura M diram
Lc dire Mon. | uim Lc aui Mon. | quia Pb Mon. q; Pa |
frugem MP | id est om. Pb ‖ 15 cruentes Pa | ad locum cor-
ruptissimum uide Barthii animaduers. ‖ 16 praescripsit . . . est
om. Pb | pdixit M | quam] qui corr. in quia M ‖ 17 solaque
om. L ‖ 18 cul. Pb om. LMPa | carminib' ferali M carmine
ferali Pa | bubo om. M ‖ 19 PATER om. Pb | SAEPE TVLI. Tuli,
inquit, varia omina Phoebi L ‖ 20 me] omine L ‖ 21 dixit Pa |
ducit autem del. M | quo corr. in qua M ‖ 22 sum] sc. Iason
Colchos petit L | ait aut Pa

filii regum omnes fuerunt, qui in illa naui impositi sunt. Thessala autem pinus Argo, quae in Pelio monte Thessaliae fabricata est. Peliae igitur, Neptuni filio, a sortibus praeceptum erat: cum Neptuno sacrificaret et aliquis nudo pede superuenisset, tunc ei mortem appropinquare. is ergo, cum annua sacra faceret Neptuno, Iason, Aesonis filius, cum uenisset ad flumen, in limo unum ei calciamentum adhaesit. ille ut celerius ueniret, neglexit. cum superuenisset sacrificio, Pelias aspexit et memor sortium iussit eum arietis pellem inauratam a Colchis petere a rege Aeeta. qui conuocata Graecorum nobilium inuentute Colchos profectus est.

521 AVDITVS IASONE MOPSVS Mopsus, Apollinis et Mantus filius. amicitia Iasoni fida coniunctus diuinandi peritus. ait ergo nunc Melampus: non plus me auditus est Mopsus imminentibus cladibus, cum ego futura praedicerem. in tantum enim magnus fuit Mopsus in augurandi peritia, ut post mortem ei templa dicata sint, a quorum adytis saepe homines responsa accipiunt.

523 QVAMQVAM MAIORA PARANTVR id est maiora uideo, quam timemus. Lucanus ⟨I 635⟩: 'sed uenient maiora metu'.

526 STRYMONIA Strymon fluuius est Thraciae. est autem in septentrione. ut ⟨Aen. X 265⟩ 'Strymoniae dant signa grues'.

527 CLEMENTIA NILI quia ibi nunquam frigus est. ut Lucanus ⟨X 165⟩: 'nunquam fugiente rosa'.

528 HAC RERE IN IMAGINE THEBAS in hac imagine

---

2 autem ... Thessaliae *om.* Pb ‖ 3 fabricatus M ‖ 6 daret M │ Neptuno faceret L ‖ 8 uenit Pa │ superueniret L Pa ‖ 9 a sacrifitio M │ rexpexit Pb │ sortis Pb ‖ 10 auream Pb ‖ 11 Oeta LMP ‖ 13 Mopsus *om.* Pb ‖ 14 Mantus *Myth.* imantis MP Himantis L │ ōiunctus ē M ‖ 15 me *om.* M ‖ 16 cladibus ... augurandi *om.* Pa │ classibus Pb │ ego *corr. ex* ergo M ‖ 17 enim *om.* Pb ‖ 19 accipiebant Pb ‖ 20 ET MAIORA L ‖ 21 quē M ‖ 26 que Pa ‖ 28 has P *corr. in* hac M │ re *superscr.* re M *om.* Pb │ IN *om.* MP

esse finge Thebas. reddit causas, cur pro Thebis accipi debeant cygni: quia, ut Thebani muris, illi se gyro ualla-bant.

532 ARMIGERAS significat aquilas, quae in tutela sunt
5 Iouis. ·

533 CONCIPE REGES finge, inquit, tibi Argiuorum reges, quia septem reges contra Thebas conspirauerunt.

534 NIVEI GREGIS cygnorum scilicet.   Lind. p. 108

537 ET PLVMIS STILLARE DIEM quia excussae in con-
10 gressu plumae mixtae sanguine ex aere cadunt. ut Vir-gilius ⟨Aen. XI 724⟩: 'tunc cruor et uulsae labuntur ab aethere pennae'.

539 SVBITA FACE SOLIS INARSIT omnes aquilae, quas pro septem ducibus interpretatur, eo genere periturae sunt,
15 ut ipsos duces exitium manet, ut docebimus, Capaneus fulmine. ideo dixit 'face inarsit', quod ausus sit dei con-temptu arma tollere, et cum in altum sustollitur contra fas, fulminatus decidit. ut Virgilius ⟨Aen. VI 16⟩: 'in-suetum per iter gelidas enauit ad Arctos'.   ·

20 540 ILLVM VESTIGIA ADORTVM Parthenopaeum signi-ficat, qui puerili aetate maiora uiribus suis temptando confossus est.

542 HIC HOSTI IMPLICITVS Polynicen significat, qui fratri morienti implicitus fuit.   HVNC FVGA RETRO Adra-
25 stum dicit, quia solus euasit. ut Virgilius ⟨Aen. VI 480⟩: 'et Adrasti pallentis imago' id est timore fugientis.

---

1 fingit Pb fingunt Pa finx̄ M | thebas esse M esse thebas
Pb | Thebas om. Pa | redde Pa | accep̄ Pa ‖ 2 qui autem Pb |
thebanis Pa | giro add. man. 2 q; M ‖ 4 quia corr. ex qua M |
sunt in tutela Pb ‖ 5 Iouis erant L ‖ 6 finge . . . septem reges
om. Pb | finge iam L finge has Pa ‖ 7 septem enim (om. quia)
L | 9 in om. Pb ‖ 11 tum Verg. | cruore uulse M cruor euulsę
LP | 12 pinnę M Pa plumae Verg. ‖ 13 facie Pa ‖ 14 per Pb | inter-
pretantur L ‖ 15 CAPANEVS FVLMINE L ‖ 16 ideo M P inde L |
inarsit face L ‖ 17 substolitur Pb sustolleret L ‖ 19 enaui (om. ad)
Pa | 21 maioribus Pa | tentando L tentare Pb ‖ 22 confessus
Pa confusus M confisus Pb ‖ 23 hoste P corr. in hosti M ‖
24 inplicitus utroque loco M ‖ 25 qui L q₃ Pa | soli/// Pa

544 HIC NIMBO GLOMERATVS OBIT Hippomedontem significat fluminis periturum esse uertigine. HIC PRAEPETE VIVA Tydeum dicit, quia interfectoris sui Menalippi oblato sibi capite cerebrum eius, dum moreretur, absorbuit.

Lind. p. 109 **546** QVID FVRTIM INLACRIMAS Amphiaraus Melampo dicit: 'quid fles, quia uides me moriturum? augurium cadentis cygni mihi finem uitae portendere ego cognosco'. notandum, quia uocatiuum Melampu dixit.

549 TERROR HABET VATES qui non tantum uidisse se crederent, sed fuisse perpessos. PIGET piget eos exau- 10 ditos fuisse, quos utique pigere debuisset, si eos auguria fefellissent. sed quia mala compererant, piget irrupisse uolantum concilia.

551 AVDITIQVE declamatio e contrario. ut Lucanus ⟨II 4 sq.⟩: 'cur hanc tibi, rector Olympi, sollicitis uisum 15 mortalibus addere curam?' VNDE ISTE PER ORBEM διαπόρησις poetica. quaerit enim, unde prius hominibus studium augurandi uel uaticinandi uenerit.

555 ERVIMVS QVAE PRIMA DIES id est: de secretis elicimus, quae dies mundi aut natalis aut finis sit. 20

556 QVID BONVS ILLE secundum mathematicos, apud quos dicitur Colopeus.

558 ASTRORVMQVE VICES matheseos, ubi sit luna uel quo signo, uel quae astra significent. NVMERATAQVE

---

1 hic *corr. ex* hinc M ‖ 3 qui LP | Melanippi *legendumst* ‖ 4 dum moriretur eius Pb ‖ 5 QVID ... dixit *secuntur post* 549 ... concilia Pa | quid *corr. ex* qui M | lacrimas Pb ‖ 6 quod L que Pa quia MPb ‖ 7 ptendere M ‖ 8 quia MPb quod L q Pa ‖ 9 quia non tamen Pb ‖ 10 perpessos c. Pa | PIGET *om.* Pb exaudit' M ‖ 11 pigetis Pa pinege (*om.* debuisset) Pb ‖ 12 *se* fefellissent M | q̆ Pa | rupisse L inrupisse Pa ‖ 13 uolatum Pa concilia *corr. ex* consilio M concilio Pa consilio Pb ‖ 14 ut *om.* L ‖ 16 ORBEM] omnibus Pb ‖ 17 diaphoresis P diaforesis M mortalibus Pb ‖ 18 uel uaticinandi *om.* Pb ‖ 19 elisimus M ‖ 21 apud quos ... 558 ... matheseos *om.* Pb ‖ 22 Caelopeus L celopeus Pa colopeus M Colopus Lm *latetne* Caelus pater *uel tale quid?* ‖ 24 numerata M.

SEMINA LVNAE si semina, propter spumam magicae artis, si semita, propter obliquum circulum, quo cursus exercetur. numerata autem, quia per numerum dierum flammarum suarum augmenta detrimentaque recipit.

5   559 THESSALICVMQVE NEFAS artem magicam dicit, quia cadauera cogit futura praedicere.   AT NON PRIOR AVREVS ILLE non ut antiqui aureo saeculo fuerunt. sicut Virgilius ⟨Aen. VIII 315⟩: 'gensque uirum truncis et robore nata'. ad hoc Saturnum expulsum et aureis
10 saeculis praefuisse. ut est ⟨Aen. VIII 324 sq.⟩ 'aurea quae perhibent illo sub rege fuere saecula'.

    560 SCOPVLISQVE SATAE huius fabulae quod argumentum sit, accipe. Iuppiter, cum uideret humanum genus relicta innocentia uitiis se dedisse, emendaturus publicam
15 mortalitatis pestem etiam periculo naturae diluuio et effusione imbrium terras operuit atque ita uniuersum genus hominum deleuit. in communi ruina habuit reuerentiam pietas. Deucalion namque et Pyrrha, fratres idemque coniuges, cum illibata sanctitate meruissent nu-
20 minum misericordiam, nauicula uecti Delphos impositi sunt ibique Themidis, quae oraculo praeerat, audierunt responsum: ita posse reparari humanum genus, si ossa matris post terga iactarent. obscurata ueritas errore

---

1 SEMINA] scientia Pb *utroque loco* | magne Pa ‖ 2 obliqū Pb oblicu Pa obliquum LM | qua MP | exerc&ꞏ M exercet LP ‖ 3 que Pa ‖ 4 flamma sua Pa | augumentū Pb | recepit Pa ‖ 6 quia MPb quae LPa | AT NON *om.* L ‖ 7 fuerint M | sicut] sic L ut Pb ‖ 8 Virgilius ... nata *om.* L | et *om.* Pa ‖ 9 nati MPa | ad haec LP ‖ 10 aureaque ut LPb ‖ 11 prohibent Pa | illos Pa ‖ 12 Scopuloque Pb ‖ 13 accipere Pb | genus humanum Pb | 14 uitiis *om.* Pb | dedisse *corr. in* dedidisse M | publica .. peste MP ‖ 15 etiam *om.* Pb | pericula Pb | naturae] nn̄e Pb | diluuii Pb diluui Pa *om.* L | et *om.* LP *add. man.* 2 M ‖ 16 terras imbrium Pb ‖ 17 hominum genus Pb | deleuit, communi ruina. L | in communem ruinam Pb in commune ruine; (*corr. in* ruina) M | abiit Pb | reuerentia P ‖ 18 decalicē Pa ‖ 19 sanitate MPa ‖ 20 misericordia Pa ‖ 21 sunt *om.* MP | ibiq; *superscr.* o M | t(h)emis P *corr. ex* themisq; M ‖ 23 matris *post* terga *iterauit* M | obscura Pa

fuit, usque dum prudentia melior oraculo fieret. intellexerunt enim matrem terram significari quippe rerum omnium genitricem, ossa uero eius lapides. unde Virgilius ⟨georg. I 62⟩: 'Deucalion uacuum lapides iactauit in orbem'. itaque saxa post terga iacta mirumque dictu homines nati, 5 atque ita solitudinem orbis repleuit ingenium et pietas. — diluuium uero hoc quod dicitur, falsissimum est. nam usque nunc durat et mundus omnis tectus est undis. fama cataclysmi inanis est nec fieri potuit, sed mystice per fabulam figuratum est, quia, ut diximus, genus mortalium 10 iniuria atque ignauia inuasit. dicit autem antiquis ista requirendi curam penitus non fuisse. VEL ROBORE GENTES ut Virgilius ⟨Aen. VIII 315⟩: 'gensque uirum truncis et duro robore nata'.

562 QVID CRASTINA VOLVERET AETAS Horatius ⟨carm. 15 I 9, 13⟩: 'quid sit futurum cras, fuge quaerere'.

565 ET NVLLA MODESTIA VOTI quia illicita semper optamus.

Lind. p. 110 566 DAMNATAQVE VERTICE SERTA absoluta. Virgilius ⟨ecl. V 80⟩: 'damnabis tu quoque uotis' id est persolues. 20

569 SVB PECTORE THEBAE quae futura sunt aliis, sunt praesentia sacerdoti.

573 TE PVDOR ET CVRAE erat enim et augur et medicus. ut Virgilius ⟨georg. III 550⟩: 'Amythaoniusque Melampus'. 25

---

2 enim om. M | terra P | significare L significat Pb sig̃ Pa | omnium genitricem rerum Pb ‖ 3 lapides eius LPa | unde] ut Pb ‖ 4 decalion Pa corr. M ‖ 5 saxa corr. ex saxaq₃ M om. Pb | tergaq; ossa ioctata mirum dc̄ū Pb | iacta sunt L ‖ 6 ita om. L ‖ 7 namque LP ‖ 8 usque om. Pa | est om. M ‖ 9 sed] si Pa ‖ 10 aut Pa | dixit P dixi L ‖ 11 iniuria scripsi uitia L inuitia Pb mitia Pa inincia corr. in inscicia M | atque LPa eque MPb | inusit corr. in iuusit M | dicunt Pb | antiquis om. Pb | istam LPa ‖ 12 recurendi Pb requienda Pa | cura P | VEL om. L | uim rubore genas P ‖ 13 ut om. L ‖ 15 QVOD LPa | VOLVERAT L uoluerit Pb | Horatius om. Pb ‖ 17 inlicita M ‖ 19 VERTICE om. MP ‖ 20 uoti L | absolues Pb ‖ 22 praesentia sunt L ‖ 24 amithoniusque P

576 ANNOSAQVE VASTANT id est: quae sunt iussa, implere festinant cupiditate pugnandi.

582 TVNC FESSA PVTRI RVBIGINE Lucanus ⟨I 243⟩: 'et scabros nigrae morsu rubiginis enses'.

5   587 PECTORIBVS TEMPTARE Virgilius ⟨Aen. XII 88 sq.⟩: 'simul aptat habendo ensemque clipeumque et rubrae cornua cristae'.   CORTYNIA Cretensia. ut Lucanus ⟨VI 214 sq.⟩: 'Cortynis arundo tenditur in Scaeuam'.

589 RVBVERE LIGONES naturam ignis expressit, quae facit ferrum rubescere.

590 SANCTIS E STIRPIBVS hoc est: non pudebat illos de sacris lucis praefixisse lanceis hastilia. ut Virgilius ⟨Aen. XII 770⟩: 'sed stirpem Teucri nullo discrimine sacrum'.

5   597 CONTRAHIT tanta saxa de uertice ab Encelado Lind. p. 111 uolui dicit, ut mare fieri possit angustum, quod Italiam a Sicilia separat. ut Lucanus ⟨III 63⟩: 'ne rupti repetant confinia montes'. [nam olim, ut dicit Sallustius, Italiam Siciliae constat iunctam fuisse. sed medium spatium aut propter humilitatem obrutum est aut propter angustiam scissum. ut autem curuum sit, facit natura mollioris Italiae, in quam altitudo et asperitas Siciliae aestum relidit.]

602 ET AEQVI IMPATIENS qui idcirco diu tutus fuerit, quod ei supremus dies seruabatur in Thebas.

1 iussa sunt LP ‖ 2 inplere M ‖ 3 RVBIGINE LP corr. ex robigine M | Hinc Lucanus L hinc Pa ‖ 5 APTARE L dētare Pb | ut Virg. LPa ‖ 6 simul] scribit Pb | et clipeum Pb ‖ 7 cortinea Pa cornua Pb ‖ 8 Cortynia L cornis M | harundo Pa | tend. i. Sc.] īstenq; Pb | scetiam Pa saeuā &c. L ‖ 11 sanctas P | E] a P | hoc est Pb hic L hoc Pa huius M ‖ 12 prefecisse Pb ‖ 13 Teucri om. L ‖ 15 enchelade M enchela(n)de P ‖ 16 posset fieri Pb | rupta M ruptis Pa ‖ 17 ut ... ait om. Pb | rupta M ruptis Pa ‖ 18 nam ... relidit om. M | ut om. L | uide Maurenbrecher II p. 168 ‖ 19 siciliā Pb | constat om. L | fuisse coniunctam Pb | fuisse om. Pa ‖ 20 per P | obruptum Pa abruptum L | per P ‖ 21 ut P aut L | autem Seruius dum LP ‖ 24 D. T. ET L | equum Pb | IMPATIENS LM | diu om. Pb ‖ 25 ei] & M | seruabitur Pb ‖

603 LARGVSQVE ANIMAE ut Horatius ⟨carm. I 12, 37 sq.⟩: 'animaeque prodigum Paulum'. MODO SVASERIT IRA qui, si iratus esset, posset uitam summa felicitate contemnere. ut Virgilius ⟨Aen. IX 205⟩: 'est hic, est animus lucis contemptor'.

604 HABITATOR OPACAE utique Centaurus. ut Virgilius ⟨Aen. VII 674 sq.⟩: 'ceu duo nubigenae cum uertice montis ab alto descendunt Centauri'. PHOLOES mons Thessaliae, in quo habitauerunt Gigantes. talis ergo erat, quales Gigantes aliquando fuerunt. magnitudinem eius ex Gigantibus comparauit et Cyclopibus, de locis quibus fuerunt, notans. ut Virgilius ⟨Aen. III 677 sq.⟩: 'cernimus .... Aetnaeos'.

607 IGNAVIA CLAMAT ut Virgilius ⟨Aen. XI 733⟩: 'quae tanta animis ignauia uenit?'

609 VNIVS secutus auctoritatem Virgilii dactylum posuit unius. ut ⟨Aen. I 41⟩ 'unius ob noxam'.

613 INSANO PENITVS SECLVSVS IN ANTRO ut est ⟨Aen. VI 99⟩: 'horrendas canit ambages antroque remugit'.

615 MIHI NVMEN ET ENSIS totum Virgiliane de Capaneo ponit. ait enim ille ⟨Aen. X 773⟩: 'dextra mihi deus et telum, quod missile libro'.

617 QVAE TANTA POTESTAS quae illi praestatur, ut futura cognoscat.

620 OECLIDES Amphiaraum, Oeclei filium, dicit.

Lind. p. 112 621 NON EQVIDEM EFFRENO non me timor aut terror

---

1 ANIMO L ‖ 2 animaeque magnae *Horatius* ‖ 3 Quod si L Pa quasi M | esset Pb esse L M Pa | summā Pa | facilitate L | contemneret L ‖ 6 ut *om.* L ‖ 7 ceu L ecce Pa ee̅ M ut Pb | nubigine Pa ‖ 8 PHOLOE L | 9 in quo .. Gigantes *om.* LP ‖ 10 atn gigantes Pb ‖ 11 conparauit Pa ‖ 12 *post* notans *Kohlm. inseruit* AETNAEOS FRATRES ‖ 13 & eneas Pa Aetneas L | 14 ut *om.* L M ‖ 15 quae *om.* Pb ‖ 16 auctoritate Pa | uirgilius Pb ‖ 17 unius¹ *om.* LPb ‖ 18 secutus P | est *om.* Pb ‖ 20 uirgiliane M uirgilius Pb uirgilia Pa hoc ex Virgiliana sede L Virgiliano de capite Lm ‖ 21 ille *om.* Pb ‖ 25 amphiarum Pa *corr. in* amphioraum M

furiosi iuuenis de secreto agit ad publicum, sed amor
. ciuium et cura rei publicae. ordo talis: non elicior tenebris
dictorum metu et iuuenis profani effreno clamore commotus.

5   623 ALIO MIHI DEBITA FATO iam coepit pericula sua
promere ab exitu suo inchoans, quoniam hiatu terrae se
cognouerat periturum.

  624 DARI MORTALIBVS ARMIS id est me occumbere.
ac per hoc non timebo Capanei iram, quia ei me non
10 licet occidere.

  626 QVOD VLTRA EST quia futurum est, quia ultra
praesens tempus est.

  632 OMINA CVRAE non timori sunt uobis deorum
responsa, quia inprospera sunt?

15   633 QVID ME PERSEI Aphesantem significat montem,
in quo auguria captauerant. de hoc enim Perseus primum
uolauit, quando ad caput Gorgonae auferendum profectus
est. dicit ergo nunc Amphiaraus: si hoc facturi eratis,
quod suadet furor, cur me augurandi causa sollicite mi-
20 sistis ad montem?

  637 CONSVLTI id est quae oracula petendo con-
sului.

  641 VIDI HOMINVM manifestus iam metus est. DI-
VVMQVE quare? aut propter Venerem aut Iunonem, quarum
25 altera Thebanis, altera timebat Argiuis. an omnium, quia

---

1 ait P | ac puplico MPb ac publice Pa ‖ 2 talis est Pb ‖
3 effreno Lm effero LPb offero Pa *corr. in* effero M ‖ 5 de-
bito facto Pb ‖ 6 incohās Pb | hiatu . . . se] ia t*se Pa ‖ 9 ac
. . . occidere *om.* Pb | pro hoc LPa | que Pa | non me L ‖
11 quid Pb | quia² *corr. in* qua M quod LPa ‖ 13 timoris Pa |
uobis sunt Pb sunt ut Pa | eorum M ‖ 14 improspera L ‖
16 captauerat L | de hoc] ad hui' M ‖ 17 Gorgonis L ‖ 18 est
om. Pa ‖ 19 furor suadet LP | auguriandi Pa ‖ 21 id est *om.* L |
oraculo M | petenda L petende Pa ‖ 23 hominem Pb | iam]
id est Pa | motus M | est *om.* Pb | diuum M ‖ 24 quare *om.*
LPb q̃ Pa | aut¹] autem Pa | quorum Pa ‖ 25 altera¹ *om.* Pb |
timebat *corr. ex* timebit M | an] aut L

Capaneus animos erat elaturus in caelum? ut Lucanus
(Iliacon): 'atque Helenae timuisse deos'.

642 PENSO id est cito hominum fata rumpentem. ut
Lucanus ⟨III 19⟩: 'lassant rumpentes stamina Parcae'.

643 DEVS id est Phoebus, qui incensis uobis ardore 5
bellandi opponit augurium.

645 NOVALIA CADMI Thebanos campos significat, quibus
olim seminante Cadmo dentes draconis seges nata est
armatorum. proprie ergo dixit noualia agrorum loca, quae
annis singulis situ seruantur ad semina iacienda. Vir- 10
gilius ⟨ecl. I 70⟩: 'impius haec tam culta noualia miles
habebit?'

647 IBIMVS id est in bellum. mire et hoc uult futurorum necessitate compleri, ne quid furori suo Capaneus
assignet. 15

Ind. p. 113 648 ET VNI ISTA TIBI ista, quae praedicis, tibi soli
contingant. ut Virgilius ⟨Aen. XI 399 sq.⟩: 'capiti cane
talia, demens, Dardanio'.

650 ET TVA NON VNQVAM proueniat, inquit, tibi, ut
aures tuas nunquam tubarum irrumpat clangor. 20

656 LEGATVS AD HOSTES repete regnum Polynicis.

657 HAEC PACEM [SERTA quasi manu significet] serta,
quae Amphiaraus gerebat in capite.

658 ABSTRVSAQVE SEMINA RERVM ut sacrilegus dicit,

---

1 animūs M animas Pb ‖ 2 Iliacŏ L illiacon *Mon.* hillia
con M Hylaicus Pa *om.* Pb *cf. Hosii edit. p. 329* | atque
... 642 ... Lucanus *om.* Pb | elene M ‖ 3 cito] et Pa | rum-
pentem ... lassant *om.* Pa ‖ 4 lassat Pb ‖ 5 id est *om.* Pb |
phebi Pa | incensus MP | ardorē MP ‖ 6 belli L | ponit LmPb ‖
8 nata *om.* Pb ‖ 9 prope Pa | dixit ergo Pb | agrorum *Kohlm.*
coll. schol. XII 234 arborum LMP ‖ 10 situ quę Pb tu Pa |
13 id est] scilicet Pb | et *om.* L ‖ 14 necessitatem L Pa | furiosi
Capaneum Pa ‖ 16 praedicis *om.* M ‖ 19 sc. proueniat; tubarum
sonitus nunquam irrumpat clangor L tuba sonitus irrumpat
clangor Pa | inquam Pb ‖ 20 irumpunt clamor Pb ‖ 21 LEG. A. H.
iterat L ‖ 22 SERTA ... significet *om.* L M | manum Pa ‖ 24 Ab-
strasaque *corr. in* obstrusaque M

quia, quaecumque eueniunt, mundi uertigine, non numinum dispositionibus fiant.

659 ELICIVNT reuera, quicquid loqueris, fatum est, aut tuo arbitrio fata disponis.   MISERET SVPERVM totum 5 hoc secundum Epicurum dicit poeta. ait enim Lucretius ⟨II 646—648. 651⟩: 'omnis enim diuum per se natura necesse est immortali aeuo summa cum pace fruatur, semota a nostris rebus seiunctaque longe: nec bene promeritis capitur nec tangitur ira'. ut Virgilius ⟨Aen. 10 IV 379 sq.⟩: 'scilicet is superis labor est, ea cura quietos sollicitat'. miseri, inquit, dii sunt, si tuis precibus mouentur ad praedicenda mortalibus futura.

661 PRI|MVS IN ORBE DEOS FECIT TIMOR negat deos   Lind. p. 114 ulla re alia celebrari nisi timore mortalium. ut Lucanus 15 ⟨I 486⟩: 'quae finxere, timent' et Petronius Arbiter istum secutus ⟨fragm. XXVII 1 B.⟩: 'primus in orbe deos fecit timor'. [sic et Mintanor musicus: 'deum, doloris quem prima compunctio humani finxit generis'.]

663 GALEIS poculum enim militis galea est. ut Lu-20 canus ⟨IX 509 sq.⟩: 'sic concitus ira excussit galeam, suffecitque omnibus unda'.

665 VENTISQVE quia solent augures uentorum flatibus futura cognoscere.

666 PROFERRE DIEM dilationem bello dare. ut Te-25 rentius ⟨Andr. 328 sq. F.⟩: 'saltem aliquot dies profer, dum proficiscor aliquo'.

---

1 quia] q̃; Pa ‖ 2 depositionibus Pa | fiat M Pa fiunt L ‖ 4 deponis Pa | misereret Pb ‖ 6 omnes Pb | enim *om.* M | per se diuom *Lucr.* | pro se LP ‖ 7 Immortale L | aeuo] uotum Pa quidem uotum L | cum pace summa Pb cum p̃ce summa M prece summa L Pa | fruuntur Pb ‖ 8 rebus nostris Pb | disiunctaque L iunctaq; M Pb iunctosq; Pa ‖ 9 ut] & L ‖ 10 his LP | laborem Pb laborez Pa ‖ 11 misera Pa | diis Pa hii dii Pb | tuis] cuius Pa *om.* Pb ‖ 12 futura mortalibus LP ‖ 13 primũ ... deus facit Pa ‖ 14 alia re L ‖ 15 qui M | fixere *superscr.* n M ‖ 16 deus Pa | 17 sic ... generis *om.* M | minitator Pb *cf. Fulgent. ed. Staveren p. 625* | quę prima P prima quem *Duebnerus* ‖ 20 sic *om.* L si Pa ‖ 21 undam Pb ‖ 22 que Pa ‖ 25 saltem

669 INSANIRE MANV furere manibus, bellare, non ut tu uaticinationibus furis. FRAGOR populi clamor hortantis, ut Capanei sententiam sequerentur. sic Lucanus ⟨I 387 sq.⟩: ʽelatasque alte, quaecumque ad bella uocaret, promisere manus'. 5

672 FLAMINA nam Fauonii flatu solutae niues addunt fluminibus incrementa. ut Lucanus ⟨V 465 sq.⟩: ʽat Genusum nunc sole niues, nunc imbre solutae praecipitant'.

CONCRETO FRIGORE definitio niuis: quid est nix? — concretum frigus. 10

Ind. p. 115 678 NON AMPLIVS AEQVO CORDE FERENS id est ulterius aequo corde mariti gemitus ferre non potuit Argia, castitatis affectione deuincta.

681 ET FLETV SIGNATA GENAS nam quaedam uia apparet lacrimarum in plangentis facie, et in maestorum 15 uultibus orbitam suam tristitia dereliquit.

682 PARVVMQVE SVB VBERE CARO Virgilius ⟨Aen. II 320 sq.⟩: ʽparuumque nepotem ipse trahit'.

683 THESSANDRVM hic est ʽThessandrus Sthenelusque duces' Polynicis et Capanei filii. IAM NOCTE SVPREMA 20 id est in fine constituta, cum explicatur ʽante nouos ortus' id est ante aduentum diei.

685 AD OCEANVM quia Arctos Oceano non mergitur positione cursus sphaerae circularis. ⟨Hom. Odyss. V 275:⟩ οἴη δ' ἄμμορός ἐστι λοετρῶν Ὠκεανοῖο. sed 25

aliquo (aliquot **M**) ad proferendum proficiscar dies **LMPa** saltem aliquo profert dies **Pb**

3 sequeretur L ‖ 6 Flumina **M** *om.* Pb | fauoni Pa ‖ 7 at genus sum **MPa** at gesiosum Pb aut L ‖ 9 diffinitio LPb ‖ 11 nũc Pb | aequo amplius **M** ‖ 12 gemitus *om.* Pa ‖ 13 deuincta *om.* Pa ‖ 14 fle(c)tus P flecti **M** ‖ 15 lacrima Pa | in' *om.* **MP** ‖ 16 orbatam Pb | sua Pa | derelinquit L ‖ 19 est] enim L | *est uersus Aen. II 261* | Polynicis *om.* Pb ‖ 20 SVPREMA *om.* **MP** ‖ 21 in *om.* **M** ‖ 23 immergitur L ‖ 24 circularis *om.* **M** ‖ 25 *in libris leguntur haec:* o. i. e. a. d. o. a. m. o. p. a. c. e. &. * ιλοι. ποον οχεανος L o. i. e. d. o. a. m. o. p. o. e. e. & ιδιο poo nox ea noc **M** o. ι. e. a. d. o. a. m. o. p. o. c. e. et. iaoi. Po onoxe. anoe **Pa** o. i. e. a. d. lo. a. m. o. p. o.

fabulas, quae in septentrionem sunt fictae a Graecis contra ueri propositum, disseramus. Callisto, Lycaonis Arcadiae regis filiam, in comitatu Dianae Iuppiter cum uidisset, in amorem eius incidit nactusque a reliquis se-

5 gregatam nymphis, in Dianam mutatus seductamque compressit et grauidam fecit. cuius cum crimen crescens uterus proderet, indignata Diana comitatu suo eam reppulit. quae exactis decem mensibus enixa est paruulum, qui Arcas cognominatus est. indignata Iuno, quod paelex sua

10 ex Ioue etiam mater esset, Callisto uertit in ursam. cuius filius Arcas cum esset in adultam perductus aetatem, imprudens in matrem incidit ursamque credens misso telo eam perimere uoluit. non sustinuit Iuppiter ignorantem parricidium perpetrare statimque eos inter sidera rettulit.

15 ille Arcturus et alio nomine Arctophylax uocatur, illa ἄρκτος μείζων, Latine septentrio maior appellatur. quod signum loco non mouetur neque mergitur. Tethys enim, uxor Oceani, nutrix Iunonis fuit, quae propter affectum nutritae eam prohibet in Oceanum cadere. unde Virgilius

20 ⟨georg. I 246⟩: 'Arctos Oceani metuentes aequore tingui'.

688 LIMINA NOCTE PETAM intellegis, pater, causam esse mariti uxoris lacrimas, et si lingua mei animi non sit interpres.

---

c. e. (*deinde sequitur lacuna*) Pb   *hunc Homeri uersum latere uidit Vollmer.*

    1 fabule MP | in *om*. Pb | inscriptiónem Pa ‖ 2 edisseramus L | Calyston L ‖ 3 regis arcadiae filia Pb ‖ 4 manentemque a reliquis speratam Pb ‖ 5 in diana Pa ‖ 6 utrū Pa ‖ 8 pauolum Pa ‖ 9 arctos MP | cognominata M cognomina Pa | pellex LPb pelix MPa | eius pellex (*om*. sua) Pb ‖ 10 etiam] et Pa *om*. Pb | Caliston Pb calypson Pa *corr. in* calyston M Calysto L | ursa Pa ursu Pb | cuius cum filius archas Pb ‖ 11 inprudens M ‖ 12 credens esse ursam Pb ‖ 13 sustinens L ‖ 14 statimque *corr. ex* statim M et statim Pb statim LPa ‖ 15 arectus Pa | aretrofilax Pa axctophilax Pb | nominantur Pb ‖ 16 mizon MP μείζον L | septentrion Pa ‖ 17 Thetis LMPa tethis Pb ‖ 18 quam Pb ‖ 19 nutrice Pb *corr. in* nutricis M | prohiberet MPa prohibuit Pb | unde] ut Pa ‖ 20 tingi LPb ‖ 21 intellige Pb ‖ 22 mariti causa esse? | marito Pb merito Pa

689 GENIALIA coniugalia. sed bene uxor super coniugis iurauerit partes. uiri enim genitalia conueniunt mulieribus.

693 TIGRIDIS HORROR totum Virgiliane amantis expressit affectum. Dido enim, ut Aeneae exprobraret duritiam cordis, ait ⟨Aen. IV 366 sq.⟩: 'sed duris genuit te cautibus horrens Caucasus Hyrcanaeque admorunt ubera tigres'.

697 ASPICE PROLEM Thessandrum dicit, qui patiebatur pudoris ignominiam, si dicatur exulis filius. Virgilius ⟨Aen. X 851 sq.⟩: 'idem ego, nate, tuum uiolaui crimine nomen pulsus ob inuidiam regno'.

700 QVEM DIXIT APOLLO id est quem oracula tibi generum per portenta dixerant.

701 NON EGOMET id est non cum furtiuo amore et culpabili Polynicen dilexi, sed ut exuli nuberem, tuis praeceptis parui, et ut maritum amarem, tuis monitis parui.

705 QVANTVS AMOR Lucanus ⟨VIII 75 sq.⟩: 'non legum iura nec arma, unica materia est coniunx miser'. nam maritum affectio commendat. si sit miser, auget misericordia caritatem.

707 ROGO peto, ut concedas, quod proficiscente marito dolebo, quod pugnante timebo.

---

1 GENIALIA L | semper Pb ‖ 2 iurauit L coniurauerit M |
uiris MPb | gentilia *corr. in* genitalia M ‖ 3 *post* mulieribus
in LmMP *sequitur* iuno (uino). *fortasse tale schol. latet:* uiris
enim conuenit Hymen, mulieribus Iuno ‖ 4 uirginale Pa uir-
gilianum Pb Virgilianae L ‖ 5 ut *om.* Pa | exprobaret LPb *corr.*
M ‖ 7 caucasus horrens cautibus MPa | h. q̣. a. u. t. Pb *om.*
LMPa ‖ 9 patietur L ‖ 10 ignomiam M ‖ 11 id est ego tite Pb |
maculaui *Verg.* | numen Pa ‖ 12 regno] solio *Verg.* ‖ 13 quę Pb
corr. in quē M ‖ 15 id est *om.* Pb | cum furtiuo L confurtiuo
Pb *corr. in* furtiuo M furtiuo Pa ‖ 16 culpa Pb | ut *om.* Pa |
exulem LM | nuberem *om.* LM | tuis praeceptis parui *om.* L ‖
17 maritum . . . parui *om.* Pb | amorem LM ‖ 19 QVANTVS . . .
nam *om.* Pb ‖ 21 commendat affectio Pa | misericordie Pa
miē̃ M minime Pb ‖ 23 quod] ut Pb qui *superscr.* ꝺ M ‖
24 quod . . . timebo *om.* P

714 SED MIHI MVLTA DEI ordo: sed mihi multa dei Lind. p. 116
regnique pondus subiciunt animo.

717 NATA MODVS eleganter religiosus pater sollicitae
filiae belli pollicetur effectum.

719 DVRA MORAE nec damnum putes utiles moras.
ipsa enim tardidate bello proficitur. ut Lucanus: 'saepe
mora melior'.

COMMENTARIVS IN LIBRVM IV.

Continet hic liber Bellonam iacientem hastam ad ini- Lind. p. 117
tium belli et persuadentem pugnam, sacrificium Iouis et
in ipso omina aduersa, ad bellum euntium planctum suorum.
dehinc catalogus de his, qui uenerunt in auxilium. Adrasti
et singulorum nomina ducum. prima descriptio Adrasti,
secunda Polynicis generi eius, tertia Tydei eiusdem generi,
quarta Hippomedontis, quinta Capanei, sexta Amphiarai
descriptio euntis ad bellum prodente coniuge et accipiente
ornatus ab Argia, septima Parthenopaei euntis ad bellum
inscia matre. matris aduentus et allocutio eius dissua-
dentis eum a pugna. dehinc a Thebis praeparatio Eteoclis
contra fratrem. aduersa monstra. furoris correptio Iocastae decurrentis in monte et allocutio eius uaticinantis
futura. extractio umbrae Lai et eius umbrae uaticinatio

---

1 ordo *om.* Pa | dī M ‖ 2 regn. pond. *om.* L | subiiciunt L |
animū MP ‖ 3 eliganter MPa ‖ 4 affectum LP ‖ 5 ne P ‖ 6 bellum
LPb | proficitur *Bamb. Mon.* Pa proficiscitur MPb perficitur L |
ut sepe Pa | *cf. Hosii edit. p. 331* ‖ Explicit liber tercius. Incipit
libĕ quătus Pa ‖ INCIPIT QVARTVS M ‖ 9 Concipit Pb | ad *om.* Pa ‖
10 iunis M | et *om.* Pb ‖ 11 omnia Pb om̄ M | aduersum M
adŭtit Pa | euntē M euentiū Pb ‖ 12 deinde Pb | de iis Pb de
is *add.* h M | que Pa | in *om.* M ‖ 13 et] ex P ‖ 14 cuius Pb |
tertia *om.* M ‖ 16 descriptio *om.* Pb ‖ 18 adeuntis Pb | et *om.*
Pb | eius] et Pb ‖ 21 decurrentes Pa | monte *corr. in* montē
M | cuius Pb ‖ 22 detractio M | laii Pb | cuius Pb

futuri mali. iter Graeci exercitus euntis Thebas. Liberi patris descriptio cum omni choro et eius allocutio pro Thebis, cum exercitum Graeciae uideret Thebas petere. preces eius apud Nymphas, ut cuncta siccarent et euntibus Graecis siti exhaustis potum fontis negarent. Nympharum 5 uiscera in terram redacta. remotio Argiuorum. sitis descriptio. Adrasti allocutio ad Hypsipylen, nutricem Archemori, filii Lycurgi. Hypsipyles responsio et demonstratio fontis Langiae. descriptio exercitus ad aquam festinantis.

Lind. p. 118   1 TERTIVS PHOEBVS id est tertius annus ex emisso 10 pacto fratrum. primus enim fuit, quo imperauit Eteocles, secundus, quo conuentus est a Tydeo, ut redderet regnum — qui annus itu ac reditu Tydei consumptus est — tertius, a quo incipitur bellum.   HORRENTEM ANNVM hieme asperum uel horridum frigore.   ZEPHYRIS LAXAVERAT 15 eleganter, quia hieme liquentia solidantur. ut Virgilius ⟨georg. IV 35 sq.⟩: 'nam frigore mella cogit hiems eademque calor liquefacta remittit'. item ⟨georg. III 364⟩: 'caeduntque securibus humida uina'. quae omnia resoluit uerna temperies. 'annum' ergo pro parte anni, per quem 20 hiemem poeta significat. ut Virgilius ⟨georg. I 44⟩: 'et Zephyro putris se gleba resoluit'.

   2 LIMITE VERNO tempore utique uerno, quo imminutis noctibus dies sumit augmentum.

Lind. p. 119   3 CVM FRACTA IMPVL|SAQVE FATIS quia contra consi- 25 lium Adrasti indictum est bellum, uoluntate fatorum fracta id est disrupta et ab ancipiti cogitatione abscissa

---

1 item LP ‖ 3 cum eius exercitu Pa | petere thebas Pb ‖ 4 ut om. Pb ‖ 5 potum corr. ex portum M | nympha Pa ‖ 6 uisera Pb om. M | reducta Pb ‖ 7 ipsiphilen MPa isiphilen Pb ‖ 8 ligurgi MPa ligu Pb | ipsiphilen Pa ipsiphiles corr. in ipsiphilis M ‖ 10 id est om. Pb | misso Pa ‖ 12 quo] in quo LPb ‖ 13 qui . . . est om. P | quo anno L   qui agnotus M | itus L om. M | reditus LM ‖ 15 hiemē Mon. ‖ 16 eligantur Pa ‖ 19 securis Pb ‖ 20 una Pb | annus igitur Pb | quam LMPb ‖ 23 quo om. Pb ‖ 24 augumentum P ‖ 25 CVM om. MP | inpulsaque M | satis Pa om. Pb | que Pa om. Pb ‖ 27 id est om. Pb | dirupta L rupta M

et destinata ad indictionem belli. ideo subiunxit 'impulsaque fatis'. iam enim disrupta facile ad bellandum fatis impelli potuerunt.

4 MISERI utrisque — scilicet fratribus — infeliciter exstitit causa bellandi, quos natos infelicior habuit imperandi condicio.

5 PRIMA BELLONA aut quae prima bellum coeperit ante Martem, aut prima domina proeliorum. RVTILAM splendentem. DE VERTICE LARISAEO de arce ciuitatis Argiuae.

6 TRABALEM HASTAM ingentem. congrue inde hastam dicit emissam, unde bellum ueniebat ad Thebas.

8 DIRCES nomen Thebani fontis a reginae uocabulo nuncupatum. et modo poetico dixit. neque enim poterat hasta de uertice Larisaeo usque ad Thebas ire.

9 CORVSCIS VIRIS splendidis Argiuorum ducibus id est ferri nitore fulgentibus.

11 PLAVDIT EQVOS plausibus excitat.

13 DICTA DIES ADERAT ἀποσιώπησις. subaudimus uero coetibus aut sacrificiis aut quibuslibet rebus: supra dicta.

15 SIMVLAT SPERARE cum metu futuri mali sacerdos ipse palleret, populis tamen propitios deos esse fingebat, ne animus uirorum fortium minueretur. quia, ne armati aduersum omen accipiant, prospera pro terribilibus nuntiat.

19 TRISTE nomen pro aduerbio, ut si dicatur 'tristiter'.

20 SVSPIRANDA DOMVS 'domum' pro familia, 'suspi-

---

1 subiungit L suddit Pb | inpulsaque M pulsaque Pb ‖ 2 dirupta L ‖ 4 MISERIS L | infelix LPb infelicibus Pa ‖ 5 existit Pb ‖ 7 quae] quod LP ‖ 8 aut quod prima L ‖ 9 LARYSSAEO L larisseo MP ‖ 10 hastam ingentem dixit L ‖ 11 dixit P ‖ 12 a reginae] origine Pa argiuo Pb ‖ 13 more L | poetice MPb | dixit enim neque Pb ‖ 14 hastā M | Larysseo LMP ‖ 18 ADERAT *om.* Pb | apposiosis Pa aposiopos Pb | uero *om.* Pb ‖ 19 dictis LPb ‖ 21 populus Pb ‖ 22 que Pa ‖ 23 aduersus Pa | omnem Pb omnium Pa | accipierunt Pa | terribili nuntiante Pa ‖ 24 TRISTE pro tristiter (*om.* ut ... tristiter) L ‖ 26 DOMOS L | domum pro *om.* Pb

randa' pro desiderabili posuit. id est omnes armati domus suae dulcedine tangebantur.

21 DEDVCERE CONOS inclinare apices galearum.

26 HAERET AMICA MANVS in ancipiti pietas constituta, quid potius faceret, ignorabat.

27 HINC OSCVLA TVRBANT per oscula fletus fiebat, qui turbabat oculos.

31 DE RVPE SALVTANT uale illis dicunt et, ut bene nauigent, optant. Sallustius: 'cum ab eo domum rediens salutaretur'. est ergo 'salutare' etiam abeuntibus uale dicere.

Lind. p. 120 32 NVNC MIHI FAMA PRIOR ideo ista numina inuocantur, quia nullum bellum Thebano antiquius fuit. ut Lucanus ⟨IV 654⟩: 'hinc aeui ueteris custos, famosa uetustas'. hic ergo inuocatio est Famae ac Vetustatis: o Fama, cui cura est meminisse uirorum fortium uitas, ne obliuione sopiantur.

34 TVQVE O NEMORIS nemoris Pindi uel Parnasi, unde uox funditur Pieridum.

37 SVBLATA MOLIRE LYRA heroicum iam ardorem innectens remissa lyra commemora.

38 MENS HAVSTO DE FONTE VENIT quia illic tu donas eloquia.

39 PONDERE CVRARVM magnitudine sollicitudinum. circa finem uitae iam . positus.

---

3 cenos **Pa** canos **Pb** | galea **Pa** ‖ 6 fiebant **Pb** ‖ 7 turbat **MPb** ‖ 9 optant *om.* **M** | Sall.: cum ... salutaretur *om.* **LP** *seru.* **M** *Mon. Gud.* | la **M** *Mon.* sat *Gud.* | *cf. Maurenbrecher II p. 199* ‖ 10 etiam *om.* **Pb** ‖ 12 Ista ideo **L Pa** | nomina **Pa** ‖ 13 que **Pa** | antiquo **Pa** | ut *om.* **Pb** ‖ 14 aeui ueteris] & in neteres **L** et inuentis **Pa** | custos *om.* **LMP** | formosa **Pb** | ueritas **Pa** | hęc **Pb** ‖ 15 ac] et **Pb** | uetustati **Pa** ‖ 16 cura *om.* **L** | uita **Pa** uitā **L** ‖ 18 nemoribus **Pa** ne morbus **Pb** | pincti **Pa** pinni **M** | aut **L** | Parnassi **L** ‖ 20 S₃ sublata **Pa** | eroicum **MPa** ‖ 21 lira remissa **Pb** | commemorata **MPb** commemorat **L** ‖ 22 que **Pa** | tunc **Pb** ‖ 24 sollicitudinum turba **L** | *ante* circa *inserendum puto* PROPIORQVE ABEVNTIBVS ANNIS | circa] cura **Pa**

40 VIX SPONTE uel quod senectutis tardaretur incommodo uel quia ad bellum ire cogebatur inuitus.

41 CONTENTVS FERRO gladio tantummodo incedebat praecinctus aut propter senectutem, ne armis grauaretur, aut propter potestatem, quae munimini eius poterat sola sufficere.

43 LVCTATVR ARION hic Arion natus est Neptuni munere et Terrae, equus nimiae uelocitatis, quem nunc Adrastus curru iunctum ducebat ad bellum. alii dicunt filium ipsius Neptunum Pelopi donasse, a Pelope ad Adrastum uenisse. cum igitur adhuc ignotus esset equorum cursus mortalibus et horum animalium natura egeret terra, Neptunus remediaturus humanos successus ingenio ac potentia, in Thessalia terram tridente percussit, subitoque mirum dictu solo prosiluerunt duo equi: Scyphos et Arion. inde optimae naturae equi Thessalici per orbem feruntur.

44 HVIC propter hunc. ut ⟨Aen. XII 488⟩ 'huic Messapus, uti laeua duo forte gerebat'.   PROSYMNA ciuitas Argiuorum.

45 PHYLLOS Arcadiae est regio, quam Graeci Phigaliam uocant, quam pecorosam ferunt, quae egregio abundet pecore. unde fuit Nestor. hinc Persius ⟨III 9⟩: 'findor, ut Arcadiae pecuaria rudere credas'.

---

1 uel] id est L ‖ 2 quia *corr. ex* qui M quod LP | ad] enĩ de Pb ‖ 3 incendebat P ‖ 4 ut Pb | ne . . . potestatem *om.* Pb | ne] aut Pa ‖ 5 quam Pb | munimina Pa ‖ 7 ario Pb | hic Arion *om.* Pa ‖ 8 Terrae] inte Pa | equs Pb equis Pa ‖ 9 currui LPb ‖ 10 Neptuni LP | a Pelopo L ‖ 11 uenisse *om.* MP ‖ 12 cursus . . . remediaturus *om. in marg. inf. add.* M | cursusq; Pa cursus usque MPb | ageret M ‖ 13 remediatur Pa | humano succensus Pa | ingenio MPb uirtutibus L *om. spat. uac. rel.* Pa ‖ 15 prosilierunt L | -erunt duo equi *om. sp. u. r.* Pa | scilicet Scyphos L Siphon Pb Scitius *Myth. II* Scintius *Myth. III* ‖ 17 HVIC . . . hunc *om. sp. u. r.* Pa | ut *om.* LMPa | messapius Pa me sappius M ‖ 18 ut Pa | porsimna Pb ‖ 20 PHLIVS *Mueller in Statii edit.* PHYLLVS L philus M philos Pb *om. sp. u. r.* Pa | Phyllalian L philaliā P phigalliā M ‖ 21 peccorosa fertur Pa | que *corr. ex* qui M quod LP | habundet MPa ‖ 22 pectore P ‖ 23 finditur Pa | dicas P *Persius*

46 CHARADRON civitas Peloponnensis, quae Charadro fluuio iracunde teritur.

47 NERIS montis nomen Argiui, ut ait Callimachus. CLEONE ciuitas Arcadiae in confinio Argiuae regionis.

48 ET LACEDAEMONIVM THYRE LECTVRA C. historia talis est: Thyre ciuitas est. huius populi duo quondam inter se bello dissentientes, Lacedaemones et Argiui. sed Lacedaemoniis dux Theriades. cum eius exercitus iam prope uictor esset, tamen graui uulnere iaceret, excepto — antequam totam animam exhalaret — sanguine, trophaea iussit attolli. quibus digito sanguine oblito ter haec scripsit: κατὰ Ἀργείων. hoc dixit 'Lacedaemonium Thyre lectura cruorem'. siue quia apud Lacedaemonios uerberum et plagarum habebatur certamen. [propter hoc dixit 'Lacedaemonium lectura cruorem'.]

49 MEMORES qui haberent memoriam generis, qui Adrasto longa affinitate iunguntur.

Lind. p. 121 50 QVI DREPANI SCOPVLOS Corinthi Drepanon dicit, non Siciliae. OLIVIFERAE SICYONIS Corinthi municipium oliuis fertile. unde Virgilius ⟨georg. II 519⟩: 'teritur Sicyonia baca trapetis'. hanc autem primum Adrastus

---

2 fluuio Charadro L | trahitur LPa ‖ 3 NERIS] Reis Pa | calimacus ait Pb | *Schneider fragm. 566* | et *ante* Argiuae *ins.* Pa *del.* M ‖ 4 Argiuae] archadię Pb ‖ 5 LECTVRA] i. M e. Pa c. Pb | c. *om.* L ‖ 6 est* *om.* LP *del.* M | duo] di Pa ‖ 7 bello inter se L ūre se bella Pa | bellum Pb | disserrent Pa | sed] & LPa ‖ 8 Lacedaemoniorum L lacedemonius Pa | Othriades L tiriades Pb ‖ 9 ipse tamen *an* tametsi? ‖ 10 tropheum Pa ‖ 11 quibus] quid Pa q Pb | oblitrato' Pa | ter *om.* L(Pa) ‖ 12 hoc M *om.* Pa | κατὰ* aptron e prata λοιπον L Κατα ȏ patrone piata . ΛΡΘΙΟΝ M Κατα . ȏ patrone · piata ΛΕΙΟΙΟΝ *Mon.* h. a. t. a. a. p. trone piazaa pōjon Pa Cata aptro ne piata argion *Bamb. spat. uac. rel.* Pb κατὰ Ἀργείων *corr. Kohlmann. in* Mus. Rhen. *uol.* XXXI p. 302—304 | hec Pa | hoc est quod dixit L ‖ 13 lecturā M | siue] fuit Pb ‖ 14 etamen habebat Pb | propter . . cruorem *om.* M ‖ 15 dixit *om.* Pb ‖ 18 Corinthion uel L corinthio uel Pa | Drepanem L drepanen M repanen Pa drepanum Pb ‖ 20 territur P ‖ 21 baca *corr. ex* pacca M bachi Pb | primus Pb

ciuitatem regnando possedit, ut ipse in secundo libro ⟨un. 179 sq.⟩ testatur dicens: 'quis te solio Sicyonis auitae excitum infrenos componere legibus Argos'.

51 LANGIA TACENTI id est quos Langia palus lambit.

5 52 ELISSOS flumen Atticae regionis. hunc Graeci ita uocant. tractum nomen a flexibus. qui fertur ex Cocyto fluuio inferorum undarum augmenta percipere. uel in isto dicuntur Furiae fessas siti animare serpentes.

56 SEV TECTA MYCENIS propter fratrum discordias et 10 parricidiales epulas et fugam Solis. unde Virgilius ⟨Aen. I 568⟩: 'nec tam auersus equos Tyria Sol iungit ab urbe'.

59 EPHYRE ipsa est, quae Corinthos, quae Dyrrhachium, in qua mater Palaemonis colitur. huic templum ciuitas 15 prima Ephyre dedit, quia de Scyradibus petris se Ino, uxor Athamantis, praecipitauit in mare. et cum corpus filii Melicertae Corinthum fuisset appulsum, de habitu contemplati regis fuisse filium, humauerunt. cui humato institutum fertur lustrale certamen, quod Isthmicum uo- 20 cant. ut quidam uolunt, ita solata est Ephyre matris querelas. est autem Corinthi ciuitas. unde Virgilius ⟨georg. II 464⟩: 'Ephyreaque aera' hoc est Corinthia.

60 CENCHREAEQVE Cenchreus portus est Corinthi.

---

3 excisum Pb *corr. in* excitum M exosum Pa | infrene Pa | *post* argos *in* Pa *legitur* alias stogilla hab'r ‖ 4 LANGIA L langilla Pa stagilla Pb *del. superscr.* Langia M Slangia *Mon.* | Langia L stagilla P tagilla *del. superscr.* Langia M slangia *Mon.* ‖ 5 Et flumen elisos Pa | fluuius L fl'est Pb (*om.* Pa) | Graeci] igitur L ‖ 6 quibus Pa | e cocyto Pb et scito Pa ‖ 7 augumenta precipue Pb ‖ 8 fessos Pb | fess. s. a. s.] solitae morari L ‖ 10 par(r)icidales P ‖ 11 aduersus L Pa | 13 Corinthion L *corr. in* corinthon Pa corinthon M Pb | dirihasiū Pa dirraratium M | 15 prima] propia Pb | ephira M P | que Pa ‖ 17 melicertis Pa *corr. in* melicerti M ‖ 19 fertur *corr. in* feruntur M | lustrare M lustrate Pa | qui Pa | stimicum M P ‖ 20 est solata L | matrisq̄ Pb | 22 aera] erea M manus P | hoc est] i. L *om.* P | Corinthia. CENCHREAEQVE *om.* P ‖ 23 Cenchraeus L cencreus M cenechrereus Pa cenchereus Pb | corinthi portus est M

61 GORGONEO PERCVSSVS EQVO equo Pegaso, cuius ungula percussus locus fontem effudit, qui Hippocrene dicitur. hoc enim fonte qui labra proluerit, poeta fiet. ideo uatum conscium dicit. Pegasus autem, Neptuni et Medusae Gorgonae filius, uolare solitus, cum uenisset in montem Heliconem, qui est in Boeotia, ungula locum quem percusserat, fontem inde excussit. hoc dicit seruare uatibus carmina. unde Persius ⟨prol. 1⟩: 'nec fonte labra prolui Caballino'.

62 ISTHMOS terra siue mons, qui Aegaeum mare diuidit ab Ionio. ideo autem dixit 'maria inclinata repellit', quia Achaiam, in qua pater regnauit Pelops, duo maria circumdant, adeo ut insulam faciant, nisi utrumque pelagus obiectus Isthmos interiaceret. Lucanus ⟨I 101⟩: 'gracilis mare separat Isthmos'.

Lind. p. 122   64 PARS GESA tela Gallica. ut Virgilius ⟨Aen. VIII 661 sq.⟩: 'duo quisque Alpina coruscat gesa manu'. FLAMMIS ut Virgilius ⟨Aen. VII 506⟩: 'hic torre armatus obusto'.

66 NEQVE SANGVIS ordo: alii gesa, alii robora flammis indurata pro telis habent. nam quia non ipsis unus sanguis aut origo fuit, ideo dissimilia arma gestabant.

73 PLAGARVM IN PECTORE NODOS signa praeteritarum uirtutum. id est cui praestant priora uulnera dignitatem.

74 DIRCAEVS GENER Polynices est de fonte Boeotiae sic uocatus, qui ex Dircaeo funere, cuius corpus iuxta

---

1 pegaseo Pb ‖ 2 effod'e Pa | qui] per Pb | Hippocrenes L ippocrenes Pb ypocrenes MPa ‖ 4 dixit LPa dicitur Pb | aut Pa | et] aut Pa ‖ 5 Gorgonis L gorgones Pb ‖ 6 loco L ‖ 7 fontem om. Pb | inde] uñ Pa | hec dixit Pa ‖ 9 calino Pb ‖ 10 terra siue mons M Achaiae mons L annos Pa mons Pb | q꜀ Pa ‖ 11 aut Pb ‖ 12 quia Pa qui M quod LPb ‖ 14 interiacet Pa om. Pb | Luc. ... Isthmos om. Pb ‖ 16 PARS om. MP | unde Pb ‖ 17 gessa P ‖ 18 Virgilius om. MP ‖ 19 adusto Pb opto Pa ‖ 20 Illeque Pa | sanguinis Pb | alii gesa om. L ‖ 21 edurata Pb q꜀ Pa om. Pb | non] ante P ñ om. superscr. M | unde sanguinis Pb 23 preteritorum Pa ‖ 25 Polynices om. P | est om. MPb ‖ 26 nominatus L

eum — quod taurus traxit — inuentum est, inde nomen
accepit. Polynicen ergo Dircaeum appellat, propter quem
ab omnibus populis prodiebatur ad bellum.

78 AVCTA FIDES in quibus est fides aucta calamitati-
5 bus, quia misericordia commoti sunt, siue quibus praeci-
puum erat potentes mutare.

81 AEGION ARENENQVE ciuitates Arcadiae. quas re-
gendas Polynici genero quasi dotalis familiae Adrastus
dederat, ne exul regnare desuesceret aut certe ne sentiret
10 exilium.   THESEIA TROEZEN Thessaliae ciuitas, quam
Theseiam dixit, quod Theseus Troezenae ciuitatis iter obsessum a latronibus liberum praestitisset, uel quia Theseus
Aethrae filius in hac urbe natus est.

84 DEBITVS HOSPES fatalis: responso Apollinis debitus.
15   85 TVLIT aut detulit aut gessit.

87 SPHINX ideo dicta est, quod quaestionibus con|strin-   Lind. p. 123
geret homines, ut se expedire non possent. nam Graece
σφίγγειν constringere dicitur. uel uinculum, quod quasi
illa propositi sui uinculis colligaret omnium mentes, uel
20 propter Oedipoden patrem, cuius labor Sphinx est.

92 PECTORE THEBAS a cupiditate Thebarum solo coniugis reuocatur affectu.

94 ET INTEGER ARTVS integros artus habens post uulnerum curationem. dicit ergo Tydeum audito tubarum
25 strepitu nondum curatis uulneribus tamquam integro cor-

---

1 quod *Mon.* qui L Pa *corr. in* quo M quem Pb | taurum
L | inde *om. superscr.* M ‖ 2 pollinicem P | ideoq; quē ab omnib⟩ᵇ ᶜ
p͞pt M | 3 populis] ppᵃ Pb | progrediebatur M ‖ 4 hęc est fides M
hoc est fides Pb ‖ 5 siue *om.* Pb ‖ 6 immutare L ‖ 7 ARENENQVE *om.
superscr.* M ‖ 10 thesea Pa thesa Pb | thoemem Pb ‖ 11 thessen-
tiam Pb | dicit L | thoemenę Pb ‖ 12 quod] quia *in ras. man.* 2 M ‖
13 eatrę M Pa eacię Lm Pb ‖ 14 fatis uel L fata uel Pa ‖ 15 aut
gessit aut detulit L Pa ‖ 16 est *om.* L | p̄etitionibus Pb | ita strin-
geret Pb constringit L constringere Pa ‖ 17 se *om.* L Pb ‖
18 σφίγγειν L spin M spinx Pa spi ... Pb | quod *om.* L q Pa ‖
19 propositis L P | suis L Pb sibi Pa sui/// M | colligere Pa ‖
22 remouetur Pa ‖ 23 ET *om.* M P | integros *om.* Pb | artus *om.* P |
uulnerum *om.* Pa ‖ 25 sonitu L

pore ad bellum prodisse, cuius arma uti uerno tempore anguis lubricus splendore radiabant.

97 SQVALENTIBVS ANNIS quia deposita pelle dicuntur serpentes in iuuentutem redire. herba quaedam dicitur marathros, quam cum comederint, senium deponunt aetatis. 5

100 SICCAVERIT ORA id est in se exhauserit uenena serpentis.

102 SENSIT SCOPVLOSA PYLENE detrimenta cultorum. est Pylene ciuitas Aetoliae.

103 MELEAGRIA PLEVRON ciuitas Boeotiae, ut Homerus 10 ait, in qua Meleagri sorores, dum fratrem flerent, in aues uersae sunt, quae hodie meleagrides uocantur. causa enim haec illis fletus fuit, cum Althaea, mater Meleagri, titionem fatalem combureret, dum uindictam Plexippi et Agenoris quaerit, quos Meleager occiderat. quo facto ipsa 15 post tantum nefas merito laqueo uitam finiuit exosa lucis. secuta est luctum alia calamitas. namque Meleagri germanae in tantum fratrem fleuerunt, ut deorum misericordia in aues uerterentur.

105 OLENOS Arcadiae ciuitas, in qua Iouem Amalthea 20 capra dicitur nutrisse, quae in cultum Iouis Idam prouocat, montem Cretae, in quo Iuppiter colitur. contendit autem, ut Iouem suum alumnum uindicet.

106 TVRPATVS palaestrae arte superatus, ut Ouidius ait. qui autem uerius, hunc dicunt fluuium ante inuium 25 ab Hercule in fossam deductum uires amisisse. ut Lu-

---

1 prodiisse **LMPb** | ita ut **LPa** ‖ 2 lubrico **Pa** ‖ 3 armis **Pb** ‖ 5 marathros **L** marabtros **M** mathros **Pa** mathios **Pb** muratros *Mon.* | deponunt senium **Pb** | aetates **M** *om.* **Pb** ‖ 8 detrimentum **Pb** ‖ 9 est *om.* **LMPb** ‖ 10 ut . . ait *om.* **LPb** ut h'om **Pa** | homerus *corr. ex* homines **M** ‖ 11 Meleagri *om.* **L** | sorores … mater Meleagri *om.* **P** ‖ 13 titonem **M** cionie **Pa** ‖ 14 combusit **L** comburere **Pa** | Pleuxippi **L** pleusip(p)ie **MP** | et *om.* **MP** ‖ 16 laqueo gulam fregit **L** ‖ 17 nam **LP** ‖ 18 deorum *corr. ex* eorum **M** dei **Pa** ‖ 21 cultu *Vollmer* | iouis idē non **Pa** idam iouis **Pb** Iouis Idam non **L** ‖ 23 uindicet *corr. in* uendicet **M** uindicēt **Pa** ‖ 24 Turbatus **M** | pelastri **Pa** palestri **M** | *met. lib.* IX *initio* ‖ 25 autem *om.* **LPa** | inunū **P** ‖ 26 fossa **Pa**

canus ait ⟨IV 142 sq.⟩: ʻet scisso gurgite riuus dat poenas
maioris aquaeʼ.   Achelous autem fluuius Deianiram, Oenei
regis Aetoliae filiam, in coniugium petiit, cum eo tempore
praedictam etiam Hercules postularet.   accepta lege ab
5 Oeneo, ut qui uirtute superasset, ipse eam acciperet, congressi in certamine, cum uinceretur Achelous, mutatus est
initio in iuuenem, mox in draconem, tertio in fluuium,
qui per Aetoliam fluens labitur in Arcadiam[, ad ultimum
conuertit se in taurum. Hercules autem dicens se etiam | Lind. p. 124
10 tauros domuisse, cornu illius fregit, quod descendens ad
inferos Cerberum rapturus secum tulit.   illud Nymphae
omnibus bonis repleuerunt datumque est Copiae, quae est
ministra Fortunae.   unde in Boethio legitur ⟨de cons. I 5⟩:
ʻCopia pleno cornuʼ. hoc ideo fingitur, quoniam Fortuna
15 ditissima est omnium et diuites multos facit. cum pleno
cornu, quoniam sicut cornu carnem exuberat et super-
crescit, ita et diuitiae foris stipant hominem. in cornu
etiam uirtus est animalium, et Fortunae uires in diuitiis
sunt, quibus multos ad se pertrahit].
20   109 AEGRESCVNT dicitur Achelous duobus alueis fluxisse,
cui Hercules unum clausit.   ideoque dicitur cornu truncatus. hoc etiam sciens poeta aliud agens occulte tetigit
dicens: ʻanhelantes aegrescunt puluere ripaeʼ. maerentem
ergo tristem dixit.

----

1 rius Pa riuis Pb ‖ 2 autem *om.* LPa ‖ 3 petit LPa poni
Pb | cum *om.* L ut Pa ‖ 4 predicta Pa | et hercules Pb | postu-
labat L postulare Pa ‖ 7 tertio in taurum nouissime in fluuium
M | 8 qui *corr. ex* quod M | ad ultimum . . . . pertrahit *omissis*
M *praebet haec:* sed uictum acheloum hercules truncauit cornu,
quod nymphis (*corr. ex* nymphā) consecrasse dicitur. fortuna ē
cornu c̄ (*add.*) cupiñ//// fecisse *cf. Myth. II* 165 | iā ad Pa ‖
9 conuersus est Pb | dicens autem se (*om.* etiam) Pb ‖ 10 domi-
nasse Pb | cornū Pa | q Pa | descendente L ‖ 12 omnibus nymphe
Pb | 13 *Schottky pro* in Boethio *putat scribendum esse in* Hora-
tio (*carm. saec.* 59) ‖ 14 pleno copia cornum Pb | dites P ‖
16 exsuperat *conicio* extulerat P ‖ 17 et *om.* LPb | duritiae Pa ‖
18 uires *om.* Pb ‖ 19 sunt *om.* Pb | contrahit Pb ‖ 22 hec Pa |
etiam] ita Pb

Lind. p. 125

111 PATRIVS STAT etenim ex Marte Oeneus dicitur natus, ex Oeneo Tydeus. sic enim in primo ⟨464 sq.⟩: 'et Marti non degenerare paterno aspicies'. alii quod quasi referunt ad uirtutem. ut Virgilius ⟨Aen. IX 685⟩: 'et Mauortius Haemon', non Martis filius, sed qui uirtute 5 polleret.

116 MAIOR AT INDE transitus ad [Hippomedontem. magna arte et uarietate sermonis primo copia, deinde dux describitur.

117 LYRCIE fluuius est Aetoliae. 10

119 INACHE fluuius est maximus in Graecia, cuius Io filia a Ioue compressa in uaccam mutata est. unde Virgilius ⟨Aen. VII 789 sq.⟩: 'at leuem clipeum sublatis cornibus Io auro insignibat iam setis obsita, iam bos'. PERSEA HVMO Argiua est, ubi Perseus regnauit. Persea 15 ergo principale pro deriuatiuo Perseia. unde et longam posuit 'se'.

120 CVM TAVRVM AVT PLIADAS quorum ortu pluuiae immensae funduntur. et optime tempus excepit. nam aestate torrente degenerat. ideo tempus adiecit, quo un- 20 darum sumit augmentum, cum signa sunt pluuialia, quae illum mouent.

121 GENERO TVMVIT IOVE id est gloriatur, quod cum eius filia Io concubuerit Iuppiter. cum ergo elatus est.

122 DRYOPVMQVE Dryops et Icadius duo de finibus 25 dum contenderent, Hercule iudice terminos ceperunt.

---

1 etenim *om.* LP | oeneus indicitur ex marte (*om.* natus) Pb ‖ 2 enim] et Pb ‖ 3 et *om.* LPa | respicies Pb accipies *Statius* | quod alii ? | quod *om.* L ‖ 4 ferunt Pb ‖ 5 Haemon *om.* Pa heros Pb | uirtutū pollere Pa ‖ 7 MAIOR *om.* Pb ‖ 8 et *om.* P *superscr.* M | uarietates Pa | copiae L ‖ 9 describitur dux LP ‖ 10 LYRCE L lircee Pa | est *om.* L ‖ 12 conpressa MPa | unde] ut L ‖ 13 cornibus *om.* Pa ‖ 14 auro . . . bos *om.* LMPa ‖ 15 HVMO] uino P | est *om.* LMPb | Persea *om.* Pb ‖ 16 ego L | Perseia] prospera Pb ‖ 19 inmense MPa ‖ 20 in torrentem L torrentem Pa | unda Pa ‖ 21 augumentum P | sint *Mon.* Pb ‖ 23 id est *om.* Pb | gloriatur *superscr.* ba M ‖ 24 cum *om.* L *an latet* tumuit ? ‖ 25 Dryopus LPa | cadius Pa | cum de finibus (*om.* dum) L dum de finibus (*om.* duo) *Bamb.* ‖ 26 coeperunt L

123 EPIDAVRIA ciuitas Argiuorum, ubi Aesculapius colitur, equorum fertilitate gratissima. unde Virgilius ⟨georg. III 44⟩: 'domitrixque Epidaurus equorum'.

124 AETNAEAE CERERI Siculae Proserpinae. ostendit
5 supra dictum collem aptum uinetis esse, frugibus in-fecundum.

125 PYLOS NELEIA Pylos a Neleo, patre Nestoris, nuncupata Neleia.

126 AETATE SECVNDA quia nondum militauerat Nestor.
10 multumque ipsa nouitate declamauit. nam prima aetas triginta annorum est, secunda sexaginta. nam Nestorem constat tertia aetate ad bellum uenisse Troianum. ideo adhuc iuuenem aetate secunda dixit, quia postmodum militauit.

15 130 LATVS OMNE SVB ARMIS quod latus eius armis tegitur.

132 FLAMMEVS laus operis. NOX non nox uiuit, sed· quae gesta sunt nocte.

136 ILLVM PALLADIA Hippomedontem dicit, qui ab Athenis id est a Capitolio Mineruae ad bella descendit.

20 137 ARMA PAVENS id est equus nouus ad bellum ue-locitate insignis.

138 ATTOLLIT PVLVERE CAMPVM quasi ipse campus assurgat.

139 VTROQVE PECTORE eleganter utroque scilicet Lind. p. 126
25 hominis et equi, quod bimembres sunt, id est humano et equino.

141 PAVET OSSA VIAS mons Thessaliae, in quo et Centauri

---

3 Domitrix L Pa ‖ 7 Pylos *om.* M | patris Pa ‖ 9 qua non Pb | Nestor ... annorum est *om. in marg. inf. add.* M ‖ 10 militum ipsa Pa | declarauit L declinauit Pb | nam nestoris prima Pa ‖ 11 costat nestorem Pb ‖ 13 dixit *om.* Pb ‖ 15 eius M est LP ‖ 16 flammineus Pa | VIVIT IN AVRO NOX DANAI L *om.* Pa ‖ 17 sed ea quae L ‖ 19 descendit ad bella Pb ‖ 20 parens Pb | bella Pb | uelocitatis L M Pa ‖ 22 campus] caput Pb căpitis Pa ‖ 24 scilicet *om.* M Pb ‖ 25 eo quod Pa | bimembris P | sint L sit P | id est *om.* Pb ‖ 26 equino et humano Pb ‖ 27 in quo ... 143 .. Thes-saliae *om.* Pb | et] erant L

143 PENEIA STAGNA Peneus Thessaliae fluuius. quasi tam diu timeant, donec ad amnem ille perueniat.

146 MORTALE SONANS quod pro meritis militum fortitudines non poterunt laudare mortales.

147 TIRYNTHA DEVS Iuppiter mutatus in Amphitryonem concubuisse cum Alcmena Electryonis filia dicitur in urbe Tirynthia. unde natus est Hercules, unde et Tirynthius dicitur. de qua Plautus tragicocomoediam dixit.

149 DEGENERAT non degenerat a fama Herculis: ipsi quidem fortes sunt, sed aeuo mutata est fortuna ciuitatis.

150 ROBVR OPES quia non potest fortuna addere uirtutes. sola enim uirtus neque donatur neque accipitur. ut Sallustius ⟨Iug. I 3⟩: 'probitatem, industriam aliasque artis bonas neque dare neque accipere quisquam potest'.

151 MONSTRAT CYCLOPVM DVCTAS SVDORIBVS ARCES ductas aedificatas. ut Virgilius ⟨Aen. I 423⟩: 'pars ducere muros'. Cyclopes istius ciuitatis moenia condiderunt, sicut asserunt Graeci.

153 INNVMERVM BELLO expositio, quid sit ter centum pectora, uulgus innumerum: quia tam fortes erant, ut multorum facta fortia sua uirtute pensarent.

---

1 PENEI L | fluuius Thessaliae L ‖ 2 timens Pb ‖ 3 mortalis Pa | quid Pb quicquid *Mon.* | fortitudinis MPb ‖ 4 non *om.* M *Mon.* | poterint LMPa *Mon.* ‖ 5 *locus corruptus est. quae conieci, mihi non satisfaciunt.* | Tyrinthia Pa ‖ 7 Iuppiter] hercules Pb Hercules. Iuppiter L ‖ 6 *post* Amphitryonem *secuntur in* Pa: malchiuateste claue filium, *in* Pb: malchiua testi daue filium, *in* M 'malchi uates tidaue filium' *linea subscripta deleta sunt* | concubuisse cum *om.* Pb | alchmene *Mon.* alcmen *corr. in* cū alcmena M | alchmene . . . electri (*cf. Plauti u. 99*) filiam Pb ‖ 7 Tirynthe L ‖ 8 traitio (*corr. in* traico) comediā M trialcodiam Pa ‖ 9 degenerant L ‖ 10 quid Pa | sed *om.* P ‖ 12 neque dono neque precio accipitur LPa neque dono datur neque accipitur Pb ‖ 13 industrias LMPa | atque alias M ‖ 14 bonas artes Pb | neque²] nec Pb | eripere *Sall.* | quis LPa quispiam M *Mon.* cuiquam *Sall.* ‖ 15 ciclopidum Pa | ARCES *om.* LP *a.* M ‖ 16 ductas] id est L *om.* Pb | ut Virg. *om.* Pb ‖ 17 ciuitatis istius LP ‖ 19 EXPOSITO LPb | quod sint LM | trecentum Pa ‖ 20 pectora scilicet uulgus LPa

155 EXVVIAE bene totum a similitudine Herculis. quemadmodum ille claua, sic isti stipite,

156 TELA PHARETRIS ita erat pharetra referta sagittis, ut exhauriri non posset.

5 157 PAEANA proprie paean Apollini canitur. CANVNT ut Virgilius ⟨Aen. VII 698⟩: 'ibant aequati numero regemque canebant'.

158 OMNIA aut canunt omnia uastata monstris id est purgata, aut certe omnia audit Hercules in frondosa Oeta 10 positus, quae uastata est monstris. in qua etiam concrematus Hercules eo loci, cui Tymphrestion nomen est.

160 SACRA CLEONAEI Herculem eo loco Molorchus accepit hospitio censu pauper, diues affectu. ordo: Nemea dat comites, dant et Molorchi uineta. Cleonaei ciuitatis 15 nomen est Nemeae siluae uicinae. ut Lucanus ⟨IV 612 sq.⟩: 'ille Cleonaei proiecit terga leonis, Antaeus Libyci'. ergo cum Hercules ad occidendum leonem isset ab Eurystheo missus, a Molorcho susceptus hospitio est, cuius filium interfecerat leo, didicitque ab eo, quemadmodum aduersus 20 ferum coiret. quo superato ludos instituit, quos a loco Nemea appellauit. igitur Nemea dat comites, dant et Molorchi uineta. quia ea omnia in clipeorum pictura, et

---

1 ad similitudinem LPb ‖ 2 iste LPa ‖ 4 possit MPa ‖ 5 pean proprie (om. PAEANA) P | cantatur Pb | CANVNT ... canebant hoc loco om. secuntur post schol. 158 MP ‖ 8 aut Pa | canunt ... audit om. Pa | id est ... est monstris om. Pb ‖ 9 post Hercules man. 2 add. † ccrematis M ‖ 10 positisq; M | etiam] esset L et Pb ‖ 11 loco LPa | cui om. Pa ut Pb | Tymphrestion scripsi Prestion LPa amprestion Pb tiprestion Mon. corr. ex tripestion M ‖ 13 sensu Pa | diuersa affatum Pb | nomeę Pb ‖ 14 dat] dant L | Cleonea L cleoneia MPa latetne cleonaei autem ? ‖ 15 est om. P | uicina MP | ut om. LP | Luc. om. MPb ‖ 17 dum MPb ‖ 18 est hospitio L est hospicium Pb | filiam Myth. ‖ 19 leo filium interfecerat L filium leo interfecerat (interficeret Pa) P ‖ 20 ferrum MPb feram LPa | qua L quia Pa | superata LPa ‖ 21 Nemeos L uenea Pa | dat] dant L | uineta om. MP ‖ 22 quia ... fuerit om. Pb | quia ōs in clippeorum pictura casū molorchi om. add. M | (ea om.) omnis Pa | et ... fuerit om. M

quomodo filius eius a leone occisus fuerit et Herculis hospitium, auro figuras notante descripserunt.

164 QVA CVBITI SEDEANT calcati, pressi sunt. ordo: qua cubiti terra sedeant uestigia. cubitum posuit pro loco cubilis.　　　CVBITI cuius generis sit in Captiuis Plauti ⟨uu. 795 sq.⟩ lectum est ex persona Ergasili parasiti: 'ne quis hac platea negotii conferat quicquam sibi, nam meus est balista cubitus, pugnus catapulta est'. SEDEANT autem mire. significat enim factam lacunam terrae Herculis mole. hanc descriptionem poetae pictam ipsius Tirynthae portabat exercitus.

Lind. p. 127 165 AT PEDES pedes quidem erat Capaneus, sed omnibus eminebat. solent enim equites altiores esse peditibus. bellum ergo pro bellatoribus posuit.

167 INIECTV MOLIS ostendit multis taurorum coriis, laminis etiam ferreis Capanei clipeum obductum fuisse.

169 HYDRA ·RECENS ita ueritatem expressit pictura, ut paene recenti obitu Hydra cum suis serpentibus interiret.

171 IGNESCIT IN AVRO admouetur ignis uulneri. itaque factum, ut non pullularet.

172 CAERVLA LERNA ferri materia facta est caerula.

175 NON MATRIS OPVS non matris manu factum, sed artificum manu fabricatum: quasi imbellibus illa conueniant, quae a femina fabricantur. ut Virgilius ⟨Aen. X 818⟩:

---

1 eius Molorchi L | fuisset L fuerit molorchi Pa ‖ 2 figurata L | notâter L notanī M notantur Pb notatas Mon. | descripserunt superscr. expresseī M ‖ 3 calcati Mon. calcatę MP VESTIGIA TERRA L | expressi Mon. pressę MP om. L | sunt om. L Mon. ‖ 4 quia Pb | terra cubiti L | CVBITI ... pugnus in MP post mole secuntur ‖ 5 genus cuius generis MPb ‖ 6 Ergasili] ergospli MPa ergo pli Pb ‖ 7 in hac Plautus | negoti Plaut. | quidquam L | sui Plaut. ‖ 8 pugnus, cubitus Plaut. | catapultast mihi Plaut. om. MP ‖ 9 autem om. L | factiam M festra Pa ‖ 10 molem MPb | pincta Pa ‖ 11 Tirynthe? ‖ 12 pedē Pa om. Pb 13 pedestribus LMPa ‖ 14 ergo om. Pb ‖ 15 iniecta moles Pb 16 fereis M ferantis Pb ‖ 18 obitu] habitu MP ‖ 19 idque L 22 manu matris P ‖ 23 artificium Pa | inbellibus MPa | conueniant corr. ex conueniunt M

'et tunicam, molli mater quam neuerat auro'. haec ergo
thorax aut ex aere aut ex ferro facta fuerat, quippe Capanei solius apta uirtutibus.

177 STAT FRONDIBVS ORBA CVPRESSVS · horret hasta
5 frondibus amputatis et ὑπερβολικῶς non hastam nominat,
sed cupressum.

178 AMPHIGENIA ciuitas est, cuius Homerus quoque
meminit.

179 PLANAQVE MESSENE non ipsa plana, sed in plana
10 camporum patentia constituta.   MESSENE ciuitas prope
Pylum, quam Pamisus amnis interfluit.   MONTANAQVE
sic Homerus epitheto pari significauit ⟨Il. B 729⟩: καὶ
Ἰθώμ|ην κλωμακόεσσαν. quod significat montuosa ab ex- Lind. p. 128
cessione uelocis cerui.

15 180 AEPY oppidum Messenae dissimile. nam ut illa
in campo posita est, ita hoc in montibus collocatum.

181 GETICO VATI Thamyram dicit, quem Musae ingenti
liuore commotae caecasse dicuntur.

182 DORION oppidum, de quo hic poeta fuit.

20 183 AONIDAS Musae a montis nomine nuncupatae.
DAMNATVS caecatus mente, non lumine.

184 ORE SIMVL optime poeta Homeri ambiguum uerbum

---

1 hęc **MPa** h' **Pb** hic **L** *Mon.* ‖ 2 thorax et tunica **L** torax
et tunica **Pb** | facta **LMP** fact' *Mon.* ‖ 4 FROND. ORB. CVPR. *om.*
LMPa | horret *om.* **MPa** | hasta *post* amputatis *praeb.* **LMPa** ‖
5 frondibus scilicet **L** | amputatis *corr. ex* ambutis **M** | et *om.*
L | hasta **L** | nominatur **LPa** ‖ 7 Homerus quoque huius **LPa** |
quoque *om.* **M** | *est locus Iliadis* B 593 ‖ 9 MESSENA **L** | plana²
om. **LPb** pala **Pa** ‖ 10 potentia **Pa** planitie **LPb** ‖ 11 Pylum **L**
pilo **M** pilio **Pa** pilon **Pb** | Pamisus *corr. Kohlm.* amissus **MPa**
admissus **LPb** | montana **MP** ‖ 12 pari **MPb** patri **Pa** pali **L** |
significat **LP** | χαιτον ειχλονοχονπεαν **L** ⊦ei. iton. n. n. ⊦ea ω.
n. ω. heon. ce. an **Pa** *om.* **Pb** ΚΛΙΤΟΝⲉΝΚΛΟΝΟΚΟΝCEΛΝ **M**
corr. Woelfflin. in Philol. XXIV p. 157 ‖ 13 quod ... 180 ...
montibus *om.* **P** ‖ 14 ceruì] currui *Gud.* ‖ 15 schol. *om. in marg.
sup. add.* **M** ‖ 16 collatū **Pa** ‖ 17 tamiram **Pb** T(h)amirum **LM**
Z⁊rajmirum **Pa** ‖ 18 motae **L** commite **Pa** *om.* **Pb** | *post* dicun-
tur *in* **Pa** *legitur*: paniam statii ‖ 20 AONIAS **L** | Musas .. nun-
cupatas **LPb** ‖ 21 n̄ *om. superscr.* **M** ‖ 22 similiter **Pb**

positum intellexit de hoc ipso, quod accentus commutatione
significauit, non caecatum, sed eum, cuius sit damnatum
ingenium, ut nec cordarum gloriam nec sonum uocis inferret.

186 CELAENAS Celaenae Lydorum ciuitas, in cuius
antro Marsyas uictus ab Apolline est et supplicio affectus
a tortoribus. cuius de sanguine fluuius eius nomine natus
est. ut Lucanus asserit ⟨III 207 sq.⟩: 'et rectis descendens Marsya ripis errantem Maeandron adit'. est sensus:
temeritas Thamyris Marsyae debuit coerceri suppliciis. ut
Lucanus ⟨III 206⟩: 'damnatae Phoebo uictore Celaenae'.

188 AVGVRIS Alcmaeon monile, occisa matre, Apollini
consecrauit, quod in fontem missum hodieque cerni dicitur.
quod si quis manu attrectauerit et ostenderit caelo, offendi
solem et tempestates oriri. unde Virgilius ⟨Aen. VI 445 sq.⟩:
'maestamque Eriphylen crudelis nati monstrantem uulnera
cernit'.

194 DONA VIRO de Homero transtulit. ita uelit pacisci,
ut malit monile habere quam coniugem.

Lind. p. 129   197 HAC NVTARE VIDET uidet Argia belli totius mutari sententiam, si Amphiaraus desit auxiliis.

198 SACROS exsecrandos.

202 SAT DVBIVM sensus: sufficit ad solatium feminae
tali tempore ornatibus carere. ordo talis est: sat mihi
timorem dubium coetu solante fallere hoc est dissimulare.

207 FORS DEVS praecellens.   PRAESTABO superabo.
MARITAS maritae dicuntur uxores maritis deditae.

1 hoc *om.* P ‖ 2 significatione conmutauit Pb | signauit Pa |
caecatum lumine L | eum] enim *Mon.* emũ Pa | eius sit Pb ‖
3 uocis sonum L ‖ 4 Lydiae L | ciuitas est lydorum Pb ‖ 5 ab
Apolline uinctus est Pb ‖ 6 de cuius Pb ‖ 9 temeritate Pa |
Thamiri L ta͞m miris M maris Pa | supplicis Pa ‖ 11 AVGVRIIS L |
hoc monile LP ‖ 12 consacrauit Pb | missus M Pa | hodie quo-
que crimini Pb ‖ 13 quod] qui M | attractauerit M Pa | et in-
serui | ostendit L | caelo *om.* L | offendisse M ‖ 15 Eriphylem L |
monstrante Pb *om.* M ‖ 18 quam *corr. ex* qui M | coniũgis Pa ‖
19 Hanc Pa ac Pb | MVTARE LP | uidet *om.* Pa | a regia uidet
Pb | mutare M nutari Pa ‖ 20 si] nam P ‖ 22 STAT LP ‖ 23 stat
L Pa ‖ 24 solantem M ‖ 25 superabo *om.* Pa *post* MARITAS *praeb.*
L *ante* PRAESTABO Pb M (*sed deleuit* M) ‖ 26 ducuntur Pb

ut Horatius ⟨epod. VIII 13 sq.⟩: 'nec sit marita, quae rotundioribus onusta bacis ambulet'. et notandum, cum Sallustius ⟨Cat. I 1⟩ dixerit: 'praestare ceteris animalibus' [Virgilius tamen ⟨Aen. XI 438⟩: 'uel magnum praestet 5 Achillem'].

212 SEMINA MOVIT ideo ingentia semina, quia et maritum prodidit, ut periret, et in se excitauit filium, ut fieret parricida. ipseque est correptus insania.

214 DISPARE COETV bene dispare. nec enim tanta 10 nobilitas equi ex eadem stirpe equam potuit inuenire. coetu a coeundo dixit in uenerem.

215 CYLLARVS hunc equum Pollucis dixit Virgilius licentia poetae ⟨georg. III 90⟩: 'Cyllarus et quorum Grai meminere poetae'. hic Castoris est, sed inter amabiles 15 fratres totum decet esse commune.

220 INDE MORAE IACVLIS id est impeditae et occupatae fuerant manus eius ex iaculis.

222 VICTVM PYTHONA CORVSCAT quia uatis Apollinis tui gloriam et serpentis Pythonem dicit insignem, uiro 20 forti religio fecerat sacerdotis.

223 AMYCLAE Laconicae ciuitas sacra Apollini, in Lind. p. 130 qua Hyacinthus in agone celebratur in honorem pueri regis. qui cum exerceretur disco, percussus zephyri uerti-

1 ut] unde Pa ‖ 2 baccis L ‖ 4 Virgilius ... Achillem *om.* MP ‖ 6 ideo et Pb ‖ 7 perdidit Pa ‖ 8 ipsaque Pa ipse//// qui M ‖ 9 dispara .. dispari Pa ‖ 10 ex *om.* LP | eodem Pa /////em *superscr.* ex eadem M | equam ... uenerem *om.* M | inuenerunt Pa ‖ 12 CYLLARVS *om.* LMP | equum Pb ‖ 13 c illaruslicentia poete MP (poetica Pb) | licentia poetica L | graii Pb ‖ 14 poetae *om.* Pb | castri Pa castorius Pb ‖ 16 mores M | inpeditę M | et *om.* L ‖ 17 iaculis] iacinthi Pa ‖ 18 qua Pa | uates Pb ‖ 19 cui Pb *Mon.* | gloria Pa | et *om.* Pa | triphonem Pa | insigne L ‖ 20 fuerat dicere sacerdoti Pb | *fortasse sic scribendum est:* quia uates Apollinis, cui gloria et serpentis. Pythonem dicit insigne, quod uiro forti reiigio fecerat sacerdotis ‖ 21 Laconiae LPb | ciuitatis Pa ‖ 22 in honore Pb ‖ 23 exerceret Pb | decore percussus P | repercussus M *man. 2 corr. in* percussus est

gine, quod se Apollini praetulisset, occisus est. cuius
sanguis in florem nominis sui uersus est ob memoriae
perpetuam dignitatem. ut Virgilius ⟨ecl. III 106 sq.⟩:
'inscripti nomina regum nascuntur flores'.

224 MALEA Maleae, quae propter periculum a naui- 5
gantibus circumeuntur. ut Virgilius ⟨Aen. V 193⟩:
'Maleaeque sequacibus undis'. historia autem de hoc
monte fertur huiusmodi: Maleus Tuscorum rex, qui tubam
primus inuenit. is cum piraticam exerceret et mare
tempestatibus esset infestum, hunc montem insedit, qui 10
et Apollinem Maleoticum de suo uocabulo et montem
ipsum Maleam nominauit. alii dicunt hunc montem
Achaiae esse. bene Statius haec dicit auxilia uatem
habuisse, quia hi populi deum uenerantur praecipue
Apollinem. 15

225 CARYAE Caryae templum est in Laconica Dianae
sacrum, quod etiam Caryatium nominatum est ex hac
causa: cum luderent uirgines, meditatus ruinam omnis
chorus in arborem nucis fugit et in ramo eius pependit.
quam nucem Graeci καρύαν uocant. ergo de arbore et 20
templum et dea nomen accepit.

226 VOLVCRVMQVE PARENS et hunc uersum de Homero
transtulit. uolucrum ergo parens columbarum, unde

---

1 qui se *corr. in* qui cum se **M** ‖ 2 euersū est **Pa** con-
uersus est *post* dignitatem *praeb.* **L** | de . . perpetua dignitate
Pa ‖ 3 ut *om.* **LP** ‖ 4 nascantur *Vergil.* ‖ 5 *schol. 225 ante schol.*
224 praeb. **LPa** | Malee **MP** | malea **MPb** ‖ 6 circueuntur **Pb** ‖
7 sequentibus unde **Pa** ‖ 8 maletus **P** | Tusculorum **L** tesculum
corr. in tusculum **M** | rex *om.* **Pb** ‖ 9 primus tubam **L** | primus
inuenit tubam **Pb** | piraticū **Pa** | et] ut **P** *corr. in* cū **M** ‖
13 bene *om.* **Pb** | hoc dixit **Pb** ‖ 14 praecipue Deum ueneran-
tur **L** deum praecipue uenerantur **P** ‖ 16 Caryae *post* Apollinem
praebet **L** | caria **Pb** cariei **Pa** | est *om.* **L** et **Pa** | laconia **LPb**
liconia *Mon.* ‖ 17 etiam *om.* **Pb** | Caryatium *Myth.* Carratium
LM caractum **P** | nominatum *om.* **P** ‖ 18 laudarent **Pa** ‖ 20 καρύαν
scripsi caram **L** carram **MPa** car̄am **Pb** ‖ 21 templū *Mon.*
templo **LMP** | et de dea **L** et de ea **Pa** ‖ 22 *Iliad. B 582:*
Φᾱρίν τε Σπάρτην τε πολυτρήρωνά τε Μέσσην

se probat Cytheream esse, quia amat aues Veneri consecratas. quae autem causa sit ficta, propter quam Venus
columba delectata sit, talis est: quod Venus et Cupido,
cum quodam tempore uoluptatis gratia in quosdam nitentes descendissent campos, lasciua contentione certare
coeperunt, qui plus sibi gemmantes colligeret flores. quorum
Cupido adiutus mobilitate pennarum, postquam naturam
corporis uolatu superauit, uictus est numero. Peristera
enim nympha subito accurrit et adiuuando Venerem su-
periorem effecit cum poena sua. Cupido siquidem indignatus mutauit puellam in auem, quae a Graecis περιστερά
appellatur. sed poenam honor minuit. Venus namque
consolatura puellae et innocentis transfigurationem, colum-
bam in tutela sua esse mandauit.

227 EVROTAE Eurotae cur dixerit, ipse enarrauit.
iuxta hunc fluuium Lacones uapulando contendunt. glo-
riosior tamen ille est, qui ultra praescriptum numerum
plagarum animae non pepercit, quod, cum deuouerit spiritum, publice funeratus capite coronatur. tanta enim crudelitas in hac gente est, ut mater lacrimas suas consoletur
funere coronato. deum dixit hoc hortari Mercurium, quia

---

1 citerum Pb ettherā Pa ‖ 2 qua Pb | *post* sit *superscr.*
fuit M | facta Pa fictum Pb *om.* L | propter *om.* LP *add.* M |
quam] quod LP ‖ 3 columba *corr. in* columbis M | delecta-
tur Pb | sit *om.* P *add.* M | quod] *superscr.* cū M *om.* L ‖ 4 cum]
quod Pa pro Pb q̄d̄ M | gratia] causa Pb | nitentes *om.* L ‖
5 contemptione Pa ‖ 6 geminantes Pb | colligeř *add.* ent M
colligerent L colligere Pb colligerant Pa | corum Pb ‖ 7 nobi-
litate P *corr. in* mobilitate M | posteaquam L | naturam] neque
Pb | 8 uictus *del. superscr.* auct' *man. 2* M ‖ 10 efficit Pb
effectu *corr. in* effecit M | cum *om.* M | sua *om.* Pb | indigni-
tate Pb indignata *corr. in* indignatus M ‖ 13 consolatur Pa
consolatum Pb | puellae *om.* MP | et *om.* L | transfugationem
Pb | 14 esse *om.* Pb ‖ 15 cum Pb | dix *corr. in* dixerit M | nar-
rauit LP ‖ 17 illi M | ultra] iuxta L ‖ 18 pepercit *corr. man. 2*
in pepercerit M | quod] qui L ‖ 19 publice] pace Pb | funeratur
& L funeratur Pa fuerant Pb | coronatus Pb ‖ 20 lacrimas suas
om. Pa | 21 coronati L | hoc *om.* Pb | qui L qua M que Pa

palaestrarum numen est. unde Mercurius ad uirtutem et belli officia studiosus palaestrae est.

231 GAVDENT quia cum dimicant, contra uerbera patientiam dicuntur hortari, cum autem ad bellum eunt, arma dant liberis et hanc hortationem subiciunt: 'aut cum his aut supra haec', quod significat uel uictores debere reuerti uel mortuos. unde Lucanus ⟨I 460 sq.⟩: 'inde ruendi in ferrum mens prona uiris'.

233 FVNERE MATER sensus: omnis quidem turba ephebi lamentatur interitum, mater sola neglegit luctus, quia filius coronatur exstinctus.

236 AVT CONO LEDAEVS APEX aut ut Castoris pilleus aut Ledaeus olorinus, quia in olorem mutatus Iuppiter cum Leda concubuit. nam hi quoque Lacones fuerunt.

237 MERENT militant. Virgilius ⟨Aen. V 801⟩ 'merui quoque' dixit, unde missos militia emeritos dicimus. merui et militaui. ut Lucanus ⟨VI 144⟩: 'castrorum in plebe merebat'.

238 DEPRESSAE quia uallibus undique Pisae cinguntur et Crotonio monte premuntur.

239 ALPHEE SICANIS constat enim hunc fluuium amore Arethusae nymphae occultas egisse uias subter mare et in Sicilia fluctibus amatae misceri.

240 ADVENA merito scilicet aduena, quia ab Elide in Siciliam labitur per mare nec tamen aquae marinae miscetur.

---

1 est] eius P | ad belli Pb ‖ 3 dimittant Pb | patientia Pb ‖ 5 hac hortatione LP hac oratione *corr. in* hanc oratione̅ *superscr.* hortatione M | subiiciunt L ‖ 7 ruenti LP *corr. in* ruendi M ‖ 10 lamentatum Pb | negligit LPb ‖ 12 CONO LEDAEVS] cario. c. Pa corioc. Pb | APEX *om.* Pb a. Pa | & aut Pb | ut *om.* LPb | pileus LPb ‖ 13 olerinus M oleriuis Pa lernius Pb | quod P ‖ 16 merui et militaui *om.* Pb ‖ 17 ut] et Pb ‖ 18 merebant L merebant id est militabant Pb ‖ 19 Depressa MP | conguntur Pb ‖ 20 cortonio Pa *significaturne* Cronion *mons?* premunitur Pb ‖ 21 Alpheeq̄ M ‖ 23 Siciliam LPa. *corr. in* sicilia M ‖ 24 Aduenam MP | aduenam LMPb | qui M | que belide Pa ‖ 25 in Siciliam labitur *om.* Pa

241 CVRRIBVS circensibus propter Olympicum certamen, quod lustris singulis Ioui exhibetur Olympico. PVTRIA ARVA id est nimis culta. ut Virgilius ⟨georg. II 204⟩: 'et cui putre solum — namque hoc imitamur arando'.

242 ET BELLIS aut in bellis domant.

244 AXIBVS OENOMAI ex quo Oenomaus hanc legem procis filiae posuit, ut uictus interficeretur, uxorem uictor acciperet. quia Myrtili aurigae sui fraude deceptus est, ipse supplicia, quae praeponebat, expendit. ET FRACTIS AXIBVS ingenio ut diximus Myrtili, qui corruptus rotas cera coniunxerat. dixit autem de his, qui ex Pisa sunt, ingenitum esse, ut equis gaudeant ex illo studio, quod rex Oenomaus ea arte praecelleret.

246 TV QVOQVE Parthenopaeus, Atalantae filius. Lind. p. 131 PARRHASIAS Arcadias. ut Virgilius ⟨Aen. VIII 344⟩: 'Parrhasio dictum Panos de more Lycaei'.

247 A RVDIS ANNORVM ut adhuc in annis minoribus constitutus non timeas incerta bellorum. ut Virgilius ⟨Aen. IX 311⟩: 'ante annos animumque gerens curamque uirilem'.

250 PACABAT CORNV id est uenationibus pacata ferarum reddebat interitu. ut Virgilius ⟨Aen. VI 802 sq.⟩: 'aut Erymanthi pacarit nemora et Lernam tremefecerit arcu'.

251 PVLCHRIOR HAVT VLLI id est Parthenopaeo pulchrior nullus fuit.

---

1 circensibus *om.* P *post* singulis *pos.* L ‖ 2 lustras singularis Pa | exercetur Pb | Olympio LPb ‖ 3 id est *om.* Pb | minus L ‖ 4 miramur Pb ‖ 5 clamant Pa ‖ 7 interimeretur L | uictor uxorem Pb ‖ 8 qui L que Pa | est *om.* L ‖ 9 proponebat L | quia fractis L si fractis Pa sed fractis Pb ‖ 10 ut diximus ingenio Pb | corruptas M | rotam LPb rota Pa ‖ 11 cere Pa | *ante* dixit *inseruit* uictus est L | ex ipa Pa ‖ 12 et Pb | gaudebant P | 13 ea *om.* MP | praecellit LPa precellebat Pb ‖ 14 tuque Pb atlante Pb ‖ 15 Virg. *om.* Pb ‖ 16 monte Pa m. Pb ‖ 17 ha Pb A *add.* h M At Pa *om.* L ‖ 19 animi geretis Pa ‖ 21 placata Pa ‖ 22 interitum P ‖ 23 erimanto Pb ‖ 24 Pulcrior MPa | HAVD LPb aut Pa | illi MP | id est *om.* Pb | pulcrior MPa

253 NEC DESVNT ANIMI id est: in Parthenopaeo animorum uigebat insigne, si modo ad id etiam aetatis robur accederet.

254 QVAS NON ILLE nymphas aut Dryadas aut Oreadas aut Potamidas aut Napaeas dicit. Dryades sunt, quae quercubus delectantur, Oreades montibus, Potamides fluminibus, Napaeae uirgultis et floribus.

256 IPSAM MAENALIA Dianam scilicet, quae Atalantae ob amissam uirginitatem ignouit.

257 SIGNANTEM GRAMINA eleganter infantis gressum non calcantem, sed signantem ostendit. ut Horatius ⟨epist. II 3, 158 sq.⟩: 'reddere qui uoces iam scit puer et pede certo signat humum'. dicit ergo Dianam, cum tam pulchrum uidisset Parthenopaeum, Atalantae dedisse ueniam, cui propter concubitus fuerat irata Meleagri.

262 FLAVENTEM SORDERE COMAM Horatius ⟨carm. I 1, 3 sq.⟩: 'sunt, quos curriculo puluerem Olympicum collegisse iuuat'.

263 TAEDET NEMORVM sensus: erubescebat Parthenopaeus, quod nondum humano sanguine suas sagittas infecerat et quod non hac crudelitate laudis fuerat titulum consecutus.

Lind. p. 132   266 VNDANTEMQVE SINVM quia undantem chlamydem quassando facit.   NODIS HIBERIS panno, balteo.

267 IMBELLI PARMA cum qua nunquam pugnasset.

---

1 DESVNT] uirtus Pb | animarum L ‖ 2 agebat Pa | aetatis robur etiam L ‖ 4 ILLE] is L | nymphe Pb | aut Dryades *post* Potamidas *posuit* L | oreades M Pa ‖ 5 aut patamidas Pa *om.* Pb ‖ 6 quae *om.* Pa ‖ 8 ipsa .. diana Pb | at(a)lanti M Pb athalantā Pa ‖ 9 omissam M ‖ 10 SIGNANTEM GRAMINE *om.* M P ‖ 11 calentem Pa calantē *corr. in* calcantē M ‖ 12 qui laudes Pa | iam uocis (*corr. in* uoce) M | iam *om.* Pa ‖ 13 ego L | pulcrum Pa ‖ 14 atalanti M Pa   atlanti Pb ‖ 15 cum nobis propter Pb ‖ 16 sudore Pb | haec Horat. L ‖ 18 colligisse M Pa ‖ 19 erubescat *corr. in* erubescit M ‖ 20 madefecerat Pb ‖ 21 fuerit M Pa   fuit Pb ‖ 23 -QVE *om.* M P | qui P ‖ 24 fecit Pa   faciebat Pb | HIBERIS Hispanicis id est panno L | balthei L   baltro Pb ‖ 25 numquam M

MATRIS PROELIA hoc est scuto picta gerens proelia. Caly-
donium quippe aprum comitata uiros Atalante sagittis
fixit, ut priore libro docuimus.

268 ASPERA PLVMIS loricae squamas explicuit, quam
5 alii cataphractam uocant. unde Virgilius ⟨Aen. XI 770 sq.⟩:
ʻquem pellis aenis in plumam squamis auro conserta tegebat'.

269 CORYTOS corytos dicitur theca arcus, ut pharetra
sagittarum. aut certe corytos pro pharetris posuit. ut
Virgilius ⟨Aen. X 169⟩: ʻcorytique leues humeris et le-
10 tifer arcus'.

273 MIRANTEM GRAVIORIS ERI armorum permutatio
grauiorem equo fecerat dominum. addita enim lorica
onerosior Parthenopaeus exstiterat.

275 ARCADES HVIC Cicero pro Fundanio opinionis
15 huius meminit, cum de nobilitate tractaret. aiunt autem
Arcades esse uetustos. denique de antiquitate cum Phrygibus certauerunt. hi singulos paruulos cum singulis nutricibus clauserunt, quibus ademerant linguas, ut experi-
rentur, utrum uox nata esset an disceretur, et si esset
20 innata, quaenam illa esset, Phrygum aut Arcadum. pro-
ducti autem pueri ʻhere' locuti esse dicuntur, qua significatione Phrygum lingua panis intellegitur. sic ergo
cognitum est Arcadas non esse primigenas. item de
eodem, cur se Arcades nobiles dicant, Thucydides libro

1 calidonum Pa ‖ 2 comitata om. Pb | Atalanta L ‖ 3 priori
MP ‖ 4 squamas ... plumam om. Pa = 5 catafractam MPb ‖
6 quem ... plumam om. Pb | bellis amis in plumē M ‖ 7 cory-
tos om. LPa ‖ 8 certe aut Pb ‖ 11 HERI L eui MP | mutatio
superscr. p M ‖ 12 enim om. Pa ‖ 14 HIC L huic del. M ‖
15 eius L huc eius Pa | de bilitate Pa | aiunt] aue eorum Pa ‖
16 uenustos Pb | cum Phrygibus de antiquitate L ‖ 18 quibus
nutricibus L quibus nutricibus de antiquitate Frigum et Ar-
chadum Pa ‖ 19 esset innata L | doceretur Pb dcertaretur Pa ‖
20 quae Pb om. Pa | esset om. Pa | an LPb om. Pa ‖ 21 uere
LPa corr. ex here M ūe Pb in lingua hebraica חֲרִי panem album
significare docuit me Zacharias Auerbach uir linguarum semitica-
rum peritissimus ‖ 22 intellegitur LP ‖ 23 Arcades L | Arcadas ..
cur se om. Pb ‖ 24 cur L cū MPa | arcadas MPa | thuquirides
MP | ait libro primo Pb

primo ait hunc morem Graeciae fuisse, ut coacti in alienam irent terram. quas fertiles esse cognouerant, easdem uastabant ueteribus incolis pulsis. sed Arcades soli ob sterilitatem agrorum commoti non sunt et ideo soli nobiles existimantur. Ouidius de his libro secundo ⟨fast. 5 II 289 sq.⟩: 'ante Iouem genitum terras habuisse feruntur Arcades, et luna gens prior illa fuit'.

276 NEMORVM VOS STIRPE RIGENTI non quia de arboribus uere nati sunt, sed quia deerat usus casarum et in morem pecorum uagabantur. filios autem suos aut 10 arborum caueis aut cautium specubus contegebant, quos transeuntes arborum filios aestimabant. quam opinionem Virgilius asserit dicens ⟨Aen. VIII 315⟩: 'gensque uirum truncis et duro robore nata'.

Lind. p. 133 282 HI LVCIS STV|PVISSE VICES quasi qui primi nati 15 sunt, quia diei nox obscura succederet.

283 TITANA SECVTI oculis persecuti sunt solis occasum.

284 DESPERASSE DIEM dicit homines arboribus natos perpetuam noctem timuisse solis occasu. RARESCVNT desolantur necessitate bellorum. ut Virgilius ⟨georg. I 507⟩: 20 'squalent abductis arua colonis'.

285 MAENALA PARTHENIVM mons et nemus Arcadiae.

286 VENTOSA uentosam dixit aut tempestatibus grauem aut, ut quidam uolunt, in edito positam.

287 NON IPSA DEO omnes hae ciuitates Arcadiae in 25

---

1 prius **Pa** | *est locus capitis secundi:* ἕκαστοι τὴν ἑαυτῶν ἀπολείποντες ... πλὴν Ἀρκαδίας | coactis **MPa** | alienas .. terras **LPb** ‖ 2 irent **Pb** ire **LMPa** ‖ 4 moti **Pb** ‖ 7 et luna] sed una **M** ‖ 8 turpe **Pa** | quod **L** que **Pa** ‖ 9 sint **Pb** | deerat **MPb** adhuc non erat **LPa** ‖ 10 aut] ait **L** ‖ 11 cautium] cauatiuȝ **Pa** concauis **L** ‖ 12 exstimabant (*sic*) **LPa** existimabant **Pb** estimabant **M** ‖ 13 asserit Virgilius **Pb** ‖ 14 nati **MPa** ‖ 15 qui] quod **L** | primi *corr. man. 2 in* prius **M** ‖ 16 quia *corr. in* quä **M** quam **L** quod **Pa** ‖ quia ... suc- *om.* **Pb** | cederet obscura **Pb** ‖ 17 oculi **L** | secuti **LP** | occasu **M** ‖ 18 natos ex arboribus **L** ‖ 21 squalent ... colonis *om.* **M** | Squallent **L** ‖ 22 Menala et **MP** | nemus] silua **Pb** ‖ 23 VENTOSA *om.* **M** | uentosam dixit *om.* **Pb** | grauis ... posita **Pb** ‖ 25 hcc **Pb** hic **M**

Maenalo monte. unde Virgilius ⟨Aen. VIII 459⟩: 'Tegaeum
subligat ensem' et ⟨Aen. VIII 139⟩: 'Cyllenae gelido con-
ceptum uertice fudit' et si fas est quemquam cepisse deorum.

289 CLITOR et hic fluuius est Arcadiae.

5 290 PAENE SOCER propter Daphnen Ladonis filiam,
quam Apollo dilexit. 'paene' autem, quia uirginitatis
damnum passa non est et in laurum ante concubitum fuisse
conuersa dicitur.   LAMPIA NIVOSIS Lampia ciuitas est Arcadiae. niuosis montibus constituta. ergo Lampiam a can-
10 dore pruinarum dictam nominis ipsius proprietas monstrat.
λάμπον enim Graece splendidum dicitur.

291 STYGA MITTERE palus, a qua Styx sumit exordium.
constat inter prudentes Peneum Stygi undas submittere
aut subministrare.

15 292 AEMVLVS AZAN ideo 'aemulus', quia in illo monte
ut Iuppiter ita etiam Mater deorum colitur ritu Idaeo.
AZAN apud Arcades Curetes hoc nomen habent de monte
Azanio. unde uulgo in sacris deae magnae ... dicitur
Azan.

20 294 NONACRIA RVRA Nonacria una pars orationis est
ut Trinacria. est autem nomen loci uel agri Arcadiae,
in quo Iuppiter in speciem Dianae conuersus cum Callisto
Lycaonis filia concubuisse narratur. Ouidius ⟨met. II 409⟩
sic: 'in uirgine Nonacrina'.

25 295 CYNOSVRA locus Arcadiae. unde et minor ursa

Cynosura dicitur. Lucanus ⟨VIII 180⟩: 'propiorque mari Cynosura feretur'.

296 AEPYTIOS a ciuitate uel monte ducis nomine nuncupatos. hi quoque Arcadiae populi.

297 HERCVLEO VVLGATOS ROBORE MONTES uirtute Herculis cognitos.

298 ERYMANTHON ET STYMPHALON quorum in altero aprum cepit, quem uiuum Eurystheo detulit, in altero aues, quae Stymphalides uocantur, occidit. Erymanthon quidam uolunt locum esse, qui iuxta Parthenios agros est, ubi Hercules de Auge susceptum filium exposuit Telephum, qui a cerua nutritus est. sed haec loca hic non conuenit suspicari. nam | montes eos dicit, in quibus Hercules de apro et de auibus triumphauit. Erymanthus autem mons et silua est eodem signata uocabulo in Arcadiae finibus constituta. Stymphalon autem aerisonum dicit, quia non sagittis, sed aeris sonitu Hercules Stymphalidas occidit.

301 PASTORALI PROELIA TRVNCO id est pedo, quod armorum genus Homerus ῥόπαλον uocat. ut Virgilius ⟨Aen. X 318⟩: 'sternentes agmina claua'. item ⟨Aen. VII 524⟩: 'stipitibus duris agitur sudibusue praeustis'.

306 MILITE VICINAE plenus enim fabulae ita se continet textus. Atreus et Thyestes, Pelopis filii, Tantali nepotes, alternis uicibus regnum regebant. uerum Thyestes, cum incestasset Europam, fratris uxorem, ab eo pulsus est e regno. sed inter eos, qui scelere certabant, uidebatur

Lind. p. 184

---

1 dicitur ... Cynosura *om.* P ‖ 2 fertur Pb ‖ 3 nuncupatos nomine Pb ‖ 4 populi sunt L ‖ 5 uulgato P | uirtutes Pa ‖ 7 herimanton P ‖ 8 coepit MPb | dedit euristeo Pb | appellantur L ‖ 10 parthenosios M ‖ 11 de Auge ... Hercules *om.* Pa ‖ 12 quia cerua L | qui cerua Pb ‖ 14 ouibus M ‖ 15 est et sylua L | significata Pb ‖ 16 aeris sonum dicit LPa dicit aeris somnum Pb ‖ 17 Hercules *om.* Pb ‖ 18 PASTORALI *om.* MP | id est *om.* Pb | qd *corr. ex* qui M ‖ 19 ῥόπαλον L *spat. uac. praeb.* Pb (*om.* MPa) conuocat Pb coinuocat M *in marg. add. man.* 2: ctū propono κοντόν uocat ‖ 25 Aeropam *Vollmer* | est *om.* Pb *add.* M ‖ 26 e LPb *in* Pa *del. superscr.* a M | regnū Pa | quia M | certabant *corr. man.* 2 *in* certare M | uidebatur *corr. in* uideretur M

pro uindicta ficta gratia reconciliationis. Atreus fratri
filios suos apposuit epulandos. cui post epulas filiorum
capita signum conuiuii feralis ostendit. in cuius rei consultatione, cum Thyestes consulta de oraculis posceret,
5 responsum est per eum illi certam uenire posse uindictam,
qui ex ipso et filia Pelopeia natus fuisset. unde illicitos
filiae amplexus inuasit. ex qua natus est puer, quem illa
in siluas propter conscientiam abiecit. hic caprae uberibus
nutritus ex eadem re Aegisthus nomen accepit. qui Atreum
10 in uindictam patris, cum adoleuisset, occidit. idem autem
Agamemnonem, cum Clytaemestram uxorem eius adulterasset, occidit. ut ipse Virgilius ⟨Aen. XI 266⟩: 'ipse
Mycenaeus magnorum ductor Achiuum'. qui postea ab
Oreste, filio Agamemnonis, cum ea, quam adulterasset, oc-
15 cisus est. sed ab origine, irarum quae fuerit causa, de-
scribam. Mercurius aegre ferens a Pelope Myrtilum filium
suum in pelagus praecipitatum spoliatumque uitae lege
repperit uindictam, qua consolaretur orbitatem. nam Pelopis filiis Atreo et Thyestae tantum discordiae iniecit, ut
20 germanitatis iura disrumperent. Thyestes enim cum sciret
regnum penes eum fataliter mansurum, qui arietem aurei
uelleris haberet, quem tum Atreus regnum ingressus pluri-
mum custodiebat, corrumpens Europam fratris sui uxorem,
eum ad se transferri posse iudicauit. quod ille postquam
25 didicit, eum cum duobus filiis suis expulit. et postea

---

1 facta Pa | atreo M P ‖ 2 cui] cū M Pb eū Pa ‖ 3 delectatione
LPa delectationē M consultatione Pb *an latet* deluctatione? ‖
5 illi *om.* Pb | posse uenire LPb ‖ 6 pelopia M Pa | unde] unus
Pa | illicito Pa ille cito M Pb ‖ 7 ex qua ... nutritus *om.* Pa |
ex quo Pb ‖ 9 qui *om.* M P ‖ 10 idem ... occidit *om.* M ‖ 11 Aga-
memnona L | Clytemnestram LPb ‖ 12 occidit ... adulterasset
om. Pa | ipse[1] *om.* Pb ‖ 13 miceneis ... achiuis Pb ‖ 15 fuerat Pa ‖
17 pelagos Pa | precipitauit Pb ‖ 18 reperit LPa | quę Pb *corr.*
in qua M | orationem Pb ‖ 19 filius P | et *om.* M | Thyesti LPb |
deiecit Pb ‖ 20 dirumperent L ‖ 21 penes eum regnum Pb | quia
Pb ‖ 22 uelleris aurei L | regiam LPa *corr. in* regnum M
regnia Pb ‖ 23 *legas hic quoque et infra* Aeropam | sui *om.* Pb ‖
24 se *om.* Pa | transferre Pa transferi L | indicauit *corr. in*
iudicauit M | posteaquam L ‖ 25 filiis duobus L

simulata gratia ad eum misit eiusque filios interemptos epulandos apposuit. quo facinore cum eum punisset, Sol dicitur ab eorum se regionibus auertisse. unde Virgilius e contrario ⟨Aen. I 568⟩: 'nec tam auersus equos Tyria Sol iungit ab urbe'. ergo ne Mycenae auxilio sint, par 5 fuit paene fortuna, quia et illos fratrum odia uexabant. Thyestes enim Atreo fratri filios epulandos apposuit ob adulteratam Europam uxorem suam. ideo funestas dapes propter epulas et recursum solis propter offensam affa- bilis dei, qui inter nulla nubila pietate tanta egit occasum, 10 et oblatum aurei uelleris arietem, quo fato regnandi tene- batur.

Lind. p. 135 309 IAMQVE ATALANTAEAS Atalante, Iasi filia, fugiens concubitus in uenando Dianae comes facta, sed a Meleagro hoc adinsinuante compressa puerum edidit. cuius con- 15 ceptum quia diu sub uirginitate celauerat, Parthenopaeum uocauit. is admodum puer Polynici auxiliatum Thebas petiit.

316 PRAEDATORIS EQVI equum pro equite posuit.

323 DVM PREMIS uenatores enim, cum uestigant, errant; 20 cum persecuntur, premunt. Virgilius ⟨georg. III 413⟩: 'ingenti clamore premes ad retia ceruum'.

329 VIX DRYADVM THALAMIS ueneriae uoluptati. adeo filium dehortatur, ut nec uirum credat.

---

2 posuit Pb | quo facinore ... apposuit *om.* M *in marg.* *add. man. 2* ‖ 3 euertisse MP | unde] ut Pa | et contrario Pa ‖ 4 nec tam cū M ‖ 5 sint *om.* M | sint auxilio Pb ‖ 6 fuit *om.* P | furtune M | q̃ Pa | uersabant Pb ‖ 7 Thiestas Pa | enim *om.* M | opposuit Pa ‖ 8 uxorem suam Europam L | europeȝ Pa | funera- tas LPa *corr. ex* funestras M fumantes Pb ‖ 9 & propter offensam L | effabilis *corr. in* affabilis M ‖ 10 quia L | occasu Pa ‖ 11 arietatem quoqȝ facto Pb | fatum? ‖ 13 atlanteas Pb | Atalanta L atlante Pb | iasi *add.* i M ‖ 14 comes dianę Pb | est facta L ‖ 15 hęc Pb | adinsinuante LP adsinuante *corr. in* insinuante M | compressaȝ Pa | edidit puerum cui Pb | p̄ceptum M ‖ 17 auxiliaturus LPb ‖ 19 equitate Pb ‖ 20 dum Pb | inuestigant L ‖ 21 prosequuntur L persequuntur Pb ‖ 22 in- gentem *Verg.* | premens LPb premis M ‖ 23 Venereae L uene- rere Pb | adhuc Pb ad hec Pa

330 OMINA VERA futuri scilicet mali. id est: uera sunt prodigia, quae uidebam. quasi irata uel tristis futura morte.

332 INFERIOR aut humilis aut non laeta.

5 333 HOC SEGNIOR ARCVS celeres sagittas non mittens.

336 VVLTVSQVE RECEDVNT ne leuitate uultus femina esse credaris. dum tuo ore mei uultus recedunt, id est dum uiri sumis formam. nam modo similis es matri.

340 O SAXIS NIMIRVM ET ROBORE NATI ut origini con-
10 ueniret animus. quia dura corda habetis et non uos flectit misericordia. maledicit illis dicendo asperos durosque, quia materno non commouentur affectu.

345 CADMI MAVORTIA PLEBES utique Thebani. transi- Lind. p. 136
tus ad Thebas.

15 359 SVRDVM ATQVE IGNOBILE surdum opus procincti. διαστολή. illa ui operis, quod canente Amphione instructum est. modo autem surdum est, quia manu, non carmine condebatur. ad Thebarum muros cantilena Amphion dicitur saxa traxisse. ut Virgilius ⟨ecl. II 23 sq.⟩: 'canto,
20 quae solitus, siquando armenta uocabat, Amphion Dircaeus in Actaeo Aracyntho'.

360 TAMEN ET BOEOTIS VRBIBVS VLTRIX hoc dicit:
Eteocli quoque dedisse Boeotiae urbes auxilia. nullus regis causa uenit ad bellum, sed aut uicinitate compulsae sunt
25 aut misericordia ciuitatis.

365 DEFORMIS HIANTIA LANA ὑπέρβατον. ora deformis: Lind. p. 137
deformia ora habens. sed hiantia cruentataque lana.

---

1 ueri **M** P ‖ 2 quasi . . . morte *spectare uidentur ad schol. quod sequitur* ‖ 5 mittit **Pb** ‖ 6 Vultuq; **Pa** ‖ 8 modo] adhuc **L** |
es *om.* **Pb** ēē **Pa** ‖ 9 adrigine cūuenire **Pa** ‖ 10 habetis *corr. ex*
habens **M** ‖ 11 nam maledicit **LPa** ‖ 12 non commouentur] qz
Pa | cōmouetur **Pb** ‖ 13 THEBES **L** *om.* **Pa** | utique *om.* **L** ‖ 15 id
est surdum **Pb** | *quae secuntur, corrupta uidentur* ‖ 18 cūdebeāt
Pa | a **P** | Amphion *om.* **Pb** ‖ 21 in . . Aracyntho *om.* **LMPa**
i. a. a. **Pb** ‖ 22 VLTRIX *om.* **MP** | hic **Pb** ‖ 23 nullus enim regis **L** ‖
24 ad bellum *om.* **Pb** | aut] auid **Pa** auiditate **Pb** | uicinitatis
Pb | sunt *om.* **Pb** ‖ 25 misericordie **Pa** | ciuitates **M** ‖ 26 deformis
om. **Pa** ‖ 27 & **L** | cruenta **L** cruentata **P** *Mon.* cruentataq; **M**

366 TVRBIDA non terribilia, sed conturbata.

368 NON INSCIVS AVSI occisi pecoris, ut conscius audacis facti.

370 ERRARE ASOPIDE RIPA ut Lucanus ⟨I 473 sqq.⟩: 'est qui, tauriferis ubi se Meuania campis explicat, audaces ⁵ ruere in certamina turmas afferat'.

372 ILLE RAPI TEVMESON mons est haut longe a Thebis.

373 NVNTIAT EXCVBIIS id est nuntiat Arginos hostili more excubias agere.   VIGILES ARSISSE PLATAEAS pro multo lumine excubantium uigiles Plataeas dicit arsisse. ¹⁰ est autem ciuitas Boeotiae in confinio hostium. ideo semper inuigilat. et quia in aditu est posita, dicit primo fuisse uastatam.

375 FETVSQVE NOVOS Lucanus ⟨I 563⟩ 'matremque suus conterruit infans'. Tyrios lares: quos in Thebas ¹⁵ Cadmus inuexit. Dirce autem fons est Thebanorum. utrumque monstrauit ut Virgilius ⟨georg. I 480, 485⟩: 'aeraque sudant. nec puteis manare cruor cessauit'. solent enim ad omen publicum portenta gigni, et est fetus aut bicapitis aut biformis. ut Lucanus ⟨I 562 sq.⟩: 'numeroque ²⁰ modoque membrorum'.

379 REGINA CHORI ut choros ducebat sacerdos una Baccharum. ostendit autem antistitem Liberi, quae Cithaeronem incolebat.

380 TRIFIDAMQVE HVC TRISTIS ET ILLVC pathos tribus ²⁵ modis fit. attendamus igitur, ut haec complexus sit facto:

---

1 *schol. om.* Pb ‖ 2 Num sius Pa ‖ 4 iasonide P ‖ 5 est] Et L | tauriferus Pa ‖ 7 THEVMESON. Theumesos L | haud LP ‖ 8 hostibus Pa ‖ 9 uirides Pb ‖ 10 excubantum uigilis Pa ‖ 14 *schol.* 375 *hoc ordine praebet* L: DYRCEN. Dyrce autem ... cessauit. FOETVSQVE NOVOS quos ... inuexit. Lucan. Matremque ... infans. Solent ... membrorum ‖ 15 Tyrios lares *inserui* ‖ 16 uinx *corr. in* uix Pa ‖ 17 utrum Pb | monstrum? ‖ 18 putris Pb puteiis *corr. ex* putens M | manere Pa ‖ 19 enim] autem L | omne Pb oĩe Pa | publica M ‖ 20 bicapit' M incapitus Pa numero M ‖ 22 regna Pb ragna Pa ‖ 23 bacharum MPa | quasi Pb ‖ 26 modi sit Pa | hic Pb | facto, habitu, dicto?

sparsis subito correpta canistris siluestris regina
chori ... trifidamque huc et illuc lumine sanguineo pinum deiectat et ardens erectam attonitis
implet clamoribus urbem.   de fonte Virgiliano hunc
5 colorem deriuauit.   is enim Amatam in siluis eadem
fecisse describit.   pathos ipsius tribus modis ostenditur.
facto ⟨Aen. VII 397 sq.⟩: 'ipsa inter medias flagrantem
feruida pinum sustinet', habitu ⟨u. 399⟩: 'sanguineam
uoluens aciem', dictu ⟨u. 400⟩ 'io matres, audite'.
10   383 GENTIS AVITAE propter Semelen, Cadmi filiam, Lind. p. 138
matrem Liberi.

387 GANGEN fluuius Indiae, per quem gentem poeta
significat.   hunc primus Liber tenuit, secundus Alexander,
tertius Apollonius.   Ouidius de ipso ⟨am. II 13, 10⟩: 'per
15 septem portus in maris exit aquas'.

393 PENDIMVS inuidiose.   quasi pro sacrificio bellum
lacrimasque tibi pendimus.

394 AMAZONIIS VLVLATVM CAVCASON ARMIS Caucasus
mons Scythiae.   ideo ululatum, quod Amazones cum
20 finitimis bellare dicuntur, quorum ululatus barritus id est
barbarus ritus.

397 IVRAVI iuraui tibi in furorem sacrorum, non bellicum, hoc est non ut bella canerem, sed ut sacrorum causas
intellegerem.   et bene de more militiae 'iuraui' dicit, quia
25 militiae sacramentum dicitur.   et sacerdotio se dixit iurasse,
non bello.

404 ET SALTVM DVX ALTER HABET Creontem significat,
qui post interitum fratrum solus possedit imperium.

---

1 corupta Pb ‖ 2 trifidam Pa ‖ huic Pa   huc tristis L ‖
3 disiectat MP | erecta Pa ‖ 4 colorem] locum L ‖ 5 eadem-
que M ‖ 6 ostend̄ M ‖ 7 medios Pb ‖ 9 torquens *Vergil.* | dictū
Pa | io *om.* L ‖ 12 poeta gentem Pb ‖ 13 tenuit *om.* LMPa ‖
14 Apollo Pb apollinius M ‖ 16 Tendimus M ‖ 17 pendimus tibi Pb ‖
19 mons est L modo Pb | pugnare dicuntur cum finitimis Pb ‖
20 barritus LPa barratus Pb barbarit' *corr. in* barbareus M |
id est] est MPb | uel Pa ‖ 22 iuraui *om.* LPb | sacrorum ... sed
om. P ‖ 23 sacrorum ut P ‖ 24 intelligerem LP | dixit LPa ‖ 25 se
om. L ‖ 27 SALTVS L | habebat Pb ‖ 28 que Pa | habebit imperium Pb

GELATIS VVLTIBVS pallore.   nam iam deposuerat numinis furorem.

406 VARIIS TERRORIBVS IMPAR qui [non] terretur. [ac per hoc inconterritus.]   par est enim timori, qui non terretur.

407 TENEBRASQVE SAGACES quia caecus, sed diuinus Tiresias. [tenebras dicit ignorantiam futurorum], saga-ces, quia totum inuestigarent.

409 CONSVLIT ILLE DEOS immolationem hostiarum totam hanc de Lucano ⟨VI 425 sqq.⟩ mutuatus est: 'non tripodas Phoebi, non Pythia consulit antra, nec quaesisse libet, primis quid frugibus altrix aere Iouis Dodona sonet'.

411 TRIPODE IMPLICITO obscuro Apollinis responso.

Lind. p. 189 NVMERISQVE SEQVENTIBVS ASTRA | ut arithmetici, quos mathematicos dicimus, quorum in numeris est tota doctrina. est etiam ars quaedam ex fumo arae uerum prouidere, quia ex diuisione ipsius fumi, quae sint futura, cognoscunt. quos Graeci καπνομάντεις appellant.

414 ELICITOS PATVISSE REFERT non aliis rebus melius quam manibus elicitos.   id est: tantum interius inferos aperire refert, quam sunt mortis durae spatia demensa.

415 CONFINIA inter iuncturas Ismeni fluuii pelagique.

416 PARAT ANTE DVCEM ad futurum scilicet sacrificium Eteoclen.   et mersum parat: uerbum figurauit a nomine.

417 VISCERIBVS LACERIS extis incisis.

---

1 pallorē M ‖ 3 ac . . inconterritus *om.* Pa ‖ 4 interritus Pb ‖ 6 *schol.* 407 *post schol.* 409 *praeb.* MP | quia . . . quia *om.* Pb ‖ 7 teresias MPa | tenebras . . . futurorum *om.* Pa ‖ 8 quae L | inuestigauerant L   inuestigarent M ‖ 10 imitatus Pb   *corr. ex* mutatus M   mutatus Pa ‖ 11 Deli *Luc.* | antra *om.* MP ‖ 12 primis *om.* Pb | quod Pa   qđ M   *om.* Pb | frigibus P phrigibus M | Ore L ‖ 14 frequentibus Pb ‖ 16 ars *om.* M | arae] aere *corr. in* aeris M ‖ 17 ex prouisione Pb | sunt L | futura *om.* M ‖ 18 Graeci *om.* MP | capnomantes MPa capiomantes Pb ‖ 19 nam LPb ‖ 21 qua Pa   que Pb | sint L | dura LPb | demersa LMPa ‖ 22 Hismenii LPb   Hismeni MPa | fluuii *om.* L ‖ 23 ad futurum] actura Pa   acturum Pb ‖ 24 ad Etheoclem L et etheoclem Pb | et mersum M m̅s̅u̅ Pb et uersum Pa uersus L ‖ 25 LACERIS *om.* Pa

419 CAPAX AEVI antiqua.

420 AETERNVM INTONSAE nunquam depositae.

422 AB VRSA a septentrionali plaga.

423 SILENTIA SERVAT HORROR possidet quaedam uenera-
5 tio, quia in magno silentio horror nascitur.

424 PALLET pallor est imago lucis, sed mala id
est non similis.

425 NEC CARET VMBRA DEO quasi alios quoque deos
habeat consecratos.

0 427 EFFICTAM sculptam, quasi in omnibus arboribus
imago eius esset insculpta.

428 HVIVS INASPECTAE omnis lucus Dianae est consecratus, ut quercus Ioui. STRIDERE SAGITTAE ut sonus
tantum sit, uisus uero nullus.

5 430 INQVE NOVAE MELIOR REDIT ORA DIANAE melior,
quoniam inferos deserit. Lucanus ⟨VI 736 sq.⟩: 'ad quos
alio procedere uultu ficta soles, Hecate'.

434 IMMANE PATET TELLVS extra ipsum lucum campus
late diffunditur.

) 435 QVI VOMERE PRIMO durus, | quisquis primo hunc Lind. p. 140
arauit, id est Cadmus satis draconis dentibus.

438 INFELIX TERRA TVMVLTVS tumultus dicit illarum
animarum, quae se occiderunt. id est: aratoris proscissione
indignantes pugnant inter se.

5 439 SOLAQVE IN NOCTE in qua solitudo est.

442 INSANI IVVENCI metu perterriti.

443 HIC SENIOR VATES causam dicit, cur ibi Tiresias

---

1 antiquitas L anquitas Pa antiquitatis Pb ‖ 2 eternam Pb ‖
3 a septentrione (om. plaga) Pb ‖ 9 consecretos Pa consacratos Pb ‖
10 Et fictam MP ‖ 11 est sculpta Pb ‖ 12 in aspectu Pa | diane
lucus Pb ‖ 13 iouis M ‖ 15 REDIT ORA DIANAE om. LP r. o. d. M |
melior om. LPa ‖ 16 quando LP q̄m M ‖ 17 ecate M eccata Pa
aetate Pb ‖ 18 inmane Pb | PATENS L | locum M lupum Pb |
caput Pa ‖ 20 durus praebet ante QVI Pb | hunc primo L ‖
21 araui Pa ‖ 22 TERRA om. add. M ‖ 23 proscissu est Pb ‖
25 IN om. L | 27 HIC om. LP om. add. M

sacrificet, quia nunc terrigenarum sanguine sanguineus locus est. sanguine enim inferi delectantur.

444 SOLA PINGVIA TABO satiata cruore. describitur locus, in quo hoc contendit, opportunus inferis sacris.

445 ARMENTAQVE SISTI ATRA MONET ut Virgilius ⟨Aen. VI 243 sq.⟩: 'quattuor hic primum nigrantis terga iuuencos constituit'.

Lind. p. 141 448 STVPVERE SILENTIA VALLES Baccharum uocibus clamosae ualles destitutae immolatarum pecudum mugitibus stupuere. dicit poetica phantasia omnem gregem in luco immolatum usque adeo, ut fons, de quo potabant armenta, et mons, per quem errabant, ingemiscerent, cum se armentis destitutos uiderent. sic Ouidius ⟨met. IV 752 sqq.⟩ de simili sacrificio: 'dis tribus ille focos totidem de caespite ponit: laeuum Mercurio, dextrum tibi, bellica uirgo, ara Iouis media est. mactatur uacca Mineruae, alipedi uitulus, taurus tibi, summe deorum'.

450 IPSE MANV TRACTANS cum oculorum officio manibus fungeretur.

451 TELLVRE CAVATA pro nouem scrobibus factis, in quibus ductus aquae, quae sacris esset necessaria, collocauit id est nobiles latices fudit.

453 ACTAEOS IMBRES Actaea dicitur regio Attica, de qua et mella ueniunt, quae et liquida sunt et nimis dulcia. unde Virgilius et montem Atticum Aracynthum dicit Actaeum, quia omnis regio maritima est. Actaeum

---

1 sacrificat LP ‖ 2 est locus LP | enim *om.* Pb ‖ 4 haec L hic P | inportunus L ‖ 5 Armenta Pa | scissis Pb isti Pa | ad aram MPa | mouet M ‖ 6 nigrantes Pb ‖ 8 STVPERE LPa ‖ 9 ualles sunt Pb | destitutae *om.* Pb | immolaturum Pa immolatum Pb ‖ 10 stupuerunt Pb | poetica] pene *superscr.* o M | in illo luco L in loco P ‖ 12 ingemescerent Pa ingemisceret Pb ‖ 14 Diis L dii Pb | focus MP ‖ 15 poni MPb pon Pb ‖ 16 *post* est *add. man. 2 in* q̊ M ‖ 17 uitulos Pb ‖ 19 fingeretur Pa uteretur Pb ‖ 21 esset MP est L | collocaui Pa ‖ 23 Actos Pa Actros Pb | acta P | actica Pb ‖ 24 mellia Pa melle *corr. in* mella M | quae ueniunt LMP | et[1] *om.* Pb ‖ 25 unde] ut Pa | *ecl. II 24* ‖ 26 Actaeum dixit LP | quia *om.* Pa | est *om.* LP

imbrem mulsum dicit, aut Actaeos imbres aquam fontis
illius, unde Actaeon aspersus in ceruum mutatus est. sed
utrum mulsum purum an fontem an cruorem pecudum,
quo possit tellus arida satiari, incertum est. nonnulli
5 rorem marinum in Actaeo Aracyntho dicunt. SVADVM-
QVE CRVOREM qui persuadeat manibus ad superos redire.

454 AGGERITVR infunditur. deest 'tantum'.

456 TRIS HECATAE quia triformis est aut quia eadem
deum mater creditur et Proserpina uel Terra aut Vesta.
10 SATIS ACHERONTE natis de Acheronte. etenim matre
Nocte patre Acheronte natae dicuntur.

457 VIRGINIBVS Furiis.

459 PROFVNDAE ERIGITVR CERERI tria sunt in sacrificiis deorum loca, per quae piationem facimus: scrobiculo
15 facto inferis, terrestribus supra terram sacrificamus, cae-
lestibus exstructis focis. unde etiam nominata sunt altaria,
atque sacrificantes manus porrigimus in altum.

460 CVPRESSVS PLORATA luctibus apta. Cyparissus
speciosus puer, dum uenaretur, in amorem sui Apollinem
20 compulit. a quo accepit ceruum pulcherrimum munere et
mansuetum. quem cum diligeret, lassus somnum sub
arbore capere coepit. subito excitatus strepitu ceruum
longe uidit. credens siluestrem missa sagitta eum interemit
agnitoque usque eo ingemuit, ut ab omni cibo et potu
25 abstineret. quo tabescente Apollo miseratus eius uertit eum
in arborem sui nominis. de qua Virgilius ⟨Aen. IV 506 sq.⟩:

---

2 aspersū Pb ‖ 3 an¹ *om.* L ‖ 4 arrida   sacrari Pb ‖ 7 deēē
M | tamen L ‖ 8 tristiformis Pa | que Pa ‖ 9 creditur Deum
mater LP | et *om.* L | aut] uel L ‖ 10 natis de Acheronte *om.*
Pb | natae Acheronte LMPa ‖ 13 erigūt P ‖ 14 deorum *om.* L |
scrobicolo M ‖ 15 sacrificia Pb ‖ 16 et Pb | nomina Pa ‖ 17 ad quae
LPb atque *corr. ex* ad M ‖ 18 Cyparissus .... inferorum *post*
schol. 463 ... cultros *praeb.* P | Tiparissus M Cupressus L
Cyprianus Pa ‖ 19 ueneretur P | in *om.* Pa ad Pb ‖ 21 lassum
M lapsus Pa | lassum somnus? ‖ 22 subitoque L | strepitu *om.*
Pb | 23 missam Pb | eum *om.* Pb | intremuit Pa ‖ 24 agnito P |
eo usque Pb | gemitu (*om.* ut) Pb | cibo potuque L cibo et
poto M ‖ 25 misertus LP ‖ 26 quo L

'fronde coronat funerea'. haec causa est, quare cupressus adhibetur locupletum funeribus. Lucanus ⟨III 442⟩: 'et non plebeios luctus testata cupressus', quia incestatas familias Romani hac notabant. quidam uolunt ad hoc nomen electam arborem, quia infructuosa apta defunctis 5 est, uel quod in tutelam eam dixerint inferorum.

462 SIGNATI CAPITA designata capita habentes. prius enim setae tolluntur aut lana et aris imponuntur, et ita quasi designatur immolationis uictima.   ET FRVGVM LIBAMINE PVRO illibato, impolluto. significat autem salsas 10 fruges.

463 IN VVLNVS CECIDERE GREGES sacerdotum consuetudo talis est, ut aut ipsi percutiant uictimas — et agones appellantur — aut sic tenentis cultrum alter impingat. ideo dixit 'in uulnus cecidere greges'. qui uicti- 15 matores dicuntur. ut Virgilius ⟨Aen. VI 248⟩: 'supponunt alii cultros'.   MANTO filia Tiresiae uirgo.

464 PRAELIBAT SANGVINEM primo est sanguinem libare, deinde immolare, tertio reddere, quarto litare.

465 TER CIRCVM ACTA PYRAS cum ter omnes pyras 20 circumisset.

466 REDDIT VISCERA aut aris imponit aut nuntiat patri suo.

468 ATQVE IPSE SONANTIA FLAMMIS VIRGVLTA hostias. et sic futura dicit. ars autem haruspicina hoc habet, ut 25

---

1 Funesta fronde coronat L | funerā Pa | est om. Pb | cipressus locupletum funeribus adhibetur Pb ‖ 3 plebeos L | testare Pa cipressus Pb | que Pa | incestata Pb   incestatis M ‖ 4 romanū Pa ‖ 5 elatam Pb | apta om. Pa | defunct' superscr. is M defunctus Pa ‖ 6 quia Pb | ea Pa | eam dixerint] sit Pb ‖ 7 capita om. Pb ‖ 8 sese tollunt Pb | lana L Mon. arana MP | inponitur L imponitur MP inponuntur Mon. ‖ 9 inmolatione Pa immolationi? ‖ 10 inpolluto M ‖ 12 uultus Pa ‖ 13 in ipsis Pb | periciant Pa ‖ 14 agonei Lo | tenentes L | inpignat M ‖ 15 dicitur L ceciderūt Pa | quia L ‖ 16 subponunt M ‖ 17 teresię M | uirgo om. Pb ‖ 18 SANG. . . . est om. Pb | sanguine P sanguinē LM ‖ 19 inmolare M ‖ 21 circuisset Pb ‖ 24 IPSA LP | FLAMMIS om. Pa ‖ 25 aut M | aruspicine MPa   aruspicum Pb | haec LPa

et turis motus et crepitus et fumi motus et flexus colligat,
quoniam haec primum signa aut testantur extorum promissis, si bona sint, aut, si contraria, refragantur. ut
testatur liber de turis signis, qui ipsius Tiresiae scribitur.

5 .469 SENSIT quia carebat oculis sacerdos.

470 PLVRIMVS ARDOR ANHELAT bene hoc adiecit. nam
quomodo caecus posset intellegere aras ardere nisi ignis
afflatu?

472 ET VOX IMPVLIT IGNEM id est illius precibus
10 flamma nutrita est.

478 VVLGVSQVE CAVA SVB NOCTE REPOSTVM caua Lind. p. 142
patenti aut alta, sed melius caua nocte est: uacua ab
opere. repostum ideo, quia itidem ad superos ad corpus
reuertatur.

15 479 ET PLENA REDEAT STYGA PORTITOR ALNO et portitor plena alno redeat ad hanc Styga, quomodo dicimus
'uiam redeat'.

480 FERTE SIMVL GRESSVS nocentes, inquit, de Tartaro,
pii de Elysio ueniant. MANIBVS Graecorum manes dicit.

20 482 VIRGAQVE POTENTI NVBILVS ARCAS AGAT nubilus
infernus. imperat autem Mercurio et Libero, ut animas
piorum euocent. quare autem Persee dicat, ratio est.
quidam enim uolunt non Iouis filium esse Mercurium, sed

---

1 et[1] *om.* Pb | flexus aruspex ipse L | colligit Pa ‖ 2 hoc Pb |
ex eorum *del. superscr.* extorum M | promissus L ‖ 3 sunt
Vollmer | si *om.* Pb | refringantur P refrangantur M | aut M ‖
4 q; Pa | describitur P | quo ipsius Tiresiae signa describuntur
Schottky ‖ 6 hoc bene L ‖ 7 quomodo LPb quo Pa qm M |
posset cecus Pb | intelligere LP ‖ 8 afflatu *corr. ex* afflato M ‖
9 id est] uel P ‖ 11 SVB *om.* LPb | NOCTE REPOST. *om.* Pb | REP.
... nocte *om.* Pa ‖ 12 patientia ut M | uel Pb | caua sub nocte
Pb | est] scilicet Pb ‖ 13 repositum P | quod LP | istidem Pa ‖
15 ET ... redeat[1] *om.* Pb | STYGA *om.* LPa | PORTITOR ... redeat[1]
om. Pa ‖ 16 stiga MPa stygia Pb ‖ 17 uiam *om.* M ‖ 18 dicit
Pb ‖ 19 MANIBVS ... dicit *in* MP *secuntur post schol.* 482 ...
Persei | MANIBVS L manes MPb ymane Pa | manes Graecorū L ‖
21 ut *om.* Pb ‖ 22 quare] quia Pb | Persee dicat *scripsi* per se
clara Lc persecate LPa pseucate Pb pse cate (*corr. in* hate)
M pse ecate *Mon.* | est ratio L

Pyrrhae — in qua opinione etiam Hesiodus uersatur in his libris, quos de Theogonia scripsit — quidam Persei. Coruilius quattuor Mercurios esse scribit: unum Iouis et Maiae filium, alterum Caeli et Diei, tertium Liberi et Proserpinae, quartum Iouis et Cyllenes, a quo Argus occisus est. quem 5 ipsum ob hanc causam Graeci profugum dicunt, Aegyptiis autem literas demonstrasse. ergo Mercurium Liberi et Proserpinae filium dicunt animas euocare. de quo Virgilius ⟨Aen. VI 749⟩: 'Lethaeum ad fluuium deus euocat agmine magno'. — ordo: per crimina functis, o 10 Tisiphone, pande diem. sensus hic est: Hecate et Mercurius pias animas ducant, nocentes uero Tisiphone.

484 QVI PLVRES EREBO ut Virgilius ⟨Aen. VI 611⟩: 'quae maxima turba est'. sed modo aucti per sanguinem Thebarum. 15

485 TAXO quia de hac arbore uenenosa faces Furiae dicuntur habere.

486 TISIPHONE DVX tu, inquit, Tisiphone, illos reduc, qui scelerati sunt plurimique de stirpe Thebana.

487 DETORQVEAT VMBRAS auertat ad superos quidem 20 uenire cupientes.

Lind. p. 143   489 ILLI FORMIDINE NVLLA subaudimus 'stabant'.

492 NVNC VELLERA PRESSAT amplectitur, constringit petens auxilium timoris.

494 CONFRAGA aspera et deserta. 25

496 ET SVDANTIA NISV ex manuum sudore. nam per timorem sudor oritur uenatori.

---

1 Pyrrhae LM   pyre Pa   pire Pb   Proserpinae Lc | et L ‖ 2 perse Pa | coruilius *corr. ex* ceruilius M cõuilius Pb Cornutus *Vollmer* ‖ 3 quatuor LPa | dicit Pb ‖ 6 profugam Pa | egipt' *corr. in* egiptiis M aegyptius Pb ‖ 7 mecurium Pb mater uiriũ Pa ‖ 9 uocat agmine certo Pb ‖ 10 ordo *om.* L | o *om.* L ‖ 11 hoc Pb ‖ 12 uero *om.* LPa | tisiphone uõ nocentes Pb ‖ 13 herebo MP ‖ 14 qui M ‖ 16 qui Pa ‖ 18 illuc Pa ‖ 20 quidem] quod Pb qui Pa ‖ 21 euenere Pa ‖ 22 stabant Mantho et Tirhesias LP (Pa *om.* Mantho) ‖ 23 NVNC] ET L | uellera *corr. ex* uelleret M *in marg. adscr.* uallat | pressat *corr. in* prensat M ‖ 26 NIXV L uisu Pa nisij Pb | pro timore Pa

499 ET CAECA METITVR quae caecat mentem et conturbat. caeca cura: tacito animo non illum uidet, sed magnum esse clamore metitur.

502 LAEVAQVE CONVVLSAE DEDIMVS CARCHESIA TERRAE 5 quae sinistra manu funduntur, laeua manus infuderat. inferis sinistra manu immolamus pocula.

503 CASSVSNE SACERDOS et hunc locum de Lucano mutuatus est. ut ⟨VI 730 sqq.⟩

'Tisiphone uocisque meae secura Megaera, 10 non agitis saeuis Erebi per inane flagellis infelicem animam?'

506 COLCHIS AGET ciuitas Scythiae, de qua omnes ueneficae. unde Medea.

507 NOSTRI CVRA MINOR hoc est: illis obtemperatis, 15 nostra praecepta contemnitis.

509 SVB VNVM FVNESTARE DEOS pro 'in unum' et 'in commune'. immolationem hominis. propter necromantiam. his enim inferi delectantur.

514 ET QVIDQVID DICI NOSCIVE TIMETIS haec de Lucano 20 mutuatur, cum minantem manibus Thessalam induceret.

515 NI TE THYMBRAEE VERERER bene: licet magicam faceret, honorem seruauit Apollini. cuius et reuerentia nolle se dicit germanae eius dei inuocationis metu contumeliam facere. ipsa autem Hecate et Diana dicitur.

---

1 quae] qui *del. superscr.* & M ‖ 2 uidi Pb ‖ 3 clamorem P ‖ 5 qui L q̇. *superscr.* e M | funduntur *add.* in M | funduntur .. manus *om.* Pb | manu L manū Pa | infūderat P ‖ 6 inmolamus M | 8 iminatus Pb mutatus Pa | ut *om.* LPa ‖ 9 megerā M ‖ 10 saeuas LMPa sceuos Pb ‖ 13 benefice Pa | media Pa ‖ 14 NOSTRI .. MINOR *om.* MP ‖ 15 et nostra LPb | contentas Pa ‖ 16 & ē M | in communem L in omnem Pb ‖ 17 *ante* immolationem *lemma excidisse credo* | inmalationem Pa ‖ 19 QVICQVID LP | nosciq₃ P | TIMETIS ... cum *om.* Pa | hoc Pb | *VI 730 sqq.* ‖ 20 imitatur Pb | minante Pa minantibus Pb | thes(s)aliam MPb ‖ 21 licet *corr. man. 2 in* liceret M | magiam L *corr. ex* magicā M | 22 Apollinis Pb | cuius] ouidius Pb | et *om.* L ‖ 23 ducit Pa | eius *om.* Pa | diei Pa ‖ 24 et *om.* L

tetigit et philosophice partem sacrorum iuxta picturam,
quam inferiore adnotatione commemorat.

516 ET TRIPLICIS MVNDI SVMMVM iuxta picturam illam
ueterem, in qua tormenta descripta sunt et ascensio ad
deum. dicit autem deum δημιουργόν, cuius scire nomen 5
non licet. infiniti autem philosophorum, magorum, Persae
etiam confirmant reuera esse praeter hos deos cognitos,
qui coluntur in templis, alium principem et maxime
Lind. p. 144 dominum, ceterorum numinum ordina|torem, de cuius genere
sint soli Sol atque Luna. ceteri uero, qui circumferri a 10
sphaera nominantur, eius clarescunt spiritu maximis in
hoc auctoribus Pythagora et Platone et ipso Tagete. sed
dire sentiunt, qui eum interesse nefandis artibus actibus-
que magicis arbitrantur. in uersu ergo poeta sic dixit
'illum', quasi sciret nomen. sic repetiuit, ut proderet. sed 15
hoc magis ad terrorem dixit 'illum', ut putaretur scire.
si ergo sciri nefas est, disci a uate non potuit. licet
magi sphragidas habeant, quas putant Dei nomina conti-
nere, sed Dei uocabulum a nullo sciri hominum potest.
sed quid ueritas habeat, percipe. huiusne dei nomen sciri 20

---

1 philosophie **P** ‖ 2 in inferiore **L** *om.* **Pb** | inferiore *corr.*
in inferiorē **M** | ad notationē **L** adnotationem **M** ‖ 3 triplices
P | SVMMVM *om.* **LPa** ‖ 4 haec tormenta **LP** | scripta **Pb** | et *om.*
Pb ‖ 5 autem *om.* **L** | demoirgon **M** emoirgon id est summum **Pa**
demogorgona summum **L** demogorgon id est summum **Pb**
δημιουργον **Lc** | nomen scire **L** ‖ 6 non licet nomen **P** | autem
om. **Pb** | magi Persarum *Schottky* | Persae etiam *om.* **Pb** ‖ 7 con-
firmant aut **MP** | reuera alios esse **Pb** ‖ 9 deum **LPb** | ceterum
Pb | ordinationem **Pb** ‖ 10 atque] et **Pb** | circumferuntur **L** ‖
11 astra **LPb** aspera **MPa** asphera *Mon.* | nominaretur **Pb**
nominantur quae **L** ‖ 12 hoc *superscr.* his **M** *om.* **Pb** | tageta **M**
post Tagete **L** *inseruit* conuenientibus, *Mon.* nitentes ‖ 13 dire
corr. ex ire **M** ‖ 15 nomen sciret **LP** | sic repetunt **L** *om.* **Pb** |
prodiret **L** | sed hoc . . . scire *secuntur post* potuit *in* **Pb**, *post*
nefas est *in* **Pa** | sed] id est eis **Pa** *om.* **Pb** ‖ 16 dixit *om.* **Pb** ‖
17 sciri **MPb** scire **LPa** | disci *om.* **Pa** ‖ 18 magi sphragidas
Grotius magis frigidas **LM** magis frigas **Pa** magis phriges **Pb** |
putare **Pa** | nomine **L** ‖ 19 sed hoc Dei **L** | scire **Pa** *corr. in*
sciri **M** | hominum sciri **Pb** | potest hominum **M** ‖ 20 sed quid
. . . sciri potest *om.* **Pb** | scire **Pa**

potest, qui nutu tantum regit et continet cuncta, cuius
arbitrio deseruiunt, cuius nec aestimari potest mundus nec
finibus claudi? sed cum magi uellent uirtutis eius, ut
putabant, sese comprehendere singulas appellationes, quasi
5 per naturarum potestates abusiue modo designarunt et
quasi plurimorum numinum nobilitate Deum appellare
conati sunt, quasi ab effectu cuiusque rei ductis uocabulis.
sicut Orpheus fecit et Moyses, Dei summi antistes, et Esaias
et his similes. Etrusci confirmant nympham, quae non-
10 dum nupta fuerit, praedicasse maximi Dei nomen exaudiri
ab homine per naturae fragilitatem pollutionemque fas
non esse. quod ut documentis assereret, in conspectu
ceterorum ad aurem taciti Dei nomen nominasse, quem
ilico ut dementia correptum et nimio turbine coactum
15 exanimasse. sunt qui se — licet secreto — scire dicunt,
sed falsum sciunt, quoniam res ineffabilis comprehendi non
potest.

518 VOS AVIDE 'inferne canes eliciam aut insequar'
deest.

20 524 ET STYX quae meatu suo manes discernit a superis. Lind. p. 145
ut ⟨Aen. VI 439⟩ 'et nouies Styx interfusa coercet'. et
ideo hic interflua nominauit.

527 IVNONIS THALAMOS Pythagoras dicit duo esse hemi-
sphaeria, quibus proprios deos assignat. et facit superioris
25 regem Iouem et reginam Iunonem, inferioris Ditem Iouem

---

2 mundus *om.* P ‖ 3 magis Pb | uirtutes *corr. ex.* uirtutis M ‖
4 sese M | quasi] quas L Pa ‖ 5 designauerunt Pa ‖ 6 numerum
Pb | nobilitatem? ‖ 7 ductus Pa ‖ 8 moises *corr. ex* moisis M
missis Pa | summus dei Pb | esesias *corr. in* esaias M isaias Pb
esais Pa ‖ 9 dum non LMPa ‖ 10 fuerit *corr. in* fuerat M |
maxime MP ‖ 11 ab homine *Mon.* hominem LMPa homines Pb |
naturam Pb naturas Pa *corr. in* nature M | fragilitates Pa ‖
12 asseret Pa asserent Pb ‖ 13 tacito P *corr. ut uidetur ex*
taciti M tauri L ‖ 14 illico LPa ‖ 15 sunt qui se] si que si Pa
si qui Pb ‖ 16 sed] si Pa s, M *om.* L | ineffabilis res Pb ‖
18 canes inferne Pb | uel L ‖ 20 ET *om.* L | six Pa fax Pb |
decernit P ‖ 21 et *om.* Pb ‖ 22 in eo Pa | hic *om.* LP | inter-
flua L ‖ 23 esse *om.* Pa ‖ 24 assignant Pa ‖ 25 et reginam *om.* Pa |
inferioris . . . Stygiam Iunonem *om.* Pa | inferioris inferiorem Pb

esse infernum, Proserpinam uero Iunonem infernam. et
duas Veneres: unam supernam et alteram Libitinam. et
alios deos binos constituit: Hecaten, sicuti Ditem Iouem,
ita et hanc Stygiam Iunonem. ut Virgilius ⟨Aen. VI 138⟩:
'Iunoni infernae dictus sacer'. 5

530 ARBITER HOS DVRA VERSAT CORTYNIVS VRNA licet
de disceptatore animarum et censore uitae alia sit secreta
et arcana ueritas, tamen, quod ex opinione translatum sit
in fabulis, scribam. Cortynius arbiter Minos Cretensis,
cui ad gloriam et titulum sola natalium sufficeret claritas, 10
meruit placiditate mentis, ut illum plus moribus quam
generis auctoritate homines mirarentur. fuit enim rex
Cretae ita uita clemens, ut — quod est mirum — gauderent
eum dominum, quibus imperabat, habuisse. defunctus deinde,
quantum mansuetudo mereatur, nec fato quidem hoc honore 15
priuatus est. nam dicitur apud manes de supremo exitu
iudicare mortalium. ueteres enim Graeci, ut impios cru-
delesque poenas apud inferos luere, sic bonum quemque
adeptum bonae uitae praemia post mortem esse dixerunt.
quod est bonitatis exemplum, quia Minos se non ut regem 20
aut tyrannum, sed tamquam unum de plebe gessit; quae
laus summa est. ut Seneca in Thyeste ⟨uu. 342—352⟩:
'nescitis, cupidi arcium,
regnum quo iaceat loco.
regem non faciunt opes, 25
non uestis Tyriae color,
non frontis nota regia,

---

1 uero *om.* L | infernam . . . Iunonem *om.* Pb ‖ 3 sicut L Pa |
ditē *om. superscr.* M ‖ 6 urnā Pa ‖ 7 de *om.* Pb | disceptatrione
Pa desceptatione (*om.* de) Pb ‖ 8 quia Pb qui Pa | sit] est L ‖
11 plus eū L ‖ 12 claritate generis L | omnes L Pa ‖ 14 habuis
Pa *om.* L | defuncto L defunctum Pb ‖ 15 mercatur Pa mereatur,
patuit *Myth.* | facto Pa | hoc *om. superscr.* M ‖ 17 mortales L |
crudesque *add.* le M crudeles L ‖ 19 adeptum *man. 2 add.* ru
M ‖ 20 se *om.* L set Pa ‖ 21 se gessit L ‖ 22 thiestis M P ‖
23 nescichorotis M ne sic horotis Pa | cupidū Pb | arctium *corr.
in* arotium M aretium Pa atrium Pb ‖ 24 uocat loco Pa ‖
26 uestes M Pa ‖ 27 regiae *Seneca*

non auro nitidae trabes.
rex est, qui posuit metus
et diri mala pectoris,
quem non ambitio impotens
5   et nunquam stabilis fauor
uulgi praecipitis mouet'.

ARBITER HOS quasi quaesitor. ex sorte iudex legit, quos habeat in consilio. ut Virgilius ⟨Aen. VI 432⟩: 'quaesitor Minos urnam mouet'. hic Iouis et Europae filius, cui 10 fuere fratres Rhadamanthus et Sarpedon.

532 POENARVM LVCRA FATERI poenas, quas apud superos lucrati sunt. ut ⟨Aen. VI 568⟩ 'quae quis apud superos furto laetatus inani'.

535 ANGVSTAM CENTENI AEGAEONIS VMBRAM Virgilius 15 ⟨Aen. X 565⟩: 'Aegaeon qualis, centum cui bracchia dicunt'. angustam tenuatam. nec enim in figura aurae tanta est magnitudo, quanta in corporis ueritate. uel quem spatia tanta uix capiant, uel quamuis centum manus fuerint, umbra tamen eius memoratur angusta. quia 20 maior est in umbra inani quam in corpore magnitudo.

537 REMEABILE SAXVM Virgilius ⟨Aen. VI 616⟩: 'saxum ingens uoluunt alii'. Sisyphi exemplo illi signantur, qui contempta uera philosophia ad uoluendum mundi onus crebro uertuntur.

25 538 FALLENTESQVE LACVS Tantali, cuius ab ore epulae subtrahuntur. bene lacus pro potu posuit. sic Horatius ⟨sat. I 1, 68 sq.⟩: 'Tantalus a labris sitiens fugientia captat flumina'. TITYON quia Latonae uoluit uim inferre, eius pectus lacerat uultur.

---

1 tabes Pb fores *Seneca* ‖ 2 Regem regem qui Pa ‖ 6 uulgis Pb ‖ 7 et sorte Pb ‖ legis Pb ‖ 8 concilio Pb ‖ Virgilius *om.* LM Pa ‖ 9 cuius L hem Pa ‖ 10 ///r/// hadamant' M radamantus P ‖ 12 sunt lucratuit Pb ‖ 13 furto .. inani *om.* Pb ‖ 15 qua t M ‖ 16 aurae] animae L umbrae *Mon.* ‖ 17 magnitudo ... tanta *om.* Pb ‖ 18 capiunt L ‖ 19 fuerunt Pb ‖ eius *om.* M ‖ augusta L ‖ que Pa ‖ 20 inan̄ qua Pa ‖ 22 significantur Pb ‖ 23 c̄ cepta M ‖ 24 utuntur Pa ‖ 28 que Pa

539 IXIONA GYRIS . . . . quod rotae uolu-
bilitate rapiatur. Ixion, Phlegyae filius, cum misericordia
Iouis in caelum sublatus fuisset, Iunonem de stupro inter-
pellare ausus est. quae de audacia eius conquesta Ioui
suadente ipso pro se nubem misit, cum qua Ixion con- 5
cubuit. et geniti sunt Centauri. reuersus autem ad
mortales Ixion gloriatus est cum Iunone concubuisse. ob
quam causam eum Iuppiter fulmine percussit et ad rotam
uoluendam ligauit.

548 NOSTRAMQVE MONE PER SINGVLA NOCTEM quia a 10
Iunone caecatus fuerat Tiresias, qui maiorem libidinem
locutus mulierum est, ideo quia ante femina fuisset. et
merito, quia utriusque sexus fuerat expertus naturam. de
qua re et ante dictum est.

Lind. p. 146 549 CARMENQVE SERIT sensus: et serit carmen, quod 15
collectas umbras et non necessarias spargeret, necessarias
uero ac passim uagantes in unum cogeret.

550 QVALIS SI CRIMINA DEMAS COLCHIS talis erat Manto
criminibus ademptis, qualis Medea aut Circe: magica arte
perfecta. ut collatio conueniret, Medeae artem tulit herba- 20
rum, quia Manto uno carmine potentiam exercet. Circen

---

1 post GYRIS *praebet* L: cathimenõ, M: ekatimenon, Pa:
dici ixiona ekatimeon, Pb: de isione hecatimenon, *Bamb.*:
ΕΚαΘΥϾΗΝΟΝ. *latetne* de Ixione ἐνθύμημα *tale quid?* ‖ 3 stubri
(*om.* de) Pb ‖ 4 ē questa M ‖ 5 p se M | nubem prę se Pb |
concubuit et MPb cum coiret L concumberet et Pa ‖ 7 Ixion
om. Pb | quod .. concubuisset Pb | cocubuiss; Pa ‖ 8 rotū uolendū
Pa ‖ 10 MOVE L monet Pa | singulā Pa secula Pb | qua Pa ‖
11 tirresias quia Pb | caecatus fuerat a Iunone L caecatus
a iunone fuerat Pa | maiorem multo L ‖ 12 mulierũm locutus
L | esset L *om.* Pb | qui Pa ꝗ Pb qđ *corr. ex* qui M ‖
13 qua de re L ‖ 14 ante *ad II 95* ‖ 15 et serit *om.* Pb | carmen
om. Pa | quo L *om.* Pb ‖ 16 et L ad. MP | non *om.* M | ne-
cessaria LMP | sparg.] semper gerit Pb ‖ 17 ad passum MPa
ad passim Pb | cogere MPb ‖ 18 si *om.* Pa | DEMAT L ‖ 19 car-
minibus L | adeptis *corr. in* adeptis M ea demptis Pa | qualis
depretis criminibus Pb ‖ 20 perfectam Pa | et ut Pb | collocatio
Pa ‖ 21 que Pa | exercet potentiam Pb

autem non carminibus constat, sed herbis ualuisse, quia
decipiebat poculis transeuntes. ut Virgilius ⟨Aen. VII
19 sq.⟩: 'dea saeua potentibus herbis induerat Circe in
uultus ac terga ferarum'. equidem cum sit naturae ratio
5 fingendo corpora facere homines, qui fuerant beluae, resoluta
ferae figura humanos uultus effingunt. Circe ergo fuit
mortalis, quam stulti | Solis filiam fuisse dixerunt, si fas Linq. p. 147
est, ut Solis filia credatur esse mortalis. sed ordinem
fabulae perstringamus. haec igitur Circe in insula Maeonia
10 delatos ad se in feras mutabat. ad hanc forte delatus
Vlixes Eurylochum cum uiginti et duobus sociis misit,
quos ab humana specie commutauit. sed Eurylochus inde
fugit et Vlixi nuntiauit. is solus ad eam proficiscitur.
cui in itinere Mercurius remedium dedit monstrauitque,
15 quomodo Circen deciperet. qui postquam ad eam uenit,
ab ea poculo accepto Mercurii remedium inmiscuit et
eduxit ensem eique minatus est, ut socios sibi restitueret.
tunc Circe sensit sine uoluntate deorum non esse factum
fideque data socios ei restituit. ipse cum ea concubuit,
20 ex qua Telegonum procreauit. inde proficiscens ad Auer-
num delatus ad inferos descendit. reliquos labores eius
Tiresias uates edocuit.

553 PRIMVS SANGVINEO eleganter coepit a conditore
Thebarum posteriorum historias narraturus. Cadmum et

1 sed herbis constat L | sed om. Pa ‖ 2 decipiat MP ‖
3 dea saeua om. LMPa | Cyrcē L dircen M dircē Pa | in om.
LMPa ‖ 4 Et qd Pa ‖ 6 ferae] pene Pb | fingunt M | post fingunt
in Mon. et M secuntur haec: cum uero de gramine sit hoc est
(aut Mon.) de frugibus terrae. quales etiam praeter animam
licentia est ‖ 7 quam stulti ... mortalis om. in marg. add. M |
esse credunt Pb ‖ 8 Solis] dei LP ‖ 9 igitur] quam Pb | in om.
Pa om. add. M | meonia insula Pb ‖ 11 Vlysses L ‖ 12 quas ab
una Pa ‖ 13 Vlyssi L | renuntiauit Pb ‖ 14 remedium Mercurius
L | 15 qm̄ Pa | non decipitur Pa | posteaquam L | ad deam Pb ‖
16 miscuit LMPa ‖ 17 & ei Pb | est om. Pb | restituisset MPa ‖
19 sibi Pb ‖ 20 Tellogonum L | ad cumā Pa ‖ 21 delatas Pa ‖
22 edicunt Pa ‖ 24 et om. Pb

Harmoniam diximus in dracones esse conuersos, quorum ueniunt animae, ut bibant fossam sanguinis plenam.

555 AMBORVM Cadmi et Harmoniae.

556 TERRIGENAE quos sparsis draconis dentibus terra edidit.

557 MENSVRA DIES quibus nascendi moriendique dies fuit.

559 SPIRANTVM RABIE id est furore uiuentium adhuc arma tractabant suumque magis fundere sanguinem festinabant quam eum, qui erat fusus in fossa.

560 SED ALTERNVM CVPERENT HAVRIRE CRVOREM quos draconis dentibus satis tellus ediderat, odia uetera retinentes potandi ordinem immatura festinatione turbarunt.

561 FLETIQVE NEPOTES Pentheus, Actaeon et Melicertes.

562 ORBAM AVTONOEN quia Actaeonem filium perdidit.

ANHELAM INO uel furentem, quod ei nupsit pelex, uel quod mariti Athamantis tela fugiens cum Melicerta sese fluctibus tradidit, quod Athamas Learchum occiderat.

564 ET OPPOSITIS SEMELEN A VENTRE LACERTIS quia cum proximas uidisset fulminis flammas, pia mater non immemor pignoris manus uentri, ne perimeretur, opposuit, quasi fulmen non sibi, sed filio formidaret. mire autem dictum est 'a uentre', quod inter periculum fulminis filio timeret.

565 GENETRIX CADMEIA Agauen dicit non Cadmi filiam, sed quae a Cadmo originem duceret, quae filium furens

---

1 Harmonien L armoniā corr. in herminā M | ad III 274 | conuersus M ǁ 2 fossa Pa | plena Pb ǁ 3 AMBORVM] serpens P | Harmonies L armonię corr. in harmione M hermione Pb ǁ 4 TERRIGINAE L | draconibɔ Pa | terra] cont͡ Pa ǁ 6 mensura corr. in mansura M | et moriendi Pb ǁ 7 id est om. Pb ǁ 9 fossas M ǁ 11 draconum LMPa | terra Pb | edidit L ediderit Pa ǁ 12 potando P | inmatura MPa | turbauerunt Pa ǁ 13 Melicerta L melicrita Pb ǁ 14 autonem M autonen Pa | que Pa ǁ 15 INO uel om. Pb | inupsit Pa innupsit M | pellex LPb ǁ 16 quod] cum Pa | melicerte M ǁ 17 fluctibus sese L | qui M | ceciderat Pa ǁ 18 APPOSITIS L ǁ 19 mater om. P ǁ 20 inmemor MPb | opposuit ne perimeretur Pb ǁ 21 mire ... timeret om. P ǁ 22 in uentre L | filio om. in marg. add. M ǁ 24 GENITRIX LMP ǁ 25 a om. Pa | origine Pa

occidit. ergo 'genetrix Cadmeia' ambigue. non enim mater Cadmeia, sed filia. ordo: Cadmeia genetrix insequitur, quae scitur esse Cadmeia.

569 ECHION pater Penthei, Actaeonis uero Aristaeus
5 fuit, filius Apollinis et Cyrenae.

570 TRISTEM NOSCO LYCVM hic est Lycus, qui Megaeram filiam suam Herculi dedit uxorem et ob hoc a Iunone in furorem uersus est et filios Herculis ex Megaera susceptos Oxea et Leontiadem occidit. tristem ergo propter mortem
10 nepotum. hic est ergo Lycus maritus Antiopae, Nyctei regis filiae, et tristis ob stuprum coniugis, quam per uim stuprauerat Epaphus. ille eam proiecit. Epaphus autem fuit ex Ione et Ioue natus. quam fabulam latius aperiemus. Antiopa, Nyctei regis filia, ab Epapho per
15 dolum stuprata est. quae ob id a uiro Lyco eiecta est ui. qua pulsa Dircen duxit uxorem. cui suspicio incidit uirum suum clam cum Antiopa concubuisse. itaque impetrauit a famulis, ut eam uinctam in tenebris clauderent. cui cum partus instaret, Iouis uoluntate effugit uincula et
20 in monte Cithaerone partum exposuit. natos Zethum et Amphionem proiecit. hos pastor pro suis educauit. quos postea mater agnouit. qui iniurias eius exsecuti Lycum interfecerunt, Dircen tauro indomito religatam uita priuauerunt.
25 571 AEOLIDEM Athamanta dicit, Aeoli filium, cum

---

1 genitrix LMP | ambigue ... mater Cadmeia *om.* M | ambigua Pb ‖ 2 genitrix LMPa | genetrix cadmeia Pb | sequitur P ‖ 5 et Cyrenae *om.* Pb ‖ 6 *ad hoc scholion conferas schol.* X 891 | LYCVM] licon M | Megaram *Kohlm.* ‖ 7 dedisset Pa | ob hoc] aboe Pa ‖ 8 uersus in furorem Pb ‖ 9 Toxea *Grotius* | leonadem Pb | mortem] matrem M ‖ 10 hoc Pb | nicti Pa nectei M nitei Pb ‖ 11 et *om.* Pb | tristem P | et tristis *om. superscr.* M | 13 n͞o Pb | Ixione M etione *Mon. om.* LPb | et *om.* LPb ‖ 15 est *om.* Pa | est stuprata Pb | est eiecta LP ‖ 16 ui *om.* P | dircem Pb ‖ 17 concubuisse cum anthiopa Pb ‖ 18 clauderet Pa | clauderent in tenebris Pb ‖ 19 cum *om.* Pa ‖ 20 parto Pa ‖ 22 qui *om.* MPb | cuius Pb | exsecuti *corr. in* persecuti M ‖ 23 occiderunt M | dircem Pb ‖ 25 Athamantem L | cum] omni Pb

humero onusto, quia sic pingitur: insequens Ino uxorem, collo portans filii Learchi cadauer.

572 AVT VERSAE CRIMINE FORMAE propter crimina, quia in Dianam nudam inciderat.

573 FRONS ASPERA CORNV Actaeonem significat, quem dicit apud inferos eadem forma mansisse, qua apud superos fuerat: habentem cornua.

576 TANTALIS Niobe filia Tantali et Penelopes, quae partus sui fecunditate praelata cum filiis septem a Diana et Apolline probatur exstincta.

577 NIL DEIECTA MALIS IVVAT EFFVGISSE DEORVM NVMINA filiis delectatur exstinctis amplius sibi posse in deorum iniuriam licere, cum desint, in quibus peccatorum licentia uindicetur. nam ideo subdidit: 'et insanae plus iam permittere linguae'.

Lind. p. 148 584 EXTERNAE SATIS EST MIHI LVCIS duplex hic expositio est. nam externae aut humanis aspectibus, quoniam diuinam lucem uult magis intellegi, aut certe quod ipse diuinatione alieno fruebatur aspectu. INERTES NEBVLAE inertes epitheton est nebulae. nam uultum caecitate obrutum ad uidenda, quae sunt diuina, perpetua nox exuit caecitatis.

588 MAERENT ARGOLICI coniecturam facit de ducum uultibus luctuum futurorum.

589 TORVVS ABAS Acrisii pater, quem idcirco toruum

---

1 onusto] oenusio Pa | Ino *om.* Pb in M ‖ 3 *schol. om.* Pa | haud Pb ‖ 5 qui dicitur L ‖ 6 dixit Pa | que Pb quia M ‖ 7 habens Pb ‖ 8 Tantalis filia Pa Tantali filia LPb | et *om.* Pb | poenalapes Pb penelapes Pa Peniopes L *conf. schol. IV 589 et myth. II 71* ‖ 9 elata L | septem filiis et Pb ‖ 10 extincti Pa ‖ 11 NIL *om.* Pb ‖ 12 sibi non posse L | in *om.* L ‖ 13 nocere L ‖ 14 subit Pb ‖ 15 iam plus L ‖ 16 Eterne Pa | est nichil Pa | est hec expositio Pb | expositio hic L | positio M ‖ 17 humanas Pa | affectibus Pb ‖ 18 diuum LPa | intelligi LPa | certe *om.* Pb ‖ 19 qui M | diuinatione *Mon.* diuinationem LMP | alienā Pa alie non Pb | fruebat Pb ‖ 20 inertes *om.* Pb | est *om.* L | iam? ‖ 21 obruptum Pb ‖ 23 coniecturus Pa ‖ 25 patrem Pb | iccirco L

dicit, quia fuerit toruus in ciues.   PROETVSQVE NOCENS
ideo nocens, quia Bellerophontem innocentem uoluit
occidere.   Bellerophontes, Glauci filius, cum ignarus ad
Proetum in hospitium uenisset et uxor Proeti Sthenoboea
5 siue Antia illum amaret nec ab eo impetrare potuisset, ut
secum concumberet, apud suum uirum mentita est ab eo
se compellatam fuisse. Proetus ad Iobatem, socerum suum,
misit et de eadem re Bellerophonti dedit tabellas per-
ferendas socero.   quibus lectis interficere uoluit talem
10 uirum.   sed cum ille prudentia sua et castitatis auxilio
se ab instanti periculo liberasset, tamen, ut pudicitiam
periculi probaret immanitas, ad interficiendum Chimaeram
missus est, quam ille Pegaso iuuante prostrauit.   denuo
eum misit, ut Calydonas uinceret.   etiam illos cum uicisset,
15 nouissime Iobates sciuit, quae sibi fuisset causa tanti mali
faciendi.   crimina, quae in eum confinxerat, aboleuit
uirtutemque eius laudans alteram filiam Alcimenen ei
dedit uxorem.   at Sthenoboea ea re cognita ipsa se interfecit.   ergo hic Proetus nocens, qui innoxium iuuenem
20 periculis tantis obiecit.   haec fabula apud Homerum est
in libro sexto.   ipse Proetus, cuius filias sub contumelia
laesi numinis Iuno furore compleuit, quo se factas buculas
putarent.   de quibus Virgilius ⟨ecl. VI 48⟩: 'Proetides

---

1 qui *corr. ex* quam M quod LP | toruus *om.* Pa ‖ 2 uoluit in-
nocentem L ‖ 3 bellerofontis Pa pellerofontia M Bellerophon L |
glāci Pa clauci M ‖ 4 Proeti *om.* Pb ‖ 5 impetrare . . . ab eo *om.* Pb ‖
7 conpellatam M | Iobatem *scripsi cum mythogr.* Adiuuarcem L
iuuatem M iuuantem P ‖ 8 pferendas M | tebella pferendas Pa ‖
9 perlectis uoluit interficere Pb ‖ 10 illum prudentia uirū et Pb |
suī M ‖ 11 se . . . liberasset *om.* P | instante L | tamen . . .
immanitas *om.* LP ‖ 12 inmanitas M | interficiendam L inter-
ficienda Pb ‖ 13 illa M Pa ‖ 14 calidonias M ‖ 15 & cum nouissime
sciuit Adiuuarces L | adiuuacres Pa ariobates Pb adiuuantes
M | quod ipsi fuisset L ‖ 16 facundi Pb faciendi *corr. in* paciendi
M | confixerant L confixerat M ‖ 17 Alchimenen L alchimen P
alchimenī M alchimenen *Mon.* ‖ 18 ac Pa | ea *om.* LP | ipsa
om. Pb ‖ 19 hic *scripsi* is L his M Pa hiis Pb | quia L ‖ 21 (in
om.) lib. VI. est L | *Il. VI 155—197* | est ipse Pa ‖ 22 nomi-
nis M P

implerunt falsis mugitibus agros'.　PHORONEVS hic est,
qui primus Iunoni sacrificasse dicitur, ut Dardanus Ioui.

Lind. p. 149 Pho|roneus autem Inachi filius, qui primus mortalibus
regnauit, cuius filiam Nioben, quia alia Tantali est, Iuppiter primo mortalem dicitur compressisse.　　　　　　5

590 TRVNCATVSQVE PELOPS Virgilius ⟨georg. III 7⟩:
'humeroque Pelops insignis eburno'.　　SAEVO PVLVERE
SORDENS OENOMAVS sordens, quia per circum tractus est.
saeuo, quia ibi occisi fuerant innocentes.

593 GREGE CONDENSO isti sunt quinquaginta, quos 10
Tydeus interfecit.

595 FALSO CLAMORE ut Virgilius ⟨Aen. VI 493⟩: 'in-
ceptus clamor frustratur hiantes'.

596 INTENDVNT SINE PACE MANVS REX FALLOR·AN HI
SVNT o rex Eteocles. eos ostendit Eteocli, quos ipse etiam 15
posset agnoscere. 'sine pace' autem dixit aut bellicosas
aut ipsi discordes, cuius causa fuerant interempti.

598 PRAESIGNEM MAEONA LAVRV Maeonem illum uatem
dicit ideo praesignem lauru, quoniam fuit sacerdos Apollinis et diuinatione pollebat. quem Tydeus a quinqua- 20
ginta uirorum caede seruatum remisit Thebas incolumem.
qui se in conspectu regis donatam uitam respuens conscientia uirtutis occidit.

599 NE SAEVITE DVCES quasi apud indignantes eos
loquitur, qui fuerant interempti a Tydeo, et casum humanae 25
sortis excusat fatorum legibus euenisse. omina prospera

---

2 Iunoni ... primus om. P ‖ 4 tantali alia Pb ‖ 5 p' superscr.
primo M | comperisse corr. in compressisse M ‖ 6 PELOPOS L
7 Pelopos L ‖ 8 OENOMAVS om. MP | sordens om. Pa | pro Pa | per
currū Mon. per eum circum LPb ‖ 10 istis (om. sunt) Pa ‖
11 teseus Pb | occidit LP ‖ 12 ut om. LM ‖ 15 et eos Pb | quo
Pa | etiam ipso Pa et ipse Pb ‖ 16 cognoscere L | pace om. P |
bellicosos Pb ‖ 17 ipsi om. superscr. M | fuerint P ‖ 18 MAEONA
om. Pb | LAVRO LPb ldaurū M | Maeonem ... lauru om. Pb ‖
19 lauro L ‖ 21 thebis incolomē M ‖ 22 que Pb | regis] gis P |
donate Pa spat. uac. rel. Pb ‖ 25 fuerunt LPa | causa corr. in
casū M ‖ 26 ex causa M | omina ... Thebana om. P hoc loco
iterum schol. 588 praeb. P .

uiderat de parte Thebana et Argolicos duces uultu pro-
nuntiasse de fato belli. sed uidit illos Thebanos, quos
Tydeus peremit. quos hic minantes ciuibus suis placat
dicens fatorum fuisse legem, ut tot caderent, non uirtutis
5 alienae. dein superstitibus Thebanis, qui Tydeum uidentur
esse passuri. hoc autem mihi uidetur dixisse Statius
historiae ductus exemplo, ut animas seu manes irasci
diceret et a Tiresia placatas. Alexander igitur cum in
Asiam traduceret exercitum, conspexit proximam litori
10 manum armatorum armis Achiuis candentibus. propterea
tubam canere iussit et milites nauibus egredi armatos. sed
cum abesset a conspectu Macedonum ea species umbrarum
ante cunctis perspecta, ut attigit Thraciam terram, certus
a uicinis factus, quod eiusmodi uisiones ibi frequentissime
15 fierent, suspicatus animas esse Achiuorum, qui consociati
foedere Thessalis fuerant heroico bello, inferias apud tumu-
los eorum dedit precatus aduersus barbaram gentem auxi-
liarios sibi fieri opinatus eosdem et in excessione classis
apud litus sibi nisos. itaque in ea pugna, cum apud
20 Granicum conflixere exercitus, multas eiusmodi species
in proelio conspectant putantes Macedonum exercitum. nec
minus alias animas apparuisse barbarico habitu, ex ad-

---

2 uidet Pb ‖ 3 placeat P ‖ 4 uirtutes *corr. ex* uirtutis M ‖
5 aliene *corr. in* alieni M | dein . . . passuri *om.* P | uiderent esse
passurum L ‖ 6 uideatur Pa | Statium fretus historiae L statium
historie ductus Pb flectus hostiarie ductus Pa ‖ 8 placatos LP
corr. ex placatas M | in asia MP ‖ 9 littori L ‖ 10 manum]
copiam Pb | cadentibus Pa cadere Pb ‖ 11 tubam *om.* Pa ‖
12 abesse Pa abiret L ēēt M ‖ 13 aña (= antea) Pb | pro-
specta Pb perfecta *corr. in* perspecta M | ut *del.* M postquam
L | a (*om.* ttigit) tracia Pa | certior L ‖ 14 huiusmodi Pb | sibi
Lm ‖ 15 suspicati MP ‖ 16 fuerunt Pb | heroico *scripsi* Hernico
L heruico MP ‖ 17 eorum] Achiuorum L aetorum Pa | auxiliario
P ‖ 18 ibi M | fieri . . . sibi *om.* Pb | opinatus quod MPa ‖
19 usos Pa uersos Pb | Isque L idque Pa itemque *Vollmer* ‖
20 configeret L configere P | eiusdem MP ibidem L *an scriben-
dum est* eiusdem modi? ‖ 21 in praelia LPb imprelia Pa prelia
M | conspectant *conieci* conspectans LMP | putans L *Bamb.*

uerso existimantes hostium numerum. eo proelio multis
ex utraque parte caesis locus, in quo ceciderunt, faba prima
florentique nata fidem ueteribus praebuit, quia abstinendum
usu fabae suadent. NIHIL HIC MORTALIBVS AVSVM quotiens
ratione carent facti immanitate uirtutes, humanis non sunt 5
assignandae consiliis. Virgilius ⟨Aen. XII 427 sq.⟩ simili
admiratione ait: 'non haec humanis opibus, non arte
magistra proueniunt'.

601 EXISTIS CASVS euasistis. — ut furentum ducum
placaret inferias. euasisse enim dicit casus et fortunae 10
ludibria. nam Virgilius exisse pro 'euasisse' posuit
⟨Aen. V 438⟩: 'atque oculis uigilantibus exit'. BELLA
HORRIDA NOBIS nobis uero supersunt belli discrimina. Virgilius ⟨Aen. XI 96⟩: 'nos alias hinc ad lacrimas'.

Lind. p. 150   607 NON ILLE AVT SANGVINIS HAVSTVS CETERA CEV 15
PLEBES ALIVMVE ACCEDIT AD IMBREM oblicus ob parricidium posteris. horret nepotem Laius ex scelere procreatum
nec sacrificii oblatione mitescit. nam cum importune in-
stantes abigit illos quinquaginta, qui Tydei manu fuerant
interempti, quos uittis redimitos dicit utpote reges, eosque 20
sanguine sacrificii placat ostenso, illum tamen non sanguinis
sacer, non alius liquor, qui sacrificiis consueuit offerri,

---

1 existimans Bamb. | post numerum Bamb. praebet iterum
bellare cepit. fortasse hinc principium corrigendi sumi debet, ut
scribamus '... in proelio conspectans iuuantes ... iterum
bellare coepit' seclusis nec minus ... numerum ‖ 2 primo L
prema Pb ‖ 3 floresque L florendique Pa floruit quae Vollmer |
nati L | florentique campo nata est. q Bamb. | ueteribus fidem
Pb | q̄ add. d M | ab abstinendo Pb ‖ 4 HIC] in MPa ‖ 5 fati
P | inmanitate MPb | non ... humanis om. Pa ‖ 10 placeat Pa |
inserias LM | enim] eius P ‖ 12 BELLA ... NOBIS om. MP ‖ 15 c.
c. p. a. a. i. MPa om. L ‖ 16 plebs Pb | obliqus Pb obliquus
L corr. ex oblicus M ‖ 17 posternis Pa posteris M | Laius om.
Pb | ex om. L | excellere Pa corr. in scelere M ‖ 18 nec
creatum sacrificii Pa | ablatione Pb | intescunt Pa | non eum
Pa | inportune Pa corr. in inportunitate M ‖ 19 manu Tydei L ‖
20 intercepti Pb | dicat Pa ‖ 21 sacrificii sanguine L | placeat
Pa | ostensio M | non tantum non Pb | sanguis LPa

mitigat, id est uini aut mellis aut lactis. sed immortale
odium posteris seruans nulla sacrificii oblatione placatur.

612 VIDIT AMICA DIES prospera id est quae ab exsecrabilibus facinoribus esset aliena. nam post eius obitum
5 uxor filii sui Oedipodis est sortita coniugium, qui funestam
rem saepissime fecunditate partus incesti significauit. secu-
tum est nihilo minus, ut re cognita filius coniunx uolun-
taria se caecitatis poena damnaret, deinde Polynicis exsilium et post omnia imminens bellum.

10 613 PLACATA MINORIBVS VMBRA calamitatibus postero-
rum. nam et parricida filius perpetua erat morte caecitatis damnatus et in regno nepotes erant regnandi cupiditate
discordes.

616 PAEDORE squalore confectus.

15 617 EIECTVSQVE DIE exclusus a diei claritate.

618 CREDE MIHI quia simili caecatus crucior uita.

619 LITANTI pro litato.

621 PANDE VEL INFENSVS VEL RES MISERATE TVORVM
quoniam: si iratus es, narra, quod doleam, si placatus es,
20 posteris ede, quod caueam. ut in inferorum squalore
perpetuo posito regi suaderet, quae poscebat, edicere, spem
ulterioris ripae, ad quam praeter gloriosam mortem, quam
belli necessitas ingerebat, uiolenter occisi prohibebantur
accedere, promittit carminibus posse concedere. et deis
25 inferis se commendat, quamuis esset contra iura prohibitum.

---

1 inmortale **M** non immortalis **Pa** ‖ 2 posternis **Pa** posteris
M | oblatione sacrificii **L** ‖ 3 id est *om.* **P** | ab *om. add.* **M**
secrabilibus **Pb** ‖ 4 est **L** ēē **Pa** ‖ 5 oedippodes **MP** ‖ 6 incerti
LP | significauit *corr. in* signauit **M** ‖ 7 coniux **P** ‖ 8 deinde
uoluntariū Polynicis **L** ‖ 9 omni **Pa** | inminens **MPa** ‖ 10 *post*
calamitatibus *inseruit* uerbi **Pa** ‖ 11 errat **L** | caecitatis morte
Pb caecitate (*om.* morte) **L** ‖ 12 in regnū **MPa** *om.* **Pb** ‖ 13 discordes cupiditate regnandi **L** ‖ 15 exclusa diei **Pb** ‖ 16 Qui **L**
que **Pa** | simul **Pa** | crucior *om.* **Pb** ‖ 19 doleam *corr. ex* deleam **M** ‖
20 posceres **Pa** poteris **Pb** | edere **Pa** | cauerna **Pb** causā **Pa** |
in *om.* **LP** | inferiorum **Pa** ‖ 21 posito *om.* **Pb** | q̄ **M** | et dicere
Pa ‖ 24 c̄dere **M** | de his **Pa** de eis **M** ‖ 25 se *om.* **Pa** | com-
modat **P** commendaturum (eum)? | esse **Pa**

624 MVLCETVR HONORIS MVNERIBVS TINGITQVE GENAS placatus muneribus sacerdotis sumpsit sacra libamina et tunc demum reddit consultanti responsum. alii tingit- que genas magis intellegi uolunt fletu quam sanguine.

Lind. p. 151 626 VERSANTI MANES consideranti.

627 POTISSIMVS melior ad augurandum.

630 POSCITIS ILLVM ILLVM schema: epizeuxis id est repetitio nominis. dicit ergo Oedipum, filium suum, haec sacra debuisse facere, qui nece patris et matris concubitu Thebanum commouerat bellum.

633 FVRIARVMQVE ATRA FATIGAT CONCILIA imprecando filiis lassat. Horatius ⟨carm. I 2, 26 sqq.⟩: 'prece qua fatigent uirgines sacrae minus audientem carmina Vestam?'

638 LERNAEOS Graecos a Lerna, palude Arcadiae.

639 HOS TERRAE MONSTRA propter Amphiaraum, qui hiatu terrae demersus est. seu propter Tydeum, qui pro- digialiter Melanippi, percussoris sui, cerebrum uorando de- functus est. DEVMQVE TELA MANENT propter Capaneum, qui eo clarior fuit, quod Iouis fulmine meruerit interire.

641 SONTES LEGE MORAE id est ex lege morae uenientes, ne sontes sepelirentur Achiui. — sontes autem morae optime: nocentes, quia differunt sepulturam. sic et in primo ⟨36 sq.⟩: 'tumulisque carentia regum funera'.

644 EI MIHI CRVDELIS aut quia effectum est, quod optauit, aut quia superuicturus est filiis.

646 GELIDAM NEMEEN silua, in qua leo ille fuit, quem Hercules uicit.

---

1 carminibus Pb ‖ 2 placatus . . . genas om. Pb ‖ 3 reddidit L Pa | tinguitque M P ‖ 4 intellegi L P ‖ 7 ILLVM om. L M P | epizeusis L M Pb epizitusis Pa ypozeuxis Lm | id est] uel Pa ‖ 8 repetionis (om. nominis) Pa ‖ 10 mouerat L P ‖ 11 FVRIARVMQVE om. M P | CON- CILIA om. M P | in precando M P ‖ 12 filius Pa filii Pb | laxat Pb | Preceque L ‖ 13 sanctae Hor. | carmine L crimina Pa ‖ 15 qui om. Pa ‖ 16 ter emersus Pa | prodigialitate Pb ‖ 17 Menalippi L M P corr. Kohlm. | sui om. L Pb | uorandū defunctū Pa ‖ 18 MANENT om. M P | p̄ Pa ‖ 19 meruit Pa ‖ 22 quod Pa | sic] sed L Pa ‖ 24 HEI L Pb | affestum Pa ‖ 25 super- om. P | uictus est filius Pb

648 SIDONIAS Thebanas, quia Thebarum conditor Cadmus. Sidonius uero Tyrius.

652 MARCIDVS lassus, ebrius, aut quod molles faciat per pacem.

5 653 BRVMAE eleganter brumas pro annis posuit, non aestates, quia apud Thracas et Getas perpetuae semper habentur hiemes. ut Virgilius ⟨georg. III 356⟩: 'semper hiems, semper spirantes frigora cauri'. dicit ergo duobus annis Thracas Getasque | exutos furore bellandi docuisse Lind. p 152 10 culturas.

655 VMBRA id est uitibus obsitam facere. Icaria umbra dixit, quia Icarus comes Liberi accipitur, qui a Libero uini usum, ut mortalibus traderet, sumpsit. quod cum pastoribus exhibuisset potandum, ebrii facti putauerunt 15 se ueneno fuisse temptatos. Icarum peremerunt. cuius Erigone filia cum · ductu canis inuentum fleret cadauer, in uindictam patris deorum implorauit auxilium. recepti ambo dicuntur in sidera: Erigone in uirginem, Icarus in Bootae stellam. dicitur enim cum plaustro suo receptus 20 in caelum. unde Iuuenalis ⟨V 22 sq.⟩: 'aut illo tempore, quo se frigida circumagunt pigri serraca Bootae'.

656 ET IAM PAMPINEOS MATERNA AD MOENIA CVRRVS PROMOVET Ouidius ⟨met. III 666 sq.⟩:

'ipse racemiferis frontem circumdatus uuis,
25   pampineis agitat uelatam frondibus hastam'.

---

1 qui herbarum Pa ‖ 2 uero] nō Pa ‖ 3 lapsus Pa | quia L qui Pa ‖ 5 non] ne Pa ‖ 6 apud om. M | Thraces L | semper om. Pb ‖ 7 habent M | ut om. Pb ‖ 8 spirantis Pb | frigore L | chauri MPa uenti L brume Pb ‖ 9 Thraces L ‖ 11 facere obsitam L ‖ 12 a libero patre Pb ‖ 13 uinum suum (om. ut) Pa | tradere Pa ‖ 14 dedisset Pb ‖ 15 esse L | tentas Pb | & Icarum L | perimerunt MPa | cuius] alisb Pa ‖ 16 erigone Pb ‖ 18 locuntur Pa locantur L | inter L | Erigone M erigonem Pb ‖ 19 stellam Bootae LP ‖ 20 ut LPb | haud MPa ‖ 21 sarraca L saraca Pb | bootē M boeten Pa ‖ 22 cursus Pb ‖ 23 PROMOVET om. Pb ‖ 24 circūdat ͥ M | ubi Pa umbris L ‖ 25 agitant LP agitant M

MATERNA MOENIA id est ad Thebas, quia exinde fuit Cadmi filia Semele, mater Liberi.

658 LYNCES Triptolemus beneficio Cereris cum fruges per omnes spargeret gentes, ad Lycum, Scythiae regem, uenit ibique paene deceptus est. uolens enim Lycus id, 5 quod hospes attulerat, fuisse suum monstrare Triptolemum insidiis finire conatus est. at ille periculo cognito stricto gladio Lycum persequi coepit. ille in feram sui nominis uersus mo|rum suorum colore distinctus est. ut Virgilius 〈georg. III 264〉: 'quid lynces Bacchi uariae?' 10

659 ARMENTALIA non armentaria. ut Virgilius 〈Aen. XI 571〉: 'armentalis equae mammis et lacte ferino'.

660 MIMALLONES VRSAS lingua Macedonum Bacchae. hinc Persius 〈I 99〉: 'torua Mimalloneis implerunt cornua bombis'. 15

661 NEC COMITATVS INERS SVNT ILLIC IRA FVRORQVE ET METVS ET VIRTVS ET NVNQVAM SOBRIVS ARDOR quae omnia nascuntur ex uino. ut Virgilius 〈georg. II 455〉: 'Bacchus et ad culpam causas dedit'.

663 SVCCIDVIQVE GRADVS ebrietate titubantes. 20

668 AERAQVE TYMPANAQVE Virgilius 〈Aen. IX 619〉: 'tympana uos buxusque uocant'.

672 ARGOS masculini generis in plurali tantum numero esse Virgilius docet 〈Aen. II 95〉: 'si patrios unquam remeassem uictor ad Argos', in singulari uero saeuum 25 Argos notandum neutri generis ciuitatem Argos dictam.

---

1 id est om. Pb | ad om. P | inde Pb ‖ 3 treptolemus MPa | cum post LYNCES posuit L ‖ 4 Siciliae L squacie superscr. spuicie M quisne Pa squitie Pb ‖ 5 et ibi L ibi Pa ‖ 6 et tulerat corr. in ac tulerat M ‖ 7 conatibus (om. est) Pb | illo L ‖ 8 prosequi concepit Pa ‖ 10 linges Pa ‖ 11 equi non L | armenta LPa armentaria M armentitia Pb | ut om. MPa ‖ 12 equi LPa ‖ 13 VERSAS L ursos Pb | macedonium Pa ‖ 14 mimaloniis Pb ‖ 15 bobus Pa ‖ 16 NEC ... ILLIC om. L ‖ 18 ut om. LPa ‖ 19 cupam L ceopam Pa culpas Pb ‖ 22 uox MP | buxosque Pa usque Pb ‖ 23 masctm gñns M | in plurali numero masculini tantum generis L | numero tantum (esse om.) Pb ‖ 24 umquam MPa ‖ 25 Saeuos L ‖ 26 neutri ... Horatius om. P

nam et Horatius neutro genere posuit 〈carm. I 7, 9〉:
'aptum equis Argos'.

673 CINERI DATA MATER INIQVO illud dicit tempus,
quo fraude Iunonis Semele mater optauit Iouem eo cultu
5 uidere, quo cum Iunone concumberet. quod cum ferre
non potuisset, diuino igni apud Thebas consumpta est.
merito ergo eam ciuitatem matris sepulcrum Liber appellat.

674 SENSI ad exaggerationem materni supplicii dicit
etiam se in utero constitutum sensisse uim fulminum.

10   677 NECTAM FRAVDE MORAS nectam: iniciam. dis
enim solum conceditur, ut contra fata moram faciant. ut
Virgilius 〈Aen. VII 315〉: 'at trahere atque moras tantis
licet addere rebus'. in opinione ergo multorum est multa
fieri extra legem fatorum. nam si in hoc, quod fixum est
15 et ineluctabile, dilatio uel mora habetur, fides decreti
uiolatur et quasi uincitur fatum. unde Cicero 〈Philipp.
I 10〉: 'multa fiunt praeter naturam praeterque fatum'.
    ILLVM ILLVM TENDITE CAMPVM deest 'in'.

678 HYRCANAE id est Scythicae tigrides. ut Virgilius
20 〈Aen. IV 367〉: 'Hyrcanaeque admorunt ubera tigres'.

679 DICTO PRIVS Virgilius 〈Aen. I 142〉: 'dicto citius
tumida aequora placat'.

681 TOLLIT ANHELA DIES anhela id est aestuosa,
quando sol in Cancro est. et necesse est, quando sol in
25 medio caelo est, omnia illustret.

1 et om. L | in neutro L ‖ 2 aptum dicet *Horatius* | equos
corr. in equis **M** ‖ 5 (cum *om.*) ferri **P** ‖ 6 igni *corr. in* igne **M** ‖
7 sepulchrum **LM** ‖ 9 enim se **Pb** | in utero matris **L** *om.* **Pa** |
fulminis **Pb** (*om.* uim) fulmina **L** ‖ 10 MORAS *om.* **Pb** | iniiciam
Pb | diis **LPb** ‖ 12 at] haec **L** hac **Pa** | ac **Pb** ‖ 14 quod iam
fixum **Pb** ‖ 15 uel] & **L** | habentur **L** | derecti **Pa** de certi **Pb** ‖
16 unde] ut **Pb** ‖ 17 *cf. not. II 191* ‖ 18 ILLVM *om.* **LMPa** ‖ 19 id
. . . tigrides *om.* **Pb** | id est *om.* **L** | Scythiae **L** quitice **MPa** ‖
21 Virgilius *om.* **L** ‖ 22 aequorum **L** ‖ 23 tolat **Pb** | DIES . . . sol
om. **Pa** | anhela *om.* **Pb** | id est *om.* **M** ‖ 24 est in cancro **Pb** |
est *om.* **Pb** | in *om.* **LMPa** ‖ 25 est in medio cęlo ut **Pb** | illustris
Pa illustrari *Bamb.*

683 MEDIVSQVE SILENTVM cum silerent Nymphae, quibus conuocatis medius ipse constiterat.

Lind. p. 154 684 AGRESTES FLVVIORVM oratio | Liberi apud Nymphas, ut cuncta siti exhausta siccarent. numina autem fluuiorum sunt Nymphae. a fontibus enim originem ducunt. ut 5 Virgilius ⟨Aen. VIII 71⟩: 'Nymphae, Laurentes Nymphae, genus amnibus unde est'.

685 ET NOSTRI PARS MAGNA GREGIS nostri comitatus maxima portio.

687 RIVOS id est tanta uis sit siccitatis, ut riuorum 10 aluei puluere impleantur.

688 NEMEES paludis nomen, unde erant Argiui. ex qua et campum significat, quo aduentat Argiuus exercitus.

689 EX ALTO FVGIAT LIQVOR penitus imperat, ut humor ex alto in profundum discedat.   15

690 ADHVC SVMMO quia medio caeli spatio uiolentior terris ardor solis infunditur, per quem unda siccatur. ut Virgilius ⟨georg. IV 426 sqq.⟩: 'et medium sol igneus orbem hauserat; arebant herbae, et caua flumina siccis faucibus ad limum radii tepefacta coquebant'. et sensus 20 hic est: nisi uestra uoluntas cesset, summo limite indulgent astra uim coeptis.

691 MEAEQVE ERIGONES SPVMAT CANIS id est: quam ego uindicaui, id est Erigone. singulis enim mensibus aliorum siderum ortus ingreditur. canicularem ergo dicit 25 stellam. quae ideo inter sidera recepta est, quia seruauit

---

1 Mediūq; M | silentiū MPa | siderent Pa ‖ 2 c̄uocatis corr. ex uocatis M ‖ 3 ad LPb ‖ 4 siccaret P | autem] enim Pb | sunt fluuiorum L ‖ 5 dicunt Pa | unde L ‖ 6 Nymphae¹ om. L ‖ 8 ET NOSTRI om. MP ‖ 10 uis tanta LPb ‖ 12 Nemen P | ex q̈ M propr·no ex quo ‖ 13 etiam Pb | exercitus Argiuus L | argi' M ‖ 14 FVGAT LM ‖ 15 descendat Pb ‖ 16 quia om. superscr. M ‖ 17 solis ardor L | ardor om. in marg. add. M | ut om. Pa ‖ 19 uerba, quae secuntur post orbem, sing. literis indicantur, quarum partem om. L ‖ 21 Cesset uestra uoluntas nisi L | nisi] si P ‖ 23 MEAE L | id est] uel Pa ‖ 24 iudicaui Pb | erigones Pa | similis enim Pb ‖ 26 in sidera Pa | q̈ Pa

cadauer Icari interempti, aut quia ipsa Erigonae nuntiauit
interitum domini. et bene ait 'meae' et propter Icarum
patrem. hodieque enim sacra Libero dantur in Erigones
honorem. Virgilius ⟨georg. II 389⟩: 'oscilla ex alta
5 suspendunt mollia pinu'.

695 LICENTVM CORNIPEDVM licenter facientium Panum,
nam solent Nymphas ad usum libidinis rapere. etiam
Faunos sumpto uino in uenerem constat esse petulantes.
constat etiam Liberum eundem et Apollinem esse et Solem.
10 ideo iuuenes omnes imberbes, quia ignis non senescit.

698 VIRIDISQVE COMIS ad imitationem radiorum, qui
luce sua funduntur. ergo aut ipse Liber a se cepit
ardorem aut uelociter, quod petierat, impetrauit, ut uirides
uuae situ caloris horrescerent.

15 699 PROTINVS INACHIOS Graecus exercitus iam describitur. Lind p. 155
Inachius autem campus Argiuus. ut ⟨Aen. VII 286⟩
'Inachiis sese referebat ab Argis'.

702 AEGRA SOLO MACIES aegra arida, quasi macilenta.
ut Virgilius ⟨Aen. III 142⟩: 'et uictum seges aegra
20 negabat'.

704 SIC VBI SE MAGNIS Ouidius libro primo ⟨met. I
422—428⟩:

'sic ubi deseruit madidos septemfluus agros
Nilus et antiquo sua flumina reddidit alueo,
25 aetherioque recens exarsit sidere limus,
plurima cultores uersis animalia globis

---

1 Learci L | q̄ Pa | ipse M Pa | Erigone L M P ‖ 2 ait *om. add.*
M | meaeque L | et *om.* L Pb *del.* M ‖ 3 Liberi L liber Pa | in hono-
rem Erigones L | erigonis M Pb ‖ 4 honore M P | alto L M P ‖
6 LICENTER L ‖ 7 nam Fauni solent L ‖ 9 eundem *om.* L ‖ 10 adeo
P | omnis P | inberbes M Pa ‖ 11 VIRIDISQVE *om.* Pa et omnes
M Pb | comat M P | immutationem Pb ‖ 12 origo Pa quia ergo L |
coepit L cocepit Pa ‖ 13 qui Pa quod ipse M | inpetraui Pa ‖
14 uiue Pa | coloris Pa ‖ 15 descēditur Pa ‖ 16 argiuos *corr. in*
argiuus M | ut Iuno Inachiis L ‖ 18 arida *om.* L ‖ 19 egrā Pa ‖
20 negabat *om.* L(Pa) negrabat Pb tulit M ‖ 21 libro *om.* Pb ‖
24 reddit L ‖ 25 Aethereoque L &erio P

inueniunt et in his quaedam modo coepta per ipsum nascendi spatium, quaedam imperfecta suisque trunca uident numeris'.

705 BRVMAE illo tempore, quo bruma apud Aegyptum esse creditur. Eoae autem liquentia: Aegypti liquore 5 nascentia. ergo hoc facit Nilus, quod apud alias gentes bruma id est imbres. ut Lucanus ⟨X 300⟩: 'atque hiemes afferre suas'.

707 HIVLCA AEGYPTVS calore fissa. ut Virgilius ⟨georg. II 353⟩: 'aut ubi hiulca siti findit Canis aestifer arua'. 10

709 MAGNVMQVE INDVCAT MESSIBVS ANNVM Lucanus ⟨III 70⟩: 'effusis magnum Libye tulit imbribus annum'.

712 AVDAX ERASINVS qui ripis suis se contineri non patitur. et idcirco dixit audacem id est grauiter sonantem.

713 ASTERION Erasino contrarius fluuio. nam cum sit 15 ille populator aruorum, hic fructibus est aequus. et haec flumina in Nemea silua sunt omnia.

715 IVSSV NVMINIS ipsius Liberi. bona uero oeconomia. nam si ea Langia defecisset, perissent Argiui, et non esset bellum, quod fataliter debebatur. 20

717 LANGIA fons est, qui postea uocatus est Archemorus. et huic consecratus est fons et Nympha, cuius famam postea Argiui accepto beneficio extulerunt, quia non perdiderat aquam. iuxta hunc fontem agon celebratur

1 quemadmodum MP | sub ipsum *Ouidius* ‖ 2 inperfecta M | suisque ... numeris *om.* MP ‖ 3 humeris L ‖ 5 eo aūt Pa Et AEOAE L | liquenti MPa liquenti Pb | liquorē M ‖ 6 hoc *om.* Pa | apud *om.* MP | alibi Pb | gentes ... atque *om.* Pb ‖ 7 id est] uel Pa ‖ 8 adferre Pa | tuas *Lucanus* ‖ 9 AEGYPTOS L | fixa Pb | nt *om.* MP ‖ 10 aut] hoc *Vergilius* | fundit Pb fūde Pa | ara Pa ira Pb ‖ 11 Magnum Pa | m̄sib' M ‖ 12 Libyae L ‖ 13 continere P ‖ 14 iccirco L | id est *om.* Pb ‖ 15 fluuius L ‖ 16 illae L | ille sit Pb | arborum LMP aruorum *Gudian.* | est fructibus L | fluctibus *Statius* ‖ 18 uero *om.* Pb ‖ 19 ea *Gudian.* ei LMPa *om.* Pb | periissent L ‖ 20 dicebatur Pb debatur *superscr.* ba M ‖ 21 inuocatus Pb | est *om.* Pa ‖ 22 eius Pa ‖ 23 abstulerunt P ‖ 24 non *om.* Pb | celebratur *superscr.* ba M

in honorem Archemori consecratus et in Nymphae beneficium. Archemorus est Lycurgi filius Graeci, quem Hypsipyle acceperat nutriendum. quae dum sitientibus Graecis
Langian fontem demonstrat, regium puerum ictu serpentis
amisit. idem puer Opheltes, qui post Archemorus est
dictus. nomen enim lacrimabile significat Archemorus
ἀπὸ τῆς ἀρχῆς τῆς μοίρας, eo quod primus occisus est.
nomen gloriam uel famam.

721 HYPSIPYLEN Lemnias fuit. quodam tempore dum
Lemniadum uiri in Thracia pugnantes triennio tenerentur,
indignatae desiderio decem feminae aduersus omnes con-
iurauerunt, ut omnes perimerent. inter quas sola Hypsipyle Thoanti patri pepercit. ex quo in se armauit cetera-
rum furorem. quae dum fugeret, capta ad Lycurgum
regem ducta est Graeciae. in cuius seruitio cum filium
eius Ophelten nutriret, puer dracone periit. qua orbitate
rex iratus cum in Hypsipyle ius dominii exercere uellet
eamque filio inferias mittere, a Graecis prohibitus est,
quibus fontem sitientibus demonstrauit. Graecis uero postea
responsum est non prius eos ad Thebas peruenire, nisi
clacassent manes Archemori. pro qua re illi ludos funebres
pondiderunt, de quibus ipse poeta plenius loquitur.

723 ERGO NEC ARDENTES CLIPEOS VECTARE NEC ARTOS Lind. p. 156

---

1 honore Pb | etiam in Pb | beneficij Pa ‖ 2 Graeci *seclu-
dendum esse puto* ‖ 3 quē Pa | dū grçci sitirent Pb | sentientibus
corr. in sitientibus M ‖ 4 fontem demonstrat Langiam L ‖
5 idem .... Archemorus² *om.* Pb | idē Pa Is est L ‖ 6 signat M ‖
7 ἀπὸ .... μοίρας Kohlm. in Philol. *XXXIII p. 137* ἀπὸ
ΘϹΑΡΧΝϹΙΝϹΕΙρλϹ L ΛγρѠΘϹΛΡΧΗϹΙΝϹ Ͻ-Ϲ ΙΡΛϹ M λ. Π. ω.
o. ca. p. x. n. cı. N. L. Ͻ-C. Pac. Pa *om. spat. rel.* Pb | qui
M ‖ 8 fama uel gloria L famam uel gloriam P ‖ 9 Hysipyle L
hisiphile Pb ‖ 11 indignato M indignanter Pb | X femine M
fæminae necem L ‖ 13 armauit caeterarum in se L ‖ 15 Graeciae
ducta est L | in heuius Pa | filio Pa ‖ 16 eius *om.* L | offeltē M ‖
17 in *om.* P | Hypsipylen L (h)i(p)siphile MP | dūi M ‖ 18 in-
feriu' Pa | est *om.* P *om. superscr. man.* 2 M ‖ 19 sitientibus
fontem L | mōstrauit Pb ‖ 20 est *om.* Pb | uenire M | ni M nisi
prius Pb ‖ 21 placuissent Pa | re *om.* Pb | illi *om.* Pa ‖ 22 con-
stituerunt L ‖ 23 PORTARE L | ARCTOS ... arcti LPb

THORACVM NEXVS quia arti et angusti efficiebantur per anhelitum hominum. nam anhelitu solet corpus intumescere.

731 CATENATAS frenatas.

735 AMYMONES ab Amymone, Danai filia, nuncupatus fons. CAECIS latentibus, quia ignorabantur.

736 SEDENT quia, quod incenditur, sedet et deprimitur.

737 FLAVAM LIBYEN Iuppiter Epaphum, quem procreauerat, in Aegypto oppida communire ibique regnare iussit. oppidum Memphim et alia plura constituit et ex Cassiopa uxore suscepit filiam Libyen, quae postea in Africa regnum possedit. cuius ex nomine terra Libyes est appellata.

738 SYENEN ciuitas, quae ab Aegypto Aethiopiam diuidit. quia ibi nunquam pluit, ideo nulla nube umbratam dicit.

740 SVBITAM PVLCHRO IN MAERORE TVENTVR cum septem duces Thebas oppugnatum uenissent et aquam quaererent, Adrastus deuenit ad Hypsipylen, Thoantis filiam, cuius alumnus Archemorus periit. et ludos funebres instituerunt. quibus ludis Hypsipyle cum duobus filiis ex Iasone intererat. qui et ipsi matrem quaerentes currendo uicerunt. quorum nomina praeco cum pronuntiasset, Iasonis et Hypsipyles filios esse mater eos cognouit. qui ab rege impetrarunt, ut matrem recuperatam Lemnum reuocarent.

---

2 inclitu solet Pa ‖ 7 quia quod] quaque LPa | sedet *om*. L di Pa ‖ 8 Frauā libiē M | quem ... oppidum *om*. Pa | quem *scripsi* qui LM *om*. Pb | procreauerat Pb ////creauerat M hoc petiuerat L ‖ 9 in Aegyptum LMPb | *an scribendumst* in Aegyptum ire et *tale quid?* ‖ 10 Memphin L memphum Pa | italia M (== item alia?) | et *om*. Pb ‖ 11 Cassiopeia *Myth.* cassiopan MPa casiopan Pb | uxorem Pb | librē Pa lybie Pb ‖ 12 africam Pb | ex *om* L | est] ·i· Pa ‖ 14 Sienen *corr. in* Sienem M | Aethiopiam ab Aegypto LP ‖ 17 TVENTVR *om*. L ‖ 20 infuerunt Pa ‖ 21 ludib' M | cum *om*. LP *om. add*. M | duos filios LP | ex iasonis Pa | intererat *om*. P excepit L ‖ 22 quia Pb ‖ 23 ipiphile Pa | 24 agnouit LP | a LPb | impetrauerunt Pb

742 PROLES INFAVSTA LYCVRGI Lycurgi duo fuerunt
Thrax et Nemeus, de quo loquitur poeta. ille in mari
praecipitatus dicitur, quia primum aquis uina permiscuit et
rem in haustu sinceram pluribus uenenis infecit. infausta
ideo, quia peritura.

748 SEV TE LATONIA CASTO siue te, inquit, Diana de Lind. p. 157
grege suo alicui uxorem dedit, siue te deus aliquis suo
amore dignatus est. nam posse hoc fieri Iouis docemur
exemplis, qui multas Graeciae feminas amauit.

749 TRANSMISIT THALAMIS hoc est in matrimonium
collocauit. hoc ideo, quia uidet illam infantem ferre.

750 NON HVMILIS FECVNDAT AMOR id est a numine
compressa peperisti. non humilis, quia non patitur iniuriam numen, si tecum id est cum Argiua concumbat.

751 ARBITER ARGOLIDVM THALAMIS NOVVS quasi qui
consueuerit cum Argolicis matribus saepe concumbere. an
quia Inachi Argiui filiam amauit et Danaen item Acrisi
Argiui filiam? ergo uerisimile est et hanc Iouis paruisse
complexibus, quia frequenter Iuppiter est Argiuarum concubitu delectatus.

754 CARPIT consumit. ut ⟨georg. III 215 sq.⟩ 'carpit
enim uires paulatim uritque uidendo femina'.

756 SEV TIBI FOEDA PALVS caenosa sordibus. unde
Lucanus ⟨IV 312 sq.⟩: 'moriensque recepit, quas nollet
uicturus, aquas'.

762 NVMERVMQVE REPENDAM id est omnis te plebs
uenerabitur, ut pro numero exercitus de Thebanis gregibus

1 Lycurgi om. Pa | duo filii? ‖ 2 Thracius L | Nemeaeus? |
de om. Pb ‖ 3 qui Pa | primum ... sin- om. Pb | pemiscuit
M | 4 in augustu Pa ‖ 5 quia] et M dicit quia L ‖ 6 si uere
inquit Pb ‖ 7 uxorem dedit alicui L | te deus] tydeus M ‖
10 in om. MPa ‖ 11 quod Pa ‖ 13 op(p)ressa P | non humilis
... numen om. Pb | non humilis om. in marg. add. M | que
Pa | 14 id (om. est) Pa | concubet Pa comcuberet Pb c̄cumbet
M | 15 ARGOLICVM LMP | qui om. Pb ‖ 16 consueuit L con-
sueuerat Pa consueuerunt Pb ‖ 17 acrisii P ‖ 19 que Pa | Iupiter
frequenter L ‖ 22 uritque ... femina om. MP ‖ 23 ceu M | ut
Pb | 24 Lucanus] hic Pa | morientibus Pa ‖ 26 rependit M

tot tibi uictimas immolemus. perseuerat in opinione, qua coepit, ut tot hostias de grege Thebano numeret, quantus fuerit plebis numerus nominatus.

Lind. p. 158 764 MEDIA INTER ANHELITVS inter media uerba rapit. an melius sic: media uerba interrumpit?

765 CVRSV ANIMAE spiritu uitae.

766 SOLVTI patuli ad auras capiendas. egent enim humore uitali. ideo aerem expetunt.

768 ETSI CAELESTIS ORIGO EST nam pater eius Thoas Liberi patris fuisse filius dicitur. ergo ista neptis Liberi fuit.

770 ORBAM haec cum Iasone aliquando in Lemno concubuit. ex quo enixa est geminos, quorum alter Thoas, alter Euneus dictus est. quos fugiens reliquit in Lemno. et quia, uiuant, ignara est, orbam se pignoris esse confessa est.

771 AN QVIS SINVS id est: si meis filiis adhuc est nutrix.

773 DEMOROR VNDIS uoluit dicere de suis liberis et pudore reuocata est. noluit enim pandere, quod uidebatur sine pudore fecisse. aut ideo in media oratione conticuit, cum illi magis desiderio audiendi succenderentur.

776 ICARII ASTRI Canem Sirium dicit. qui cum Erigonae patris eius corpus ostendit, in siderum numerum Liberi est beneficio collocatus.

778 ALVMNVM Archemorum, Lycurgi filium, quem draco interemit. cui proprium nomen Opheltes est.

---

1 quam L ‖ 2 tot ... quantus *om.* Pb ‖ 3 fuerat L ‖ 4 MEDIAM L ‖ 5 sit Pb | interrapit MP ‖ 6 cursum Pb | spiritum Pb ‖ 7 Spiritus uitae flatusque soluti. PATVLI L ‖ 10 filius fuisse LP ‖ 11 nec M | in Lemno aliquando L ‖ 12 nixa Pa | est enixa L | alter Thoas *om.* Pb ‖ 13 ennius P   euneus *corr. ex* eneus M ‖ 14 que Pa | uiuerent L | ignara est *om.* L | orbam pignoris se L ‖ 16 Antiquis P | si] scilicet Pb | essem LPb ‖ 18 unde Pb uȧ Pa | sed L ‖ 19 uocata Pa | est *om.* L | eum L ‖ 20 fuisse L audisse Pa | ideo *om.* L ‖ 21 illis Pb | succederent P succiderent M | *estne scribendum* hauriendi quam audiendi *an (magis omisso)* hauriendi succiderent? ‖ 23 Erigone LMP | numero Pb ‖ 24 beneficio collocatus est L ‖ 26 est Opheltes L | est *om.* Pa

779 PONIQVE NEGANTIS ordo est: lacrimas poni negantis murmure consolatur et floribus. poni autem significat abici et conquiescere. legitur et 'ponit negantem' id est inuitum et reluctantem. expressit enim morem infantiae, quia nolunt a nutricibus separari.

783 CVRETAS TREPIDOS aut ad naturam rettulit Curetum, quod sint celeres ac feroces, aut trepidos metu Saturni intellegamus uel quasi iam deum formidantes Iouem.   PLAVDVNT ORGIA ad certationem plaudunt hoc est feriunt. orgia id est tympana.

784 SED MAGNIS RESONAT VAGITIBVS IDE postquam Ops Iouem ex Saturno peperit, Nymphis commendasse dicitur in Ida monte, ne a Saturno interiret propter exclusionem regni, quod Proteus edixerat. itaque cum Opem rogasset, ubi esset, quod pepererat, illa lapidem ei inuolutum ueste monstrauit. quem Saturnus uorauit. Amalthea nutrix, ne uagitus pueri audiretur, Corybantes posuit, qui Curetes Latine lares familiares appellantur.

787 NITENS pronus reptans.

788 RENIDENS labia contrahens.

789 VERBA ILLVCTANTIA LABRIS quia infanti quasi quoddam est inter uerba et labra certamen. nam dum conatur uerba proferre, impeditur a labris immaturis.

795 ORTYGIAE LATVS Iuppiter cum Asterien, Titani filiam, amaret et illa eum contem|neret, in auem Ortygiam Lind. p. 159 conuersa est, quam nos coturnicem dicimus, eamque. in

---

1 PONITQVE NEGANTEM L | negant L ‖ 2 significatur Pb ‖ 3 abiici Pb   abuti (*ante* significat) L | et conquiescere legitur *om.* L ‖ 4 recusantem L ‖ 5 qui Pa ‖ 6 curentes Pb ‖ 7 aut quod sint M | feroces ac celeres sīt Pb ‖ 8 intelligamus LPa | uel *om.* M ‖ 9 ad ... orgia *om.* P ‖ 11 SED *om.* L | IDE *om.* P | opis MPa uel opis Pb ‖ 12 e Pa | Nymphis *om.* LMP ‖ 13 monte *om.* M | a *om.* Pa ‖ 14 dixerat Pb ‖ 17 Quia L ‖ 18 latine curetes Pb ‖ 20 labra L ‖ 21 inluctantia MPa | infantibus (*om.* quasi) Pb ‖ 22 et labra ... uerba *om.* P ‖ 23 impedita labris Pb | inmaturis M ‖ 24 LATVS *om.* L | asteriem Pb ‖ 25 contenderet Pb | in nauem P ‖ 26 uersa Pb | est quam ... Ortygia *om.* Pa

mare deiecit. unde insula Ortygia est dicta. postea ibi
Latone enixa est Apollinem et Dianam. quibus natis
insula Delos nominata est. INCLINABAT suo scilicet
pondere.

803 ARGVS AQVAE hic uexillum portabat et, ut erat
in armis positus, exclamauit 'aquae, aquae sunt hic'. cui
tota multitudo respondit exercitus: 'aquae'. ut Virgilius
⟨Aen. III 523 sq.⟩: 'Italiam primus conclamat Achates,
Italiam laeto socii clamore salutant'.

804 SIC AMBRACII PONTI ciuitas Epiri, de qua mare
nomen accepit. Lucanus ⟨V 651 sq.⟩: 'oraeque malignos
Ambraciae portus'.

807 LEVCADA PANDIT APOLLO hoc est: facit uideri
montem ipsum id est Leucada, promunturium Epirotici
maris.

810 AEQVA SITIS ut omnibus aequa sitis fuerat, ita
omnibus aequam fecerat dignitatem. IN CVRRIBVS pro
'in currus impliciti', ut biberent.

816 DIRIPITVR populatur, bibentibus siccantur tori
riparum.

Lind. p. 160 824 SILVARVM NEMEE LONGE REGINA V. memor sui
poeta laudat Nemeam siluam, quae inter Thebas et Argos
est, quod in ea Iuppiter colitur, cuius sacerdos erat
Lycurgus rex, pater Archemori.

832 CANA REPOSTAS flumina enim, quae ex niuibus
uel imbribus sumunt uires, possunt siccari. uel hoc

---

1 dicta est Pb ‖ 2 Latona LPb | est *om.* Pb ‖ 3 del̯eos
insula M | est nominata LP ‖ 6 aquae *om.* LPa | sunt . . . aquae
om. Pa | hec Pb ‖ 7 respondet L respond̄ M | exercitus respon-
dit Pb ‖ 8 Italiam Italiam L | cūclamat Pa clamans Pb ‖ 10 sic
om. MP | mare *om.* M re Pa ‖ 11 (h)oraque MP ‖ 12 ambrachia
M ‖ 13 APOLLO *om.* MP ‖ 14 id est *om.* L | id est . . . biberent
om. Lm ‖ 16 fuerit Pb ‖ 17 IN *om.* Pa ‖ 18 in currus *scripsi* cum
curribus L cū currus M eo currus Pa currus Pb ‖ 21 NEMEA L |
REGINA *om.* L | v. *om.* L ut P ‖ 22 Poeta memor sui L | argos
corr. ex argiuos M ‖ 23 quā *superscr.* q̄ M | colitur . . . pater
om. Pa | colitur *om.* M ‖ 25 cane P | reportas MP REPORTAT L

intellegendum: non interim effunduntur, niues cum uertici-
cibus montium solis calore licuntur.

836 APOLLINEVS LADON siue qui lauros habeat circa
ripas suas, quae in tutela sunt ipsius, siue propter Daphnen,
cuius hic fluuius pater est. XANTHVS VTERQVE quia
Lyciae et Troiae est.

837 SPERCHIVS Thessaliae fluuius Centauris uicinus.

LYCORMAS qui et Euenos, quem Centaureum dixit,
quod in eo Herculis sagittis Nessus Centaurus sit interemptus. ut Lucanus 〈VI 365 sq.〉: 'et Meleagream macu-
latus sanguine Nessi Euenos Calydona secat'. Centaureum ideo, quia hunc Nessus Centaurus custodiebat.
Herculis uero fabula cunctis notissima est.

840 AB IOVE PRIMVS HONOS post Iouem tu secundus
inuocabere. sic Horatius 〈carm. I 12, 51 sq.〉: 'tu secundo
Caesare regnes'.

COMMENTARIVS IN LIBRVM V.

Descriptio alacris exercitus. allocutio Adrasti ad Lind. p. 161
Hypsipylen petentis, ut sibi narret, quo esset genere pro-
creata uel quemadmodum nunc seruiat. illius responsio,
quemadmodum coniurauerint Lemniadęs mulieres ira Veneris

---

1 intelligendum LP | niues cum] niuentium L ‖ 2 cum
Solis L | liquantur L liṅquntur M liquuntur Pa liquntur Pb ‖
3 quod LP | apollini lauros h̅t̅ Pb | habeant LMPa ‖ 4 sunt
om. M | ipsius] Apollinis Pb | siue inserui | daṅem Pb ‖ 5 est
om. Pa | 7 fluuius om. P | centauri M ‖ 8 Lacrimas P | qui et
om. L | Thebanus fluuius L thebenos M hebenos Pa ebenos
Pb | 9 Centaurus Nessus L | sit centaurus Pb ‖ 10 ut . . . custo-
diebat om. Pb ‖ 11 evenos Pa etuenos M om. L | Calydona
secat om. L ‖ 13 omnibus est notissima L ‖ 14 A IOVE L Statius
a brioue Pa ambioue Pb | honor M ‖ Explicit lib' IIII. Incipit
liber quintus Pa ‖ INCIPIT QVINTVS L. M ‖ 19 hisphilē Pb ‖ 20 nunc
. . . quemadmodum om. P | serui& M

hortante Polyxo, ut omnem uirilem necarent sexum, et
quomodo ipsa Thoanti pepercerit patri eumque praeuio
Libero patre, cuius filius fuerat, imposuerit naui et ipsa
acceperit regnum. aduentus Argonautarum et eorum labor
tam contra tempestatem quam contra Lemniadas, quae eos
bellis lacessebant. pacis petitio ab Iasone. quomodo
suscepti sint hospitio Argonautae et in consortium etiam
cubilis admissi. quomodo ipsa ab Iasone decepta, ut eius
matrimonio consentiret. Argonautarum discessio. fama,
quod uiueret Thoas. fuga Hypsipyles et captiuitas et
uenditio Lycurgo facta. pueri Archemori descriptio et
draconis terrigenae. exsecutio occidentis Archemorum.
ipsius draconis a Capaneo interitus. planctus Hypsipyles
supra Archemori cadauer. Lycurgi aduentus uolentis occidere Hypsipylen. defensio Argiuorum. iniuriosa militis
indignatio circa Lycurgum pro Hypsipyle. interuentus
Amphiarai pacem facientis. aduentus filiorum Hypsipyles
de Iasone susceptorum. Amphiarai allocutio suadentis, ut
consecretur Archemorus.

Lind. p. 163   1 PVLSA SITIS FLVVIO POPVLATAQVE GVRGITIS ALVVM
hunc librum poeta extra ordinem carminis fecit, excessit
enim oeconomiam suam. in quo libro ludi funebres
sanciuntur Archemoro, qui primus in hoc bello, ut
Protesilaus in Iliaco, expertus est mortem. POPVLATA
hic agentis est, non patientis.

---

1 Polixone L polixo *corr. ex* polipxo M polipo *Mon.* polix
ipo Pa ‖ 2 prelio P ‖ 3 erat LPb | inposuerat Pa imposuit Pb ‖
4 accepit Pa acceperat Pb | aduentum LPb | earum Pb | laboratã
M laborata Pa ‖ 5 tam *om.* Pb | lēniades Pb ‖ 6 potio Pa | iasione
Pa | qm̄ M ‖ 7 sunt P | et *om.* Pb ‖ 8 quoniam Pb | ab] a LPa
est Pb ‖ 9 matrimonio consentiret *om.* Pb | famaq; uiuere Pb
10 hipsiphile̦ M | captiuū P ‖ 11 et *om.* Pb ‖ 12 terigenarum Pb
& Erigones L ‖ 13 ipsiphile̦ M(Pa) ‖ 17 Amphiarai .. aduentus
om. L | hipsiphile M(Pa) ‖ 19 consacretur Pb ‖ 20 PVLSA ...
FLVVIO *om.* MP | altum P | *post* ALVVM *in* MP *sequitur* hic ...
patientis ‖ 21 fecit ... suam *om.* Pa ‖ 22 enim *om.* M | in quo
... mortem *in* LP *leguntur post schol.* 2 ... ad bellum ‖ 24 in
Iliaco L ilico M illico Pa iliaco Pb | est *om.* Pa | POPVLATA *om.* MP ‖
25 hoc Pb huius *del. superscr.* hoc M | agentis hic L | patientis est P

2 LINQVEBANT postquam ductu Hypsipyles Argiuus exercitus sitis ardore succensus uires liquore et haustu recuperauit, rursus ordinatur ad bellum.   AMNEMQVE MINOREM quem per potum minorem fecit exercitus.

3 ARMA quia uacuantur, cum exuuntur, et ubi corpus muniunt, implentur.

4 REDIERE ut Lucanus ⟨IV 380 sq.⟩: 'sic gurgite puro uita redit'.

6 HAVSISSENT BELLI uota belli, quae ante susceperant aqua inuenienda.

7 LEGEMQVE SEVERI quem confundi militaris prohibet disciplina.

8 MONENTVR id est: unusquisque locum suum et dignitatem post potum recipit.

10 CRESCIT quia, dum erigitur puluis, crescit terra in altitudinem.

11 PHARIIS Aegyptiis. Pharos enim ciuitas est Aegypti. Lind. p. 163

12 RAVCA PARAETONIO laetitiae congrua comparatio. sic Argiui post sitim laeti erant et alacres ut redeuntes grues ex Aegypto in Thraciam, quando fugiunt notum, qui in Aegypto calorem aeris tempore auget aestatis.

13 CVM FERA PONIT HIEMS desinit. ut Virgilius ⟨Aen. VII 27⟩: 'cum uenti posuere'.

14 VMBRA FRETIS ARVISQVE VOLANT ut sint umbrae fretis et aruis, quasi ipsae grues umbra fretis sint, uolens multitudinem designare. omne enim spatium pennarum

---

1 liquebant Pb *om.* L Pa | postquam . . . exercitus *om.* Pa | hi(p)siphile M Pb ‖ 2 succensus est P | uire P *corr. in* uires M ‖ 5 ARMA *scripsi* ANIMIQVE LMP | uagantur Pa uacuant Pb ‖ 6 muniuit P ‖ 7 REDIERE *inserui. an huc quadrat* ANIMIQVE *illud?* | ut *om.* M | sic] sed *Lucan.* ‖ 9 belli *om.* L | quod Pb ‖ 10 pro aqua L Pb ‖ 11 quam L ‖ 13 MONETVR L ‖ 14 post potum *om.* Pa *ante* locum *posuit* L | et dignitatem *om.* Pa | recipit *om.* M Pa ‖ 15 *schol.* 10 *om.* Pa ‖ 17 pharus enim egyptus est ciuitas Pb ‖ 18 PARETRONIO L pethenio Pa parathenio Pb ‖ 19 & alacres erant L ‖ 20 fugiunt · notum, quod Aegyptus L ‖ 21 aeri P *add.* s M ‖ 24 ARVISQVE *om.* MP | uolat ut sic Pb ‖ 25 qua Pa | umbre Pb umbrā Pa | freti P ‖ 26 enim *om.* L

densitate, qua praeteruolant, inumbratur.   AVIVS AETHER hominibus scilicet.

16 ET NVDO sine honore siluarum. Haemus est autem mons Thraciae. et bene nudo. uestiuntur enim arboribus. ut Sallustius ⟨Iug. 48, 3⟩: 'uestitus oleastro ac myrtetis aliisque generibus arborum'.

18 DVX TALAIONIDES Adrastus, Talai et Eurynomes filius.

20 CVI GLORIA TANTA quasi ad gloriam Hypsipyles pertinet, quod saluti sit restitutus exercitus.

21 DEBERE COHORTES sensus: quia nostram uitam tibi debemus. ut pro salute, quam tot cohortibus dederat, eosdem habeat debitores.

23 QVANDO pro 'quoniam'. ut Virgilius ⟨Aen. I 261⟩: 'quando haec te cura remordet'.

24 QVAE DOMVS cuius regionis esset aut unde originem duceret.

25 ET ILLE PATER emphasis est. ut ⟨Aen. I 606⟩: 'qui tanti talem genuere parentes?'

26 TRANSIERIT FORTVNA LICET id est quamuis a te felicitas emigrarit. fortunam autem dixit felicitatem.

Lind. p. 164   29 LEMNIAS ORSA Lemniades cum diis omnibus decimas frugum annis soluerent singulis, solam Venerem praetermittendam esse duxerunt. quae irata his odorem misit hircinum. quas mariti exsecrantes deserta Lemno odio coniugum Thracas petiuerunt eorumque sibi filias asciuere

---

1 qua praeteruolant *post* omne *posuit* L | q̈ *corr. in* qd M | praeteruolat P | inumbrantes L ‖ 3 ET *om.* L | ET . . . Thraciae *om.* Pa | HAEMVS. mons Thraciae *post* arborum *praebet* L ‖ 5 Vestit√ M ‖ 7 Adrastus *om.* MP | talagete urimes Pa talagenteš urimones Pb talai &e urinones M ‖ 10 quod P quia L qui M ‖ 11 et debere Pb | quasi Pb ‖ 12 dedimus L dederimus Pb ‖ 13 habeam Pa ‖ 14 pro *om.* Pb | ut *om.* LPa ‖ 18 est *om.* Pa ‖ 19 tanta Pa te L ‖ 20 a te fortuna L fortuna a te Pb ‖ 21 fortuna Pa ‖ 23 singulis annis decimas soluerent frugum Pb singulis annis soluerent L ‖ 24 esse praetermittendam L | duxer̃ *corr. ex* dixer̃ M | eis Pa | odorem *om.* Pa | inmisit LPa ‖ 26 filias sibi Pb | assciuer̃ M adsciuerunt Pb

coniugio. quod ubi Lemniadibus compertum est, stimulante Venere in omne genus uirile coniurant remeantesque ex Thracia uiros omnes interimunt. inter quas Hypsipyle patri Thoanti sola subuenit, ut non solum parceret, uerum
5 etiam fugientem prosequeretur ad litus. tunc Thoanti Liber occurrit eumque ad insulam Chion prospera nauigatione perduxit. Lemnon Argonautae uenerunt. quos Lemniades suscipientes hospitio cum his concubuerunt. Hypsipyle ex Iasone duos filios procreauit Euneum et
10 Thoantem. cum plurimis diebus detenti essent, ab Hercule obiurgati discesserunt. Lemniades autem postquam intellexerunt Hypsipylen patrem suum seruasse, interficere eam conatae sunt. illa dum fugit, a praedonibus capta Nemeam deportata est et Lycurgo, regionis eius regi, in
15 seruitutem distracta.

30 INTEGRARE implere uel renouare. ut Virgilius ⟨georg. IV 514 sq.⟩: 'miserabile carmen integrat'.

31 INSERTA inducta. ut Virgilius ⟨Aen. II 671 sq.⟩: 'clipeoque sinistram insertabam aptans'. ita, inquit, fuimus
20 furore mutatae, ut nostro scelere sexus omnis uirilis occumberet.

33 FVROR ADDITVS bene additus, cum libido iam esset in furia uel quasi naturaliter haberent furorem.

34 ILLA EGO NAM PVDEAT NE sensus: ne uos pudeat,
25 quod me benignam fortuna fecerit, non uoluntas. hospitem

---

1 coopertum Pa coptum Pb ‖ 2 in] etiam Pb | remeantes Pb ‖ 3 peremerunt L perimerunt Pb | *post* quas *in* Pa *legitur*: l. c. u., *in* Pb: l. u. e. ‖ 4 sed etiam Pb ‖ 5 persequeretur L | littus LP | nunc Pb ‖ 6 ad] in L ‖ 7 produxit Pb | lennum Pb lemñ *superscr. ov* M | peruenerunt LPb ‖ 8 susceperunt . . . et cum iis Pb ‖ 9 Oeneum LMPb eoneum Pa ‖ 10 pluribus LPa ‖ 11 obiuranti Pa ‖ 12 suum *om.* Pb ‖ 13 ea Pb illam L | fugeret Pb ‖ 14 et *om.* Pb | regionis eius *om.* Pb | in seruitute regi Pa ‖ 18 ut *om.* M ‖ 20 scelere MPb foedere LPa ‖ 22 etiam M ‖ 23 quasi *om.* M | naturalem LPb ‖ 24 ILLA *om.* Pb | ergo Pa | NAM] SVM L non P | NE *om.* MP | sensus est L | nec LP | nos Pa ‖ 25 qui *add.* a M | fortunā M *om.* Pa | faceret Pa

autem se dixit. id est: ego illa sum, quae non fortuna suadente bene feci, sed sponte occului patrem. ordo: illa, quae raptum sola parentem occului. ne se tamquam parricidam audientes horrerent.

41 PARQVE OPERI TANTO beneficio. quae tantum merito seruaret exercitum. Lucanus ⟨IX 1029 sq.⟩: 'tu nomina tanto inuenies operi'.

44 NEC FACILIS NEMEE explicare tantam multitudinem. id est: angusta uia est, per quam omnes transire non possumus. ergo, dum mora est in transitu, narrandi spatium habes.

Lind. p. 165 **53** THRACVM FATALIA NOBIS id est uicinitas Thraciae in nos suum transtulit nefas. nam quemadmodum illic Procne filium necauit, ita et nos in Lemno maritos peremimus. — uel quia exemplum de caede maritorum petitum est a crudelitate Tydei, qui fuit ex Thracia.

56 SPVMIFER ASSILIT AEGON mare Aegaeum, quod insulas plurimas habet, dictum ab Aegeo, Thesei patre. et eleganter insulam insulis comparauit. assilit insulas id est circumfluit.

59 NVLLA DEAE SEDES quia adulterium Veneris in honorem Vulcani damnauerant, inde nulla Veneris sedes in Lemno est. unde iratum numen immisit odorem feminis hircinum. ob quam causam horruisse uiri dicuntur uxores. igitur pergentes ad Thraciam eorum filias sortiti sunt Lind. p. 166 quo dolore commotae Lemniades reuersos uiros | uniuersos peremerunt. sed hanc ueritatem poeta declinauit. alii

---

1 ergo **Pa** ‖ 2 benefici **Pa** corr. in bene feci **M** | quę illa **Pb** ‖ 3 tanquam **LPa** ‖ 5 PARQVE om. **MP** | tanto **Pb** ‖ 7 tanta **Pb** ‖ 8 NEMEAE **L** ‖ 9 id est om. **Pb** | augustia (om. uia) **Pa** ‖ 12 tracies mos suum transeundit **Pb** ‖ 13 illic om. **L** ‖ 14 progne **P** | et om. **Pb** | necauimus **Pb** ‖ 17 SPVMIFER om. **MP** ‖ 18 Thesei ... com- om. **P** | patre Thesei **L** ‖ 19 parauit **P** | assilit. insilit **M** | insulis **Pb** corr. ut uidetur ex insulas **M** | id est om. **Pb** ‖ 20 affluit **M** ‖ 21 qui **Pa** | in ore **Pa** ‖ 22 dānauerat **MPb** ‖ 23 est om. **MPb** | iratum] ipsum **Pb** | nomen **Pa** | immisit post hircinum posuit **LPb** inmisit **MPb** om. **Pa** | olorem **Pa** calorem **M** ‖ 26 uniuerse **Pb** superscr. os **M**

dicunt templum Veneris fuisse in Lemno Graecorum opinione celebratum. diuersa est odii causa. nam hoc alii asserunt, quod adulterium eius in hac insula uidetur esse detectum. ut ipsa Venus ⟨Theb. III 274⟩: 'hoc mihi Lemniacae de
5 te meruere catenae'. ideo etiam illas ineptas Solis filias acriter persecuta est. QVONDAM interdum. ut ⟨Aen. II 367⟩: 'quondam etiam uictis redit in praecordia uirtus'.

60 LENTO AGMINE id est incessu et impetu. id est tarde ueniunt Poenae. ut Horatius ⟨carm. III 2, 31 sq.⟩:
10 'raro antecedentem scelestum deseruit pede poena claudo.'

62 PRIOR SOLVISSE IVGALEM CESTON id est sui dissimilis, omnibus deliciarum signis amotis, quoniam ira molles abicit habitus. ceston est uinculum ornamenti, quo circumdatur Venus, omnibus illecebris nuptiarumque
15 cupiditatibus elaborato, quo matrimonia dicitur alligare. declinatur autem haec cestos ut Delos, Lemnos. specialiter tamen ceston zonam Veneris debemus accipere, quae non rutilo auro gemmisque sit, sed pelle, ut probentur corporeae uoluptates. ceston autem uocatur, quia copulae
20 ex matrimonio uis est, quia adeo, quae adulterio perpetrantur, incesta dicuntur, quasi, quod non uinctum fuerit, sit incestum.

63 ABLEGASSE VOLVCRES IDALIAS epitheton de numinis sede, quod sint Veneri consecratae columbae.

---

1 deorum oppinione Pa ‖ 2 diuerso Pa | alii dixerunt M ‖ 3 quia MPb qui Pa ‖ 4 de te lemniace MP (leniande Pb) ‖ 5 illas] om. M illas quas P | ineptas opinione Pa inepta opinione Pb | filias Solis L solis filias finxit P ‖ 6 acriter] aerū Pa | prosecuta L ‖ 7 uinctis Pb ‖ 8 id est[1] om. LPa ‖ 11 PRIOR om. MP | id est] uel Pa ‖ 12 omnium Pb ‖ 13 proiicit LPb prohic Pa ‖ 15 elaboratum L elaboratio Pa | matrimonio P | dicatur P corr. in dicitur M | in MP post alligare inseritur ceston subligetur, quod Vollmer. corrigi iubet in CESTON subligar ‖ 16 declinetur Pb | Lemnos Delos L ‖ 17 tantum Pb | ceston om. LPb | zonam] omnia P ‖ 18 sed om. Pa | impelle Pb ‖ 19 autem om. MPb | uocantur Pb catur Pa dicitur L | quod L qua Pa ‖ 20 et LMPb | sit L | qui P | pro adulterio Pb ‖ 21 fuerit uinctum Pb ‖ 23 ABL. VOL. om. M | id est, Columbas. Epitheton L ‖ 24 columbae hoc loco om. L id est columbę P

65 IGNIS habet enim Venus ignes nunc cupiditatis,
nunc odii secundum fidem sacrorum uel precationum Veneris
Verticordiae praecipue, quae rogatur, ut amores iniciat,
rursum, ut auferat. si enim potestas est dandi, nihilo
minus ius est tollendi. et amore sublato aut naturaliter
odium residet aut immittitur. ut Virgilius ⟨Aen. IV 479⟩:
'quae mihi reddat eum uel eo me soluat amantem'.

66 TARTAREAS sunt qui dicerent Venerem se cum
Furiis uidisse. et bene philosophice prope se obscure hic
poeta tetigit furias amori esse coniunctas secundum Virgilium ⟨georg. III 244⟩: 'in furias ignemque ruunt'. talia
enim per amorem committuntur, qualia per furorem solent.
quid est enim uoluptas Veneris nisi mera insania? ideo
Venus ignis dicitur, ideo Vulcani et Martis coniunx id
est ignis et furoris. idcirco et Furiae ignis facibus
distinguuntur armatae.

69 NEC FIDI POPVLVM MISERATA MARITI ideo fidi, quia
et post adulterium dilexit uxorem. dixerat enim supra
⟨V 50⟩: 'ubi ignifera fessus respirat ab Aetna'. dicuntur
spiramina ignis in hac insula esse, quae constat efflari
semper.

82 ANNIQVE TEGVNT defendunt id est separabant a
tali consilio. siue tegunt: a curis defendunt. ut Virgilius ⟨Aen. X 50⟩: 'hunc tegere et dirae ualeam sub-
ducere pugnae'.

---

1 Venus *om.* M | nunc *om.* MP | cupiditates non Pb ‖
2 odiis M ‖ 3 uerecundię precipue Pb | iniiciat LPb ‖ 4 est *om.* M |
est potestas Pb ‖ 5 est ius colendi Pb | more *corr. in* amore M |
6 remanet Pb | inmittitur MPa | ut *om.* M ‖ 7 qui MPb ‖ 9 ui-
disse] coniunxisse L | philosophi LPa | prope se] quod L |
10 coniunctas esse dixerunt L | qui iunctas Pb | nō iunctus Pa |
12 pro amore L | committunt L ɔmitantur Pa | pro furore Pa |
13 quidem (*om.* est) MPa | enim *om.* Pb ‖ 14 coniuxta Pb | id
est] I. L *om.* MP ‖ 15 et² *om.* L ‖ 16 distinguntur LMP ‖ 17 POPVLVM
FIDI L | MARITI *om.* Pb | et quia M ‖ 18 et *om.* LPa | ut supra
Pa ‖ 19 ubi] tibi M *om.* Pa | suspirat Pb ‖ 20 afflari LPa ‖
22 ANIMIQVE LPa | separant L | itali (*om.* a) M ‖ 23 teguntur Pb |
ut *om.* M ‖ 24 duę ualeant Pb

86 CEV STARET EQVOS quia meridie cursus solis uide- Lind. p. 167
tur stare.   QVATER AXE SERENO INTONVIT de numero
tonitruum ratio est. nam omnis impar numerus prospera
significat et uiuis ascribitur. id uero, quod par est, exit
infectum. quia ergo nihil agit, defunctorum est. ut Virgilius ⟨ecl. VIII 75⟩: 'numero deus impare gaudet'. et
ubique mortuis geminum hoc est parem ascribit numerum
uel dualem: quattuor iuuencos inferis Orphei immolat,
quattuor dis tauros inferis mactat. ideo etiam hic quattuor,
quia aduersum tonat. et nitide obseruauit, ut senae horae
eo tempore diuiderentur a sole, ut par numerus, qui est
uiuis contrarius, poneretur. dicitur autem hic impar
numerus a Pythagora repertus et masculinae uirtutis et
deorum superum propter trinam regulam diuinae rationis.
ergo huiusmodi signa contigerant ut ⟨Aen. II 242 sq.⟩:
'quater ipso in limine portae substitit atque utero sonitum
quater arma dedere'. nam occulte Virgilius de numero
actus equi infernam infaustamque rem id est mortem
pronuntiari praedicebat.

88 EXERVERE APICES flammarum scilicet. ut ⟨Aen. II
682 sq.⟩: 'de uertice uisus Iuli fundere lumen apex'.
AEGON promunturium Lemni est, id est mare Aegaeum.

91 INSVETA hoc est: praeter solitum tollitur in furorem.

92 TEVMESIA THYIAS Teumesia Boeotia. Teumesus

---

1 CEV om. L | meridies Pa | uidebatur Pb ‖ 2 INTONVIT om.
MP | 4 est om. L (parem Pb partē Pa) | extra P ‖ 5 post in-
fectum Pa praebet: al' mortuis uero geminus id est par, Pb:
alter uero genis id est par | quod LP | ut] Et P ‖ 7 adscribit
L ‖ 8 iuuencas Pb ‖ 9 dies Pa om. LPb | tauros . . . etiam om.
Pb | etiam om. L et in Pa | quattuo hic Pa | quater L om. Pb ‖
10 quia om. L que Pa | auersum Pb ‖ 11 diuiderent Pb | quia L ‖
14 superum om. Pb ‖ 15 hui'///cemodi M | contingerant P con-
tigerat M ‖ 16 ipse MP | subsistit Pb | atque] aut MPb ‖ 17 deder
M (nam om.) p occulto M ‖ 18 coactus Pa | inferna Pa om. Pb |
infaustam Pa infausta Pb ‖ 19 p̄nuntiari Pb ‖ 20 exercuere Pa ‖
22 est¹ om. L ‖ 23 p͞p͞t M | in furore Pa ‖ 24 THYAS Thyas LPa
thias M tias Pb

enim campus est iuxta Thebas prope Cithaeronem. thyias Baccha ἀπὸ θυίειν βαχχᾶν id est bacchari. INSANO DEO insanum Liberum dicit, qui cultores suos faciat insanos.

95 TREMENTI SANGVINE instabili furore.

98 INFELIX COMITATVS quia eos primum occisura est, ut fidem faciat sceleris ceteris suadere.

100 SVMMASQVE AD PALLADOS ARCES opportune in templo uirginis deae in maritorum interitum feminae uniuersae coniurant. haec enim dea uidetur damnasse matrimonium uirginitate contenta.

Lind. p. 168 104 REM SVMMAM quam merito habemus in uiros instinctu enim superorum, non humano errore paramus ista committere. et est ordo: rem summam sancire paro.

105 O VIDVAE uiduas maritas uidetur incongrue posuisse, sed ad explicandum dolorem muliebrem dixit. hoc est: quae, cum habeatis uiros, illis longe a uobis positis uiduarum uiuitis more. bene ergo nomen uiduitatis apposuit, quo uocabulo iam de coniugibus desperarent et ut quasi alienos sine affectu uideantur occidere. SEXVM non dixit 'sexum perdite' id est naturam immutate, quod fieri nulla poterat ratione, sed: pulsa feminea imbecillitate uiriles ad facinus arripite animos.

107 AETERNVM sic ait, quasi semper desint mariti. ut Virgilius ⟨Aen. IV 32⟩: 'solane perpetua maerens car-

1 est om. MP | Citheron L citheron est P | Thyas est L ‖ 2 Baccha om. Pb baclā Pa | ἀποεγϲπΚΛϹΗγΝι L ΛΡΟΕΥϹΙΙΝ-ΚΛϹϽ-ϹΛΝΙ M no: e. y. cu. n. k. ac. Ͻ-C. a. Dj. Pa om. Pb ἀποεγοι ΙΝΚΛϹϽ-ϹΛΝΙ Bamb. ἀποεγϹΙΙΝ ΚΛϹϽ-ϹΛΝΙ Gud. ἀποεγοι ΙΝΚϹϽ-ϹΛΝJ Mon. ἀπὸ θυίειν Woelfflinus in Philol. XXIV p. 157 | deum insano libero Pb ‖ 3 quia Pb | facit Pb ‖ 6 ut fidem om. M | sceleris om. L ‖ 7 Palladis MPb ‖ 8 interitu P ‖ 9 coniurant uniuersae L | conuersę Pa ‖ 10 ctēpta M ‖ 11 qua P q̃ M | meritum P ‖ 12 enim] eorum Pa ‖ 13 et om. LPa | Ordo est L ‖ 14 maritatas LPa ‖ 15 muliebrem dolorem M ‖ 16 est om. Pa | quae om. L | illos Pa ‖ 17 uiduitatis nomen L ‖ 18 opposuit MP | desperar& M ‖ 19 effectu MP ‖ 20 prodite P p̄dite M pellite L | mutate L inmutate Pb ‖ 21 inbecillitate M ‖ 24 ut om. M

pere iuuenta?'   IVVENTAE FLORE ideo posuit iuuentae,
ne spes sit ulterius neue malum sit temporale.

108 SITVM uetustatem, quae turpis est in iuuene. ut
Virgilius ⟨Aen. VII 452⟩: 'en ego uicta situ'.

110 RENOVANDA VENVS Venerem hic pro maritis posuit.
id est: ut inueniamus alios uiros.

112 CVI CONVBIALIA VINCLA interrogatiue, id est: cui
uestrum thalami honos secretus fuit?

113 CVI CONIVGE PECTVS INTEPVIT cuius pectus intepuit blandientis mariti complexu?

114 LVCINA LABORES ab inutilibus maritis argumenta-
tur et docet, quid habeant utilitatis, si uoluerint consilia
mutare.

116 VOTA TVMENT metaphora ab inclusis, qui pulsant,
ut aperiatur. et hic partus inclusus est. non uota tument,
sed crescentibus mensibus uterus tumet. propter quem,
partu ut detumescat, uota suscipiuntur.

117 GRAIVS Danaum dicit, qui quinquaginta filiabus
suasit, ut sponsos suos eadem nocte, qua fuerant coniugatae,
perimerent. quarum omnes sponsi filii Aegypti, fratris
Danai, fuerunt. et totum hoc ab exemplis posuit.

120 QVOD SI PROPIORIBVS ACTIS a recentis exemplo,
ut ad tempus referatur. recentiore enim exemplo id est
. . . . siue quia prope erat Thraciae, in qua Procne, Pandionis filia, Terei uxor, in ultionem suam, quod maritus

2 spex (om. sit) Pa spexit Pb ‖ 3 ut om. M ‖ 4 en] nec MP
non L | ergo Pa ‖ 6 uiros om. Pa ‖ 7 CONNVBIALIA LPb | inter-
rogatiue om. Pb | hoc est LP ‖ 8 honos thalami L | secretos Pa
secretis Pb | fuit post uestrum pos. LP ‖ 9 Que coniuge MP |
PECT. INT. om. MP | cui Pa ‖ 10 blandimentis MP | marito cō-
plexū M ‖ 12 et] ut M | quod MPa | habent Pa | uelint Pb ‖
13 mutare consilia LP ‖ 15 est om. M ‖ 16 tumet uterus L ‖
17 artu M partum LPb | ut om. M | detumescant LP corr. ex
detumescat M | suscipiantur MP ‖ 18 GRAIS VIRGINIBVS L | q̊ M ‖
19 fuerint M | coniunctae L ‖ 20 Aegisti LMP cf. schol. I 324 ‖
22 properantibus Pb | recenti L ‖ 23 recentiori Pb | aliquid ex-
cidisse apparet ‖ 24 que Pa | trache M tratia Pb | progne MP ‖
25 uxor therei Pb | quidem Pb q M

cum Philomela concubuisset, Ityn filium, quem de Tereo
susceperat, interemit; siue propter Harpalycen. quam
cum pater amasset et compressisset, illa filium ex incesto
natum patri apposuit comedendum; quam opinionem
secutus Virgilius ait ⟨Aen., IV 602⟩: 'patriisque epulandum
ponere mensis'. — praeterquam quod aptum uideatur
exemplum, maior necessitas persuasionis est, cum etiam
uicinum docetur. nam Thracia, quae Lemno uicina est,
duobus maxime exemplis id est Procnes et Harpalyces
Lemniades matres ad perficiendum nefas hortatur. de
duabus ergo historiis similibus quaeuis ad rem aptari
potest et aptata hortatur ad facinus. nam sicut bona
suasio bonis debet suscitari et asseri exemplis, sic et mala
malis. nullae enim rei argumenta desunt. et est in
utroque pugna: bona bonis, ut Virgilius ⟨Aen. VI 121⟩:
'si fratrem Pollux alterna morte redemit', mala malis, ut
Lucanus ⟨I 94 sq.⟩: 'nec longe fatorum exempla petantur:
fraterno primi maduerunt sanguine muri'.

121 RHODOPEIA CONIVNX hoc historia non habet, quod
Procne pariter cum Tereo filium comedisset. sed ut
Lemniadum animos hoc scelere magis accenderet, Procnen
quoque pariter epulatam pro loco persuasionis suae ne-
cessario mentita est.

123 SECVRAVE COGO nec uos ideo ego hortor ad scelus,

---

1 Philomena L Pb | utin M itim Pb ‖ 2 arpalicem Pb | quē
M qua Pa ‖ 3 cum om. Pa | incestu Pb ‖ 5 Virgil. secutus L |
patrisque L ‖ 6 apponere LMPa ‖ 7 erat Pb erit L ‖ 8 dicetur
L ‖ 9 maximis LMPb maximus Pa | prognes Pb progne MPa |
et om. P t M | arpalice MP ‖ 10 proficiendum Pa | nefas] opus
Pb ‖ 11 duobus Pb | similibusque uis LPa | quā uis M quę uix
Pb ‖ 12 sic Pb ‖ 13 suscitari corr. in excitari M | adaeri Pa corr.
in asseri M ‖ 14 nullae (pro nulli) sumpsi ex M nulla LP |
desunt] potest Pb ‖ 15 dei utraque Pb | pugno Vollmer. | bona
om. M | ut om. Pb ‖ 16 sic LMPa | redimit Pa ‖ 17 ne MPa ‖
20 theseo MPa ‖ 21 magis om. Pa | prognem M progne Pb ‖
22 queque Pa q̅q̅ M q̅ Pb | prosuasionis Pb | necessario L ne-
cessarie MP ‖ 23 ante mentita libri praebent fuisse, quod post
epulatam inseras ‖ 24 SECVRA NE L | ergo MPa om. Pb

quod minime orbitate plena mihi sit domus filiis. et est
figura antiphora: ne ideo uideatur hoc ipsa persuadere,
quia non habet ipsa, quos perimat. sudorem autem dixit
filiorum multiplicem par|tum, in quo dolore nimium labo- Lind. p. 169
ratur. siue sudorem occidendorum quattuor posuit filiorum,
siue sudorem dixit liberos: quos parturiendo et educando
sudaui.

126 LACRIMISQVE ut ostenderet grandi necessitate ad
tale compelli facinus, quo crudelior fiat, sentire se dicit
affectum.

128 PATREMQVE SVPER SPIRANTIBVS ADDAM ut Virgilius
⟨Aen. IV 605 sq.⟩: 'natumque patremque cum genere ex-
stinxem'.

132 FORTVNAM occasionem temporis. ut Virgilius Lind. p. 170
⟨Aen. IX 240⟩: 'si fortuna permittitis uti'. nata persuasionis occasio est reuertentium uirorum. dicit enim
deorum nutu factum esse, ut eo tempore coniuges ad-
uenirent, quo de eorum caede tractatum est. probabili
argumento agendi uirtute necessarium fecit dicendo: 'deus,
hos deus ultor in iras . . .' SVPERISNE VOLENTIBVS
VLTRO DESVMVS ut Virgilius ⟨Aen. IV 45⟩: 'dis equidem
auspicibus reor et Iunone secunda'.

134 NEC IMAGO QVIETIS confirmat audaciam suam
deos adiuuare somnii expositione. et est ratio philosophica: cur, quae futura sint, miseris mortalibus praesagiis
somniorum demonstrantur? sed de multis paululum dicam.
natura rerum, ex qua homines mixti sunt, effectus suos

---

1 mihi *om.* Pb ‖ 2 antipophora LMP ‖ 3 que Pa | quod ipsa
L | quod P q *superscr.* os M ‖ 5 dolorem M ‖ 7 sudauit L *corr.*
ex sudaui M ‖ 10 affectumq; Pb ‖ 11 SVPER] si q M ‖ 12 ex-
tinguam L ‖ 14 ut *om.* Pb ‖ 15 nota M | persuasio est (*om.*
occasio) LM | 16 occasioē Pa *fortasse sic scribendumst:* nata
persuasio est occasione ‖ 17 cū c̄iuges uenirent M ‖ 18 de deorum
Pb deorum Pa | caede *om.* Pa | tractum Pa | probabile argu-
mentum *Gud.* ex probabili argumento *Vollmer.* ‖ 19 facit LPa ‖
20 VOCANTIBVS L *Statius* ‖ 21 VLTRO DESVMVS *om.* L | diis LPb ‖
24 somni LPa ‖ 26 demonstrentur L ‖ 27 mixti sunt] de somnio
Pa | affectus LPa | suos *om.* Pa

silere non patitur. et cur per ipsam essentiam corporis sentire permittit? est animae diuina prouidentia, quae, quamuis caeco carcere ac tenebris clausa tenetur, quid e contrario natura factura sit, somniorum uaticinatione denuntiet.

135 VANA MEAE id est: nec somnium meum uanum est, sed uerum. ergo debet perfici, quoniam somnium ueritatis imago est. ut Virgilius ⟨Aen. V 636 sq.⟩: 'nam mihi per somnum Cassandrae uatis imago ardentes dare uisa faces' et alibi ⟨Aen. III 173⟩: 'nec sopor illud erat'.

136 QVID PERDITIS AEVVM iuuentutem uestram quid perditis maritis orbatae?

137 AVERSIS animo inimicis. consideranda est persuasio, in qua primum est beneficium, quod mala tollit, deinde quod optima pollicetur. auersos autem dicit: qui a uobis auersi sunt et qui uos neglegunt. ut Virgilius ⟨georg. III 499⟩: 'fontesque auertitur'.

139 DIXIT hoc loco poeta dicta factaque complexus est.

140 DVM TEMPVS AGI REM id est: dum opportunitas agendae rei est. ut Virgilius ⟨Aen. V 638⟩: 'iam tempus agi rem'.

142 BISTONIDES illecebrosa sic fuit. dixerat enim supra mulieres omnes hoc dolere, quia omnes Lemni iuuenes

---

1 sententiam **Pb** *Mon.* sentiam **Pa** ‖ 2 permittat **LPa** est] cum **Pb** ‖ 3 ac] & **L** | qd̄ ē **M** qdē **Pa** | contraria **Pb** 4 futura **Pb** fictū **Pa** | sint **Pb** | denuntiat **LPb** ‖ 5 MEAE *om.* **Pb** nec id est **Pb** ‖ 6 profici **Pa** ‖ 8 Cassandrae ... faces *om.* **M** Cassandrae per somnum *Vergil.* | ardentes *om.* **Pa** ac. **Pb** | d. u. r. s. talibus **Pb** ‖ 9 alibus **Pa** ‖ 10 Qd̄ **M** | qd *superscr.* o **M** ‖ 11 maritis orba- *om.* **Pb** ‖ 12 aduersis **P** ADVERSIS THALAMIS **L** | animo *om.* **L** | considerandi **Pa** | est *om.* **Pb** ‖ 14 predicetur **Pb** | aduersos **P** aduersis **L** ‖ 15 auersi *superscr.* a uobis **M** uobis aduersi **Pb** uero ausi **Pa** non reuersi **L** | nos **LMP** neglegunt **LP** ‖ 16 fortesq; **Pa** frontesq; **Pb** | aduertitur **LPb** 17 Dicit **M** | dictaque **Pb** ‖ 18 AGIT **L** | oportunitatibus **Pb** 19 est agendae rei **L** | iam tempus *om.* **Pb** ‖ 20 agit **L** | 'res *Vergil.* ‖ 21 illecebrosa sic fuit *corr. Vollmer.* Thraciae **L** In leᵛcosa roo sic fuit **M** In leucos arco sic fuit **Pa** in leucos acresis fuit **Pb** In leucosa roa sic fuit *Gud.* | superius **L** ‖ 22 dolore **P** | qui **Pa** | Lemnii **L** lemnū **Pa**

odio odoris uxorum sunt in Thraciam profecti siue in
eodem loco coniugiis copulati. et Bistonides femininum
genus posuit. si de uiris diceret, 'Bistonii' dixisset, ideo
additum propter societatem coniugii. nam maritos earum
uenire notissimum est.

145 LVNATVM peltatum. quod scuta Amazonarum,
quae peltas appellant, in modum lunae formata sint. ut
Virgilius ⟨Aen. I 490 sq.⟩: 'ducit Amazonidum lunatis
agmina peltis Penthesilea furens' et ⟨Aen. XI 663⟩
'feminea exsultant lunatis agmina peltis'.

146 INDVLGET PATER pater aut secundum consuetudinem poetarum dixit, qui solent deos patres uocare, ut
Virgilius ⟨Aen. V 14⟩: 'quidue, pater Neptune, paras?',
aut pater id est Mars, quia Penthesileae siue omnium
Amazonum proprie Gradiuus dicitur pater.

149 SOLARE DOMOS uastare id est solas facere. com-
positiuum 'desolare'. ut est ⟨Aen. XI 545⟩ 'solorum
nemorum'. IVVENVMQVE SENVMQVE id est indiscrete
omnes occidere.

150 PLENISQVE AFFRANGERE PARVOS VBERIBVS id est
uiolenter necare et ipsis uberibus appositos enecare. et hoc
incongrue poeta posuit. cum tanto tempore dicat earum
maritos abfuisse, unde Lemniadibus lactantes filios? purgatur obiectio, si dicatur etiam trimos infantes lactare
posse. ait enim superius ⟨u. 112⟩: 'tertia canet hiems;
cui conubialia uincla . . .?'

151 OMNES EXIRE PER ANNOS id est nullam in necando

1 sunt in M in L exin Pa exim Pb | siue M s. siue Pa
sunt siue Pb sunt L ‖ 2 copulatos M copulato Pa | et om. L |
bistoneas Pb bistones Pa ‖ 3 Bisthones L bisthonis Pa ‖ 4 marito
seruū MP ‖ 6 qui M | Amazonum LPb ‖ 7 quas LMPa | formata
sp. u. r. om. Pb ‖ 8 ducit . . . furens et om. MP ‖ 9 et . . . peltis
om. L | et . . . exsultant om. Pb ‖ 11 pater aut om. Pb ‖ 14 quia]
que Pa | pentesilie Pa penthaphileẹ Pb | (siue om.) omnium-
que Pb ‖ 15 Grad.] Mars L ‖ 16 domus Pa | compositum Pb ‖
18 IVVEN. . . . occidere om. Pb ‖ 20 adfrangere Pa affrangere
corr. in affringere M ‖ 21 necare om. L ‖ 23 lactantibus LPb |
filii L ‖ 24 trinos etiam Pb ‖ 26 cū P ‖ 27 id est] uel Pa

aetatem excipere. ut Lucanus ⟨II 108 sq.⟩: ʻcrimine quo
parui caedem potuere mereri? sed satis est iam posse
mori'.

152 IVGA CELSA templa Mineruae sunt.

153 PROPTER OPACAT HVMVM uicini agri spatia inum-
brat.   NIGER umbrosus.

154 ET GEMINA PEREVNT CALIGINE SOLES gemina
duplici hoc est montis et nemoris.

155 SANXERE FIDEM fidem in scelus firmauere.
ENYO Bellona, soror Martis. ideo Martiam dixit, quae
aui pro actu ipso nomen accepit, quasi Bello nata.

156 ATQVE INFERNA CERES Proserpina.

158 MIXTA VENVS quicquid agitur, quicquid nefarie
cogitatur, Venus urget infensa. et cum hoc poeticum
uideatur, est tamen uera ratio. cuncta enim mala, quae
geruntur, per Venerem fiunt, cui omnes propemodum mortales student.

159 NEC DE MORE CRVOR non sacrificium secundum
immolantium ritum factum est: pecudum aut suum cruore,
sed humano sanguine a matribus iuratur in scelus et
futura crudelitas parricidii crudelitate sancitur. Sallustius,
cum Catilinam parricidium patriae cum coniuratis sancire
monstraret, ait plenum humani sanguinis poculum circum-
tulisse et hinc omnes contra salutem patriae degustasse.

NEC DE MORE CRVOR in sacris enim Liberi consuetudo
talis est, ut occiso capro omnes sacratum sanguinem eius

---

2 caedem parui L | mereri] mori Pa ‖ 3 mori om. L ‖ 4 hoc
est quae iuga celsa ante templa inser. P ‖ 5 uicina om. in
marg. add. M ‖ 8 duplicia P | montis om. Pa ‖ 10 quia Pb ‖
11 a ui? | nomen pro actu ipso L ‖ 13 quicquid agitur om. Pb ‖
14 urguet Pa | hoc om. Pb ‖ 15 tamen uera est L tamen uera
Pa ē est uera Pb ‖ 19 ritum Lc meritum LMP | suadum MP(!)
21 futuri L | parricidii crudelitas L | crudelitate om. L ‖ 22 Catil.
XXII 1 | catelina cum coniuratis paricidiis patrie Pb | cum
om. L ‖ 23 monstraret sancire L ‖ 24 hic L | degustasse contra
salutem patriae Pb ‖ 26 est om. Pa om. superscr. M erat Pb |
sacrati LP superscr. v̄ M | sacrati omnes sanguineei cohiberēt Pb

bibant. est enim animal uitibus eius infensum. unde
Virgilius ⟨georg. II 380 sq.⟩: 'non aliam ob culpam Baccho
caper omnibus aris caeditur'. hoc sane animal contrarium
est Libero, ut etiam aliis diuersis diis. et pecus, quod
5 hic uult deus mactari sibi, alius non uult. ut Venus
⟨Aen. I 335⟩: 'haud equidem tali me dignor honore'.

160 ET MIRANTIA id est admiratione digna et quae,
nisi a talibus matribus, uiolare ferro nullus auderet.

162 IN SANGVINE VIVO recenti uel adhuc tepido aut
0 certe, quo uita firmatur. ergo cum adhuc non esset puer
emortuus, ostendere uolens poeta furoris insaniam, uix
passae emori filios in sanguine semiuiui coniurant.

163 CIRCVMVOLAT VMBRA et hoc poetice. ut Euri- Lind. p. 171
pides . . . . Virgilius ⟨Aen. IV 386⟩:
5 'omnibus umbra locis adero   dabis, improbe, poenas'.

165 QVALIS CVM CERVA comparatio non secundum
artem poeticam. CIRCVMVENTA nefariam matrem in
uindictam sui recens mactati filii umbra.

168 SVSPENSA sollicita. ut est ⟨Aen. II 728 sq.⟩
0 'sonus excitat omnis suspensum'. aut uelocitate corporis
pendens. ut Virgilius ⟨Aen. VII 810 sq.⟩: 'uel mare per
medium fluctu suspensa tumenti ferret iter'.

169 CONCVRRERE MORSVS ut Virgilius ⟨Aen. XII 755⟩:
'increpuit malis morsuque elusus inani est'.

---

1 biberent Pa | eius uitibus L | unde] ut Pb ‖ 2 ob causam
L om. Pb ‖ 3 creditur Pb ‖ 4 deis L | quod pecus Pb ‖ 5 hic deus
uult Pb | sibi mactari L ‖ 6 aut Pb   haut M   nam Pa ‖ 7 id est
om. Pb   uel Pa ‖ 8 uisi M   uisse Pa | a om. Pa | uideret LPa ‖
10 feratur Pb (an recte?) | ē superscr. ēēt M ‖ 12 passi Pa
passa Pb | mori M ‖ 13 VMBRA om. MP | Euripidis locum re-
stituere non potui, in libris leguntur haec: Syrseen opersu L
siy seeno. psu M   sir seen (corr. ex senen) opsū Pa   sp. u. r.
om. Pb surse enopersu Gud. ‖ 15 inprobe M ‖ 17 circunuentia
Pb | post CIRCVMV. aliquid excidisse puto uelut circumuolat | ne-
faria Pa ‖ 18 sui om. Pa ‖ 19 est om. P ‖ 20 sonus . . . ut om.
Pa | suspensos Pb | corporis om. M ‖ 21 pendens om. MPb |
uel om. LPa ‖ 22 fluctus Pb ‖ 23 ut] unde P om. M ‖ 24 in
crepulis MPa   intrepidu Pb | malis om. MP | elisus Pa | inanem
Pb | est om. LP

175 NIGER OMNIBVS ARIS hic enim color conuenit morituris. unde Virgilius, quoniam peritura Dido erat, quae sacrificium faciebat, ait ⟨Aen IV 454⟩: 'latices nigrescere sacros'.

176 SPIRAT DEVS INTEGER EXTIS est quoddam in extis signum, quod deus appellatur. quod si integrum apparuerit, propitium numen ostendit, sin uero dimidium, iratum significat numen aut certe non praesens.

177 TARDIVS HVMENTI Lucanus ⟨VII 1⟩: 'segnior Oceano, quam lex aeterna uocaret ...'

178 ET VERSVM AETHERA iuxta rationem: qua antipodes feruntur. Virgilius ⟨georg. I 250 sq.⟩: 'nosque ubi primus equis Oriens afflauit anhelis, illic sera rubens accendit lumina Vesper'. ordo ergo talis est: et uersum aethera miti cura sustinuit. uersum aethera, quia nox a quibusdam axis conuersione fit. ut Virgilius ⟨Aen. II 250⟩: 'uertitur interea caelum et ruit Oceano nox'. miti cura id est: benigna mente diem tardauit et cursus Lind. p. 172 aeris, | quo solem Iuppiter retineret, longiores effecit imminentia cupiens nefariae noctis facta tardasse.

183 LATET OBRVTA CAELO LEMNOS id est: cum astris relucentibus aliae insulae cernerentur, immanitate sceleris futuri obruta sola Lemnos latebat.

186 IAM DOMIBVS FVSI id est in somnum demissi. ut Virgilius ⟨Aen. V 837⟩: 'sub remis fusi per dura sedilia nautae'.

188 AVRVM IMMANE id est aureas pateras. ut Virgilius ⟨Aen. I 728 sq.⟩: 'grauem gemmis auroque poposcit impleuitque mero pateram'. dicit ergo hos grauibus poculis ebrios factos, ut merito crederentur a feminis inter-

---

2 unde om. L ut Pb | quia L | peritura om. LPa | erat dido Pb ‖ 5 SPIRAT om. MPb | EXTIS om. MP ‖ 6 propellatur P | nisi Pb | integrum om. Pb | apparuit L ‖ 11 ET om. L ‖ 12 noxque L nos quoque Pb ‖ 14 ergo ordo L origo Pb | et ... sustinuit om. Pb ‖ 15 que Pa ‖ 18 id est om. LPb ‖ 19 Iupiter solem L | retinet Pb | fecit L ‖ 20 tardasset Pa ‖ 22 lucentibus Pb | futuri sceleris LP ‖ 25 sub ... 188 ... Virgilius om. Pa

empti.   PER STRYMONA per Thraciam. Strymon enim
fluuius Thraciae est. Rhodope et Haemus montes eiusdem prouinciae.   dum ergo in Rhodope . . . . . . com-
memorant', quem laborem pertulerint apud fluuium Stry-
monem uel apud montem Haemum.

192 MITES CYTHEREA SVPREMA et hic obscure illud
poeta tangit, quod foetoris causam hircini, quem dudum
Venus Lemniadibus miserat, nunc dulci odore lenisset.

194 PERITVRO non longo tempore duraturo.

196 DECRESCVNT MVRMVRA paulatim uigiliae hominum
deficiunt, ut ab omnibus eatur in somnum.

200 SECERNITQVE VIROS quos, ut letifero sopore per-
funderet, separauit.

204 HYRCANAE Hyrcania Indiae regio, in qua tigrides
generantur.   EXIGIT ORTV id est euocat incipiente die.
exigit proprie est Graeca annotatione signatum: quasi
ex eo agit.

207 TEMERARIA GORGE improba uel audax: quae prima Lind. p. 173
cedit ad scelus.

210 RIMATVR quaerit, scrutatur.

215 TANGERET tunc enim credidit se peremisse, si
tam diu transfigeret dormientem, donec adactum ferrum
ipsa sentiret.

217 INDIGNO non indigno collo, sed indignae uxoris.
nam amplexus eam fuerat auxilium petens.

---

2 è fl' thratie Pb | est *om.* L ‖ 3 *locus corruptus est* | in
rodope *Gud.* in rhopen M in rhodopen *Mon.* i rodopen deo Pa
in rhodopen deo Pb *om.* L | commemorarent Pb ‖ 4 pertulerunt
LPa ‖ 6 mit(t)is MP | SVPREMA *om.* MP ‖ 7 quod P q̇ᶦᵃ M et L |
causa MP ‖ 8 dolorē M | linisse Pb ‖ 9 durato M ‖ 10 uigiliae
hominibus L ‖ 11 omnibus *corr. in* hominibus Pb | in insaniam
L insanum Pa ‖ 12 Secernit M | confunderet LPb ‖ 14 indiane
Pb | in *om.* LP ‖ 15 ueniente Pb ‖ 16 proprie] prime Pb | est
om. LPa ‖ 17 eo *om.* M (ἐξάγει *Vollm.*) ‖ 18 prima] propria Pb ‖
19 cedit *scripsi* c(a)epit LMPa texit Pb | id scelus L ‖ 21 tangere
LM ‖ 22 tandiu MPb | transiret Pa transciret Pb ‖ 23 ipse P ‖
24 Indigna P | indigna colla Pb

219 PROPRIA DE STIRPE cognationis meae scelera referam.

220 QVOD TE FLAVE CYDON quod te, Crenaee, uidi lapsare. hos sibi dicit et lactis alimentis et affinitate fuisse coniunctos. Gyan uidi lapsare, quem fortem desponsata metuebam, quia uirtus pueri formidanda puellis est.

222 OBLICVMQVE A PATRE GENVS quia collactaneus meus fuerat et patris mei nothus. oblicum ergo dicit ex concubina progenitum. ut Lucanus ⟨VIII 286 sq.⟩: 'obliquo maculat qui sanguine regnum et Numidas contingit auos'.

228 FINXERAT composuerat.

234 INCIDIT ordo: incidit collapsa id est a matre compulsa.

Lind. p. 174 236 IN MVRMVRE adhuc murmurantis.

237 EGENTEM SANGVINIS quia senem occiderat et gladium cruore non tinxerat.

239 MEVS ILLE THOAS hic Thoas, Hypsipyles pater, rex Lemnius fuit.

242 ETSI LATA RECESSIT dicit occasionem ab urbe disiunctae domus opportunitatem liberandi patris dedisse.

243 QVINAM STREPITVS ordo: ille quidem dudum agit uersans secum, quinam strepitus, quae murmura noctis. ceterum illae duae sententiae per parenthesin interpositae sunt: una, quae generaliter dicit non esse quietos regnantibus somnos, altera, in qua domus remota a ciuitate fuisse monstratur.

---

1 PROPRIA *om.* MP ‖ 3 QVID L quo Pb | FLAVA L | quo te crine uidi lassare Pb ‖ 4 quem . . . puellis est *ante* hos *leguntur in* Pb | et² *om.* M ‖ 5 gion Pb Cydon L cyon Pa | lassare Pb | forte Pb fortiter M ‖ 7 OBLIQVVMQVE L obliqumque Pb | PARTE
L | q̇ M | conlactaneus Pa collactanei Pb | meus *om.* P ‖ 8 fuimus Pb | obliquum L obliqum Pb ‖ 9 ut Lucanus *om.* Pb ‖ 10 qui maculat Pb | contigit MP ‖ 13 conlapsa M ‖ 16 et *om.* Pa (!) ‖ 19 fuit Lemnius L ‖ 21 distinctẹ *superscr.* disiuncte M ‖ 22 ordo . . . strepitus *om.* Pb | dudum *om.* M ‖ 23 secum agit versans L ‖ 24 sententiae *om.* Pa ‖ 25 qua LPa ‖ 26 (a *om.*) euitate Pa | mostratur fuisse remota a ciuitate Pb

247 ET MECVM FORTASSE CADES bene de periculo suo
dubitauit, quia de sexu muliebri non coniurauerant occidendo Lemniades. perimenda enim haec fuerat ut proditrix coniurationis.

250 CRVDELIS VESPERA eo quod nox ueniens eos
somno prostrauerat. inter uesper et uespera hoc interest: Vesper est stella, uespera tempus, quo nox ingreditur, quod hoc loco poeta describit.

252 HIC IMPRESSA TORIS ORA hic pro 'ibi'. impressa
implicita ora ad lectum.

261 GELIDA NON SAEVIVS OSSA Centauri, Ixionis et
nubis filii, quam pro se Iuno mutauit. qui cum in nuptiis
Pirithoi ebrietate caluissent et uellent puellae nubentis
irrumpere thalamum, a Lapithis, quorum rex Pirithous
fuit, interemp|ti sunt. Lind. p. 176

263 NVBIGENAE Herculis fabulam tangit. qui cum in
hospitio ad Dexamenum regem uenisset, Deianiram filiam
eius corrupit et fidem dedit se eam uxorem esse ducturum.
post eius discessum Eurytion Ixionis filius Centaurus uxorem
Deianiram petiit. quam pater uim timens Eurytioni promisit, qui constituto die cum fratribus ad nuptias uenit.
eo forte die, quo nuptiae celebrantur, superueniens Alcides
Centauros interfecit, Deianiramque insperate suo matrimonio copulauit. [item aliter: Centauri, cum in matrimonium Pirithous Hippodamiam duceret, uino pleni Lapitharum uxores conati sunt rapere. qui omnes a Lapithis
occisi sunt. unde Virgilius ⟨georg. II 455 sqq.⟩:

---

2 curauerant **M** comunicauera **Pa** ‖ 3 hec *om. superscr.* **M** ‖
6 uesperam **LPb** ‖ 7 Vesper est stella *om.* **P** | ingreditur nox
LP ‖ 9 inpressa **Pa** ‖ 12 p se **Pb** ‖ 13 calcauissent **Pa** ‖ 14 fuit
Perithous **L** ‖ 16 in *om.* **L** ‖ 17 Dexaminum **L** exeanimū **M**
exanimum **Pa** exantinum **Pb** *cf. not. ad myth.* II 162 ‖ 18 cor-
rumpit **P** | uxorem esse *om.* **Pb** ‖ 19 eius *om.* **LP** | decessum
Pa | e///uritiūs **M** | Iouis **L** | uxorem *om.* **Pa** ‖ 20 petit **P** *corr.*
ex petiit **M** petiuit **L** | cuius pater **L** ‖ 21 cum fratribus . . .
die *om.* **P** ‖ 22 celebrarentur **Pb** celebrantur *superscr.* ba **M** |
superuenit **Pb** ‖ 23 suo matrimonio insperato **Pb** ‖ 27 unde] ut **Pa**

'Bacchus et ad culpam causas dedit; ille furentes
Centauros leto domuit, Rhoetumque Pholumque
et magno Hylaeum Lapithis cratere minantem'.]

VIX MOX.

265 THYONEVS sic Thyoneus, quomodo Semeleius.
Liberi enim patris mater Thyone dicta est, quae et Semele
appellatur. et in hoc colore Virgilium poeta secutus est.
nam ille in perturbatione Troiani excidii dicit Aeneae
Venerem subuenisse, iste Thoanti Liberum patrem.

267 ET MVLTA SVBITVS CVM LVCE quotienscumque se
numina mortalibus ingerunt, multo se luminis splendore
perfundunt.

270 NVBILVS tristis. pro calamitate propriae ciuitatis.

275 QVAE PLVRIMA FVDI ex eo, quod dicitur, factum
intellegitur.

277 INFANDVM NATAE id est Veneri. nihil ergo sine
Iouis nutu numinibus conceditur facere. ut Virgilius
⟨Aen. VII 305 sq.⟩: 'concessit in iram ipse deum antiquam
genitor Calydona Dianae'. uides ergo sine iussu Iouis ne
numinibus quidem licere suas iniurias uindicare. ut Horatius
⟨carm. IV 6, 21 sqq.⟩: 'ni tuis uictus Venerisque gratae
uocibus diuum pater annuisset rebus Aeneae potiore ductos
alite muros'.

282 MAVORTIA DIVAE pudicae Veneri. exclamatio
cum admiratione Liberi patris, sed iucunda et uere poetica.
cum sciamus Venerem semper lasciuam et delicatam.

---

1 Bacchus ... Pholumque *om.* **MP** ‖ 3 Lapithis *om.* **Pb**
minantēs **Pb** ‖ 5 Thoneus **M** Prothioneus **P** | prothioneus **P**
quoniam **Pb** | Semeleus **L** o semeleī **Pa** ob semelem **Pb** ‖ 6 liber
liberi (enim *om.*) **Pb** | etiam semelle **Pb** ‖ 7 uirgilius **Pb** ‖ 8 in
om. **Pa** | *Aen. II 588 sqq.* ‖ 9 Venerem Aeneae **L** ‖ 11 numina se
L semina **M** | luminis se **L** ‖ 12 *post* perfundunt *in* **P** *haec*
leguntur: et rem temporis transtulit ad personam quod saepe
(semp **Pb**) maro fecit (facit **Pb**). *quae spectare uidentur ad*
SVBITVS ‖ 14 fundi **M** fuit **Pa** ‖ 15 intelligitur **LP** ‖ 18 iras
Verg. ‖ 19 uidens **LMPa** ‖ 21 uictus *om.* **LMP** ‖ 23 muros o. **M**
24 pudiue **Pa** p. diuę **MPb** ‖ 25 iocunda **Pb** ‖ 26 cum] ut **Pb**
semper *om.* **Pb**

mirandum, unde in delicato pectore tam repentina crudelitas.

285 ARCENTIBVS VMBRIS id est quamquam arcentibus.
et est anacoluthon, ut sit: quamquam arcentibus umbris
tamen iter clarauit limite longae flammae. longae autem
dixit stellae tractu. clarauit ergo pro 'clarum fecit'.

287 CVRVO ROBORE CLAVSVM fluuiali nauigio, quod
sinu roboris incauatur. et ideo clausum: quasi in angusto
roboris collocatum.

289 AMPLEXO participium est. hoc est: huic Aegaeoni
Cycladas amplexo — pro 'amplectenti' — patrem commendo.

296 PVDIBVNDA nomen est, non participium. nam
tempore caret, patiendi significatione priuatur. et indicat
non pudentem, sed pudenti similem, quae erubescit admissum facinus temporis alieni et lucem, etiamsi nollet
nocturnae caedis crudelitate foedari.

297 IVBAR ostendit poeta generis neutri esse. et
Ouidius ⟨met. I 767 sq.⟩ hoc genere declinauit: 'per iubar
hoc . . . . iuro'. DECLINIA quae declinarent et fugerent.
opposita enim nube ante uultus suos Lemniadum crimine
declinauerat sol.

298 IVGA pro equis. REFERT referit. fugit enim
sol crudelitatem. aut refert 'deflectit' melius intellegamus.

300 HABITVS RVBOR quamquam inter similes rubor
non habetur, tamen noui criminis conscientia se inuicem
formidabant.

305 INSVLA DIVES AGRIS uerba plangentis et ideo pro- Lind. p. 177
nuntiatione sensus est adiuuandus.

---

3 arcentibus umbris: & est **L** ‖ 5 claruit **LPb** l'ruit **Pa** ‖
6 tractaū **Pa** ductu **L** ‖ 9 collatum **M** ‖ 10 est¹ *om.* **L** | hoc] et
Pa ‖ 11 ciclades **P** | commendo *om.* **Pb** ‖ 12 nam . . . pudentem
om. **Pb** ‖ 13 caret & **L** ‖ 14 qui **L** quod **Pb** q₃ **Pa** q̄ **M** ‖ 15 etsi
Pb ‖ 16 nocturna **L** ‖ 17 esse neutri **L** neutri **M** ‖ 20 ante *om.*
L autem **Pa** | crimina **MPa** (!) ‖ 22 pro equis posuit **L** | referit
MPb refert **Pa** *om.* **L** | fugit enim *om.* **Pb** ‖ 23 intelligamus
LP | 25 non *om.* **MP** | habitus **Pb** ha **Pa** | conscientia noui
criminis **L** ‖ 27 AGRIS *om.* **MP** | pronuntiatio **Pa** pnuntiatio **Pb**

306 NOTA SITV temporis nobilis. ET GETICO TRIVMPHO Thracico bello, ex quo redeuntes uictores Lemniadibus multas in triumpho contulerunt opes.

307 NON MARIS INCVRSV id est: non naufragio, non bello, non pestilentia perierunt.

309 NON ARVA VIRI officia uirorum cessasse dicit, quibus fuerat Lemnos orbata.

314 SCEPTRVM SVPER ARMAQVE sceptrum ad regni ornamenta, arma rettulit ad uirtutem.

325 SINE CONIVGE LEMNON id est sine uiris. aut sine culmine dignitatis.

326 VIGILES epitheton commune: uigil sensus, aut quia maritorum desiderio nocte fortius cogitatur.

327 INVISA POLYXO quae persuaserat scelus.

332 MASSYLO SVB HOSTE sub leone Mauro.

Lind. p. 178   335 ECCE AVTEM aduentum Argonautarum describit ad Lemnon, qui missi erant a Pelia rege ad Colchos ad Phrixei arietis pellem auream deferendam.

336 PELIAS PINVS Argo nauem dicit, quae in Pelio monte Thessaliae fabricata est. Cicero ⟨de Fato 35⟩: 'utinam in nemore Pelio caesae securibus ad terram cecidissent abiegnae trabes'. siue Pelion, unum de numero Argonautarum, significat Phthium (cuius ciuitas est Phthia,

---

1 corporis L ‖ 2 TRIVMPHO om. M | thaco Pa taico Pb tracho add. i M | Lemniadum LP corr. in leniadib꜒ M ‖ 3 in triumphum Pb | contulerant LP c̄tuleř M ‖ 4 id est om. Pb | non¹ om. M | 6 arma LmMP | officii M ‖ 8 Sceptrumque MPb | SVPER om. MP ARMA L ‖ 9 ornamentū Pb | arma om. M | retulerit M | ad uirtutem rettulit Pb ‖ 10 LEMNOS L ‖ 11 uirginitatis P ‖ 14 suaserat L ‖ 15 SVB HOSTE om. MP | Mauro leone L ‖ 17 Lemnum L Pelia L oeta MP (= Aeeta. fabula plane peruersa esse uidetur) ad² inserui ‖ 18 defendendam P del. superscr. deferendam M | 19 PINVS PELIAS L | nauim L ‖ 21 'Ex hoc genere illud est Ennii: Vtinam ne in nemore Pelio securibus caesa cecidisset abiegna ad terram trabes!' Cicero | pelion (= Pelio ne?) MPa om. Pb 22 sine] si uero Pa | Peleum! | unum ... meminit om. in marg. super. add. M | de] e L om. P | numero om. Pb ‖ 23 phitium Pb filium LMPa | cuius om. P | thia M phitia P

cuius Virgilius ⟨Aen. I 284⟩ meminit: 'Phthiam clarasque
Mycenas') aut certe Pelion, Neptuni filium, qui Iolci
summam obtinebat. hic enim responsum acceperat, ut ab
eo spoliaretur arce, qui altero ei nudo pede occurrisset.
quapropter hoc uelocius sustinuit, quo euitare captauit.
Iason quidem natus ex Aesone, fratre regis, occursurus
sacris, quae Neptuno is faciebat, dum per Anaurum flumen
transit, detentum limo alterum pedis calciamentum reliquit
atque ita fato agente peruenit ad Peliam. qui in illo
timens, quidquid ab oraculo fuerat dictum, sub specie
gloriae eum misit ad Colchos ad auferendam auream
arietis pellem. ergo Pelias pinus Argo nauem dicit, quae
in Pelio monte Thessaliae fabricata est.   HOSPITA
quasi prima.   INTACTI PONTI quia ante Argo nauem
inuiolatus fuit.

337 AGVNT MINYAE Minyae Thessali, a 'Minya rege
Thessalorum, a cuius nomine omnes Argonautae Minyae
nominati sunt.   CANET spumat. id est dextra laeuaque
reuulsi fluctus cano litore feruebant.

340 TONSIS remis.

341 MITIOR ET SENIBVS CYGNIS Ouidius ⟨met. XIV
429 sq.⟩:

'uerba sono tenui maerens fundebat, ut olim
carmina iam moriens canit exsequialia cygnus'.

---

1 meminerat uirgilius Pb | Phthiam *om.* M ‖ 2 Peliam !|
qui *om.* P | hiulci M illius loci LP ‖ 3 summa P | optinebat MPa |
huic L | acceperat] fuit L ‖ 4 *in* arce ἀρχήν *latere puto* | qui]
ut M | alterno nudo pede ei Pb ‖ 5 quo magis ? | tentauit L
captaū M captaui Pa ‖ 6 equidem Pb siquidem L quod Pa |
essone Pb eo Pa | occusurū Pa occursum Pb ‖ 7 sacris *om.* Pb |
faciebat is neptuno Pb | anaurum *corr. ex* anarum M annarum
Pb Euhenum L ‖ 8 religit Pa negligit L ‖ 9 peruemiunt Pb
deuenit L | pelion quia qui Pb ‖ 10 ab *om.* MP ‖ 11 eum *om.* L Pa |
aurea ... pelle Pa ‖ 13 HOSPITA .... fuit *in* P *post* abiegnae
trabes *leguntur* ‖ 14 quia ante] que non Pa ‖ 16 AGVNT *om.* MP |
Mimiae.minsẹ.thessalimine a rege M *similia* P | Minyae *om.* L ‖
17 thebanorum Pb thessaliborum M ‖ 18 appellati L | dextera Pa
corr. in dextra M | laeua dextraque L ‖ 19 littore L ‖ 21 segnibus
M | agnis Pb

343 ACCEDVNT consentiunt, ut tranquilla subdant. sic
Terentius in Adelphis ⟨u. 350⟩: 'accedo, ut melius dicas'.
aut accedunt, ut audiant. quasi sensum recipientia. sed
melius 'consentiunt'.

344 ORPHEVS quemadmodum in naue caneret, dicit. 5
cuius dulcedinem morientis cygni comparat cantilenae.
dicuntur enim cygni mortis tempore dulcius solito canere.

345 NESCIRE LABORES id est cantus dulcedine laborem
sentire non sinit.

346 ORAQVE PRIMI Symplegadas, ut asserit Euripides. 10

347 CYANEIS MARIS Cyane Nympha in Sicilia est.
Venus indignata, quod Proserpina suum numen contemneret
coniugia spernens, Plutoni, qui territus uiribus Typhoei
euomentis Aetnam, cui subiectus erat, cum ab inferis
emersisset, intulit amorem, ut Proserpinam circa cacumen 15
Aetnae flores legentem eriperet. qua compressa cum pro-
peraret curru fugere, Cyane Nympha, quam dilexerat
Anapus amnis, intercedente tardatus est. at ille incensus
ira morae, intercedentem, ut rumperet, sceptro percussit
praecepsque in inferna demersa est et in liquorem con- 20
uersa. cuius lacus contiguus est Arethusae.   NOS
THRACIA VISV nos putamus Thraces in ultionem uenire
nauigio, qui uicti a uiris fuerant Lemniadum.

Lind. p. 179   355 SOLVTO molli aut muliebri.

357 ADVERSO utrum situ aduersum posuit id est 25
positione loci an aduerso inimico, quippe Mars Lemnum
merito oderat, quia in ea insula a Vulcano cum Venere
fuerat deprehensus?

361 CORTYNIA tantum, inquit, a portu aberat nauis,

---

1 *schol. 343 et 344 inuerso ordine leguntur in* LMP ‖
2 cedo *Terentius* ‖ 3 accedant M ‖ 5 Orpheum M | in naui
LP | canerent L ‖ 6 dulcedine P ‖ 8 *schol. 345 om.* Pa ‖ 9 non
sentire sinit Pb ‖ 10 PRIMVM L Primi *ex correctura* M | riplegadas
M | *Medea 1 sq.* ‖ 11 Cyonei MP | *est om.* L ‖ 12 numen *om.* Pb ‖
13 Plutoni *inserui ex myth.* (II 93) ‖ 16 quam compressam Pb ‖
17 curruque L cursu Pa | fugeret LPa fingere Pb ‖ 20 in¹ *om.*
Pb ‖ 22 non Pa | putamus *superscr.* ui M ‖ 26 merito Lemnum
L Pb | 27 que P | in illa L ‖ 28 deprensus Pb ‖ 29 ab portu M

quantum Cretensium sagittarum iactus exprimitur. Cortynia enim dixit Cretensia.

363 PELASGAE Graecae nauis id est Argo.

364 HORROR obscuritas.

365 SOLE DIES pro 'ab omni die raptus est sol'. noue dictum.

367 REDIT HVMIDA TELLVS arenae funditus auulsae impetu iactantur aquarum.

372 TRITONA puppim. solet enim omnis nauis pictura quacumque signari. ut Virgilius ⟨Aen. X 209⟩: 'hunc uehit immanis Triton'.

373 INSANA ARBOR uel magna uel instabilis. nimis poetice dixit 'insana arbor'. accipimus enim mobilem, ut hi, qui insani sunt, loco stare non possunt.

377 DVM LABOR ILLE VIRIS dum Argonautae tempestate Lind. p. 180 iactantur.

378 FLVITANTIA ordo: inualidis lacertis fluitantia tela spargimus. et bene inualidis utpote femineis. fluitantia incerta.

379 QVID NON AVSA MANVS quod non post scelus ausae sumus? nam cum occidissemus uiros, etiam semideos bello attrectare tentauimus.

382 AEQVORA FVNDO EGERERE hoc est sentinam proici facere. Ouidius ⟨met. XI 488⟩: 'egerit hic fluctus aequorque refundit in aequor'.

384 CARENT CONAMINE VIRES Lucanus ⟨III 692 sq.⟩: 'incertasque manus ictu languente per undas exercent'. omne enim corpus, quod motu rei alterius commouetur,

---

5 post DIES hiperbaton *inser.* P | raptus est *om.* M (*recte ut uidetur*) | *post* sol *denuo praebent pro* ab omni die P ‖ 7 Regit P | harenae LPa ‖ 9 TRITONIA L | PVPPIS L nauī M ‖ 11 inmanis MPb ‖ 13 accipiam Pb ‖ 14 sunt *om.* LM (insanis = insani sunt Pa) | 20 non potest scelus P *corr. in* non post scelus M scelus non L | ausus Pa ‖ 21 odissemus *superscr.* occidissemus M | etiam] et Pb ‖ 22 tempestauimus Pb ‖ 23 AEQVORA *om.* MP | EGERERE *om.* MP | proicere Pa proici *corr. in* proiici Pb *om.* LM ‖ 24 hic *om.* L hi Pa i Pb ‖ 25 aequore fluctus L ‖ 28 enim *om.* M | alterius rei L

ad iaciendum stabilem non habet firmitatem. sicut Sallustius: 'imbecilla est fortitudo, dum pendet'.

385 FERREA NIMBIS iaculorum pluuiam describit. ut Virgilius ⟨Aen. XII 284⟩: 'ac ferreus ingruit imber'.

387 CRINITVM MISSILE lanceis per stuppam insertum ignem demonstrat. nam quando flammam aliquis quatit, ut iaciat, quosdam crines facit. ut Virgilius ⟨Aen. V 528⟩: 'crinemque uolantia sidera ducunt'.

389 ET AB IVNCTIS REGEMVNT TABVLATA ab iunctis ergo hyphen noli accipere. operta autem pinus pellibus, ut mos est. abiunctis quidam hyphen legunt: diuisis. sic in Olympio: 'abiungere luna iunices'. cui contrarium est iungere.

Lind. p. 181 390 HYPERBOREA NIVE Scythica. Hyperborei enim montes trans aquilonem sunt. et est uocabulum Graecum. ὑπὲρ enim Graece, Latine 'ultra' dicitur. βορέας aquilo nuncupatur.

392 AMARO noxio. unicuique enim res, quae nocet, amara est. ut Virgilius ⟨georg. II 247⟩: 'tristia temptantum sensu torquebit amaror'.

397 ARMA ALIENA non maritorum suorum arma dixit, sed arma aliena id est sexus alterius. nam cum per timorem uisorum Argonautarum reuocamur ad sexum, reperit uires suas natura, cum alienas non potuisset implere.

398 AEACIDAS Telamonem et Peleum, filios Aeaci.

399 ANCAEVM Lycurgi filium a Salamina.

401 ALTERNVS eleganter alternus: ne in uno latere

---

1 iaciendum MPb iecendum Pa ‖ 2 *Maurenbrecher II p. 204* inbecilla MP ‖ 5 CRINITVM MISSILE *iterau.* P ‖ 6 ignem insertum L ‖ 8 dicunt MP ‖ 9 REGEMVNT TABVLATA L ab illa regemunt MPb ab illa re regemunt Pa | adiunctis MP ‖ 11 adiunctis MPa ‖ 12 *ad* 'Olympio' *cf.* II 58 | cuius Pb ‖ 13 coniungere L ‖ 14 enim *om.* Pb ‖ 16 dicitur *om.* Pb | βόρεας L ‖ 18 rei res P ‖ 19 temptatum Pa temp ... Pb te tantū M ‖ 20 sensuȝ Pa | torquebat L | amaro LMPb amoror Pa ‖ 23 uisorum *om.* P | argonautorum Pa | ad secum P ‖ 25 eacides id est peloum et thelamonem Pb | Aeaci filios LP ‖ 26 Angeum P | & Salaminae L ‖ 27 ne] est Pb ut *superscr.* ne M

forte consistens mole corporis aut uirtutis uerteret nauem. alternus ergo nunc hic nunc illic, in utraque parte consistens.

403 AT LEVIS utrum hoc epitheton ad discretionem 5 Herculis dicitur, quia ille grauis, an ad animi mobilitatem, quia nullam Iason firmo amore possedit uxorem? deserta enim Hypsipyle Medeam duxit, relicta Medea Glaucen sortitus est uxorem. hoc ideo dixit, quia cum Argonautae Lemnum fuissent ingressi, hanc Iason suo matrimonio 10 sociauit, quam utero grauem reliquit. ex quo conceptu geminos edidit Hypsipyle.

405 OENIDEN Meleagrum significat.

412 AVDIRE NEGANTEM non obtemperantem dextrae. Lucanus ⟨III 593 sq.⟩: 'qua nullam melius pelago turbante 15 carinae audiuere manum'. audire et nauis dicitur et currus. ut Virgilius ⟨georg. I 514⟩: 'neque audit currus habenas'. hic ergo Tiphys gubernator nauis Argo.

413 MVTAT IMPERIA mutare imperia est modo huc modo illuc nauem conuertere.

20 **417** MOPSI GESTAMINA quia Mopsus tamquam uates Argonautarum olea fuerat coronatus. huic Mopso se Amphiaraus ab Iasone praelatum fuisse iactauit. ait enim ⟨III 520 sq.⟩: 'nec me uentura locuto saepius in dubiis auditus Iasone Mopsus'.

25 **419** INVOLVERE PROCELLAE uox enim, quae aut in speluncam emittitur aut in antrum uel certe per litora ipsa, inuoluitur, quia aut caua loca sunt aut curua, quae uero in libero aere iactatur, late fusa respondet.

---

2 huc **L** | in neutra **LP** ‖ 4 LEVIS leuis **L** lenis lenis **Pa** ‖ 5 an ad imbecillitatem quia **Pb** ‖ 6 deserta . . . uxorem *om.* **M** ‖ 7 deserta medea **Pb** | glaucē **Pa** glaucem **Pb** ‖ 9 fuiss. ingr.] uenissent **M** | iason *corr. ex* iaso **M** ‖ 10 copulauit **Pb** ‖ 12 oenidē **MPa** oearidem **Pb** ‖ 14 quā nulla **Pa** | turbare **L** ‖ 15 carinam **L** carina **Pa** carmina **Pb** | audire **P** | & currus dicitur **L** ‖ 16 ut *om.* **Pb** unde **L** ‖ 17 habenas *om.* **Pb** ‖ 21 huic mopsus **Pa** | se *om.* **Pb** et **Pa** ‖ 22 amphiaraum **Pb** | a **Pb** ‖ 24 a iasone **Pb** ‖ 26 spelunca **LPb** speluncā **M** | antro **LPb** ‖ 28 iactantur **MPb** | fusa] sua **Pa** | non respondet *Vollmer*.

Ind. p. 182 **422** DE MORE contrarie poeta dixit 'de more', cum nemo nauigium ante temptasset. de more ergo hic ait de propria ipsorum consuetudine.

427 RVBENTVM quia iuxta mare rubrum sunt, siue quia uicinia solis ignita est. Aethiopas ergo hoc loco describit. Gigantes ab ipsis suscepti dicuntur hospitio. aut certe propter iustitiam a numinibus diliguntur. hoc etiam Homerus in primo libro signauit eo, quod Iuppiter cum his propter iustitiam et aequitatem morum deserto caelo frequenter epuletur. dicuntur enim iustissimi homines esse Aethiopes et ideo relicto orbe frequenter eos reuisunt caelicolae.

430 CAELIFER ATLAS Iuuenalis de raritate numinum ita dixit ⟨XIII 46 sqq.⟩: 'nec turba deorum talis, ut est hodie, contentaque sidera paucis numinibus miserum urgebant Atlanta minori pondere'. quod hic de absentia numinum respirare dixit Atlantem.

431 AB ADSERTO MARATHONE Marathon ciuitas est, in qua Theseus nutritus est. quam cum Persae inuasissent, ab Atheniensibus Theseo duce caede magnorum uirorum liberati sunt. unde factum est, ut ita Athenienses iurent: μὰ τοὺς ἐν Μαραθῶνι. HIC ET AB ADSERTO Minos, Iouis et Europae filius, cum patri sacrificaturus ad aras accederet, orauit potentiam numinis, ut dignam aris suis hostiam ipse praeberet. itaque subito taurus apparuit

---

1 cum nemo ... de more *om.* LPa ‖ 4 recūbentū M rubentiū Pb | qui MPa ‖ 5 uicina soli signata est MP uicinia signata est soli L uicinia solis ignita est *Gud.* | hic loco Pa ‖ 6 Gigantes M quia cum gigantes L quia P | haud Pb ‖ 7 a numinibus .... iustitiam *om.* Pb | hoc] hic *corr. in* hinc M ‖ 8 imprimo Pa | libro *m.* LP | *Od. I 22 sqq.* | significauit L ‖ 10 epulentur Pb ‖ 14 ita *om.* LPa | talis *om.* M ‖ 16 Atalanta LMP | et hic de Pb ‖ 17 Athalantem LMPa ‖ 18 ASSERTO L | est *om.* LP ‖ 19 est *om.* Pa | qua Pa ‖ 21 est *om.* M | uiuerent M ‖ 22 Marti et Marathoni LPb ma et maratoni Pa mat' & maratoni M | *ueram lectionem, quam iam Bodius restituit (cf. Philol. XXXIII p. 138), cod. Bomb. seruasse uidetur* | ASSERTO L | hi abserto Pb

nimio candore perfusus. quem admiratus Minos religionis
oblitus armenti sui maluit esse ductorem. cuius ardore
Pasiphae fertur arsisse. igitur contemptus a filio | Iuppiter Lind. p. 18
indignatus furorem tauro subiecit et Cretensium non solum
5 agros, sed etiam moenia uniuersa uastauit. hunc Hercules
missus Eurysthei imperio superauit uictumque Argos usque
perduxit. ibi consecratus est Iunoni ab Eurystheo. sed
Iuno exosa munus, quod ad Herculis gloriam pertinebat,
taurum in Atticam regionem expulit. ibique a monte
10 eius Marathonius appellatus est. quem postea Theseus,
Aegei filius, interemit. quo facto aeternae gloriae sibi
titulum comparauit.

432 ET ISMARIOS FRATRES Zetum et Calain dicit,
Ismarii Aquilonis filios, id est Thraces a monte Ismaro,
15 cuius etiam Virgilius meminit ⟨ecl. VI 30⟩: 'nec tantum
Rhodope miratur et Ismarus Orphea'. et ideo pretiosiores
dicuntur a nimietate frigoris uirides lapides, qui smaragdi
nuncupantur.

434 NON INDIGNANTE PRIOREM bene non indignante,
20 quia Admeti pecus pauerat et obsequiis eius emeritis ei
tamen fauebat, apud quem passus uidebatur iniuriam. quia
iuxta Amphrysum fluuium pecus pauit — unde Virgilius
⟨georg. III 1 sq.⟩: 'et te memorande canemus pastor ab
Amphryso' — quod fabricatores fulminis sagitta per-
25 cusserat, quia Asclepius, Apollinis filius, fuerat fulminatus.
rogatu enim Dianae Hippolytum ad auras superas re-

---

1 quem cum admiraretur Pb ‖ 3 pasiphe MP | dicitur L |
arsisse fertur Pb | a filio] *superscr.* i. minoe M ‖ 5 unius Pa |
huc *corr. in* hunc M ‖ 6 corusce imperij Pa ‖ 7 est *om.* LMPa ‖
8 ad *om.* Pb *add.* M ‖ 9 ibi LPa ‖ 10 theseus postea Pa ‖ 11 aeternos sibi gloriae titulos LP ‖ 12 titulū *corr. ex* titulo M ‖ 13 ET
om. L | HISMARIOS LPb samarios Pa | Calaim L calim Pb ‖
14 Hismarii & L samaria Pa ‖ 15 meminit *om.* Pb ‖ 16 ideo MP
inde L ‖ 19 Indignantē M | indignantē Pa indigñ M ‖ 20 que
Pa | obsequi Pa | emeritus LM meritis Pb | ei] et Pa ‖ 21 facie-
bat P | que Pa ‖ 22 pauit pecus L | pecus *om.* Pa ‖ 24 quia L |
percussit M ‖ 25 quoniam L que Pa | Aesculapius LPb ‖ 26 ad
superos (auras *om.*) reuocauerat Pb

uocarat. ut Virgilius ⟨Aen. VII 769⟩: 'Paeoniis reuocatum herbis et amore Dianae'.

436 GENERVMQVE PROFVNDI generum Nereos Peleum significat, quia Thetidem, Nerei filiam, duxit uxorem, Achillis matrem.

438 OEBALIDAE id est Castor et Pollux, qui Spartani fuisse dicuntur, quia Oebalia urbs Spartae est. CHLAMYS ARDET splendet. Virgilius ⟨Aen. IV 262⟩: 'Tyrioque ardebat murice laena'.

443 VIX CVRSV TENER AEQVAT HYLAS Virgilium imitatus hoc loco poeta est dicendo ⟨Aen. II 724⟩: 'sequiturque patrem non passibus aequis'. Hercules cum accessisset comes Argonautis, Hylam, Thiodamantis filium, secum duxit armigerum, admirandae pulchritudinis iuuenem. qui remum fregit in mari, cum pro suis remigat uiribus, cuius reparandi gratia Mysiam petens siluam fertur ingressus. Hylas uero cum aquatum perrexisset, conspectus a Nymphis raptus est. quem dum Hercules quaerit, relictus ab Argonautis in Mysia est. unde Virgilius ⟨ecl. VI 43 sq.⟩: 'nautae quo fonte relictum clamassent, ut litus Hyla, Hyla omne sonaret'.

445 ET TACITIS CORDA ASPERA FLAMMIS occultis. ut Virgilius ⟨Aen. IV 67⟩: 'et tacitum uiuit sub pectore uulnus'. iterum, inquit, Lemniades coniugalia iura desiderant, et Argonautis idcirco iunguntur, ut, cum abire coeperint Argonautae, denuo suas derelictis Lemniadibus uideatur iniurias uindicare.

---

1 ut] unde L ‖ 3 -QVE *om.* Pb | PROFVNDI *om.* LPa | generum *om.* LP ‖ 4 qui L que Pa ‖ 5 patrem P ‖ 6 oebalidem (*om.* id est) Pb | spartana nati P ‖ 7 que Pa | urbs supratana Pb, | CHLAMYS *om.* L ‖ 8 splendet *om.* M | Tyrioque] *om.* Pb muriceque MPa ‖ 10 ylas M ulas P | Virgilius Pb | in mutatur Pa mittatur Pb ‖ 11 est *om.* Pb | *scribere malim* dicentem ‖ 13 hilan Pb ylä M iliä Pa ‖ 14 pulcritudinis Pa | qui ut remum M ‖ 15 cuius *om.* Pb | recupandi Pb ‖ 16 petere Pb ‖ 19 q₃ Pa ‖ 20 ut *om.* MPb | littus L | Hyla Hyla *om.* Pa | Hyla *om.* M | clamaret Pb ‖ 21 tacitis occultis Pb ‖ 22 uoluit Pb ‖ 23 itª Pa Ita L | desciuerant L desiuerant Pa ‖ 24 et *om.* Pb | idcirco Argonautis L ‖ 25 relictis L | derelictis denuo suis Pb ‖ 26 uideantur L

446 REGIA IVNO Iuno, inquit, iniecit nobis mentem benignam, quia Argonautis fauebat propter Iasonem — qui eam fluuium transiecerat, cum se illa inanem simularet — ut eorum cupientissime thalamis iungeremur. et ideo hic Iunonem uiros nitidos | effecisse subiunxit ut nuptiis. nam ^{Lind. p. 184} adulterio, si hoc Venus efficeret, placuissent.

453 FATVM EXCVSABILE CVLPAE fatum nostrae culpae, quod uiros occideremus. minuit ergo amoris inuidiam, cum dicit culpae. ut Virgilius ⟨Aen. IV 19⟩: 'huic uni forsan potui succumbere culpae'.

456 BLANDVS IASON subaudimus 'erat'. Iason blandus dare uincla uirginibus nouis, id est: qui solitus sit mutare coniugia. cui sese postea addixit Medea, tertio Glaucen uel uxorem habuit uel dimisit.

458 PHASIN fluuius, quem ideo cruentum dicit, quod per eum Medea patrem fugiens insequentem interempti fratris dicitur membra iactasse. siue fluuius Scythiae Phasis est barbarorum caedibus cruentus assidue. COLCHI ciuitas gentis eiusdem, Medeae patria. ALIOS AMORES quia· post Hypsipylen Medeam duxit uxorem.

462 NON SPERATIS ALVMNIS unde enim sperarent filios habere posse, quae uiros omnes occiderant?

464 ENITOR pario. unde et 'enixae' dicuntur, quae· generant.

---

1 infecit P fecit L | mentem *om.* Pb ‖ 2 que Pa | quia L ‖ 3 transfecerat P | in anum illa L illa manum P | similaret L ‖ 4 iungeretur LMPb ‖ 5 fecisse Pb | ut nuptiis placerent? | nã M non LP ‖ 6 sic Pb | placuissent *corr. ex* placuisset *transpos. ante* nã M ‖ 7 Factum Pb | exuperabile P *del. superscr.* excusabile M | fatum . . . culpae³ *om.* Pb ‖ 9 ut . . . culpae³ *om.* Pa ‖ 11 IASON *om.* Pb | subaud M | erat *om.* Pa ‖ 12 uincula P | solitûm Pb | sit *om.* Pa ‖ 18 coniuga Pa coniugium Pb | cui *om.* Pb tum MPa | tū sese *del.* M | addixit *om.* MP | medeā MPa | Medea . . . per eum *om.* Pb | *cogitaui de scribendo* qui postea Medeam, tertio . . . ‖ 16 fugiens patrem L | interempta Pa ‖ 17 dicitur fratris L ‖ 18 pedibus MP ‖ 19 eiusdem gentis L | patriam Pb ‖ 20 medea M ‖ 21 speraret Pa ‖ 22 occiderant *corr. ex* occiderent M ‖ 28 et *om.* L ‖ 24 generat Pb

466 QVATER QVINQVENNIA uiginti annos ostendit, ex quo ediderat ex Iasone filios.

470 ODIT dure animauit nauem dicendo 'moram odit', ut Virgilius colli oculos dedit dicendo ⟨Aen. I 420⟩: 'aduersasque aspectat desuper arces'. mirabilis allocutio est, quotiens dura a poetis animantur.

475 VELLERA PHRIXI Phrixus et Helle Athamantis, Aeolo geniti, et Nepheles filii fuerunt. quos cum nouerca persequeretur infesta, arietem aurei uelleris conscenderunt. mare ingressi patriam Colchos petebant. sed enim Helle utpote puella sexu infirmior in mare delapsa nomen Helles ponto tribuit. Phrixus deuenit ad Colchos ibique immolato ariete pellem eius auream Marti dicauit, quam draco peruigil custodiebat. ad quam repetendam Iason a Pelia rege missus semideos Graeciae congregauit, qui ex nauis nomine Argonautae sunt dicti, quae a uelocitate Argo nominata est, quod dicente Homero datur agnosci. ait enim ⟨Iliad. I 50⟩: καὶ κύνας ἀργούς id est canes ueloces. quae cum praedictis prima omnium ingressa est mare. sed Iason ubi Colchos aduenit, adamatus a Medea, Aeetae regis filia, anguem necauit carminibus soporatum et ablatam pellem reuexit ad patriam.

Lind. p. 185 **476** VT STATA LVX PELAGO statuto die, quo abscederent Argonautae.

477 TIPHYS gubernator nauis Argo. RVBVERE CVBILIA PHOEBI physici serenitatem futuram dicunt, si sole occidente nubes rubescant.

---

1 ex *om.* Pb ‖ 3 nauim Pb ‖ 4 ut *om.* L ‖ 5 illa locutio Le est *om.* Pb ‖ 6 qua Pb ‖ 7 elles MPa | athamanti M ‖ 8 Aeolo *om.* Pa | Nephiles L nephelie Pa nephele Pb nefelle M ‖ 9 prosequeretur L pseq̄tur *superscr.* i M | uelleris aurei L ‖ 10 (h)elles MPa ‖ 14 iason ē M ‖ 16 dicti sunt Pb | quae *om.* Pb ‖ 17 quod *om.* Pb | Homero primo Iliados datur L ‖ 18 cetynas *corr. in* cecynas M cetinas Pa cecinas Pb | argos Pb | canes *om.* MP uelox Pb ‖ 19 predicta Pb *om.* Pa ‖ 20 sed *om.* Pb | meda &ate *corr. in* medea o&e M ‖ 21 carminibus soporatum necauit LP ‖ 22 ad| in L ‖ 23 pelagi Pa | statuta LPa | statuto ... TIPHYS *om.* Pb | qua LPa q̄ M | ascenderant L ‖ 26 PHOEBI *om.* MP

479 VIX RESERATA DIES bene ostendit tota nocte Iasonem uigilasse, siquidem ortum Luciferi primus aspexit.

484 CONTEXERE aequare, quia longe prospicientibus mare uidetur caelo coniunctum. sic enim lumina nostra falluntur, ut putemus maris fluctus usque ad caeli marginem peruenire.

486 FAMA SVBIT sensus: rumor allatus est Lemnum patrem meum Thoantem in Chio regnare nec mihi cum ceteris Lemniadibus scelus fuisse commune.

492 NON DEVS HAEC uerba Lemniadum incusantium Hypsipylen, quod sola in patrem scelerata non fuerit. et acute dictum. iam, inquit, illa fecimus nec deorum nutu nec necessitate fatali. his enim defensionibus facinus excusatur. ergo cum una est innocens, purgationem reliquae perdiderunt.

496 EVHAN Liber pater, qui Thoanti patri suo fuerat, Lind. p. 186 cum eiceretur, auxiliatus.

498 ET VESTRAS FAMVLAM eleganter iterat. ante enim quam inciperet ab origine Lemniadum facta narrare, dixit ⟨V 39⟩: 'seruitium Hypsipyle uestri fero capta Lycurgi'.

500 SOLATVR DAMNA dixit et hunc sensum poeta superius ⟨u. 48⟩: 'dulce loqui miseris'.

501 IMMEMOR ABSENTIS infantuli Opheltis, Lycurgi scilicet filii, quem nutriendum a patre susceperat.

SIC DI SVASISTIS interpositio. id est: hoc dis placuit.

ALVMNI non filii, sed qui alebatur.

503 COMANTI HVMO herbosae.

504 HAERET δεικτικῶς expressit aetatem. nam in

---

1 tota die M ‖ 2 prius L primum *corr. in* primus Pb ‖ 4 uidetur mare L ‖ 11 in patre Pa ‖ 12 facimus Pa ‖ 13 enim *om.* P ‖ 14 reliqui purgationem L | reliqui Pa reliq̄ Pb ‖ 16 EVAN LPa Euchion Pb ‖ 17 eiiceretur LPb ‖ 18 *scholion ad* ET . . . FAMVLAM *excidisse uidetur,* iterat *sumptum est ex u.* 499 | iterauit Pa ‖ 20 uestri *om.* Pb ‖ 24 Inmemor MPb ‖ 26 Si Pa | hic Pb | diis LMPb ‖ 28 herboso Pb ‖ 29 dicticos LMP

actus ludicros, cum somno requiescit infantia, quidquid
tenuerit, non relinquit.

Lind. p. 187   506 TERRIGENA EXORITVR exoritur de nemore. et est ordo:
interea sacer serpens terrigena exoritur nemoris Achaei horror.

516 AGGERE RIPAE id est utramque ripam longitudinis
suae magnitudine tangebat.

518 OGYGII Thebani hoc est Liberi patris, ab uno de
terrigenis, cuius uoluntate aruerunt cuncta: amnes, flumina,
Nymphae, torrentes.

524 INCERTVSQVE SVI id est de uita desperans uel
quid agat ignarus aut quo tendat.

529 AETHERA PLAVSTRIS anguis illius meminit, qui
creditur locatus in caelo per Aratum celebratus. hunc
descripsit diuidentem plaustra Oceani usque in australem
partem pertinere. hoc est 'alienum in orbem'. poetice
autem dicit stellarum figuram, quibus plaustrum efficitur,
in utroque sidus accipiens. de quo Virgilius ⟨georg. I 244⟩:
'maximus hic flexu sinuoso elabitur anguis'.

533 VEXIT HARVNDINEAM ex monte Parnaso. Pythonem
dicit serpentem. qui cum Latonam a Ioue grauidam persequeretur Iunonis immissu et illa fugiens ad mare usque
peruenisset, opportune Delos insula, quae instabilis fluctibus
uehebatur, admota litoribus suscepit Latonam et ingenti
periculo liberauit. ibi Apollinem Dianamque edidit. post
Apollo in uindictam matris Pythonem sagittis occidit et
Delon insulam stabilitate donauit.

---

1 requies cū infantia M ‖ 3 exoritur *om.* LPb   *del.* M
4 exuritur Pb | *post* horror *in* LPb *sequitur* appositiue ‖ 6 suae]
siue M (longitudinis *corr. in* longitudine) ‖ 8 (de *om.*) terrigine
M | amnis L ‖ 9 & torrentes Nymphae L et nymphe torrentes
P | torrentur Lo ‖ 10 id est *post* desperans *praeb.* L | debita MP
uel *om.* L ‖ 11 aut] uel L ‖ 13 locus Pa | paratum MPa | celebratū
P ‖ 14 describit LP | oceani M occine Pa cecine Pb *occiuae
L ab occidente *Kohlm.* [in australi pertinere MP in australem
partem L ‖ 16 figuras L ‖ 17 accip.] efficiens Pb ‖ 19 arundineam
M(Pa) | parnasso MPa ‖ 20 a *om.* LMP ‖ 21 iussu L inmissu
MPa ‖ 23 amota M mota Pa ‖ 24 edidit & Dianam L ‖ 25 Pythona
L pithonā Pa | occidit sagittis L

549 AMISERE NOTAS ut etiam miserae ambiguitas Lind. p. 188 nasceretur, quia pratorum signa defecerant. omnia enim perierant serpentis afflatu et distinctum floribus campum ariditas indiscreta confuderat.   VIRIDI uenenoso. Hora-
5 tius ⟨carm. I 17, 8⟩: 'nec uirides metuunt colubras'.

550 IVGERA COMPLET magnitudine corporis sui terrae iugera infinita compleuerat.

556 ARCAS EQVES Parthenopaeus.

559 VACVAS late diffusas.

• 561 MOLARES saxa ingentia, ex quibus molae fiunt.

564 DAT SONITVM TELLVS quia non resultat uox nisi aliqua sibi soliditate opposita.

566 ET TRABE FRAXINEA CAPANEVS SVBIT OBVIVS paren-thesis est.

5 567 SEV TV PAVIDI FERVS INCOLA LVCI inter pauidum et pauentem hoc interest: pauidus est, qui pauorem in-cutit, pauens, qui ti|met. ergo pauidi luci: summitate Lind. p. 189 arborum siue religionis metu incutientis pauorem.

568 VTINAMQVE DEIS optat deorum esse serpentem.
10 est enim contemptor numinum et quaerit inuenire facul-tatem calcandae religionis.

569 GIGANTA quia Gigantes serpentinis pedibus fuisse dicuntur, quos draconipedes uocant. Ouidius in quinto Fastorum ⟨u. 37⟩: 'mille manus illis dedit et pro cruribus
15 angues'.

579 COGNATAE in eadem palude Lerna et nata dicitur et perempta. ergo cognatae. siue quod aliquando Lerna

---

2 pratorum *om.* Pb | omni Pa ‖ 3 destinctum L ‖ 4 ariditas campū M | indecreta Pa | ueneno P uenenusā *superscr.* o M ‖ 5 nec] Hic L | metuit Pa | colubris M ‖ 7 conpleuerat Pa com-plent Pb ‖ 9 diffusa Pb ‖ 10 ex *om.* MPa ‖ 11 nox L ‖ 12 sibi *om.* LPb ‖ 13 SVBIT OBVIVS *om.* LMPa ‖ 15 FERVS INCOLA LVCI *om.* MP ‖ 16 pauore Pa ‖ 17 luci *om.* Pb ‖ 18 metus inconcu-tientis Pa ‖ 19 utinam Pa | diis Pb deo Pa | deo P ‖ 20 et eo quaerit Pa ‖ 22 quia *om.* LP | esse L ‖ 23 draconiopedas MPa draconipedis Pb ‖ 24 mille] ille LMPb illi Pa ‖ 26 in edem MPa | lesina MPa

19*

similem habuerit pestem siue quia iste anguis uideatur ab hydra morum originem ducere.

582 HARVNDINE FAVNI canna et ferula coronantur Fauni. haec ornamenta sua hos comminuisse mortuo serpente commemorat more lugentum.

583 SVMMA POPOSCERAT AETHRA id est per splendorem aetheris. Virgilius ⟨Aen. III 585 sq.⟩: 'nec lucidus aethra siderea polus'. ergo commotus Iuppiter Capanei uoce sacrilega iam poposcerat fulmina, nisi ira modestior sacrilegium distulisset.

585 NI MINOR IRA DEO ideo hic Capaneus fulminatus non est, quia fulminandus in bello est: quando Iouem ipsum est prouocaturus iniuriis, tunc merito peribit. maiore enim poena pro immanitate culpae plectetur. ideo minor ira deo, quia iustius, cum plus peccauerit, punietur.

587 VERTICE CRISTAS iam quasi fulmine consecratus est.

588 PERERRATIS participium passiuum posuit, cum ratio non admittat.

589 LONGE ipsa altitudo longitudinis magnum indicat spatium, quo liber pluribus foret aspectus.

594 NON LACRIMAS id est oculi sine lacrimis patuere.

598 TOTVMQVE IN VVLNERE CORPVS id est totum corpus uulneri uix prope suffecit.

600 PIGER πρὸς ἀντιδιαστολήν. piger, quantum ad alites pertinet.

---

1 habuit **LPb** ‖ 2 morum *om.* **L** ‖ 4 commeminisse dicit et **Pb** comunis **Pa** cḡemuisse **M** ‖ 5 lugentium **Pa** ‖ 6 id est *om.* **L** | pro **L** *om.* **P** | splendore **L** ‖ 7 ethe **Pa** ethre summe **Pb** aethera **M** ‖ 8 a capanei **M** ‖ 9 nisi ira *om.* **Pa** | molestior **L** sacrilegum **Pb** ‖ 11 hic *om.* **Pa** ‖ 12 est in bello **L** ‖ 13 interibit **LP** | maiora **M** ‖ 14 inmanitate **M** | plectetur culpae **L** ‖ 15 ira deum **MP** | iustus **L** ‖ 16 *schol.* 587 *post schol.* 588 *praeb.* **M** ‖ 17 posuit passiuum **Pb** ‖ 19 ipsa *om.* **P** ‖ 20 quod **Pa** | plus **MPa** aspectibus **Pb** ‖ 21 NON *om.* **Pb** | id est *om.* **M** | oculis **MPa** ‖ 22 id est *om.* **M** | corpus *om.* **M** ‖ 23 prope *om.* **M** | sufficiet **L** sufficit **Pa** ‖ 24 CVM PIGER **L** | PIGER πρὸς ἀντιδιαστολήν *om.* **P** ad *om.* **Pa**

620 PRAESAGIA SOMNI superius ⟨uu. 545 sq.⟩ dixit: Lind.p. 190
'iam certa malorum mentis ab augurio'.

627 AMBITIOSA tanta illius fuit cupiditas, quae tantam
exstingueret religionem.

628 EXSOLVI TIBI hoc est, quod superius ⟨u. 620⟩
ait: 'nosco deos'.

631 NE TRISTES DOMINOS Lycurgum Eurydicenque
significat, parentes Archemori. dominos uero secundum
ius gentium dixit, quod uicti uel capti seruilibus de-
putantur officiis.

635 VVLTVM SORDIDA sordidum uultum habens.

637 MAERENTIBVS quod causa huius mali Argiui fuerunt,
quibus dum Hypsipyle aquas ostendit, oblita puerum exposuit morti.

638 SACRIFICI Lycurgi, sacerdotis Iouis.   Lind. p. 191

641 VBI AVERSO DEDERAT PROSECTA TONANTI auerso
aduersanti. dederat enim numen signa contraria. prosecta autem dicuntur exta, cum redduntur inspecta. uerbo
sacrificantum usus est. particulae enim minutae membrorum omnium prosecta dicuntur in sacris, quae inferuntur
aris. Lucanus ⟨VI 708 sq.⟩: 'si pectora plena saepe dedi,
laui calido prosecta cerebro'.

643 SERVAT AB ARMIS hic, inquit, ideo a Thebano sese
abstinuit bello nec Polynici ferebat auxilium, quia con-
sulenti responsum fuerat Thebanum bellum ipsius sanguine

---

2 ab *om.* Pa ‖ 3 nullius tanta fuit L   ullus fuit tanta Pa
nullius fuit tanta Pb ‖ 5 *schol.* 628 *om.* P ‖ 7 et Eurydicen L ‖
8 uero] non Pb ‖ 9 dixit *ante* secundum *posuit* L │ quia L │
deputentur Pb ‖ 11 *schol.* 635 *om.* M │ habens uultum L ‖
12 morientibus Pb │ quia LP │ ferunt Pa ‖ 13 quia dum Pb │
puero exponit Pa ‖ 15 Lycurgi *om.* P │ sacerdotis] sacrandis
Pa │ Iouis] huius enim licurgus erat antistes P ‖ 16 VBI . . .
TONANTI *om.* M │ ADVERSO LPb diuerso Pa │ PROSECTA . . . dederat
om. Pb │ aduerso id est LPa ‖ 18 autem dicuntur *om.* M │ uerba
Pa   urbis Pb ‖ 19 sacrificantium LP ‖ 20 omnes Pb ‖ 21 Lucanus . . . cerebro *om.* M │ pleno LP │ dedi laui] declinaui P ‖
23 se abstinet P │ bello se abstinet L ‖ 24 ne . . . ferat L ‖
25 bellum . . . imbuendum *om.* Pb

imbuendum. quod tamen contigit morte filii, quem serpens
peremit.

647 PRIMA LYCVRGE hoc uersu tenor oraculi continetur.

649 INVIDET ARMIS quod non iret ad bellum.

650 THOANTIS Hypsipyle. patronymicon a Thoante
patre. accentus in fine est.

Lind. p. 192   659 GENERIS MENDACIA SACRI propter Liberum, patrem
Thoantis, cuius filia fuisse dicitur Hypsipyle.

663 INFRENDENS infrendere est dentes dentibus quatere.
ut Virgilius ⟨Aen. III 664⟩: 'dentibus infrendens'. infantes
enim sine dentibus infrendes dicuntur.

665 RECTOQVE ERYMANTHIVS ENSE quidam 'rectorque
Erymanthius' legunt, sed male. Erymanthium ergo Parthenopaeum dicit ab Erymantho, monte Arcadiae. recto
ense protenso gladio.

666 PRAESTRINGVNT obcaecant. Lucanus ⟨I 154⟩:
'obliqua praestringens lumina flamma'. id est: aut armorum
lumine obcaecant aut toruis oculis intuentur.

668 COMMERCIA VITAE alii 'uittae' legunt. ergo si
uitae, quia omnes Argiui erant siue quia commercia uitae
communia sunt irruentes casus excipere; si uittae, quia
sacerdos erat Apollinis.

670 VNVS AVVM SANGVIS a Perseo enim, Danaes filio,
omnes Graeci originem ducunt. INDVLGETE permittite
seu operam date. ut Virgilius ⟨Aen. VI 135⟩: 'iuuat indulgere labori'.

671 SEDATO PECTORE patienti. magna enim uirtus
est, quae irasci non nouit.

---

1 inbuendū MPa | contingit per mortem L | quem ...
peremit om. M ‖ 5 patronymicum LP ‖ 6 est om. P ‖ 8 dicitur
fuisse L ‖ 10 infantes ... infrendes om. P ‖ 11 dicitur Pa ‖
12 -que Erymanthius om. Pb ‖ 14 recto telo MP ‖ 16 PERSTRINGVNT
L | occecant Pb ‖ 17 perstringens LPa ‖ 18 occecant Pb | orbis P
del. superscr. toruis M limis L ‖ 19 uicte Pb uite M | ergo om.
Pa ‖ 21 commune Pa | uicte Pb uite MPa ‖ 23 Danai L corr.
ex danace M dana Pa damne Pb Danaae? ‖ 24 dicunt Pb
corr. in ducunt M ‖ 25 ut om. Pb ‖ 27 patienti enim magna Pb

673 INGRATIS non sentientibus beneficia aut praestito minime gratiam relaturis.

676 STIRPIS AVVS Hypsipylae dicit Liberum patrem propter Thoantem auum fuisse.

681 THEBES singulariter dixit. Lind. p. 193

682 ET HOSTILES subaudi: non rebar huc uos hostiliter aduenisse, in excidium scilicet meum.

684 ARMA DOMI id est domestica caede. subaudis: mea morte et socium regni communis.

685 TEMPLA IOVIS quae coluntur frustra aut nihil praestant.   QVID ENIM HAVT LICITVM subaudi 'feceram, si uilis ancillae morte luctus meos ultus fuissem'.
IMPIVS IGNIS incendite templa, quia parum est, si famulorum ius domini perdiderunt.

689 SERA QVIDEM Tibullus ⟨I 9, 3 sq.⟩: 'a miser, et si quis primo periuria celat, sera tamen tacitis Poena uenit pedibus'.

691 PRAEVERTERAT ALAS nuntiatum Argiuis fuerat Hypsipylen ad supplicium trahi.

692 GEMINOS TVMVLTVS quia unus in ciuitate erat, alter, ubi Lycurgus est.

698 VERSVSQVE DOLOR timore belli in metum uersus dolor mortis Archemori.

700 ANTE ORA VIRVM secum Hypsipylen ferebat impetum furentis exercitus Adrastus cupiens refrenare, qui eam putabant interemptam esse.

704 SIC VBI DIVERSIS MARIA Virgiliana comparatio Lind. p. 194

---

1 reddentibus L | praestitori? ‖ 3 Hypsipyle LMP ‖ 4 propter om. M ‖ 5 singulare Pb ‖ 6 ET om. Pb | subaudis M ‖ 7 meum scilicet P ‖ 8 subaudi Pb   subä M ‖ 11 QVID . . . fuissem post perdiderunt praeb. L | HAVD L   aut P corr. in haut M | sub M subaud' Pa | feram Pa ‖ 12 mortis Pb | uultus P vltos M | essem L ‖ 15 tulius Pa   tibulus Pb   tillus M ‖ 16 poena tamen tacitis seruauerit Pb ‖ 18 prouerterat Pa peruerterat Pb | fuerat Argiuis L | 20 erat in ciuitate L | post erat MPb iterant: ipsiphilen ad supplicium trahi, Pa: trai ‖ 22 bello Pa | metu P (om. in) | in me cuersus M | uersus est Pb ‖ 25 que Pa ‖ 26 fuisse LP ‖ 27 SIC om. Pb | DIV. MAR. om. MP | post Virgiliana P inser. nam

est, sed contrarie. nam ille ad Neptuni comparationem uirum bonum posuit, hic ad Adrasti Neptunum.

706 VENIT AEQVORIS ALTI ordo: sic uenit rex aequoris, ubi maria diuersis procellis euertere uenti.

707 GEMINVS TRITON duobus corporibus factus. ut ⟨IV 139 sq.⟩ 'utroque refringens pectore montano duplex Hylaeus ab antro'.

709 ET IAM PLANA THETIS Virgilius ⟨Aen. I 154⟩: 'sic cunctus pelagi cecidit fragor'.

712 EVHAN inuenit poeta, quod primum dubitabat. Euhan Liber, a quo Hypsipyle originem ducit.

713 QVI GEMINOS IVVENES tunc enim Hypsipylen matrem quaerentes illuc deuenerant. a quibus cognita est. hi tunc hospitio a Lycurgo suscepti.

714 MIRANDAQVE FATA quae cogant Hypsipylen de seruitio ad regnum redire.

718 PRO FORS eleganter more comoediae contigit agnitio filiorum.

724 NON AVDET CREDERE incredula enim diu sunt uota laetitiae. tarde enim fidem adhibemus, cum, quae optamus, eueniunt.

726 INTEXTVS IASON Iason, pater iuuenum, ex quo hos apud Lemnum ediderat Hypsipyle.

728 ATQVE ALIO quae paulo ante luctu flebat, nunc gaudio. alio ergo fletu scilicet gaudio. Terentius ⟨Adelph. 409⟩: 'lacrimo gaudio'. immoderata. enim laetitia et maxime parentum habet lacrimas suas.

729 SIGNA POLO datum signum est caelo uelut barritus. Liber dedit sonitum tympanorum.

---

1 contraria L P | Aen. I 124 sqq.? ‖ 2 ad om. M P ‖ 4 sicut ubi L | praelis L | conuertere Pa ‖ 6 refrigent L refrigerent Pa ‖ 8 Virg. om. M ‖ 10 euan Pb | quod ... Euhan om. Pb ‖ 11 ipsiphilen M Pa | duxit M ‖ 12 IVVENES om. M P ‖ 13 matris Pb ‖ 14 a Lycurgo hospitio L ‖ 15 cogunt Pb ‖ 16 uenire M ‖ 17 ruor L corr. ex pro M | sors L M Pa ‖ 19 enim om. L ‖ 20 laetitiae uota L ‖ 22 Iason om. L ‖ 24 luctus P ‖ 25 alio ... lacrimo gaudio om. P ‖ 28 dictum Pb | est signum L | parritus M baritus Pa

738 ET PVER Lycurgi filius. id est: qui primo Opheltes Lind. p. 195
dicebatur. sed quoniam initia Thebani belli eius initiata
sunt morte, iure fatali postea Archemorus nominatus est
Graeca pronuntiatione sermonis. ἀρχή enim Graece principium dicitur, μόρος mors eodem sermone nuncupatur.

744 PHOEBE MORAS sciebat enim aduersa denuntiata,
ne pugnarent. ideo 'necte moras'.

748 DVM LERNAEA PALVS Virgilius ⟨Aen. I 607⟩: 'in
freta dum fluuii current, dum montibus umbrae'.

751 PYLIAE NEC FATA SENECTAE . . . . iam
annos Nestoris dicit. Phrygios autem annos Priami dixit,
quem bis excidium Troiae uidisse certissimum est. ut
Virgilius ⟨Aen. II 642 sq.⟩: 'satis una superque uidimus
excidia et captae superauimus urbi'. sed amborum annos
dicit debere contemni. neuter enim post mortem est consecratus. alii uero Tithonem dicunt, Laomedontis fratrem,
quem Aurora dicitur adamasse. et postea cum ille longae
uitae fata defleret, in cicadam mutatus est.

753 CAVAM obscuram. omne enim, quod cauum, obscurum est. aut cauam inanem. ut Virgilius ⟨Aen. II 360⟩:
'nox atra caua circumuolat umbra'.

---

1 ET] TVNC L | id est om. Pb | prius Pb ‖ 4 Graeci L | per-
nuntiatione Pb | grecę enim archon Pb ‖ 5 sermone eodem L Pa |
eodem . . . nuncupatur om. Pb ‖ 6 enim om. L Pa ‖ 9 currerent
P | dum . . . umbrae om. M P ‖ 10 post SENECTAE praebent
L M P: Pylias (corr. ex Pylas M pilia Pa piliax Pb) senex.
legendum puto aut Pyliae senectae aut Pylius senex Nestor ‖
11 stigios Pb | dixit om. Pb ‖ 12 bis] urbis L uerbis Pa | Troiae
excidium L | uidisse constat Pb | ut om. L Pb ‖ 13 uidemus M ‖
15 deberet Pa | neutri Pb ‖ 16 lege Tithonum | esse dicunt L |
laumedontis Pb ‖ 17 longę uitę cū (om. ille) M ‖ 19 enim om.
Pa | obscurorum et inane est (om. aut cauam) Pb ‖ 20 est om.
L | aut cauam om. P ‖ 21 umbram L M Pa ‖ Explicit liber quintus.
Incipit liber sextus Pa

COMMENTARIVS IN LIBRVM VI.

Lind. p. 196 Sextus liber continet agonis causa per totam Graeciam famam futuri certaminis cucurrisse. secuntur exsequiae Archemori. descriptio planctus Eurydices matris et patris Lycurgi. descriptio una Archemori, altera expiationis. descriptio circensium cum omnium ducum nominibus et equorum et ipsius certaminis uarietate uel euentu, in quo docetur Apollinis fauore Amphiarao concessam esse uicto- riam. currentium puerorum descriptio, in quo certamine uincit Parthenopaeus. discobole, in quo certamine uincit u Hippomedon. deinde pugiles, in quo certamine Capaneus uincit Alcidamam. deinde luctatio, in quo certamine uincit Tydeus Agyllea. prohibitio monomachiae Agrei et Polyni- i cis. Adrasti regis sagittae iactus cum prodigio teli ad dominum reuertentis.

Lind. p. 197 2 SANCIRE NOVO SOLLEMNIA BVSTO agon Archemori apii corona celebratur idcirco, quia puer hic, cuius memo- riae certamen·Nemeaeum dicatum est, admodum paruus obierat. nam humilis herba immaturi luctus ostendit in- dicium. quidam super hanc herbam puerum reptantem a nutrice derelictum esse et serpente interemptum uolunt. ex hoc creditum est hoc coronae genus indicium immaturae mortis electum ...... nam in hoc agone etiam poetae certantes apio coronantur. unde Virgilius ⟨ecl. VI 68⟩: 'floribus atque apio crinis ornatus amaro'.

---

2 HIC sextus L ‖ 3 sequuntur L Pa ‖ 4 Eurydices *om.* Pb | 7 euentum Pb | in *om.* P ‖ 9 in quo ... discobole *om.* Pb | 10 Parthenopaeus ... uincit *om.* Pa | Discobolo L | uicit Pb 11 ippomedo Pa | in quo ... luctatio *om.* P ‖ 12 Alcidama L | uicit Pb ‖ 13 Agilleam L M P | agrai Pb Amphiarai L Pa ‖ 14 Adrasti *om.* Pb | iactus sagitte Pb ‖ 15 reuertentiū M ‖ 17 puer *om.* M ‖ 18 Nemeum L M P ‖ 19 herbę Pb | inmaturi M | ostendat Pa 21 esse *om.* M Pb ē Pa | a serpente L | intēptū M occisum Pb 22 hoc² *om.* L | in indicium Pb | inmaturę M Pa ‖ 23 electum esse L | *aliquid excidisse puto* | in *om.* M ‖ 24 coronantur apio L ‖ 25 apio *om.* M | crines L cernes Pb ciuibus Pa

6 HVNC PIVS ALCIDES primus Hercules hunc honorem
manibus | Pelopis exhibuit, qui erat Herculi per Alcmenam Lind. p. 198
genere coniunctus hoc ordine: Pelopis et Hippodamiae
Lysidice filia, Lysidices Alcmena, Iouis et Alcmenae Hercules. prima ergo certaminum genera haec fuerunt, quae
per ordinem hoc loco poeta descripsit: Olympia in honorem
Pelopis, cuius uictores oleastro coronantur; Pythia in
honorem Apollinis, cuius uictores lauro coronantur; Isthmia
in honorem Palaemonis, cuius uictores pinu coronantur;
Nemea in honorem Archemori, cuius uictores apio coronantur. pium autem dixit, quia hoc Hercules Pelopi in
honorem consanguinitatis exhibuit. CERTAVIT HONOREM
in honorem ipsius consecrauit.

7 FERA OLIVA pro oleastro posuit, quia uictores ipsius
certaminis hac fronde coronantur. possumus et feram
pro feraci intellegere.

8 VIPEREO CELEBRAVIT LIBERA NEXV Pythone enim
interfecto Achaei agonem Apollini instituerunt, quem
Pythicum nominauerunt.

10 MOX CIRCVM TRISTES sic uocantur Isthmia. celebrantur apud Corinthum in honorem Palaemonis et Leucotheae,
marinorum deorum. Isthmos terra in longum porrecta,
quae Ionium ab Aegaeo diuidit. Ouidius ⟨Fast. VI 495 sq.⟩:
ʻet spatio concreta breui, freta bīna repellit unaque pulsa-
ᵗtur terra duabus aquisʼ.

16 CONEXVM CAELO genus, id est qui originem ducunt
propter illam opinionem, qua dicuntur dii terrenis feminis
mixti liberos procreasse. disputatio est, quae dicit bono-

1 PRIMVS L | hunc honorem hercules primus Pb ‖ 2 quia M |
alcmenan M ‖ 4 lisidic' M lisidis P ‖ 6 describit L ‖ 7 corona-
bantur Pb ‖ 8 uictorie Pa uictoris Pb | coronabantur lauro Pb |
cū lauro M ‖ 9 coronantur om. Pb ‖ 11 pium] apium L | hoc om.
LP ‖ 12 id exhibuit L ‖ 13 in honorem om. Pa ‖ 14 posuit om.
MPa | 15 hic Pa ‖ 16 ferari Pa ferali Lm | intelligere LP ‖
17 CELEBRAVIT om. MP ‖ 18 interfecta Pa ‖ 19 Pythiacum LMPb ‖
20 celebratur MP ‖ 22 hi terram (om. longum) Pa ‖ 23 Ionium
alta Pa iouis Pb ‖ 24 est Ouidius | contracta Ouidius ‖ 26 con-
nexvm L | id est om. Pa ‖ 27 p̄t M | qua scripsi quia LMP

rum hominum animas ac uirorum fortium a diis sumpsisse principium.

17 AONIS Boeotiam dixit, quia ab his uastabitur. TYRIAE SVSPIRANT NOMINA MATRES Thebanas significat a Cadmo Tyrio conditore. suspirant autem nomina, quia uirtute Graecorum orbabuntur maritis amissis aut liberis.

18 NVDAS VIRES sine ferro. IN PROELIA in luctamen, in cursus, in caestus.

19 BIREMES naues duplicem ordinem remorum habentes.

27 ET CORNV FVGIEBAT SOMNVS INANI inani cornu idcirco dixit, quia illud noctis tempore totum diffuderat, quod idem poeta superius ⟨II 144⟩ manifestius asseruit dicens: 'cornu perfuderat omni'. nam sic a pictoribus simulatur, ut liquidum somnum e cornu super dormientes uideatur effundere. sic Ennius: 'cum sese exsiccat somno Romana iuuentus'.

Lind. p. 199   30 EXVTVS HONORO NEXV lugubriter indutus.

37 ARCET ET IPSE PATER pensanda est in matre doloris acerbitas, cum et pater prohibeat luctum. DIGNIS VVLTIBVS dignis dixit pro aptis temporibus ac per hoc lacrimantibus.

39 CEV NOVA TVM CLADES lacrimas orbitatis ingredientium Argiuorum renouare solatia. naturale enim est, ut intermissa lamenta repetantur, cum aliquis notus aduenerit. Virgilius ⟨Aen. XI 36 sqq.⟩: 'ut uero Aeneas tectis sese extulit altis, ingentem gemitum tunsis ad sidera tollunt pectoribus'.

---

1 hominum *om.* Pb | fortium uirorum Pb | supressisse Pb | 3 ab *om.* Pb | uastabatur L ‖ 4 thebana M ‖ 5 que Pa ‖ 6 orbabantur *corr. ex* & babuntur M | omissis L M Pa ‖ 8 INCVRSVS incestus L M P incestus incurrus *Mon. corr. Vollmer.* ‖ 9 habentes *ante* ordinem *praeb.* L | uelorum Pa *del. superscr.* nemorum M ‖ 10 ET *om.* M P | INANI *om.* Pb ‖ 11 ideo M Pb | defunderat Pb effuderat Pa ‖ 12 asserit M ‖ 13 o͞e͞s Pa om͞///s M ‖ 14 similatur L Pb | somnium L | ex L a Pb | *uide Vahlen. p. 68* ‖ 15 exiccat L Pb ‖ 22 TVNC L | orbitates Pa ‖ 23 nouare Pa | est enim L 24 quis Pb | aduenerit notus L | aduenerat Pa ‖ 25 foribus sese intulit *Verg.*

42 RESVLTANT ACCENSAE CLAMORE FORES aedes re-
siliunt.

43 SENSERE PELASGI id est: agnouere Argiui lamenta-
tionis augmento sibi imputari causam mortis Archemori.

44 ET LACRIMIS EXCVSANT flendo ostendunt interitum
Archemori non sua culpa, sed fatorum ordine prouenisse.

45 DATVM QVOTIENS id est: quotiens ei flentum stupore
permissum est.

48 PENSVM pro statutis fatorum posuit.

54 TRISTIBVS INTEREA RAMIS non ramis tristibus, sed Lind. p. 200
ipsis tristibus, qui pyram frondibus intexebant.

55 FERETRVM Graece φέρτρον, unde per dihaeresin
feretrum fecit. nam Latine c a p u l u s dicitur ab eo, quod
corpus capiat. unde Plautus: 'capularis senex' id est
dignus feretro.

57 AREA locus rogi ipsius area dicitur.

58 ET PICTVRATVS MATVRIS FLORIBVS AGGER compositus
recenti ture et cinnamo. ut ostenderet eum poeta orien-
tales gentes uicisse.

59 ARABVM STRVE odoribus Arabicis.

60 INCANA non longa aetate corrupta.

61 AB ANTIQVO ueteris belli praedam istis ostendit
odoribus. Liber enim deuicta India hoc unguenti genus
aduexit gentibusque dedit. et bene dixit d u r a n t i a.
⁵ constat enim cinnama fugere, uel ad illud magis dixisse

---

1 ACC.] icte Pb *corr. ex* iecte M uoce Pa | FORES *om.* MP ‖
3 agnouẽr M agnoueẽt Pa agnouerunt Pb | argi P | 4 argu-
mento L augumento P | inputari MPa ‖ 5 ostend *corr. in* ostend-
dunt M ‖ 7 id est quotiens *om.* Pa ‖ 10 non *om.* P | ramis *om.*
Pb | 12 φέρετρον Graece L | feretron M ferton Pa fereñ Pb |
διαίρεσιν L dieresim Pb hiberesin Pa ieresin M ‖ 13 facit L ‖
14 unde *om.* Pb | plut' M | capulari Pb | senex *om.* P đr M |
tam capularis? tamne tibi diu uideor uitam uiuere? *Plaut. in*
Mil. glor. u. 628 ‖ 15 feretro dignus Pb ‖ 16 ipsius rogi L ‖
17 ET *om.* MP | MORITVRIS L ‖ 18 eum *om.* L eñ Pa ‖ 19 gentes
om. M partes L ‖ 22 ostendat MP ‖ 23 ungenti M ‖ 24 aduexit
om. M | gentĩbus P gentes M | dedit *om.* Pb dĩc M | duratura
Pa | 25 constat . . . uidetur *om.* P

uidetur, quod cinnamum odorem suum longo tempore non amittit. unde Lucanus ⟨X 166 sq.⟩: 'quod nondum euanuit aura cinnamon'.

62 SVMMA CREPANT AVRO crepant crepitant id est sonant. auri enim textilis sonus talis est. aut illud, quod in flexuosas laminas caesum est. Virgilius ⟨Aen. VI 209⟩: 'sic leni crepitabat brattea uento'.

63 MOLLE SVPERCILIVM supercilium pro fastigio posuit.

Lind. p. 201 TERETES GEMMAE multi separant gemmas a mar|garitis, ut Cicero ⟨Verr. IV 1⟩: 'nullam gemmam aut margaritam', et gemmas uolunt dici diuersi coloris, margaritas uero albas, uel gemmas integras, margaritas pertusas. dicimus autem et hoc margaritum et haec margarites, quod Graecum est.

64 INRADIANT MEDIO LINVS INTERTEXTVS ACANTHO hanc historiam in primo libro Adrasto narrante cognouimus: Linum, filium Apollinis et Psamathes, Crotopi filiae, expositum a matre a canibus fuisse discerptum. haec ergo fabula, cum arte esset intertexta, odiosa erat matri, quia miserationem paruuli commouebat. pari enim modo etiam Archemori mors uidebatur illata.

68 GLORIA MIXTA MALIS quoniam maiorum ornamenta funeri adhibebantur.

72 ET MISERANDA VOLVPTAS fletus scilicet, quod planctus quasi noluptatem afferat orbatis parentibus.

75 FESTINVS VOTIS id est uotis antecedens aetatem

---

1 uidentur *corr. in* uideatur M | quod] nam P | cinnamonium Pa | longo tempore odorem (*om.* suum) Pb ‖ 2 admittit M | unde *om.* LPb ut Pa | qui Pa ‖ 3 cinamum Pb ‖ 4 crepant] id est Pb | crepitant *om.* L | id est] & Pb ‖ 7 brattea LP | 8 Mole M | fastidio LP *corr. in* fastigio M ‖ 9 TERETES ... est *om.* M | GEMMAE *om.* Pb ‖ 10 nego ... ullam *Cicero* ‖ 13 & hęc margarita & hoc margaritum & hęc margaris Pb ‖ 14 *post* est *praeb.* P: quomodo nais ‖ 15 IRRADIAT L irradiant Pb *om.* M | intextus Pb | *cf. schol.* I 570 ‖ 17 salmacis Pb ‖ 18 ergo] autem Pb ‖ 19 esset *om.* Pa | q, *superscr.* que M ‖ 21 mors *om.* Pb ‖ 22 MALIS *om.* P ‖ 24 fletum LP | q *superscr.* ia M ‖ 25 orbitatis L ‖ 26 VOTI L *Statius* | id'o Pa

filii. figuratum nomen uel a participio festinans uel a uerbo festino. Virgilius ⟨Aen. IX 488 sq.⟩: 'tibi quam noctes festina diesque urgebam'.

79 (84) GNARI MONITIS conscii praeceptorum.

80 (85) AVGVRIS pater pyram filio faciebat, sacerdos serpenti, quia fuisse filius Martis credebatur.

88 (95) NYMPHAS Nymphae diu uiuunt et tamen moriuntur. istam autem pyram dicit illis antiquiorem fuisse et post mortem illorum incolumem ob honorem numinis perdurasse. ueterno autem dixit ad ostentationem aetatis antiquae.

92 (99) ILLAESA CVPRESSVS quae nunquam exuitur honore foliorum. CHAONIVMQVE NEMVS Ouidius hanc enumerationem arborum epithetis suis decimo libro ⟨met. X 90 sqq.⟩ monstrauit:

'umbra loco uenit. non Chaonis abfuit arbor,   Lind. p. 202
non nemus Heliadum, non frondibus aesculus altis,
nec tiliae molles nec fagus et innuba laurus
nec coryli fragiles et fraxinus utilis hastis
enodisque abies curuataque glandibus ilex
et platanus genialis acerque coloribus impar
amnicolaeque simul salices et aquatica lotos
perpetuoque uirens buxus tenuesque myricae
et bicolor myrtus et bacis caerula tinus.
uos quoque, flexipedes hederae, uenistis et una
pampineae uites et amicae nitibus ulmi
ornique et piceae pomoque onerata rubenti

---

1 uel *om.* Pb | a¹ *et* a² *om.* Pa ‖ 3 noctesque diesque festino Pb | urgebam *om.* LMPa ‖ 4 monitu Pb ‖ 6 quia] et Pa | Martis filius LP | putabatur Pb ‖ 9 columem Pa | ob numinis honore Pb ‖ 11 antiqui Pa ‖ 12 exuuntur Pb ‖ 13 filorum Pa filiorum *corr.* M ‖ 14 arborum *om.* Pb | decimo *om.* Pa ‖ 17 nec L | asculis Pa | hastis M hastus Pa ustis Pb ‖ 18 tilia M ‖ 19 nec Pb et LMPa ‖ 20 abies *om.* Pb ‖ 21 cultoribus Pa *corr.* M | inpar MPa ‖ 22 amnicolaeque ... myricae *om.* MPb ‖ 24 Bacchis L | pinus LMP *uide Ouidium* ‖ 26 amictae *Ouidius* ‖ 27 piceeque P (*om.* et) M | generata M genera Pa grana Pb | rubent Pb rebant Pa

arbutus et lentae, uictoris praemia, palmae
et succincta comas hirsutaque uertice pinus,
grata deum matri, siquidem Cybeleius Attis
exuit hac hominem truncoque induruit illo'.

[CHAONIVMQVE NEMVS quernas arbores dicit, quae maxime
abundant in eo nemore Ioui sacrato, ubi etiam ipse per
columbas dabat responsa. Virgilius ⟨georg. II 16⟩: 'atque
habitae Grais oracula quercus'. dixit autem Chaonium
nemus a toto partem ostendens.]

101 (108) ISMARA Ismarus mons Thraciae, unde Boreas
nascitur. ut Virgilius ⟨ecl. VI 30⟩: 'miratur et Ismarus
Orphea'. hic genere neutro posuit, ut Maenala, Gargara.

104 (111) ARBITER VMBRAE id est dominus nemorum.

105 (112) SEMIDEVMQVE PECVS Panes. tetigit hanc
opinionem, ut diceret Nymphas et Faunos esse mortales.
ut Virgilius Turnum, a Venilia Nympha natum, ab Aenea
monstrat occisum, cum ipsius auctor sanguinis immortalis
esset. sunt qui dicunt illam auram numinis, quae fontibus
arboribusque deuincta est, casu aut aqua siccata aut ex-
cisa arbore ilico emori. sed absurdum est, ut numen
emoriatur. neque enim res in aliquo potest casu occidere.
cum omnium uisibilium et quae incorporata sunt multis
uisa mori opinantur. ceterum succisa arbore aut siccato

---

1 lenta MP | uictores MPa ‖ 2 uertice om. Pb ‖ 3 scilicet
quid̃ Pb | quile uiues Pa pleuiues Pb que//////// M | ͥ leius///// ᵃᵈⁱⁱˢ M adicta
Pb Athis L ‖ 4 hoc Pb ‖ 5 CHAONIVMQVE ... ostendens om. M
NEMVS om. P | quernus Pb om. L ‖ 6 Iouis Pa | ubi] ut Pa | ipsae
... dabant LPa ‖ 7 atque om. Pa et Pb ‖ 9 par tentes Pa |
10 Ismarus om. L | Thraciae om. Pb ‖ 11 ut om. Pb ‖ 12 hic
autem Pb ‖ 13 domus LMP ‖ 14 panes dicit Pb | 15 immortales
Pb ‖ 16 ut om. L | Virgilius dixit LP | Aen. X 76 ‖ 17 demon-
strat Pa | inmortalis MPa ‖ 18 est Pb | sunt] Nō sed P s, M si
Mon. ‖ 19 deuicta corr. in deuincta M | aqua LPb aeque M que
Pa | excise P corr. in excisa add. cari(?) M ‖ 20 arboris M
arboreis P | aeque illico L illiquo Pa | ///mori M amori Pa |
sed] sedes Pb Mon. Gud. ///// M ‖ 21 eius emoriatur Pa mori-
atur L ///moriatur M | potest in aliquo L ‖ 22 & eque M | in-
corporea L | ad totum locum corruptum cf. Schottky p. 27

fonte ille spiritus, qui societate illius tenebatur naturae astrictus, fugit inuitus, interdum aufertur ratione diuina. ceterum nec ipsis corporibus contingit interitus. soluta enim figura ad naturam suam recidunt. unde et Virgilius 〈georg. IV 225 sq.〉: 'scilicet huc reddi deinde ac resoluta referri omnia, nec morti esse locum'. Lucanus in nono libro 〈uu. 8 sq.〉: 'innocuos uita patientes aetheris imi fecit et aeternos animam collegit in orbes'. quia dixit Pythagoras animas bonorum uirorum in stellas posse con- uerti. semideos autem | Panes dixit, quia partem habent Lind. p. 203 deorum, partem hominum.

110 (117) IMMODICI MINOR ILLE FRAGOR ille fragor immodici tumultus non erat minor eo tumultu, quo gesturi erant bella. id est: maiore clamore diripiunt urbem, quam ante pugnauerant.

111 (118) IAMQVE PARI CVMVLO similibus pyris: una pro filio Lycurgus, altera Amphiaraus pro serpente.

114 (121) TIBIA religio iubet, ut maioribus mortuis tuba, minoribus tibia caneretur. Persius 〈III 103〉: 'hinc tuba, candelae'. Homerus 〈Iliadis lat. uu. 1048 sqq.〉 in funere Hectoris dicit: 'nunc pyra construitur, quo bis sex corpora Graium quadrupedesque adduntur equi currusque tubaeque cumque cauis galeis clipeique Argiuaque tela'.

115 (122) LEGE PHRYGVM MAESTA est enim in musicis modus, qui dicitur Phrygius, quem dicit poeta ad euoca-

---

1 spiritus *om.* Pa | tenebatur illius L | mature M uero Pb ‖ 2 fuit P ‖ 3 arboribus L | c̄tingit⌐ *superscr.* c̄tigit M ‖ 4 et *om.* L ‖ 5 huc *om.* Pa et Pb | soluta Pb | 7 libro *om.* MPb | patientis P ‖ 8 dicit LP ‖ 10 que Pa | habent partem M | deorum habent Pb ‖ 12 MINOR . . . immodici *om.* Pb | MINOR *om.* M | ille fragor *om.* Pa ‖ 16 tumulo LPa ‖ 17 Lycurgi LPb ligurgus *corr. ex* ligurgis M | pro Amphiarai serpente LPb ‖ 18 TIBIA IVBET L | iubet enim religio LP | mortuis *om.* M ‖ 21 Tunc LP | q̄ꟹ nobis M ‖ 22 cūr̄uque Pb curroque Pa ‖ 23 Et clypei, galeaeque cauae L cūq, cauis caleis clipeis M q̄cūq꜔ ciuis galeis clipeus Pa quecumque cauis geleis clipeus Pb | clipeique *conieci* ‖ 24 phrigion Pa | MAESTA *om.* L ‖ 25 qui dici- tur *om.* M | dixit Pa | poeta dicit L | uocationem Pa

tionem animae conuenire. quem Pelopem Phrygium Argis
asserit tradidisse. ita et Homerus. ne autem esset quaestio,
unde hoc Argi nouerint, subdidit facultatem, ut Pelops
Phrygius docuerit.

117 (124) QVO GEMINIS NIOBE CONSVMPTA PHARETRIS [5]
id est Apollinis et Dianae. Niobe secundum Homerum
duodecim filios habuit, Sophocles autem dicit eam quattuordecim habuisse. amborum opiniones secutus poeta diuersis
locis utrumque taxauit. in hoc loco ⟨III 198⟩ ait: 'bina
per ingentes stipabant funera portas'. est autem ordo: [10]
quo carmine Niobe squalida bis senas Sipylon deduxerat
urnas. quia occisis liberis apud Thebas ad patriam Sipylon funera cuncta deduxerat. Sipylon uero mons est,
in quo Niobe in saxum dicitur immutata.

121 (128) GENTIS QVISQVE SVAE ὑπέρβατον. sed ordo [15]
eius talis est: longo post tempore surgit colla super
iuuenum torus, quos iuuenes ipse dux legerat.

123 (130) FERO CLAMORE hoc est minatur, ne triste
uitarent officium.

Lind. p. 205 133 (140) FINGEBAM VOTIS ANNORVM elementa pro [20]
initiis posuit. omnia enim rerum humanarum initia elementa sunt dicta.

142 (149) QVIDNI EGO deest: occidi filium, quem
neglegenti commisi. nam dolori interrupta uox conuenit.

---

1 Pelopem . . . quaestio om. in marg. sup. add. M | Argis
om. L ‖ 2 lyra dedisse L ira dedisse MPa | ita om. Pb ‖ 5 NIOBE
CONSVMPTA] om. P geminis M ‖ 6 id est] scilicet Pb | Iliad.
XXIV 603 sq. ‖ 8 opinionem L | poetam M ‖ 9 ait superscr. ubi
M om. L ait aut Pa ‖ 11 philion Pb | deduxer̃ superscr. it M
dilexerat Pa ‖ 12 qui Pa ‖ 13 funera om. Pb | deducere M de-
ducere fecit Pa deduceret Pb | uero om. L ‖ 14 Niobe] monte
Pb | inmutata M mutata L ‖ 15 Gentisq; MPb | QVISQVIS LPa
om. MPb ‖ 16 eius ordo L ‖ 17 torus om. LPa ‖ 18 est om. Pb |
minatus Pa | iuste Pb ‖ 19 officia M ‖ 20 ANNORVM om. P ‖
21 omnium L | humanarum rerum LP | initia om. P (post EGO
Pa praeb.: Zincia, Pb: mitia) ‖ 23 deesse Pb ‖ 24 neglegenti L
neglegentē Pa | uox conuenit interrupta L

SERVATVM FRAVDE PARENTEM illi ego paruulum crederem, quae a se patrem seruatum fuisse iactabat?

144 (151) ABIVRASSE SACRVM id est facinus exsecrandum, aut quia sacramentum fuit inter Lemniadas. ab-
5 iurasse a suo animo abdicasse.

145 (152) HAEC ILLA EST demonstratiue. id est: quae
fuerit ausa dominum proicere, linquere.

147 (154) NON REGEM pro concessione. ALIENOS
deest 'sed'.

10   148 (155) INFAMIS periculosae. ut Horatius ⟨carm. I
3, 20⟩: 'infames scopulos Acroceraunia'. TRAMITE
trames est uia transuersa. ergo in periculosae siluae
uia filium dimisit expositum. proprie tamen trames est
uia priuata, non publica, id est quae paucis cognita unum-
15 quemque ad agrum proprium ducit. Sallustius ⟨Iug.
XLVIII 2⟩: 'per tramites occultos exercitum Metelli ante-
uenit'.

159 (166) ILLA TIBI GENETRIX Hypsipylen dicit laetitiae blandimenta sensisse de luctu.

20   164 (171) PRIMORDIA BELLI oro uos per primordia
belli. per mortem filii Argiuos adiurat, cuius obitu Thebanum ueluti sacro aliquo initiatum est bellum.

173 (188) SEV DVRAS EVEXIT PASTOR AD ARAS non Lind. p. 200
aras duras, sed pastor.

25   174 (189) NVNC FLVMINA QVESTV ordo: non secus
spoliata parens nunc uallem, nunc flumina questu, nunc
armenta mouet.

---

1 fraude peremptum Pb | credere M ‖ 2 fuisse seruatum
LPa ‖ 3 execrandum LM ‖ 4 haud Pb | q Pa | Lemniades LPb ‖
7 proiicere LM   prohicere Pb ‖ 8 NON . . . sed om. M | pro om.
LPb ‖ 9 deesset (om. sed) Pb dic̣et Pa ‖ 10 INFAMES LPb | peri-
culosos L | ut ait Pb ‖ 13 post uia L inseruit: quod est tramite,
post filium Pa: quod trames, Pb: qui trames dicitur | reliquit
expositum Pb | tamen om. Pb ‖ 15 dicit P ‖ 18 GENITRIX LP
om. M ‖ 20 BELLI om. M | oro . . . belli om. Pb | nos M ‖ 21 filios
corr. in filii M | argiuus P | obitum Pb ‖ 22 uelut LPa | aloquio
Pa | uitiatum Pb ‖ 23 schol. om. M ‖ 25 QVAESTV L om. M ‖ 26 questu
ﬂumina Pb

178 (193) CVLTVSQVE TONANTIS infulas dicit, quibus ornatus incesserat, quia Iouis erat sacerdos.

180 (195) CAESARIEM nouo sermone caesariem posuit pro barba. supra uultum filii sui et comam misit et barbam.

182 (197) ALIO TIBI PERFIDE PACTO datur enim sacerdotibus dolor immensus. ut Virgilius ⟨Aen. II 745⟩: 'quem non incusaui amens hominumque deumque'.

184 (199) LIBARE DEDISSES libatio duabus rebus expeditur: lacte et sanguine. unde Virgilius ⟨Aen. V 78⟩: 'duo lacte nouo, duo sanguine sacro', quod alterum eorum alimonium sit uitae retinendae, alterum uirium continendarum, quia uita hominum his rebus iuuatur, eaque propterea sepulturae commendari solent, ut societate parta curationis lucis amissae posteritas defectionis honoretur. unde et flores sparguntur in honorem mortuorum infantium. unde Virgilius ⟨Aen. VI 884⟩: 'purpureos spargam flores animamque nepotis'. ergo numerat Ioui Lycurgus debuisse crinem suum cum primitiis filii pubescentis barbae templis libare.

186 (201) FERAT HAEC QVAE DIGNIOR VMBRA EST id est: quoniam preces meae uel uota nihil ualuerunt, quod seruabatur aris, mittatur exsequiis.

188 (203) EXCLAMAT crepitu sonat. omnis enim clamor sonus est. INSANOS impatienter dolentes uel dolore furiatos.

ind. p. 207 190 (205) INTERCLVSERE NEFASTO ne ardens filii funus parentes aspicerent.

---

1 schol. 178 post schol. 180 praeb. P | insidias Pa | quibus om. Pa ‖ 2 Iouis om. LPa ‖ 3 Caesariem sui nouo sermone usus Pb ‖ 4 pro ... supra om. Pb ‖ 6 PERFIDE PACTO om. M | datus Pb dat Pa ‖ 7 inmensus P corr. ex inmensas M ‖ 8 deorumque L d'oqȝ Pa ‖ 11 eorum] aliorum MP ‖ 12 uitę continendę Pb ‖ 13 eamque ... commendare LPb ‖ 15 amisisset Pb ‖ 16 infantum LPa ‖ 17 unde om. Pb | purpureosqȝ Pb ‖ 18 anim. nep. om. L ‖ 21 QVAE ... VMBRA om. M | EST om. P ‖ 23 mutatur Pa ‖ 24 schol. 188 et 190 om. M ‖ 25 inpatienter Pa

195 (210) PALLENTIQVE CROCO epitheton hic genus croci non expressit. neutro enim genere nuncupatur. Sallustius: 'in qua crocum gignitur'. Virgilius ⟨georg. IV 182⟩ 'crocumque rubentem' masculino genere dixit
5 poetice.

196 (211) ET ATRI SANGVINIS duas res mittit: unam, quae nutrit animam, id est lac, alteram, qua constat, id est sanguis. nec mirandum, quod sanguinem ad inferos placandos intulerit. nam sanguis proprie uidetur animae
10 esse possessio, unde 'exsangues' mortuos dicimus.

197 (212) CYMBIA pocula nauibus similia, ut et ipsa nominis figura indicat diminutiue a cumba dicta.

198 (213) TVM SEPTEM NVMERO TVRMAS ordo: tum septem numero turmas uersis ducunt insignibus.

15 199 (214) SVRGIT EQVES id est: equis sedentes reuersis peditibus.

200 (215) SINISTRO ORBE quia nihil dextrum mortuis conuenit. ut funeribus absoluantur, dextro orbe redeunt [milites, ut resoluantur. hoc ideo finxit, ne exsequiis
20 implicentur, ut dextro orbe redeant].

201 (216) INCLINANT PVLVERE FLAMMAS flammarum apicem uis pulueris equorum pedibus mota flectebat.

204 (219) MOLLEM FAMVLARVM BRACCHIA PLANCTVM nunc percussionem manuum significat. planctus etenim
25 dicitur omnis collisio. Varronis opinio est ideo mulieres

---

1 Pallentaq; M | croco colore P | hoc LPb ‖ 3 *Maurenbrecher II p. 92* ‖ 4 masculo Pa ‖ 5 poetice ET *om.* Pb ‖ 7 altera Pa alterū M ‖ 8 quia L ‖ 9 intulerant Pb ‖ 11 Libia Pa | poculi *superscr.* a M | et ut M | ut *om.* P ‖ 12 a cymba L accūba MPa ac uerba Pb ‖ 13 TVNC L Tu M | tunc L tu M cū Pa ‖ 14 ducentibus signis MP ‖ 15 Fugit equis (*om.* id est) M | equi Pb ‖ 16 pedibus Pa ‖ 17 ORBE *om.* M ‖ 18 ordine LPa | redeant Pa ‖ 19 milites . . . redeant *om.* LPa | hec Pb huius M ‖ 20 redeunt *superscr.* a M ‖ 21 PVLV. FLAMM. *om.* M ‖ 22 apice uix Pb | flebat Pa *corr. in* flabat M flāmabat Pb ‖ 23 FOEMINARVM L | BR. PL. *om.* MP ‖ 24 nō P | per planctum Pb ‖ 25 cons(c)ilio P | collisio Varronis opinione . Ideo L

solitas in luctu ora lacerare, ut sanguine ostenso inferis satisfiat.

207 (222) QVAMQVAM OMINA SENTIT id est quamuis nouerit calamitatem imminere immutabilem, tamen dextro orbe redeunt milites, ut exsoluant se, ne exsequiis impli- 5 centur.

209 (224) RAPTVMQVE SVIS LIBAMEN AB ARMIS unusquisque Amphiarai iussu quodcumque ex armis raptum in ignem iaciebat, ut inde expiatio fieret occisi serpentis.

212 (234) PVTRES molles.   10

213 (235) MVLTOQVE SOPORANT id est aqua exstinguunt.

217 (239) LVCIFER et mane oritur et uespere, sed equo mutato. quam rem sciunt sidera, quod unum astrum sit, nec falluntur sicut mortales, qui putant duos esse. poetae autem quadrigas dant soli, bigas lunae, equos 15 singulos sideribus. eundem ergo Vesperum uult haberi. ut Horatius Vesperum pro Lucifero posuit ⟨carm. II 9, 10 sqq.⟩: 'nec tibi Vespero surgente decedunt amores nec rapidum fugiente Solem'.

225 (247) EXSPECTES laus operis.   20

ad. p. 208   231 (253) EPHYRAEO Corinthio, ubi in honorem Palaemonis et Leucotheae ludi funebres celebrabantur. ut ait ipse ⟨IV 59⟩: 'it comes Inoas Ephyre solata querelas'.

233 (255) COLLIBVS INCVRVIS locum spectaculi describit.   25

239 (261) ILLIC CONFERTI id est in cohortem densati.

---

1 lacerare ua'ro ut Pa ‖ 3 omĩa Pa | SENSIT L om. M ‖ 4 nouerat MP | inmutabilē MPa | tantum Pb ‖ 5 cf. schol. 200 ‖ 7 schol. 209—213 om. in marg. sup. add. M | svis . . . quodcumque om. Pa | VELAMEN L ‖ 8 rapitur Pb ‖ 9 insigne MPa insignem Pb | iacebant M iaciebāt Pb ‖ 10 Tres P ‖ 11 extingunt MP ‖ 12 LVCIFER Lucifer L ‖ 13 q superscr. ia M ‖ 14 sīc MP sicuti L | dcos Pa ‖ 15 sodali Pb ‖ 16 esperidum P hesperidum M ‖ 18 decidunt superscr. e M ‖ 20 schol. 225 om. M | EXPECTES LP ‖ 22 et om. Pa | Leucothoes LM | celebrantur Pb | ut aut Pa aut ut M superscr. ut aū ‖ 23 querulas etc. L ‖ 24 schol. 233 et 239 om. in marg. sup. add. M | spectacij Pa ‖ 26 Illi P | CONSERTI L | id est om. Pb

246 (268) SERIES ANTIQVA PARENTVM maiorum imagines proferri significat uelut ad miraculum spectantium, quia moris fuit, ut in funere praeferrentur. ut Horatius ⟨epod. VIII 11 sq.⟩: 'funus atque imagines ducant trium-
5 phales tuum'.

253 (275) INDVLGENS INACHVS VRNAE ut Virgilius ⟨Aen. Lind. p. 209 VII 792⟩: 'caelataque amnem fundens pater Inachus urna'.

257 (279) IVPPITER ATQVE HOSPES IAM TVNC AVRORA COLEBAT hoc est: hi, qui in oriente sunt. colitur autem
0 in Aegypto, ubi etiam Isis uocatur. simul notandum, quod communis generis declinauit h o s p e s, cum legerimus ⟨Aen. III 539⟩: 'bellum, o terra hospita, portas'.

258 (280) NON QVI FALLENTIBVS VNDIS hoc est regali habitu et in meliore fortuna. id est: qualis fuerat, ante-
5 quam deos offenderet.

259 (281) STERILEM RAPIT id est: qui fugientibus pomis uacuum prendit aera. ergo hic s i l u a m pro arboribus posuit. ut Virgilius ⟨georg. II 87⟩: 'pomaque et Alcinoi siluae'.

0 261 (283) NEPTVNIA TENDIT LORA PELOPS Virgilius ⟨georg. III 7⟩: 'humeroque Pelops insignis eburno'. a Neptuno enim aptatos curuli certamini equos acceperat, quorum cursu omnes anteiret. ipsis quoque Oenomaum superauit, qui a Myrtilo subposito axe cereo superatus est
5 ab his. unde Horatius ⟨carm. I 1, 14⟩: 'Myrtoum pauidus nauta secet mare'. dicitur enim praedictus auriga a Pelope praecipitatus in mare.

---

2 uel **MP** | admirabilium **Pb** ‖ 3 praeferantur **L** preferentur **MPb** | ut] unde **L** ‖ 4 funus ... INACHVS *om.* **Pb** | ducunt **MPa** ‖ 5 tuum *om.* **MPa** ‖ 6 ut *om.* **LPb** ‖ 8 IVPITER **L** | IAM ... COLEBAT *om.* **M** | tum **P** ‖ 9 hii **MPb** *om.* **Pa** | aū & in **M** ‖ 11 q *superscr.* ia **M** | cōmunū geñ decliñ (*superscr.* ationis) **M** ‖ 14 im meliori **Pb** ‖ 16 steriles **Pa** ‖ 17 rapit **L** | hic ergo **Pb** ‖ 18 posuit pro arboribus **L** | unde **L** Vir **Pa** | et *om.* **Pb** ‖ 20 LORA PELOPS *om.* **M** ‖ 21 a *om.* **M** ‖ 22 aptatus **LPa** *superscr.* os **M** mactatus **Pb** | certamine **L** ‖ 23 ipsum **LPb** ‖ 24 cui **MP** | supposito **L** suposito **Pb** ‖ 26 feč *superscr.* secit **M** | productus **P** predictis *superscr.* u **M** ‖ 27 praecipitatus a Pelope **L**

264 (286) SPECIESQVE HORRENDA COROEBI hic est Coroebus, qui monstrum Apollinis interemit et pro omnibus
se deuouit. ideo horridus id est uenerabilis, aut horrenda specie: terribili, quasi contemptor uitae mortisque.

265 (287) ET DANAE CVLPATA SINVS Danae Acrisii
filia. haec cum a patre ob custodiendam uirginitatem
arctius seruaretur, dicitur eius specie captus Iuppiter sese
in imbrem aureum demutasse et ita in modum pluuiae
Danaes sinum penetrasse. ex qua coniunctione Iuppiter
Perseum edidit. unde Horatius ⟨carm. III 16, 5 sqq.⟩: 'si
non Acrisium, uirginis abditae custodem pauidum, Iuppiter
et Venus risissent'. Terentius ⟨Eun. 588 sqq.⟩: 'deum
sese in hominem conuertisse ac per alienas tegulas uenisse
clanculum per pluuium fucum factum mulieri. at quem
deum! qui templa caeli summa sonitu concutit'.

266 (288) TRISTIS AMYMONE Belus Danai pater, Danaus Amymones. Amymone a Neptuno compressa Nau-
plion generauit, Nauplius Palameden. unde Virgilius
⟨Aen. II 82⟩: 'Belidae nomen Palamedis'.

267 (289) TERGEMINA CRINEM quia cum Hercules nasceretur, continuae tres noctes dicuntur fuisse. tergemina autem nocte non sex, sed tribus uetuste posuit.
ut Virgilius ⟨Aen. VIII 202⟩: 'tergemini nece Geryonis'.

269 (291) BELIDAE FRATRES ex Belo nati Danaus et
Aegyptus fratres. his cum par numerus filiorum filiarum-

---

1 CHOROEBI L Pa om. M | chorebi superscr. us M ∥ 3 orridus M
horrenda L | uenerabili M ∥ 4 etiam terribili Pb et terribit M ∥
5 ET DAN. om. Pb | CVLP. SIN. om. M ∥ 7 arcius M Pa ∥ 8 mutasse Pb |
9 damne Pb | sinum Danaes L | sinu M sinus Pb ∥ 10 sed non
L ∥ 12 misisset LP superscr. r M ∥ 13 se L | in alienas Teren-
tius ∥ 14 calculum Pa | impluuium LP infiluiū superscr. im-
pluuiū M | fucū del. M | factum fucum Pb | ad Pa ∥ 15 templi
.. sonu Pb ∥ 16 AM.] i M | Belus ... Amymone om. Pb ∥ 17 ami-
momis M | conp̄hessa Pa | Nauplium L nauphilon Pa naupilion
Pb ∥ 18 naup(h)ilius P | Palamedem L ∥ 20 CRINEM om. M ∥
21 fuisse dicuntur Pb | tergeminam .. noctem Pb ∥ 22 uestute
M ∥ 25 Aegystus L egistus M P cf. ad I 324 II 222

que esset, Danaus deprehendit oraculo se ab uno Aegypti
fratris filio occidendum. itaque simulauit se fratris filiis
natas in matrimonii consortium | traditurum armauitque Lind. p. 210
occulte filias, coniugali nocte ut sponsos occiderent. uniuersae uoluntatem patris secutae sponsos suos occiderunt.
Hypermestra sola Lynceo pepercit. a quo postea Danaus,
ut oraculi fides impleretur, occiditur. inimica ergo in
foedera dixit, quia dextrarum coniunctio ad discordiam
profecit.

274 (296) PRIMVS SVDOR EQVIS Virgilius ⟨Aen. V 66⟩:
'prima citae Teucris ponam certamina classis'.

279 (301) ARION equus Adrasti, qui ex Neptuno et
Cerere natus dicitur, humano uestigio dextri pedis.

288 (310) EVRIQVE NOTIQVE SECVNTVR equi uelocitate
etiam nubila uincebantur, quasi et ipsa certarent. item
Euri secuntur diuine dictum: dedit illis uotum uictoriae,
sed ademit effectum.

289 (311) EVRYSTHEA id est: ad quae Eurystheus eum Lind. p. 211
mittebat. Eurystheus enim rex fuit Graeciae, Persei genus,
qui Iunonis instinctu imperabat Herculi, ut uaria monstra
superaret, quibus posset perire. unde Virgilius durum
eum uocat dicens ⟨georg. III 4⟩: 'quis aut Eurysthea
durum'. ideo durus, quia potuit ad complendum nouer-
cale odium sufficere.

---

1 dependit Pb | Aegysti L egisti MP ‖ 2 fratris om. Pb | filii
danai egisti natas M ‖ 3 matrimoniū MPb | consortium om.
Pb ‖ 4 occulta Pa oculto Pb | sponsus Pa superscr. o M sponsos
suos L ‖ 6 sola Hypermnestra L | Lino L licto Pa | a quo] ac
Pa ‖ 7 fides oraculi Pb | ego superscr. r M om. Pa | in om. M ‖
8 dixit om. Pb | que P q̄ M ‖ 9 pfecit Pa superscr. uenit M ‖
10 schol. 274 om. M | EQVIS ... ARION om. Pa ‖ 11 classis ...
Teucris L ‖ 12 equs Pb ‖ 13 pedes Pa ‖ 14 EVRI L | SEQVVNTVR L
om. M | celeritate Pb ‖ 15 etiam om. M | uincebat//// superscr. n
M | qui Pa om. Pb | ipse LP | certaret L | unde et nuri Pb ‖
16 sequuntur L | uictoriae uotum· L ‖ 18 schol. 289 post schol.
300 praeb. LP om. M | quem L ‖ 19 fuit om. L | Persa L perse
P ‖ 21 eum appellat durum dicens Pb om. L ‖ 23 durum uocat
ideo L | qui P | ad nouercale odium complendum (om. suffi-
cere) Pb

290 (312) ALTO PER GRAMINA SVLCO id est orbita illius currus, quem ducebat. ideo, quod sessoris pondere praegrauabatur, altius infigebantur terrae uestigia.

300 (322) ASTRA INSIDIOSA periculosa, ideo quod sunt signa terribilia uisu. monebat ergo Phaethontem Sol, ut non ageret currus per australem aut septentrionalem plagam. Lucanus de Phaethonte in libro, qui inscribitur Iliacon, ita:

'haud aliter raptum transuerso limite caeli
flammati Phaethonta poli uidere deique,
cum uice mutata totis in montibus ardens
terra dedit caelo lucem naturaque uersa'.

304 (326) OEBALIOS Laconicos.

305 (327) FVRTO adulterio furtim commisso.

306 (328) CYLLARE equi Castorum Cyllarus et Xanthus. aliter enim Virgilius ⟨georg. III 89 sq.⟩: 'Pollucis habenis Cyllarus'. sed non indifferenter iunguntur uocabulo, qui sunt uitae permutatione coniuncti. et templum Castorum dicimus, cum sit duorum. et legimus: 'Castor uterque bonus'. constat autem hunc inter Argonautas Castorem fuisse et eum omisso equorum studio remigem factum, quo tempore occasio data est, ut Cyllarus uocaretur. sed potest proprie Castoris dici. fuit enim hoc studium huic, ut Homerus asserit ⟨Il. III 237⟩: Κάστορά ϑ' ἱππόδαμον καὶ πὺξ ἀγαϑὸν Πολυδεύκεα. Horatius ⟨sat. II 1, 26 sq.⟩ enim: 'Castor gaudet equis, ouo prognatus eodem pugnis'.

---

1 Alta P | SVLCO om. M ‖ 2 cursus P | quia LP ‖ 4 quia LP ‖ 5 uisu terribilia LP | mouebat P superscr. n M ‖ 6 aut M sed L et Pb om. Pa | septemtrionalem MPb ‖ 7 de Phaethonte om. M | scribitur MP ‖ 8 illia con Pb | vide Hosii edit. p. 330 ‖ 9 aut M | alter Pb ‖ 10 flammāti Pa | phetonti M | pili ... denique Pa ‖ 12 lucem om. L ‖ 13 laconios Pb ‖ 15 equis Pa | Castoris LPb ‖ 17 q̇ ... coniuncta M ‖ 18 Castoris LPb ‖ 19 ubi? ‖ 20 Castorem ante inter posuit L ‖ 21 emisso superscr. o Pa ‖ 22 cilaris diceretur Pb ‖ 23 potest MP debet L | prope Pa ‖ 24 uersum om. P ‖ 26 equi sono LP

310 (332) FELIX ADMETVS aut propter amicitiam Her-
ilis aut propter receptam dictus uxorem.

313 (335) IN VIRES ADDVCTA VENVS cupido libidinis
iigrauit in uires.

316 (338) DE GREGE CASTALIO de Pegasi grege, qui
ntèm Hippocrenen Apollini et Musis dicatum ungula
ia scalpsit. Neptunus enim pater quorundam equorum
irtur: Pegasi ex Medusa, Arionis ex Cerere. ergo equae
.dmeti Persico colore fuerunt.

318 (340) ECCE ET IASONIDAE IVVENES de Iasone et Lind. p. 212
Iypsipyle duo nati sunt filii: Thoas et Euneos, quorum
'hoas maternum auum nomine refert, Euneos uocatur alter
minis causa a patre nauigaturo. quorum nomina oppor-
uno tempore poeta commemorat, hic uero, quia certaturi
oti esse debuerant. adeo fraterna contentio fuit, ut nec
ictus doleat nec uictor insultet.

324 (346) IT CHROMIS Chromin dicit, Herculis filium,
uem constat equos habuisse Thraces, quos Hercules ex-
tincto rege abduxerat, humanis carnibus uesci consuetos.
um multi uero exitio hoc hospites interissent, hunc Her-
ules, ne ab eodem circumuentus periret, equorum suorum
iabulum fecit. quos filio suo habendos concessit.

325 (347) ALTER AB OENOMAO Hippodamum dicit
Ienomai currus regentem. eorum enim equorum non

---

1 aut *om.* L | prope P ‖ 2 aut *om.* LP | prope Pa | deceptum
Pa deceptus Pb | ductus *corr. in* dictus M ‖ 4 aures Pa ‖ 6 Hip-
pocrenem L(MPb) ipocrene Pa | ungulas suas Pa ungulis suis
Pb | 7 scalpsit MPc produxit LPb pduxit Pa | pater enim M ‖
3 persei MP | ex] et MPb | exercere MPb exere Pa | quae LP
neq M ‖ 9 Admeti regis L | perseo L persi M perse Pa persici
Pb | culoro M ‖ 10 IVVENES *om.* MP | ex Iasone L ‖ 11 Euneus L ‖
12 euneis Pa Euneus L ‖ 13 negaturo Pa nauigatio
Pb | nomina] in Pa ‖ 14 tempore . . . contentio *om.* Pa | hic
scripsi hi LM hii Pb | qui acceptaturi nothi Pb ‖ 15 non esse
L | adeo *om.* Pb | ut *om.* Pa ‖ 17 HIC L ‖ 18 Thracas L thracis
superscr. e M thraciis Pa traces Pb ‖ 20 uero M hoc LPb nõ
Pa | hoc *om.* LP | interiissent hospites L ‖ 22 fecit pabulum L |
suo *om.* Pb

dissimilis fama est exitio tot procorum. ideo ambigit poeta, quibus equis ab eo maior crudelitas ascribatur. ex utroque enim stabulo processit horrenda crudelitas.

326 (348) FRENA genus pro specie: equos enim significat.

Lind. p. 213   334 (356) MANVS INSERTVS insertas manus habens.

336 (358) PHLEGRAM regio est, in qua debellati Gigantes ignitis fulminibus perierunt. φλέγειν enim Graece ïgnïre proprie dicitur.

337 (359) ANGVIS Pythonis.   FRATRVMQVE HONOREM id est ea facta, quae reliqui dii gloria sua signant.

338 (360) QVIS SIDERA DVCAT SPIRITVS secta Platonica dicit omnia spiritu diuino gubernari. unde Virgilius ⟨Aen. VI 724 sqq.⟩: 'principio caelum ac terras camposque liquentis lucentemque globum lunae Titaniaque astra spiritus intus alit'. etenim illa anima, quae uinculum mundi nectit, mens et spiritus uocata est, quae dat mortalium animis cunctis species motumque et uitam. ut Virgilius ⟨Aen. VI 727⟩: 'mens agitat molem', quae Platone attestante firmat. sed huius tractatus secretae philosophiae magna laus Persis debetur, quod apud eam gentem horum secretorum primum habita ratio est. [uel Perses scilicet ille magnus praeceptor huius philosophiae.]

340 (362) VIVAT MARE ostendit poeta uiuum et uim posse dici ea, quae neque anima neque spiritu mouentur.

---

1 dissimili M | est fama L | ambiit M ‖ 2 equis om. Pb asscribit⌐ M scribatur Pa accusabatur Pb ‖ 4 spicie corr. in spicit Pa spem Pb | ides ins. Pb | manus habens insertas L ‖ 7 est om. Pb | debellati fuerunt gigantes quoniam ibi ignitis periere fulminibus Pb ‖ 8 flexe M Pa flegere Pb ‖ 9 ignire om. spat. uac. rel. Pb ‖ 10 fratrum Pa fratres Pb 11 qui superscr. e M | signat P ‖ 12 Quid P | platonia M | 13 unde] ut Pa ‖ 15 lucentemque … astra om. Pb ‖ 18 animas Pa | cunctas L cuncta Pa | spēs P ‖ 20 affirmatur L firmatur P corr. in firmat M | secretae om. Pb ‖ 21 materna laus Pb | apud om. L ‖ 22 ratio habita L | pse Pb spes Pa ‖ 24 MARE om. Pa | po&e M | uiuā MP ‖ 25 neque[1]] nec M

QVAE VIA SOLES PRAECIPITET NOCTEM QVAE PORRIGAT
hesis philosophica: terra elementorum omnium ima sit
ιn suspensa, ut Lucretius, ergo utrum uoluatur caelum,
ιuod accidit, si media est terra, quod si in imo desinit,
:aelum esse dicit immobile. sed tamen disputantium dis-
·ordat opinio. uerum nobis dicet, si qui rite cognouit
ιriginum causas. unde Virgilius ⟨georg. II 490⟩: 'felix,
ιui potuit rerum cognoscere causas'.

342 (364) MVNDO SVCCINCTA LATENTI latentem mun-
lum antipodas dicit. succincta autem pro pendenti,
ιuia, si media est, nulla stabilitate firmatur. sed de his
·ebus, prout ingenio meo committere potui, ex libris in-
·ffabilis doctrinae Persei praeceptoris seorsum libellum
:omposui Caelius Firmianus Lactantius Placidus.

344 (366) DVMQVE CHELYN LAVRO citharoedorum disci-
ɔlinam expressit, quibus mos est finito carmine coronam
ɩetractam capiti citharae subligare.

345 (367) LIMBO zona seu fascia. limbus enim
proprie fascia picta dicitur, quae imis assuitur uestibus.
ut Virgilius ⟨Aen. IV 137⟩: 'Sidoniam picto chlamydem
circumdata limbo'. [aliter: limbus est fascia, quae ambit
extremitatem uestium secundum anticum ritum, ut ⟨Aen.
V 250 sq.⟩ 'uictori chlamydem auratam, quam plurima
circum purpura'.]

347 (369) CERTAMINIS INSTAR speciem enim belli
quadriingum certamen adduxerat cupido uincendi.

353 (375) DICERE PELIACIS montem Pelion in Thessalia Lind. p. 214

---

2 ima] pene Pb ‖ 3 uoluitur P ‖ 4 desinat Pb ‖ 5 caelum *om.*
L | dicit *om.* L | tamen Pb cum LMPa | disputanti P ‖ 6 nobis]
ñ M non P | dīc̄ MP | siq *superscr.* is M ‖ 7 unde . . . causas
om. Pb | ut Pa ‖ 10 antipodis *superscr.* a M ‖ 11 si . . . de his
om. Pb ‖ 12 connectere L ‖ 13 libelum seorsum Pb ‖ 14 celius
MPb coelius Pa *om.* L | firmanus Pb *om.* L ‖ 15 CHELIM LPb ‖
16 mos est *scripsi* moris est L mox MP ‖ 17 subligaret MP ‖
20 ut *om.* Pb ‖ 21 aliter . . . purpura *om.* M ‖ 22 antiquum L
antiqum Pb ‖ 23 uictoris L | quam (*om.* plurima) Pa habentem
L | 24 purpuram L ‖ 27 Ducere Pb *om.* L

esse notissimum est, prope quem deus Apollo Admeti regis
pauit armenta.   constat autem huius iniuriae hanc fuisse
causam: fulminato Aesculapio, quod reuocare ad uitam
ausus fuisset Hippolytum, pater Apollo, ubi se uidit orbatum, sagittis Cyclopas occidit, qui Iouis fulmina fabricare
consueuerant.   ob hoc mortalem indutus formam pecus
Admeto iuxta fluuium pauit Amphrysum.

356 (378) AT HIC TRIPODVM COMES Amphiaraus scilicet. et notandum uarietatem nominum solis pronominibus
separatam ille et huius. meritis tamen ille Admetus.

359 (381) ADMETO SERVMQVE MORI beneficio enim
uxoris Alcestae Admetus distulerat mortem.   cuius talis
est fabula: Alceste Admeti uxor fuit. haec cum agnouisset uiro suo finem propinquare uitae, sese obtulit morti
quam cum exstinctam Admetus impatienter doleret, Herculis laboribus ei reducta ab inferis dicitur.   eleganter
ergo poeta serum mori Admeto posuit, uidelicet pro
quo alter concessit in fata. unde Iuuenalis ⟨VI 652 sq.⟩:
'spectant subeuntem fata mariti Alcestim'.

361 (383) ET NOSTRAE PRIDEM CECINERE VOLVCRES
sensus: etiam auium nostrarum augurio moriturum te esse
praeuidisti.

362 (384) ET OS FLETV noluit dare pathos mortale
numini, philosophice potius quam poetice.   Ouidius idem
de Apolline Coronide occisa ⟨met. II 617 sqq.⟩:

'collapsamque fouet seraque ope uincere fata
Lind. p. 215   nititur et medicas exercet inaniter artes.

---

2 hanc *om.* Pb hanc potissimum L ‖ 3 fulminato ab Ioue
L | qui LPa ‖ 4 esset LPb | uidet LPa iubet Pb | turbatum MPb
urbatu Pa ‖ 6 ab hoc P | inductus Pb ‖ 7 Admeti L ‖ 10 illic L |
tantum Pb ‖ 11 ADMETO] DATVR ORDO SENECTAE L | enim *om.* Pa |
12 Alceste L alchistę MP ‖ 13 Alcestes L alchiste MP | uxor
Admeti L | cum ... quam *om.* Pa ‖ 14 ottulit Pb ‖ 17 ergo hic
LPa ergo M hic Pb | posuit admeto Pb ‖ 19 Alcesten L alchistin
MPa al. Pb ‖ 20 CECIN. VOL. *om.* MP ‖ 21 nostrorum Pb | mori-
turus Pa ‖ 23 noluit *corr. in* nolunt M nolūt Pa | mortali LP |
24 phisice potius Pb ‖ 25 et coronide Pb ‖ 26 c̄lapsāq3 M

quae postquam frustra temptata rogumque parari
uidit et arsuros supremis ignibus artus,
tum uero gemitus — neque enim caelestia tingui
ora licet lacrimis — alto de corde petitos
edidit'.

369 (391) DECORA AEQVA IVGALES propter metrum
'co' syllaba breuis accipitur.

370 (392) DIVVM VTRVMQVE GENVS quia equi et
auriga diuino oriuntur ex semine.

376 (398) VRITVR calidum fit siue calore atteritur.

378 (400) VESTIGIA MILLE quia illud uidebatur geri,
quod adhuc non coeperat. familiare enim generosorum
equorum est inquietudine pedum anticipare cursum, quorum multa stans mutat uestigia. Virgilius ⟨georg. III 84⟩:
'stare loco nescit'.

382 (404) TYRRHENVM MVRMVR tubam significat, quam
Maleus, Tyrrhenorum imperator, primus inuenit, a qua
opinione nec Virgilius discrepat, cum dicit ⟨Aen. VIII 526⟩:
'Tyrrhenusque tubae mugire per aethera clangor'.

386 (408) TARDIVS ASTRA CADVNT parabola per hyperbolen, quae tunc adhibetur, cum nec illa quidem, quae
comparantur, ad exprimendam similitudinem posse sufficere
scriptor affirmat.

391 (413) VIX INTER SESE ordo: uix sese internoscunt
clamore aut nomine. aut enim confundit clamore sonum
spectantium multitudo, aut frequenter increpitat, cuius
fauor aduenit. utrumque autem turbationem facit.

---

1 quae ... gemitus] &c. deinde Pb | temptantur obūq₃
MPa ‖ 2 uidet M sensit L ‖ 3 tunc L | tingi LPb ‖ 4 lachrymas
P ⸤ petita M petitas Pb petras Pa ‖ 6 AEQVA IVGALES] alias
decorique, ut L ‖ 7 quo Pa que Pb qo superscr. co M ea L |
accipiatur L ‖ 10 siue om. Pa | adterit^∨ M ‖ 13 equorum om.
Pb | quorum M quia LP ‖ 17 Meleus L malteus Pa | cf. IV 224 |
aꝗ M ‖ 20 hyperbolem Pb ‖ 21 adhibebatur Pb ‖ 24 inter sese
noscuntur Pb ‖ 25 aut¹] & L | sonu Pa ‖ 27 fautor Pa | autem]
enim Pb

392 (414) EVOLVERE GLOBVM id est primam metam transierunt.

396 (418) REPECTIT dispergit, dissoluit.

397 (419) ALBENTES NIMBOS spumas aut sudores.

401 (423) OLENIIS Olenium Arcadiae oppidum, unde Oleniam capram fuisse uolunt, Iouis nutricem. haec cum filiis suis inter sidera recepta est, cuius sidus imbriferum Lind. p. 216 dicitur. unde Virgilius ⟨Aen. IX 668 sq.⟩: | 'quantus ab occasu ueniens pluuialibus haedis uerberat imber humum'. est enim signum hiemale Aquarium sequens. dicit igitur uerberum crebritate assiduos imbres posse superari.

Lind. p. 217 408 (430) CIRCVMSPICIT OMNI id est: pro omni campo circumspiciendo facit huc atque illuc circumcurrendo.

414 (436) CHROMIS ASPER Herculis filius. Hippodamus Oenomai filius.

415 (437) SED MOLE TENENTVR ut Virgilius ⟨Aen. V 153 sq.⟩: 'melior remis, sed pondere pinus tarda tenet'.

417 (439) INCENDITVR AVRA id est equorum afflatu.

424 (446) LAXO CVM TANDEM AB ORBE id est ab exteriore gyro.

425 (447) AEQVOREVS SONIPES Arionem dicit aequoreum. ait enim supra ⟨uu. 280 sq.⟩: 'Neptunus equo, si certa priorum fama, pater'.

429 (451) LABDACIDES patronymicum significat Polynicem, cuius auus Laius Labdaci filius fuit.

432 (454) DEVIA CAMPI antiptosis est: dum in directa tendunt, in deuia obliquant.

436 (458) MORTEMQVE MINANTVR Virgilius ⟨Aen. V 230⟩: 'uitamque uolunt pro laude pacisci'.

---

1 Auoluere Pa ‖ 3 REPETIT LMPb ‖ 4 Albentis P superscr. e M | spuma aut sudore Pb ‖ 5 OLENIIS om. Pa | Olenus Achaiae Dubnerus ‖ 6 uolunt fuisse L ‖ 10 enim M ergo LP ‖ 11 uerborum Pa umbrarum Pb | crebritatem LP | superare L ‖ 12 id est] ↑ Pa ‖ 16 SED om. LP ‖ 17 sed] sub L ‖ 19 Lasso Pb ‖ 21 Arionem ... LABDACIDES om. P ‖ 24 patronomicum MPa ‖ 25 Labdacii LM | fuit filius L ‖ 26 in re(c)ta P ‖ 28 Mortem M

437 (459) MVLTAQVE TRANSVERSIS multa currentes faciunt per transuersa camporum.

439 (461) PHOLOEN ADMETVS ET IRIN equarum nomina sunt. supra enim ⟨u. 311⟩ sic dixit: 'uix steriles compescit equas'.

441 (463) CYGNVM de colore candenti nomen accepit. quia igneus fuit.

443 (465) IGNEVS AETHION iucunde Graeco nomini expositionem adiecit, quia Aethion dicitur de colore, unde et Hyperion, quamuis alii patronymicum accipiant. utrique tamen recte.

460 (482) RIGENTIA TENDVNT quia prensum axem re-   Lind. p. 218 uocauit et continuit illorum cursum. rigentia autem dixit conatu tensa.

461 (483) TENET AESTVS licet uentus inflaret, tamen aestu cogente ire non poterant.

464 (486) SED THRACES EQVI dixerat enim supra Chromin, Herculis filium, equis usum Diomedis Thracis, — non illius, qui in Troiae excidio militauit, — qui humanis carnibus uescebantur.

468 (490) VICTVSQVE ET COLLAVDATVS ABISSET quia praeposuit humanitatem gloriae, ne cruentam uictoriam sortiretur, et uictus est cum fauore.

483 (505) PER TERGA VOLVTVS habenarum nexum,

---

1 Multa M ‖ 3 et qua Pa ‖ 4 sunt *om.* L | dicit Pb ‖ 6 accepit *corr. ex* accipit M ‖ 7 quia . . . fuit *quadrant ad ea, quae secuntur* ‖ 8 AECHION L achion M chion Pa ethinon Pb | iocunde Pb *man. 2* M | nomine MP ‖ 9 Aechion L achion M chion Pa echion Pb | calore L ‖ 10 herion *corr. in* cheperion M iophion Pa hicperion Pb | alii *om.* P | Potermenii L pot͞menii M *Gud.* pat'memei Pa p͞t memi Pb patronymice *Dubnerus* | utrumque LP *man. 2* M ‖ 12 rigentia . . . tensa *initio scholii praeb.* P | RIG. TEND. *om.* P | q̨ Pb *om.* Pa | prensum] as ut in Pa . . . . suum Pb ‖ 16 urgente L | poterat M ‖ 17 EQVI . . . filium *om.* Pb ‖ 18 usum *om.* M *post* Thracis *praeb.* L ‖ 19 illū MPa ‖ 20 uescebant͡ ͘ M ‖ 21 VICTORQVE L | c͞olaudatus MPa cum laudatus Pb | abüsset Pb | que Pa ‖ 22 unitatem Pa ‖ 23 sociaretur Pa ‖ 24 nexu Pb *om.* Pa

qui diu uolutus per terga fuerat, liberauit, ne curru loris implicitus traheretur.

484 (506) MODERAMINE LIBER id est a rectore, qui excussus curru uoluebatur in puluere.

485 (507) PVTRI TELLVRE definitio pulueris.

486 (508) TAENARII CVRRVS Amphiarai scilicet.

THESSALVS AXIS Admeti aurigas modo demonstrauit a locis
Lind. p. 219 siue | ab equis. sic Virgilius duces nauium non suis nominibus, sed intellegendos fecit dicendo ⟨Aen. V 156 sq.⟩: 'et nunc Pristis habet, nunc uictam praeterit ingens Centaurus' Sergestum significare uolens et Mnestheum.

HEROS LEMNIVS unum de geminis Hypsipyles dicit, quorum alter, Thoas, iam ruerat, dum Admetum praeterire festinat.
Lind. p. 220   491 (513) QVIS MORTIS THEBANE LOCVS apostropha cum ecphonesi id est cum exclamatione, quasi crudelitate fortunae ad parricidium seruaretur.

505 (527) SAEVA MINATVR Amphiarao scilicet, qui hiatu terrae recipiendus erat.

506 (528) ARIONE CYGNVS equus Amphiarai.

507 (529) HINC VICE IVSTA id est: quomodo iustus ordo dictabat.

512 (534) SEV MARTE SOLEBAT multa enim bella Hercules per exercitum gessit, ut contra Eurystheum, contra Oechaliam, contra Troiam — unde Virgilius ⟨Aen. VIII 291⟩: 'Troiamque Oechaliamque' — nec non etiam in

---

1 quo inuolutus L quod inuolutus P | curruum Pb *fortasse recte* ‖ 3 a *om.* L ‖ 6 scilicet *om.* Pb ‖ 8 suis *om.* Pa ‖ 9 ante intellegendos nauium *excidisse puto* | intellegendos L(Pa) ‖ 10 Pistris LMPb pystix Pa | abet Pa abit Pb | nec L ni Pa | uictum L ‖ 12 de *om.* Pa | ipsiphile MPa hisiphile Pb | equorum P ‖ 13 ruaut Pb reuerat M | festinant P ‖ 14 apostropha . . . ecphonesi] uerba poetae L ‖ 15 hęc foneus in M et foneū fin Pa et pheni cum finiendus Pb | id est *om.* Pb | credulitate M ‖ 16 futura L funera MP *corr. Vollmer.* | *an scribendumst* futurum ad parricidium? ‖ 19 ARIONE . . . dictabat *om.* Pa ‖ 20 id est *om.* L | iussus L ‖ 23 gessit] ergo sit P ‖ 24 Echaliam L euchaliā MP | unde *om.* Pb ‖ 25 Troiam M | Echaliamque L euchaliamque MP | etiam et MPa et Pb | in africam Pb

Africa teste Sallustio ⟨Iug. XVIII 3⟩ qui ait: 'postquam Hercules in Africa, sicut putant, interiit, exercitus eius uariis gentibus permixtus est'.

514 (536) TERRIBILE declamatio e contrario propter emphasin, quia aurum naturaliter delectare solet. ut ipse alibi: 'armaque in auro tristia'.

515 (537) SAXA FACES pugna Centaurorum et Lapitharum in cratere picta erat, qui in conuiuio efferati furore nec poculis pepercerunt. unde Virgilius ⟨georg. II 457⟩: 'et magno Hylaeum Lapithis cratere minantem'.

517 (539) ET TORTA MOLITVR hoc declamationis genus etiam alibi poeta seruauit id est laudando Adrasti pateram, qua dicit impressum fuisse Perseum Gorgonae caput tenentem, et, ut morientis Gorgonae expressius describeret uultum, ait ⟨Theb. I 546 sq.⟩: 'illa graues oculos languentiaque ora paene mouet uiuoque etiam pallescit in auro'.

519 (541) REPETITA iterum picta. unde Lucanus ⟨X 123 sq.⟩: 'cuius pars maxima suco cocta diu uirus non uno duxit aeno'.

520 (542) PHRIXEI AEQVORIS Hellesponti, ubi Helle, Phrixi soror, in mare cecidit. dicit ergo Leandrum in chlamyde pictum fuisse natantem.

521 (543) TRANSLVCET bene translucet, quia a perfectis ita pinguntur natantes, ut inter undas eorum membra perluceant. Leandri autem fabula est Ouidio referente notissima.

525 (547) SESTIAS IN SPECVLIS id est Hero, cuius poeta

1 teste ... putant om. Pb ‖ 2 in Hispania *Sallustius, uide locum* ‖ 4 e] a LPa om. Pb | per emphasim Pb ‖ 5 aurum om. P | solet om. Pb | ipsi M ‖ 6 tristitia Pa ‖ 10 cratera M ‖ 12 et L | laudando scilicet L ‖ 13 expressum L inpressum Pa ‖ 14 ut ... describeret] ait ex Pa | morientis ... describeret] ex Pb ‖ 16 petentem pene L pene pene Pa | (etiam om.) impallescit Pb ‖ 17 iterum ... PHRIXEI om. Pa ‖ 18 quorum *Lucanus* | succo LPb ‖ 20 Hellespontiaci L | (h)elles LMP ‖ 22 lactentem Pb ‖ 23 bene translucet om. Pb | qui Pa | (a om.) perfectius P ‖ 24 amantes Pb ‖ 25 autem om. Pb ‖ 27 cui Pb

ex loci uocabulo nomen adiecit. Sestos enim in Propontidis litore locus est, de quo Lucanus ⟨VI 55⟩: 'coniungere Seston Abydo'. MORITVR exstinguitur. CONSCIVS IGNIS lumen amoris, quod Hero solabatur lucendo[, uel quod tenebat ipsa in turri].

527 (549) AT GENERVM secutus Virgilium perditorum praemia poeta seruauit. ad consolandum enim generum Polynicen ei Adrastus famulam dedit, sicut ille Sergesto seruam. ut ⟨Aen. V 284⟩ 'olli serua datur'.

Lind. p. 221 528 (550) SOLLICITAT transacto curuli certamine eos poeta describit, quibus cursu certandum est.

529 (551) ET TENVISSIMA VIRTVS definitio, quid sit cursus. id est pars non satis admiranda uirtutis. et cum plenissime rem, quam coeperat, definiret, adiecit pacis opus. sunt etiam sacra, quae cursu celebrantur. et ut agones declararet poeta non satis esse uirtuti, adiecit nec inutile bellis id est necessarium fugae, si uincere non cedatur.

532 (554) VMBRATVS TEMPORA RAMIS .id est umbrata habens tempora ciuica corona. sicut Virgilius ⟨Aen. VI 772⟩: 'atque umbrata tegens ciuili tempora quercu'.

534 (556) SICYONIVS ALCON Virgilius ⟨georg. II 519⟩: 'teritur Sicyonia baca trapetis'.

535 (557) IN ISTHMIACA id est in agone, qui Isthmia uocatur, in honorem Leucotheae et Palaemonis apud Corinthum consecratus.

---

1 Seston L sesto Pa sexto Pb | enim om. L | Propontide LMP ‖ 2 littore LPb | adiungere Lucanus ‖ 4 post lucendo iter. MORITVR Pa ‖ 5 uel . . . turri om. MP ‖ 6 GENER L ‖ 7 poeta premia Pb ‖ 8 ei om. MPa | sic Pa sic sic Pb | segresta M ‖ 9 illi corr. ex ille M ‖ 13 pars . . . uirtutis om. Pa | non] modo Pb | est uirtus Pb | et om. Pb ‖ 16 declar& Pb ‖ 17 id om. Pa | aduenit uel necessarium Pb | fugae necessarium L | cum L si ei Pb ‖ 18 datur LPb cidatur Pa cedatur add. man. 2 c̄ M ‖ 19 RAMIS om. Pb ‖ 21 gerens L tegens MPb regens Pa gerunt Vergilius ‖ 24 id est om. Pb | istmiaca Pa in isthmia M in histimia Pb ‖ 25 Leucothoae L

541 (563) QVIS MAENALIAE Atalantes confudit historiam. hanc enim Atalanten, Hippomenis uxorem, diximus
filiam Schoenei fuisse, illam autem, quae cum procis cursu
contendit, Oenomai filiam, uxorem Pelopis. sed parem
historiam posuit Virgilius. ille enim ait ⟨georg. IV 15⟩:
'et manibus Procne pectus signata cruentis', cum hoc
constet Philomelam fecisse. sed mutauit historiam.

548 (570) DIFFIBVLAT noue dixit.

550 (572) LAETITIA id est pulchritudo seu uenustas.

551 (573) DETERIORA GENIS uestitus pulcher uidebatur,
sed pulchrior factus est nudus. latuit uultus comparatione
membrorum. nudato enim corpore membrorum pulchritudo
uenustatem uultus obnubit.

553 (575) PALLADIOS id est oleum.

561 (583) SEGNIOR deterior. Lind. p. 222

562 (584) IVXTA aut talis aut iuxta.

563 (585) INDVXERE PALAESTRAE rem naturalem expressit. cito enim genae barbae lanugine uestiuntur ex
calore palaestrae et exercitatio ipsa urget corpora.

564 (586) DESERPITQVE GENIS incipit a coma discedere.

. 1 Qui **Pa** *om.* **L** | Atalantae **L** atalantis **M** al'chabantis **Pa**
atlantis **Pb** | confundit **L** | *cf. schol. VII 267* ‖ 2 Atalantem
LMPa atlantem **Pb** ‖ 3 Siconei **L** sichonei **MPa** sitonei **Pb** | qui
L ‖ 4 uxorem pelopis hippomenis **M** *om.* **P** ‖ 5 posuit secutus **MP** ‖
6 Progne **LMP** ‖ 7 philomenam **MPb** | *post* historiam **Pb** *praeb.*
haec: nomen adiecit. fabula talis est. leander et hero abidcus
et sestius fuerunt inuicem se amantes sed leander et hero natu
uenerunt consueuerant per fretum hellesponticum quod seston
et abidon ciuitates interfluit de quo et h' dicit. cum ergo
iuuenis oppessi tempestate ad puellam delatum cadauer fuisset
illa se precipitauit turri. *cf. schol. 525 et myth. II 218.* **Pa**
praebet initium schol. 525: Sextias ... adiecit, *deinde partem*
huius scholii posteriorem: cum ergo ... e turre ‖ 8 dissibilat
Pb | dixit: proiecit a se **L** | *post schol.* 548 *schol.* 553 *praeb.*
LMP ‖ 9 siue **Pb** ‖ 10 genus **MP** | pulchre **M** pulcer **Pa** pulchrer
Pb ‖ 11 pulcrior **Pa** | nudus *om.* **Pb** ‖ 12 membrorum compara-
tione **L** | pulcritudo **Pa** ‖ 13 obnubilat **L** ‖ 14 Pallidios **M(P)** ‖
16 aut[1] ... iuxta] non longe **L** ‖ 18 et ex **LMP** ‖ 19 exercitatione
ipsa aggrauantur **L** ipsa exercitatio augurii & **Pb** | auget? ‖
20 comis **MP** GENIS **L** | coma **MP** genis **L**

siue deserpit: 'de' abundat. haec enim praepositio aut addit aut minuit aut mutat.   FATETVR id est non apparet. quasi sub intonsa coma lateat genarum lanugo

565 (587) CITATOS ueloces.

567 (589) DOCTO non fortuito, sed per artem meditato.

570 (592) BREVEMQVE FVGAM breui fuga fiduciam uelocitatis explorant.   NECOPINO FINE quia incerta meta est, immo nulla, cum crebro saltu excurritur. incertus enim modus currendi est, cum unusquisque saltus habita uoluntate praeludit. id est currebant cito redeuntes, quod solent cursui se praeparantes facere. ut ipse de equis superius ⟨378 sq.⟩ ait: 'pereunt uestigia mille ante fugam'.

574 (596) CYDONVM Cretensium.

578 (600) · SIVE PVTANT ad maturitatem ceruorum rettulit.

579 (601) CONGREGAT sic Virgilius ⟨georg. III 369⟩: 'confertoque agmine cerui'.

Lind. p. 223   581 (603) MAENALIVS Parthenopaeus Arcas, quia Maenalus mons Arcadiae est. ut ipse inferius ⟨585 sq.⟩: 'a uertice crinis Arcados' id est Parthenopaei.

[588 (610) NEQVIQVAM quia moriturus.

589 (611) LIBER NEXV id est crinis, quia solutus est. crinis: subaudi Parthenopaei.]

596 (618) ARMA FREMVNT id est minantur.

600 (622) OCVLOSQVE MADENTES id est lacrimis plenos.

---

1 siue de Pa suam Pb | habundat M habunt Pa | hoc .. proposito Pb ‖ 2 non *om.* Pb ‖ 3 sub uiciosa coma Pb ‖ 7 explorat LP | qua L ‖ 8 nulla est Pb | excurrunt Pc ‖ 9 est currendi L | habitus Pb a linea *Dubnerus* ‖ 10 uoluntate *om.* Pa | praeludunt LP | cito redeuntes currebant L ‖ 11 efficere MP ut] ait M ‖ 12 pereant M | nulla M ‖ 13 Cidonum uero P ‖ 14 PVTANT *om.* L | puritatem L ‖ 15 retulit MPa ‖ 16 sicut Pb ‖ 17 conferto MP ‖ 18 Menelaus Pb | Parth. ... Maen. *om.* Pb ‖ 19 est Arcadiae L ‖ 20 a ... Arcados] crinis et arce (archa Pb) id est dici ipsius P (*om.* id est dici) M ‖ 21 *schol.* 588 *et* 589 *om.* MP | NEQVICQVAM L ‖ 25 *schol.* 600—632 *om.* Pa | id est *om.* M

ut Virgilius ⟨Aen. V 343⟩: 'tutatur fauor Euryalum lacri-
maeque decorae'.

603 (625) MERITAMQVE COMAM id est male sibi meri-
tam, quae causam mortis excepit. retentione enim sui
crinis Parthenopaei tardata uictoria est.

610 (632) TEGEAEVS Arcadius.   Lind. p. 224

611 (633) POTENS NEMORVM Dianam potentem nemorum dicit.

612 (634) INIVRIA VOTO quia crinem tibi seruabam
consecratum intonsum.

617 (639) EXILIS PLANTIS INTERVENIT AER id est
paene uolat et inter plantas ipsius et terram aer medius
calcabatur.

618 (640) NON FRACTO hoc est non depresso.
PENDENT id est non signant uestigiis terram.

620 (642) SVSPIRIA PALMA id est anhelum laborem
uictrici consolatus est palma.

622 (644) IMPROBVS IDAS propter fraudem retenti
crinis.

626 (648) PTERELAS discum attulit, ad quem certarent.
non tamen unus ex certantibus fuit.

628 (650) EXPENDVNT existimant.

629 (651) TVRBA RVVNT festinant.

632 (653) CAVEA STIMVLANTE id est hortantibus sociis,
qui prope ipsum spectabant.

634 (656) ORBEM discum.

636 (658) HVNC RAPITE raptim mittite.   CVI NON
IACVLABILE interrogatiue cum despectu.

637 (659) NVLLO CONAMINE facile et sine labore.

639 (661) VIX VNVS ordo: uix promisere manus. et

---

1 lacrimarūq, **M** ‖ 5 crinis sui LPb | est uictoria L ‖
6 Archadic' **M** archadeus Pb ‖ 10 consecratā intonsā **M** ‖ 11 Exilis
in **M** ‖ 12 et *om.* Pb | palamtam Pb ‖ 14 (*om.* non) indrepesso
Pb ‖ 15 significat Pb ‖ 18 retenti criminis **M** centi cippum Pb ‖
20 adtulit L**M** | 22 Et pendunt **M** | aestimant *Kohlm.* ‖ 23 Tur-
parunt Pb ‖ 24 id est *om.* L ‖ 27 NVNC L ‖ 30 ordo est Pb | per-
misere L   prouisere Pb

notandum, quare 'unum' dixerit, cum alterius etiam nomen adiecisset. sed hoc secutus Virgilium fecit. ille enim ait ⟨Aen. IX 544 sq.⟩: 'uix unus Helenor et Lycus elapsi'.

640 (662) MAGNI TENVERE PARENTES ne parentum suorum uiderentur minuisse uirtutem.

Lind. p. 225 644 (666) LVCE MALA PANGAEA FERIT terribilis splendoris ictu ferit. Pangaea mons est Thraciae. unde Lucanus ⟨I 679 sq.⟩: 'uideo Pangaea niuosis cana iugis'.

645 (667) MVGIT clipeus scilicet.

647 (669) IN SE OCVLOS populi uidelicet.

649 (671) ASPERAT ne, dum iaceret, laberetur. VERSAT considerat. circumuersabat enim Phlegyas discum, ut colligeret, quam partem lateris eius haberet in digitos, quam bracchio retentans alae subderet.

653 (675) SACRA id est agonem Iouis Olympici, qui circa Alpheum fluuium Pisarum celebratur. cuius ripas solitus erat Phlegyas disco transire. secundum Alpheum autem Olympicum exerceri certamen etiam Virgilio teste cognouimus. ait enim ⟨georg. III 19 sq.⟩: 'cuncta mihi Alpheum linquens lucosque Molorchi cursibus et crudo decernet Graecia caestu'.

657 (679) SED CAELO DEXTRAM Phlegyas discum iaculatus est modo ostentationis gratia, non causa certaminis, et in altum uoluit potius quam in latitudinem iaculari.

658 (680) COLLECTO SANGVINE collecta uirtute.

660 (682) SIMILISQVE CADENTI ad uisum rettulit.

---

1 quasi Pb q̄ĩ Pa | unus Pb | dixit LPb | alteri Pb ‖ 2 adiecit L ‖ 3 Helenus Pb ‖ 4 nec Pa ‖ 5 ipsorum Pb ‖ 6 FERIT om. Pb | terribili splendore percutit Lm ‖ 10 scilicet Pb ‖ 11 ASPERAT asperum facit ne L ‖ 12 enim om. Pa ‖ 13 laboris Pb | digitis L ‖ 14 brachia P | retentas M recentant Pa | sideret Pb ‖ 16 pisa Pa | celebrabitur superscr. a M ‖ 17 transcire Pb transicere? | autem Alpheum L ‖ 18 autem om. MPb | olimpiacum M | exercet Pa | etiam om. L euā Pa euan Pb ‖ 20 cursibus . . . caestu om. L c. e. c. d. g. c. M ee. ed. g. c. Pa et eius Pb ‖ 22 CAELVM METITVR DEXTRA L | dextra P | iaculatus est discum tantummodo L ‖ 24 in om. LPa | latum L | altitudinem LPb ‖ 25 uarietate Pa

661 (683) CRESCIT IN ADVERSVM id est in altitudinem,
quae ascendenti aduersa est disco, quia necesse est, ut
omnes ascendentes res altitudinis nimietate lentescant.
EXHAVSTVS AB ALTO id est consumpto impetu, quo missus
fuerat.

662 (684) IMMERGITVR ARVIS de grauitate casus alti-
tudinis | mensura monstratur.   Lind. p. 226

664 (686) SOLIS OPACA SOROR sic sibi insana hominum
et stulta persuasio uindicat, quod carminibus caelo luna
eripiatur. quam opinionem Virgilius secutus ait ⟨ecl.
VIII 69⟩: 'carmina uel caelo possunt deducere lunam' et
alibi ⟨georg. III 391 sq.⟩ significat eam inductam esse
uelleribus dicendo: 'munere sic niueo lanae, si credere
dignum est, Pan deus Arcadiae captam te, Luna, fefellit',
si credi fas est de tanti numinis maiestate ad amorem
Endymionis descendisse, quod lex sphaerae et cursus astrorum motusque non patitur.   PROCVL AVXILIANTIA ad
opinionem hominum rettulit, quod arbitrentur auxiliari
lunae deficienti, si aera percutiant.

667 (689) MOLLE TVENTI despicienti, contemnenti. id
est: quasi cum facile esset Phlegyam iactu superare.

668 (690) MAIORQVE MANVS SPERATVR IN AEQVO id est
maiore uirtute opus esse in longitudinem quam in altitudinem iaculaturo.

669 (691) ATQVE ILLI EXTEMPLO ordo: atque illi
subito uenit Fortuna, cui dulce est fiduciam immodicae
uirtutis auferre.

---

2 ascendenti . . . nimietate *om.* Pa | aduerso (*om.* est) M ‖
3 res ascendentes L Pb ‖ 4 sumpto Pb ‖ 6 Inmergitur M ‖ 8 sibi]
igitur Pb | insania P ‖ 9 lunam caelo L ‖ 10 eripiant L eripiat
Pa | executus Virg. L ‖ 11 carminib. *corr. in* carmina M | possit
Pb ‖ 12 significauit Pb ‖ 15 maiestatem Pb ‖ 16 dindimionis Pa
dindimoris *superscr.* † dindimionis M | Endymionis . . . opinio-
nem *om.* Pb ‖ 17 motusque astrorum L ‖ 18 q *superscr.* i M |
arbitrantur Pa opinantur Pb arbitrentur *superscr.* a M ‖ 19 deficienti lunae auxiliari L ‖ 20 contemnere P ‖ 21 Phlegea L M Pa
flegra Pb | uictu M ‖ 23 quam in altitudinem *om.* Pa ‖ 25 ordo
atque illi] id est L Pa ‖ 26 fortuna uenit L | inmodicę M

670 (692) FORTVNA VENIT nunc aduersa intellegendum.

672 (694) ET IAM LATVS OMNE REDIBAT iaculantem descripsit. mos enim est disco certantibus, ut nisi flexo toto corpore nequeant iaculari.

675 (697) RARISQVE EA VISA VOLVPTAS pauci ceperunt de elusi casibus uoluptatem, quod discum Phlegyas muliebriter laudatus amiserat. sed quoniam in rebus quoque seriis risus emittitur, ideo paucos exstitisse dicit, quibus Phlegyae casus laetitiam suscitaret.

676 (698) TIMIDA ARTE ὑπαλλαγή pro 'ipse timidus'.

678 (700) CASTIGAT PVLVERE LAPSVS corrigit, hoc est aspersione pulueris, ne ei laberetur, effecit.

681 (703) ET FIXA SIGNATVR quousque discus Menesthei uirtute fuerat missus. moris enim fuerat, ut locus cadentis disci fixa signaretur sagitta.

Lind. p. 227 684 (706) ET | FORTVNA MENESTHEI id est timor alterius uel imitatio fortunati.

685 (707) DEXTRAE GESTAMEN hoc est: quod consueuerat etiam aliis certaminibus iaculari.

688 (710) PER INANIA SALTV ut iactum uigor corporis adiuuaret.

689 (711) SERVATQVE TENOREM manus, a qua fuerat missus.

690 (712) MENESTHEA VICTVM solet enim hoc certamine de uictoria dubitari.

692 (714) HVMEROS extremos colles, qui spatium theatri cingebant. ET OPACA THEATRI theatrum dicit

---

1 intelligendum LPa ‖ 2 ET IAM om. MP ‖ 3 describit LP | moris est enim LPb mons enim Pa | n̄tantibus corr. in c̄tantibus (= certantibus) corr. in iac̄tantibus (= iactantibus) M ‖ 4 corpore toto corpore M ‖ 5 EA om. Pb | pauci] paticirisu M paticiri sit Pa ‖ 6 q̇ M | dictum MP | Phlegeas L flegeos M phliges Pa phlegros Pb ‖ 7 seu L ‖ 10 ARTE om. LPa ‖ 11 corrigitur L ‖ 12 ei] & M | elaberetur L | efficit LP ‖ 13 ET om. L | mnestei MP ‖ 17 mutatio Pb ‖ 18 dextre add. e M | consuerat Pa ‖ 19 aliis om. Pa | tēptaminibus Pa ‖ 22 a om. L ‖ 23 post missus praeb. L: TENOREM. iaculū ‖ 26 umeros M ‖ 27 ET om. MP

utrimque deductum uallium prona et supina ascensu cle-
menti arduo lenitatem . . . . . opaca autem culmina,
quia siluae summis montibus imminebant.

694 (716) POLYPHEMVS Homerum secutus est, qui
dicit Cyclopem iecisse saxum in Vlixis nauem, quia im-
pediente caecitate eam tenere non poterat.

696 (718) EXEGIT transmisit.

697 (722) VICTORI TIGRIN simili modo etiam in primo
libro ⟨483 sq.⟩ de pelle dixit: 'tergo uidet huius inanem
impexis utrimque iubis horrere leonem'. et notandum,
quia metri necessitate tigrin accusatiuum Graecum posuit
pro 'tigrem'.

699 (724) MANSVEVERAT VNGVES praecisa summitate
unguium extremitas, quae nocere poterat, fuerat auro
uestiente mollita.

702 (727) AVXILIVMQVE PELASGI regis Graecorum.
quia gladius hic ualidus et aureus fuit.

705 (730) ET FERRO PROXIMA VIRTVS quia et caestu
homines occiduntur.

708 (733) NON MOLLIOR IPSE aeque durissimus, cuius
cutis hominis erat durata in boum pelles.

712 (737) NEC MEA CRVDELIS subaudimus 'esset'.
minatur enim se illum occisurum, qui contra steterit, et
ideo, ut ueniret hostis, optabat.

714 (739) NVDA DE PLEBE LACONVM siue a more Lind. p. 228
ceromatis ad certamina praeparata uel forti.

---

1 deductum utrimque L(P) | utrisque Pa utrinque Pb | ascen-
sus MP ascensu L | clementi *superscr.* t demti M *om.* L ‖ 2 āt
Pa | 3 que Pa | imminebant Pa ‖ 4 est *om.* MP | *Od.* IX 481 ‖
5 saxum *om.* LMP *seruauit* Pc | Vlyssis L | *scribendum uidetur*
AVDITAE quia imp. caec. eam cernere n. p. | inpediente M ‖
6 potuit Pb ‖ 8 tirin MPa tigrim Pb | etiam] est Pb ‖ 10 inpexis
M | 11 quod LPb | metri causa Pb ‖ 17 huic LP | et arcus M
om. Pb ‖ 18 et *om.* Pa | aestu P ‖ 20 IPSE *om.* MP ‖ 21 imbouum
pelle Pb ‖ 22 esse Pa ‖ 23 enim] nō (= uero?) Pa | et *om.* L ‖
24 ut *om.* LMPb | uenire LPb uenerit MPa | hostes L hospitas
superscr. hostis M ‖ 26 fortia L

716 (741) SED SOCII FRETVM id est Lacones.
POLLVCE MAGISTRO deus enim Pollux hoc exercitio, dum
inter mortales esset, delectabatur. et hunc Alcidamas
induit.

719 (744) MATERIAE SVADEBAT AMOR ut doceret, quod
delectabatur.

721 (746) NVDVMQVE AD PECTORA PRESSIT id est
complexus est fouendo. poeta morem ceromatis exsecutus
est describendo. nudum hic alii fortem intellegunt.

722 (747) RIDETQVE VOCANTEM prouocantem.

724 (749) LANGVIDA COLLA TVMESCVNT quae languida
habebat. quoniam dedignabatur certamen.

726 (751) ORA RECESSV 'habent' subaudimus 'manibus
implicatis'.

731 (756) PAVLO ANTE PVER Alcidamas adulescens,
qui aetatem corporis mole uincebat. id est: cuius uirtus
aetatem uirilem praecesserat.

732 (757) TENER IMPETVS ANNOS id est: magna in eo
ex impetu aetatis tenerae uirtutis futurae indoles cerne-
batur.

733 (758) QVEM VINCI aliquem ipsorum. populus
enim iunioribus solet fauere. ordo ergo talis est: neque
quisquam malit aliquem uinci aut tingui saeuo sanguine.

734 (759) ERECTO VOTO suspenso fauore propter incertum uictoriae exitum.

Lind. p. 229   735 (760) ET VTERQVE PRIOREM id est: utrique spera-
bant, quod ab alterius manu certamen inciperet. unde

1 Set Pa om. L ‖ 2 POLLVCE ... induit in LMP post schol. 719
secuntur ‖ 3 Alcidama LMP ‖ 5 MATERIEM L Materia M | suadebat
corr. ex debet M | doceret om. Pa | q̄ corr. in quo M ‖ 7 AD ...
PRESSIT om. MP | id est om. Pb ‖ 8 (est om.) effouendo Pa ‖ 9 in-
telligi nolunt LP ‖ 10 schol. 722 om. Pb ‖ 11 LANGVIDA ... habebat
om. Pb | TVMESCVNT om. MPa | qui L ‖ 12 quando P ‖ 15 ad-
olescens LMP ‖ 16 ętatis Pb ‖ 18 TENER ... tenerae om. Pb |
magna meū corr. in magnanimū M | in eū Pa ‖ 22 est talis Pb ‖
23 uinci om. P | tingi LPb | saeuo] seu Pa sub Pb ‖ 26 ET om.
MP | utrūque Pa | uterque sperabat Pb ‖ 27 manus MPa

Lucanus ⟨VII 462, 464⟩: 'inde manum spectant: tempus quo noscere possint, ... facturi, quae monstra forent'.

739 (764) HEBETANTQVE TERENDO uanis ictibus caestuum acumen obtundunt. [EXPLORANT considerant fortitudinem caestuum.]

740 (765) DOCTIOR HIC Alcidamas. DIFFERT ANIMVM spiritum seruat.

741 (766) VIRES DISPENSAT id est paulatim erogat.

AT ILLE NOCENDI Capaneus in aduersarii nece profusior.

743 (768) SINE LEGE sine artis lege. artis ipsius lex est, ut una manus reuersa alteram feriat. consumpsit ergo ambarum manuum ictum et perdidit.

744 (769) PROVIDVS ASTV sagacitate.

745 (770) HOS REICIT ICTVS refundit, eludit, euitat.

746 (771) INTERDVM NVTV CAPITISQVE CITATI ueloci capitis motu.

748 (773) INSTAT GRESSV ut caueret ictus certaminis, anteibat pede, facie recedebat. quod ipse ait supra ⟨u. 726⟩: 'tuto procul ora recessu'.

749 (774) INIVSTIS non aequis, quia Capaneus erat fortior. ergo frequenter quamuis eum pateretur, tamen aliquando commotus attemptat.

750 (775) EXPERIENTIA ars experimento collecta.

753 (778) FRACTA diuisa.

759 (784) NESCIT quia ictum furore non senserat.

761 (786) ET SVMMO MACVLAS IN VELLERE VIDIT quia Lind. p. 230 laneos pentadactylos habent sub caestibus, qui eminent

---

2 possunt Pb possent *Luc.* | facturimq, *corr. in* fatorum quae M | monstri P | fuera(n)t P ferant LM ‖ 3 cestiū MPa cestuq; Pb ‖ 4 EXPLORANT . . . caestuum *om.* MP ‖ 6 HIC DIFFERT ANIMVM L | animā *superscr.* ū M ‖ 8 id est *om.* L ‖ 9 profusior nece Pb ‖ 11 artis² *om.* Pb ‖ 14 ACTV L ‖ 15 HOS *om.* MP | effundit MP ｜e(t)ludis P ‖ 16 INT. *om.* MP | CAP. CIT. *om.* MP | uelocis LMP ‖ 22 eum] enim LPa ei Pb | tamen *om.* Pa ‖ 23 adte(m)ptat MPa ‖ 26 non *om.* M ‖ 27 ET *om.* L | MAC. . . . VIDIT *om.* MP ‖ 28 pentodactylos LP pentodactiľ M

supra bracchia. alii autem uolunt poetam de barba dixisse.

764 (789) PRAECIPITATQVE RETRO uerso gradu cogit aufugere.

766 (791) RAPIVNT CONAMINA VENTI excipiunt siue frustrantur. id est in uacuum minarum eius impetus perierunt.

768 (793) MORTES quasi singuli ictus Capanei singulas mortes afferrent.

770 (795) ADVERSVS FVGIT ita Alcidamas aduersus cedebat furori, ut nunquam fugiens uideretur. graue enim uiro forti crimen est terga dedisse certamini.

Lind. p. 231 775 (800) DE PVPPE a gubernatore. nam pertica est quaedam in naui, quam hortator remigum tenet. quam si incusserit, remiges non desinunt; si deposuerit, quiescunt a labore. hanc Plautus casteriam nominauit in Asinaria ⟨u. 513⟩: 'quin pol si reposui remum, sola ego in casteria'.

776 (801) IAM VOX CITAT ALTERA REMOS quia primo signo cessatum fuerat a labore, uox sequens denuo remiges excitauit.

777 (802) ECCE ITERVM postquam paululum quieuerunt, rursus ineunt pugnam. IMMODICE uiolenter, quasi qui excesserit modum. uenientem Capaneum eludit Alcidamas. EXIT euitat, declinat.

778 (803) EFFVNDITVR ILLE Capaneus.

779 (804) ALIO PVER IMPROBVS ICTV Alcidamas. improbus magnus. alio ictu, quia iam illum supra percusserat.

---

1 brachia LMP | de parbara M ‖ 5 CON. V. om. MP ‖ 8 Mortesque Pa ‖ 9 afferent M ‖ 10 AVERSVS LPa | alcidama M alcidana Pa | auersus LPa ‖ 14 quedam ē Pb ‖ 15 desint *superscr.* u M ‖ 16 casteriam Plautus L | casterinam MPa | asirinā M ‖ 17 quando pol P ‖ 19 IAM om. MP | CIET L ‖ 22 paulum LPb ‖ 23 incunt *corr. in* iniciunt M | Inmodice MPa inmodicam Pb ‖ 24 excusserit M | elidit L ‖ 25 deuitat Pb ‖ 27 IMPR. ICTV om. MP ‖ 28 supra illum L

780 (805) IMPALLVIT IPSE SECVNDO etiam ipse est felici euentu perterritus, ne post secundum uulnus iratum Capaneum ferre non posset.

784 (809) ITE ORO SOCII separatim et suspense legenda sunt. quae locutio conuenit attonitis et iratis. attonitis, ut hoc loco, et Virgilius ⟨Aen. II 733⟩: 'fuge, nate, propinquant'.

793 (818) RAMVM palmam.   THORACA qui erat palmae praemium.

794 (819) LICEAT exclamatio irascentis indignatione permixta.

798 (823) ET VICISSE NEGANTEM ne ab intentione occidendi Alcidamam tardaretur, negat se uicisse Capaneus.

802 (827) ANGVNT stimulant.

804 (829) LABORES artis peritiam.

805 (830) VNCTA PALES palaestrae studium. bene addidit uncta ad discretionem pastoralium certaminum et luctationum naturalium. Virgilius ⟨georg. II 531⟩ de pale rusticorum: 'corporaque agresti nudant praedura palaestra', alibi ⟨Aen. III 281 sq.⟩ de artis palaestra: 'exercent patrias oleo labente palaestras nudati socii'.

808 (833) FELICESQVE DEO quia semper uictor exstitit. deo monstrante: Mercurio intellegimus. ipse enim deus huius artis inuentor est. ut Horatius ⟨carm. I 10, 3 sq.⟩: 'et decorae more palaestrae'. felices palaestras peritas

---

1 Inpalluit M ‖ 4 schol. 784 om. M | ORO SOCII om. P ‖ 5 adtonitis Pa ‖ 6 et om. Pb | Euge L | nate fuge P ‖ 8 quę Pb ‖ 10 ad indignationem Pb ‖ 12 ET VICISSE om. MP ‖ 13 Alcidamanta L | tanta daretur P | negat . . . LABORES om. Pb ‖ 15 LABORIS LM ‖ 16 PALES om. Pa ‖ 17 addidit om. MPb ‖ 18 luctationem LPa luctationes M luctantium Pb | naturalem L naturales M naturalis Pa naturalium Pb | de palaestra LPb ‖ 20 de aeris palestras Pb de areis Pa om. L ‖ 21 exercent . . . labente om. P | palaestras om. Pb | sociis P ‖ 22 uictor semper L ‖ 23 Mercurium L | intellegimus LMPb intelligamus Pa ‖ 24 deus om. LP | fuit L | ut om. LPb ‖ 25 perita Pa corr. in perite M om. L

dixit, ut Virgilius ⟨Aen. IX 772 sq.⟩: 'quo non felicior alter unguere tela manu' id est peritior.

Lind. p. 232 811 (836) PATRIVMQVE | SVEM Calydonii apri pellem. LEVAT spoliat.

812 (837) MEMBRA CLEONAEAE Cleonae ciuitas Corintho uicina.

813 (838) NEC MOLE MINOR magnitudine corporis non inferior.

814 (839) EXIT proceritate corporis humanam formam uidebatur excedere.

815 (840) SED NON ILLE RIGOR Herculis scilicet.

816 (841) EFFVSAQVE MEMBRA plana, non torosa. SANGVINE LAXO cutem enim fluentem mollior sanguis effecit.

817 (842) INDE HAEC AVDAX FIDVCIA quia proceritati Agyllei nullum animi neque membrorum inerat robur.

820 (845) DIFFICILES duri, asperi.

824 (849) TVM MADIDOS infusos oleo, non sudore.

826 (851) VARA inflexa paululum crura seu foris extensa. ut Horatius ⟨sat. I 3, 47⟩: 'hunc uarum distortis cruribus'. quos uulgo uascos uocant. DEDVCIT IN AEQVVM deflectit, ut sibi aequet. ASTV per artis fiduciam.

828 (853) SVMMISSVS TERGO inclinans dorsum suum, ut se Tydeus inflecteret.

830 (855) VRGENTES prementes.

832 (857) REDITVRA SVB AVRAS si uentorum flatus admitterent.

---

1 ut *om.* Pa ‖ 2 stringere L ‖ 3 calidoni MP ‖ 5 MEMBRA *om.* MP | Cleoneus MP | eleona Pb ‖ 7 non *om.* M ‖ 9 EXIT] ex LPa | fortunam L ‖ 13 sanguis mollior Pb ‖ 14 efficit LPb ‖ 15 audax hec M | proceritate M ‖ 16 animi neque] aīeq₃ Pa animę Pb | membrorumq₃ et erat Pb ‖ 18 TVM *om.* MP | infuso sole MP ‖ 19 paululum flexa L ‖ 22 AEQVAM L equ/// M | deflectit ut s. c. q. i. Pb | uastus M | per artis M sperantis LPa asperantis Pb ‖ 24 terga Pb ‖ 25 nō flecteret Pa ‖ 26 urguentes Pa ‖ 28 amitteret P

835 (860) FRONTEMQVE HVMEROSQVE LATVSQVE poly-
syndeta sunt.

847 (872) CASTIGATA composita seu potius maculis Lind. p. 233
asperata.   NON INTEGER ILLE Agylleus. et subaudiendum 'uiribus non integer'.

848 (873) EFFETVS uiribus fatigatus.

849 (874) HARENAS quas in eum Tydeus ingesserat.

852 (877) NON VALVERE POTIRI id est: neuter ualuit
incepta perficere.

855 (880) CONDIDIT celauit, quia sub ingenti Agyllei
corpore exiguitas Tydei celata est.

857 (882) SVSPENSVS AGER definitio est speluncae.
siue ad naturam terrae rettulit, quae dicitur in medio
aere suspensa, siue quod intrinsecus uacuant terrae uenas,
qui metallum aliquod quaerunt.

860 (885) INDIGNANTEM ANIMAM dicunt philosophi in-
dignari animas, quia inuitae de hac luce discedant. unde
Virgilius ⟨Aen. XI 831⟩: 'uitaque cum gemitu fugit indignata sub umbras'.   PROPRIIS NON REDDIDIT ASTRIS
ingens expositio est, quomodo uel quare animae ad astra
redeant, postquam exutae fuerint nefando corpusculo. et
non solum bene meritorum, sed etiam sontium illuc feruntur, ut aut pro uitae pretio optima mercede lucis aeternae
donentur aut pro male commissis ab ipsis astris stellisque
puniantur atque consumantur, non quidem ut pereant, sed
ut affligantur. et ideo ab his puniuntur secundum Pythagoram, qui ait animas bonorum uirorum in stellas posse
reuerti. Virgilius ⟨georg. IV 225 sqq.⟩:

---

1 FRONTEMQVE HVMEROSQVE om. Pa | LATVSQVE om. LPa | poli-
sintecta corr. ex polisiniecta M poly sy nt hetas (om. sunt)
Pa polisintentō (om. sunt) Pb ‖ 3 potius om. Pb | musculis Pb
misculis Pa ‖ 5 non] ut Pa | integris L ‖ 6 effectus P ‖ 7 Tydeus
in eum L(Pb) ‖ 8 nec Pb | eualuere Statius | POTIRI om. MP |
neutri Pb ‖ 11 est caelata L ‖ 12 est om. L ‖ 13 in om. superscr.
M ‖ 14 que M ‖ 15 aliquod om. Pb ‖ 16 indignare superscr. i M ‖
17 quod LP | ut L ‖ 19 umbram Pa ‖ 20 quomodo om. Pa ‖
21 fuerunt Pa | et] ut L ‖ 22 ferantur L ‖ 23 aeternae lucis
LP | 26 ut om. L | ipis Pa ‖ 27 uirorum om. Pb

'scilicet huc reddi deinde ac resoluta referri
omnia, nec morti esse locum, sed uiua uolare
sideris in numerum atque alto succedere caelo'.

Lucanus in nono ⟨8 sq.⟩:

'innocuos uita patientes aetheris imi
fecit et aeternos animam collegit in orbes'.

Lind. p. 234 861 (886) ANIMISQVE ET PECTORE SVPRA EST licet
infra sit corpore.

862 (887) CVM VINCLIS ONERIQVE illius scilicet, qui
eum bracchiis alligarat.   ELAPSVS INIQVO subductus
graui ponderi. iniquum enim graue dicimus.   Virgilius
⟨georg. I 164⟩: 'et iniquo pondere rastri'.

864 (889) ET FIRMO ordo: mox latus firmo nexu im-
plicat genua premens ad ilia.

867 (892) IMPROBVS magnus, quia, cum esset parua
statura, magni ponderis alte sustulerat uirum. siue quod
se maiorem nexibus implicasset.

869 (894) TERRIGENAM SVDASSE LIBYN Antaeum dicit,
quem Hercules apud Simithu, Africae ciuitatem, palaestrico
certamine superauit, quem cum nequiret elidere, medium
corripiens bracchiorum suorum nexu confregit, quia Terrae
beneficio fortior cadendo surgebat.

881 (906) QVOD SI NON SANGVINIS HVIVS si non ex-
haustus fuisset uiribus in Thebano campo, in quo quinquaginta insidiantes uno relicto superstite occidit.

883 (908) THEBARVM ἐπεξήγησις. quod hae plagae
Thebana foedera.

---

884 (909) HAEC SIMVL subaudiendum 'cum diceret'.
PRAEMIA LAVDVM DAT SOCIIS uirtutis insignia.

885 (910) NEGLECTVS THORAX uetus.

887 (912) INSTRVCTI ARMIS modo sagittariorum uult Lind. p. 235
monstrare certamina id est iactum uelocium sagittarum.
sed iaculatores non exhiberi permisit. commemorationem
istius spectaculi dixit, sed ipsam non exhibuit uoluptatem.

EPIDAVRIVS Epidaurus ciuitas est Peloponnensis equis
nobilis. ut ipse in catalogo ⟨IV 123⟩: 'qui rura domant
Epidauria'.

891 (916) SANGVINIS ADVERSI hostilis uel Thebani.

892 (917) CVI DESOLAVIMVS VRBES propter quem re-
liquimus patriam.

894 (919) ABIGANT HOC NVMINA ut, antequam proelium committatur, moriaris.

896 (921) NE LAVDIS EGENS ne inhonoratus abiret.

906 (931) LEVES PHARETRAS non inanes, sed in quibus
sagittae essent haud pinnatae.

909 (934) FLVERE uenire aut procedere.   NEGET
OMINA CAVSIS incusat poeta eos, qui dicunt futura non
portendi mortalibus.

910 (935) INSERVARE attendere auspicia. alii 'in-
seruire' legunt et est uerbum augurum de caelo seruatum.
dicit ergo: piget nos insistere, id est non quaerimus | futura, Lind. p. 236
et ideo perit uenturi fides promissa.

911 (936) SIC OMINA CASVM omina sunt rerum futu-
rarum signa siue bonarum siue malarum. casus autem

---

2 DAT SOCIIS *om.* MP ‖ 5 iactum] latus Pb ‖ 6 conmemora-
tionem Pa ‖ 7 huius M ‖ 8 EPIDAVRIVS *om.* M | est *om.* LMPa ‖
9 ut ipse *om.* Pa | domitant LPa dominant Pb ‖ 11 .SANGVINIS
om. MP | uel *om.* Pa ‖ 14 Ambigant MPa | hec Pb ‖ 16 NEC
LP | nec Pb | inhonorus Pa | abiret *superscr.* o M ‖ 18 aut MP |
pinnate *corr. in* pennate M ‖ 19 aut] uel L ‖ 20 incusant poetae
MP | qui ... mortalibus *om.* Pb ‖ 22 alii *om.* L(Pa) | inseruire
Pa inseruare MP *om.* L ‖ 23 legunt *om.* LP | seruato? ‖ 24 id
est non *om.* MP ‖ 25 et ideo *om.* M | uentura *superscr.* i M |
permissa Pb ‖ 26 OMNIA LPb | omnia Pb | sunt *om.* Pa | futura Pa

sunt subiti prouentus. cum enim non quaerimus, quae
futura sunt, nec procuramus aduersa, cum neglectu nostro
improuisa proueniunt. mala, quae accidunt, casui depu-
tamus.

913 (938) FATALIS harundinem fatalem dixit, quae
futura monstraret.

915 (940) TENOREM cursum, impetum.

916 (941) ET NOTAE IVXTA RVIT ORA PHARETRAE ante
ora eius cecidit, qui pharetram tenebat. ut Ouidius ⟨met.
VII 684⟩ de telo: 'reuolat nullo referente cruentum'.

917 (942) ERRORE SERVNT disserunt, disputant.

921 (946) RECVRSVS soli Adrasto sagitta suum reditum pollicetur.

COMMENTARIVS IN LIBRVM VII.

Lind. p. 237 Hic liber habet indignationem Iouis contra Martem,
quod bella Thebana lentius gererentur, missionem Mercuri
ab Ioue ad eum incitandum, descriptionem domus Martis
in Thracia cum omnibus ministris eius, allocutionem Martis ad Mercurium, allocutionem Adrasti regis ad tumulum
Archemori, immissionem timoris et nimiam augurii formidinem pariterque cupiditatem ad bellum ocius properandi
conquestionem Liberi apud Iouem pro Thebanis Iouisque
responsionem uindictam promittentis. sequitur descriptio
catalogi exercitus Thebanorum, interrogatio Antigones, re-

---

1 euentus L ‖ 2 nec] non L | curamus Pa | negligenter uisui
nostro Pa ‖ 3 inprouisa M Pa | casū Pa casibus Pb | depacamus
Pb ‖ 5 arundinē M Pa ‖ 8 ET ... RVIT] Ante M P ‖ 9 uti Pa ‖ 10 celo
P ‖ 11 Errores M Pb | SERVNT om. Pa | dixerunt Pa ‖ 12 Recursos
M | Explicit liber sextus. Incipit liber septimus Pa ‖ 15 est
indignatione Pb ‖ 17 a ioue Pb ‖ 18 eius ministris L P ‖ 19 ad
mercurium om. superscr. M | adlocutionem M ‖ 20 inmissionem
M ‖ 21 praeparandum L properandum Pb praeparandi Pa ‖
23 uindictam om. Pb

sponsio Phorbantis, allocutio Eteoclis animantis exercitum, instantis belli prodigia, aduentus Argiuorum ad Thebas collocatioque castrorum, egressus cum filiabus Iocastae ad Argiuorum castra, admissio et conquestio de bello, Tydei relatio, occisio tigrium mansuetarum, deinde ingruentis belli timoris descriptio, et hinc atque illinc uel singularia uel confusa certamina diuerso casu uariaque uictoria cum descriptione et allocutionibus exsultantium ducum. Amphiarai praecipue pugna describitur, circa quem Apollinis fauor et postea confessio cum dolore monstratur. responsum Amphiarai commendantis filium et petentis per eum de uxore uindictam, hiatus terrae et Amphiarai cum armis et curru ad inferna descensio.

1 ATQVE EA CVNCTANTES describitur Iouis iracundia. Lind. p. 238 allocutio apud Mercurium, ut Iouis minas nuntiet Marti et accuset eum, quod patiatur Graecos apud tumulum Archemori uoluptatibus occupari, et ut eos furoris stimulis Mars armet ad bellum. cunctantes morantes siue manentes.

4 CERVICIBVS dicit iracundia Iouis caelo pondus augeri et hoc Atlantem queri.

8 QVA PARRHASIS Arcas a gente dicta. unde fuit | Callisto Lycaonis filia, quae in ursam hoc est in septen- Lind. p. 239 trionem dicitur uersa. Lucanus ⟨II 237⟩: 'Parrhasis obliquos Helice cum uerteret axes'. Callisto ergo ipsa est, quae Arctophylax dicitur ursa, quae nunquam oceano tinguitur.

3 collocatio Pb ‖ 4 eius questio Pb ea questio Pa ‖ 6 et om. Pb | atque om. superscr. M | uel om. LP | singula iam Pb ‖ 7 uel om. Pb ‖ 8 allocutione M ‖ 9 quam LPb q₃ Pa ‖ 10 et om. Pb | responsio L ‖ 11 et] Quis Pa | per eundem LPb ‖ 12 uxoris (om. de) Pb | hiatus terrae om. Pb ‖ 13 inferos L ‖ 14 EA om. Pb | cunctantis MP ‖ 15 adlocutio M | ad L | Iouis om. MPb | minas om. Pa ‖ 16 tumulum om. M ‖ 18 armaret Pb ‖ 20 dicit om. Pa | iracundiā M ‖ 22 schol. 8 P praeb. hoc ordine: OCEANO id est Callisto quae . . . uersa. QVA PARRHASIS IGNEM Arcas . . . filia. Lucanus . . . ‖ 23 in² om. L ‖ 26 in oceano Pa | 27 tinguitur LPb

9 ET NOSTRO PASCITVR IMBRI id est caelesti liquore, non marino ut cetera sidera. nam et sol et astra cetera aquis pascuntur oceani. nam ut ostenderet Lucanus ignes solis aquis nutriri, ait ⟨VII 5⟩: 'non pabula flammis'.

15 ISTHMIVS VMBO Isthmus est terra inter duo maria in longum porrecta. haec enim duo maria orientem occidentemque discriminant: Ionium ab oriente, Aegaeum ab occidente diuiditur. omne ergo quod Isthmius umbo distinet — id est Achaiam, in cuius parte Pelops regnauit — duo maria circumdant, adeo ut insulam facerent, nisi utrumque pelagus interiecta terra diuideret. ideo autem umbonem montis dixit, quia eius pars erectior imminet mari.

16 MALEAE Malea promunturium est Graeciae, quod intrat mare et per quinquaginta milia introrsus extenditur. ubi unda ita saeua est, ut nauigantes persequi uideatur. unde Virgilius ⟨Aen. V 193⟩: 'Maleaeque sequacibus undis'. hoc autem promunturium a Maleo, Graeciae rege, nomen accepit: et quidquid intra se Peloponnesus includit ac tenet.

17 ILLI VIX MVROS id est fines patriae. figura. qui sunt illi? id est iuuentus Argiua. Graeci, inquit, sic litant, quasi iam uictores reuertantur ad patriam.

19 OFFENSIQVE SEDENT irati, quod eorum gratia perisset Archemorus. siue offensi occupati nouo sermone dixit. . SEPVLCRI Archemori, cui ludos funebres celebrant

---

1 ET] Q, Pa E M ‖ 2 et¹ om. Pa | cetera om. Pb ‖ 3 pasci Pa | solis ignem aquis nutriri Lucan. Pa ‖ 4 ante pabula flammas Pb ‖ 5 Histhmus superscr. Istmos M | Isthmos LP | est om. M ‖ 6 longinqum Pb ‖ 7 ab om. LMPb | orientem M | ab om. LMPb ‖ 8 diuidit^√ M ‖ 9 destinet M detinente Pb | i. qđ achaiā M ‖ 10 faciant Pb ‖ 11 diuidet^√ Pa ‖ 14 Malea Pa | est om. LP ‖ 15 intra Pb | et om. Pb | miliaria L ‖ 16 et ... uidetur corr. ṁ ut ... uideatur M | uideatur persequi L ‖ 18 malio rege grecie Pb ‖ 19 accipit M | aliquid excidisse uidetur | (et om.) quod L quicquid MP | intra se om. superscr. M ‖ 20 inclaudit Pb ‖ 21 qđ M | qui sunt figura illi Pb ‖ 23 ibant Pa ‖ 24 sedet ira M | periisset L ‖ 25 nouo] mutus Pa ‖ 26 celebrantur Pb

20 SONAT ORBE RECVSSO furore tuo haec, Gradiue, fecisti certamina, ut aut disco certarent aut caestibus?

21 OEBALII Pollucis. ut supra ⟨VI 797⟩ 'Oebalio donem lugere magistro?'

22 INSANA VOLVPTAS deest 'fuerit'.

26 NVNC LENIS quasi ideo nunc Mars lenis sit, nec nostra iracundia flectitur.

29 NIL EQVIDEM CRVDELE MINOR nil illi minor, quod crudele sit, id est Marti, sed bonum et mite numen efficiam. minatur Iuppiter se mitem Martem efficere, quod scit cruento numini esse contrarium, ut mores illi, qui infreni esse consueuerant, otii languore torpescant et sit numen eius mite. graue enim malum est facientem bonum a suo instituto traducere.

32 IVS ERIT humani sanguinis aut ius aut auspicium non erit: ius potestas, auspicium frequentia.

33 OGY|GIO Thebano. una enim porta ex septem Lind. p. 240 Ogygia nuncupatur.   SAT ERIT ad excindendas Thebas.

35 LABENTEM intrantem portas septentrionis.

36 PRAETENTA circumfusa, adiacentia.

37 AGMINA NIMBORVM infinitus numerus nubium. HIATVS principium flatus, quia uenti pinguntur hiantes.

39 PROTEGIT praetegit, tuetur.   GALERI pillei.

40 HIC STERILES ἐπεξήγησις: qui deus sterilis siluae.   DELVBRA MAVORTIA NOTAT aspicit auium more, quae nolando aspiciunt uel notant, quibus insideant locis.

41 MILLE FVRORIBVS mille ministeriis Martis.

42 CINGITVR muratur.   IMMANSVETA inrequieta | ac Lind. p. 241 sine quiete.

---

2 de cestibus Pa ‖ 3 polinicis Pb *om.* Pa ‖ 6 Hec nunc lenis Pa ‖ 8 minor illi L ‖ 9 et *om.* MP ‖ 10 Martem mitē L ‖ 12 infrenes Pb | torpescunt P ‖ 13 facit enim LMP *corr. Vollm.* ‖ 14 bonum *om.* Pb ‖ 17 e M ‖ 18 exercendas Pb excidendas *superscr.* n M ‖ 23 pretigit Pa *om.* L p̄tegit *del.* M | pilei LPb ‖ 24 ephexegesis est L | deus] d̄r M | steriles MPb | syluae *del. superscr.* siue M ‖ 26 aspiciunt in notam Pa | in quibus L | insidant? ‖ 28 multatur L mirat˜/ M muratus Pb | IRREQVIETA . immansueta L *eodem ordine* MP | inmansueta MPa | ac *om.* L ‖ 29 quiete . . . domus[1] *om.* Pa

43 LATERVM parietum id est: ab ea parte, qua murata est.

44 TECTA domus. ad descriptionem cruentae domus adiecit omnia ferro fuisse constructa, ut, ubicumque aspiceres, mortalem domum ex ipsius aedificii fabricatione cognosceres. cuius terroris speciem ut Virgilius explicaret, ait ⟨Aen. VI 552⟩: 'porta aduersa ingens solidoque adamante columnae'.

45 LAEDITVR ADVERSVM PHOEBI IVBAR offuscatur. Phoebi iubar id est solis splendor. laeditur id est splendore ferri repercutitur.

47 IMPETVS AMENS singulis ministeriis Martis epitheta nomina aptando coniunxit et finxit officiorum diuersitates, ut omnia Martis ministeriis conuenirent.

50 GEMINVMQVE TENENS DISCORDIA FERRVM mirum. geminum dixit ferrum tenere Discordiam, quae semper solet duorum inimicitia uel mortibus gratulari, siue propter fratres, quia in hoc bello maxime fratrum discordia proeliatur.

51 INNVMERIS mire numerum infinitum finxit, quippe pro peccatorum genere iam minatur supplicia diuersorum.

TRISTISSIMA VIRTVS non religionis aut pietatis causa commota. sed ideo in hoc bello tristem dixit esse Virtutem, quia parricidiis militauit.

53 MORS ARMATA SEDET quia semper eripit uitam.

56 INSIGNIBANT ornabant siue insignia faciebant.

59 PAENE ETIAM GEMITVS egregie, ut in cruenta domo omnia ingemiscentia cernerentur.

60 VBIQVE IPSVM subaudis 'Martem putares ubique simulatum', nusquam tamen hilariore uultu conspicitur.

---

1 q mirata *superscr.* u M ‖ 4 adspiceres L ‖ 5 Martialem ? ‖ 9 & uersū MPa | PHOEBI IVBAR *om.* MP ‖ 12 Inpetus Pa ‖ 13 adaptando Pb apta Pc | diuersitatem LPa ‖ 15 murum Pb nimirum *Barth.* ‖ 16 teneri M | tenere ... mortibus *om.* Pb ‖ 18 maxima Pb ‖ 19 infinitum numerum L ‖ 20 minamur MPb ‖ 21 commota causa P ‖ 23 quia *om.* Pb ‖ 25 siue *om.* P | insigne faciebant templum P ‖ 26 Pone P ‖ 28 subaud M subaudi Pb ‖ 29 simulat L simulatū M simula Pa similia Pb simul adest *Barth.* | nunquam Pb | (h)ilariori MP | uultu *om.* Pb

62 NONDVM RADIIS quaestionem, quae poterat commo-
ueri, quare adultero Marti Vulcanus habitaculum funda-
uisset, argutissime diuinus hoc loco poeta dissoluit. dicit
enim ante domum Marti aedificasse Vulcanum, quam iniuriam pateretur. radiis, quia sol radiis suis magnifici
flagitii detector fuisse narratur. sed si ideo res male
commissa displicuit, superest, ut inueniatur carissimum
numen.

63 FOEDA CATENATO haec, inquit, limina prius Vulcanus exstruxit, quam Martis et Veneris de Solis indicio
adulterium cognouisset. quo comperto utrumque subti-
lissimis deuinxit catenis atque in conuentum numinum
adulteros adduxit.

65 TREMIT ECCE SOLVM adueniente Marte terra con- Lind. p. 242
5 cussa est.

66 QVOD PECVS VTILE BELLIS equi Martis.

70 SVBIT CVRRV ingreditur seu aduenit. ASPERGINE
aspergo gutta est terrae cruente permixta.

71 MVTAT AGROS sanguine inficit, maculat, uariat siue
10 distinguit. FLENTESQVE CATERVAE scilicet captiuorum.

72 NIX ALTA LOCVM adueniente deo omnia, quae in
medio sunt, locum dare necesse est.

76 NEC TALIA MANDET si aduentum Martis talem iuxta
Iouem casus afferret, multa de ira sua et mandatorum
25 acerbitate minuisset.

---

1 potest L | pote Pa | moueri quia Pb ‖ 2 adulterio L corr.
in adultero M adulter Pa | fundasset L ‖ 3 diuinis superscr. u
M | (poeta om.) dissoluitur dicitur Pb ‖ 4 Vulcanum aedificasse
L ‖ 5 radiis[1] inserui | q Pa | suis om. Pb ‖ 6 narrabatur Pb | sed
sudores Pa ‖ 7 conmissa Pa | restat ut Pb ‖ 8 munū Pa | dubito,
num locus corruptus sit ‖ 10 instruxit Pb | qui L q M | et Vene-
ris om. Pa | de] dū M dei P ‖ 12 deuinxit om· Pb ‖ 13 adduxit
adulteros L ‖ 14 Tremuit Pa | OMNE SOLVM L | c̄fussa superscr.
c M ‖ 16 PECVS om. Pb ‖ 17 Sub add. auđ M | CVRRVM L | seu]
aut Pb ‖ 18 cruore L cruenta Klotz. | promixta Pb ‖ 19 MVT.
AGR. om. Pb | infecit Pb ‖ 20 id est captiuorum Pb captiuorum
scilicet L ‖ 21 ALTA om. Pb ‖ 23 MANDAT L Pa ‖ 24 ioui M Pa iouis
Pb | afferet M

77 QVOD IOVIS IMPERIVM allocutio Martis interrogantis Mercurium, qualia ad se Iouis mandata portaret.

78 OCCVPAT ARMIPOTENS interrogando Mars praeuenit.

80 MAENALA Maenalus et Lycaeus montes Arcadiae amoenissimi.

81 MORATVS nulla mora discit patris praecepta.

82 SICVT ANHELABANT de bello Scythico remeantes. IVNCTO SVDORE iterato: prioris et sequentis laboris.

86 RVIT cadit uel desinit flare.

87 PAX IPSA TVMET ipsa tranquillitas inquieta.

88 EXANIMIS sine uento. id est: reliquiae tempestatis, licet sine flatu uentorum, tamen adhuc exagitant mare.

90 INERMES ut supra ⟨VI 227 sq.⟩ ludicras: 'pugnas uisendi uulgus inermes fama uocat'.

92 CINEREM PLACABAT ADRASTVS diis enim inferis et manibus. ut hoc inter triennium haec tibi sacra celebrentur frequentius.

93 TRIETERIDE MVLTA trieterica sacra sunt, quae intermissa triennio redeunte celebrantur.

94 NEC SAVCIVS ARCADAS ARAS Pelops scilicet, qui a Lind. p. 243 patre Tantalo numinibus est epulandus | appositus.

95 ELEAQVE PVLSET Elea id est Graeciae, ubi ludi funebres et Olympicus institutus est agon, in quo certamine oleastro uictores coronari consueuerunt. EBVRNA MANV ut ⟨georg. III 7⟩ 'humeroque Pelops insignis eburno'.

96 NEC CASTALIIS Pythici agonis. Apollinem dicit, in

---

6 Moratur **MPb** | dixit **P** ‖ 7 SICVT *om.* **P** ‖ 8 iteratio **L** | priori **M** ‖ 11 reliq̄ **M** ‖ 12 licet sint sine **L** | tamen] domum **Pb** ‖ 14 uincendo **P** | uulgos **M** ‖ 15 PACABAT **LPa** | ADRASTVS *om.* **MP** | enim *om.* **Pa** ‖ 16 hoc, ut **L** hoc uti **Pa** hec uti **Pb** | *ante* ut **DA** *uel tale quid excidisse puto* | tibi] ter **L** | celebrantur **Pa** ‖ 18 TRIETERIDE MVLTA *om.* **Pb** | trieterica *corr. ex* trieteride **M** | intermisso (*om.* redeunte) **L** ‖ 19 redeunt *add. e* **M** ‖ 20 ARCADES **L** Archados **M** | ARAS *om.* **MP** ‖ 21 epulandus est **L** ‖ 22 e(l)lee **P** adeē **M** | ḡce **M** | ludi *om.* **Pa** ‖ 23 agon institutus est **Pb** ‖ 27 phitici **M** Pythii **LP** | dicit *om.* **P**

cuius honorem exstincto serpente agon Pythicus celebratur, cuius uictores lauro coronantur.

97 VMBRA LECHAEO licet alibi 'undam' legamus, tamen melius 'umbram' accipimus propter Melicertem, qui se de
5 Lechaeo monte praecipitauit in mare, in cuius honorem agon celebratur Isthmiacus, cuius uictores pinu coronantur.

98 INFITIAMVR AVERNO id est: cum deum colimus, infitiamur te mortuum id est mentimur uel negamus. Auerno inferis, lugenti infernali.

0 99 IVNGIMVS ludos tuos caelestium agonibus conferimus.

102 PER VRBES NVMINA promittit Adrastus se numen Archemori omnibus Graeciae ciuitatibus indicaturum, non solum liberis, uerum etiam bello uictis.

106 ACROCORINTHVS mons est circa Corinthum im-
5 mensae altitudinis, cuius umbra utrumque mare tegi poeta describit.

112 BONVS OMNIA CREDI ad omnia credenda idoneus auctor est timor. quo faciente interdum etiam impossibilia credimus. nihil est enim, quod credere homines non sua-
10 deat timor.

113 LYMPHARE furiare.

116 VIDISSE PVTANT ad augendam credulitatem noua-, rum rerum ita dicta confirmant, ut, quae timore men-tiuntur, se uidisse confirment.   TVNC ACRE NOVABAT si
15 deorum aliquis mentiatur, facile potest falsa suadere mor-talibus.

---

1 extracto Pb | celebratur Pythius L | pythius P phitius M ‖ 3 LYCAEO L licheo M lieeo Pa letheo Pb ‖ 4 p͞p M | Meli-certen LPa melicertam Pb ‖ 5 Lycaeo L liceo MP ‖ 6 pino Pa ‖ 7 autūrno . . . autumno Pb ‖ 9 lugentū Pa | inferiali MPb ‖ 10 conferamus Pa | post conferimus P praeb.: ut te superis comparemus ‖ 11 nimiā Pa om. L ‖ 12 indicaturus Pa indicat˅ in marg. add. corr. turū M ‖ 13 et Pb ‖ 14 inmensę M ‖ 15 poeta tegi M ‖ 18 est auctor L | etiam om. M ‖ 19 credamus M | homi-nem L ‖ 21 schol. 113 om. P ‖ 22 PAVENT L | augendū Pa | cru-delitatē M ‖ 23 confirmauit M | quem P | timorem MPb ‖ 24 uidet Pa | confirmant P corr. in confirment M

123 NI FALLIMVR AVRE SED VNDE aure hic pro auditu posuit et oratio est populi se inuicem interrogantis. ni fallimur aure hoc est: nisi decipimur auditu. et uidentur interposita uerba Pauoris esse quasi respondentis, ut Lind. p. 244 docet ipsa commatica pronuntiatio. de\|nique conclusit: 5 'haec Pavor attonitis'.

126 ET BVSTA COLAMVS ironia, quasi propter remissionem animi et occupationem ludorum sint ab hoste contempti.

127 VARIOSQVE PER AGMINA VVLTVS ut manifestius, quae uelit, Timor affirmet, diuersarum gentium indutus uultibus 10 se exercitibus miscet.

129 NVNC PYLIVS Horatius primo ⟨carm. I 15, 22⟩: 'Nestora Pylium'.

130 ADIVRAT iure iurando confirmat.

131 NIL FALSVM Argiuis nil falsum omnia credentibus 15 uidebatur.

132 FASTIGIA VALLIS in qua sacra fuerant celebrata in honorem Archemori.

135 INSANI fortes. NVLLO MORE RAPIT raptim facit inuadere praeter consuetudinem. 20

139 PRAECIPITANT festinant, accelerant, ut tarditatis ‚moras celeritate compensent.

140 INCIPIENTE FREMVNT uociferatione praeparantium nauigium perstrepunt litora.

141 VELA FLVVNT sola descendunt. 25

Lind. p. 245 145 GLOMERARE COHORTES praeter ordinem festinanter impingere.

---

1 auris **P** | et **Pa** *om.* **Pb** | VNDE *om.* **Pb** | aurem **Pb** | hic *om.* **Pb** . i . **Pa** | posuit pro auditu **L** | pro *om.* **M** ‖ 2 ut **P** | est oratio **LP** | populi *om.* **LP** | interrogans **Pa** ‖ 3 aure *om.* **L** | id est **L** | decipiamur audito **Pa** | et *om.* **Pb** ‖ 4 esse] et **LPa** ‖ 5 cōmatia **M** | concludit **Pb** ‖ 7 Vt **Pb** | per **LPa** ‖ 8 contenti **Pa** ‖ 9 VVLTVS *om.* **MP** ‖ 12 NVNC *om.* **MP** | *post* PYLIVS *praeb.* **L**: ex illa ciuitate | primo *om.* **L** ‖ 13 Pylium Nestora *Horat.* | Pylius **LMP** ‖ 15 omnia credentibus nil falsum **L** ‖ 18 in honore **M** ‖ 19 Rapuit **M** ‖ 20 pp **Pa** ‖ 21 festinantur **Pa** festinanter **MPb** ‖ 23 uociferatiōe **Pa** ‖ 25 VELA FL.] Inflauūt **Pa** ‖ 26 COHORTES *om.* **MP** ‖ 27 inpinguere **M**

147 REMINISCITVR IGNES in mentem ueniunt patris fulmina, quibus se utero matris excussit.

148 PVRPVREVM pulchrum.

150 THYRSVS hasta.   CORNIBVS VVAE dicit maestitia
ı Liberum ornatum capitis posuisse. ubique enim uuis decoratus ostenditur. Ouidius fastorum libro sexto ⟨uu. 483 sqq.⟩:

'Bacche racemiferos hedera distincte capillos,
    si domus illa tua est, dirige uatis opus.
arserat obsequio Semele Iouis. accipit Ino
ɔ   te, puer, et summa sedula nutrit ope.
intumuit Iuno, rapta quod pelice natum
    educet. at sanguis ille sororis erat.
hinc agitur Furiis Athamas et imagine falsa,
    tuque cadis patria, parue Learche, manu'.

5 152 ET TVNC FORTE interpositio est.   SECRETVS
HABEBAT aut cura laxatus aut secretus tunc erat Iouis.

155 EXCINDISNE TVAS cum exprobratione affectum mae- Lind. p. 246
roris et cum dolore mouet inuidiam.

157 DECEPTIQVE LARIS dolo Iunonis dicit morte matris
ɔ suae Semeles uiduatos penates.

158 OLIM INVITVM συγχώρησις: ut hoc enim Semele
pateretur, extorsit. petiit, ut ad se fulminibus armatus
intraret. dicit enim nunc Liber: si ante inuitus, dum
amatae nihil negas, in Thebas fulmen iecisti, nunc, inquit,
ı5 quis compulit, ut bellum eis iuberes inferri?

162 DANAEIA id est: quando ad Danaen uenisti.

163 PARRHASIVMQVE NEMVS silua, ubi Callisto a Ioue

---

3 pulcrum Pa ‖ 6 lib. Fastorum L ‖ 7 bache MP | redimite
Ouid. | capillis M ‖ 10 et . . . quod om. Pb ‖ 11 pellice LPa
tum propellice Pb ‖ 12 edocet Pb ‖ 13 agitur Ouidius igitur
LMP | in imagine falsus LMP ‖ 14 cadens LMP ‖ 15 est om.
MP | Securus MP ‖ 17 Excindene P | cum] tam utroque loco
Pb | exprobatione LMP ‖ 19 mortem MPb ‖ 21 inuitus MP |
Synaeresis L sincresis Pb ‖ 22 EXTORSIT L ‖ 23 nunc om. Pa |
ante] aut Pa dicunt Pb ‖ 24 nil LPa | eiecisti L | inquit] qd Pa
inpulit Pb ‖ 25 inferri iuberes Pb ‖ 26 damnem Pb ‖ 27 a ioue
calisto Pb

compressa est, quae postea Helice nomen accepit.   LE-
DAEAS cum ad Ledam uenisti.

164 E CVNCTIS EGO dicit se Liber a multis saepe
mortalibus fuisse neglectum ut Lycurgo atque Pentheo.
nam Ouidius quodam loco ⟨met. III 531 sqq.⟩ uerba Penthei iniuriantis Liberum ita descripsit:

'quis furor, anguigenae, proles Mauortia, uestras
   attonuit mentes?' Pentheus ait. 'aerane tantum
aere repulsa ualent et adunco tibia cornu
et magicae fraudes, ut, quos non bellicus ensis,   10
non tuba terruerit, non strictis agmina telis,
femineae uoces et mota insania uino
obscenique greges et inania tympana uincant?
uosne, senes miseri, qui longa per aequora uecti
hac Tyron, hac profugos posuistis sede penates,   15
nunc sinitis sine Marte capi?'

166 PONDVS ERAM quoniam fulminata matre femini
Iouis insitus est. unde Liber bimater appellatus est, quod
duas ueluti matres habuerit, et dithyrambicus dictus est,
quod uelut per duas portas exierit. sed hoc fabulosum 20
intellegitur. sub hac autem figura mysticum philosophiae
secretum est. nam et illud falsissimum est, quod Tiresias
subiit metamorphosin.

171 BVXA tibia uel scabellum, quod in sacris tibicines
pede sonare consuerunt.   TIMENT THYRSOS quomodo 25
Thebani bella non timeant, qui bacchantium matrum

---

1 LEDAEAMQVE id est L Lideras Pa ‖ 3 se dicit LP | mor-
talibus saepe L ‖ 5 quodam uerba loco Pb ‖ 7 anguine et eius
Pb | proles ... penates om. Pb ‖ 8 era M ‖ 11 tristis M ‖ 16 ca//¡i
superscr. capi M ‖ 17 foemori LPb femora Pa ‖ 18 est insitus L
infixus est Pb | insutus *Klotz*. | Liber om. P luč lib M ‖ 19 uelut
Pb | habuit L | et om. L | disrambus M d'ramb' Pa deiambus
Pb ‖ 21 intelligitur LP ‖ 23 subiit metamorphosin *propos.*
Schottky subit∗∗∗ L subis M sub' Pa *spat. uac.* Pb ‖ 24 scabellum L *corr. ex* scabillum M scabillum Pa stabilum Pb ‖
25 consueuerunt L ‖ 26 matrum] morē ut Pa

thyrsos horrescunt. et ut bellandi inter illos monstraret speciem, ait: timent nuptarum proelia matrum.

174 PELTIS lunatis scutis, quibus utuntur Amazones.

175 SIC HOSTIS DEFVIT interpositio narrationis.

177 DITARE MYCENAS id est: inimicos Argos Thebanorum spoliis ditare. sensus: melius iratus alios hostes eligeres, ne nos inimicorum faceres praedam.

180 SILVASQVE LYCVRGI Lycurgus Thracum rex fuit, qui Liberum deum esse negabat.

181 ANNE TRIVMPHATOS Liber enim dicitur de Indis egisse triumphum. unde Virgilius ⟨Aen. VI 804 sq.⟩: 'nec, qui pampineis uictor iuga flectit habenis, Liber agens celso Nysae de uertice tigres'.

182 LATONIA FRATER Apollinem dicit, qui Delon insulam in honorem materni partus stabilem fecit.

184 COMMENDARE FRETIS id est duabus insulis alligare. freta enim proprie maria dicuntur, quae aestu rapido uicinas terras interfluunt. de qua insula ait Virgilius ⟨Aen. III 76⟩: 'Mycono e celsa Gyaroque reuinxit'.

185 HOSTILES Athenas dicit, | quas cum inundásset Neptunus, Minerua eas diluuio liberauit. pro qua urbe contendisse dicitur cum Neptuno inuentis muneribus. [Neptunus scilicet equum, Minerua oliuam] quam fabulam Virgilius tetigit dicens ⟨georg. I 12 sq.⟩: 'tuque o, cui prima frementem fudit equum magno tellus percussa tridente'. item ⟨georg. I 18 sq.⟩: 'oleaeque Minerua inuentrix'.

186 EPAPHVM Iouis et Ios filium, qui regnauit in Aegypto, cuius mater uersa est in iuuencam. unde Vir-

Lind. p. 247

---

5 id est *om.* **LPb** ‖ 6 iratos **Pb** ‖ 7 eliceret **L** eligeret **Pa** | vos **LPa** | faceret **L** facere **Pa** ‖ 8 -QVE *om.* **M** | fuit *om.* **MP** ‖ 10 Ante **MPb** | triumphátes **Pb** | deinde **LPa** indis **Pb** ‖ 15 stabillem dicit **Pb** ‖ 16 allegare **Pb** ‖ 17 dicuntur maria **Pb** ‖ 18 interfluant **M** ‖ 19 Mycone (*om.* e) **LPb** ‖ 20 inundassent **P** ‖ 21 eos **M** | urbe *om.* **Pb** ‖ 22 dicitur contendisse **Pb** | Neptunus ... oliuam *om.* **M** ‖ 23 tetigit Virgil. **L** tetigit **Pa** ‖ 24 tuque o *om.* **LMPa** ‖ 25 magno ... tridente *om.* **MPa** et eius (= etc.) **Pb** ‖ 27 Io **LPa** ///ios **M** ‖ 28 cui mater **M** | conuersa **Pb** | unde *om.* **Pb**

gilius ⟨Aen. VII 789⟩: 'at leuem clipeum sublatis cornibus Io'.

187 CYLLENE Arcadia, in qua Mercurius dicitur natus.

MINOIAVE CVRAT Minos et Rhadamanthus Iouis et
Europae filii, Cretensium reges. sed ut conciliet Iouem
in amorem Thebarum, commemorat, quas mortalium amare
dignatus fuerit feminarum, id est: Alcmenam, Antiopam
Nycteidem, postremo Europam, cuius frater Cadmus condidit Thebas.

189 HIC TIBI QVANDO MINOR quando quoniam. ordo
est: hic tibi noctes Herculeae et ardor Nyctei filiae Antiopae, quae a Lyco expulsa per Dircen a Ioue in taurum
uerso compressa est, unde Zethus et Amphion feruntur
progeniti.

190 NYCTEIDOS ARDOR amor Antiopae, Nyctei filiae.

191 HIC TYRIVM GENVS propter Europam et Cadmum,
quod Cadmus Tyrii Agenoris filius fuit, qui Thebas condidit, frater Europae. cuius rei necessitudine Thebanis
uult conciliare Iouem. FELICIOR IGNE amore. felicior
ergo Europa Semele, quippe quae fulmen pro amore perpessa est. ideo: nostro igne felicior.

Lind. p. 248 193 INVIDIAM RISIT PATER inuidiosam orationem ridendo
Iuppiter mitiorem effecit. ut Virgilius ⟨Aen. I 254⟩: 'olli
subridens hominum sator atque deorum'. POPLITE
FLEXVM genibus inclinatum.

197 SIC EXPOSTVS EGO sic sum subditus fatis, ut
imminentia mutare non possim. dicit ergo: non Iunonis
gratia Thebanis indicimus bellum, o puer, ut putas. ne-

---

4 MINOAVE LP minuaue M ‖ 6 thebanrum Pa | quos L ‖ 7 sit
L | id est om. L | antiopiam Pb ‖ 8 nictymeleā M nictinidā Pa
nictimelem Pb ‖ 10 MINOR om. L | quando om. LM ‖ 11 est om.
M Pa | Anthiopae filiae Nictei L ‖ 13 corrupta L | et om. Pa |
progeniti feruntur L ‖ 17 qui P | tyri M(P) ‖ 18 Thebanis om.
Pb ‖ 19 conciliare uult LP ‖ 20 quippe om. Pb ‖ 23 mitiorem om.
Pb | efficit Pa foecit Pb | ut om. Pa ‖ 25 flexo M flexu Pa | id
est genibus L ‖ 26 expositus M | fatis sum subditus L ‖ 27 in-
minentia M | murmurare P | possit P ‖ 28 Thebis LPb atheius Pa

que enim mutabilis potest esse Iuppiter, qui immoto fatorum ordine ea, quae semel decreta sunt, complere non differt. isti uero populi id est Argiui siue Thebani ad hoc fataliter nati sunt, ut bellis intereant.

201 REPONAM reuocem, reprimam siue cohibeam.

205 EXPVGNARE DEDI Mars Lapithas immissis furorum stimulis perdidit, Calydona Diana missu saeuissimi apri uastauit.

208 TARDVM ABOLERE MIHI id est: sero illis irrogo digna supplicia. CRIMINA DORICA Graeca. propter iniurias Tantali, qui ei exstincto filio Pelope humanos artus apposuit epulandos.

211 SANGVINE PENTHEVS commemorando, quod Pentheus innocens crudeliter sit punitus, et Liberum in Thebas uindicem seuerum esse. ... comparauit enim Oedipi Pentheique facinora, qui nec parricidium fecit nec cum matre concubuit. cum Pentheus ista non fecerit, tamen lacero funere tua lustra compleuit. ergo tu, qui tam saeuissime paruae culpae reos punire consueuisti, non debes tam flebiliter pro nefandissimis supplicare.

212 FRATRES PROGENVISSE REVS quia Oedipus maritus et filius, patris filii fratres sunt. nullus igitur ibi pietatis ordo seruatus est, ubi fuit Iocasta et uxor et mater.

219 NON HOC STATVI ordo: non hoc tempore statui Thebas euertere. et hoc dicendo spes aliqua ueniae postulanti promittitur. dicit enim Iuppiter se ut cetera numina

---

1 esse potest L esse Pb | immotu M ‖ 2 simul Pa | sunt decreta L ‖ 5 siue om. LPa ‖ 6 inmissis M ‖ 7 Calydoniam L calidonam MP | iussu Pa ‖ 9 MIHI om. MP | inrogo Pa irrogo corr. in irrogat M ‖ 10 inuriā P ‖ 11 qui ei MPb quia L quidē Pa | ei humanos L ‖ 12 epulando Pb ‖ 14 punitus est L | et Liberum om. MP ‖ 15 † seuerum MP | esse om. MP propono esse comprobat | comparando MP ‖ 16 patricidium Pb ‖ 18 conpleuit M ‖ 20 feliciter Pb ‖ 22 patres M matris, et patris L | fili M | fratris Pb frs̄ M | igitur om. M | tibi pietate Pb ‖ 23 seruatus .... mater om. Pb ‖ 24 NON ... ordo om. Pb ‖ 25 et ... se om. Pa | postulatae ueniae L ‖ 26 dicit ergo Pb | certa Pa

imminentia mala posse differre, in totum uero immutare non posse.

221 VLTORESQVE ALII Theseum dicit, qui secundo bello Thebas euertit.   NVNC REGIA IVNO QVERETVR nunc Iuno tristabitur, quoniam in primo bello omnes excepto Adrasto Argiuorum duces peribunt.

Lind. p. 249   222 MENTEMQVE HABITVMQVE RECEPIT dixerat poeta superius ⟨u. 151⟩: 'lapsoque inhonorus amictu' et ⟨u. 148⟩: 'purpureum tristi turbatus pectore uultum'. ergo audita oratione Iouis uno Liber tempore ornatum laetitiamque recepit.

223 SOLE MALO torrido seu igneo.   TRISTI NOTO nubilo austro. est autem floribus inimicus. unde Virgilius ⟨ecl. II 58 sq.⟩: 'floribus austrum perditus'.

225 REDIT OMNIS HONOS sic, inquit, laetitia Liberi immutatus est uultus ex grandi tristitia, quemadmodum flores flante austro et solis nimio calore pallescunt perduntque gratiam aspectus sui ac rursus, si placidi fauonii spirauerit flatus et uirentes herbas frigidior uentus erexerit. et odorem recipiunt et colorem.

228 EXPLORATA certa.   LONGO AGMINE ordinibus compositis.

229 IRE pro 'uenire'. ut Virgilius ⟨Aen. II 375⟩: 'uos .. nunc .. a nauibus itis'.

230 TREMERE AC MISERESCERE tremebant cuncti et terrebantur aduentu Argiuorum, qui Thebanis consanguinitate coniuncti fuerant. qui uero erant extranei, miserabantur, cum in memoriam reducerent perituras Thebas.

---

1 mutare L imitare Pb ‖ 4 REGIA om. L ‖ 5 exempto Pb 6 perierunt L ‖ 7 HAB. REC. om. MP ‖ 9 turpatus Pa turbat⁷ M ‖ 10 ratione MP | Liber uno L ‖ 12 SOLE om. MP | igneo] micum Pb ‖ 13 ut L om. Pb ‖ 14 austro perditis L ‖ 16 mutatus LP inmutatus M | e LP ‖ 18 placida M ‖ 19 spirauerint Pb | erexit Pb ‖ 20 calorē M ‖ 22 c̄postis M ‖ 23 pro om. Pb p Pa | ut om. Pb ‖ 24 uos nunc om. MP | itis om. Pa ‖ 25 Timere Pa | ET L ‖ 26 Argiuorum aduentu L | aduentū P ‖ 27 qui uero] q̄o M | miserebantur P

231 NOMINE ET ARMIS subaudiendum 'ceteros anteibat'.

232 ILLE METVM CONDENS Eteocles timorem dissimulans.

237 TESSERA bellorum signum est, ut hospitalem tesseram dicimus. ueteres enim, quoniam non poterant omnes
5 hospites suos nosse, tesseram illis dabant, quam illi ad hospitia reuersi ostendebant praeposito hospiti, unde intellegebantur hospites. hic tamen proprie tesseram signum bellicum posuit.

238 CAMPO QVI PROXIMVS VRBI campum subeunt, qui
10 patet ante urbem. qui est ad sistenda bella damnatus id est destinatus.

243 NONDVM CONCESSA VIDERI pudicarum uirginum Lind. p. 250 morem descripsit, quia nunquam uirgines facile uidebantur a populo.

5 244 ANTIGONE Oedipi filia, Polynicis soror. DEFENDITVR occultatur.

246 ARMIGERO qui Lai ante armiger fuit, eo nunc Antigone utebatur custode.

247 SPESNE hanc oeconomiam transtulit iuxta Home-
0 rum, qui per inquisitionem narrationem catalogi inducit. hic per Antigonem, ut illic per inquisitionem Priami et relationem Helenae.

248 HAEC VEXILLA hoc est: Thebanorum militum manus poterit tam immensum Argiuorum exercitum superare?
5 et parua multitudo contra hostium copias haec ualebit? — de auxiliaribus quaerit cateruis, nam suos ciues agnoscit. PATER non patrem genuinum Oedipum dicit, sed ut blandiretur nutritoribus, Phorbantem patrem uocauit.

250 MENOECEVS hic se pro patria ex responso de

---

1 anteibant P ‖ 2 metum L ‖ 3 ut] et M ‖ 4 qñ Pa | ueteres . . . dabant om. M ‖ 5 noscere L | illi om. Pb | ad hospitium Pb ‖ 6 p̄posito M proposito Pb | intelligebant L | hospites intelligebantur Pb ‖ 7 proprie om. Pb | tessera Pb ‖ 8 belli LPb bellicō Pa ‖ 9 qui . . . urbem om. M ‖ 10 porcet Pa pe Pb | substinenda Pb ‖ 13 uidentur LP ‖ 17 laii MPb | fuit armiger L ‖ 20 qui om. LP | narrationem om. L ‖ 21 hic qui per M ‖ 22 delationē Pb ‖ 23 manibus Pb ‖ 24 inmensum M ‖ 29 ex responso om. P extenso M

muro praecipitem dedit, filius Creontis, qui Eteoclis post
fratrum interitum accepit imperium.

251 AENA SPHINGE casside, cuius altitudinem in summitate adiecta auxerat sphinge.   siue signa Thebanorum
sphingas esse monstrauit.   ut enim apud Romanos aquilae ⁵
habebantur signis appositae, sic Thebanorum signa sphingos
uultus ornabat.

252 HOMOLOIDAS Homoloidae portae Thebanae sunt
appellatae, quae erant septem.   unde Thebana ciuitas
heptapylos dicta est.   10

254 TANAGRAE ciuitas Euboeae, quae nunc Penanoria
nuncupatur.

255 DRYAS hic est, quem Diana sagittis propter interfectum Parthenopaeum occidit.   TRIDENTEM ut declararet
se nepotem Orionis esse, in scuto tridentem pinxerat.   15

256 ORIONIS ALTI huius talis est fabula: Pelargus
quidam deorum cultor Iouem, Neptunum Mercuriumque
honorifice suscepit hospitio.   a quibus huic est facultas
oblata, ut, quia in deos religiosus exstiterat, ab his, quod
uellet, optaret.   is cum adhuc aetatis nullum filium acce- ²⁰
pisset, postulauit, ut beneficio numinum proles sibi con-
tingeret.   minxerunt ergo numina in bouis corium, quem
Pelargus diis immolauerat, et hoc defodi iusserunt exactis-
que nouem mensibus tolli.   ex quo natus est Orion, qui
ex urina nomen accepit. οὖρον enim Graece urina dicitur. ²⁵
hic de stupro compellauit Dianam.   illa irata Terrae implorauit auxilium.   at ille ictu scorpionis interiit, quem
Terra in ultionem Dianae exsilire compulerat.   alii uero

---

1 etheocles Pa *corr. in* etheoclis M | post fratris Etheoclis L ‖
2 frm̄ M fratris P ‖ 4 spinga MP | signa *om.* M ‖ 6 signa apposita
Pb ‖ 8 sunt Thebanae L ‖ 10 appellata est Pb ‖ 11 TANAGRE LMP ‖
14 declaret Pb ‖ 15 Orionis nepotem L | esse *om.* Pb ‖ 16 Pelasgus
L ‖ 18 honorifice *om.* L ‖ 19 extiterit M | q̄ M quot Pa quid Pb ‖
20 optaret *ante* ab *praeb.* Pb | his M | filium nullum L | susce-
pisset LP ‖ 21 numina] urinam Pa ‖ 23 Pelasgus L | defodere L
defodiri M (!) defoderi Pa ‖ 25 Uros M Vrg- Pa ουρος Pb (!) ‖
26 conpellauit M | inuocauit LPa ‖ 27 at ille *om.* MPbPc | scorpii
L ‖ 28 compulerat exilire Pb

dicunt Orionem ipsius Dianae sagittis fuisse frustratum.
ut Horatius ⟨carm. III 4, 72⟩: 'uirginea domitus sagitta'.

261 NISA DIONAEISQVE AVIBVS CIRCVMSONA Nisam hanc
quidam uolunt regionem esse, in qua Nisus regnauit, cuius
crinem purpureum Scylla filia dicitur amputasse.
THISBE ciuitas eiusdem, in qua Venus colitur. circum-
s o n a: quod Iouis per columbas aliquando dabantur oracula.

263 PINVQVE IVBAS quia quasi equinae saetae sunt
pini folia.

264 TERRIBILIS SILVIS uenationibus.

265 ERYTHRAE ciuitas numeri tantum pluralis.

266 SCOLON ETEONON ciuitates sunt Graeciae, quae
Thebanis auxilia miserunt.   IVGIS INIQVIS arduis siue
excelsis.

267 ATALANTEAM duas Atalan|tas fuisse certissimum Lind. p. 251
est: unam Arcadem, cuius Parthenopaeus est filius; aliam
de Scyro, nobilem cursu[, quam Hippomenes currendo
superauit proiciendo tria poma aurea Veneris consilio].

268 NOTI CAMPI in quibus solebat Atalante cum procis
cursu contendere.   COLVNT non uenerantur, sed habitant.

269 SARISAS Macedonum lanceas. hoc enim nomine
tela sua ipsius gentis homines uocant. unde Lucanus
⟨VIII 298⟩: 'primi Pellaeas arcu fregere sarisas'.

270 DIFFICILES EXCLVDERE causa scilicet breuitatis.

272 ONCHESTI Onchestus Neptuni filius fuit, qui ex

---

1 prostratum *Klotz*. ‖ 3 circumsona(n)t M(P) | Nisam *om.*
LPa ‖ 4 esse regionem LP ‖ 6 hisbę MP | circumsona *inserui* i
M ‖ 7 quo L | aliquando per columbas L | dabuntur M | responsa
L ‖ 8 PINVSQVE IVBASQVE L ‖ 12 Colon MPa | coleñ theone Pb ‖
13 auxilium LPa ‖ 14 excesis Pb excessib) *corr. in* excelsib) M ‖
15 ATALANTEMQVE L | Atalantes L *corr. in* atalantas M | esse L |
certissime ē M ‖ 16 Arcadam LMPa | alteram Pc ‖ 17 quam . . .
consilio *om.* MP | Hyppomanes L ‖ 19 Atalanta L   atlanta Pb
athalantem M ‖ 21 SARISSAS LPa | lanceas] tela Pb ‖ 23 fugere
Pb | sarissas LPb ‖ 24 sc. causa L | *post* breuitatis P *praebent*
ad excludendum ‖ 25 ONCHESTI . . . ciuitatem *om. in marg. sup.*
add. M | fuit filius L

suo nomine hanc condidit ciuitatem.   MYCALESOS promunturium est ciuitatis eiusdem.

273 PALLADIVSQVE MELAS Boeotiae fluuius Mineruae
consecratus. Palladius ergo Atticus. alii uolunt hunc
Athenarum fluuium esse, quem Palladium ad discretionem 5
posuit. est enim alter Melas in Sicyoniorum finibus. siue
Melam montem dixit oliuetis consitum.

274 GARGAPHIE fons est Dianae Hecatae consecratus.

275 ET NIMIA cuius satis nimietas herbarum inhabitet,
quae nascentes opprimit messes.   10

279 VIRGO LYRA GALEAM in cono galeae lyram habebat propter musicam, qua Thebani dicuntur muri fuisse
constructi.   TAVRO propter Iouem et Europam uel
propter Cadmum, qui bouem secutus est, ut Thebanam
conderet ciuitatem, uel, quod manifestius, propter Dircen 15
nouercam, quam ab his tauro constat esse religatam.

280 MACTE ANIMO ut si diceret: perfectae indolis
iuuenis. mactare enim dictum est sacrificium perfecisse.
unde Virgilius ⟨Aen. IX 641⟩: 'macte noua uirtute, puer'
id est perfecte.   20

281 OPPONERE PECTORA bene 'opponere' dixit ad defensionem murorum.

282 HELICONIA TVRBA per Heliconia intellegi uult
poetas etiam ad auxilia conuenisse et commemorat fluuios
Musis dicatos: Heliconium, Permessum, Olmium.   25

287 RENIDENTEM splendentem niue deposita.   CYGNI

---

1 condidit hanc M ‖ 2 est *om.* LPa | eiusdem ciuitatis L ‖
4 palladiū M ‖ 6 enim *om.* M autem Pc | sic himarum M
sichinarium Pa schimarium Pb ‖ 7 Melas L μέλανα? | dicit
L | oliuis Pb ‖ 8 est *om.* LMPa | ab Hecate L eccate M obetata Pa obechata Pb ‖ 9 cui Pb ‖ 10 opprimet M ‖ 11 habebant
LMPa ‖ 12 muri dicuntur Pb ‖ 13 et *om.* Pa ‖ 15 ciuitatem *om.*
M | Dyrcem LPa ‖ 16 qū̥ẹ M | constat tauro L | esse *om.* L |
religata//// M ‖ 21 opponere] pronos MP ‖ 23 eliconia P Helicona
L eliconas M | intelligi LPa | uult intelligi Pb | uoluit L ‖ 25 Hormium L olinum Pb ‖ 26 RENITENTEM LPb | niuem L | depositā LMPa

quia apud Olmium fluuium multi sunt cygni et hi, qui
ab hoc fluuio ueniebant, cygnorum more cantabant.

296 SED AEVI CONFVDERE MODOS aetatis suae, dum Lind. p. 252
paene aequales sunt, spatia confuderunt.   NYMPHE ad
5 ornamentum carminis sui Graecum nomen accepit. νύμφη
enim Graece dicitur sponsa.

298 MARITIS IGNIBVS uiriles amores, concubitus uoluptatem dicit.

300 NEC LONGVM id est 'tempus transiit'.   ET
0 PVLCHER ALATREVS natus est filius, qui patri puero crescendi
celeritate paene aequaeuus est.

302 TRAXITQVE NOTAS similitudinem patris in suo
uultu signauit.

304 PLVS PATER hoc est: gaudet aetate antecedenti
5 desiderio.   HVNC OLIM IVVAT ET VENTVRA SENECTVS uno
tempore senescentium patris et filii.

307 EXILEM sterilem agrum habentem.   CORONIAM
nomen a Coro Centauro tractum, de quo et ciuitas dicta.
quem reliqui Centauri uelut palum caedentes terrae affixe-
10 runt.   BACCHO GLISANTA duae ciuitates duorum numinum pari gaudent munere: Coronia Baccho fertilis est,
Glisas Cerere infecunda tristatur. nec euenit, ut prouentu
suo utraque ciuitas frumenti et uini bono gauderet.

310 HYPSEA QVADRIIVGOS fratrem Aeaci dicit.   cui Lind. p. 253
15 Iuppiter ex formicis socios fecit armatos exsistere. ex
Aeaco Peleus natus est, ex Peleo Achilles, cuius milites

---

1 Hormium L olimiū Pa olmum Pb | hic M ‖ 4 bene M | sunt
om. M | confudere M | Nymphae L Nimpha M ‖ 5 Graece νύμφη
(om. enim) L | nimpha MP ‖ 6 sponsa dicitur Pb ‖ 7 Mariti
MP ‖ 9 transit P ‖ 10 puero om. LPb .... ero Pa ‖ 11 equetius
P ‖ 12 uultu suo L ‖ 15 post desiderio P praeb.: ē nomen breue,
M: ē nomen p̄(uentura) | HVNC ... ET om. MP ‖ 16 senes fiunt
pater et filius Pb | senesciunt Pa ‖ 18 a quo LP ‖ 19 paulum
M | cadentes Pb | adfixeř M adfixerunt Pa ‖ 20 nominū MP ‖
21 corona P | fertilis non est, Glisas autem ? ‖ 22 simul Glisanta
L glisanta MPa glis Pb | infecunda cerere Pb | tristantur L |
uenit M ‖ 23 et om. Pa ‖ 24 quadrigos M | cuius L cū MP ‖
25 accepit Pb | ex eo L ‖ 26 est om. MPa | ex Peleo om. M

Myrmidones nuncupati sunt a formicarum origine. μύρμη-κες enim Graece formicae dicuntur. — hunc Hypseum in nono libro Capaneus occidit.

312 NAM TERGO NVNQVAM METVS siue quia hic uirtutis suae praerogatiua nunquam fugiebat, siue quia uetus consuetudo fuerat, ut lorica nunquam nisi pectus tegeret, ut spem fugae eriperet pugnaturis. quod Sallustius ⟨Iug. CVII 1⟩ apertissime dicendo monstrauit: 'et in maximo metu nudum et caecum corpus ad hostem uertere' id est: quod nec oculi nec lorica muniebat.

314 IRRITA VOTO quae in percutiendo nunquam auctoris sui uota decepit.

315 ASOPOS fluuius. hic cum raptam a Ioue filiam Aeginam aequo animo ferre non posset, omni aquarum agmine concitatus caelum petebat infestus. hunc Iuppiter fulminauit. unde hodieque dicitur eo tempore, quo fulmen excepit, prunis uiuentibus fluere. ideo dixit ⟨u. 325⟩: 'adhuc ripis animosus gurges anhelat'. hunc Asopum breuiter etiam Lucanus describit dicendo ⟨VI 374⟩: 'accipit Asopos aquas'.

321 NONDVM ISTA LICEBANT uitiare uirgines alienas.

323 CONSERVITQVE MANVM contra nubes et fulmina.

NEC QVEM IMPLORARET HABEBAT quia huic bella commouerat, a quo omnia numina auxilium postulare consueuerant.

---

1 nuncupantur Pb | mirmices M Pa mirmites Pb ‖ 4 siue ... fugiebat om. Pb ‖ 6 ut a lorica Pa | nusquam ? | peccatus Pb ‖ 7 fugere corr. in fuge M ‖ 8 aptissime Pb | monstrauit dicendo L | in om. Pa ‖ 9 metu sumpsi ex Sall. omnium et L M P | ad hostes Pb ‖ 11 IRRITO M | VOTI Statius ‖ 12 decipit L Pb ‖ 13 Asopus Pb ‖ 15 concitato Pb | 16 unde] uerum L | eo om. Pb ‖ 17 primus L P prumis M | urentibus ripis L urentibus undis Pb ‖ 18 ripi M ripas Pb | anhelet M anhelis Statius ‖ 19 breuē M P | ēē M Pb | describit Lucanus dicens L | accepit M P om. L ‖ 20 aquas áscopus Pb | cursus Lucan. (aquas legitur in u. 376) ‖ 21 NONDV ISTA om. M P | LICEBAT L Pb | uitiare et alienas om. Pb ‖ 22 Conferū corr. in Conserunt M Conserū Pa Cum serenum Pb | manus M P ‖ 23 imploret M | hinc M adhuc Pb | commemorat Pa ‖ 24 consueuerunt Pb

327 AETNAEOS nimios. in similitudinem Aetnae fulminatus est Asopus, et ipsa aqua efflat adhuc fulminis
minas.

330 ITONAEOS ut ipse supra ⟨II 721⟩: 'Aonia diuertis Lind. p. 254
Itone'. in qua Itonus regnauit, Herculis filius. haec
ciuitas Boeotiae est. hinc Bacchylides Mineruam Itoniam
dixit et Alalcomenen ipsam significauit. hic Bacchylides
Graecus poeta est, quem imitatus est Horatius in illa ode,
in qua Proteus Troiae futurum narrauit excidium.

331 QVOS MIDEE Boeotiae ciuitas, in qua Alcmena
nata est, Herculis mater.

332 AVLIDA Aulis dicta est ex eo, quod illic omnes
Graeciae reges in excidium Troiae coniuraturi conuenerant.
unde Virgilius ⟨Aen. IV 425 sq.⟩: 'non ego cum Danais
Troianam excindere gentem Aulide iuraui'. PLATAEAS
Boeotiae ciuitas. ut supra ⟨IV 373⟩: 'nuntiat excubiis
uigiles arsisse Plataeas'.

333 REFLVVMQVE quia septies in die fluit et refluit
quemadmodum Siciliense fretum, quod certis horis fluit
ac refluit. unde Lucanus ⟨V 235⟩: 'Euripusque trahit
cursum mutantibus undis'.

334 QVA NOSTER HABET bene noster, quia est Boeotiae
et Euboeae.

335 ANTHEDON ciuitas est Boeotiae inter Euboeam et
Boeotiam constituta. GLAVCVS hic piscator fuit de

---

1 fulmineos *anon. Heidelb.* | in similitudine Pb | Aetnae *om.*
Pb | fulminatus edine (*om.* est) M ‖ 2 afflat Pb ‖ 4 ITONAEOS . . .
Itonus *om.* P | ipsa M ‖ 6 *Anthol. lyr. ed. Bergk-Hiller p. 275* |
et ithoniam Pb ‖ 7 Alcomenem L alchomenē M alchmenen Pa
alchemonem Pb | hic . . . est[1] *om.* L ‖ 8 est[2] *om.* M | oda Pb ‖
9 *carm.* I 15 | narrat L ‖ 10 MIDIE LMPb mide Pa | alchomene
MPa ‖ 11 *post* mater *leguntur in* L: et in qua etiam colitur
Minerua ‖ 12 quia omnes illic L ‖ 14 unde *om.* Pb ‖ 15 Platea
M ‖ 16 urbs L ‖ 18 septies *om.* Pa ‖ 20 ac refluit *om.* L ‖ 22 QVA
om. MP | ABIT L | bene noster *om.* LP ‖ 24 Ante dū M | est *om.*
LMPa ‖ 25 constituta *om.* L | *ante* constituta ITONAEOS . . . Itonus
supra omissa inseruit P | fuit & de L

Anthedone ciuitate, qui extractam mari praedam proiecit in litore. pisces herbarum tactu reuixerunt. intellexit Glaucus hanc illorum graminum naturam esse, ut immortales efficerentur, qui ea gustassent. itaque auellit et assumpsit. quo facto ilico deposito humano corpore in marinum uersus est deum.

336 POSCENTES IRRVMPIT AQVAS quasi eum desiderarent maria deum sibi fieri.

337 EXPAVIT postquam se uidit Glaucus deformem uel biformem factum, expauit. ita enim marina numina Virgilius formauit dicendo ⟨Aen. X 210 sq.⟩: 'cui laterum tenus hispida nanti frons hominem praefert, in pristim desinit aluus'.

338 ET TORTA circum caput rotata.

339 GAESA hastae Gallorum. Virgilius ⟨Aen. VIII 661 sq.⟩: 'duo quisque Alpina coruscant gaesa manu'.

340 CEPHISE Cephisus fluuius, Narcissi pater, cum caede Zephyri prostratus esset, Apollinis miseratione sanatus est. hoc ergo dicit: in auxilium tu quoque filiam destinasses, nisi iam palleret in flore. Thespius enim fuit Narcissus Cephisi fluuii. cuius etiam Lucanus meminit dicendo ⟨III 174 sq.⟩: 'quos impiger ambit fatidica Cephisos aqua'.

341 NARCISSVM Narcissus uenandi studiosus fuit. quo labore fatigatus uenit ad fontem, ut restingueret sitim. qui in fontis speculo imaginem suam uidit et amauit, cum putaret alienam. et cum coepisset eius desiderio cottidie intabescere, in florem sui nominis est mutatus.

---

1 ciuitatis M | qui cum . . . ex mari . . . proiecisset L | 3 inmortales MPa ‖ 4 eam L ‖ 5 apsunsit Pb | illico LPb | 7 Poscentis MP | IRRVMPIT *om.* MP | cū M ‖ 9 Glaucus postquam uidit se L ‖ 12 homines Pb | ꝑferre MPa | pistrin L pystrin M priꝉ Pa pistrim Pb ‖ 14 ET *om.* Pb | retorta Pb | 15 hasta L ‖ 16 coruscat MP ‖ 19 ergo] autem Pb | in] aut M | filium *om.* Pb ‖ 20 enim] autem Pb ‖ 21 cethesi M coethisi Pa cetesei Pb ‖ 22 impiger *om.* M | ambit *om.* LMP | cephisꝰ M ‖ 25 restringueret M ‖ 26 quo Pb *om.* MPa | in speculo fontis LPa in speculo Pb ‖ 27 quotidie L quottidie Pb cotidie Pa

342 ALLVIS irrigas, ne marcescat.

344 PHOCIDA a Phoco, Aeaci filio, quem Peleus et Lind. p. 255
Telamon occidisse feruntur. a cuius nomine ciuitas nuncupata est, in qua Oedipus Laium, dum patrem quaerit,
occidit. quae ciuitas tres habet uias, quae se post multa
spatia in unam iungunt plateam, ut ipse in primo
⟨un. 64 sq.⟩: 'trifidaeque in Phocidos arto longaeuum im-
plicui regem'.   QVIS PANOPEN tres omnes ciuitates sunt
Phocidos.

345 LEBADIA ciuitas Apollini sacrata, in qua Tropho-
nius et Agamedes Tauropolitae fratres fuerunt, filii Augae
famosissimi.

347 AVT CIRRHAM Parnasus mons est Phocidos, qui
in duo iuga diuiditur id est in Cirrham et Nysam. Cirrha
ergo etiam ciuitas dicitur circa montem Parnasum posita.
haec habet stagnum Apollini consecratum. de quo ipse
ait superius ⟨I 62⟩: 'si stagna peti Cirrhaea bicorni'.

348 CORYCIVMQVE NEMVS quidam 'Ogygium' legunt,
quia post Cadmum Ogygius Thebas rexit. quo uocabulo
antiqui Thebanos intellegi uoluerunt. post etiam nemori
est hoc nomen impositum. etiam tumulus circa Thebas
ita uocatur.

351 ASPICE LAVRVS ita se deuotos Apollini demon-
strabant, ut et lauro coronati incederent et maximos eius
actus scutorum aptarent insignibus.

353 CAEDE PHARETRAS Niobe, uxor Amphionis, cum
quattuordecim procreasset filios — septem uirilis sexus,

---

1 ALLVIT LM | irrigauit L inrigat M ‖ 3 celemon M | dicun-
tur Pb ‖ 4 quaereret L ‖ 7 in *om.* Pb | arce Pb arcto LMPa |
inplicuit M ‖ 8 Qua Pa Quia Pb | panapen P | omnes *om.* Pb ‖
10 sacra LP | Triphonius L ‖ 11 Latamedes LP datamedas M
corr. Barth. | tauropolitus Pb ‖ 12 formosissimi L ‖ 13 Parnassus
L parnassos MPa ‖ 14 id est *om.* Pb ‖ 15 circa ... posita] a
cyrrha monte parna(s)so in quo ē (*om.* Pa) posita P | sita L ‖
16 sacrum Pb ‖ 17 ait *om.* L | petij L petā M petiit Pa petiuit
Pb ‖ 18 CORCYRVMQVE L | aogigium M ‖ 19 q M | ogiges Pb ‖
20 intellegi uolebant LP ‖ 21 hoc *om.* M | inpositū M ‖ 23 lauros
MPb ‖ 25 armarent Pb ‖ 26 pharetre Pa ‖ 27 peperisset L

septem feminei — fecunditatem partuum suorum Latonae praeposuit. qua re commota filios suos Apollinem et Dianam in ultionem suae instigauit iniuriae. cuius Niobes filios quattuordecim uterque deus sagittis exstinxit: Apollo pueros, puellas Diana.

355 NAVBOLVS hic Lai fuit auriga.

356 SECVRA sine metu futuri parricidii.

358 NOSTRO CVM SANGVINE CERVIX ostendit eo tempore, quo Naubolus Lai auriga fuit, se Phorbas armigerum fuisse et optat, ut eo, quo errore occisus est Laius, filii pariter interissent, ne ad uidendum fratrum scelera seruarentur.

Lind. p. 256 360 REPENS et aduerbium potest esse temporis et nomen participiale. ostendit Phorbantem loqui intercepta singultibus uoce minime potuisse.

363 SOLLICITVM DECVS quia illi cura est Antigones uirginitatis custodia.

364 SERAS TIBI DEMOROR propter te seniles annos in uita demoror.

365 FORS EADEM ut, quomodo Laium, sic eius nepotes aspiciam perire.

366 INTEGRAMQVE RESIGNEM sicut accepi seruandam, integra nuptiis uirginitate restituam.

369 TRANSABIERE DVCES narratione elapsi sunt.

370 CARYSTE insula est iuxta Euboeum fretum. quam saxosam ideo ait, quoniam ibi marmora nascuntur, quae

---

2 irata **Pb** ‖ 3 insignauit **Pb** | niobe (**M**)**P** ‖ 4 extinxit sagittis **L** ‖ 6 laii **Pb** | fuit ... Lai *om.* **Pb** ‖ 9 fuit auriga **L** | Phorbantem (*om.* se) **L** ‖ 10 eo *om.* **L** | errore quo **L Pb** | terrore **M** est Laius *om.* **Pb** | filius **Pa** *corr. ex* filios **Pb** ‖ 11 interiissent **L** interisset **P** | ad diuidendum **L P** | seruaretur **P** ‖ 14 participale **L M Pb** | loqui *post* uoce *praeb.* **L** ‖ 16 illic **M** ‖ 18 SERAS *om.* **M P** ‖ 19 de uita **Pb** ‖ 20 Frons **M** | quemadmodum **L** ‖ 21 perire *om.* **M P** ‖ 22 INTEGRAMQVE *om.* **M P** | accepit **Pa** ‖ 23 integram **L** *om.* **Pa** | uirginitatem **L** uirginitatis **Pb** | restitutam **M Pb** ‖ 24 egressi **Pb** ‖ 25 CARISTAE **L** carista **Pb** | euboetum **Pa** euboicum **Pb** ‖ 26 quia loci **M**

ꜱ loci uocabulo Carystia dicuntur. unde Lucanus ⟨V 232⟩:
'qua maris angustat fauces saxosa Carystos'.

371 NON HVMILES AEGAS ualde omnibus notas.
CAPHAREA mons est altissimus naufragiis Graecorum notus
omnibus in finibus Euboeae.

378 VLTRO non coacti. IVRASTIS iurare proprie
est, quotienscumque sacramento exercitus in aliquo bello
conspirat. siue quia legiones, cum scribuntur, ante in
sacramenta militiae compelluntur iurare.

386 HIC ERAT ET FRATER hostili animo, quasi iam
non est, dixit.

388 RELICTVS ut inuenias me carentem auxiliis et
occidas.

393 PERSPICVAS SIC LVCE FORES siue adueniente die
perspicuas siue ex cratibus factas, quae raritate uirgarum
conexae lucem admittunt.

394 DVM TERRA RECENS dum adhuc ros in gramine
est, quo tempore gratiora sunt pecoribus pascua.

396 HVMVM TRACTVRA lactis pondere praegrauata.

397 SVCCIDVAS tardantes a succidendo. siue, ut feturae
succedentem subolem demonstraret, succiduas dixit id
est uicarias.

402 MORE FVGAE fecit enim formido ueloces.   Lind. p. 257

403 PRODIGIALE CANENS nescio quid prodigiale de-
nuntians. PRAEVIA FATI certa enim bellantibus sors
est mortem sperare.

404 VOLVCRESQVE FERAEQVE hoc loco res prodigiales
poeta describit.

405 SIDERAQVE ignota sidera apparere tempore belli

---

1 caristea MPb ‖ 3 omnibus ualde L ‖ 4 naufragio L │ omnibus notus LP ‖ 6 coacta Pa ‖ 7 sacramenta P ‖ 8 quia om.
Pb ❘ 11 esset L ‖ 14 PERSPICVAS om. MP │ SIC om. P │ foras M ‖
16 cōnexae L ‖ 18 est om. L ‖ 19 tactura P │ granata M pre-
grauatas Pb ‖ 20 ut om. Pb │ feturę corr. ex futurę M ‖ 21 sobo-
lem LPb ❘ in animo habuit succidanias │ id est om. Pb ‖ 22 uicinas
Pb ‖ 23 Mox refuge M │ facit Pb ‖ 24 qd̄ M │ pronuntiās Pb ‖
27 poeta post loco pos. Pb │ prodigiales res LP ‖ 29 ignea Pa

certissimum est et frequentia fulmina fieri.   AMNES inter cetera prodigiorum genera fluuiorum etiam incrementa ponuntur incerto tempore.

407 CLAVSAEQVE DEORVM in Cirrha tantum prospera deorum dabantur oracula.   nam cui exitium imminebat, taciturnitate templi penitus damnabatur.

411 ELEVSIN ciuitas est Atticae regionis haud longe ab Athenis, in qua regnauit Celeus, qui Cererem, dum filiam quaereret, liberalissime suscepit hospitio.   in qua ciuitate Cereris sacra consueuerant uirginum ululatibus et saltationibus celebrari.

412 SPARTE apud Spartam aperto templo eodem tempore Castor et Pollux dimicare inter se uisi sunt.   ex quo omine colligebant Eteoclen et Polynicen impia inter se bella gesturos.   TEMPLIS RECLVSIS quia Apollinis oraculum est illic Hyacinthi et Amyclaei.

413 AMYCLAEOS Amyclaei fratres sunt Castor et Pollux.

414 LYCAONIS VMBRAS Lycaon pater Helicae ursae fuisse dicitur, qui dolore stupratae a Ioue filiae deos humanarum carnium cibis uiolauit.   ob quam rem in formam lupi dicitur esse conuersus.

415 SAEVO CAMPO in quo uictor filiae sponsos solitus erat necare.

416 OENOMAVM Atalantes patrem.

417 DEFORMEM CORNV cum uno cornu ante fuerit ab Hercule uiduatus.   quare eum nunc poeta ambo amisisse describit, ut omen diri belli tradi possit, quod utroque cornu Achelous truncatus uideretur, quod signum periturorum germanorum manifestissimum fuit.

---

2 inter certas **Pb** ‖ 4 t̄m **Pb** ‖ 5 cuius exitum **P** ‖ 6 perit' **M** 7 ELEVSIS **L**   elesim **Pb** | haut **M**   aut **Pa** ‖ 8 Teleus **L**   oileus **Pb** ‖ 10 consueuerunt **Pb** ‖ 12 SPARTAE **L** ‖ 13 inter se *ante* Castor *posuit* **Pb** ‖ 14 homine **Pa**   omnem **Pb**   nōe **M** | Etheoclem **L** Polynicem **LMPb** | impie **Pb** ‖ 15 Templi **M** ‖ 16 illic *om.* **Pb** | Hyacinthi et Amyclaei *om.* **L** ‖ 18 Helice **L**   elice **MP** ‖ 19 dicitur *om.* **Pb** | deos *om.* **Pb** ‖ 20 causam **Pb** ‖ 22 auctor **Pb** ‖ 24 Atalantae **L**   at(a)lantis **MP** ‖ 26 uiduat⁓ **M** | ambo ... possit *om.* **Pb** ‖ 27 in utroque **Pa** ‖ 29 certissimum **L**

419 CONFVSVM IVNONIS EBVR confusum dolore siue turbatum siue pudore uerecundatum.

420 GEMINI MARIS Corinthios dicit, qui Euripi incolunt partem. ut Horatius ⟨carm. I 7, 2 sq.⟩: 'bimarisue Corinthi moenia'.

421 PALAEMONA PONTO Palaemon deus marinus est, qui | portubus praeest. cuius nota est fabula. Athamas Lind. p. 258 post furorem a Iunone immissum cum occiso Learcho Melicertam, alterum filium suum, cum uxore sua Ino persequeretur et se illi in mare praecipitassent, uoluntate numinum in deos uersi sunt: Melicerta in Portunum, qui Graece Palaemon dicitur, Ino in Matrem Matutam, quae Graece dicitur Leucothea.

423 PROHIBETQVE TIMERI quasi imminentia mala etiam prodigiis nuntientur, ne caueant homines, numina credi uetant.

424 ASOPE TVAS Thebarum fluuius, cuius Aeginam filiam in aquilam mutatus Iuppiter uitiauit.

427 ANIMOS incrementa.

428 SEV MONTANA frequenter loca altiora abundant niuibus, quae, cum aduentu ueris liquefiunt, addunt fluminibus incrementa. FLVMINIS aduentus describitur Argiuorum.

437 ALTERA TELLVS ulterior ripa.

440 VISAEQVE ACCEDERE RIPAE ad opinionem rettulit armentorum, quibus transeunte tauro fluuii altitudo minor et latitudo breuior uidetur effecta.

441 ACCOMMODA CASTRIS positio castrorum describitur. Lind. p. 259

445 INSTANT id est: nullus erat tam excelsus prope

---

1 CONFVSVM om. MP ‖ 2 uerecundatum pudore Pb ‖ 3 corinthos M orītum Pb | quia uel P ‖ 6 est om. L ‖ 7 preest portubus Pb | 8 inmissum M ‖ 9 melicerta MPa | prosequeretur L ‖ 11 conuersi Pb ‖ 12 matutē superscr. ā M ‖ 17 schol. 424 om. Pa | fluuius Thebarum L ‖ 20 altiora om. M | habundant M ‖ 21 ueris aduentu L ‖ 25 VISAEQVE om. MP ‖ 26 (tauro om.) fluuio L | 27 uidetur unde Pb | effeta P ‖ 28 portio Pb ‖ 29 id est om. L

collis, cuius altitudo uel despectus castris esse posset incommodus.

446 NEC LONGA LABOR nec multo labore dicit castra munienda.

448 ELATAE RVPES in murorum uices rupes naturae beneficio uidebantur aequatae.

449 PINNAE castrorum excelsa munimina.

450 CETERA DANT IPSI quae deerant munitioni castrorum, manuum opere claudebantur.

451 EREPSIT egressus est et sine sensu transiit.

456 AMPHIONIS ARCES prae timore somniantibus muri Thebani, quos Amphion exstruxerat, uidebantur inualidi.

458 MAIORESQVE TIMOR maiora enim nobis uidentur omnia, quae timemus.

462 MANDANT FVNERA commendant, ut, si mortui fuerint, eorum sepulturas procurent.

463 SI TENVIS DEMISIT LVMINA SOMNVS id est ad soporem laxauit a rigore uigiliarum. si leuis ergo somnus eos oppresserit, uidentur sibi bellare.

468 AVT VTRIQVE PATREM quia ambobus fuerat inimicus. ILLE Oedipus pater.

Lind. p. 260 470 IAM GELIDAM PHOEBEN noctem. lunam enim pro nocte posuit.

471 HAVSERAT attenuauerat, absconderat. TVMET feruet.

472 RECLVSVM quia ipsum parturit solem. siue sedatum. oriente enim sole tempestas quiescit.

474 OBSITA nigro amictu tecta.

477 ANTIQVISSIMA Furiae addit insaniam eam potissi-

---

1 castris *om.* L | posset $\widetilde{\&}$ Pb | esse incommodus posset L Pa ēē possit incōmodus M ‖ 5 *schol.* 448 *in* P *post schol.* 450 *legitur* ‖ 8 dederant P erant M ‖ 9 manu M Pa | opere Pb | addebantur L ‖ 10 Erexit Pb | transit Pb ‖ 13 uobis Pa | uidentur nobis L ‖ 16 procurarent M ‖ 17 dimisit M P | est si ad L ‖ 18 a rigore uigiliarum laxauit L ‖ 19 uidebantur L ‖ 20 fuerit Pb ‖ 22 noctem *om.* Pb ‖ 24 Auferat M | timet P ‖ 26 quia . . . solem *pertinere uidentur ad* TVMET | partitur L ‖ 29 fuerit Pa furere Pb fuere *corr. in* furie M | addidit L

mum nominando, quam crudeliorem omnibus esse consta-
bat. etenim Allecto antiquissimam quasi natu maiorem
dixit. de qua Virgilius ⟨Aen. VII 327⟩: 'odit et ipse
pater Pluton, odere sorores'.

485 EXPAVERE MANIPLI expauerunt armati Furiae habitum, qui matrem si eminus cognouissent, poterant reuereri.

490 MONSTRAVERIT HOSTEM pro 'monstrat'.   Lind. p. 261

494 MATREM MATREM ἀναδίπλωσις.

498 REX ARGIVE MIHI inuidiose dicit, quod deserta
patria Argiuis maluerit imperare.

501 QVEM NON PERMOVEAS interrogatiue. hoc est:
quem non permoueas formidine tanti exercitus? aut cui
non iam metum incutias, cum post exsilium reuertaris ad
patriam?

506 IVBEOQVE ROGOQVE et personam seruat et tempus:
iubet filio, exsulem rogat iure uenientem.

508 QVID AVFERS LVMINA interpositio est.

512 FAS OMNE aequitas siue iustitia seu consanguinitatis
affectio.

513 DVCENTE TIMERES quasi de scelerato patre dicit
potuisse mali aliquid merito filium suspicari, qui occiso
patre postremo matrem duxit uxorem.

515 EXCVSO FVRORES defendo quasi iustos innocentia mea.

523 QVID ME ORO DECET id est: multo plus uobis
5 ego illum diligere debeo, quem peperi.

524 AB HYRCANIS Armeniis. hoc dicit: si hoc a
ferissimis gentibus postulassem, potuissem mereri, ut me
media fratrum discordia sopiretur.

---

1 (constat Pb) ‖ 2 adlecto M ablecto Pb Alecto L | maiorem
natu Pb ‖ 3 odit ... Pluton *om.* M ‖ 4 audere M | odere sorores
ante odit *pos.* P ‖ 9 MIHI *om.* MP | dixit LP ‖ 10 imperare maluerit
LP ‖ 11 promoueas Pb ‖ 12 pmoueas aut P ‖ 13 non iam metum
M misericordiam non LPb non misericordiam Pa ‖ 15 et¹ *om.*
M ‖ 16 iubeoq3 Pa iubetque Pb | filium Pb ‖ 17 Quod P ‖ 18 siue
Pb ‖ 22 dixit Pb ‖ 23 furorem P furore M | defendo ... plus *om.*
in *marg.* *add.* M | iustus LMP *om.* Mon. | in nocentia *Vollm.* ‖
25 debeo illum L ‖ 26 AB *om.* MP | hec Pb | a ferocissimis L
afferimis M afferis nim' Pa ‖ 27 potuissem *om.* Pb | me *om.* LPa

525 VICERE FVRORES qui sunt nostris sceleribus saeuiores.

528 NVTANTES capitum motu trementes.

Lind. p. 262 531 IRA MINOR uisis enim comminus uenabulis leonum ira quiescit.

540 NEC FRATER ERAM quasi Eteocles in fratrem, si potestas detur, crudelior sit futurus.

542 PACISQVE SEQVESTRA sequester dicitur, qui certantibus medius interuenit, apud quem cuiuscumque futuri certaminis pignora deponuntur. hoc uocabulum ab sequendo factum est, quod eius, qui electus fuerit, utraque pars fidem sequatur.

Lind. p. 263 544 AD COMMERCIA NATVM nudando | uulnera, quae insidiis nocte susceperat, et ostendendo perfidiam Eteoclis crudelitatemque fecit cunctis inuisam.

547 HEV NIMIVM MITIS apostropha ad Polynicem.

550 TENE ILLE interrogatiue.

552 ANTE HAEC EXCVSSO comparatio ab impossibili. ante, inquit, potest fieri, ut haec hasta, quam gero, excusso ferro frondescat, quam Eteocles sit germano mitissimus.

555 CASTRA PATENT dicit Tydeus etiam Argiua castra Eteocli patere. quare ad uisendum fratrem nunc ipse potissimum ueniat. nec aliquid, quod in nostris castris timendum sit, exstitit. necdum enim aliquid hostile commisimus.

Lind. p. 264 564 AD FLVMINA iuxta.

566 ERYTHRAEIS Indicis. Graece dixit. a colore marmoris rubri ἐρυθρὰν θάλασσαν uocant mare, quod est inter Aegyptum et Indiam.

---

1 nostris sceleribus sunt L | uris Pa matris Pb ‖ 3 uissis Pa uincis M uictis? | cominus LPb ‖ 4 quiescit om. M ‖ 5 ERAM] enim M ‖ 9 certaminis futuri L | seponuntur MPa | ab obsequendo LM aliabus sequendo Pa ‖ 10 lectus Pa ‖ 13 in insidiis LPa | et] ut P ‖ 15 NEV om. MP | ad apollinem Pb ‖ 16 ILLE om. Pb ‖ 17 excussū M | inpossibili M ‖ 18 haec om. Pa ‖ 22 parere Pa om. Pb | nunc L nō MP ‖ 23 ueniet M | nec om. M ‖ 24 enim] nec Pb ‖ 27 calore M | maris Lc ‖ 28 erira thalassen/// M erytratha lalen Pa eritria talasen Pb | uocant quod mare est Pb

567 MERITAS solutas iugo.

569 SANGVINIS OBLITAS mansuetudine, feritate carentes. ut Lucanus ⟨IV 239⟩: 'atque hominem didicere pati'.

574 GRASSATA quae nihil depraedando uastauit.

MANVS OBVIA unde mansuetae dictae sunt ferae, id est: quae manu pasci consueuerunt.

576 VAGA RVRE zeugma est: si quando uaga rure quies est illis. aut certe uaga rure pro 'ipsae uagae'.

585 IMPETE VASTO ἀντίπτωσιν fecit. ut Lucretius dixit 'impete' pro 'impetu' libro quinto ⟨uu. 910 sqq.⟩ 'aut hominem tanto membrorum esse impete natum, trans maria alta pedum nisus ut ponere posset et manibus totum circum se uertere caelum'. item libro primo ⟨uu. 292 sq.⟩: 'quam libet in partem, trudunt res ante ruuntque impetibus crebris'.

586 OMEN quod ab auriga incipit, qui est cito moriturus.

589 PREMVNT insecuntur.

593 HASTILE RESVMENS hoc est: multa simul sumpsit hastilia.

603 ACONTEA hunc Acontea, qui tigres occidit, Phegeus ^{Lind. p. 265} ense percussit.

604 GEMINOQVE hoc est duarum tigrium morte gaudentem.

605 TEGEAEA Arcadica.

606 TARDI quia iam mortuo Aconteo auxilium ferebatur.

612 ITE AGE increpans Tydeus. ut Turnus in Virgilio ⟨Aen. XI 459 sqq.⟩:

---

2 OBLITAS om. Pb ‖ 4 depcando uisitaū M ‖ 5 mansuetae om. Pb | dictae om. L | id est om. L ‖ 7 zeuma M Teuma Pa geuma Pb | rure] rura mire MP ‖ 8 qui est MPb | illis om. MPb | certa M | rura LPb ‖ 9 schol. 585 post schol. 593 praeb. P | antithesin MP | ut] & LP ‖ 10 libro sexto MP lib. VI L ‖ 11 esse] ex L posse Pb ‖ 12 nixus Pb | posset] iussit LMPa iuxit Pb ‖ 14 tradunt L | ante] aut Pb ‖ 16 Oram M | quod om. Pb | est om. MPb | morit͡ M ‖ 18 insequntur L ‖ 19 RESVMENS om. MP ‖ 23 GEMINO L ‖ 25 TEGEA LMP | archadia Pa

'immo, ait, o iuuenes, arrepto tempore Turnus,
cogite concilium et pacem laudate sedentes;
. illi armis in tecta ruunt'.

622 RETRO VEXILLA ut ostenderet tumultuarie pugnari,
peruersum ordinem exercitus monstrat. dicit retro post ⁵
aciem esse uexilla, quae solent militum cuneos anteire.

631 HORRENT TYRRHENOS tubarum cantus.

632 SIDONIVM Thebanum. nunc ergo poeta diuersorum
mortes ueluti Musa monente describit.   MALE FIDVS
Lind. p. 266 infrenis, qui | timore armorum teneri non poterat.   ¹⁰

633 RVMPENTEM retro trahentem, ut nimio conamine
frena rumpere crederetur.

634 VENIT HASTA PER ARMOS equi scilicet. possumus
etiam scapulas hominum armos dicere. ut Virgilius
⟨Aen. XI 644 sq.⟩: 'latos huic hasta per armos acta ¹⁵
tremit duplicatque uirum transfixa dolore'.

639 IN TERGA equina quasi domini.

641 MENOECEVS iste Thebanus est, quem in catalogo
Phorbas Antigonae monstrauit euntem inter duces. dixit
enim ⟨VII 250⟩: 'quae noster signa Menoeceus'.   ²⁰

642 PARTHENOPAEVS diuersorum mortes Virgiliane poeta
describit.

645 DIVIDVVM a diuisione, dimidium a dimidione dicimus. hic ergo diuiduum in duas partes diuisum posuit.

647 ABAS hic Thebanus est, qui uictor rapere spolia ²⁵
cupiebat.   CORNV hasta. Graece. ut Virgilius ⟨Aen.
IX 698⟩: 'uolat Itala cornus'.

---

1 o ciues *Verg.* | accepto L | arrepto . . . sedentes *om.* Pb ‖
2 consilium MPa ‖ 3 in regna *Verg.* ‖ 4 pugnam iniri L ‖ 5 mon-
strat exercitus Pb | demonstrat L | dicit] dicit ergo L(Pa) dicens
ergo Pb ‖ 8 thebarum M ‖ 9 admonente Pb ‖ 10 infrenius Pa
infremis Pb ‖ 13 VENIT HASTA *om.* MP | equi . . . armos² *om.* Pb ‖
16 transfixi M | dolorem L ‖ 17 Integra MP ‖ 18 ip̄e Pb | fuit
L ‖ 19 Antigone LMP | monstrauit ei euntem M ‖ 23 dimidione
M dimensione L dimeione Pa demensio Pb dimidiatione? |
dictum L ‖ 25 spolia rapere Pb ‖ 27 uolatile cornu Pb

650 EMANSISSE pro 'emanere'.

651 MVTARE FVROREM ut sacrorum furorem bellorum insania commutares.

654 INSTITA PILO fasciola est, quae imam uestem suo
5 pingit ornatu. ut Horatius ⟨sat. I 2, 29⟩: 'quarum subsuta talos tegat instita ueste'.

655 LANVGINE ad opinionem rettulit, quia per pilos uidentur malae crescere.

656 TYRIO SVB TEGMINE id est: sub ueste purpurea
0 uidebatur splendor loricae.

657 VINCVLA PLANTAE calciamenta. ut illud ⟨Aen. VIII 458⟩: 'Tyrrhena pedum circumdat uincula plantis'.

658 CARBASEIQVE SINVS carbasus, qua fusi amiciuntur uel diuites, sericum est aut certe linum tenue. Vir-
5 gilius ⟨Aen. XI 775 sq.⟩: 'tunc croceam chlamydemque sinusque crepantes carbaseos fuluo in nodum collegerat auro'. ET FIBVLA RASILIS AVRO ad luxuriam rettulit pulchritudinem fibulae. erat enim foraminibus multis exornata, quas uulgo interrasas appellant.

0 660 VELOX CORYTOS ὑπαλλαγή pro sagittis uelocibus.

661 AVRATA LYNCE hoc | est: lyncis pelle aurata tectam Lind. p. 367 habuit pharetram.

662 LYMPHANTE DEO hoc est furiis incitante.

664 APOLLO IVVENCA quia Cadmus Apollinis oraculo
15 bouem secutus est et, ubi procubuit, illic condidit Thebas et ex bouis uocabulo regionem ipsam Boeotiam nominauit.

665 VOLENTES ab Amphione factum. qui summa dulcedine testudinis Cadmo Thebas condenti in eo loco auxiliatus est, ut saxa ultro per se applicarentur ad muros.

---

1 ET MANSISSE LP | p̄ M | manere LMP ‖ 2 FVROREM om. MP | sacra Liberi in furorem L ‖ 4 quia M ‖ 6 subdita talos tegit Pb ‖ 9 schol. 656 om. Pa | id est ... VINCVLA om. Pb ‖ 12 circundata LP circūdatu⁕ M | uincula om. LMP ‖ 13 quo MPa | flusi MP ‖ 15 chlamyden LMPa ‖ 16 carbaseos .. rettulit om. Pa | in om. LMPa ‖ 17 ET FIBVLA om. MPb ‖ 19 quasi Pa quos M ‖ 21 est om. Pb ‖ 23 DEO om. M ‖ 25 est om. Pb | Thebas condidit L ‖ 26 et om. Pb ‖ 29 adplicarentur P corr. ex adplicauer̄ M | ad om. Pb

667 GRADIVVSQVE SOCER per draconem, Martis filium, qui a Cadmo dicitur interemptus. ex cuius sanguine multitudo nata est armatorum.

674 VVLNERA NESCIT maior cupiditas est praedae quam timor mortis. nec cauet, ut uitet exitium, sed festinat, ut rapiat.

675 INIQVO pedestri certamine urgetur. ut Virgilius ⟨Aen. X 889⟩: 'pugna congressus iniqua'.

676 LIBRABAT considerando, ubi percutiat. CVPRES-SVM hastam significauit.

679 CVI FVRIS id est Liber, in cuius honorem furi-bundus aduenis.

681 RELIQVIT id est penetrauit.

682 CREPAT sonat. ut Virgilius ⟨Aen. XI 775⟩: 'sinus-que crepantis'.

683 ERVPTVS nimius sanguis siue multum fluens.

685 MARCIDA uino plena siue squalida. PLANXERVNT praeteritum pro futuro. ISMARA Ismarus mons Thraciae uitibus consitus.

686 TMOLVS mons Ciliciae. NAXOS insula est, in qua Theseus Ariadnem dormientem reliquit.

687 ORGIA GANGES orgia triennalia Liberi sacra sunt. quae dicit modo etiam Indos colere, postquam a Libero patre uicti esse noscuntur.

Lind. p. 268   689 AD CIVES contra ciues.

691 AC MVLTO PVLVERE VERTIT CAMPVM INDIGNANTEM quia excitus puluis notitiam loci commutat.

694 CLIPEVM GALEAMQVE INCENDIT illuminat.

---

1 filius Pa ‖ 2 sanguine MPa dentibus LPb ‖ 4 noscit Pb | praedae est ei L ‖ 7 Inquo MPa | urgentur Pa | ut Virgilius om. MP ‖ 9 Librat MP | concuciat Pb ‖ 10 significat Pa ‖ 11 Cui tu M ‖ 13 id est om. LPb ‖ 14 ut om. Pb | sonatque L ‖ 15 crepantes MPb ‖ 16 nimium Pb | saguinis Pa | 17 seu L ‖ 18 Ismaro superscr. a M ‖ 20 molus M | Siciliae LMP Lydiae? ‖ 21 Adrianam Pb ‖ 22 GANGES orgia om. LP ‖ 23 qui M | & modo Pb ‖ 24 patre om. Pb ‖ 25 schol. 689 om. P ‖ 26 AC MVLTO om. L | INDIGNANTEM om. L ‖ 27 exercitus Pb | loci notitiam Pb ‖ 28 GALEAMQVE om. MP | inluminat MPa

695 SIDERE splendore uel gratia.

699 CERTVS ET IPSE NECIS quia augurio suam prae-
uiderat mortem. desperatione ergo uitae fortius dimicat.

701 LAETIOR aiunt enim futura sentire morituros. ut
5 Virgilius ⟨Aen. X 740 sq.⟩: 'te quoque fata prospectant
paria atque eadem mox arua tenebis'. EXPERIENTIA
CAELI doctrina et scientia auguriorum.

702 SI VACET liceat. Virgilius ⟨Aen. X 625⟩: 'hactenus indulsisse uacat'. CONTERMINA uicina morti.

0 704 SVPERBIT uictoriae felicitate fit laetior.

706 DIVERSVS dissimilis.

710 IMMOLAT VMBRIS quasi uictimam, ut in sacris ipse
consueuerat. nam hoc uerbo poeta ad sacerdotis nomen
allusit. | aptum est enim occidenti sacerdoti tale uerbum. Lind. p. 269
5 Virgilius de occiso sacerdote dixit ⟨Aen. X 540 sq.⟩: 'lap-
sumque superstans immolat'. hic de occidente sacerdote
ita dixit.

712 FALCATO CVRRV COMMINVS solent enim in axibus
curruum falces exstare, quae incurrentes hostilem populum
0 caedant.

715 SACRVM consecratum.

716 INVITVS ostendit, quomodo in uitus. dicit enim:
ante demiserat telum, quam Lycorea agnouisset Apollini
consecratum.

5 720 SCRVTATOR AQVARVM piscator.

724 AVERTERE ad se conuertere.

725 HAVD IPSE MINVS non minus Hypseus Amphiarao. Lind. p. 270
TIRYNTHIA ROBORA agmina. id est: Nemeaeos iuuenes
et Graecam uastabat aciem.

---

2 qui M ‖ 5 facta LP | prespectant Pb ‖ 6 atque . . . tenebis
om. L ‖ 8 si liceat L ‖ 9 iuuat Pb ‖ 12 uictima LPb | ipse in
sacris LPa ‖ 14 elusit M allux̃ Pa | sacerdotale L ‖ 15 de occi-
dente Pb | Lapsuque L ‖ 16 immolat om. L | hic . . . axibus
om. Pa ‖ 18 FALCATO om. MPb | COMMINVS om. L ‖ 19 exstare
corr. in constare M | qua Pb | incurrentem LPb ‖ 22 dixit L ‖
23 dimiserat LMPb | agnouissent MPa ‖ 26 Aduertere Pb ‖
28 Nemeos LMP

726 AVGVRE SANGVIS id est: cupiens cum Amphiarao confligere ceteros quasi ignauos contemnebat occidere.

727 PROHIBEBAT INIQVO id est: prohibebat Hypseum multitudo, quae stipauerat Amphiaraum.

728 INDE de ipso cuneo.

731 ASOPE FAVILLIS fluuium inuocat, quem dudum a Ioue diximus fulminatum, qui indignatione ereptae filiae Ioui intulit bellum. quo facto igni diuino percussus est et, ut infamia eius excepti fulminis in aeternum maneret, dicitur hodieque illo tempore, quo ictus est, prunis ardentibus fluere.

734 COLLATVS bello comparatus.

736 INDVLGERE VOLENTEM concedere cupientem.

741 VVLNERA CITRA sine uulneribus solo terrore Amphiarai moriebantur.

742 IGNAVA sine ferro. DVBIVMQVE TVENTI dubium erat uidentibus, utrum onere tardatus esset Amphiarai an uelocior factus.

746 CAMPO TIMOR montis ruina, quae de altis saltibus cadit.

752 TELIS PARITERQVE MINISTRAT HABENIS armigeri et aurigae Apollo implebat officium.

754 FORTVNAM casum felicem siue euentum feriendi hastis contra Amphiaraum uenientibus detorquebat.

757 INFAMIS malae famae siue notus parricidio.

759 DEDIT immisit.

761 RIMANTVR TERRAS rimas agunt id est scrutantur. rimari enim proprie dicuntur sues, cum pascentes cibi gratia terram uertunt. PER ARTVS cadauerum membra. haec omnia signa erant hiatus futuri.

---

2 qd ceteros Pb ‖ 3 id est om. M | prohibebat om. L ‖ 6 diximus a ioue Pb ‖ 8 igni om. Pb ‖ 9 et om. Pa ut Pb | excepte M excepit Pb ‖ 10 iectus Pa ‖ 12 Conlatus MPa | conparatus Pa ‖ 13 uoluntatem M ‖ 18 uelocit M ‖ 19 CAMPI L | de om. M | latos Pa om. MPb | alpibus Pb ‖ 21 -QVE...HABENIS om. MP ‖ 22 inplebat Pa ‖ 25 famae om. Pa ‖ 26 inmisit M ‖ 27 rimam Pb ‖ 28 rimari... uertunt post futuri praeb. MP ‖ 29 terra uertuntunt cibi gratia Pb

766 NEC INSISTI MADIDVS abundantia sanguinis maiorem Amphiarao currendi lapsum faciebat.

767 DIFFICILES graues nimietate sanguinis equorum gressus.

771 SVMMVM ad ultimum aut summum deum. Lind. p. 271

773 INREVOCATA quae reuocari non potest. futurorum epitheton diligenter seruauit poeta.

780 QVIS TANTVS MISERIS HONOR parenthesis. humiliter enim dixit se non fuisse dignum tanto honore numinis.

785 DEFERRE NEFAS scelus esse dicit ornamenta infularum et sacras laurus secum ad inferos ferre.

788 COMMENDO FVROREM quia in occidenda matre propria peccauit.

792 SCIT PERITVRA RATIS parenthesis est: non aliter
5 scit peritura ratis. sic et Apollo sciebat periturum Amphiaraum et se subuenire non posse.   SORORIS IGNE quia nautae, cum stellam Helenae uiderint — quae Vrania dicitur, cuius tanta est uis incendii, ut malum cauet et nauis ima pertundat, ut etiam si aes fuerit, hoc calore
o soluatur — ergo si haec stella naui insederit, sciunt se nautae sine dubio perituros. et contra Castorum sidera sunt nauigantibus salutaria.

793 THERAPNAEI Therapne Laconicae ciuitas est.

795 SVMMAQVE TERGA QVATI superficies terrae. Lind. p. 272

5 799 FRONDEA NVTANT iam siluis et cacuminibus arborum et muris dabatur cum hiatu ipsius terrae confusio.

---

1 insistit **MP** ‖ 3 sanguis **M** ‖ 6 IRREVOCATA **L** ‖ 8 QVIS TANTVS *om.* **MP** ‖ 9 dixisse **P** | fugisse **M** | nominis *superscr.* u **M** numerus **Pb** ‖ 10 est **LPa** | dicit *om.* **M** | dicit . . . ferre *om.* **Pa** | infularum ornamenta **L** ‖ 12 COMMENDO *om.* **LPa** | qui **P** *om.* **L** | in *om.* **Pb** | inocida *superscr.* in occidenda **M** in hoc cecidenda **Pa** ‖ 13 propietate **MP** ‖ 14 est *om.* **LP** ‖ 17 nauite **Pa** | uiderunt **P** ‖ 18 est *om.* **M** | uis(us) est **P** | cauet *om.* **L** ‖ 19 et nauis *om.* **Pa** | pertundant **Pa** | OS **Pa** est **Pb** | sit **L** ‖ 20 si *om.* **Pa** | nauis **Pa** | insederat *superscr.* i **M** | sciuient se nauite **Pa** ‖ 21 sine dubio *om.* **Pb** | et *om.* **LPa** | econtra? ‖ 23 THERAMNEI **L** terranei **Pb** Therapni **M** | Theramne **LPb** | Laconiae **L** | ciuitas laconię **Pb** ‖ 24 SVMMAQVE *om.* **MP** | Terra **MP** ‖ 26 et muris . . . bellorum *om.* **Pb**

801 EXCIDERANT IRAE transitum est a causa bellorum.

805 BENIGNA TEMPESTAS benignam tempestatem dixit, quia naualia certamina prohibentur.

808 BELLI FLVITANTIS naualis certaminis faciem titubantibus militibus fecerat terrae motus.

809 SIVE LABORANTES dubitabant, quae causa esset tremoris illius, credentes terram mole et ui uentorum fuisse laxatam, qui per cauernas terrae discurrunt, uel hiulca uetustate soluisse uel situ aquae in solutionem uertisse, aut certe elemento oppressa maris undarum cessisse uirtutibus aut ipsam terram fratribus perituris tremores ad omen fecisse.

812 VNDA LATENS dicunt enim quidam terram aqua fulciri uel ferri.

817 SIDERA ET VMBRAE aduersitate sua terrentur. sidera timuerunt, ne erumperent manes, umbrae, ne admissa luce proderentur. ut Virgilius ⟨Aen. VIII 246⟩: 'trepidant immisso lumine manes'.

821 RESPEXITQVE CADENS uel dolore morientis uel ut Apollinem quaereret utpote uates.

822 DONEC LEVIOR quia graui sonitu solida disiunguntur nec tamen eodem fragore hiulca iunguntur.

---

1 Exciderunt M Excider͞ Pa ‖ 2 TEMPESTAS om. MP ‖ 3 prohiberent⌒̷ M prohibent Pa ‖ 4 nauilis MPa | sociem MPa om. Pb | titubantis (om. militibus) Pb ‖ 6 dubitant LP | cause e͞u M ‖ 7 terrae motus illius L ‖ 8 lassatam LMPa | que MPa quod Pb | uel om. MP ‖ 9 uetustates Pa | soluisse] al(l)ius P soli'e M | situraq; Pa ‖ 10 certe ... uirtutibus aut om. Pb ‖ 11 aut] uel L ‖ 14 uel ferri om. M ‖ 16 erumpent Pb erumperunt Pa et parent M ‖ 17 ut om. Pb | crepitant L trepident Verg. ‖ 18 immisso M ‖ 19 mortis L ‖ 20 ut poete ut uates Pb ‖ 21 sonitus P | 22 eodem om. Pa ‖ Explicit liber VII. Incipit liber octauus Pa

COMMENTARIVS IN LIBRVM VIII.

Hic liber continet indignationem Plutonis apud inferos, Lind. p. 273
quod rupta terra uenisset Amphiaraus, eiusque de Ioue
conquestio, eo quod contra ius legitimi foederis descen-
disset, mittentisque Furiam eique praecipientis diuersas
regum Argiuorum mortes. responsio Amphiarai ueniam
postulantis uxoremque deuouentis. nuntius Palaemon
narrans Adrasto de hiatu terrae et morte Amphiarai. desperatio omnium post mortem Amphiarai cum eius laudibus. insultatio per noctem Thebanorum in excubiis. epu-
latio, deinde electio Thiodamantis in locum Amphiarai
eiusque placatio Terrae cum exsequiis Amphiarai et precibus. eruptio in bellum. hinc atque hinc diuersae mortes.
Tydei maxima proelia. eius uerba et satisfactio apud
Mineruam de aduerso fauore. mors Atyos, sponsi Ismenes.
... de morte sponsi Atyos et eius cadaueris in urbem relatio.
Tydei insultatio Thebanis fugientibus et impetus contra
Eteoclen, Melanippi ex insidiis iaculatio. Tydei debilitas
et conquestio de fragilitate humani corporis et quemadmodum exedit caput Melanippi.

1 VT SVBITVS VATES PALLENTIBVS INCIDIT VMBRIS uetus Lind. p. 274
elocutio est per datiuum casum: incidit umbris pallentibus.
Claudius: 'heri recedens uesperi Numantinis incidit'. at
Terentius ⟨Phorm. 175⟩ per accusatiuum protulit: 'ergo
in eum incidit' tamquam in rem periculosam.

---

5 mittentis Pb | ei'que M | p̄cipiens Pa *add.* ti M ‖ 7 Palae-
monis L polimon MP ‖ 8 desperatio ... Amphiarai *om.* Pb ‖
10 epulans LMPb epulatis Pa ‖ 11 in loco MP ‖ 12 Eiq, M ‖
13 bello LMPa ‖ 14 eius] His P ‖ 15 Atois L atóys M atoris Pa
acheis Pb ‖ 16 conquestio Ismenes *ins. Vollmer.* | Atois L atys M
atoys Pa achois Pb | eis L | orbem P ‖ 17 et *om.* Pb ‖ 18 Ėteo-
clem LPb &heoclean M .eteodean Pa | Menelappi L menalippi
MP ‖ 19 corporis humani LP ‖ 20 Menalippi LMP ‖ 21 vt ...
PALLENTIBVS *om.* MP ‖ 22 est *om.* Pa | (per *om.*) dedictum Pb ‖
23 cladius Pa eladiū Pb | heri' M heius Pa eriusPb | *Peter.*
hist. Rom. fragm. ed. min. p. 148 | ac L | atrent̄ M ‖ 24 ego in
eum incidi *Terentius*

5 CORPVSQVE NOVVM id est uiuum, siue non deposita apud superos carne.

6 AB VRNA Plato inducit scelera hominum in urna uersari. et urna dicitur, in qua mortuorum hominum ossa conduntur. hic ergo ab urna dixit, in qua mortuus ponebatur. et hoc ipso sensu expediuit poeta. nam Amphiaraus mortuus ab urna, in qua eius condita fuerant membra, non ueniebat.

9 OBVIA TAXO EVMENIS quia taxus uenenosa est, propterea ad perfectionem feritatis ex hoc ligno faces Furiae dicuntur gerere.

10 POSTE NOTARAT asserunt enim poetae mortuorum capita et Furiarum lampade lustrari et eorum nomina a Proserpina in inferorum poste conscribi.

Lind. p. 275 14 ET SECVRI qui Elysium inhabitant manes. securi idcirco, quia sunt ab sceleratorum suppliciis alieni. Elysii ergo pro his, qui in Elysio habitant, posuit.

16 ALTERA NOX id est caligo deterior.

17 VSTAEQVE PALVDES nigrae aut calentes.

18 SVLCATOR PALLIDVS Charon, qui subuectando corpora Stygem consueuit cumba sulcare.

24 VARIAEQVE EX ORDINE MORTES una quidem omnibus communisque mors est, sed uarietate poenarum dissimilis est.

26 DAMNANT absoluunt.

27 VINCIT OPVS Parcarum stamina mortium multitudine superantur. ut Lucanus ⟨III 19⟩: 'lassant rumpentes stamina Parcas'.

---

1 siue *om.* Pb ‖ 3 inducū M ‖ 4 uersare MP ‖ 5 eduntur Pa 6 hoc *om.* Pb | isto P | sensum LPb | nam] nō P ñ M ‖ 7 fuerant condita L ‖ 8 membra *om.* corpora *superscr.* M | non *om.* MP ‖ 10 a pfectione M ‖ 11 gerere *om.* MP ‖ 12 notat Pa ‖ 13 et *om.* L | lampadē M ‖ 15 sequri i. Pb | quia in Elysiis habitant L ideo quia elisiu inhabitant Pa | idcirco securi L ‖ 16 a Pb *om.* L ‖ 17 posuit *om.* Pb *post* his *pos.* L ‖ 19 VASTAEQVE L ‖ 21 cymba L cimba Pa cī̄ba/// M ‖ 22 communisque omnibus LP | 23 est mors L | dissimilis . . . Parcarum *om.* Pb | est *om.* M ‖ 25 mortuum P mortiū *corr. in* mortuorum M ‖ 26 superantur *om.* M uel *del. superscr. ut* M | laxant Pb

31 ARGVIT prodit siue probat.   COMPAGE SOLVTA
terrae superficie.

33 OFFENSVS LVCE iucunda superis, indebita manibus.
et ideo luce Plutonem dixit offensum.

34 QVAE SVPERVM LABES uiolentia siue ruina. labes Lind. p. 276
a labendo dicta.

36 PROELIA utrum Iuppiter an Neptunus? conuenienter
proposito carmini a Thebanorum odio germanorum inducit
de regno et fratres celeriter discessisse.

38 NAM CVI DVLCE MAGIS quam mihi, ut superi
misceantur? id est expedit minori per sortem confundere,
quae fuerint separata.

40 NEC ISTE MEVS meus, inquit, mundus hic non est,
sed hunc rector perrumpit astrorum.

44 MISERVMQVE PATREM miserum, siue quia amisit
imperium, siue quia a poetis apud inferos Saturnus fingitur, quem unum uolunt esse de numero Titanum.

47 HYPERIONA Hyperion Solis equus est. dicit enim
immissis tenebris Solis se Pluto numina turbaturum.

49 VTRVMQVE TYNDARIDEM Castoris et Pollucis talis
est fabula: cum esset immortalis Pollux et e diuerso
Castor morti teneretur obnoxius, pietatis intuitu Pollux
morte uicaria fratrem redemit. unde Virgilius ⟨Aen. VI
121⟩: 'si fratrem Pollux alterna morte redemit'. dicit
ergo nunc Pluton retento Polluce, qui immortalis fuerat,
cum Castore germano mortali in utroque se mundo posse
regnare.

---

1 conpage M ‖ 3 iocunda Pb | manibus indebita L ‖ 4 dixit
plutonem Pb ‖ 5 seu L | labes ruina et labendo Pb ‖ 7 ubi M ‖
8 prepositio Pb | carmine LM carminis Pb | ad LM | odia
LM ‖ 9 et om. L | caelestes? | descripsisse Pb ‖ 11 misceant
Pb | per sortem minori L ‖ 13 hic mundus L ‖ 14 sed] si M ‖
15 misit add. a M ‖ 16 abē poetis M | pingitur Pb ‖ 18 equs M
equus Pb | est equus LPb ‖ 19 inmissis M | Pluto et L pul-
chra M | turbarum P ‖ 20 TYNDAR. om. MP ‖ 21 inmortalis M ‖
22 morte P | intuitus M ‖ 23 redimit Pa | ut Pb ‖ 24 Sic L | redi-
mit Pa ‖ 25 Pluto L | quia L | inmortalis M | erat Pb

· 51 TANTALON VNDAE si poenarum culpas exspectes
utriusque id est Tantali Pirithoique, utrorumque supplicia uin-
dictae Iouis a Plutone praestantur.　　[IXIONA] Ixion· quippe
Iunonem ausus est stupri iniuria compellare, Tantalus uero
Iouis consilia mortalibus prodidit in eorum audita conuiuio. ⁵

53 VIVO PERPETIAR ME PIRITHOI conqueritur his inferos patuisse, qui infanda cupiebant, ut ad se aut amator
aut raptor intraret. haec Pirithoi fabula talis est: Piri-
Lind. p. 277 thous cum Proserpinam | rapere suo matrimonio induxisset
in animum, huius tam scelerati consilii Theseum parti- ¹⁰
cipem fecit. ·quem cum amicitiarum intuitu Theseus ad
inferos Proserpinam pariter rapturus secutus fuisset, graui
· sunt utrique damnati supplicio. unde Virgilius ⟨Aen. VI
617 sq.⟩: 'sedet aeternumque sedebit infelix Theseus'.

59 EVMENIDVM LACRIMAS Orpheus · Thrax peritissimus ¹⁵
citharae fuit. is Eurydicen coniugem unico dilexit affectu.
quae cum Aristaeum, Cyrenes Nymphae filium, pudicitiam
suam attrectare cupientem fugeret, calcato serpente perempta ·est. hoc cum immoderate doleret Orpheus, confisus
peritia citharae inferorum secreta perrupit. cuius cantus ²⁰
dulcedine ac miseratione lugentis manes feritate deposita
Orpheo coniugem reddiderunt. dicit ergo nunc Pluton
turpes uidisse se lacrimas Eumenidum. turpes ideo, quia
contra inferorum legem misericordiae lacrimae funde-
bantur.　　ITERATAQVE PENSA propter reditum Eurydices, ²⁵
quem concesserat, ut denuo uiuentis fata pensis traderent.

---

2 utrius M utris Pa utrisque Pb | Ixionisque? ‖ 3 IXIONA
om. MP ‖ 5 concilio LP ‖ 6 Viui P om. M | PERP. ME om. MP | in-
feros his L ‖ 8 est talis Pb ‖ 10 in om. Pb | animo M Pa ‖ 12 rapit⌃
M | esset Pb | gauisi sunt Pa ‖ 15 perseus Pb ‖ 16 fuit citharae
L | euridicem Pb | effectu superscr. a M ‖ 17 cum om. M | Cy-
renes] Eurydicis L M Pa euridices Pb ‖ 18 attractare Pb ‖ 19 in-
moderate Pa | cūfisus corr. in confisus M ‖ 20 inferorum corr. in
inferū (om. secreta) M | perrumpit M | captus M Pa capiti Pb ‖
21 deposita feritate L ‖ 22 Pluto L ‖ 23 se om. MP ‖ 24 miseri-
cordia L om. Pb ‖ 25 propter ... traderent om. P | euridicis M ‖
26 cui L | concesserant L cuicessarat⌃ M | .indenuo superscr. ut M |
affata M | pēñsū L pēñs superscr. ēet M | traderent L traderet M

60 VIOLENTIA LEGIS quae iubebat Orpheum non respicere uxorem. melior ergo lex me: scilicet ego dulcedine cantus uictus sum, ut Orpheo coniugem redderem. ut concessam perderet, inclementia legis obtinuit. hinc Virgilius ⟨georg. IV 489⟩: 'ignoscenda quidem, scirent si ignoscere manes'.

63 AB IOVE LEGES quia partiri annum Proserpinae iussit et sex mensibus esse cum matre, totidem cum marito. ita Ouidius ⟨met. V 564 sqq.⟩:

'at medius fratrisque sui maestaeque sororis
Iuppiter ex aequo uoluentem diuidit annum.
nunc dea, regnorum numen commune duorum,
cum matre est totidem, totidem cum coniuge menses'.

per lunam fieri manifestum est, quae a ueteribus Proserpina nominatur.

64 ET SECTVM GENETRIX uidetur enim dimidium annum matrimonio eius Iuppiter abrogasse. penes matrem ergo est, ut eius cura statuto tempore filia ab inferis reuertatur ad caelum.

69 ATQVE ADEO FRATRES Eteocles et Polynices, qui mallent hoc nefas˙ se potius implere quam Furiam. OMINA SVNTO Eteoclis et Polynicis interitus omen sit inter me et Iouem futuri certaminis.

74 COMMACVLET ut tabe soluantur corpora, non flamma pyrarum. nec interpositis urantur ignibus, sed in solo terrae intemperie aeris membra depereant. sit mortuis

1 uidebat M ‖ 2 ergo Pa qui Pb ‖ 3 perderē Pa ‖ 4 optinuit Pa | hinc om. Pb ‖ 7 animi M | Proserpina MP ‖ 8 ut … esset LP ‖ 10 ad MPa | sorori MP ‖ 12 nomen MP | duorum om. MP ‖ 13 cum … totidem¹ om. Pa | cum numero Pb | totidem² om. M est cottidie Pa | cum om. Pa ‖ 14 est om. M | a om. Pb | ūterib, M uete Pa hęcate Pb ‖ 15 -pina … matri- om. Pa ‖ 16 ET om. L | sextum M˙| GENITRIX LMP | diuiduum Pb ‖ 17 Iuppiter … eius om. Pb | adrogasse Pa ‖ 18 eius ergo (est om.) L | statiuo corr. in statuto M ‖ 20 VSQVE L ‖ 21 malent P | inplere Pa ‖ 22 inter iouem et me Pb ‖ 24 conmaculet Pb ‖ 26 fit LPa ñ M sic Pb

de sepultura negata supplicium bello crudelius, ut solius caeli rogum possint habere communem.

Lind. p. 278 83 IVPPITER AXES hoc est: oratione Plutonis tremefacti sunt poli.

84 QVOS INQVIT manes pro poenis posuit. id est: quos cruciatus patieris? ut Virgilius ⟨Aen. VI 743⟩: 'quisque suos patimur manes'. manes ergo ideo dicti sunt, quia damnati aeterna apud inferos poena permanent.

85 SVBIT ILLE id est sequitur, ut ⟨Aen. II 725⟩ 'pone subit coniunx', aut certe finita praecedenti oratione subiungit.

86 VANESCENTIBVS in umbram desinentibus.

87 IAM PEDES quia currus et equi, cum quibus raptus fuerat, euanuerunt.

Lind. p. 279 91 CVNCTIS FINITOR Ouidius ⟨met. X 32 sqq.⟩:

'omnia debemus uobis paulumque morati
serius aut citius sedem properamus ad unam.
tendimus huc omnes, haec est domus ultima cunctis'.

ordo ergo talis est: cunctis finitor rerum putaris, mihi uero etiam sator. (nam cum Plutoni constet terram consecratam, dicit omnia membra resolui et de terra cuncta procreari. iuste ergo creator dicitur, a quo uniuersa gignuntur.) at ego, quia uates fui, noram uitae te esse creatorem ex eo, quod animas iterum mittis in corpora. ut Virgilius ⟨Aen. VI 751⟩: 'rursus et incipiant in cor-

---

1 denegata sepultura L ‖ 3 orationis Pa ‖ 4 caeli M | 6 quot Pa om. M | patiaris M | 'ut om. Pb ‖ 7 patitur L | ergo om. L ‖ 8 pena apud inferos Pb ‖ 9 id est om. LMPa ‖ 10 ciux MPb | prima oratione Pb ‖ 12 umbra Pb ‖ 13 Lampades MP | quia om. Pb quea corr. in atque M ‖ 14 uanuerunt MP ‖ 16 debentur LPb | morti L | paululumque MPb | mora(s)tis MPa | 18 est om. P | cunctis] uosque Ouid. ‖ 19 rerum scilicet putaris L | reputaris corr. in rerum putaris M ‖ 20 uero om. M | constet Plutoni L | esse consecratam L ‖ 21 de terraque Pb | 22 dicit de quo Pb ‖ 23 AST EGO L | ad corr. in at M | te om. MP ‖ 25 rursus om. MP | incipient LMPa

pora uelle reuerti' et idem supra ⟨Theb. VIII 26⟩: 'fata
serunt animas'.

96 NEC VENEREM nec Proserpinam rapiam. Thesei et
Pirithoi hoc loco audaciam commemorat et ad testimo-
nium pudicitiae ostendit infulas et insignia sacerdotis.
Proserpina ab eo dicta, quod porro serpat.

106 ET NOSTRAE VENIVNT propter sui misericordiam
dicit se pugnando multas inferis animas addidisse, pro
quo beneficio petit sibi esse parcendum.

110 ET IN AERE VOLVOR OPERTO id est: dum per
illa spatia uado, quae sunt sub terra inferorum.

112 VEL CAPTVM optabilius fuit etiam capi me a
Thebanis.

113 PARENTI Oecleo patri.

116 NEC DEPRECOR VMBRAM ACCIPERE id est: nec refuto umbra esse. deprecor autem est refuto. Virgilius
⟨Aen. XII 931⟩: 'equidem merui nec deprecor, inquit'.
Lucanus ⟨IX 213 sq.⟩: 'non deprecor hosti seruari, dum
me seruet ceruice recisa'.

118 QVIS IAM SVPER AVGVRIS VSVS id est possem rogare te, ut apud inferos augur essem, si scirem et hoc
mihi apud inferos profuturum. uerum cum uideam ipsa
quoque fata ad tuum arbitrium fila disponere, intellego
augurio tibi nil opus omnino.

121 ILLI FVNESTA RESERVA hoc est: coniugi meae,
quae mihi minaris, reserua supplicia, quae salutem uiri
prodidit monili corrupta.

---

2 ferunt LM ‖ 3 AVT NOSTROS TIMEAT PROSERPINA per Proserpi-
nam L | raptam LMP ‖ 4 commemorat audaciam L | et om. Pb ‖
6 dicta ab eo L | q M (in marg. legitur: Proserpina eo quod porro
serpat) ❙ 8 addisse L adisse Pa ‖ 9 perit corr. in petiit M ‖
10 ET IN om. MP ‖ 11 subtrea M | inferiorum Pa ‖ 12 etiam
fuit me capi LPb ‖ 14 oedeo MPa odeo Pb Oedipo L ‖ 16 um-
bram L | est] ēē M ‖ 17 equidem om. Pb | unquam L ‖ 18 non]
ñc M | 20 id est] deest Pb ❙ 23 queque Pa corr. M | intelligo
LP ‖ 24 nil omnino tibi opus augurio L | nihil Pb ‖ 25 funeste
P ❙ 26 īmaris Pa immanis Pb

123 INDIGNATVRQVE MOVERI irascitur se iam flecti.

124 VT LEO MASSYLI Massylia gens Africae mediter-ranea, leonibus plena.

125 TVNC ARMA CITAT citat incitat. arma dentes et ungues, quibus se tuetur et uindicat. Virgilius ⟨Aen. XII 6⟩: 'tum demum mouet arma leo'.

Lind. p. 280 133 HONORE SEPVLCRI ad laudem Amphiarai omne spatium campi sepulturae uatis concessum est, quia huic sepulcrum praeter morem hiatus praestitit terrae, quod infernum sepulcrum dixit.

141 STRINGIMVS educimus.

Lind. p. 281 145 HEV PRAESAGIS heu interpositio est dolen|tis. ASTRIS futura denuntiantibus stellis.

146 CVM VOCE TETENDIT petentum auxilia affectum expressit poeta, qui iactatione uel extensione manuum sibi supplicant subueniri. hoc Virgilius ut raptae Cas-sandrae negatum fuisse monstraret, ait ⟨Aen. II 405 sq.⟩: 'ad caelum tendens ardentia lumina frustra, lumina, nam teneras arcebant uincula palmas'.

154 NON EXSPECTATO REVOCANTVM nemo enim mili-taris legis sacramenta seruauit, ne ante pedem e proelio retraheret, quam receptui caneretur. sed tali legiones tur-batae nuntio neglectis, dicit, praeceptis et religione mi-litiae uertebantur in fugam.

156 GENVA VIROS solutione pedum nimio timore genua languebant et negabant cursum. ut Virgilius ⟨Aen. V 432⟩: 'genua labant'.

---

1 iam M in misericordiam LP ‖ 2 MASSYLLI L(MP) ‖ 4 CITAT ... arma¹ om. Pb | citat incitat om. Pa ‖ 5 Lucan. LMP ‖ 7 SE-PVLCHRI LM ‖ 8 concessum est uatis Pb ‖ 9 sepulchrum LM | que Pa q₃ M ‖ 12 interpositio est dolentis om. P post HEV posuit L | heu om. L ‖ 14 TENDIT LM | petentium LPb | effectū M ‖ 15 q superscr. ia M ‖ 16 casandre P ‖ 20 exspecto MPb | reuo-catum Pa reuocantum more tubarum L ‖ 21 a LPb ac Pa ‖ 22 si M ‖ 23 nec lectis dicunt Pb | dicit] dinter M | regione P | (militiae om.) utebantur in fuga Pb ‖ 25 sublutione Pb ‖ 27 genua] genua egra M genua erga Pa cf. Aen. V 468: 'genua aegra trahentem'

158 NEC TOLLERE LVMINA TERRA id est: tanto erant inclinati terrore, ut oculos a terra leuare non possent.

160 FOEDERE PARVO interpositione pacis modicae.

162 QVAE TIBI admiratiue.

168 ET EFFLANTES exspirantes animam. INTERNECTERE PLAGAS insuere. metaphoram a medicis traxit, qui solent letalia uulnera suturis | adnectere.   Lind. p. 282

169 ALIMENTAQVE BELLO ut cibo reficerent uires propter futuram pugnam.

175 HAEC ANTRA LACVSQVE subaudis ʽAmphiarao praestiterint'.

177 QVIS MIHI hoc est: quis mihi profert in ominibus? aut certe: prodit uoluntatem deorum augure interempto.   SINISTRI propitii, dictum a sinendo. sic et Virgilius de bono augurio sinistrum dixit ⟨ecl. IX 14 sq.⟩: ʽquod nisi me quacumque nouas incidere lites ante sinistra caua monuisset ab ilice cornix'. id est: ante sinistra propitia.

186 ADVERSAQVE SIGNA VOCASTI id est: ultro hostes ad certamen uocasti.

190 ALTAQVE ERVMPERE TERRA mirantur enim mortuum, quem mortuum nemo conspexit.

192 ET VICE CONCORDI et hunc libenter fata susceperunt praecepturum.

193 MISERATVS AVERNI miseratus quod dicit, non hoc ad indulgentiam ducas, sed ad maximum Amphiarai decus. nam ille nulli parcit. ut Horatius ⟨carm. II 3, 24⟩: ʽuictima nil miserantis Orci'.

---

2 errore Pa ‖ 3 interpositiones M interpositionis Pa ‖ 5 afflantes Pb | INTERNECTERE om. MP ‖ 6 metaforan M | traxit a medicis L ‖ 7 annectere L ‖ 10 Hoc M | subaudi Pb | praestitit LPa prestiterunt Pb ‖ 12 hoc mihi Pa | proferet L p̄fert Pb | ōmib. M ōib꜌ Pa nōībus Pb ‖ 13 profert L | aure M ‖ 14 SINISTRI] PROFERT L | sic om. Pb | ut Pa ‖ 15 sinistrum dixit in bono augurio L ‖ 16 nouas superscr. aues M ‖ 17 id est ante om. Pb | Sinistra id est (om. ante) L ‖ 20 conuocasti L ‖ 21 Aliaque MP | mortuum enim L ‖ 22 quem mortuum om. LPa ‖ 24 preceptum Pa ‖ 25 miseratur Pb ‖ 27 decus om. MP | horū (om. uictima) M

194 INSERVARE proprio usus est augurii uerbo, qui, dum captant auguria, dicuntur caelum seruare. ut Lucanus ⟨V 395⟩: 'nec caelum seruare licet'.

198 BRANCHI Branchus Apollinis filius et ipse peritissimus futurorum deus. ut ipse alibi ⟨Theb. III 478 sq.⟩: ⁵ 'patrioque aequatus honore Branchus'. Varro rerum diuinarum ita refert de Brancho: Cius quidam decimus ab Apolline cum in peregrinatione pranderet in litore ac deinde proficisceretur, oblitus est filium nomine Smicrum. ille peruenit in saltum Patronis cuiusdam. et cum esset ¹⁰ receptus, coepit cum suis pueris capras pascere. aliquando prehenderunt cygnum et illum ueste cooperuerunt. et dum ipsi pugnant, uter illum patri munus offerret, cum essent fatigati certamine, reiecta ueste mulierem inuenerunt. et cum fugerent, reuocati ab ea moniti sunt, ut Patron unice ¹⁵ Smicrum diligeret puerum. illi quae audierunt Patroni indicarunt. tunc Patron Smicrum pro suo filio nimio dilexit affectu eique filiam suam ducendam locauit uxorem. illa cum praegnans esset ex eo, uidit in somniis per Lind. p. 283 fauces suas introisse solem et | exisse per uentrem. in- ²⁰ fans editus ideo Branchus uocatus est, quia mater eius per fauces sibi uiderat uterum penetrasse. hic cum in

1 auguris Pb augurum? | quod L ‖ 2 dicunt Pa ‖ 3 seruaret M | licet om. LM ‖ 4 est filius L ‖ 5 futurorum peritissimus LP ‖ 6 equatur Pb | diuinarum rerum de Brancho ita refert L ‖ 7 Olus L Branchus M Clus PaPc Mon. elius Pb Cius Myth. | quidē dicimᵘ M ‖ 8 planderet M | ac . . . ille om. Pb ‖ 9 Simerum LPa smiarū corr. in sminarū M Synichronem Myth. ‖ 10 qui L | patroni Pb ‖ 12 prenderunt corr. ex ponerunt M pendere Pb | dumque L dum MPb ‖ 13 illud Pb | et essent L ‖ 14 uestē mulierū M ‖ 15 effugeŕ corr. in cūfugeŕ M | patronus P | nunices M ionices Pa ‖ 16 Simerum L micrhonē M micronē Pa fucronem Pb | patrono Pb ‖ 17 indicat Pa | patronus P corr. in patron M | Simerum L smicrhonē M sucronem Pa sucrontem Pb | filio suo L ‖ 18 effectu M | ducendam (corr. ex dicundam) filiam (om. suam) M ‖ 19 pregnas Pa | ex eo esset LP | in somnis MP ‖ 20 introiisse L ‖ 21 ideo infans editus L | branchias Pa | qui Pa ‖ 22 cum in siluis LM maxilu' Pa maxime cum Pb

siluis Apollinem osculatus fuisset, comprehensus est ab
eo et accepta corona uirgaque uaticinari coepit et subito
nusquam comparuit. templum ei factum est, quod Bran-
chiadon nominatur. et Apollini et filio pariter consecrata
5 sunt templa, quae ab osculo Branchi siue certamine
puerorum Philesia nuncupantur.

199 NEC CLARIAS et apud Clariam et apud Didy-
maeam Apollinis est oraculum. quod autem ambos colant
Apollinem Dianamque, ideo Clarii uocabulo nuncupan-
o tur. ut Virgilius ⟨Aen. III 360⟩: 'qui tripodas, Clarii
laurus, qui sidera sentis'. Lycia autem Asiae ciuitas est
Apollinis sedes, quam post Amphiarai interitum dicit
esse tacituram. de qua Virgilius ait ⟨Aen. IV 143⟩: 'qualis
ubi hibernam Lyciam Xanthique fluenta'. Claria ergo
5 ciuitas est, in qua tres dii id est Iuppiter et Neptunus
et Pluton mundum dicuntur fuisse sortiti. in hac Apollo
maxime oracula mortalibus dare consueuerat.

201 VATIS NEMVS quia in Syrtibus in eo tantum loco,
ubi Iouis Ammonis templum est, nemus inuenitur. ut
o Lucanus ⟨IX 525 sq.⟩: 'solus nemus abstulit Ammon.
siluarum fons causa loco'.

202 QVERCVS quam Chaoniam dicit hoc est Epiro-
ticam. Molossia enim est in Epiro, ubi solebant columbae
sub quercu responsa dare. anhela ergo dixit per simili-
5 tudinem uatum, qui deo pleni et anhelantes responsa
dant. ut est ⟨Aen. VI 48 sq.⟩: 'sed pectus anhelum et
rabie fera corda domat'.

3 c̄parāuit M | ei' M | est om. M ‖ 4 Apollinis M | et filio] Phi-
lesio L ‖ 7 clarias Pb ‖ 8 oraculum Apollinis fuit LPb apollinis
oraculum fuit Pa ‖ 9 et Dianam L | clari P ‖ 10 clari lauros
Pb ‖ 11 est om. L ‖ 13 taciturnam Pb ‖ 14 Xanthique fluenta om.
LMPa ‖ 15 et om. LP ‖ 16 Pluto L | fuisse dicuntur Pa | esse
Pb ‖ 17 mortalibus oracula maxime L ‖ 18 qui M ‖ 19 Hammo-
nis L | est om. Pa ‖ 20 Hammon LPb ‖ 22 Quercū M | quas chaonia
Pa | cahoniā dr̄ M | hoc ut est Pa hẹc ut est Pb | epiroticas
Pa epirotica Pb ‖ 23 in Epyro est LP | sub quercu solebant
columbae LPa ‖ 24 sub quercu responsa solebant dare co-
lumbe Pb | pro Pa ‖ 25 pleni et om. M plutoni et Pb ‖ 26 da-
bant L ‖ 27 tument Verg.

203 IPSI AMNES Apollini sacri, quorum haustus uates faciunt et poetas, non tamen omnes.

204 SAGIS diuinis. unde praesagia praediuinationes mentis. ut Virgilius ⟨Aen. X 843⟩: 'praesaga mali mens'.

206 IAMQVE ERIT ILLE DIES ciuitas enim in eo loco est post condita, in quo hiatus terrae Amphiaraum recepit, quae Amphiarma uocatur, ut Homerus ait, quod illic currus, quem Graeci ἅρμα appellant, deciderit. in qua etiam oraculum est, quod Amphiareon uocatur.

212 CVM FVNERE TIPHYS accusatiuum casum posuit Minyas aut Argonautas, qui se mortuo Tiphy gubernatore priuatos esse doluerint.

215 LEVAVIT per sermonis enim uarietatem et luctus leuatur et labor decrescit. ut Virgilius ⟨Aen. VIII 309⟩: 'uarioque uiam sermone leuabat'.

Lind. p. 284   **218** DIVERSA hostili. ut Lucanus ⟨III 654⟩: 'diuersae rostris iuuenem affixere carinae' id est contrariae.

220 MARCENT ebrietate aut somno. moenia pro muris posuit. ut Virgilius ⟨Aen. III 255⟩: 'sed non ante datam cingetis moenibus urbem'.

221 IDAEAQVE TERGA Cretensia tympana.

222 VARIO SPIRAMINE tibiam significat uarie foratam. Virgilius ⟨Aen. IX 618⟩: 'biforem dat tibia cantum'.

223 ALVMNVM nutritum. alumnus enim ab alimentis dicitur.

224 PAEANES pro laudibus posuit. nam paeanes uersus

---

2 et *om.* Pb ‖ 3 diuinationes L ‖ 4 mens mali M ‖ 5 ERIT *om.* Pb | illo L ‖ 6 post est L ‖ 7 ampharma MPa ‖ 8 geti M | arma MP | uocant L ‖ 9 Amphiraon L amphiaraon Pb | 10 casum *om.* LPb ‖ 11 Minyas … se] Minyas id est quoscunque gubernatores nauis aut aquis L mineā aū arigon aut aquis M mineā uarigo aut quis Pa minea autem arigon aut aquis Pb | gubernatiõe Pa ‖ 12 priuatus esse doluerit LMP ‖ 13 LEVABAT L | enim *om.* Pb ‖ 14 ut *om.* LMPa | Virgil. *om.* M ‖ 15 leuabant LMPb leuabūt Pa ‖ 16 ut *om.* LMPa ‖ 17 ad-fixere MP ‖ 18 MARCENT] Ad menia P ‖ 19 ut *om.* Pb | at Pb ‖ 21 crescentia M ‖ 23 biformē M ‖ 24 autem Pb ‖ 26 poeane Pa | uersus est P

sunt in honorem Apollini dicti propter exstinctum Pythonem. omnis laus Graece dicitur paean ab admiratione.
ἐπαινεῖν etenim Graece dicitur laudare. Virgilius ⟨Aen.
VI 657⟩: 'laetumque choro paeana canentes'.

225 CORONATVMQVE MERVM secundum Virgilium dixit,
qui ait ⟨Aen. VII 147⟩: 'crateras longe statuunt et uina
coronant' id est: crateras, in quibus uinum est, coronant.

232 MARTIS AGROS propter eos dixit, qui satis draconis dentibus fuerant nati.

233 AD CHELYN id est ad Amphionis citharam, cuius
dulcedinem secuta saxa exstruxere muros Thebanos.

235 ET MVLTA DEDVCTAM suorum scilicet Cupidinum
et Amorum.

237 HYDASPEN optima enim ibidem sunt lapidum
genera.

246 QVIN HAVSISSE etiam hoc fecit. confirmantis est. Lind. p. 285

INSICCATVMQVE CRVOREM inhaerentem caecitatis suae
cruorem genis eluisse.

250 CAVSA LATET latet causa laetitiae, quia uult
poeta crudele esse, quod gaudet. quare sit ergo commu-
tatus ad gaudium Oedipus, ignorabant Thebani. erat autem
illi causa laetitiae, quod dimicat aduersum se ferro germanitas.

253 SEMINA VOTO id est: tacito uoto auribus menteque
captabat hostium motus ex laetitia prouenisse.

254 INDE EPVLAE hac utique causa perspecta.

1 in Homero **LMP** ‖ 2 paean dicitur **LP** | ab . . . laudare
om. **Pb** ‖ 3 ἐπαινᾶν **L** mepenes **M** Inepetes **Pa** | laudare Graece
dicitur **L** grẹce laudare dicitur **Pa** ‖ 4 canentes **LPb** secuti
MPa (*cf. Aen. X 738*) ‖ 5 secundum Homerum dixit, qui ait
crateras in quibus uinum est coronant. Virg. crateras . . . co-
ronant **LP** *eodem ordine* **M** *omissis* crateras[1] . . . Virgilius |
6 longe **LMPa** magnos **Pb** laeti *Vergil.* ‖ 8 p̄p̄ **M** ‖ 10 AD . . .
secuta *om.* **Pb** | ad *om.* **MPa** ‖ 11 extruxerunt **Pb** ‖ 12 ET *om.*
Pb | deducta **MPb** ‖ 14 HYD.] Nil asperi **M** | lapidum sunt **Pb** ‖
16 Quin̄ habuisse **M** ‖ 17 inhaerentem . . . cruorem *om.* **P** ‖
18 geni soluisse **P** ‖ 19 causa *om.* **MPb** ‖ 20 poeta uult **Pb** | ergo
sit **Pb** ‖ 21 ignorabunt **Pa** | autem] dum **Pa** ‖ 25 captat **Pb**

255 IEIVNIA. POENAE Phineus, rex Arcadiae, liberis suis superduxit nouercam, cuius instinctu eos caecauit. ob quam rem irati dii ei oculos subtulerunt et adhibuerunt harpyias, a quibus prohibitus, ne dapes attingeret, longo est ieiunii cruciatu uexatus.

262 QVAMQVAM AEGER SENIO senium est morbus senectutis. MISERANDA POTESTAS quia maior potestas grauiori semper laude uexatur.

266 PERVIGIL IGNIS id est non peruigilans, quia contemptu Argiuorum Thebani uigilias non curabant.

270 DEVS QVI NAVIGAT ALNO deum, tutelam nauis, intellegimus cum gubernatore nauigare. habent enim uel scriptos uel pictos praesules suos, quorum nominibus nuncupantur et naues.

Lind. p. 286 **272** SENTIT EQVOS poetice dictum. hic lunam pro nocte posuit. ceterum non est, ut luna solis inueniatur semper aduentu.

273 MVGIRE ardore solis stridere.

276 PRODITA deserta.

277 ORBVM uiduatum hoc est sacerdotio carens.

282 IVXTAQVE SECVNDVM ut Virgilius ⟨Aen. V 320⟩: 'proximus huic, longo sed proximus interuallo'.

283 CONFVNDIT HONOS quia uictus est, uerecundatur, id est iudicii ipsius gratia grauatur. recte ergo, quod uerecunde excusabat, dignus erat, qui cogeretur.

286 SICVT ACHAEMENIVS Achaemene Parthorum seu Medorum ciuitas est. [Achaemenius patrium est, id est

---

1 rex ... harpyias] enī ꝑditionē sacrorum suppliciū meruit arpyarū **M** ‖ 2 instructu cecauit eos **Pb** ‖ 3 dii ... quibus *om.* **Pb** ‖ 4 prohibitus *om.* **L** ‖ 5 (est *om.*) uexatus est **Pb** ‖ 6 morbus est **L** ‖ 10 uigiliā **Pa** ‖ 11 deum *om.* **Pa** ‖ 12 intellegimus **LP** | uel¹ *om.* **L** ‖ 13 † pictos scriptos **Pa** ‖ 15 hic ... posuit *post* aduentu *praeb.* **MP** ‖ 17 aduentū ē **M** ‖ 22 huic ... proximus *om.* **Pb** ‖ 23 luctus **MP** | uerecundat **M** ‖ 24 gratia *om.* **M** | grauatus **Pb** ‖ 25 quod **L** qui *corr.* uidetur *in* quā **M** ‖ 26 ACHEMINIVS **L** achamenius **M** | achamene **M** ‖ 27 nedorum **M** indorum mendorum **Pb** | est *om.* **MPa** | Achaemenius ... sanguine *om.* **M**

Chaldaeus. Achaemenia ipsa est Chaldaea, uocata ita a quodam crudelissimo rege, de quo in Sedulio ⟨I 184 sq.⟩ legitur: ʽcuius Achaemeniam rabies accenderat iram plus fornace sua'. — non enim poterat eius ira placari nisi humano sanguine.]

288 GAVDIA LIBRAT laetitiae gaudium metu pensabat, **utrum** posset implere, quod sumpserat.

289 AN FIDI PROCERES id est: sine recordatione paternae gratiae fides a sociis etiam filio seruaretur.

290 CVI CASPIA Caspiae portae sunt in Armeniorum finibus constitutae. unde Lucanus ⟨VIII 291⟩: ʽCaspiaque immensos secludunt claustra recessus'.

293 IMPLERE TIARAM id est: nec capitis robore diadematis impleret mensuram. ipso enim uelut particulae ambitu antiqui pro diademate utebantur. tiara enim dicitur pilleum, quod in capite gerit sacerdos Martis. unde Virgilius ⟨Aen. VII 247⟩: ʽsacerque tiaras'.

294 VBI INTORTO SIGNATVR VELLERE CRINEM infulis Lind. p. 287 tortis caput coronatum fuisse sacerdotis ostendit.

295 CONVENITQVE DEIS placuit. id est: dignus hoc sacerdotio a numinibus iudicatus est.

[**297** NEC FVTILE MAESTIS futile uas est quoddam lato ore, fundo angusto, quo utebantur in sacris deae Vestae, quia aqua ad sacra Vestae in terra non ponitur. quod si fiat, piaculum est. ideo excogitatum est uas, quod stare non posset, sed positum statim funderetur.

1 ipsa est Chaldaea *om.* Pb ‖ 2 impseudulo Pb ‖ 3 rabiemque L rabiem Pa rabiã Pb | ira LP ‖ 6 libre M ‖ 7 inplere Pa ‖ 9 a filio Pb *om.* M ‖ 10 caspi portę M ‖ 12 immenso L inmensos MPb inmensǫ Pa | ecludit Pa seducunt *Lucanus* | recessu L ‖ 13 Inplere Pa | tyaran M | ne M ‖ 14 inpleret Pa implere M | parenticulę Pa ‖ 15 antiqʒ P | enim] et Pb ‖ 16 pileum LPb ‖ 17 Virgilius . . . tortis *om.* Pa ‖ 18 SIGNAVIT L signatus MPb ‖ 19 sacerdotis coronatum fuisse L | ostendere *add.* t Pa ‖ 21 a *om.* L ‖ 22 *schol.* 297 *ante schol.* 286 Achaemenius *praeb.* P *om.* M | MAESTIS *om.* P | quoddam *om.* Pb ‖ 23 largo Pb | stricto fundo (*om.* angusto) Pb | deae *om.* P ‖ 24 Vestae²] austa Pb ‖ 25 ideo] unde Pb ‖ 26 sed si LPa

unde et homo commissa non retinens futilis dicitur, contra
Lind. p. 288 non futilis | bonus in consiliis.]

299 ARBORIBVS VIVIS semper uirentibus ut cupresso
aut lauru, aut certe uiridibus id est nuper abscissis.

301 INTEGER ANNVS pro parte anni.

303 CREATRIX tellus animarum secundum Pythagoram,
qui omnibus crescentibus uel arescentibus licet insensi-
bilibus animas tribuit.

309 REQVIES uolatus enim aer et requies auium terra.

IMMOBILE MVNDI quia sola terra immobilitate ful-
citur.

311 AERE PENDENTEM quia mundum opinantur aeternum, terram aiunt pendere aere succinctam. unde Lucanus
⟨I 89 sq.⟩: 'dum terra fretum terramque leuabit aer'.
CVRRVS VTERQVE solis et lunae, quam antipodarum uocant.
ut Virgilius ⟨Aen. VI 641⟩: 'solemque suum, sua sidera
norunt'.

312 INDIVISAQVE MAGNIS quia communis est Ioui, Neptuno et Plutoni. etenim cum caelum, mare, inferos inter
se sortis euentu diuiderent, sola terra indiuisa permansit.

314 SVBTERQVE AC DESVPER quae nobis, antipodis in-
ferisque una eademque sufficis.

320 OMNE HOMINI NATALE SOLVM omnibus est habitabilis terra et generans homines, ut uult opinio sapien-
tum, quamuis imperiti putent rotunditatem in omni cir-
cuitu habitari non posse. siue quia omne solum sapienti
patria est.

321 TAMQVAM HVMILIS duplex sensus est: tamquam

---

2 in *om.* L ‖ 3 iouis M | uiuentibus MPa | cupressu P ‖
6 Cecatrix Pb ‖ 9 are *superscr.* o M | et *om.* M est Pb eni
Pa ‖ 12 opinatur *add.* n M ‖ 13 aiunt MPa autem L aut Pb |
ut Pa ‖ 15 quem antipoden L | uocant *om.* MPb ‖ 16 ut *om.*
Pb ‖ 18 -QVE MAGNIS *om.* MP ‖ 19 inferius Pb ‖ 20 &mansit
Pb ‖ 21 subterque *iter.* MPa | antipodibus LPb antipode Pa |
22 sufficit L ‖ 23 Omne est M ‖ 24 omnes Pb | uti LP | uult]
uigil P ‖ 25 inperiti M ‖ 26 habitare MP ‖ 28 est . . . sensus' *om.* Pa

humili populos deceat distinguere fine. et alter sensus: undique ubique maneas communis.

331 CEV TE CIRRHAEO monte Parnaso, quia in Cirrha parte montis ipsius hiatus terrae est, ubi responsa Delphica dabantur. ut Lucanus ⟨V 95 sq.⟩: 'totius pars magna Iouis Cirrhaea per antra exit et aetherio trahitur conexa Tonanti'.

335 PRAESAGA quibus diuinare possis id est sacrificio denuntiare.

338 ILLE ADYTIS MELIOR id est ille locus responsis dandis est dignus, ubi hiatu terrae submersus est Amphiaraus.

341 ET VATI id est Amphiarao imaginarium funus exsoluit. ut Virgilius ⟨Aen. VI 505 sq.⟩: 'tunc egomet tumulum Rhoeteo in litore inanem constitui'.

346 CITHAERON horruit tubarum sonitu mons, qui ante consueuerat sacrorum uoces audire. ut Virgilius ⟨Aen. IV 303⟩: 'nocturnusque uocat clamore Cithaeron'. Lind. p. 283

347 MARCIDVS aut maerore squalidus aut tractu Tisiphones foedatus.   CARMEN NON TALE tubarum. sensus: stupent urbes Thebanae sonitum Tisiphones, quae Amphionis fuerant carminibus fabricatae.

353 OGYGIIS omnium Thebanae ciuitatis portarum nomina eleganter poeta monstrauit: Ogygias, Neistas, Homoloidas, Proetides, Electras, Hypsistas, Dircaeas.

---

1 humilis Pb | decebat Pb | et alter sensus om. M ‖ 2 inter ubique et maneas Pb inser.: tuos aut sic tamquam ... decebat distinguere sine et alter sensus undiq₃ ubiq₃ | post communis praeb. P: nos diua grauaris. i. grauiter fers. et hac elocutione non nisi per accusatiuum utimur ut si dicas grauor aduentum tuum i. grauiter fero . quae ad u. 317 spectant ‖ 3 parnasso MPa ‖ 4 est terrae L | delphica responsa L ‖ 5 debebantur M | Et totius L ‖ 6 et om. MPa | aethereo LPa | connexa L conuexa P cū exea corr. in cūuexa M ‖ 7 diuina responsis MPa (spossis corr. in sponsis M) ‖ 8 denuncia MP ‖ 9 id est om. LMPb ‖ 10 sumptus est M(Pa) subter est Pb ‖ 11 id est om. Pb ‖ 13 littore L ‖ 15 audire post ante posuit Pb ‖ 17 cantu Pa tactu M | tisiphonis MP ‖ 18 sensum Pa ‖ 19 sonitu Pb | tisiphonis MP ‖ 21 ciuitatis Thebanae L ‖ 22 Ogygias Neistas om. LMP | moloidas M ‖ 23 p̄teā M proetéa Pa proetheam Pb | Helectras L electrā MP | hipsisten MP | Dyrceā LMP

358 AVERSI meridiani id est Aegyptii. Nilus enim Aegypti fluuius est septem capitibus fluens, unde a Graecis ἑπτάστομος dictus est. quae omnia eius ostia his nominibus nuncupantur: Pelusion, Taniticon, Mendesiacon, Phatmeticon, Sebennyticon, Bolbitinon, Canopon. PABVLA CAELI imbres enim secundum physicos alimenta sunt fluminum.

359 BIBIT ORE PRVINAS bibit accipit. id est: Aethiopum niues colligit, quas praestat. Oriens id est Aegyptus. siue: Eoas pruinas bibit secreto fonte, quo Aegyptii regnant.

361 HIEMES aquarum incrementa, qualia fluminibus hiems solet inferre.

362 DVLCI PONTO Nilo specie maris uenienti.

364 PRAECIPVE ELEAE in catalogo horum meminit, qui ad auxilia uenerant Amphiarai, ⟨IV 237 sq.⟩: 'auget resupina maniplos Elis', et Pyliorum meminit ⟨IV 224⟩: 'quos Pylos et dubiis Malee ditata carinis'.

365 SVBITVM inopinanter illis praepositum.

366 ACCESSERE REGENTI animum commodauerunt. ut Lucanus ⟨III 214⟩: 'accedunt Syriae populi'.

368 MINOR ILLE Thiodamas sex ducibus minor erat.

Lind. p. 290 370 SI DETRAHAT ASTRIS | quoniam Helice et Cyno-

1 ADVERSI L Auersa M ‖ 2 Aegypti om. L ‖ 4 pelosion M | Tananticon L tonanticon M; om. Pa tanaticon Pb | Medesiacon LPb m̄desiac̄ add. on M om. Pa | Factamicon L fata mediacon corr. in facta metdicon M om. Pa factamitīc̄ Pb ‖ 5 Seueneticon L seuenienti M seuemtīc̄ Pb om. Pa | Volueticon L uoluetion MPb om. Pa | Canopon LPb corr. ex catapon M canapon Pa ‖ 6 enim om. L ‖ 8 accipit ... bibit om. Pb | accepit Pa corr. M ‖ 9 collegit M | orienti M orientu Pa ‖ 10 secreto corr. in sacrato M | Aegypti LPa ‖ 14 Nilo] in rasura legitur lo M ‖ 15 HELAEAE L deę M ‖ 16 Amphiarai om. M ‖ 17 Aeoli L edis M ol' Pa eot Pb | filiorum LMP ‖ 18 male L ‖ 19 inopinatū Pb | propositum L oppositum Pb ‖ 20 accōmodauerunt Pb commedauerant Pa c̄moderaci uerant M ‖ 22 ex sex L ex Pa ‖ 23 quando L | ellice ////nosura M

sura filiae Lycaonis Arcadis fuerunt. ergo de septentrioni-
bus dicit.

372 ET INCERTI dubitantes, cum sex uideant sidera,
utrum ipse sit septentrion. in septentrionali plaustro
; septem sunt stellae.   •

374 MAIORQVE id est non talis, qualis solet in lyricis
inuocari carminibus aut certe in aliis operibus, quae ad
res bellicas pertinere mos solet, sed maior furiosior, qui
bellica tuba sit dignus, ut ipse superius ⟨I 45⟩: 'atque
o alio Capaneus horrore canendus'.

381 ANGVE NOTAT dedicat morti.

382 SCINDITVR ita enim factum est, ut multorum uita
pariter finiretur.

385 ABOLET delet memoriam suorum ac desiderium
5 illis ex animo. et a toto transit ad partes dicendo 'co-
nubia, natos'.

397 DECRESCERE CAMPVM accessione utrius|que exer- Lind. p. 291
citus medium quod erat minuebatur spatium. ita enim
fuerant uicinitate densati, ut campus, qui medius fuerat,
10 interiret.

400 SVSPIRIA FVMANT ex ardore utique uicinorum
sibimet repugnantium.

401 IN CASSIDE CRISTAE splendorem galearum inuicem
uicina arma reddebant.

15 402 CONI cacumina galearum.

405 CRVORIBVS AVRVM necessitas enim belli aurum
aut perdit aut mutat.

406 VITAE PRODIGA mortem non curans. Horatius
⟨carm. I 12, 37 sq.⟩: 'animaeque prodigum Paulum'.

30 408 SOLIDA NIVE definitio est grandinis.

---

1 fuerant *corr. in* fuerunt M ‖ 3 ET *om.* L ‖ 4 ipse *om.* L |
sit *om.* Pb | septemtrion Pa ‖ 7 ad res *om.* Pa ‖ 8 pertinerent
L | mox P | furiosiorq᷎ q̇ M | q₃ Pa ‖ 10 honore L M Pa ‖ 12 enim]
huius (= hoc ?) M ‖ 14 debet Pa ‖ 15 connubia L ‖ 18 qui M ‖
21 pluriore M olere Pa dolore Pb ‖ 29 animae L Pa animorum
Pb animaeque magnae *Horat.* ‖ 30 difinitio Pb

411 LIBYAE BOREAS flante enim aquilone hic serenum est, pluit in Africa. unde Lucanus ⟨IX 423⟩: 'et nostris reficit sua rura serenis'.

415 ET MVTVA PERDVNT concursu telorum utrimque frustrabantur.

418 NON VNA MORTE SAGITTAE quae et ferro perimant et ueneno.

421 NVNC TVRBA RECEDIT modo pelluntur, modo resistentes occupant locum, quem amiserant.

Lind. p. 292   428 HYPSEVS hic est, qui fuit principium pugnae.

. 432 HIC ET MENTE LACON Lacones potentissimos dicit esse uirtutis. ideo hunc Menalcam fortem memorat tam gente quam mente. crudi autem, quia incolae Eurotae fluminis plagis praedurantur ad patientiam agonici certaminis. unde Horatius ⟨carm. I 7, 10⟩: 'nec me tam patiens Lacedaemon'. agon ipse διαμαστίγωσις dicitur.

434 NE PVDOR IN TERGO hoc est: hastam pectori infixam retrahit, ne post tergum exeundo uulnus infame uideretur.

437 TAYGETA mons Laconum est Libero et Apollini sacer.   LAVDATAQVE VERBERA MATRI Taurica, quam Orestes de Scythia transtulit. consueuerat enim humano cruore placari. cuius cum simulacrum in Laconiam delatum fuisset, ne quod piaculum nasceretur intermissione

---

1 enim] huius M | hic *om.* Pa ‖ 3 -ficit … utrimque *om.* Pa ‖ 5 frustabantur M ‖ 8 more sistentes M | resistunt Pb | 9 quem amiserant…432…LACON *om.* Pb ‖ 11 laconos Pa | dicit potentissimos Pb ‖ 12 meminit Pb mouerat M | tam mente quam gente L ‖ 13 Crudum MPb | aut LPa ‖ 14 plagis p̄durantur *irrepsit ante* tam M | pdurantur Pb ‖ 15 me nec *Horat.* ‖ 17 Nec Pa Non Pb | intergo *del. superscr.* id̄ M | hoc *om.* LP | est *om.* LMP | hasta … infixa Pa ‖ 18 ≡fixā M | retraxit Pb ‖ 20 *post* TAYGETA M *praebet haec*: i. alces mortans tayg& imagine uatū. taygeta au | mons] aut n̄o Pa | laconie Pb | est *om.* LP ‖ 21 MATRI] nostri Pb | Centauricae L centaurica M centaurorum P | que͂ M ‖ 22 enim *om.* MP ‖ 23 sanguine LPb ‖ 24 neq꜀ (*om.* quod) M

sollemnis sacrificii neue crudelitati Graeciae populus oboe-
diret, inuentum est, ut inter se impuberes pueri de susti-
nendis uerberibus contenderent ac se in hanc patientiam
prouocarent, et super aram Dianae impositi flagellis uer-
berabantur tam diu, donec ex humano corpore sanguis
flueret, qui instar esset sacrificii. hi autem pueri appella-
bantur βωμονῖκαι.

440 TACET ARCVS AMYNTAE celeritas iaculantis ex-
pressa est, ut ante peremptus occumberet, quam sonus de
arcus tensione cessaret.

446 DIVERSA tres occisi | diuerso mortis genere sunt, Lind. p. 293
quos poeta a tribus dicit esse prostratos.

448 INACHIDAE GEMINI Graeci gemini geminos Thebanos aggressi sunt quodam casu per errorem belli, et
cum eos occidissent geminos per ignorantiam, querebantur,
quoniam et geminos esse se meminerant.

452 ERRASSE QVERVNTVR nam nudatos armis agno-
uerunt.

454 LAVDAT AB ALTO uictum minoris dei posuit sacer-
dotem, ne potioris meritis derogaret.

456 ILLVSTRAT VTRIMQVE Tydeum et Haemona dicit,
quorum uirtus in alternis belli partibus pro deorum fauore
laudatur.

465 MIXTI ne alter alterius nomen incurrat.

472 NE DIXERIS ARGOS quasi tibi negauerint sepulturam.

473 ARDE tuo tibi telo concedimus sepulturam.

477 MAERA SACERDOS Maera nomen est proprium Lind. p. 294
sacerdotis.

---

1 solemni MPa solemniter Pb | sacrificauere P sacrifi////
superscr. cauere M | crudelitate LMP ‖ 2 sistinendis M ‖ 4 pro-
·uocabant Pb | inpositis Pa ‖ 5 corpore humano L ‖ 6 pueri *om.*
L ‖ 7 βωμινῖκαι L suo uominice Pa *corr. in* suo nomine M
uerminice Pb ‖ 10 censaret M ‖ 13 gemini *del.* M *om.* Pb ‖ 15 occisis sese geminos e͞e (*om.* per . . . se) M ‖ 16 etiam P ‖ 17 nu-
datis Pb ‖ 19 uictum uictum M ‖ 20 deregnaret Pb ‖ 21 utrūq'
M | Aemonem L heimonā M hemonā P ‖ 24 alterius] alteri
Pb ‖ 25 negauerint tibi L | negauerunt Pa ‖ 26 tuo *om.* Pa ‖
27 proprium nomen est L est enim p. Pb

478 PROHIBENTE DEA excusauit, cur illis Venus auxilium non tulerit.

479 MATER AD ARAS orans pro uestra salute.

483 PLEVRONIS ALVMNOS Pleuron ciuitas Aetoliae. apud quam cum mortem Meleagri suae sorores deflerent, in aues dicuntur conuersae. ut supra ⟨IV 103⟩: 'fletaque cognatis auibus Meleagria Pleuron'.

485 OBVERSVM obstantem ab aduersa parte.

488 VTRIMQVE TEMPORA ex utraque parte diuisum est caput.

490 NON HOC METVENS insperato et nouo mortis genere periit.   INOPINO LIMITE quia uitae limes semper est incertus.

493 SAEVVS VTERQVE DEVS quia neuter adiuuat decertantes. et Apollo et Liber.

Lind. p. 295 502 FIDA SOROR nouerca enim sorori uult Herculem repugnare.

506 SED MITTO AGNOSCERE subaudis: genus huic magnum nobileque. sed ἀποσιώπησιν fecit. ut Virgilius ⟨Aen. I 135⟩: 'quos ego —! sed motos praestat componere fluctus'.

507 COMMINVS HYLLVM Hyllus et Amphitryon Herculis et Omphales filii. hic autem Haemon genus tantum Herculis ducit. hoc autem dicit: tanta mihi tui est reuerentia, ut contra uoluntatem tuam nec pro liberis repugnarem.

510 QVANTVM HAEC docet poeta ingenio uirtutem cedere. nam id agit oratio Herculis blandientis.

514 TV PATREM CAELVMQVE MIHI dicit se Mineruae auxilio ad caelum usque perductum monstra uincendo.

---

1 Venus] dea Pb ‖ 2 non om. M ‖ 3 MATER ... Pleu- om. Pa ‖ 5 quē M ‖ 6 flataque M fletoque P ‖ 8 auersa M ‖ 9 Vtroque Pa | tempore MPb ‖ 12 perit Pa ‖ 14 DEVS om. LPa deo Pb ‖ 15 et¹ ... Liber om. M ‖ 19 ut om. L ‖ 22 HYLVM L illum MPb | Hylus LPa om. M illis Pb ‖ 23 onfale M onfalesu Pa | fili' M om. P | Aemon LPa om. Pb | Herculis ducit tantum L ‖ 24 tantū Pa | est tui (corr. in tua) M ‖ 25 ut om. Pb | ne Pa ‖ 27 ait LP ‖ 28 MIHI om. MP

518 VVLTVS decor, quem paulo ante ira mutauerat.

520 TELA ROTAT quia iam Haemon tela irrita iaciebat.

523 IMPETIT composuit sibi uerbum 'impeto te'.
VNI SIBI quod ipse solus possit excutere.

524 MARGINE PARMAE extremitate scuti.

527 HVMERI LIBRARE perstringere aut leuiter tangere.

534 IN LATVS IRAS Horatius ⟨carm. III 22, 7⟩: 'oblicum meditantis ictum'.

536 CERTA INDIGNATVS certa spicula mortem per- Lind. p. 296
agentia. siue quae possent ferire. indignatus Tydeus est Prothoum felici lacerto in hostem spicula certa torquere.

545 GAVRANO Gaurus mons Campaniae ulmis uitibusque contextus.

546 VTRVMQVE NEMVS suum et uitis.

550 LETVM PRAEDIXERAT ASTRIS VRANIE letum eius Vranie praedixerat Musa et conscia uicinae mortis eius astra monstrauerat.

556 TRISTIBVS propter incestum et parricidium Oedipi. Lind. p. 297

560 PLACEBANT ut ille transiret in feminam.

564 CEV SPECTETVR sic pugnabat, quasi uirtutis suae iudice spectaretur.

565 SVRGENTES crescentes, quia adhuc puer erat.

567 CONIVGE Ismene scilicet.

568 PRESSERAT sculpserat siue caelauerat.

569 TALIBVS non ualidis, sed pulchris.

570 GRASSATVS exstinguendo saeuiens.

572 SIC HYRCANA umbra Arabicae siluae. et est Arabia

---

2 Aemon LPa de monte Pb | irrita] regit M ‖ 3 Inpetit Pa
impendit Pb ‖ 4 quod *om.* M ‖ 6 humeris Pb ‖ 7 obliquum
LPb ‖ 8 meditaris LMP ‖ 9 *ante* certa *add.* iā M | certa ... in-
dignatus *om.* Pb ‖ 10 Tydeus est] certa Pa ‖ 11 prothous Pa |
felicia P | certa *corr. in* certe M ‖ 12 Gaurus *om.* Pb ‖ 15 LETVM
.. ASTRIS *om.* MP | VRANIAE L | luctum *superscr.* † laetū M ‖
16 Vraniae L uranea Pb | et *om.* Pb | mortis eius uicinae L ‖
19 PLACEBAT LMP ‖ 20 spectaretur Pb ‖ 21 spectare L cerneretur Pb ‖ 25 sed *om.* M se P | pulcris Pa ‖ 26 extinguenda P ‖
27 VMBRA L | silua Pb | et est et Pa et eius Pb

inhospitalis. ut Virgilius ⟨Aen. IV 367⟩: 'Hyrcanaeque admorunt ubera tigres'. CASPIVS subaudis Armenius.

574 MAGNI SANGVINIS tauri aut hominis.

577 SOLO CORPORE non uirtute Tydeum permensus est, sed corporis paruitate.

586 HAVSIT penetrauit siue percussit.

587 HAVD DVBIVM FATI procul dubio periturum.

589 ARCEAT IPSVM se ipsum dicit pudore tardari, ne sic turpes delicatasque de hoste exuuias domum referret.

591 ILLVDENDA ostendit arma morientis ita cultu ipso fuisse deformia, ut mulieribus ad illudendum tantummodo apta uiderentur.

Lind. p. 299 598 FALLIT ATYS ordo: lapsus Atys non fallit Menoecea clamore semianimi.

600 NEC PROHIBENT TYRII spoliabant Atyis cadauer Arcades nec repugnabant Thebani.

601 TERRIGENAS MENTITA quia degenerastis ab illorum uirtute, qui dicuntur draconis dentibus satis de terra progeniti.

604 PIGNORA TANTA coniuges liberosque.

608 INNOXIA PROLES dissimiles fratribus.

610 NEC MALA id est bella praesentia.

614 NVTAT dubitabant germanae, cui magis fratrum timerent.

615 EXSVL Polynici tamquam exsuli plus fauebant.

---

2 audis Pb ‖ 3 tauri *om.* Pb | homines M ‖ 5 paruitatem LPb prauitatem Pa prauitate *corr. in* paruitate M ‖ 8 ne] ut Pb ‖ 9 delicatas MPa | exuuias de hoste L ‖ 10 irridenda Pb | culta M cubitu Pa ‖ 15 Atys LP ‖ 17 Terrigene Pb | MENTITA *om.* MP | qui degeneratis a genere Adrasti et illorum L ‖ 18 qđ M ‖ 21 *post* fratribus *in* P *scholion sequitur, quod ad u. 510 spectat*: Aegis id est ego sub aegide id est pelle leonis constitutus quotiens laborauerim. supple 'tu nosti et exilium mihi praebuisti'. aegis proprie est pellis Amaltheae caprae, quam Iuppiter fertur tenere. sed hic posuit pro pelle leonis, quam ferebat Hercules ‖ 22 *schol.* 610 *et* 614 *in* MP *secuntur post schol.* 616 ‖ 23 mutantur Pb ‖ 25 *schol.* 615 *in* LMP *ante schol.* 619 *legitur* | pollinices M

616 SIC PANDIONIAE uolucres dicit propter Prognen et Philomelam, quae filiae Syrii erant Pandionis ac per hoc moribus bonis eruditae, quae se non oderant. ut alibi ⟨Theb. VII 479⟩: 'hinc atque hinc natae, melior iam sexus'. ad mores meliorem sexum rettulit, non ad naturam.

619 MVRMVR confusus sonitus lacrimantium et sine significatione uerborum.

623 QVAE DECEPTA FIDES fides est in somniis, quae uidimus, decepta, quia falsa sunt, quae uidimus.

626 TRACTAREM SENSV excusauit, quia illa uidere dicimur in somniis, quae habemus in uoto.

629 NESCIO QVO eleganter affectum uirginis expressit poeta. dicit enim se nuptiarum ordinem ignorare.

630 NON SPONTE SOROR dicit se casu aberrantibus respexisse oculis.

637 RECEPTVS ab hostibus liberatus.

640 CLIPEO nam super clipeum ferebatur.

645 SAEVVS PVDOR qui officium prohibebat.

646 SVMMVM ultimum.

648 FORTITER ORA cum ei diceretur praesens esse Ismene eius sponsa.

651 BEATA MORTE qua faciente funus filii non potuit cernere.

655 ALIIS SERPENTIBVS recentioribus, quasi primi de- Lind. p. 300 fecissent.

658 LVCEAT ENSIS quasi purus sanguine.

663 ILLVM FVGIVNT Tydea scilicet, ·quem cuncti acriter formidabant.

---

1 SIC ... Pandionis *om.* **M** | SIC *om.* **P** | uolucres **P** hoc **L** | Prognem **LP** ‖ 2 philomenam **Pb** philomīta **Pa** | Scyrii *coni.* **Vollmer.** | ferunt syrii **Pb** | pandionij **Pa** ‖ 5 rettulit meliorem sexum **L** ‖ 9 Qui **Pa** | FIDES *om.* **Pb** | in *om.* **Pb** | sōnis **MPb** | quae] qua **L** quia **MP** ‖ 10 uidemus **Pb** ‖ 11 quod **L** quo **Pa** | dicimus **LP** ‖ 12 somnis **LMP** | habeamus **L** ‖ 13 expressit affectum uirginis **L** ‖ 14 enim *om.* **L** ‖ 18 clipeo ? ‖ 19 quia **Pb** ‖ 21 presentem esse hismenem eius sponsam **Pb** ‖ 28 acriter cuncti **L**

665 REPENDERE NOCTEM restituere, in qua quinquaginta insidiantes sibi Thebanos occiderat.

666 INEXPLETIS pro inexplebilibus. ad caedem transtulit uel quod ad suum animum pertinebat, quem Thebanorum contentum caede tantorum . . .

671 VBI AVTEM sic dixit, quasi in recordationem nominis illius casu inciderit.

674 FVLGORE ornamento diadematis regii.

675 FLAMMIGER ALES aquilam dixit, quae Iouis fulminibus seruit.

Lind. p. 301 678 IN ARMA PALAM tangit illud, quod occulte illi insidiatus est, et dicit se aperta luce uirili modo uelle confligere.

688 PECCAVIT elocutio speciosissima, quae hoc significat: cuspis missa in Eteoclem peccauit in perniciem Phlegyae, quem percussit.

691 NOCTE SVB ATRA in qua est molitus occidere.

694 ILLVM iuuencum.

697 ILIA TORVI ad mortem tot homines, quot membra sunt.

Lind. p. 302 706 GENTILIS APER de ea gente, unde Tydeus fuerat id est Calydonius, qui a Meleagro occisus est. et hic aprum pro pelle posuit. NVSQVAM ARDVA CONI GLORIA decusso coni ornatu nudato uertice impressisque fragmentis galeae ossa sunt capitis calefacta. ut Lucanus ⟨VI 193 sq.⟩: 'et galeae fragmenta cauae compressa perurunt tempora'.

707 GRADIVVS in catalogo, dum arma ipsius poeta

---

1 reprehendere Pb ‖ 3 pro om. Pb | inexplebilis LPb inexpletus M inexpletis Pa ‖ 4 quem] quā M que Pb ‖ 5 caede contentum L | exciditne negat? ‖ 8 regii diadematis Pb 9 quare M ‖ 12 se dicunt M ‖ 14 PECCANT L | quae] p Pa ‖ 17 schol. spectare uidetur ad u. 679 NOCTEM | post ATRA nocte inseruit M ‖ 21 un corr. in unus M ‖ 23 NVSQVAM . . . tempora post schol. 707 praeb. LMP ‖ 24 impressique P inpressisque M ‖ 25 sunt om. Pa | ut om. Pa | Virgilius LMP ‖ 28 cum L

describeret, ait ⟨Theb. IV 111⟩: 'patrius stat casside Mauors'.

710 VOLVVNTVR IN ARMA de capite in scuta cadebant.

712 SANGVINE TORRENS fluuium fecerat sudoris et sanguinis.

714 LVMINA PARMA quia erubescebat Minerua facere uirtutem.

717 NON EMINET AVCTOR non est ausus gloriari Melanippus se auctore [uirtutum] interemptum Tydea.

718 ASTACIDES missor. lanceae hic descriptio et ex insidiis iaculantis Melanippi.

724 PER OPPOSITOS eum intuentes.

727 PERIT EXPRESSVS Lucanus ⟨III 679⟩: 'hostilem cum torserit, exeat, hastam'.

728 QVIS ARDOR exclamatio per interpositionem.

733 RECEDERE CAELVM ad opinionem rettulit morientium.

736 NON OSSA PRECOR non quaero, ut membra mea hono|rent patriam sepulturam, non ut ossa tumulo humata Lind. p. 303 seruentur. odi enim corpus, quod spiritum uirorum fortium pugnantium deserit.

741 FEFELLIT me scio enim certa in Melanippum tela torsisse.

742 ARGEI Argiui.

743 HIPPOMEDON maritus Nealcis, Adrasti filius.

744 ARCAS quia Tydeo uiuente hunc secundum, id est Parthenopaeum, fuisse constabat.

750 CLAMANTIBVS cum admiratione fauentibus.

---

3 VOLVVNTVR *om.* **MP** ‖ 8 Menalippus *ut semper* **LMP** ‖ 9 uirtutum *om.* **L** ‖ 10 MISSOS **L** misso& **Pb** | et *om.* **M** | ex *om.* **P** ‖ 11 Menalippi iaculantis **L** ‖ 12 pre **P** | oppositis **Pa** opposito **M** ‖ 14 dum **LMPb** autē **Pa** ‖ 18 membra] ossa **Pb** ‖ 19 onerent *Mon.* **Pb** | humato seruarentur **M** ‖ 20 enim *om.* **Pa** | fortiter *?* ‖ 22 scio enim me **LPb** scio me **Pa** ‖ 24 ATREI **LM** Altera **Pa** rhitri **Pb** ‖ 25 inalcis *corr. in* nealcis **M** | Adrasti filius *mendosum puto* ‖ 26 *maior scholii pars pertinet ad* IAM MAXIME | quę **M** | uiuente *Grotius* iubente **LMP** | id est] primum **L**

751 VVLTVQVE OCCVRRIT quia retentus uulnere toto non potuit corpore subleuari.

753 AGNOVIT IN ILLO id est: tam illum spirantem animam quam se.

755 GLISCIT irascendo in maius accenditur.

756 DVBITANTIA FIGI quia his, quibus recens mors est, oculi uidentur errare.

762 NEC COMITES AVFERRE VALENT non ualent Tydeo caput tollere Melanippi.

765 LAMPAS scelera enim uisa aut igni aut aqua pur- gantur.

766 ELISOS fluuius est.

COMMENTARIVS IN LIBRVM IX.

Lind. p. 304   Eteoclis allocutio hortantis exercitum, ut rapiant corpus Tydei. nuntius mortis Tydei ad Polynicen et eius lamentatio uel allocutio Hippomedontis. pro cadauere Tydei dimicatio. factio Furiae auertentis Hippomedontem a defensione cadaueris. ablatio ipsius cadaueris. allocutio Hippomedontis ad equum Tydei et eius pugnae diuersae in Ismeno flumine. cuius cum nepotem occidisset nomine Crenaeum, matre lamentante et conquerente commotus fluuius coepit contra Hippomedontem undas mouere. mors equi Tydei. pedestre certamen Hippomedontis in fluuio.

----

3 Agnouimus **Pa** | id est *om.* **L** | expirantem **L** ‖ 5 Gliscunt **Pb** ‖ 6 fugi **Pa** fligit **Pb** | mors recens **L** receus uirgo **Pa** ‖ 7 oculis **M** ‖ 9 tollere caput **Pb** ‖ 10 enim *om.* **Pb** | iussa **Pb** ‖ 12 ELYSOS **L** ‖ Explicit liber VIII. Incipit liber IX. **Pa** ‖ 14 rapiat **Pb** ‖ 15 ad *om.* **Pa** | pollinice **MPb** ‖ 17 emicatio **M** | Hippomedontem ... allocutio *om.* **Pa** ‖ 18 ad defensione **M** | Oblatio **L** ‖ 19 equm **Pb** | ut **Pa** ‖ 20 Hismeno **LP** | cum *om.* **M** ‖ 21 creneum **P** | lamentate **Pa** *corr. in* lacrimante **M** | (et *om.*) ea querente **P** | conmotus **Pa**

conquestio Hippomedontis, quod in fluuio moreretur. Iunonis apud Iouem de hac re querela. mors Hippomedontis.
mors Hypsei, Ismeni fluminis filii, ducis Thebani. somnium
Atalantes praesagium de morte filii Parthenopaei. deplo-
ratio eius in templo Dianae. profectio ad auxilium Parthenopaei. occursus Apollinis et de eius morte uaticinatio.
aduentus deae ad Thebas, et quibus artibus tutata sit
puerum. indignatio Martis contra Dianam Venere stimulante. Dryantis electio. mors Parthenopaei cum allocutione
ad Dorceum, custodem suum.

1 ASPERAT AONIOS RABIES AVDITA CRVENTI TYDEOS Lind. p. 305
crudelitatis arguitur, quia caput hostis moribundus ab-
sumpsit.

4 FAS ODII quod ultra fas et illicita crudelitate in
mortui hominis cadauer ita furit.

7 RETRO TORSISSE IVGALES tanta crudelitas in scelere
Tydei fuit, ut etiam cruentum numen nefas horruerit.

11 VRNAE uasa, in quibus mortuorum ossa conduntur.

17 SOLATIA LETI εἰρωνικῶς. id est pulchri pro 'cru- Lind. p. 306
delis'.

19 FERRVM FACESQVE 'tenemus' subaudis.

23 FVGAM id est hiatum terrae.

24 HVMVS solum patriae suae.

28 INCESTARVM AVIVM id est humano sanguine pollu-
tarum, siue quia cadauera eminus sentiunt. AVRA NO-
CENTEM id est mortibus uitiatam. ut Lucanus ⟨VII 830⟩:
'aera non sanum motumque cadauere sentit'.

---

1 Iunonis ... querela om. Pb ‖ 3 Hismenii L hismeni
MP *Asopi est filius* | filii om. LPa fluuii Pb ‖ 4 Atalantis L
athlantis MP ‖ 5 profectio ... Parthenopaei om. Pa ‖ 6 uati-
cinatio om. Pb ‖ 7 et om. Pb | tuta Pa ‖ 8 matris LPa ‖ 9 (cum
om.) allocutionem̃ Pb ‖ 10 Orchedum L orcheū MPb horche-
dum Pa ‖ 11 ASPERAT ... AVDITA om. MP | Tydeus LPb ‖ 12 ar-
guitur crudelitas Pb | assumpsit Pb ‖ 14 inlicita MPa ‖ 15 fuerit
LP ‖ 16 RETRO TORS. om. MP ‖ 17 fugit M ‖ 19 *schol. 17 et 19
post schol. 55* MIHI *praeb.* P | (h)ironicos LMP | pulcris Pa ‖
21 subaudi LPb ‖ 24 id est om. L ‖ 25 cadauer M ‖ 27 motum
cadauera LM(P)

29 SINE FVNERE id est sine mortis officio.

Lind. p. 307 38 SVADETQVE suadere uult, quod nimia uirtus faciat semper incautos. siue illud magis asserit, quod interdum nimia uirtus consilio careat.

55 TANTI EMPTA MIHI id est Tydei morte.

61 PRIMAE noctis sacrae.

68 TELAMONA hic Meleagrum dicitur unice dilexisse, ut Theseus Pirithoum.

70 QVIS CRVOR quantus, quia et sanguine fuerat Tydeus aspersus.

72 INVIDIT PATER tantae uirtutis uult ostendere Tydeum fuisse, ut etiam patris sui Martis tangeretur inuidia.

Lind. p. 308 75 HVC VSQVE usque adeone furuit, ut inimicos dentibus suis assumeret? VLTRA SOSPES EGO tibi superstes sum? cum exprobratione dicitur. ut Virgilius ⟨Aen. X 849⟩: 'morte tua uiuens'.

88 COLLATA sub scuto curuata.

90 FIXERAT inhaeserat.

92 DE CAELO METVS tempestatum causa.

93 RIGENTEM durum.

95 SIMVL ELICIT HASTAM simul et uerba profert et ictus praeparat Eteocles.

Lind. p. 309 96 NON PVDET HOS MANES id est cadauer intueri.

102 NVLLA IMPIA MONSTRA ita Tydeum Melanippi cadauere funestatum dicit, ut corpus eius horreant etiam ferae consumere.

105 ORBE SECVNDO clipei. ostendit non unius tegminis Hippomedontis scutum fuisse.

107 EXCELSO TERRORE pro 'excelsi terroris'.

---

1 SINE *om.* **MP** ‖ 2 SVADETQVE . . . siue *om.* **Pa** ‖ 5 *schol.* 55 *et* 61 *om.* **L** | tanto *corr. in* tanti **M** | Tydei *scripsi* Eteoclis **MP** ‖ 9 quia *om.* **MPb** | Tydei fuerat **L** | thidei **Pa** tydei/// *superscr.* ↑ a **M** ‖ 13 fuerit **L** fur///i///t **M** fuerint **Pa** ‖ 14 suis *om.* **Pb** | absumeret? | VLTRO **L** ‖ 15 exprobatione **LPa** *corr.* **M** expectatione **Pb** ‖ 16 uiuos **P** uiuo **LM** ‖ 17 conlata **MPb** ‖ 19 tempestū **M** ‖ 24 inuia **MPa** uia **Pb** | Menalippi **LMP** ‖ 26 comedere **Pb** ‖ 29 excelsis **MPb**

109 INGLORIA indecora.

112 RECIPIT irruit in hostes recipitque se.

116 TVNC PRIMVM FETA in primo enim partu maior est fetus affectio.

121 REDDERE TELA in se ab hostibus missa in ipsos iterum retorquere.

122 PRAEPETIS aut altissime posuit uolantis — ut Virgilius ⟨Aen. V 254 sq.⟩: 'quem praepes ab Ida sublimem' — aut certe augurem sequentis.

125 CVNCTATA morata.

127 PHOCEA de Phocea regione.   TANAGRAEVM Arcadicum.

129 SPES pro metu.

135 PRENSO CRINE CAPVT id est Tydei cadauer.   Lind. p. 310

136 MINAE terrores hostium.

148 SED MEMOR ELYSII qui scelera solet ulcisci. non enim exciderant Tisiphones animo scelera, quae Tydeus parricidio perpetrarat. siue quod nuper Melanippi caput assumpserat.

153 TENVERE SILENTIA Furiarum nulli crinibus sibilarunt angues.

155 BLANDA GENAS non horrore terribilis.

156 ADMIRATVRQVE quia latebat causa, mirabatur in se Hippomedon timorem.

166 LIBRABATQVE METVS dubitabat, cui magis, Tydei cadaueri an Adrasto, subueniret.

170 REVOCENT utrum se socii sui quasi inualidi reuocent a protegendo Tydei cadauere.

---

2 inruit P ‖ 3 CVM L | pastu M ‖ 4 affectio foetus L ‖ 7 ut om. L ‖ 8 sublimem rapuit L ‖ 12 Arcadium L ‖ 14 PREHENSO LM(Pb) | CAPVT om. MPb ‖ 15 MINAS L minuit Pb ‖ 16 quę P ‖ 17 tysiphóne MP ‖ 18 patrauerat Pb perpetraret M ‖ 19 absumpserat Pb ‖ 20 TEN. SIL] Impius ignis quem P | nullis LM null' Pa | criminibus MPa om. Pb | sibilarum MPb ‖ 22 GENAS om. MP ‖ 23 Admirat'que M admiranturque Pb | q̃ M ‖ 24 hippomedontis morem P (mores Pb) ‖ 26 cadauer M | subueniret om. M ‖ 27 quasi] ut Pb om. L | ualidi L ‖ 28 a protegendo Tydei om. M | ad protegendum Tydei cadauer?

Lind. p. 311 174 CERASTAE quando ab armato milite in priorem transfigurata est formam.

178 VICTORQVE VLVLATVS quod est luctus et laetitiae ululatus. ut Virgilius ⟨Aen. IV 168⟩: 'summoque ululaverunt uertice Nymphae'.

180 PRO DVRA exclamatio per interpositionem.

183 LIMES siue equiti siue pediti uia dabatur Tydeo a fugientibus hostibus.

185 IMPVNE LACESSERE delectabat Thebanos secure insultare cadaueri.

195 GLORIA LVCO de uenatione gloria aut de ferrea magnitudine. luco uero aut Dianae aut Siluani. alia sunt, quae figuntur, alia quae a pastoribus templorum tholis suspenduntur. dentes et cornua figuntur, pelles et alia suspenduntur. ut Virgilius ⟨Aen. IX 408⟩: 'suspendiue tholo aut sacra ad fastigia fixi'.

Lind. p. 312 201 SOLVTI aut fracti aut a frenis liberi.

202 IMPEDIVNT retardant.   FEMVR Hippomedontis scilicet.

203 REGIS ECHIONII supra ⟨uu. 104 sqq.⟩ enim te telo Eteoclis dixit femur Hippomedontis fuisse transfixum: 'quod in aere moratum transmissumque tamen ...'

207 FREMENTEM poetis licet equis humanos sensus dare. dicit ergo poeta equum Tydei doluisse mortem domini. ut Virgilius ⟨Aen. XI 89 sq.⟩: 'post bellator equus positis insignibus Aethon it lacrimans'.

208 AVDENTIOR fretus Hopleus auxilio equi audebat hostiles peditum cateruas impetere.

---

1 priore M ‖ 2 forma MPb ‖ 3 q⁹ M quia LP ‖ 6 PRO DVRA scripsi PRAECORDIA LMP ‖ 9 In hunc M | securo M ‖ 11 aut] ut Pb | ferea L ‖ 12 post magnitudine M praeb.: rura ouiliaque uastauerat | lucio M | siluano MPa ‖ 13 fi///guntur M ‖ 14 et¹] in Pb ‖ 16 sacra superscr. supra M om. Pb ‖ 17 aut² om. Pa | liber Pa liberū M ‖ 18 Inpediunt retardunt M ‖ 19 scilicet ... Hippomedontis om. MPb ‖ 21 fuisse om. M ‖ 22 in aere ... tamen om. Pb | transfixumque M | tantum L tamen post praem. praeb. M ‖ 24 equum Pb | desoluisse M ‖ 25 equs Pb ‖ 27 equi om. Pb ‖ 28 impetum Pb

209 NOVA PONDERA Hippomedonta.

213 SATIABERE CAMPO cursu uel pastu.

216 EXTORREM in exsilio degentem, quasi cuius umbra careat patria sepultura. NEV TV QVOQVE ut ego eum
5 relinquens laesi manes Tydei.

218 FVLMINE RAPTVM intellegi uult poeta exhortationes Hippomedontis equum sensisse, cum significat eum in uindictam domini tantae uelocitatis nimietate correptum.

219 SIMILES HABENAS non impares domini uiribus.
o habenas enim pro rectore posuit.

221 IPSVM partem Centauri, quae hominem profert.

222 CAMPVS subaudis 'tremescit equinam partem semiferi'.

223 ILLE SVPER Hippomedon. NECOPINA quia ma-
5 xima celeritate et subito necopinantes oppressit.

224 POST TERGA CADENTES tanta celeritate fugienti-bus absciderat capita, ut eo transeunte occisorum caderent corpora.

226 SIGNA MALI interpositio est. id est: haec erant Lind. p. 313
o indicia de Hippomedontis exitu.

227 ILLA BREVIS REQVIES mora fluuii fugientibus The-banis tardatione Hippomedontis paruam requiem tribuit.

228 HOSPITA BELLI noua cladibus, quae adhuc nullo fuerat belli cruore fuscata.

5 231 ADVERSAE contra positae.

233 ATTONITIS Thebanis. LONGVM interpositio a mora.

234 SICVT ERAT id est armatus.

235 COMMENDAT SPICVLA sua scilicet, ne eum in flu-
30 mine impedirent.

---

1 hippomedonti M ‖ 4 patria om. M | NEV om. MP | ut om. Pb | eum ego L eum P ‖ 5 manes lesi Pb ‖ 6 intelligi LP | et hortationes Pb ‖ 7 eqū Pb | sign.] fingit LPb ‖ 9 in-pares M ‖ 11 q̃ Pb huc Pa | praefert L ‖ 12 subaudi Pb | tre-miscit LP ‖ 19 huius Pb ‖ 20 de om. MP | exitij Pb ‖ 21 Ille superscr. a M (!) ‖ 22 et tardationis L et (t)ardatione MPa om. Pb | tardatione ... 233 Thebanis om. Pb ‖ 23 fuerat nullo L ‖ 29 ne om. Pb ‖ 30 inpedirent Pa

238 SVB VNDIS hoc est: quantum poterant eorum spiritus sub undis durare. Lucanus ⟨III 697⟩: 'animam seruare sub undis'.

239 TVRPE LATENT pro 'turpiter celantur'.

240 SED VINCLA TENENT calciamentorum stricturae.

241 DEDVCIT PECTORA mergit aut trahit fluminis alueo.

Lind. p. 311 245 TVRBA LACVS piscium multitudo.

247 EMICET id est delphinus. CARINIS ut magis eligat carinis illudere quam insequi pisces.

251 QVAERIT HARENAS titubat equus flumen ingressus et quaerit campum, ubi firmos solet gressus infigere.

253 RELICTO quia iam prope riuum euaserat fugiens.

254 STAMINE PRIMO id est: erat notio uel institutio Parcarum.

255 ABLATVM negatum fatis, ut in fluuio potius moreretur quam in terra.

257 VTRVMQVE TIMET et Hypseum et Hippomedonta, quoniam uterque in flumine dimicabat.

260 REDEVNT aquarum impulsu reductae.

263 SVMMA VAGIS superficies aquarum.

265 OBVIVS AMNIS exeuntem spiritum aqua infusa gutturi retardabat id est non sinebat spiritum exire de corpore.

Lind. p. 315 274 RESOLVTVS amplexu fratris liberatus flumen euadere.

277 NVDATO GVRGITE quia astringit uertigo fluuii natantes et non dat spatium euadendi.

280 MILLE MODIS LETI quia mori coeperat unusquis-

---

1 unda **Pb** | hoc *om.* **Pa** | quam **MPa** ‖ 2 unda **Pb** ‖ 4 latitat **M** latere **Pb** | caelentur **M** ‖ 5 uincula teneant calecamtorum ꝑ structurę **M** ‖ 6 fluminis alueo *om.* **Pa** ‖ 7 TVRBA .. delphinus *om.* **Pa** ‖ 8 id est] scil. **L** ‖ 9 inludere **MPa** ‖ 10 equs **Pb** ‖ 11 solet tiger gressus firmos **Pb** ‖ 12 rui **Pa** ripam **LMPa** ‖ 13 prima **Pb** ‖ 15 flumino **M** | quam moreretur **MP** ‖ 17 VTR.] terra quia **M** | TIMET *om.* **L** tam **Pa** | et[1] s (= scil.) **Pb** | hyppomedonte **MPa** ‖ 19 *schol.* 260 *et* 263 *om.* **LPa** | inpulsu **M** ‖ 20 supficiem **Pb** ‖ 21 spiritum ... sinebat *om.* **Pb** ‖ 25 NODATO **L** | fluminis **L** ‖ 27 modos **M**

que. sic Lucanus ⟨III 689 sq.⟩: 'mille modos inter leti mors una timori est, qua coepere mori'.

281 INDVIT totum pertransiit.

282 AVCTOR qui uulnus inflixerat, nusquam apparebat.
Virgilius ⟨Aen. IX 748⟩: 'neque enim is teli nec uulneris auctor'.

283 EFFVGIENS hasta, dum impetu gurgitis traheretur, inuenit.

284 AETOLVS Tydei equus, quem Hippomedon sedebat.

290 CERTIOR id est fixior. sedens equum magis titubabat. siue certior uelocior.

291 ANTHEDONIVMQVE Anthedon est ciuitas Boeotiae.

293 PANEMO ex duobus geminis nomen alterius.

294 VIVE SVPERSTES e contrario ait Virgilius ⟨Aen. X 600⟩: 'et fratrem ne desere frater'. hic, ut deserat fratrem, hortatur.

295 NON DECEPTVRE PARENTES id est: ut in unius uultu desinant parentes ex similitudine filiorum errare. Virgilius ⟨Aen. X 393⟩: 'at nunc saeua dedit uobis discrimina Pallas'. Lucanus ⟨III 608⟩: 'et amissum fratrem lugentibus offert'.

299 INHVMATVS AD IGNES neque circa rogos uestros ⟨Lind. p. 31⟩ flebilis umbra Tydei et stridorem et lamenta dabit dolens, quod ipsa non meruerit rogum.

300 PABVLA MONSTRIS ut Virgilius ⟨Aen. X 560⟩: 'piscesque impasti uulnera lambent'.

301 PRIMORDIA SOLVIT hoc est: cum corpus eius non fuerit concrematum, redigetur in puluerem et redibit in

2 mors ... pertransiit *om.* **Pa** | timorem (*om.* est) **LM**(**Pb**)‖ 3 tantum **M** ‖ 4 infixerat **Pb** | parebat **LPa** ‖ 5 his telis **LMPb** in stellis **Pa** ‖ 9 equs **Pb** aequū **Pa** ‖ 10 id est *om.* **Pb** | equm **Pb** ‖ 12 Antedone (*om.* est) **LMP** | Boeotiae *scripsi* est Euboeae **LPb** oeubo ēē **M** occubo esse **Pa** ‖ 13 PALAEMON **L** parit hermo **P** panhemo **M** ‖ 14 e *om.* **P** | ait *om.* **Pb** ut **M** ‖ 15 ne ... fratrem *om.* **Pa** ‖ 17 id est *om.* **Pb** ‖ 19 at *om.* **M** | dura *Vergilius* ‖ 22 vestros rogos **L** ‖ 23 undora **Pa** unda **M** *om.* **Pb** ‖ 24 q **M** ‖ 25 ut *om.* **Pb** ‖ 26 inpasti **M** | labunt **Pb** ‖ 28 redit **MPa**

principium sui, quia omnis dicitur caro terrena esse. quam opinionem secutus Lucanus ait ⟨VII 845 sq.⟩: 'quam sol nimbique diesque longior Emathiis resolutam miscuit aruis'.

307 CAPHEREOS ARCEM Caphereus mons Euboeae est insulae, iuxta quem Graeci propter cautes asperas passi sunt tempestates. ut ipse in Achilleidos ⟨I 93 sq.⟩: 'nocturnaque signa Caphereus exseret et dirum pariter quaeremus Vlixem'.

310 HEV CVIVS NAVFRAGVS VNDAE exclamatio indignantis. perit in fluuio, qui marina naufragia saepe transierat.

312 DVM SOCIOS ad quos confugiebat auxilia petens.

Lind. p. 817   318 DEPELLERE FAMAE memoria praeterita repetere et obliuionis squalorem damnumque repellere.

319 ISMENIDE ex Ismeni fluminis filia Ismenide natus.

321 PRIMA DIES quando natus est.

324 ADVLANTEM adulat: alluit ac blanditur, interdum supplicat.

326 SVBIT OBVIVS id est contra fluuium natat.

327 REVERTITVR AMNIS cum natante puero in originem suam recurrit.

328 ANTHEDONII Anthedon ciuitas Glauci, qui deus maris est factus gustata herba, qua pisces mortui animam receperunt.   INGVINA a qua parte fuerat transformatus.

331 TARDVMQVE FERIT uerbere exagitat delphinum, quo portabatur Palaemon.

---

1 caro dicitur **L** | esse terrena **LP** ‖ 3 Emathiis] Thessalicis **MP** | aruis *om.* **L** ‖ 4 CAPHAREOS **LMP** | ARCEM *om.* **LPa** | caphareus **LMP** | est Euboeae **L** | est *om.* **Pb** | euboee insulę est **Pa** euboeē insulę **M** ‖ 5 quam **MPa** | p͞p **M** | asperos **L** ‖ 6 tempestatem **Pb** | Achilleide **L** achilleos **M** ‖ 7 ultorque **MPa** uictorq; **Pb** | signa *om.* **MP** *post* exeret *praeb.* **L** | Caphareus **LMPb** | exeret *corr. in* exercet **M** | durum **Pa** ‖ 8 ulixen **MPa** ‖ 9 NEV **L** | NAVFRAGVS ... marina *om.* **Pa** | naufragias . unde **M** ‖ 11 petens auxilia **LP** ‖ 13 pellere **L** ‖ 14 hismenis **M** | hismeda ins. ne **M** *om.* **Pb** | natus] *om.* **M** natus Priamides **L** ‖ 16 adulatur **L** adulatus **Pb** | alludit ac **LM** illut e **Pa** aluit ac **Pb** ‖ 18 id est *om.* **MP** ‖ 19 Remittitur **M** ‖ 21 Anthedos **LMP** | ciuitas] est **Pb** *om.* **M** ‖ 22 maris *om.* **Pb** ‖ 23 transformatus fuerat **L** ‖ 24 -QVE *om.* **MP** | fuerit **MPa** ferunt **Pb** | a quo **L** in quo **Pb**

333 CAELATVR ORIGINE GENTIS gentis suae siue gene-
rationis pictura nitebat.

337 IRE PVTES ad picturae laudem poeta mobilitatem
immobilibus dedit. Virgilius ⟨Aen. VIII 691 sq.⟩: 'pelago
credas innare reuulsas Cycladas aut montes concurrere
montibus altos'.

338 NON DISCOLOR non dissimilis mari multarum incremento aquarum.

341 LERNA palus est Graeciae, in qua serpens plena
capitibus eminebat.

342 DEVMQVE ALTRICES Liberi patris et Herculis. ergo
numinum haec sunt fluenta.

344 CVMVLO aquarum multitudine in unum congregata.

345 VVLNVS RETENTVM quod opposita mole aquarum
conatus est fluuius retardare. siue uulnus hastam dixit.
ut Virgilius ⟨Aen. II 529 sq.⟩: 'illum ardens infesto uulnere
Pyrrhus insequitur'.

347 VTRAEQVE ambae fluminis ripae.

348 CAVAE quia naturaliter loca concaua grauius
sonant.

350 MATER cum extrema uoce moriens matrem uocaret,
extremum spiritum unda superueniens clausit.

351 GLAVCARVM uiridium Nereidarum.   Lind. p. 318

353 FVRIBVNDA attonita.

359 CONFINIA PONTI id est: in qua parte se mari
iungebat Ismenos, mutans colorem et saporem.

361 [ALCYONE Ceyx, filius Luciferi, habuit uxorem Al-
cyonen. a qua cum prohibitus isset ad consulendum Apollinem de statu regni sui, naufragio periit. cuius corpus
cum ad uxorem delatum esset, illa se praecipitauit in

---

1 ORIG. GENT. *om.* MP | suae *om.* L ‖ 2 nitebat ... poeta
om. Pb | nitebat⌣ M ‖ 4 Virgilius *om.* LMPa ‖ 7 decolor Pb
d'color Pa ‖ 9 est *om.* LPa ‖ 10 capitibus ... ALTRICES *om.*
Pb ‖ 11 (D)eū MPa ‖ 14 apposita Pb ‖ 15 cū natus (*om.* est) M ‖
17 insequitur *om.* MP ‖ 19 grauissimo Pa ‖ 21 in extremo L
extremo Pb ‖ 26 Hismenos LMP ‖ 27 Ceyx ... hae alcyones
om. M | (H)alcyonem LP ‖ 28 prohiberetur ire L

pelagus. postea miseratione Thetidis et Luciferi conuersi sunt ambo in aues marinas, quae alcyones uocantur. notandum autem: cum de muliere dicimus, haec Alcyone facit, cum de auibus, hic et haec alcyone, hi et hae alcyones.] alcyones aues marinae, quae hieme in mari 5 nidificant et pullos nutrire dicuntur, qui dies septem tranquillissimum pelagus faciunt.

367 OBSTAT non sponte, sed limo et cadaueribus turbatus.

369 RECLINAT supinat, ut uultus possit mortuorum 10 rimari.

373 IMPVLIT retorsit ad fluuium.

Lind. p. 319 376 TRIBVERE PARENTES quia dicit Aristoteles post annorum milia et Nymphas et Faunos perire.

378 MITIOR HEV MISERO qui in sidera raptus non sit. 15

383 VNDARVM propter Ismenon. NEMORVM propter Faunum.

386 AMBITVS quia rogabant tibi in matrimonium sociari.

387 MANSVRA PROFVNDO melius fuerat in mari me tecum exstingui. 20

390 DVRE PARENS Ismene, immisericors pater.

397 IVSTA TVORVM iusta dicuntur sollemnia funerum.

398 NON HIC SOLVM habebis causam aliam lacrimarum propter Hypseum ... filium, quem postea Capaneus occisurus est. 25

401 NONDVM NEREIDA cum adhuc in Nympham minime fuisset mutata et fieret dea iuxta Ismenum, ubi fuerat demersa.

---

3 cum] arcū **Pa** articulū **Pb** ‖ 4 facit *om.* **Pb** | hi et hae *om.* **P** ‖ 5 halciones i. aues **L** alcione alciones aues **P** ‖ 7 faciunt pelagus **L** ‖ 8 sed] si **M** ‖ turbatur **M Pb** ‖ 10 mortuorum uultus possit **L** ‖ 13 tabuere **Pb** ‖ 15 *schol. 378 om.* **M** | miser quod **Pb** ‖ 16 hysmen **Pa** hismenem **Pb** ‖ 18 tibi *om.* **M** ‖ 21 inmisericors **M** ‖ 22 Iuxta ... iuxta **M Pa** ‖ 23 habetis **L** | aliam *om.* **Pb** ‖ 24 Hypseon **L** | funere filium **L Pa** funere funere **Pb** funerū filium **M** *latetne nomen proprium?* | occidit **L** occis' est **Pa** ‖ 26 cum adhuc *om.* **Pb** ‖ 27 mutata fuisset **L** | hysmen **Pa** ismenen **Pb**

403 RESPVIT INFANS Palaemon uidendo flentem suam matrem et undas torsit, quae illam ad se traxerunt. constat autem eam dolore praecipitasse se, postquam inuita filium proiecit in mare.

406 ANNVS IN AGROS pluuiis meliora frugum incrementa proueniunt. Lind. p. 320

407 QVAMQVAM OBSTREPIT IPSE quamquam aquarum strepitus impediebat auditum, tamen auribus filiae lamenta percepit.

410 VRNA ita enim fluuiorum simulacra pinguntur, quasi amnem urnis effundant. ut Virgilius ⟨Aen. VII 792⟩: 'caelataque amnem fundens pater Inachus urna'.

411 SCRVPEA LIMO lapillosa loca circa mare uel flumina scrupea dicuntur.

420 CONCVTIENS iracundiae signum.

422 TVIS ET CONSCIVS ACTIS quod recepi tua stupra et libidinum tuarum conscius fui.

423 FALSA Antiopam, Nyctei filiam, stuprauit Iuppiter in Satyrum uersus, matrem Zethi et Amphionis. ideo falsa fronte, quia cornuti sunt Satyri, quorum imaginem falsam sibi sumpserat Iuppiter.

424 DISIVNGERE PHOEBEN hoc contigit, cum Hercules nasceretur. nam tres a Luna continuatae sunt noctes. Lucanus in catachthonio: 'Thebais Alcmene. qua dum frueretur, Olympi rector Luciferum ter iusserat Hesperon esse'.

425 DECEPTAQVE FVLMINA VIDI quia indisposite fulmen Semelen exstinxit. primam | ergo fabulam Europae dicit, Lind. p. 321

---

1 matrem suam flentem L ‖ 2 et *om.* L | a se M | traxere Pb ‖ 3 eam *om.* MP | dolorē Pa | se *om.* MP ‖ 5 AMNIS L | frugum meliora L ‖ 7 strepitus aquarum L ‖ 8 tamen] uñ Pa ‖ 11 urnis ... amnem *om.* Pb | infundant *corr. ex* effundit M ‖ 13 lapidosa L | loca *om.* Pa | uel *om.* Pb ‖ 16 qui L | recepit M ‖ 17 tuarum libidinum Pb ‖ 20 fronte] cornua L M ‖ 22 hoc tunc contigit Pb ‖ 24 Lucanus *om.* Pb | cat(h)agonio LMP | thebanas Pb | aligine neq̃ dum Pa ‖ 25 ter] cum Pb | hesperion Pb hesperoni Pa ‖ 26 ē Pa | *uide Hosii ed. p. 330* ‖ 28 extorsit P secundam Alcmenae, in qua tergeminata est nox, tertiam Semeles, quam fulmine suo Iuppiter incendit, quartam Ledae, quam Iuppiter prope flumen uitiauit mutatus in cygnum.

426 PRAECIPVOSQVE increpans dicit praecipuos se Iouis filios educasse id est Herculem Liberumque.

428 VNDA cum Semele matre certum est Liberum fulminatum, sed a Ioue Mercurioque praeceptum et femini Iouis insutum ad nascendi esse tempora reseruatum.

429 FVNERA PORTEM cadauerum molem.

434 CLAMATVS SACRIS sacrorum clamore repletus.

435 THYRSOS quibus Liberi caput ornatur.

437 STRYMONOS Thraciam dicit.

439 ADMONET nec tibi in mentem uenit. bis accipiendum est, ut sit: nec te nec manus tuas.

440 PARENTVM nutritorum immemor.

445 NI MORTALIS EGO si non est in me immutata natura.

Lind. p. 322   446 INFRENDENS minaciter dentibus sonitum dans. infrendere enim est proprie dentes irascendo quatere. unde et infrendes dicuntur pueri sine dentibus.

447 SIGNA DEDIT furoris sui undis dedit indicia.

448 AVXILIA fluenta niuium. Cithaeron Ismenoni in uindictam filii uelut auxilia misit exercitus. PABVLA BRVMAE eleganter niues brumae pabula dixit. certum est enim niuium incremento stridorem hiemis magis augeri.

449 FRATER eiusdem prouinciae fluuius. TACITAS

---

2 iuppiter fulmine suo Pb ‖ 5 increpandos M ‖ 7 VNDA ... Liberum *om.* Pb | vnde L undaqȝ Pa | semela Pa | mater L | 8 perceptum L | foemori LPb femore *corr. ex* femini M ‖ 10 PORTO L ‖ 11 SACRIS *om.* MP | clamore sacrorum repertus L | 16 inmemor MPa ‖ 17 nū Pa | siue est LPa | mutata L *add.* in M ‖ 19 sonitum dentibus L | sonitum dans *om.* Pb ‖ 20 enim *om.* Pb | proprie est Pb | dentib. M | unde ... dentibus *om.* Pb ‖ 22 unda L un̄ P und̄ M | dic̄ *add.* ded̄ M ‖ 23 Ismenon L (h)ismenoni MP ‖ 24 excitus Pb ‖ 25 pabula brumae LPb ‖ 26 enim *om.* M | niuium *om.* Pa | rigorem Lc ‖ 27 fluminis L

uel sine stridore, quia dicitur Asopus lenis fluere, uel occultas per latentia spiramina terrarum uires suas fluuius
refundebat.

454 AERA SICCAT pluuiae enim ex nebulis conceptae
5 terrae funduntur. dicit ergo aquarum semina omnia ad
incrementa huius fluuii fuisse conuersa.

456 AGGERE riparum altitudine.

460 PLIADAS ista sidera cum occidunt, grauissimas
commouent tempestates.

461 NIGRVM turbidum, tempestatem significantem.
etenim si lucidus oriatur, serenitatem significat. ut Virgilius ⟨Aen. III 517⟩: 'armatumque auro circumspicit
Oriona'.

464 AESTV aquarum sonus ac fremitus Hippomedontis
5 clipeum texit.

467 SERVANTIA possidentia.

473 FVGIENTE pedum nisu labente.

475 SVBRVTA euersa id est subtereuntia.   FALLACI
LIMO qui creditos sibi gressus decipiebat et nutare faciebat.

478 IMBELLI FAMVLATE DEO debili Libero.   SOLVM-
QVE CRVOREM FEMINEIS quem, cum bacchantur ac se la-
cerant, matres effundunt.

480 BVXVS tibia.

482 ET NVBE NATANTIS HARENAE id est natantis limi Lind. p. 323
5 squalore sordentis. ad demonstrandam uiolentiam torrentis
fluminis fundo limum excitum in superficie aquarum ro-
tare poeta monstrauit.

484 OPPOSITI Hippomedontis.

486 CONVERSA ut ostenderet uiri fortis constantiam,
0 dicit eum tarde cessisse uel numini.

---

1 uel *om.* Pa | frigore P | fluere leniter Pb | uel *om.* Pa ‖
3 restindebat Pa restringebat Pb ‖ 6 flumini Pb | flu. affuisse
L ‖ 8 PLEIADAS L ‖ 9 tempestates commouent L ‖ 14 sonitus
Pb ‖ 18 subrupta Pb ‖ 19 quia Pb ‖ 20 FAMVLANTE L *corr. ex*
fabulante M | debili *om. superscr.* M ‖ 21 FORMINEIS L *om.*
MP | bachantur MP | ac se] ossa M ‖ 22 mo'tes Pa īntres Pb |
effunduntur P effundt M ‖ 24 NATANTIS HARENAE *om.* MP ‖ 29 conuersi L ‖ 30 cessisse ... grando *om.* Pa

488 GRANDINE FERRI telorum multitudine, ut grando in terras rarius cadere putaretur.

490 QVID FACIAT exclamatio.

491 NEC MAGNAE id est gloriosae.

492 CREPIDINE RIPAE crepido dicitur moles eminen- ⁵ tior in ripis.

493 VNDARVM incertum erat, utrum haec arbor ultra fluuium esset fixa an in ipso fluuio. tamen melius in medio fluuio accipimus stare.

495 HVIVS arboris.   NAM QVA TERRAS interpositio ¹⁰ per interrogationem.

496 NEC PERTVLIT non sustinuit arbor Hippomedonta trahentem.

497 PONDERE VICTA tenentis uiri grauitate uulsa est.

499 SVPERNE desuper cadens.   ¹⁵

502 HVC VNDAE COEVNT in locum stantis arboris unda successit. ut Lucanus ⟨III 633⟩: 'inque locum puppis cecidit mare'.

503 BARATHRVM uorago profunda.

Lind. p. 325   504 SINVOSA VORAGO caenosae altitudinis motus.   ²⁰

506 PVDET interpositio increpantis.

508 TORRENTIS torrentia dicuntur flumina, quae sub- iecta montibus facillime aquarum incrementis augentur.

INIQVIS magnis siue uim inferentibus.

518 BVSTA DABAS quia cum uetaret Creon sepeliri, ²⁵ liberi occisorum ducum uxoresque eorum a Theseo rege Atheniensium meruere, ut bello Thebanis illato redderet miseris sepulturam. inuidiose hoc Iuno dicit, quoniam Hippomedontis corpus fluctus abstulerunt. Thebanorum et crudelitatem nec miserationem poterit tolerare.   ³⁰

---

1 grandini M | multitudini L | ut] ne L ‖ 2 cadere rarius Pb ‖ 4 gloriae suae LMP corr. Menkius ‖ 6 in ripas MPª om. Pb ‖ 9 medio] ipso L ‖ 12 NEC . . . uiri om. in marg. sup. add. M | nec substinuit Pb ‖ 15 cadentis L candent (t in ra- sura) M ‖ 18 cedit L ‖ 19 profunda aquarum P ‖ 22 qui M ‖ 23 augentur incrementis L ‖ 25 dabasq. M | chreon om. in marg. add. M | insepiliri M ‖ 27 inoblato Pa in///lato M ‖ 28 miseris redderet L | hoc om. LP | dixit MPb ‖ 29 et om. LPb

523 RESEDIT peracta siue finita.

529 STVPVIT CRVOR sanguis Hippomedontis, qui frigore fluuii gelatus fuerat, mox resolutus aeris calore uulneribus manat.

5 531 INCERTI titubantes.

534 LAXAT nudat siue liberum facit, quem ante obtexerant rami.

536 ORDINE SILVAS longitudine, quia ipsa post casum quercus extenditur.

0 539 ASTRICTIS timore compressis.

541 LAXAVIT nudauit galeam adimendo.

548 ADES O MIHI DEXTERA TANTVM ut Virgilius ⟨Aen. X 773⟩: 'dextra mihi deus et telum, quod missile libro'.

551 POTENTEM spoliorum dominum.

5 553 ANIMAM Hypsei.

557 SVPER ASSISTENS Hypseo.

558 REFER HVC OCVLOS ad me respice.

565 MEMBRA SEPVLCRO spolia super eum iecit quasi sepulcri uice.

10 572 EX MORE quo more solita erat cum procis suis Lind. p. 326 cursu certare.

574 VIVENTE perenni.

575 CVRARVM PONDERE magnitudine, quia illi maxime turbantur, qui magnis curis urgentur.

15 578 EXTORREM exsulem. extorris enim dicitur exsul quasi exterris id est extra terram.

580 VIDEBAT ab inferiori sensu et supra 'uidebat' intellegendum.

---

2 CRVOR *om.* MP ‖ 3 fuerat *om.* LPa | morte solutus LMP mox resolutus Lc | e uulneribus? ‖ 6 (quem ante *om.*) detexerant M ‖ 8 siluas *corr. in* subaud M | longitudine *om.* LPa | ipse M ‖ 9 ostenditur LPa ‖ 10 Adstrictis MPa | expressis Pb ‖ 12 ut *om.* L ‖ 15 animū M ‖ 16 adsistens P ‖ 17 *post* respice P *praeb.*: Tuasq; hostiles ‖ 18 eum *om. add.* M ‖ 19 uice] loco Pb ‖ 20 *super* quo M *add.* subaud ‖ 22 Viventi M ‖ 24 turba///ntur M ‖ 26 terras Pb ‖ 27 Elidebat M | intelligendum est Pb

581 IPSVM filium.   FLVXISSE cecidisse.

582 EFFIGIESQVE SVAS portendebatur ei filium moriturum, qui est matris effigies.

583 PRAECIPVOS post alias noctes haec somniis grauior
uidebatur.   5

584 NOX MISERAE in qua uidet somnium, quod poeta
dicturus est.   EREXIT excitauit sollicitudine.

585 FELICI ROBORE fructiferi roboris. enarratio somnii
ultimae noctis.

589 ARMA dentes. ut Virgilius ⟨Aen. XII 6⟩: 'tum 10
demum mouet arma leo'.

590 FIGERE Virgilius ⟨Aen. IX 408⟩: 'sacra ad fastigia fixi'.

592 IMPEDIT adoperit.

593 DEFESSA somnio, quod uidit.   15

597 QVAERENTI causam proscissae quercus.

598 LYAEVM Bacchum. per hoc portendebatur Thebanis occidendum Parthenopaeum. nam Thebae Libero
patri dicatae sunt.

600 ABRVPERE OCVLI experrecta est.   20

601 FALSOS quos in somniis passa est.

605 SVB EOO matutino tempore.

606 QVERCVM quam uiderat fuisse proscissam.

Lind. p. 327   608 SIGNA uenationis insignia.

610 MORE NIHIL GRAIO non Graecorum more delector. 25
ASPERA ubi homines immolantur sacris.

612 THIASI chori uirginum et puerorum, qui Libero
hymnos canunt.

614 THYRSOS hastas pampineas.

---

2 suas *corr. in* sub M ‖ 4 somnis Pa soñis Pb ///ōn *add.*
is M ‖ 6 uidit Pb ‖ 7 dicitur (*om.* est) Pa ‖ 8 sõniin M ‖ 9 noctis
ultimae LP ‖ 15 FESSA LMP ‖ 17 Bacchum *om.* MP | portende-
bat Pb ‖ 18 *post* occidendum *superscr.* puerum M ‖ 20 experta
LMP *corr. Geuartius* ‖ 21 somnis MPa ‖ 22 eo MPa ero Pb |
23 QVERCVS L | praescissam L ‖ 24 uenatoris L uenerationis Pa
uenationibus Pb ‖ 25 delictor Pa delictoᴙ M ‖ 26 ibi MPa | immo-
labantur L ‖ 27 *post* Libero patri *superscr.* M ‖ 28 hymnos]
modos Pb

615 TETRICIS seueris siue horribilibus.

616 SIC QVOQVE cum uirgo esse desissem, in honorem nominis tui tamen uenandi studia non mutaui.

617 CVLPAM quod sum neglecta pudicitia uitiata.

5 618 OSTENDI subaudi 'tibi, Diana'. TREMENTEM mox natum.

619 CONFESSA innocentiae proximus est, qui culpam fatetur.

620 PROTINVS ARCVS mox ut potuit ad armorum nostrorum usus accessit.

622 QVID TREPIDAE NOCTES interpositio cum interrogatione.

625 AMPLA maiora. DA VISERE TANTVM si uictorem non possum, restitue, quaeso, diua, uel uictum.

15 626 TVAQVE ARMA uenationis, id est sagittas. PREME compesce nefanda somniorum omina.

627 QVID quare. DELIA uocatiuus est.

628 MAENADES Bacchae. quoniam in somnis quercum uiderat a Libero patre et Bacchis forte proscissam.

20 629 CVR PENITVS quare me uehementer huc trahit suspicio, ut putem orbitatem mihi significari arboris casu?

632 DICTYNNA ob id dicta Dictynna Diana: Briton, Martis filia, uirgo Cretensis Dianae dicata. huic cum rex Cretensium Minos stuprum uellet inferre, illa se iecit in 25 mare illataque est retibus piscatorum, quae Graece δίκτυα nominantur. a quibus huius corpus inuentum extractum est. insula tamen Creta pestilentia laborauit, quam eua-

---

2 Hic (H *in rasura*) M | desi///isse ēē in honore M ‖ 3 mutauit M ‖ 4 de puditicia M ‖ 5 ostendit M | subauditur (*om.* tibi) Pa | TREMENTVM L ‖ 13 uictor esse Pb uetare Pa ‖ 16 nefanda compesse Pb ‖ 17 QVID quare *om.* Pb ‖ 18 insomnis L ‖ 19 et Bacchis *om.* Pb | praescissam L p̄cisam Pb ‖ 20 tradit Pb ‖ 22 Dictina M dictima Pa dictina Pb *utroque loco* | dictat M | Bryte *dicitur a myth.* (II 26) ‖ 24 Cretensum L cretesium Pa | inferre uellet Pb uellet Pa | iacit M ‖ 25 dictia MPa dicta Pb ‖ 26 inuentum *om.* LM ‖ 27 est *om.* Pb | (tamen *om.*) creta bene Pb | quē M qua Pb

dere penitus nequissent, nisi Dianae templum instituissent
eamque Dictynnam uocassent a retibus.   LABORES deprecor, Diana, per maternos dolores: siue quibus tu edita
es, siue per omnium parturientium gemitus.

636 MADVISSE DIANAE tanta miseratione Atalante con- 5
questa est, ut uideretur etiam simulacro numinis mouisse
lacrimas.

Lind. p. 328 639 MAENALON ASTRIS tanta est Maenali altitudo, ut
cacumen eius astris uideatur insertum.

641 QVA SEMITA LVCET diis eam tantum partem signi- 10
ficat ad transitum datam, quae supremum aerem infimum-
que coniungit. qui locus est iuxta circulum lunae. de quo
Lucanus ⟨IX 5 sq.⟩: 'qua niger astriferis conectitur axibus
aether, quaque patet terras inter lunaeque meatus'.

644 COLLA Parnasi iuga. 15

647 SIDERE MIXTO bene per occasionem figmenti poetici
naturalem exposuit rationem. tunc enim eclipsis fit solis,
Lind. p. 329 cum luna trigesima est et ad | signum idem uenit et
orbem eius obscurat.

650 LABDACIAS Thebanas a patre Labdaco. 20

653 PVDET IRRITVS quia Amphiarao auxilium ferre
non potui.

656 COEGI coniunxi.

658 ANTRA ubi oracula Apollinis dantur.

663 CONFVSA VICISSIM interposuit suam poeta per- 25
sonam. quae uerba Dianae posuit. ordo ergo et sensus

---

1 nequissent *superscr.* vi M | nisi ... uocassent *om.* Pb |
templum Dianae L ‖ 2 deprecor te LPb ‖ 5 Atalanta L ata-
lantie Pa atlante Pb ‖ 6 nominis M ‖ 8 Maenalios L menalos
MPb menalo Pa ‖ 10 tm̄ eam Pb | significat *om.* Pb | partem
tantum ad transitum datam significat L ‖ 11 quae] tantāq;
corr. in tāq̄ M | summum LPa ‖ 12 contingit MPb | iuxta]
circa L ‖ 13 con(n)exis LP ‖ 14 aer *Lucanus* ‖ 15 Parnassi
LPa ‖ 18 triesima M | et ad signum *om.* Pb | euenit P |
20 Lapdacidas M | Labdacio L labdaci P l&i M Lai? ‖ 22 po-
tuit LP ‖ 25 imposuit M (*fortasse corr. ex* intposuit) ‖ 26 quam
L | uerbis L uerbi Pa | ergo ordo Pb

talis est: si mihi eum non licet de proelio liberare, certe extremum decus et solatia mortis ei concedam, ne inultus occumbat. ut sit parenthesis ex persona poetae: confusa uicissim uirgo refert.

5 668 LIBANDAQVE FRATRI osculata est fratrem.   Lind. p. 330

676 VESTIGIA MVTANT nemo de eo loco, in quo steterat, pellebatur.

683 ILLVM Parthenopaeum.

685 DISCOLOR maculosus.   AMBIT operit.

D 686 TIGRIS pro pelle tigridis.   VNGVIBVS ARMOS currente equo mota pellis equi armos caedebat.

687 COLLA SEDENT NODIS plena sunt musculis. Virgilius ⟨georg. III 81⟩: 'luxuriatque toris animosum pectus'.

CASTIGATA IVBARVM pexa et collecta iuba in ceruice 5 equi sedebat ornata.

688 NEMORISQVE NOTAE signa uenationis equo sub pectoris prima parte pendebant.

689 LVNATA in modum lunae curuata.

691 NEVERAT VNVM interpositio. et bene unum, quod 10 nisi pietate uicta filii nunquam uenatrix feminea opera contigisset.

692 COLLECTVS cinctus siue constrictus.

697 CATENAS a parte enim galeae descendunt catenae, quae ab ictu colla sedentis defendant.

15 704 MVLTVMQVE SEVERIS supra praemissa Parthenopaei pulchritudine hic est uitanda laudatio: ipse tamen formae laudem aspernatur et, ut çelet pulchritudinem suam, irascitur.

---

1 eum mihi Pb ‖ 2 decus] diem Pa | ei *scripsi* et MP *om.* L | nomini uultus P ‖ 5 LIBANDAQVE ... MVTANT *om.* Pa ‖ 6 statuerat *corr. in* steterat M ‖ 8 ILLAM L ‖ 11 equi] aquo M | cedebat/// M ‖ 13 animosum pectus *om.* MPa ‖ 18 cunata M ‖ 19 NOVERAT L | VNVM *om.* P | unum *om.* Pb | quia L *om.* Pa n̄o Pb | 20 opā c̄tigisse M ‖ 22 strictus LP ‖ 23 enim *om.* M ‖ 24 defendant *superscr.* u M ‖ 25 Vultūq' (V *in rasura*) M | supra] s. Pb ‖ 26 pulcritudine P | his LMP | uitando M ‖ 27 aspernatur *corr. ex* aspernabatur M | cedet M | pulcritudinem P

707 INTENTAQVE contra Parthenopaeum parata aetatis misericordia reuocant tela.

711 SVSPIRIA VOTO ut nubant ei aut uincat.

Lind. p. 331 713 QVOD INQVIT dubitantis est.

716 CRVDA immatura.

722 ET NVNC ILLA mater scilicet Atalante.

723 LIMINA LASSAT rogando fatigat. ut Horatius ⟨carm. I 2, 26 sqq.⟩: 'prece qua fatigent uirgines sanctae minus audientem carmina Vestam?'

724 VLVLATA formidanda siue luctuosa.

725 MORITVRE PARENTI matri tuae tantummodo peribis, cui soli morte tua ingeres luctum.

730 CORYTON TELIS coryton theca arcus solius dicitur, sicut pharetra sagittarum et sagma scuti. nunc ergo coryton pro pharetra posuit.

733 CONSCIA MISCET ipsa est Hecate, quae inuocatur a magis.

735 HERBAS magicae disciplinae aptas.

Lind. p. 332 739 GAETVLA Afra.

741 VNGVES quibus nocet.

742 INDIGNATVR cum leo unguibus aptum uenationi se iam senserit, indignatur matris uenationibus nutriri.

745 PRIMA TANAGRAEVM Euboeum. Tanagre enim ciuitas Euboeae est, ut ipse in catalogo ⟨VII 254⟩: 'mille sagittiferos gelidae de colle Tanagrae'.

746 MARGINE PARMAE inter limitem scuti uel galeae.

---

1 *schol. 707 om.* Pa | parata *om.* Pb ‖ 2 reuocantur L ‖ 3 SVSPIRIA *om.* MP | ut] aut LP | uincant LPb ‖ 4 est *om.* Pb ‖ 5 inmatura Pa ‖ 6 Atalanta L atlante Pb ‖ 7 laxat Pb ‖ 8 qua prece L ‖ 10 VLVLANDA L | formidata Pb ‖ 11 tantum L | peribis] paries MPb peries Pa ‖ 12 ingeras P ‖ 13 goriton *semper* P | solius *del.* M ‖ 14 sic (*om.* ut) M | sagittarum ... pharetra *om.* Pb | ergo] uero L ‖ 16 ipse L ‖ 21 Indignatus Pb | cum ... nutriri *om. in marg. inf. add.* M | se uenationi M ‖ 22 indignatus Pb ‖ 23 euboicum Pb | Tanagreus L tanager Pb tam mag̃ Pa | enim *om.* LPa ‖ 24 ciuitas ... Tanagrae *om.* Pa est Euboeae L ‖ 25 gelidos L ‖ 26 it̃ limate M | uel *om.* M

748 SACRI exsecrabilis, seu quia Diana eius sagittas infecerit.

749 SAEVIVS EVRYTION subaudis: turbatus est aut periit.

750 CALLIDA insidiose facta. dicit ferrum sagittarum tres uncos habere, ut infixum reuelli non possit.

754 EXPLEVIT ambos illius oculos obcaecauit. HOSTEM Parthenopaeum.

758 ADDIT occidit. ABANTIADAS Abantis filios, quos et supra ⟨VII 370⟩ memorauit: 'non ego Abantiadas'.

759 ET MALE DILECTVM quia dilectus inter uos non pietatis est, sed libidinis. notandum ergo, quod hic male scelerate significat, quia incestum ostendit. ideo quasi impii ipsius tantum mortem expressit.

768 PRAECEPS in praecipitio posita siue in montis latere aedificata. CANDIDA propter columbas.

769 NON EXCIPIETIS AMYCLAE minime in suam patriam reuertetur. Amyclae ciuitas Laconicae regionis.

772 QVIS CREDERET ARCVM post terga sagittas mittebat fugiens sicut Parthi. Lucanus ⟨VIII 381⟩: 'et melior cessisse loco quam pellere uirtus'. Virgilius ⟨georg. III 31⟩: 'fidentemque fuga Parthum uersisque sagittis'.

777 LABDACIDAE a patre Labdaco. Lind. p. 333

778 AMPHION filius Amphionis, Zethi fratris. QVAE FVNERA quantas mortes.

783 INFRA non dignus ira hostis, contemptibilis.

787 FAMA MOVET si uis gloriose mori.

790 HIC EXERCITVS dicit Parthenopaeus Thebanorum debilitati etiam puerilia arma sufficere.

---

1 SACRI om. Pb | qd̄ Pb ‖ 2 infecerat L ‖ 3 SAEVIT IN L | subaudi Pb | est om. MP (turbatum Pb) ‖ 4 inuidiosa (om. facta) M ‖ 9 et om. L | memorat Pa ‖ 11 est om. M | notando ego M ‖ 14 PRAECEPS ... aedificata om. Pa ‖ 15 p̄p̄ M ‖ 16 maxime Pa ‖ 17 reuertitur LPa | Laconiae LPb ‖ 18 mittebat sagittas L ‖ 20 uirtus L uictus MP miles Lucanus | Virgilius ... sagittis om. MP ‖ 25 nec L ‖ 26 Fratna M | si uis] suū P ‖ 28 sufficeret Pa

793 NOCTE SILENTI epitheton noctis. seu quod sacra a Thebanis tacite colebantur.

795 VERTICE MITRAS mitra est incuruum pilleum, de quo dependent buccarum tegmina. et oratorie crimen obiectum est ex habitus qualitate. Virgilius ⟨Aen. IX 616⟩: 'et tunicae manicas et habent redimicula mitrae'.

Lind. p. 334

802 LVMINE DIRO conuenientis hastae siue aspero, quod lux ferri oculos terreat.

804 DEVIVS HASTAM a uia hastae motus. Virgilius ⟨Aen. X 646⟩: 'dato uertit uestigia tergo'.

807 OMNI STETIT nihil de uiuo uultu mutauit in conspectu rectissimo.

808 PVDICO casto.

810 MANDAVERAT commendauerat.

811 DISSIMVLATA celata seu mutata.

813 PARCE PARENTI bene furenti filio nomen matris opposuit, ut oblatio cari nominis puerum festinato suo retardaret interitu, ut uel matri parceret, quippe quam pro gloria contemnere cupiebat.

817 CVLTVS spolia Amphionis.

825 TEMPESTIVA opportuna. Horatius ⟨carm. I 23, 11 sq.⟩: 'desine matrem tempestiua sequi uiro'.

828 TEMPERET disponat aut ordinet.

Lind. p. 335

839 COLVS Parcarum, id est: finita est Parthenopaei uita.

840 PVDORE subaudis: cessit et auertit a Parthenopaeo faciem.

843 TVRBIDVS ORION quia hic Dryas Orionis filius fuit, qui immissu Dianae scorpionis ictu periit. turbidus

---

1 silenti *del. superscr.* subauð M | siue Pb ‖ 2 colebatur M celebrantur L ‖ 3 est *om.* LPa | pileum LPb ‖ 4 baccarum L | 7 duro MP | Conuenienti L | asperso P ‖ 8 oculos] deos Pa 9 auiae LPa ‖ 11 Omīs Pa oīs Pb omns *add.* i M | stat Pa | deuio uultū M ‖ 15 siue L ‖ 17 apposuit L | ablatio L | festinatio sua tardaret intacitu Pb ‖ 18 interitū M ‖ 19 gloria sua L ‖ 21 oportune MP ‖ 23 aut *om.* M ‖ 25 subaudi Pb | et *om.* Pb ‖ 27 quia *om.* Pb | fuit filius L ‖ 28 ī iussu Pb inmisso Pa inmissu M | scorpii L

autem, quia stella eius tempestatem mouet, siue fortis uel incontinens, quippe qui nimio amore Dianae flagrauit.

844 INDE FVRIT PRIMVM ex illa causa, quia patrem eius Diana sagittis occiderat. unde Horatius ⟨carm. III 4, 72⟩: 'uirginea domitus sagitta'.

845 ARCADAS comites Dianae.

849 SERVAT VIRES dum hostes insequitur.

851 PRAECEDVNT NVBILA MORTIS circumuolant. id est: mens Parthenopaei turbabatur uicinae mortis aduentu.

852 VERVMQVE VIDEBAT non eum, in quem Diana fuerat immutata.

856 OBARSIT effulsit uel resplenduit. auus enim Dryas Neptuni filius fuit et Iouis et Mercurii. idcirco duorum numinum gerebat armis insignia.

859 HISCERE RIPAM ut se submergat et fugiat aquila.

864 EXPEDIT ad sagittandum parat.

867 AONII Dryantis. Lind. p. 336

868 NERVIQVE SONORI arcus Parthenopaei inciso neruo ictus, quos Parthenopaeus parauerat, perierunt.

873 FACILEM mollem seu penetrabilem ut pueri scilicet.

874 POPLITE SISTIT per sedentis poplitem equum percussit.

876 CONSCIVS a Diana intellegitur Dryas occisus, ut ipsa superius ⟨u. 667⟩ promiserat dicens: 'et nostris fas sit saeuire sagittis'.

881 ET PRENSIS CONCVSSA COMIS nam morituris solent erigere capita comasque concutiendo siue uellendo, quasi reuocent illis sensum.

---

2 continens **Pb** | qui] cum **P** | flagitauit **M** ‖ 3 INDE *om.* **MP** | causa *om.* **Pb** | qua **M** ‖ 6 Archades **Pb** ‖ 7 insequuntur **L** ‖ 8 Accedunt **Pb** | circundat **Pb** ‖ 9 uicīo **Pb** ‖ 10 Verum **Pa** | fuerat Diana **L** ‖ 11 immutata *om.* **M** ‖ 12 fluuit uel splenduit **Pb** | auis (*om.* enim) **Pa** | *immo* Orion pater ‖ 13 et[1] *om.* **L** ‖ 14 armis gerebat **LP** ‖ 15 Iscere **MPa** | sūmergat **Pa** ēmergat **M** | et *om.* **Pb** | aquilam **LP** ‖ 18 NERVI **L** | arcū **M** ‖ 19 ICTVS **L** ‖ 21 equm **Pb** ‖ 23 intelligitur **LP** ‖ 24 promisit **Pb** ‖ 25 seuiri **M** ‖ 26 PRAEHENSIS **L** p̄ensis **Pb** ‖ 27 comas **L** | quia **Pb** ‖ 28 illius **LMP** illis *Bernartius* | sensus **Pa**

Lind. p. 337   884 INCIDENTE irrumpente.

889 ARMA TENENTI ne audita morte mea te aut se interficiat. id est: statim, ut ueneris, ne dicas me occisum fuisse.

891 DIC MERVI dic meae matri ex mea persona: merui occidi, quia te reuocantem me ab intentione belli non sum secutus. et merito poenas dedi.   CAPESSE quia te contempsi. aut orbata, quia filio priuaris.

893 PEPERCI quia audacius, quam aetas poscebat, bella tractaui.

895 PONE METVS desine pro me esse sollicita.

901 PRAEBVIT interpositio per poetae personam.

902 ME DEDIGNANTE SOLEBAS quia quasi uir fortis nolebat ornatibus decorari crinem.

907 INGRATAE MVNVS SVSPENDE quae me non potuit inter bella protegere.

Lind. p. 338   # COMMENTARIVS IN LIBRVM X.

Hic liber continet Eteoclis hortatus, ut per noctem obsideant milites sui castra Argiuorum. inde per noctem officia uigiliarum et ducis. Argiuarum matrum deprecatio in templo Iunonis et pepli oblatio. Iunonis praecepta per Irim ad Somnum, ut Thebanos uigiles obruat. descriptio domus Somni et eius ad Thebas aduentus. exsecutio de his, quae mandauerat Iuno. Thiodamantis sacerdotis subitus

---

1 inrumpente P ‖ 2 ne] me M ‖ 5 DIC *om.* Pb ‖ 6 quia *corr. in* qd M | reuocante Pa ‖ 7 dedit Pa | *ante* CAPESSE *excidisse puto* INVITA | capessi MPb ‖ 8 VT ORBITARIS L aut orbitatis MP ORBA *autem* orbata *Klotz.* ‖ 12 poete per Pa ‖ 13 SOLEBAT L | quasi *om.* Pa ‖ 14 volebat LPa | decorari *om.* Pb | crĩm M *om.* L ‖ 15 INGR. MVN. *om.* MP | SVSP. *om.* M | quia Pb ‖ 16 bellum L ‖ Explicit liber nonus. Incipit liber decimus Pa ‖ 18 hortatus Etheoclis LP ‖ 19 sui milites obsideant L ‖ 21 in *om.* Pa | ppĩi MPa populi Pb | oratio MP ‖ 22 Irin L iri Pa ‖ 23 aduentus ad thebas exercutio M

furor persuadentis, ut inuadantur Argiui. Adrasti gratu-
latio et eruptio Thiodamantis et uastatio Argiuorum
morientibus Thebanis. Dymantis et Hoplei comitum Tydei
et Parthenopaei allocutiones de liberandis cadaueribus
ducum. ipsorum cadauerum reportatio. superuentus Amphionis, ducis Thebani, et tumet mors. fuga Amphionis,
ducis Thebani, cognita suorum nece. nocturna Capanei et
ultra humanum modum dimicatio. uaticinatio Tiresiae,
quod Thebae non possent aliter uincere, nisi unus se de
draconteo semine deuoueret. deuotio Menoecei, Creontis
filii, qui persuadente Virtute in Mantus formam conuersa
se de muro uulneratum pro patria praecipitem dedit, cum
non posset eum pater pia allocutione a uoluntate dimo-
uere. Capanei ascensus in Thebanum murum et eius post
diuersorum numinum indignantium querelas per fulmen
interitus.

1 OBRVIT HESPERIA Hesperia occidentali.   Lind. p. 339

2 PROPERATA festinata.

3 MISERATVS OPES hoc miseratus est Iuppiter triste
esse perire illos, qui nec Thebani fuerant nec Argiui, sed
utrisque partibus auxilio uenerant.

5 PANDITVR abscessu militum patefactus est campus,
quorum antea acie tegebatur.   DEFORMIS SANGVINE
horridus siue confusus.

7 ORBA ROGIS sepultura carentia.

8 LACERIS scissis.

---

1 persuadens Pb | Thebani? ‖ 2 uastatio ... Dymantis
et om. Pb ‖ 4 allocutio Pb | in deliberandis L ‖ 5 ipsorum ...
Capanei om. Pa | deportatio Pb ‖ 6 et .. mors om. LP | tumet
M Mon. Gud. Dymantis et Hoplei Klotz. | Amph. duc. Theb.
om. Pb ‖ 8 modum om. Pb ‖ 9 quia MPb | Thebani L | se om.
Pb ‖ 11 manthos Pa mātis Pb manib. M | conuersus L cōuersū
Pb conuersam Pa ‖ 12 p̄cipiente M ‖ 13 non om. Pa | potuisset
L | dimouere corr. in demouere M ‖ 14 adscensus Pa ‖ 17 OBRVIT
om. MP | Hesperia om. MP ‖ 19 Miseratur Pa Mirat M | hoc
om. L | est om. Pb ‖ 21 utriusque LPa ‖ 23 acie antea L |
ante om. ante acie. posuit M | deformi P ‖ 24 siue om. add. in
marg. M

9 INEVNTIBVS ARMA ἀναστροφή pro 'euntibus in arma' id est ad bellum.

10 ANGVSTAE nimia multitudine. LATE CEPERE REVERSOS quia pauci redierant.

Lind. p. 340   11 PAR VTRIMQVE DOLOR quia utriusque partis magna clades exstiterat.

12 QVATTVOR ERRANTES Amphiarai, Tydei, Hippomedontis, Parthenopaei.

13 VIDVAE MODERANTIBVS ALNI gubernatoribus destitutae. moderantibus pro moderatoribus, participium pro nomine.

Lind. p. 341   15 ANIMVS audacia. hinc enim fiducia Thebanis accreuerat, quod quattuor Argiuorum duces eximii exstincti fuerant sorte bellorum.

17 CONTENTI REDIISSE quibus sine gloria incolumibus in patriam rediisse suffecerat. DAT TESSERA SIGNVM nuntius belli, quando per uigilias nunc tessera dicitur.

18 VICES excubantium successiones.

19 VLTRO uoluntate, non sorte cogente.

21 LVX CRASTINA quae nos uictores efficiet.

23 SECVNDIS fauentibus.

27 TVMET superbit.

29 IN MANIBVS MERCES inpromptu est laboris praemium nostri.

35 IAM VESTRAS ad incitandum uirorum fortium animos spem praedae monstrauit. ut Lucanus ⟨VII 738 sq.⟩: 'superest pro sanguine merces, quam monstrare meum est'.

38 VERTERE GRADVM ad Argiuos.

40 AVERSAQVE TERGA excubiarum inter se officia diuiserunt.

---

3 LATE CEPERE om. MP ‖ 5 VTRINQVE L utrūque Pa ‖ 7 QVATVOR LPa ‖ 9 destitutis Pb ‖ 13 qui M | quatuor LMP ‖ 15 īcolumnis Pb incolumib. superscr. in M ‖ 16 in om. (M)P | SIGNVM om. L ‖ 17 ante nunciŷ superscr. sub M | per uigilas Pa | datur Vollmer. ‖ 18 successionis M ‖ 19 non sorte om. superscr. M ‖ 20 nox L ‖ 23 impromptū MPa impromtu Pb | praemium laboris L ‖ 24 ūri Pa ‖ 27 merces ... GRAD. om. Pb | mecum M ‖ 29 ADVERSAQVE L uersaqȝ MP

43 SVB NOCTEM per noctem.

45 FAVCES luporum.

47 QVOD SVPEREST siquidem nihil aliud potest facere.

53 SAXA TERVNT ita suppliciter humi procubuerunt, Lind. p. 342
5 ut uultibus suis templorum tererent limina.

56 PEPLVM ETIAM DONO peplum est uestis candida aureis clauis picta sine manicis, quod simulacris fiebat. sed hoc peplum primum est ab Atheniensibus institutum, quod matronae suis manibus faciebant et inter triennium
) numinibus offerebant.

59 VBI in ipso peplo.   FLORET splendet.

60 INCENDITVR splendet.

61 DESPONSA sponsa designata.

62 POSITVRA SOROREM ideo dicit positura sororem,
5 quia quasi pudorem deposuit, cum soror esse deberet, uxor Iouis effecta.

63 LVMINE DEMISSO nam uirginitas cum pudore deponitur feminarum.

68 TVMVLVMQVE REBELLEM συνεκδοχή. a parte totum.
0 et tumulum, in quo natus est Liber, rebellem contra Iunonem.

73 FORS DEDIT casus occurrens.

74 VALLVM Thebanorum.

77 GEMINOSQVE TONANTIS indignata est Iuno uacuis
5 in astris geminos Iouis in Thebana urbe concubitus.

81 ORBIBVS ACCINGI Virgilius ⟨Aen. IV 701⟩: 'mille trahit uarios aduerso sole colores'.

83 SVSPENDITVR curuatur. ut ipse alibi ⟨Ach. I 107⟩: 'et longo suspendit Pelion arcu'.

0   84 OCCIDVAE in occidentalibus partibus constitutae.   Lind. p. 343

---

3 nil **LPa** ‖ 5 tegerent **L** texterent **M** texerent **P** *corr. anon. Heidelb.* ‖ 6 ETIAM . . . peplum *om.* **Pb** ‖ 8 set **Pa** *om.* **Pb** | ab ateniensibus ē **Pb** ‖ 9 et *om.* **Pb** ‖ 10 cōferebant **Pb** ‖ 11 splendide **Pa** ‖ 14 *schol.* 62 *om.* **LP** *in marg. sup. post* feminarum *add.* **M** ‖ 16 est facta? ‖ 17 dimisso **Pb** ‖ 19 συνεκδοχή *om.* **Pb**ʼ ‖ 24 GEMINOSQVE *om.* **M** ‖ 27 trahens *Vergil.* | aduersa luce **MPa** ‖ 29 et longo *om.* **L**

85 AETHIOPASQVE ALIOS Mauros dicit occidentales.
NVLLI PENETRABILIS ASTRO hoc est nullius sideris lumen admittens.

86 INERS quietus.　　GRAVE pigrum siue obscurum.

87 IT uadit.　　DESIDIS inertis.

93 ERRARE moueri.

96 EFFVGIENS procurrens.

Lind. p. 344　　147 CAMPVS Thebanorum posuit terram.

148 SVMMISERE suppressere.

150 ERRARE dormitare.

153 VVLTVS descriptio altius dormientis.

Lind. p. 345　　157 CASTRIS Argiuorum.

160 REPENS repentinus.　　LYMPHANTIBVS furentibus.

163 SIVE NOVVM quia Thiodamas in locum Amphiarai fuerat constitutus.

166 STIMVLI quibus premebatur a numine.　　NVDVS manifestus et euidentius patens.

167 STAT plenus est. ut Virgilius ⟨ecl. VII 53⟩: 'stant et iuniperi'.　　INCERTO trementi siue ambiguo, quia modo rubor modo pallor eius ora mutauerat. ut Virgilius ⟨Aen. VI 46 sq.⟩: 'cui plurima fanti ante fores subito non uultus, non color unus'.　　TENDIT inflat. ut Lucanus ⟨IX 792⟩: 'tenditque cutem pereunte figura'.

169 SPARSA rotata hac atque illac coma. ut Virgilius ⟨Aen. VI 48⟩: 'non comptae mansere comae'.

170 SIC PHRYGA quos in templo Matris deum Gallos appellant.　　CRVENTVM cruentatum.

171 CONSVMPTA lacerata.

172 SCIRE VETAT quia dolorem furor sentire non patitur.　　PINVS consecratas faces.

---

2 nulli Pb ‖ 4 quietū Pb ‖ 5 Desulis M desidet Pb | incertis P ‖ 8 CAMPVS] Exp̊ Pa ‖ 9 submisere Pb | supp͞sse Pb ‖ 10 domitare M ‖ 11 alicuius Pa alterius Pb ‖ 13 succūntibus Pb ‖ 14 in loco M ‖ 19 Incerta M ‖ 20 ora eius L | ora ... Virgilius om. Pb ‖ 21 plurima] talia *Vergilius* | ante ... subito om. MP ‖ 22 ut om. MPa ‖ 23 tendatque LPa ‖ 30 PINVS SACRAS L | consecratū M

174 RESPERSAQVE polluta sanguine, quem furens laniato corpore suo fuderat. ut Virgilius ⟨Aen. VIII 645⟩: 'et sparsi rorabant sanguine uepres'.

175 ARBOR pinus, quae colitur in sacris Matris deum, sub qua iacuit Attis, Matris deum dilectus.

177 SIGNORVM militarium.

178 MOVENS animo reputans aerumnas.

179 SVBITI noui id est qui in locum peremptorum ducum fuerant constituti.

181 SEQVE HVC CREVISSE id est: ad hos honores pronectos se dolebant ideo, quod occisis ducibus per calamitatem prouecti sunt.

183 FREGIT ITER id est: a gubernatore deserta est.

184 AVT LATERVM CVSTOS quia nauis latera custodiendo seruabat.

186 DOMINO TVTELA MINORI hoc est: nouo gubernatori, qui in locum defuncti successit, non minus conseruandae nauis sibi creditae crescit studium.

192 NOX FECVNDA fraudibus opportuna.　　　　　Lind. p. 346

196 MISERVMQVE DIEM quo uicti sumus.

197 FRANGITE PORTARVM undique uos fractis portarum claustris in hostes immittite.

198 HOC TVMVLARE sepelire. id est: poena, quam hostibus temptamus inferre, pro sepultura erit exstinctis sociis nostris, quasi ultione gaudeant peremptorum manes. EQVIDEM per ironiam dictum est, id est: reuera haec opportunitas nobis etiam per diem continget ideoque debemus differre. hoc est: ne faciendi occasio pereat, differri non debet.

---

1 RESPERSA L | laniata Pb liniato MPa ‖ 3 et om. LMPa ‖ 5 addis M actis Pb | Matri LP | dilectus ... 179 ... ducum om. Pb ‖ 8 q᾽ M ‖ 11 ideoq᷃ MP ‖ 13 ITER om. Pb | a om. MP ‖ 14 CVSTOS om. MP ‖ 16 gubernatore q⟨ M ‖ 18 naui MP ‖ 21 nos LPa ‖ 22 inmittite M | Imittite in hostes Pb ‖ 23 hec Pb | poenam LMPa ‖ 24 tentamus L ‖ 25 interemptorum L emptorum Pa ‖ 26 oportunitas L inportunitas MP ‖ 27 contingit L ‖ 28 ne om. Pb

201 SECVNDAE prosperae.

203 IPSE IPSE ut fidem uaticinationis suae faciat, iterum se ab Apolline, ut haec dicat, admoneri significat. ut Virgilius ⟨Aen. IV. 576⟩: 'ecce iterum stimulat'. SOLVTA hiatu diuisa.

204 VMBRA IVGALES ipse quidem tam clarus erat, quam fuerat uiuens. equi autem ipsius inferorum fuerant fuscati caligine.

205 NON VANAE MONSTRA QVIETIS Virgilius ⟨Aen. III 173 sq.⟩: 'nec sopor illud erat, sed coram agnoscere uultus uelatasque comas praesentiaque ora uidebar'.

206 TVNE INQVIT inuehentis uerba.

207 REDDE HAEC interpositio est.

208 AMITTERE NOCTEM opportunitatem inuadendorum hostium perdere.

210 EDOCVI LAPSVS auium uolatus ostendit.

214 STERNENDI non contra uigilantes comminus pugnabimus, sed contra dormientes.

216 BENIGNAE NOCTIS demonstratiue. etenim dum loquitur, iterum prosperum augurium. ut Virgilius ⟨Aen. IV 576⟩: 'ecce iterum stimulat'.

218 QVASSAT HABENAS quasi denuo Amphiaraus reuertatur ad superos, quod est irae indicium, quod tardabant ire.

Lind. p. 347 219 NOCTEM EXTVRBABAT id est noctis quietem.

226 SORTEM VNDIQVE POSCVNT ut uel sorte exigant, qui mittantur.

---

2 IN SE IPSE **LPb** ipse in se **Pa** | uaticinationi **L** ‖ 3 admonē *corr. in* admouere **M** ‖ 6 VMBRA *om.* **M** | ipse . . . fuerant *om.* **Pa** | quod (*om.* tam) **Pb** ‖ 7 iuuenis **MPb** ‖ 8 offuscati **L** ‖ 9 NON VANAE *om.* **MP** ‖ 11 uelatasque . . . uidebar *om.* **MP** | 12 tūc **M** Tume **Pb** ‖ 13 est *om.* **MP** ‖ 16 ostendi? ‖ 17 non] in **Pa** *om.* **Pb** | cominus **L** | pugnauimus **P** ‖ 18 dormientis **Pb** 20 fit iterum? | ut *om.* **L** ‖ 23 q////rę *superscr.* uā i **M** | qua **P** q̃ **M** ‖ 25 Noctis **MP** | exturbant **Pb** exturbabatq͛ **M** | id est noctis *om.* **MP** ‖ 26 SORTEM *om.* **MP** | sortes **L** *corr. in* sorte **M** ‖ 27 mittuntur **MP**

229 FETVRA equarum suboles.

231 CERTARE cursu contendere.

233 TERGA BONI sessioni utiles.

234 NATVS naturaliter aptus.

237 AD ARGOS gentis nostrae, quae uirtutis erat plena.

241 SEDITIONE quia certabant, qui magis eligeretur.

248 SPERANTIBVS AEQVORA VENTIS in spe habentibus maria.

249 INSVPER super electos.   Lind. p. 348

250 APTVS SVADERE aptus dandis consiliis. IACTAT gloriatur.

251 NON CESSISSE PATRI dat operam, ne patri uideatur esse dissimilis. ORDINE DENI deni comites singulos duces sequebantur, ut cum his triginta proficiscerentur ad bellum, quod Thebanis etiam per diem potuissent horrorem inducere.

252 AGMEN hi pauci etiam non dormientibus et e diuerso pugnantibus sine dubio suffecissent.

255 GREMIO hoc est fidei.

257 GALEAMQVE SVBIT armatur.

258 ENSE GRAVAT non dixit 'donat', sed 'grauat', quia ponderosus erat.

259 SVPEROSQVE SEQVI quasi impius.

260 QVID ENIM interrogatiue.

263 MVGITVS AENAE ne audirent hostes portarum stridorem.

265 PERACTI perfossi.

269 EXPOSITAS neglegenter abiectas.

---

1 soboles LPb ‖ 3 BOVI L ‖ 5 nostre gentis Pb | q̊ M | plenus M ‖ 6 qui M ‖ 7 SPERANTIBVS om. MP ‖ 10 sedere MPa foedere Pb ‖ 11 gratulatur Pb ‖ 12 ne] ut Pb | uideatur patri L ‖ 13 esse om. M | deni om. M ‖ 14 cum om. Pb ‖ 15 ante quod inserendum puto HORRENDVM | q M | potuissent per diem L | errorem MP [indicere Pa indicare corr. in iudicare M ‖ 17 e om. LP ‖ 21 domat Pb ‖ 23 seque quor. si M | impium Pb ‖ 24 QVID ENIM] quin M ‖ 25 AHENAE L | (ne om.) audire M | stridorem om. Pb ‖ 27 schol. 265 om. M ‖ 28 negligenter LPb

270 HINE AVSI debiles et otio dediti.

271 SERVARE VIROS obsidere. ad emphasin dictum. ad hoc enim uenerant Thebani, ut Argiuos, ne fugerent, custodirent.

272 TRANSIT cito occidit.

Lind. p. 349 274 SIGNARE QVEAT | numero definire.

277 HVNC TEMERE neglegentem et sine cura aliqua dormientem.   EXPLICITVM extensum. Lucanus ⟨IV 628 sq.⟩: 'et omnem explicuit per membra uirum'.⁓

278 GRESSIBVS ILLAPSVM CLIPEO hunc, qui sero uictus somno, dum stabat, defecit ac corruit.

280 ACCLINES stantes aut incumbentes clipeis dormiebant.

286 DEBILE FERRVM non ferrum debile, sed qui occidendo utebantur ferro, debiles facti sunt.

287 CALIGANTES IRAE incertae perturbationes siue sedatae. u

Lind. p. 350 288 CASPIA a mari Caspio, quod inter Armeniam et Pontum est.

289 RABIES fames.

291 CONFVDIT MACVLAS pulchritudinem macularum cruore perfusa turbauit.   SPECTAT SVA FACTA uicta fame respicit praedam.   DOLETQVE DEFECISSE FAMEM dolet expletum fuisse desiderium comedendi.

294 INANES debiles, sine effectu.

296 SATVS HERCVLE Agylleus.

303 LVMINA SOLVIT id est ad mortem suam eorum oculos, in quem tela laxauerat somnus.

---

1 somno L | debiti Pb ∥ 5 diffinire LPb ∥ 6 tenere MPa | negligentem LP | et om. Pa ∥ 7 explicatum Pb ∥ 9 inlapsum Pa inlapsis M | hinc Pa om. L | qui . s. sero L ∥ 10 somni dum fuit deficit Pb ∥ 11 Adclines MPa | dormientes L ∥ 13 quia M 14 utebantur occidendo (om. ferro) Pb(!) ∥ 15 perturbatione Pb 16 a mare MPa | quia M ∥ 17 est ante inter posuit L ∥ 19 coɪ-FVNDIT LPb | pulcritudinem Pa pulchritudine Pb ∥ 20 uictima M ∥ 21 DOLETQVE om. MP ∥ 22 comedendo Pb ∥ 24 Status P 25 LVMINA SOLVIT scripsi VOLVITVR lumine soluit L M P (Voluit in Soluit⁓ corr. M | soluit om. superscr. M solium Pa solū Pb) ∥ 26 ante laxauerat excidisse puto iacta erant

304 SVPREMA longa nocte aut illis ultima.

307 COGENTE DEO premente somno.

309 EXIGIT transadigit.   CAVA TESTVDINE antiptosis pro 'cauae testudini'.

310 ET DIGITOS poetice dictum, ut morientis digiti citharae fila pulsarent. ut Virgilius ⟨Aen. X 396⟩: 'semianimesque micant digiti ferrumque retractant'.

313 CRATERAS PATERASQVE inuersi crateres fuderunt merum. quod abundantia repulsum sanguinis iacentes repleuit crateres.

314 IMPLICITVM dum dormiunt, mutuis se tenentes amplexibus.   HAVRIT perfodit, penetrat.

316 NESCIVS quia dormiens morti dimittitur.   HILARIS quia sine sensu doloris in fata decessit.

320 PROFLATV anhelitu. Virgilius: 'anhelum proflabat sub luce deum'.

322 INACHIVS VATES Thiodamas.

323 FRACTVMQVE PERIT succisum, interruptum. uoluit enim aliquid proloqui, sed morte interueniente non potuit.

324 FORS ILLI dubitando poeta dixit, quia coniectura erat potius quam ueritas, quod dicebat.

327 CVM VACVAE NVBES toto rore uacuatae.   HONOR Lind. p. 351 lux.   NON OMNIBVS ASTRIS quia serena nocte non omnes stellae aequali splendore fulgent.

328 BOOTES septentrionem dixit, qui hebescit solis aduentu.

329 DEFECIT OPVS defecerunt mortes.

336 MADIDAS cruore perfusas.

337 MONSTRATAE PRAEMIA NOCTIS quia supra dixit deo se fuisse commonitum.

---

1 illius M ‖ 5 ET *om.* Pb | morientes *corr. in* morientis M ‖ 6 ut *om.* M P ‖ 8 I crateres Pb | 9 sanguinis repulsum L ‖ 10 crateres *om.* M ‖ 11 tenent L tenente Pa ‖ 12 perfudit Pa ‖ 13 qui M | demittitur Pb ‖ 15 anhelatu M | *uersus est Statii* (*Theb.* II 76 *sq.*) | anhelu M anhelitum Pb | proflabant *Stat.* ‖ 19 aliquit Pa *om.* L | p̃loqui *superscr.* e M ‖ 20 poeta dubitando Pb | dixit poeta L ‖ 21 nocebat P ‖ 23 q⟨ *superscr.* ue M ‖ 25 dicit Pb ‖ 27 mortē M ‖ 29 sup Pb | de eo L | deos effuisse M

338 NONDVM ABLVTVS quia nondum se sacerdotali purificauerat ritu.

340 SI NON DEDECVI si monitus tuos non indecenter effeci siue non dehonestaui. TVLIQVE PREMENTEM pertulit urguentem, quia uates receptum imprimit numen.

342 CRVDVS HONOS cruentus a nobis praebetur.

343 AT PATRIAS SI QVANDO DOMOS si nos feceris ad patriam remeare.

345 EXIGE TAVROS tot tauros immolabo, quot hostes occidi.

Lind. p. 852 347 FATO urguente fato, quia perituri sunt. HOPLEVS hic Tydeo fuit et militia et amore deuinctus.

354 ASPERA MATER fortius interrogans uos, ubi sit funus filii.

356 SAEVIT INOPS TVMVLI quia diu uixerit, Parthenopaeus autem immatura morte consumptus est. PATIENTIOR ARTVS figurata locutio: quamuis patientiores artus habeat — id est: Tydei membra dura sunt et non cito tabescunt — nec ut adulescens Parthenopaeus multis sit lacrimis dignus.

361 ERRANTES insepultas.

362 IDEM ARDOR MISERO eadem ego quoque cupiditate succendor.

363 MENS HVMILIS debilitatus animus.

365 ARCANAE secretae noctis domina.

367 ALIO DESCENDERE VVLTV quia dicitur Luna mutata ad siluas figura descendere. nam eandem etiam Dianam dicunt. ut Virgilius ⟨Aen. IX 405⟩: 'astrorum decus et nemorum Latonia custos'.

---

1 ABLVTVS] aliī M om. Pb | qui Pa om. LPb ‖ 4 non om. superscr. M | pertuli urgentem LPb ‖ 5 uatis LPb uitis Pa | praeceptum L | impetiit L impenit Pa imponit Pb ‖ 7 Ad MPb A Pa ‖ 9 TAVROS om. P ‖ 11 VRGENTE LPb | fato om. LPb ‖ 12 deuictus M ‖ 13 fortis MPa ‖ 15 uixerat Mon. ‖ 16 inmatura MPa | est om. Pa ‖ 18 cito om. P ‖ 19 ut om. MP | adolescens LM | peritus MP ‖ 26 quia om. M ‖ 27 figura ad siluas Pb | eandem om. Pb ‖ 28 ut] unde L

. 373 MALVS AETHERA FRANGIT IVPPITER nociua tem- Lind. p. 353
pestas nubes collidit.

374 ABSILIVNT crepitant.

375 ASTRA pro caelo. nam dissilientibus nubibus cae-
5 lum patet.   OSTENDITVR ORBIS mundus apparet.

376 ACCEPIT RADIOS id est Dymas.   EADEM PER-
CITVS HOPLEVS eadem luce, qua radios acceperat Dymas.

378 DANT SIGNA significant sibi inuicem se quaesita
inuenisse cadauera.

0   379 REMISSOS liberatos.

381 PROPE SAEVA DIES silentii causam exposuit.
INDEXQVE MINATVR aduentus diei raptorum cadauerum pro-
ditionem minatur.

383 EXHAVSTAS finitas.   PALLERE TENEBRAS lucis
15 aduentu noctem finiri.

384 ET FORS INGENTIBVS AVSIS inuiderunt uiris fortibus fata, quibus semper rarus est felicitatis euentus.

385 ANIMISQVE PROPINQVANT animorum cupiditate. licet
adhuc non paruo disiungerentur spatio, tamen spe et pro-
20 perandi studio iam sibi castra uidebantur tenere.

386 DECRESCIT ONVS spe breuioris uiae minuebatur
corporis magnitudo.

391 INCERTVMQVE VIDERI expressit, quemadmodum in
tenebris aliquid uideretur.

25   394 TIMENTQVE NON SIBI mire poeta amantium cadauera expressit affectum.

397 AFFECTANS ERRARE MANVM non percutientis animo.

399 CVRAVIT ad hoc Aepytus miserat telum, ut Ho-
pleum occideret.

---

1 frangitur MP | nociua M ‖ 3 ABSILIVNT LPb | ereptant
Pa ‖ 4 schol. 375 om. in marg. sup. add. M ‖ 6 PARTITVS L ‖
8 sibi] si add. ue M iḡ Pb ‖ 11 exponit Pb ‖ 12 aduentus . . .
minatur om. Pb ‖ 16 Vt M ‖ 17 rarus est semper Pb ¦ felici-
tatis est L ‖ 19 non om. Pb | se M ‖ 23 MOVERI L Stat. | quem-
admodum . . . 394 . . . expressit om. Pb ‖ 25 animantium LMPb
animantum Pa amantium Mon. ‖ 27 manus Pb ‖ 28 adhuc P

404 NESCIAT si non sentiat interuentu mortis amici sibi corpus auferri.

406 IVNCTA DYMAS Amphioni et Aepyto, qui praecesserant.

408 NEVTRI FIDVCIA nec in precibus spem salutis relictam uidebant.

413 AD CAEDEM desperatione uitae et ad occidendum et ad moriendum erat paratus.

414 VT LEA simili comparatione usus est etiam in animositate Hippomedontis, dum Tydei cadauer ab hostibus defensaret, 〈IX 115 sqq.〉: 'imbellem non sic amplexa iuuencum infestante lupo (tum primum feta) tuetur mater'.

Lind. p. 354 420 ET IAM LAEVA VIRO iam manus sinistra Dymanti fuerat praecisa, licet hoc instantius prohiberet Amphion.

424 FVLMINEI id est fulmine excussi utero matris.

425 INOAMQVE FVGAM quia cum Ino se praecipitaret in mare, meruit numen fieri. VESTRIQVE ad incutiendam misericordiam hostibus per infantiam numinis adiurat, ut Parthenopaei pueritiae parceretur.

427 HIC PATER apud uos.

428 IACENTIS VVLTVS quia dixerat illum superius supinum trahi, quemadmodum solent iacentes supplicare.

431 IMMO AIT AMPHION adhuc ignorauit Amphion exstinctos uigiles suos.

438 NIL EMIMVS TANTI proditione ciuium meorum nec uitam meam nec Parthenopaeo quaerimus sepulturam.

444 LETOQVE FRVVNTVR in facto tali cum uoluptate pereunt.

Lind. p. 855 446 MEMORES SVPERABITIS ANNOS uirtutis uestrae gloria temporum longitudo uincetur.

---

2 corpus sibi Pb | afferri Pa ‖ 3 q superscr. ue M ‖ 6 uidebat? ‖ 7 ad om. M ‖ 8 ad om. Pb ‖ 11 defensabat Pb | inbellem MP ‖ 13 ET om. L ‖ 14 praescisa L | prohibet Pb ‖ 15 id est an L ‖ 17 Vtrique P | discutiendam Pb iscienciendam Pa ‖ 18 instantiam corr. in infantiam M ‖ 21 iacentes L ‖ 25 eni superscr. eminus M eminus Pa | eorum Pa | nec om. Pb ‖ 26 parthenopei Pa | sepulturas Pa ‖ 27 LAETOQVE FERVNTVR L

448 ADMITTET suscipiet id est participes faciet suae gloriae.

456 ARMA RVBERE sanguine perfusa rubescere.

458 RECENTVM pullorum.

5   462 APERTA alis extensis.   INCREPET ALIS percutiendo alas pullos suos a casu prohibeat.

463 OPVS ARCANVM quod perfecerat in insidiis.

466 IVXTA similiter.

470 QVI TREMOR tali tremore percussus est, qualis 10 solet inuadere fulminatos.   ILLICITA a longinquo epitheton traxit, eo quod non liceat tangi loca, ubi iaceant fulminati.

473 RETORTO PVLVERE retro contorto. nam pul|uis Lind. p. 35⟨ illuc erigitur quo homines.

15   477 CONGERIE sanguinis collectione.   SEMIANIMVM semianimorum.

478 EXTERIT extrahit, imminuit cadauera.

479 IMPEDIT AXES a cursu retardat.

483 DELITVIT VIRTVS noctu per insidias pugnans.   Lind. p. 35 20   484 PVLVERE certamine.

485 SVNT ET MIHI sicut Thiodamanti.   PROVIDA DEXTRAE non auium aut deorum. ut Virgilius ⟨Aen. X 773⟩: 'dextra mihi deus et telum, quod missile libro'.

488 TRISTIOR AVGVR quoniam prodere non poterat 25 futuram calamitatem.

491 SPECVLA AB ALTA feminino genere dixit.

493 DAT VIRES NIMIVS TIMOR contingit, ut et nimius timor uires faciat esse maiores.

---

1 id est *om.* Pb | facit Pa *om.* M | suae gloriae faciet L ‖ 3 rubescere perfusa M ‖ 6 prohibebat Pb ‖ 7 in *om.* Pb ‖ 9 perculsus LPa percusus Pb ‖ 10 inlicita M inclita Pa | a] ex MPb ‖ 14 illic L | egeritur Pb ‖ 15 collectione *om.* Pb | SEMIANIMVM *om.* Pa ‖ 17 EXTERIT *om.* LMP ‖ 18 Inpedit M ‖ 19 nocte LP | pugnat MP ‖ 21 ET *post* sicut *posuit* Pb ‖ 23 et . . . libro *om.* MP ‖ 26 AB ALTA *om.* MP | femineo MP ‖ 27 contingit *om.* L | & ut M q̄ Pb *om.* LPa | nimius timor *om.* L ‖ 28 facit uires L | esse *om.* Pb

497 TAYGETI mons Laconicae regionis.   RIGIDI
EVROTAE frigidi. Eurotas fluuius Laconicae regionis.

498 SPECTATE laudate.

499 NEMEAEO IN PVLVERE FELIX modo in Nemeaeo
agone uictoria celebratus. hic Alcidamas in agone, quem
in Archemori honorem Adrastus celebrauit, aduersus Capaneum caestibus dimicauit, ut superius ⟨VI 714 sq.⟩
poeta testatur dicens: 'tandem insperatus nuda de plebe
Laconum prosilit Alcidamas'.

501 CONVEXA plaga caeli, in qua lucet stella Pollucis,
quam refert poeta propter mortem cultoris sui nominis
in occasum fuisse conuersam. unde superius ⟨VI 716 sq.⟩:
'sed socii fretum Polluce magistro norunt et sacras inter
creuisse palaestras'.

503 LACAENAE Ledam dicit, quam Iuppiter mutatus
compressit in cygnum.

504 FALSO OLORI proprie dictum, quia non cygnus,
sed Iuppiter in cygnum uersus ad Ledam uenerat.

507 ERVDIIT GENETRIX quia mater Alcidamae Nympha
fuit uenatrix, quae sine dubio fleuit, quod ita fortem, ita
nutrierit bellicosum, ut audacia uirtutis suae fretus occu-
buisset incautus.

510 IALMENIDES patronymicon.

511 TORSERVNT clauserunt.

512 PANGAEA mons Macedoniae uel Maenala.

p. 358   **519** SOLVITVR INTEREA irruperunt Argiui Thebanorum
uallum nec illos uis ulla potuit ab impetu retardare.

---

1 laconie Pb | RIGIDI . . . regionis *om.* MPb ‖ 5 coronatus
L ‖ 6 in honore(m) Archemori LP ‖ 8 dicens *om.* LMPa ‖ 9 Alci-
damas . . . poeta *om.* P ‖ 11 pp Pb | nominis *om.* Pa ‖ 13 no-
rant *Statius om.* Pb ‖ 15 leda (*om.* dicit) Pa ‖ 16 in cygnum
mutatus compressit L mutatus in cignū cōpssit Pb ‖ 17 OLORE
LM | prme Pa p'me M | dicā Pb ‖ 19 ERVDIT GENITRIX LMPa |
quia . . . uenatrix *om.* P ‖ 20 defleuit MPb | ita² *om.* L ‖
21 nutrierat itaque L nutrirent Pa | obcubuisset M ‖ 23 ALCMENI-
DES LPa Almenides M Athimenides Pb | patronymicum LP ‖
24 plauserunt *corr. in* clauserunt M ‖ 27 uię ṇulla Pb

523 MIRANTVR AGI agi se mirabantur equi a sedenti-
bus per abrupta.

524 IN FRENA RECEDVNT in uestigia redeunt. modo
adeunt alacritate transeundi, modo timore altitudinis re-
5 trorsum redeunt.

527 REMOLIRI disrumpere, auellere.

532 NIGRASQVE semiustas.

533 ARSVRAS GLANDES nam sunt plumbeae. plumbum
enim solet nimietate iactus calefactum liquefieri.

10 535 MOENIBVS pro euersione moenium ipsis moenibus
pugnabatur. EXVNDANT FASTIGIA NIMBO scatent multitudine iaculorum.

537 CERAVNIA montes excelsi Epiri, qui illis propius
nauigantes infestant. unde Lucanus ⟨V 652 sq.⟩: 'scopu-
15 losa Ceraunia nautae summa timent'.

541 VIRVM Argiuorum.

542 IMBER ATROX telorum densitas. etenim peculiare
est poetis belli impetum caeli tempestatibus comparare.

544 FALCATO falces habente. hoc genus armorum etiam
20 Sallustius describit.

547 OCREIS crurum tegminibus, quibus in curru hae-
rentibus trahebatur.

548 MIRANDVM miserandum.

552 AT TVBA Argiuorum.

25 553 AMARO terribili.

555 SVA DAMNA quia occidebantur.

556 DIRA INTVS FACIES horrenda luctus species im-
pleuerat ciuitatem.

557 LYMPHATAM timoris magnitudine furiatam.

Lind. p. 3

---

1 agi *om.* Pa | assedentib. M ‖ 4 adeunt *scripsi* abeunt
LPa *om. superscr.* M transeunt Pb | modo *om. add.* M | timo-
res M ‖ 7 -QVE *om.* MP ‖ 8 (sunt *om.*) plumbei M ‖ 9 ictus Pa ‖
10 uersione Pa uisione Pb | ipsius .. pugnabantur Pb ‖ 11 sas-
cent M scitent Pb ‖ 13 Epyri excelsi L | proprius L ‖ 14 sco-
puloso M ‖ 18 poetas P po͞e M ‖ 20 *Maurenbrecher II p. 118* ‖
21 tegiminibus Pa ‖ 22 trahebantur L ‖ 27 inter Pb int M

562 MENTE ACCEPERE CATENAS prae timore illa uidebantur, quae poterat inferre captiuitas.

563 CONSVMPSIT VENTVRA TIMOR peracta putabantur timoris magnitudine, quae nondum euenerant sorte bellandi.

571 IPSAE TELA VIRIS quia in calamitate nullus pudor 5 est feminis prodire in publicum uel aliquo pro patria fungi officio.

573 OSTENDERE NATOS ut uiros suos ad pugnam ostendendo liberos acrius excitarent. Sallustius: 'ut res magis quam uerba agerentur, liberos parentesque in muris loca- 10 uerant'.

575 ARMATAS aculeis.

Lind. p. 360 581 SERIT dispergit, immittit.

583 REVERENTIA REGIS perturbationis magnitudine nulla reuerentia regiae personae apud sollicitos erat. 15

584 COMPVTET ANNVM ut computato tempore exsilii anno integro solus regnum Polynices teneret.

586 TENEBRAS caecitatem patris.

587 NOXAE noxa est poena, noxia culpa ipsa.

588 INDE ALII e diuerso alii contraria sentiebant di- 20 cendo: olim quidem istam fidem sequi debuimus, ut Polynicen pelli minime pateremur, nunc uero semel coepto proelio est acriter dimicandum.

592 QVIANE ANTE DVCI εἰρωνικῶς: cur modo futura non dicam, qui ante, cum uentura praedicerem, ita sum libenter 25 auditus? duci Eteocli.

594 PERITVRAQVE THEBE notandum, quia Thebe singulariter dixit.

596 VACANTIBVS caecitate uacuatis.

---

1 MENTE om. MP | accipere MPa ‖ 2 quae ... 563 ... putabantur om. Pb ‖ 3 VENTVRA TIMOR om. MP ‖ 4 quae om. Pb | bellanti P ‖ 6 in L ad MP ‖ 8 OSTENDERE om. Pb | ut om. Pa ‖ 9 Maurenbrecher II p. 202 ‖ 10 gererentur L | locauerunt Pb | 12 Armatis M Armatus P | agaleis MP ‖ 13 spergit Pb | inmittit M ‖ 16 exsili add. i M ‖ 17 Polynices regnum L ‖ 19 noxia om. M ‖ 20 e] et P ‖ 21 debemus Pa ‖ 22 pelli corr. in pellere M | minime pelli L | coepto semel L ‖ 24 QVIA NEC L | cur L cur& M(Pa) & uoc& Pb ‖ 25 pdicare M ‖ 27 quod L ‖ 29 citate Pa cito Pb

597 VINCAMVR PIETAS hoc est: decreueram quidem tacere, sed miseratione uictus patriae silere me futura non patior.

598 ACIEQVE SAGACI oculorum scilicet.

599 FLAMMARVM APICES hoc genus sacrificii καπνομαντεία dicitur, quia ex diuisione ipsius fumi futura monstrantur.

600 ET CLARA TAMEN per medium splendentem apicem uictoria Thebana monstratur. FASTIGIA LVCIS summum culmen exortae flammae.

601 IN SPECIEM SERPENTIS serpentis specie flamma figurata mortem significat Menoecei, qui ex draconis semine trahebat originem.

602 ANCIPITI GYRO in utraque parte. VOLVI FRANGIQVE obscurari uel flecti siue rotari flammam in claram lucem.

603 DVBIO Tiresiae id est ignaro. per caecitatem nesciebat, quae sacrificia signa monstrarent. ILLVMINAT VMBRAS dat oculos caeco nuntiando signa, quae facta sunt.

604 ILLE CORONATOS siue flamma in coronam uersa siue quia arae omnibus sacrificiis coronabantur.

607 INSANA LEVAT furore diuino sacerdotis crines horrebant. DIDVCTA patefacta.

608 CONSVMPTVM senectute horridum uultum laetitia futurae uictoriae crederes immutatum in pristinum iuuentutis nitorem.

610 EXTREMA LITAMINA sacrificiorum signa, post quae Lind. p. 361 sacrificare iterum non licet. inter 'litare' enim et 'sacri-

---

2 me silere L ‖ 3 patiar Pb ‖ 4 scilicet om. MP ‖ 5 aruspicii Lc | caphnomantia M(P) ‖ 6 ex om. Pa | diuinatione P | monstrantur ... Thebana om. Pa ‖ 8 At Pb ‖ 10 exsorte M ‖ 13 originem trahebat L ‖ 14 Non uolui P | frangi L ‖ 15 obscurarique L obscuram Pb | uel om. Pb | ī flāmam Pb ‖ 18 signa sacrificia Pb | monstrare M monstraret Pb | Inluminat MP ‖ 20 siue om. Pa | in corona M ‖ 21 quia] qd Pb tu Pa ‖ 23 DEDVCTA LP ‖ 24 Consumpta M ‖ 25 uictoria M uictores Pa | credens L | credere si mutatum M ‖ 26 uictorem Pa ‖ 28 iterū sacrificaʳ Pb

ficare' hoc interest: sacrificare est hostias immolare, litare
uero per immolationem hostiarum impetrare, quod postules.

611 SED LIMITE DVRO uictoriam nobis quidem numina
pollicentur, sed dura sententia, quia aliter euenire non
poterit, nisi se Menoeceus occiderit.

617 COMMVNIA LVGENS quia adhuc patriae ruinas impatienter ferebat, necdum filii orbitatem.

621 SVADETQVE TIMOR habet enim proprias diuinatio-
nes in diuersis timor nimius. ut Virgilius ⟨Aen. X 843⟩:
'agnouit longe gemitum praesaga mali mens'.

623 LIBYCO Tyrrheno.

624 CELERARE IVBENTEM mortem Menoecei.

625 ORA CANENTIS Creon Tiresiam suppliciter rogabat,
ut funestam sibi deorum uoluntatem taceret, quia pro
salute patriae unius hominis mors negari non poterat.
poposcerant enim numina, ut pro Thebana uictoria Menoeceus, unus qui de semine illorum superfuerat, qui satis
draconis dentibus fuerant nati, se uoluntarie traderet morti.

Lind. p. 362   628 STIMVLOS hortamina.

630 MENS HOMINI TRANSMISSA DEIS nemo enim talem nisi
diis hortantibus susciperet mentem, qualem Menoeceus accepit.

631 DIGESTA ordinata.

637 AFFIXERAT IGNES stellas uirorum fortium dicit
transeunti honorem referre Virtuti, quia ipsius merito
possederant caelum. dicit autem Liberum, Herculem,
Castorem, Pollucem, quos 'ardens euexit ad aethera uirtus'.

639 MVTARE GENAS transfigurare se in aliam formam.

640 RESPONSIS VT PLANA FIDES ut Tiresiae responsis
fides promptior haberetur, quae iubebant perire Menoeceum.

---

1 hoc *om.* M ‖ 2 pro Pa | quia Pb qui *corr. in* q̄d M ‖
3 LIMITE *om.* Pb ‖ 4 qualiter P | inuenire Pa ‖ 6 qui M ‖ 7 ne-
dum LPa ‖ 8 TIMOR *om.* MP | habet] hunc M ‖ 10 longe *om.*
L Pa ‖ 12 Celare MPb ‖ 13 tyresian M ‖ 16 numina ut *om.* M ‖
17 de sanguine Pb ‖ 18 nati fuerant L | uoluntarię M ‖ 20 TRANSM.
om. MP | DEIS *om.* MPb ‖ 21 dis Pa | susceperat M ‖ 23 Ad-
fixerat M Adflixerat Pa affluxerat Pb ‖ 24 uirtutis L | q̄z P |
merito *om.* P ‖ 25 possiderant MPa ‖ 26 *uersus est Aen. VI 130* ‖
27 gen⁹ M ‖ 28 VT PLANA FIDES *om.* MP

643 MOLLIOR suauior.

644 DESCENDVNT VESTES defluunt. solet enim Virtutis simulacrum depingi succinctum.

645 NAM LAVRVS ERAT laurus commune est uatum et uirorum fortium decus.   ASPERA rigentia siue magna.

646 SIC LYDIA CONIVNX Omphale, cui Hercules per amorem seruisse perhibetur.

648 PERDERE SIDONIOS quia Herculem non decebat muliebris habitus, quia mole membrorum mollia imitari non poterat. perdere enim est male aliquid imitari. Sidonios amictus uestem purpuream dixit.

649 ET TYMPANA RVMPERE quae nimietate percutientis frangebantur.

650 DIGNVMQVE IVBERI dupliciter sentiendum. id est: neque indignum, cui post mortem sacra fierent, neque indignum, cui talia iuberentur.

653 MAVORTIVS bellicosus.

654 ATQVE OMNIA id est in omnibus.

655 TV PRIOR melior, maior.   CIRCVM CVMVLANTVR mortuorum cadaueribus, quos occiderant.

656 OMNE SEDET TELVM scilicet omne Menoecei uulnus letale erat et nulli ictus in uacuum cadebant.

657 NECDVM ADERAT VIRTVS talia Menoeceus necdum Lind. p. 363 instigante numine faciebat.

660 RENIDENT sanguine perfusa nitidiora fiunt.

663 CADMI DE SEMINE de draconis dentibus, quos Cadmus seuit.

665 PLVS CONCIPE plus uirtutis suscipe.

668 CVNCTO PATRIAE mortem libenter amplectere pro salute omnium Thebanorum.

---

2 VESTES uestes L ‖ 3 pingi Pb ‖ 7 inseruisse L ‖ 9 mollia rumpebantur. perdere est aliquid male L ‖ 14 Dignum M | hoc sentiendum L ‖ 15 fierent sacra L ‖ 18 id est *om.* Pa | in *om.* Pb ‖ 19 CIRCVM *om.* MP ‖ 21 OMNE SEDET TELVM *om.* LP | omne scilicet LP ‖ 22 in uanum L ‖ 23 VIRTVS *om.* Pb ‖ 25 profusa Pa ‖ 26 quod Pa ‖ 28 suscipere uirtutis Pb ‖ 29 amplexure *corr. ex* amplexurū M ‖ 30 hominum M

670 CERTA TVI certum habet patria tua tanto se a te amore diligi, ut pro ea libenter te offeras morti.

RAPE NOBILE FATVM totus hic locus celeriter pronuntiandus est, ut iubentis exprimat affectum.

673 SESEQVE IN CORDE RELIQVIT in animo Menoecei penitus uirtus insedit.

677 INVASIT arripuit.

678 HABITVMQVE NOTAVIT Virgilius ⟨Aen. I 405⟩: 'et uera incessu patuit dea'.

682 FIXIT occidit.

685 IGNIBVS IMPLET his uulgi laudibus Menoecei animus ad honestam mortem magis impellebatur.

Lind. p. 864   694 RESPONSA quae te iubent mori pro patria.

697 DIGNANTVR STIMVLARE uult pater ab aetatis decrepitae assertione responsa destruere. dicit enim Tiresiam iam nimia senectute non posse uera responsa proferre.

699 FRAVDE DOLOSA quid si hoc immissu regis Eteoclis dolose Tiresias fingit? sumus enim regi pro nostra nobilitate suspecti, ne illi succedamus in regnum.

702 QVAE VERBA DEORVM forte regis haec uerba sunt, quae nos responsa credimus numinum.

706 SIC TVA adiurantis affectus.

707 TIMOREM PERVENIAS quomodo ego tibi timeo, sic tu timeas liberis tuis. id est: sic ad aetatem peruenias, ut pater sis.

Lind. p. 865   720 QVIN ET MONSTRANTIBVS ILLIS diis | utique sibi

---

1 tantū M tm̄ Pb | ante more *add.* a M ‖ 2 te libenter L | auferas Pa ‖ 3 factum MPb | totus *om.* M | hic *om. superscr.* M | celebriter Pa ‖ 5 SESEQVE *om.* MP | Menoecei *om.* Pb ‖ 12 amor (ad *om.*) honestaū (*corr. in* honesta in) morte M | morte Pa | implebatur Pa ‖ 14 etate M ‖ 15 asseptione *corr. in* assercione M | responso Pa ‖ 16 iam nimia] a *corr. in* p̄ M ‖ 17 q M quod Pb | inmissu M imminossu Pa iussu Pb ‖ 18 fingat L | enim *om.* Pa | regi *om.* M ‖ 19 illis Pb | succendamus Pa ‖ 20 *schol.* 702 *om.* Pb ‖ 22 effectus M ‖ 23 sic quomodo Pb | tu *om.* Pb ‖ 24 ad id aetatis LP ‖ 26 Qui nec M | ILLIS *om.* MP

deuotum iuuenem rationem fallendi patris monentibus. nam eum securum deceptu fraudis effecit.

726 IN ME INSANIRET APOLLO si me in templo posito talia Apollo praedicaret, ut meis auribus diuinantis nu-
5 minis uerba perciperem, non facile credidissem.

729 VIX ILLVM uix illum saucium uulnere de hostium medio potui liberare.

730 INTER VTRASQVE ACIES Argiuorum Thebanorumque.

733 FVGAM REVOCARE sanguinis fluxum arte medicinae
0 restringere.

735 CALIGINE PECTVS ut magis timeat Haemoni uul-nerato quam perituro filio Menoeceo.

739 AEQVORE CAMPI campi spatio. Lind. p. 366

740 NVNC EQVITVM CVNEOS ἐξήγησις.
5 741 MODERANTVM regentium equos. CVRRVS pro equis.

743 LAXAT soluit. FVMAT anhelat.

747 DEFERAT fundat.

751 VLLIVS AETAS nullius aetas aut uirtus Capaneum poterat ab impetu uirtutis suae tardare.
0 754 VICES alternos impetus.

757 AVGVSTIOR uenerabilior.

759 EXEMPTA MANIFESTVS nudo capite coepit magis agnosci.

760 DESPEXITQVE ACIES HOMINVM quasi ipse iam deus
5 uitam pro gloria contempturus.

761 CONVERTIT CAMPVM ad orationem suam pugnan-tium ora uultusque conuertit.

765 FERTE RETRO BELLVM retro agite hostes in fugam.

---

1 orationem Pa | mouentibus L | nō Pa ‖ 2 securum eum L | efficit Pb effectus M ‖ 3 APOLLO om. L | siue L sine P (om. me) | mei Pb | positus L posita Pb ‖ 4 Apollo talia L ‖ 5 pcipere M ‖ 6 VIX ILLVM om. Pb | sauciatum L | de medio hostium Pb ‖ 8 In M | et Thebanorum L ‖ 9 artis Pb ‖ 14 εφεргсιс M ei erecic Pa erexit Pb eiicit L ‖ 16 LAXAT soluit om. M ‖ 17 findat Pb ‖ 18 nullius aetas om. Pb ‖ 19 poterat Capaneo Pb ‖ 22 Etempta M | MANIFESTVS L om. Pb ‖ 24 -QVE om. Pb | quia Pb ‖ 25 p gloriam M ‖ 27 uultus oraque Pb ‖ 28 FERRE L

CAPTAEQVE IMPINGITE LERNAE ut, qui nunc uictores
Lind. p. 367 sunt, Argiui uincantur et, qui insecun|tur, fugiant.

769 PLACIDA HOSTIA quae non repugnaui.

770 SI NON ATTONITIS si non diuinantis Tiresiae uerba
stupefactus accepi. attonitis timidis. attoniti enim dicuntur, quos fragor tonitrui in unum locum defixit, quos
Graeci uocant ἐμβροντήτους hoc est stupentes.

773 EXORATE consolamini.

775 DEDIGNANTEM ARTVS quippe qui iam caelum petebat.   MAESTAMQVE TENERI carcere corporis scilicet.

776 QVAESITAM aut a superis aut a Thebanis pro
salute sua.

777 LVSTRAT expiat..

787 CONCINITVR collaudatur. ordo: concinitur uulgo:
populus eum conditorem urbis suae uocabat et Cadmo
atque Amphione meliorem dicebat.

788 VERIS HONORE SOLVTO apertis rosis.

791 LACRIMABILIS quia dolebat fraude se deceptum a
filio et iratus eum nolebat flere.

Lind. p. 368   793 LVSTRALEMNE lustrare ciuitatem humana hostia
Gallicus mos est. nam aliquis de egentissimis prolicie-
batur praemiis, ut se ad hoc uenderet. qui anno toto
publicis sumptibus alebatur purioribus cibis, denique certo
et sollemni die per totam ciuitatem ductus ex urbe extra
pomeria saxis occidebatur a populo.

796 COITV REVOLVTA [NOTAVI] quoniam filii coitus in
matrem rediit. ut ipse alibi ⟨Theb. I 235⟩: 'proprios
monstro reuolutus in ortus'.

---

1 CAPTAEQVE ... LERNAE *delenda puto* | inpingite M ‖ 2 in-
sequuntur L insequuntur Pb ‖ 5 atton. tim. *om.* Pb ‖ 6 tonitus
Pb | deflexit Pa ‖ 7 ἐμβροντήτους Lc *om.* LMP | stupentes *om.*
Pb ‖ 10 sc. corporis L ‖ 11 QVAESITVM L | a² *om.* MPa ‖ 14 con-
laudatur MPa ‖ 15 eum populus L ‖ 16 meliorem amphione
et cadmo Pb | dicebant Pb *corr. ex* dicebat M ‖ 18 se *om.*
LP ‖ 19 eum iratus L ‖ 20 LVSTRALEM L ‖ 21 pelliciebatur L ‖
22 primus P | ad hoc *om.* Pa ‖ 26 NOTAVI *om.* MP | quando L |
citius Pa ‖ 27 et proprios Pb | monstret Pa

806 DIVERSA contraria, quae mihi obfuerunt per partum.

807 EFFLORVIT ARMIS quia de serpente illo, cuius Cadmus seuerat dentes, Creon, Menoecei pater, ducebat 5 originem. queritur ergo mater Menoecei omnia illum a patre habuisse et nihil de matre et inde illum amore mortis abreptum.

810 FATIS NOLENTIBVS quia ante diem peristi.

812 HAEC MANVS quae te occidit, tua scilicet.

10 813 VIDEN syllaba cum naturaliter longa sit, tamen eam corripuit secutus auctoritatem Maronis dicentis ⟨Aen. VI 779⟩: 'uiden, ut geminae stant uertice cristae?' CONSVMPSERIT ENSEM quia totum pectore recepit ferrum.

814 HAVT QVISQVAM ab hoste non tantum fuisset in- 15 fixus gladius.

816 PEROSAM odio habentem consolantes se.

819 TELLVRE RELICTOS quia solam terram intuebatur.

822 SAXI speluncae, in qua filios edidit uel educabat.

824 PRAETER iuxta tigridem orbam.

20 825 VBI ENIM interrogatiue: quia nusquam uidebat filios, quibus alimoniam lactis pararet.

828 COMMINVS mox insequenti.   TOLLENDVS carmini- Lind. p. 369 bus altius efferendus.

830 AMENTIA furor poeticus.

25 831 PROFVNDA inferna.

832 SIGNA SECVTAE uelut Capaneo militent.

---

1 Versa P | contraria] gła Pb ‖ 2 partiē Pa patrem Lm ‖ 4 pater a serpentibus duxit L ‖ 5 mater] pater Pb ‖ 7 arectū Pb ‖ 8 NOLENTIBVS FATIS L | diem om. Pa | periisti LMPa ‖ 9 HAEC om. MP | tua scilicet quae te occidit L | scilicet om. Pb ‖ 10 Vide Pb ‖ 11 eam om. Pb | (secutus om.) aucte̅ Pb | dicentis om. Pb ‖ 12 uident M uidē Pb | aut LPb | uertice] cornua MPa | xp̄e Pa ‖ 14 non tantum ab hoste L | tam̅ Pb ‖ 16 se om. LPa ‖ 17 reductus Pa | intuebantur LPa ‖ 18 Saxa Pa | uel educabat om. Pa ‖ 19 tygrid̄ M ‖ 21 alimonia P ‖ 22 in- sequente Pb insequent Pa ‖ 23 abit' M ‖ 24 furore Pb ‖ 26 ue- luti Pb | militante Pb

833 ARMA IOVEM inuidiose se contra Iouem Capaneus armauit, ut gloriosa morte periret.

835 SEV LAETA MALORVM quoniam gaudemus arduas res et periculosas incohare, quarum nos postea paenitet.

CAECA incerta, quia interdum, quae putamus bona, mala eueniunt exitu. 5

836 ET BLANDAE sero uenientes.

841 GEMINA LATVS admirabilis periphrasis scalarum. Pomponius sane in armorum iudicio: 'tum prae se portant ascendibilem semitam, quam scalam uocant'. 10

844 INCENDITVR IGNIS splendore clipei repercussus splendidior fit.

847 QVID SACRA IVVENT quid prosit Thebanis mors Menoecei sacris inuenta.

Lind. p. 370   848 ET ALTERNO mire descripsit scalis ascendentem. 15 alterno gressu id est modo dextro, modo sinistro pede.

850 VIDIT ALOIDAS Otus et Ephialtes, Aloei filii, tantae audaciae fuere, ut montibus constructis caelum expugnare niterentur. icti fulmine et in Tartarum missi sunt.

874 CARMENQVE IMBELLE SECVTI quia Amphione can- 20 tante dicuntur instructae.

879 ABSILIVNT dissoluuntur.

880 SAXEA FRENA compages quadratorum, quae constringunt et continent aedificationem.

Lind. p. 371   886 INSERVANTE custodiente Iunone, ne quid pro Thebis 25 diceret Liber.

887 OBLIQVO non ea parte aspiciens propter Iunonem siue quasi iratus Ioui.

---

1 se *om.* **MP** | contra *om.* P | arma ioue inuidiose **Pb** ‖ 3 quando L ‖ 4 periculosa **Pb** ‖ 5 Coeta **Pa** Certa **Pb** ‖ 6 malo **Pb** ‖ 7 uenientis L euenientes **Pb** ‖ 8 GERMINA **LPa** ‖ 9 *Ribbeck II³ 270 sq.* | Pacuuius *Dubnerus* | cum **Pb** tīr **Pa** | p **Pb** | portat *Dubn.* ‖ 10 ascendi uilem **MPb** | uocitant *Dubn.* ‖ 11 nitore L ‖ 15 describit **LPa** ‖ 16 id est *om.* **Pb** ‖ 17 Aloi **LM** alon **Pa** aloii **Pb** ‖ 18 fuere *om.* **MP** | conscendere **Pb** ‖ 19 & icti L | et *om.* L | tartara L taurum P ‖ mersi **LP** ‖ 20 inbelle **MPa** | qua **Pb** ‖ 21 fuisse dicuntur constructae L | instructi? ‖ 23 FRENA *om.* **Pb** ‖ 26·Liber] ib **M** ‖ 27 Oblico **Pa** | aperte?

888 CVNABVLA FLAMMAE ubi sunt mea cunabula?

889 AVCTOR APOLLO quia Apollinis oraculum Cadmus secutus aedificauit Thebas.

891 DVBITAT TIRYNTHIVS ideo inducit Herculis dubium
5 fauorem, quia et ab Argiuis et a Thebanis ducebat originem: ab Argiuis per patrem a Perseo uenientem, nam Perseus Danaes filius, eius filia Gorgophone, Gorgophones Electryon, Electryonis Amphitryon, Amphitryonis Hercules, a Thebanis uero per uxorem Megaram, Creontis filiam,
10 de qua suscepit Oxeam et Creontiadem, quos furore correptus occidit.

895 TRITONIA haec etiam Argiuis fauet. de Iunone autem nemo dubitat, quam Homerus Argiuam nominat. bene ergo tacita: ubique enim Iuno tacens describitur.
15 unde ei oratio necessitate datur. unde Virgilius ⟨Aen. X 63 sq.⟩: 'quid me alta silentia cogis rumpere et obductum uerbis | uulgare dolorem?'

897 PACEM IOVIS otium, quo iracundia carebat.   Lind. p. 378

905 TONITRV solas potes puellas turbare fulminibus.
20 916 VICTAM superatam.

920 PRO FVLMINE PENDENT desperatione fulminis solliciti sunt. id est: timent, ne non ualeat fulmen perimere Capaneum.

924 ATTRITIS collisis nubibus. nam dicunt physici
25 collisione nubium emitti fulmina.

926 LASSAMQVE exstinctam.

930 CEDVNT ACIES Thebanae Argiuaeque.

---

4 dubitabat Pb | ī̄o dicit Pb ‖ 5 dicebat Pb ‖ 6 ab om. MPa | argiuus M | propter L ‖ 7 danę MPa damne Pb | eius filia om. MP | gorgone gorgones Pb ‖ 8 Amphitryo L om. MP | amphitrioniades M amphidrionius Pa om. Pb ‖ 9 a om. MP | thebanus Pb | propter LPb | minegerā M minogram Pa ‖ 10 Oceam Pa Aream myth. (II 158) cf. schol. IV 570 | creontiaden MPa | q̄ Pb quas LMPa ‖ 13 dubitet LPa | Argiua Pa ‖ 14 enim om. L p Pa | describatur Pb ‖ 16 et ... dolorem om. MP ‖ 19 SOLVS LMPb salus Pa | potest M | puellas potes L | tonitribus L ‖ 24 conlisis MP | philosophi MPa ‖ 26 LASSAM LP Lapsāq' M

933 (936) FVMANTIA MVRIS ut eos corporis sui igni succenderet.

934 (937) SED MEMBRA VIRVM sed pro 'nisi'.

935 (938) EXVITVRQVE ANIMVS mire 'exuitur' dixit. quia anima exuitur corpore, ideo metaphoram a uestibus 5 posuit.

936 (939) CESSISSENT fulmini. hoc est: consumpti fuissent.

COMMENTARIVS IN LIBRVM XI.

Continet hic liber exsultationem Thebanorum post 10 mortem Capanei. Tisiphones Furiae signum ad Megaeram, ut ab inferis emergat. ascensio ipsius Megaerae. allocutio Tisiphones ad eam de fratrum singulari certamine. Poly- nicis somnium aduersum et eius allocutio ad Adrastum de singulari certamine cum fratre suscipiendo. sacrificatio 15 Eteoclis pro uictoria Thebana et eiusdem sacrificii omen aduersum. nuntius significans Polynicen ad bellum pro- cedere. allocutio Creontis cogentis Eteoclen exire. re- sponsio Eteoclis. allocutio matris Iocastae ad Eteoclen, ut desistat a bello. par allocutio Antigones de muro ad 20 Polynicen. eruptio Eteoclis. allocutiones inuicem fratrum. allocutio Adrasti bellum desuadentis. Pietatis conquestio de fraterno certamine uel eius uoluntas pacis. Tisiphones interuentus. fugata Pietas et pugna et doli. interitus

---

1 signis Pb ‖ 3 VIRVM *om.* MP ‖ Explicit liber X. Incipit liber XI. Pa ‖ 12 assensio P ‖ 13 certamine singulari L ‖ 14 somnū P | aduersus Pa & aduersum Pb | ad *om.* MPb ‖ 15 de] se Pa | suscepturū Pb | sacrifitio Pa ‖ 16 sacri om̄ Pa ‖ 17 auersum Pb | nunciū Pb | Polynicem LM | bella LP ‖ 18 Etheoclem LPb ‖ 19 castę Pa | iocaste mͬis Pb | Etheoclem LPb ‖ 21 Polynicem L | et ruptio Pa ‖ 22 dissuadentis LP ‖ 23 uoluptas M ‖ 24 fratrum interitus L

fratrum. lamentatio Oedipi super filiorum cadauera. mors
Iocastae. Creontis imperium de non sepeliendis cadaueribus Argiuorum, quos belli casus fuderat, qui tunc primum
acceperat regnum. eiusdem Creontis imperium de exclu-
5 sione Oedipi. allocutio Oedipi superbe respondentis. allocutio Antigones Creontem deprecantis, ut ignosceret Oedipo,
patri suo. fata Graecorum.

2 EXPIRAVITQVE RECEPTVM FVLMEN cum anima amisit Lind. p. 374
siue efflauit.

10   4 SIGNAVIT MVROS excussit.

9 FRAGMINA TVRRIS quae cum ipso est fulminata.

10 MEMORANDA FACTA quod a Ioue fulminari meruit.

11 NON ILLAVDATA TONANTI ad exaggerationem uirtutis Capanei dixit eius morte etiam Iouem sese potuisse
15 iactare.

12 TEMERATOR MATRIS Tityon, Latonae concubitum Lind. p. 375
uiolenter affectans, Apollinis est peremptus sagittis et a
Ioue apud inferos perpetua poena damnatus.

14 VOLVCRES secundum Homerum, qui dicit uiscera
20 Tityonis gemino uulture exedi, non uno, ut Virgilius dicit.

16 INIECTVS prostratus.

24 GALEAEQVE TONANT uelut tonitru insonant.

26 CAELIQVE TVMVLTV VTITVR Iouis fulmine audaciam
dimicandi plebs Thebana conceperat.

25   27 MASSYLA PER ARVA terras Africae.

32 HINC PREMIT EVRYMEDON ex parte altera Eury- Lind. p. 376
medon, dux Thebanorum, premebat, cuius in catalogo

---

1 -mentatio . . . sepe- *om.* Pa | oedippodi M | cadauera
filiorum Pb ‖ 2 sepeliendi M ‖ 3 Argiuorum *om.* Pa ‖ 4 regem
Pb ‖ 5 allocutio Oedipi *om.* M | superbe . . . Oedipo *om.* Pa ‖
6 creontis depͨantē ut ignoscerent Pb ‖ 7 facta Pa ‖ 8 RECEPTVM
FVLMEN *om.* MP | cum] eis Pa | animam P | emisit L ‖ 9 siue
om. L | flauit Pa ‖ 10 MVROS *om.* MP | ex(c)ussis P ‖ 11 FRAGMINA
om. MP ‖ 12 FACTA *om.* MP | meruit fulminari L | meruerit P ‖
13 NON *om.* MP | inlaudata M laudata Pb | TONANTI *om.* MP ‖
19 *Odyss. XI 578* ‖ 20 excedi ne Pb | *Aen. VI 597 sqq.* ‖ 21 EIECTVS
L aiectus Pb ‖ 22 -QVE *om.* MP | tonitrū sonant M ‖ 23 CAEL. TVM.
om. MP ‖ 24 p̄les Pa pleps M ‖ 25 terram Pb ‖ 26 Eurimedes M

⟨VII 262 sq.⟩ fecerat mentionem: 'proximus Eurymedon, qui pastoralia Fauni arma patris'.

35 IVVENEMQVE PATREM e diuerso dicit Lapithaonem cum Alatreo filio bellum mouere pari paene aetate pollentes. et istorum meminit in catalogo ⟨VII 296 sq.⟩: 'pater est 5 natusque, sed aeui confudere modos'.

39 ARTATVR opprimitur siue densatur.

45 PVBES TIRYNTHIA iuuenes dicit, qui cum Agylleo fuerant, Herculis filio. sed stipitibus et sagittis dimicabant, non gladiis. ut in catalogo ⟨IV 154 sqq.⟩: 'flauae 10 capiti tergoque leonum exuuiae, gentilis honos, ac pineus armat stipes, inexhaustis artantur tela pharetris'.

50 ENYEVS hic tuba Thebanos in bellum excitare solebat, sed tunc amens fugam ciuibus suadebat.

56 TVBA SOLA PEREGIT Ennius: 'cumque caput caderet, 15 carmen tuba sola peregit et pereunte uiro raucum sonus aere cucurrit'.

Lind. p. 377   58 CLVDERE QVAERIT fratrum congressu Furia bella finire festinat.

62 ERGO PROCVL secretiorem locum petiit.   20

63 ABSENS pro 'absentis'.

65 ATTOLLIT erigit.

68 ET PATER AETNAEOS ITERVM bene iterum: quia paulo ante fulminauerat Capaneum, nunc iterum aduersus Furiam fulmen requirit.   25

74 RARESCVNT TENEBRAE Furiae, inquit, abscessu tan-

---

3 patremque **MPa** | Lapithaonem *sumpsi ex Theb. VII 297* Pythonem **L** pitonem **Pa** phitonē cū **Pb** pyto///nem **M** ‖ 4 cum Adephilo **L** cum adefilio **Pa** cum ad filio **Pb** tumele filio **M** ‖ 7 obprimitur **MPa** opprimit **L** ‖ 9 sed] qui **L** sed in **Pa** | et sagittis *om.* **MP** ‖ 10 ut *om.* **M** | flauent **L** flant **Pb** ‖ 11 tergo leonis **Pb** | non hos **MP** | et *Statius* ue **Pb** ‖ 12 aptantur **Pb** ‖ 13 ENYEVS **LM** enileus **P** ‖ 14 tum **L** | dñs **Pa** ‖ 15 *Vahlen p. 75* | capd cadere **M** eminus caput caderet **P** ‖ 16 sola peregit *om.* **Pb** | raucus **Pb** ra cū **M** ‖ 18 CLAVDERE **LP** | bellum **LPa** ‖ 22 Attollitur erigitur **P** ‖ 23 quod **Pb** quo **Pa** ‖ 24 paulum **Pb** ‖ 26 TENEBRAE *om.* **MP**

tum inferis lucis accessit, quantum aduentu eius dies splendoris amisit.

76 HAC GERMANA TENVS supra ⟨VIII 65 sq.⟩ irascentis Lind. p. 378 Ditis uerba ad Furiam haec fuerant: 'sed quid ego haec? 5 i, Tartareas ulciscere sedes, Tisiphone'.

80 NEC PRETIVM nec operae pretium fuit diu mansisse apud superos tantis factis stragibus.

84 HAEC EGO quae hactenus facta sunt, sibi Mars cum Bellona uindicet. nunc ego ad singulare impellam.

10   85 MANIFESTVS IN VMBRIS quia similitudo gestorum apud inferos exstitit.

88 HORRENDVS AB ASTRIS Capaneum quoque, sed modice fuisse dicit audacem.

91 BELLA DEVM aut Martis et Bellonae aut Apollinis 15 et Mineruae.

92 FATISCVNT lassantur.

94 TAXVS quia Furiae de taxo arbore faces habere dicuntur.

97 MARTIA qualia Mars solet efficere.

20   107 IAM PATER EST hoc est: iam coepit Oedipus circa filios meliora uota habere et patris circa iuuenes affectum tenere.

127 SAT FVNERA MENSIS dicit Iuppiter adhuc sibi Lind. p. 379 Tantali horrere conuiuio, in quo Pelopem praedictus pater 25 numinibus apposuit epulandum.

128 LYCAONIS ARAS Lycaon, rex Arcadiae, Iouem suscepit hospitio, cumque uellet explorare, an uere Iuppiter esset, quem domo susceperat, humanas ei carnes

---

3 TENVS *om.* MP ‖ 4 Ditis *om.* Pa ‖ 5 ita caras L(Pa) inter tartareas Pb ‖ 8 HOC L | EGO *om.* Pb | facta sunt *om.* Pa ‖ 9 uindicat L | singularē M | inpellam Pa impellū *superscr.* am M compellam Pb ‖ 12 AB] in M ‖ 13 fecisse MP *scholion corruptum est* ‖ 16 Facti (*add.* r) s̄ M ‖ 18 dicuntur faces habere L ‖ 20 *schol.* 107 *om.* P | Patrem (*om.* est) M ‖ 23 MENSAE L ‖ 24 horrore conuiuium (*om.* sibi) Pb | conuiuio iniquo *om. superscr.* M ‖ 27 uere *corr. ex* nere M nueret Pa numen L ‖ 28 in domo LPa in domum Pb

apposuit. quod cum Iuppiter agnouisset, domum eius incendit ipsumque mutauit in lupum, qui Graece dicitur λύκος.

129 ASTRA MYCENAS quia Atreo et Thyestae parricidis epulantibus refugo sole nox festina superuenit. astra uero pro nocte posuit.

139 EXEAT declinet. DVBIOS TVRBARANT Terentius ⟨Andr. 266⟩: 'dum in dubio est animus, paulo momento huc uel illuc impellitur'.

141 AEGER CONSILII tristia cogitans siue consilio imbecillis.

143 MONSTRA DEVM infelicia monstra deum. id est: non desunt prodigia futurorum. SIC IRE PARABAT non sic parabat uiro suo occurrere, quo nunc (habitu scilicet) corpus eius quaesitura est.

144 VIRO TAEDAS non putabat his se taedis ad rogum uiri esse uenturam.

Lind. p. 380   **158** CAPESSERE administrare propere.

167 PATRIA REGNOQVE extra fines patrios te coegi bella suscipere.

176 FECIQVE NOCENTEM ut pro me fureret.

Lind. p. 381   **194** SVBMITTITVR solutis niuibus minuitur.

202 SIC OMNIA VICIT quaecumque moram faciebant exire.

209 INFERNO TONANTI Plutoni. PRAEVERTIT applicuit.

Lind. p. 382   **211** LICET ARGOS quamuis Graeci tibi seruiant et ipsi

---

2 qui] Auide M unde LP | λύκος dicitur lupus L (*om.* λύκος) MPa lycaon dicit lupus Pb ‖ 4 refulgo L refuge M refugio Pa | praeuenit L peruenit MP ‖ 6 DVBIOS *om.* MP | TVRBARANT LM ‖ 8 uel *om.* L ‖ 9 CONSILII *om.* M | tristicia cogitans consilię M | inbecillis M ‖ 11 infelici MPa ‖ 12 Scire (*om.* i) MPa | nunc (*om.* sic) parabo Pb ‖ 13 qui Pa q Pb | tunc Pb | habitu *om.* L | scilicet] sic MPb ‖ 15 putat L pubai M pubat Pa | his *om.* P ‖ 16 uentura M ‖ 17 CAPESCERE LPa | proprie LP ‖ 18 PATRIA *om.* MP ‖ 20 *schol. 176 et 194 om.* Pa | FECIQVE *om.* MPb ‖ 21 SVMMITTITVR LM submittitis Pb | minuitis Pb ‖ 22 SIC ... moram *om.* Pa ‖ 24 TONANTI *om.* MP | applicauit Pa amplicauit M

sacrificia debeant, tamen et nos amare debes, quia multa
apud nos ob stuprum Europae amoris gaudia perfecisti.

213 THIASOS thiasi chori sacra ducentium Liberi
patris siue certamina Satyrorum.

5   216 TYRIOS NIMIVM propter sui uultus imaginem. et
bene nimium, quia aduentum Iouis armati ferre non
potuit uique fulminis interiit.

221 AGNOVIMVS IGNES fulmina, quae miseras in Semelen, a proauis audiuimus nostris, nos quoque in Capaneo
10 didicimus.

223 VOTIVVM sacrificio Iouis dicatum [taurum, qui
Haemus dicebatur].

233 IMPERAT erat enim consuetudinis, ut, si prima
sacrificia minime fuissent accepta numinibus, secunda
15 haruspex sacrificia repararet, donec uiderentur esse suscepta.

235 AC|CEDERE VESTES per membra compasci. Her- Lind. p. 383
cules etenim uicto Acheloo Deianiram duxit uxorem. qui
cum ad fluuium peruenisset, Nesso dedit Centauro trans-
ferendam. quam cum ille in flumine comprimere uoluisset,
20 ab Hercule est sagittis exstinctus. qui uestem Deianirae
dedit sanguine suo tinctam, ut se ulcisceretur, et dixit,
si uellet se perpetuo ab Hercule diligi, daret eam illi
uestem induendam. inde cum Hercules Iolam secum captam adueheret, Deianira uerita, ne ei paelex praeferretur,
25 hac ueste Herculem induit. quam ille indutus, cum ueneni
afficeretur incendio, in Oeta monte rogum uoluntate con-
scendit.

---

1 debes *om.* **LMPa** | quia *om.* **Pa** ‖ 3 ducentum **M** | dicentium
bacchei (*om.* patris) **Pb** ‖ 4 siue **L** s̄ **M** sunt **Pa** sunt && **Pb** ‖ 7 periit
Pb ‖ 9 a . . . didicimus *om.* **L** ‖ 11 dicatur **P** | taurum . . .
dicebatur *om.* **MP** ‖ 13 enī erat **M** ‖ 15 aruspex **LMP** | repa-
raret *om.* **Pb** | donec au **Pa** ‖ 16 Accendere **Pa** ‖ 17 enim
LPb ‖ 18 nexo **Pb** nesson **M** nessuʒ **Pa** ‖ 20 est *om.* **Pb** | ex-
trictus *corr. in* extinctus **M** ‖ 21 dedit Deianyrae suo sanguine
L | dixit illi **L** ‖ 22 perpetuo se **L** perpetuo **Pb** ‖ 23 unde **L** |
Iolem **L** iotā **MPa** incretam **Pb** ‖ 24 pellex **LPb** ‖ 25 hac . . .
afficeretur *om.* **Pa** | hanc uestem **L**

252 SVMMA AVRE breui auditu id est incipiente.

255 AERA FINDENS rotatu capitis aerem intuens.

Lind. p. 384 257 SINE MOENIA PVLSET IRRITVS membratim ista legenda sunt, ut uideantur a multis satellitibus dici, ut alterius sit: 'sine, moenia pulset irritus', alterius uero: 'ille autem fractis huc audeat ire uiribus', alterius item: 'hic furor est miseris instare periclo nec librare metus' id est: haec est infelicium consuetudo in pericula ruere et tuta uitare.

272 PERIVRIA DIVIS quia imperium sorte debitum negasti germano.

274 INIMICAVE TELLVS quae negando fruges sterilitate homines afficit.

277 AMNIS Ismenos.

281 PHOCIDOS SONORAE a Phoco, Aeaci filio, quem Peleus et Telamon occidisse dicuntur, ciuitas nomen accepit. sonorae dixit: dantis responsa.

283 AT TV apostropha ad filium.

284 ET E GREGE SANGVIS pecus ignobile. 'de grege' enim 'de multitudine uulgari' dixit.

285 PRIMITIIS ARARVM primitiae proprie dicuntur primae fruges diis oblatae. RITE NEFASTO rite pro 'ritu' posuit. expiatio enim fuerat ciuitatis mors Menoecei.

289 ORACVLA NECTIT tecum responsa componit.

297 EXAESTVAT IRA grauiter insonat.

Lind. p. 385 298 NON FALLIS AIT non celas, inquit, quid tuus animus hac oratione festinet. non luges filium, sed me pugnante regnare desideras. laudare mortem filii et praeconiis debebas efferre, qui pro patria periit, non dolere.

---

1 accipiente LP ‖ 2 Aere Pa A&ha M ‖ 3 IRRITVS om. MP | membratim ... pulset om. Pb ‖ 5 alteri ... alteri Pb ‖ 6 ire] usque Statius ‖ 7 miseris furor est Statius | periculo M | 8 pericla LM ‖ 16 elemon M ‖ 22 ollate Pb | rite om. Pb ‖ 23 posuit om. Pb ‖ 26 nec LPa ‖ 28 filii om. M ‖ 29 debeas MPb | afferre M effer Pa (-re ... impetu om.) | quia Pb | (pro om.) patriā M | periit] doluit Pb | dolore MPb

310 ICTVS VT INCERTO non forti impetu percussus, et ideo erigitur.

323 CRVDESCVNT iuuenescunt aut noui fiunt.   Lind. p. 386

329 INTEGRATA RESVRGIT ex integro incohat.

334 IMPROBA LVMINA mea lumina, quae spectatura sunt fratrum singulare certamen.

337 OBNIXI cum conatu stricti.

338 ME MISERAM VINCES me petis.   PRIVS HAEC TAMEN ARMA NECESSE EST EXPERIARE DOMI ut nos ante prosternas.

344 SANXI deuoui.

358 NON DVRATVRVS senio non peruenturus. id est: Lind. p. 387 senectutis impedimento ad summum murum euadere non poterit.

361 INCESSENTEM inuadentem, pulsantem aut ferientem.

371 REGI Eteocli propter amorem Polynicis. dicitur enim cum eo concubuisse.

383 COEPERAT sola enim Antigone Polynicen poterat a singulari fratris certamine remouere. supra enim ⟨XI 103 sqq.⟩ de ipsa dixerat Furia: 'blandamque precatu Antigonen timeo, paulum ne nostra retardet consilia'.

391 INCERTISSIMA ante euentum pugnae dubia.

393 IN AEQVVM in ius.

395 HAEC FOEDERA quibus unus pareat uictor.

397 REGIA CASSIS cum diademate.   Lind. p. 388

400 PALLA chlamyde.

401 MAEONIIS Lydiis. de hac enim regione fuit Arachne lanificii peritissima, quae Mineruam prouocauit et ab ea in araneam est mutata.

---

1 percussit Pa ‖ 5 mea lumina *om.* L ‖ 8 me petis *om.* L | PRIVS ... EST *om.* MP | tamen haec L ‖ 11 SANXI ... impe- *om.* Pa ‖ 12 serio M ‖ 15 ferentem Pa ‖ 16 Rege M | polinicis amorem Pb ‖ 17 eo] ea *om. superscr.* M ‖ 18 enim sola Pa | poterat Polynicem L ‖ 19 cum fratre L | enim supra Pa ‖ 20 dix̆ M | precatur L ‖ 21 Antigonen ... ante *om.* Pa | Antigonem LM ‖ 22 cruentum L ‖ 23 aequm Pb ‖ 24 Nec Pb *om.* Pa | parcat Pa ‖ 27 Ariadne LPa adriadne M aragone Pb ‖ 28 lanifica Pb

406 SERPENTIBVS AVGENT equorum iubas augent Furiae adiectione serpentum.

411 ET IPSI ARMORVM FVGERE DEI Mars et Minerua.

414 CRVDA aspera. dicit Mineruam opposita Gorgone uisus suos celasse.

431 ANIMIS Thebanorum.

438 PONTVS CYANEOS VETVIT quomodo aqua non uetuit sibi montes collidi.

Lind. p. 389 440 FVRENTVM in equis apparebat dominorum furor.

443 ARIONA quia Arion, quippe Neptuni filius, diuinabat.

444 LAEVAE contrariae siue inanes.

447 INDVLSIT institit.

453 VENERABILE formidandum.

455 ITERARE ACIEM denuo bellum instaurare.

456 OPPONERE obicere se pugnantibus fratribus.

Lind. p. 390 459 NON HABITV non laeta, sed tristis.

465 ANIMANTVM animas habentium id est hominum.

473 QVAMQVAM MAESTA DEAE cum Pietas de caelo descenderet ad terras, licet maesta esset, tamen, quacumque ibat per nigras nubes, claram sui numinis lucem trahebat.

483 IGNE fulmine.

485 NVMEN INERS Pietas, quae bella dissuades.

488 FVRIARENT instigarent.

490 CADMVS ARAT dentes draconis, de quibus cohors armata prosiluit.

---

2 serpentium **Pa** ‖ 3 IPSE **L** | ARM. FVG. D. *om.* **MP** | Minerua . . . dicit *om.* **Pb** ‖ 6 Animas **MPb** ‖ 7 CYAN. VET. *om.* **MP** | quoniam **L** qui modo **Pa** quo **Pb** | sibi non uetuit montem **Pb** ‖ 9 FVRENTEM **L** *corr. in* Furentum **M** | duorum **Pb** ‖ 10 quippe *om.* **LP** | -ni . . . institit *om.* **Pa** ‖ 12 e c̄trarie **M** | 14 Mirabile **Pa** ‖ 15 instruere *corr. in* instaurare **M** instimare **Pa** ‖ 16 Obponere **M** | obiicere **LPb** ‖ 18 Animantiū **M** | habentum **Pa** ‖ 19 MAESTA . . . licet *om.* **M** ‖ 20 maiestate **Pa** maiestas **Pb** | quocumque **L** ‖ 21 nubes nigras **LPb** nubes **Pa** | trahebat lucem **Pb** ‖ 24 dissuadet **L** dissuadis **Pa** ‖ 26 ERAT **LPa**

491 ROGAT conuenit.

494 ORA REDVCENTEM uultum suum retro tollentem.

495 IN LVMINA PALLAM faciem suam, ne Furiae, uultum uideret, chlamyde protegebat.

499 REX IMPIVS Eteocles.   Lind. p. 891

500 PRIOR OCCVPAT feriturus praeuenit ac tela disponit.

501 PER ORBEM per medium scutum conata est transire.

506 PIABO MANVS expiabo parricidium fratris mea
morte.

508 MINOR VMBRA DOLOREM astismos, id est urbane
'minor umbra' dixit 'uicti regis'. ut Horatius ⟨carm. II
9, 21 sq.⟩: 'Medumque flumen gentibus additum uictis
minores tollere uertices'.

510 PLAGA uulnus metum immisit.

521 TONSAS remos.   MVTANT miscent.

522 LVCTATAEQVE DIV et aduersus tempestatem et
aduersum se.

526 RIMANTVR peruestigant.   ACERBO toruo.   Lind. p. 392

527 TELLVRIS subaudis 'intererat'. id est: non a se
multum aberant, sed comminus sua ora cernebant.

529 SIGNA TVBARVM neglectu suo plus excitabantur
ad scelus.

530 FVLMINEOS fortes.

536 FACINVSQVE PERACTVM tanta inerat saeuientibus
feritas, ut, cum nulla sibi adhuc uulnera intulissent, tamen
iam se scelus perfecisse crederent.

542 IVSTIVS iustior in scelere Polynices uidebatur,
quia pro denegato sibi imperio.

543 MALE TEGIT non tegit.   PLVMIS laminis. ut
Virgilius ⟨Aen. XI 770 sq.⟩: 'quem pellis aenis in plumam
squamis'.

---

4 chlamyde protegebat *ante* ne *pos.* L ‖ 5 inpius Pa ipsius
Pb ‖ 6 ac *om.* Pa ‖ 8 mei L ‖ 12 Mediumque LMP ‖ 13 uoluere
Horatius ‖ 14 metus Pb metu MPa │ inmisit MP ‖ 15 TONSOS L ‖
18 inuestigant Pb ‖ 19 subaudi Pb │ ad se Pa ante se (*om.*
non) Pb ‖ 21 excitabatur Pa ‖ 25 adhuc sibi Pb ‖ 26 credebant (!) LMP ‖ 28 quia *om.* L ‖ 30 ahenis L

546 MAGIS AC MAGIS AEGER Polynices scilicet uiso fratris uulnere imminebat.

550 REBVSQVE EXERCITA EGENIS has uires exsilia calamitatesque nutrierunt.

Lind. p. 393 560 DVM VIDET crudelis.   5

575 CONSVMITE POENAS omnia supplicia transeundo subite.

578 VNA DIES stat stantum.

579 PROELIA REGES exsecranda fratrum proelia soli nouerint reges, penes quos est et opprimendae libertatis 10 ambitus et saeuiendi crudelitas.

Lind. p. 394 582 MORTEM IMPERFECTAM caecitatem. ut ipse in primo ⟨u. 48⟩: 'longaque animam sub nocte trahebat'.

583 VTRAQVE CANITIES et capitis et barbae.

584 GENAEQVE INTVS ipse alibi ⟨Theb. I 104 sq.⟩: 15 'sedet intus abactis ferrea lux oculis'.

587 PVPPE RELICTA Charon.

588 EXOSVS MANES odio habens mortuorum saeua supplicia.   SVLCATOR nauta.

592 CRESCAT OPVS numerus umbrarum.   SAECVLA 20 RIPIS turbae animarum.

596 IMPLICITOS sibi innexos.

600 FRIGENTIBVS defunctis.

Lind. p. 395 608 PER ARIDA SERPVNT caecitatem aridam dixit, eo quod deficientibus oculis lacrimarum origo cessauerat.   25

609 MOLLES quia sunt animi molliores.

610 EXSEQVIALIA MORTIS in morte uestra lacrimas fundo, quae exsequiis coaequentur.

---

1 MAGIS[1] om. MP | AEGER] uegeret Pa teret Pb | schol. attinere puto ad 547 NEC ... HOSTIS ‖ 3 REB. EX. om. MP ‖ 4 nutriet⌐ Pb ‖ 5 DVM om. MP ‖ 8 tm̄ Pb ‖ 9 execrando LP ‖ 10 nouerint scripsi cum Grotio nouerant LMP ‖ 11 credulitatis Pa ‖ 12 inperfectam MPa ‖ 13 longāq; MPb | noctem Pb ‖ 14 et[1] om. MP ‖ 15 ipse alibi om. L ‖ 18 id'o Pa ‖ 23 Erigentibus M Fugientibus Pb ‖ 24 PER om. MP | caecitatem] excitantem Pa sicciditatē om. superscr. M ‖ 25 cessauerit LP corr. ex cessauerat M ‖ 27 ūrās Pb

611 NIMIVMQVE MEI a meis criminibus minime discrepantes.

612 ALLOQVIVMQVE APTARE LICET pro merito dicere.

616 HEV IVSTO MAGIS plus iusto diis uisum est parentis in filios mala uota audire.

619 DICTAVIT FATIS ut euenirent, fataliter fecit.

636 ENSEM ἀναδίπλωσις.

637 MVLTAQVE multa in deos conuiciata et de incesto Lind. p. 396 cubili plurimum questa.

638 ET NATI FVRIIS filii nuptiis.   ET PRIMI CONIVGIS Lai, prioris mariti.

639 LVCTATA EST conata est manus anilis uirorum fortium opus implere.

641 SANGVINE LECTVS cruore suo infelicis lectuli purgauit incestum.

644 QVALIS MARATHONIDE SILVA Marathon mons Atticae regionis, in quo Icarus est occisus. ad quem locum Erigone, filia eius, cane praeeunte peruenit et se nimio luctus dolore laqueauit fortioribus ramis electis, ne forte infirmioribus fractis mortem corporis ruina declinaret. pinus autem, in qua pependit, regionem illam sua umbra uastabat. ut placaretur exstincta, ora in humanam speciem ipsa formata in eadem arbore suspendebant et pastorum congressibus cantibusque diem illum celebrem faciebant. quod Virgilius aliud agendo perstrinxit ⟨georg. II 388 sq.⟩: 'tibique oscilla ex alta suspendunt mollia pinu'.

646 NODVM laqueum, quo se regina suspenderat.

647 LEGEBAT quibus se suspenderet.

---

1 minime *ante* a *posuit* L ‖ 3 ALLOQVIVMQVE *om.* MP ‖ 4 uisus M | est *om.* Pb ‖ 6 uenirent P ‖ 9 conquesta L ‖ 11 laii Pb *om.* Pa ‖ 12 est *om.* Pb | uirorum et fortium P ‖ 14 suo *om.* M ‖ 16 SILVA *om.* MP | maratho M | mons] mor Pa mar Pb | 17 antigone M ‖ 18 prenunti Pa p̄nūtio Pb ‖ 19 relaqueauit Pa q̄relauit Pb | ramis ... infirmioribus *om.* P ‖ 20 -ret ... qua *om.* P ‖ 22 ipsi LPa ‖ 23 suspendebat Pb *add.* n M | et a pastorum Pa ‖ 24 euentibusque Pb | faciebant *om.* Pa ‖ 26 q̄rcu Pb ‖ 28 *schol.* 647 *om.* Pb

656 PRIORVM quod non admonentur fatis priorum.

668 REDIT IN REGEM animum regium sumit.

671 PERACTA EST uotiua filiorum suorum morte completa sunt.

Lind. p. 397   674 SENIVMQVE RECESSIT nimia senectus dicitur senium. Terentius ⟨Eun. 302⟩: 'ut illum di deaeque senium perdant, qui me hodie remoratus est'.

677 IAMNE VACAT SAEVIRE CREON iam non doles interitum filii, sed contra mortuos furibundus irasceris?

679 CALCARE RVINAS afflictorum regum insultare casibus.

682 CONTRAHIS AMENS contrahis: assumis. mirando parua et non maiora rerum contrahis iura.

683 METIRIS HONORES ut exsilium imperes ei, quem potes occidere. cur non saeuius aliquid imperas? ista mihi parua sunt, quae minaris exsilia, qui sponte supplicia in me maiora perfeci.

685 QVIN PROTINVS IMBVIS ENSES quin: immo imbues. id est: in me auspicare innocentum caedem quasi nouus tyrannus.

686 SATELLES id est armiger, qui me possit occidere.

690 TEMPTARE SINES subaudis: humilem me tibi esse permittes?

704 NEC TIBI SIT VIRTVS id est: nulla in te sit animi fortitudo, qua possis aduersa magnanimiter ferre.

705 SATIS OMINA SANXI satis imprecatus sum.

---

1 q̄ M ‖ 2 MOX REDIT L ‖ 3 uota tua *Grotius* ‖ 4 est Pb |
6 dii LPb | omnes perdant senem LPa omnes perdant MPb |
7 hodie me *Terent.* | me *om.* Pb | est *om.* Pa ē et eius Pb |
8 SAEV. CR. *om.* MP ‖ 12 asumis M contra assumis LP (assūmis
Pa a sūmis Pb) | minando? ‖ 13 paruo M infima Pb | regum
Klotz. ‖ 15 potest M | impetras Pa ‖ 16 sponte] potes P ‖ 17 perfeci *om.* Pb ‖ 18 PROTINVS *om.* MP | quinimo LPa qui immo M ‖
19 auspicari MP | innocentem LP ‖ 21 id est *om.* Pb | me
om. M ‖ 22 TENTARE L | subaudis … VIRTVS *om.* Pb ‖ 23 pmittas
corr. in pmittes M ‖ 24 fortitudo animi L fortitudo Pb ‖ 25 po⁹
Pa ‖ 26 SATIS OMINA *om.* MP | inp̄catus M

718 ALTVSQVE IACENTES elatus imperii dignitate mi- Lind. p. 398
seros humilesque despicias.

719 VEREARE PRIORVM ante oculos habeas fata priorum ducum.

5   723 FELICIBVS subaudis: cum haec mala accidissent.

749 SVPPLICIS INDVLGET ueniam Oedipo sub certa Lind. p. 399
condicione promittit.

753 HABITABILIS VMBRIS ubi filii se tui mutuis uulneribus peremerunt.

10   754 QVA BELLVM Thebanae et Arginae gentes mo-
uerunt.

758 DESTITVVNT occulte fugiunt.

COMMENTARIVS IN LIBRVM XII.

In hoc libro continetur: egressio Thebanorum ad cam- Lind. p. 400
15 pos hostibus iam fugatis. crematio cadauerum. sepultura
Menoecei. Creontis allocutio in filium plena pietatis. profectio Argiuarum matrum post auditam mortem suorum.
occursus Ornyti uulnerati. allocutio suadentis matribus,
ut non Thebas eant, sed Athenas et a Theseo auxilium
20 poscant, quo possint sepeliri earum mariti. consensio
Argiae. ipsius Argiae segregatio a ceteris matribus et
profectio ad Thebas uno comite Menoete et eius aduentus
ad campum, ubi iacebat maritus. Iunonis ad Lunam allocutio, ut illustret campos splendore radiorum. agnitio.

---

1 inperii M ‖ 3 VEREARE *om.* MP | ante . . . priorum *om.*
Pb ‖ 5 subaudi Pb ‖ 6 INDVLGET *om.* MP ‖ 8 ubi *om.* P | (se *om.*)
filiis P | tuis mutui mutui(s) P ‖ 9 pimeȓ M ‖ 10 mouere
Pb ‖ Explicit XI. Incipit argumentum XII. Pa ‖ 18 occursū Pa
prooccusus (s *del.*) Pb | sorniti Pa sterniti Pb Orniti LM | suā-
dens LPb ‖ 19 eāt *post* Athenas *posuit* Pb ‖ 20 qua M q Pa
quomodo L | Consensus L dissensio? ‖ 21 argi Pa argige M |
et ipsius profectio LPb ‖ 22 una M | mon&e MP manente L |
et *om.* MPb ‖ 23 ad campum *om.* Pb ‖ 24 inlustret M

allocutiones Argiae et Antigones et iunctus labor ad sepeliendum Polynicis cadauer. quod cum impositum fuisset Eteoclis rogo per ignorantiam, subito flamma dissensit. Antigones lamentatio. uigilum interuentus et captiuitas Antigones et Argiae. descriptio asyli apud Athenas, quo [5] Argiuae confugerant matres. aduentus Thesei et triumphus eius de Amazonibus. allocutio Euadnes, Capanei uxoris, ad Theseum et deprecatio de sepultura maritorum. indignatio Thesei contra Creontem et transmissio nuntii, qui diceret Creonti, ut aut sineret sepeliri Argiuos aut [10] se pararet ad bellum. catalogus exercitus Thesei. aduentus nuntii a Theseo missi ad Creontem. Creontis superba responsio. aduentus Thesei. pugna et singulare certamen cum Creonte. interitus Creontis. deditio Thebarum. Argiuorum sepultura. [15]

Lind. p. 401   1 INCLINAVERAT occidere fecerat. id est: nondum omnia astra aduentus exterserat solis.

9 PRIMO pro 'primum'.   MVNIMINA VALLI quamuis fugati essent Argiui, tamen exire de ciuitate Thebani metuebant. [20]

10 RESERARE AVDACIA PORTAS nondum audebant terrore praeteritorum malorum omne portarum spatium reserare.

13 PRIMA LABAT Virgilius ⟨Aen. X 283⟩: 'dum trepidi egressique labant uestigia prima'.

Lind. p. 402   17 VALLANT muniunt. [25]

18 CITANT PINNAS alas commouent.

19 LICET ILLE RETRO licet retro discesserit.

---

1 allocutionis LP ‖ 2 polinices M | qui LP | impositus LP inposit M ‖ 3 di(s)cessit L(Pb) dessensit Pa ‖ 4 uigilium Pb | captiui M ‖ 5 descriptio *scripsi* decretio LP discretio M | asili M sili Pb sibi LPa | eo Pb ‖ 6 argię M *om.* Pb ‖ 7 eius *om.* P | Euandri & L euadens M euaderies Pa ‖ 8 de *om.* Pb | maritorum desepultura M ‖ 9 et *om.* Pb ‖ 11 exercitus. Thesei aduentus L ‖ 12 Creontis *om.* L ‖ 14 thebanorum MPb ‖ 17 extinserat L extserat M *om.* Pa | solis . . . essent *om.* Pa ‖ 18 PRIMVS L ‖ 19 fugiti L | Argiui *om.* M ‖ 24 labent Pa ‖ 26 PENNAS LPb ‖ 27 licet retro *om.* Pa | discessit MPa

28 QVERVNTVR uirtutis malo imputant, quod perierint. Lind. p. 403

29 DIGERITVR ordinatur.

32 VBIQVE PARATO ad omnia cadauera.

55 MISERABILE pro 'miserabiliter'.

57 ACCIPIT subaudis 'ignis'.

58 ARGIVVS HABERI id est: non sepiliri sicut Graeci.

62 SED BELLICVS AGGER instrumentorum belli exaggeratio.

64 ACERVOS exuuiarum hostilium moles. exuuiis enim hostium exstruebatur regibus mortuis pyra, quem ritum sepulturae hodieque barbari seruare dicuntur. quae strabas dicunt lingua sua.

65 PACIFERA LAVRO triumphali siue uictrici.

70 HIS subaudis 'rebus'.

71 PALPITAT mouetur.

74 VLTRA post mortem. Lind. p. 404

75 ACERBAS acerbum facis.

82 ET IMPVLSAS CINERI tuo scilicet.

85 FRATRES una sorte te et eadem die cum nefandis fratribus bellorum fortuna coniunxit.

88 LIBAMENTA dona sacrata siue pueris initia mortis.

89 REGIMEN DEXTRAE sceptrum siue regalis uirga.

FRONTISQVE SVPERBAE VINCVLA diadema. ostendit poeta Creontem regni insignia in ardentis filii pyram iecisse.

97 IPSVMQVE me ipsum.

105 VACVIS desolatis a uiris. Lind. p. 405

110 CREVERE LACERTI intumuere.

119 PROFANOS funestos.

---

1 inputant Pa | quae LPa | perierunt Pa ‖ 4 Miseri MP ‖ 5 Accepit Pa | subaudi Pb ‖ 6 id est *om.* Pb ‖ 9 excubiarum MP | excubiis MP | enim *om.* M ‖ 10 estruebantur Pb ‖ 11 hodie quoque L | barbaris euadere P | quem Strabas L q̄ strabas MPa quas trabas Pb ‖ 14 HIS *om.* Pb | subaudi Pb ‖ 18 ET *om.* MP | inpulsas Pa ‖ 19 te *om.* LPa ‖ 20 fortunam L ‖ 23 superba M superbi P ‖ 24 *post* Creontem MP *praebent:* exaggeratū mortesque | filiā M ‖ 25 ne L ‖ 26 desolatis ... CREVERE *om.* M | a *om.* P

123 IMPIA CONIVNX proditrix. Eriphylen significat, Amphiarai uxorem, quae monilis cupiditate ducta latebras coniugis prodidit, quam postea filius in uindictam patris occidit.

Lind. p. 406 **130** DVPLEX LITVS Ionium et Aegaeum.

131 AB ISTHMIACO id est Corinthio.   GENETRIX Leucothea.

132 NOCTIVAGVMQVE mulierum Argiuarum gregem significat, noctiuagum ideo, quia quaerentes maritorum cadauera nocte uagantur incerta.   ELEVSIN ciuitas non longe ab Athenis, quamuis Eleusin propriis luctibus seruiat. in sacris enim huius ciuitatis mysteria sunt Cereris Proserpinae raptum dolentis.

133 ARCANOS secretos siue sacrificiorum ignes ostendit. EXTVLIT eleuauit.

134 IPSA PER AVERSOS ipsa Iuno et auia monstrat itinera et refouebat corpora mortuorum. mandat simul curam Iridi, quae ambrosiis sucis perfundens ea tabe resolui uetabat.

135 NE PLEBS ne coniuncta fugientium multitudo a coepto deterreatur.

137 FVNCTA mortua.

138 RORIBVS liquoribus suis.

139 OBSTENT repugnent putredini.

140 FATISCANT ut occisorum corpora putredine non ante soluantur, quam rogos accipiant. et est ordo: ante flammas non fatiscant.

146 SVPER AGMINA LERNE tantummodo mulieres super-esse. nominatiuus Graecus est: haec Lerne.

---

1 CONIVX LPa | erifilem Pb ‖ 6 AB om. L | i. Pb om. LMPa | GENITRIX LMP ‖ 8 -QVE om. MP ‖ 9 quia om. Pb ‖ 10 uaga-bantur Pb | incertae L | ELEVSIS L eleusim Pb ‖ 11 a thebanis M | Eleusis L (Pb) ‖ 16 ADVERSOS LP | monstrabat L ‖ 18 succis LP | tabe resolui scripsi debere solui LMP ‖ 20 PLEBES L | accepto deterreat MP ‖ 24 OBSTANT L | repugnant L repugna-rent Pb | putredini om. L ‖ 28 AGMINA ... superesse om. Pb

149 FVNVSNE PEREMPTIS SPERATIS speratisne uos mor-   Lind. p. 407
tuis sepulturae solacia posse praestare?

152 ADNVMERAT seruat.

155 BVSIRIDIS ARAS hic rex Aegypti fuit, aduenas
5 solitus ad aras mactare. postremo aduentu Herculis im-
molatus exemplo est.

156 ODRYSIIQVE Diomedes, rex Thracum, equos habebat,
quos humanis carnibus nutriebat. hos Hercules occiso Dio-
mede ad solita pabula id est ad gramina mollita feritate
0 reuocauit.   SICVLOSQVE LICEBIT Iuppiter Aetnam Nympham compressit. quam cum Iuno persequeretur, illa
Terrae implorauit auxilium et in sinus eius recepta enixa
est geminos necdum partu maturo. hos Terra intra gremium suum tamdiu fouit, quamdiu lex uteri postulabat.
5 postea enixa est. unde Palici id est 'bis geniti' appellati
sunt. hos autem immites fuisse et humano sanguine placari consuetos fabula disserente confirmatum est. quod
uidetʋr etiam strictim tetigisse Virgilius ⟨Aen. IX 585⟩:
'et ꞅlacabilis ara Palici'.

50 161 ORBA SEPVLCRIS sine corporibus sepulturae.

164 THERMODONTIACO Thracio, a fluuio Thermodonte
Thraciae regionis.

166 IN MORES HOMINEMQVE in humanam consuetudinem, id est: ut mortuos sepulturae concedat, bello
25 cogendus est Creon.

168 VNO simili.

---

1 FVNVSNE *om.* M P | speratis M P b *om.* Pa ‖ 2 sepulturae *om.*
Pb ‖ 3 ANNVMERAT L ‖ 4 fuit *om.* Pb ‖ 6 exemplo suo immo-
latus L | eẋ eo Pb ‖ 7 -QVE *om.* Pb | Thracum rex L ‖ 9 id est]
s. Pb | mollitate(m) P | feritatem Pb ‖ 10 ethenam Pa ‖ 12 sinu
L finis Pa ‖ 13 partū M paratu Pb | maturos L P | germanum
Pb ‖ 14 fuit *corr. in* fuuit M | lex *om.* M ‖ 15 posteaqᷱ Pb |
Palyci L | id est *om.* M P | palicib. genti M | sunt appellati L
appellantur siue appellati sunt Pb ‖ 16 immittentes *del. superscr.*
inmites M uirtutes Pa nutritos Pb ‖ 17 disserentes Pa diserentē
Pb differentie̦ M | firmatum M P firmatum decretum Pb | q Pa
superscr. i M ‖ 18 etiam *om.* Pb ‖ 19 et *om.* M | implacabalis L
eꞅlacabilis M ‖ 23 morem P | in *om.* Pb ‖ 24 ut *om.* Pb

Lind. p. 408

179 DVRA PERICLI causa mariti furtim cremandi.

181 RHODOPES mons Thraciae.

182 INNVPTIS Amazoniis.

195 FVNVS AMAT ut Lucanus ⟨IX 112⟩: 'perfruitur lacrimis et amat pro coniuge luctum'.

196 ACTAEAS Atticas.   MARATHONIAQVE id est Marathonem, Graeciae ciuitatem, in qua nutritus est Theseus.

204 AVGVRIVMQVE ANIMI animi praediuinationem.

217 VIS NVLLA DOLENTI nusquam est animi magnitudo, quae perducat ad mortem.

218 HORTARIS EVNTEM uerbis dehortantibus cohortaris.

224 NOCTE VELVT PHRYGIA sacra Matris nocte a Phrygibus colebantur in monte Dindymo, in quibus se Galli abscidere consueuerant. quod genus sacrificii strictim Virgilius tetigit ⟨Aen. IX 617 sq.⟩: 'ite per alta Dindyma'.

225 PINIGERI ferentis faces.   RAPITVR ducitur.

226 SANGVINE LECTO quem sibi elegit.

Lind. p. 409

229 ALIIS REDITVRVS AB VNDIS in occidentem uergens sol necesse est ut ab orientis partibus oriatur.

232 NEC FRANGIT ITER non imminuit uel deflectit.

234 NOVALIA agrorum loca, quae uerno tempore scrobibus factis uinetis aptantur.

236 PRAETERIT iuxta transit.   INSESSA inhabitata. siue magis, quod 'in' augeat, obsessa.

243 SVPINANTVR inclinantur.

244 DEVEXA latera.

246 EXACTI finiti siue conclusi.   NON BLANDA non falsa. blandimentis enim inducimur. ut Terentius ⟨Andr.

---

2 Rodope Pb ‖ 4 ut om. LMPa ‖ 6 -QVE id est om. Pb | -QVE] quia M ‖ 9 ANIMI om. MP ‖ 10 parenti P | nunquam L ‖ 11 ad mortem om. Pb ‖ 13 frigia corr. in frigida M | a om. LPa ‖ 15 abscindere L assidere Pb | consuerāt Pb | quia M | strictū Pa om. M ‖ 17 gerentis facere Pb ‖ 18 ELECTO L | q Pa qđ Pb quia M | sibi ipse LP ‖ 20 orientib. M ‖ 21 NEC om. MP | non om. M | inminuit M minuit L ‖ 22 nouerno M uno Pb ‖ 24 traxit M ‖ 25 quod 'in' augeat om. MPa post siue (28) praeb. Pb ‖ 29 a blandimentis LMP | inducitur P

648⟩: 'nisi me lactasses amantem et falsa spe deluderes'
id est blandimentis induceres.

247 EGENA SEPVLCRI cadauera sepultura carentia.

248 BVSTA corpora semiusta.   AESTVAT AER grauiter exhalat.

259 QVA STIPATA MANV qua multitudine comitata. Lind. p. 410
εἰρωνικῶς id est nulla.

265 EFFIGIES species.

271 VARIABAT uarie circumibat.

273 IN PVLVERE SVLCOS rotarum uestigia.

281 VOTVM IMMANE PROCIS a multis sponsis optata.

283 OFFENSVS id est offensiones.

293 THESEOS AD MVROS ad Atheniensis ciuitatis muros. Lind. p. 411

295 FATISCERE VANO fatigari errore superfluo, quia
mariti corpus inuenire non poterat.

300 IMPROBA aduersa aut certe tunc improba.

301 TER NOCTEM HERCVLEAM Iuppiter cum Alcmenam
Amphitryonis amasset uxorem et ad eam corrumpendam
demutatus in Amphitryonis uenisset specie, ne aduentu
diei concubitus minueretur uoluptas, iussit Iuppiter illam
noctem triplicem fieri, qua triplices cursus Luna peregit.
ex quo compressu Alcmenae Hercules dicitur natus. merito
ergo noctem Herculeam dixit, in qua conceptus est Hercules.

302 OFFICIO beneficio.

305 NIMBOSVM nebulosum.

306 ORBITA rotarum uia.

307 HVNC QVOQVE id est Somnus, qui praecedit bigas
tuas, uigiles occupet Thebanorum eosque laxet in somnum.
et est ordo: hunc quoque Soporem.

---

1 produceres *Terentius* ‖ 2 induces **Pb** ‖ 6 quia **M** ‖ 7 hiro-
nicos **Pb** *om.* **M** ‖ 9 circuibat **LM** ‖ 11 inmane **MPa** ‖ 12 id est
om. **MP** ‖ 13 ad *om.* **Pb** ‖ 15 inueniri **LPb** ‖ 16 Inproba **Pa** ‖
18 uxorem amasset **L** ‖ 19 et specie uenisset **M** uenisset **Pa**
uenisse spem et **Pb** ‖ 20 Iuppiter *om.* **L** | triplicem illam noc-
tem **L** illam triplicem noctem **P** ‖ 21 quia **L** ‖ 22 ex *om.* **Pb** |
cōplexu **Pb** | Alcumenae **L** ‖ 23 est *om.* **M** ‖ 27 uias **P** ‖ 28 id est
om. **Pb** ‖ 29 iugales **LP** | occubet **M** | lasset **M** ‖ 30 et *om.* **Pb**

Lind. p. 412 310 FVLGORQVE RECISVS lucente enim luna necesse est, ut stellarum minuatur splendor.

312 INFVSO LVMINE lacrimis pleno.

314 TEXTA quae mariti uestibus impresserat ipsa texendo. SVFFVSA tincta. MAERET celatur siue ni- grior fit.

335 HIC TIBI LONGVS HONOS hoc est: sine successoris metu. INDIVISA POTESTAS in patria perpetuum fueras possessurus imperium.

338 GRATVM EST FORTVNA fortunae sorte concessum cadauer inuenimus.

347 DVRABIT coniugis scilicet.

348 NATVS ERIT Thessandrus scilicet, filius Polynicis.

FOVEBO solabor uiduitatem meam similitudine tua nec secundas nuptias superstite filio cupiam.

Lind. p. 413 350 PETITOS desideratos.

352 TIMERI caueri.

353 CONTRACTAEQVE VICES frequentiores congregatio- nes, quia uices dicuntur militum custodiae, qui ad uigi- landum sibi uicissim succedunt. EXCVBAT excubias praestat.

360 CONTRA VIDET IRE MENOETES contra ire pro 'contra uenire' alumnae scilicet.

367 NOCTE MEA qua mihi soli fuerat exire concessum.

Lind. p. 414 377 SI MISERA ES si aeque luges.

379 POLYNICIS AD IGNES subaudis 'ueni'.

388 AD VVLTVM suum scilicet.

391 LONGIVS ARGIA multa narranda sunt.

392 SACRVM exsequiale.

---

1 Fulgurq3 MPa ‖ 4 ipsa om. L ‖ 5 meritur Pa meretur Pb | laceratur P | seu P | se uni agrior sit M ‖ 7 TIBI om. Pa ‖ 8 fueras perpetuo Pb ‖ 13 scilicet om. MP ‖ 15 seras Pb ‖ 17 cadaueri M ‖ 18 -QVE om. L | frequentiores ... uices om. P ‖ 19 q' M | dicunt P | custodias Pb ‖ 20 inuicem Pb ‖ 21 pa- trat Pb ‖ 22 CONTRA VID. om. MP ‖ 23 alumni LM ‖ 24 conces- sum exire L ‖ 26 si audis Pa si audes M subaudi Pb ‖ 29 exequale MPb

405 COMES ut ipse superius ⟨II 313 sq.⟩: 'namque una soror producere tristis exulis ausa uias'.

407 PERFERTE incohate, perficite.

413 TEPIDO PADO propter incendia, quae paulo ante Lind. p. 415 5 restrinxerat.

415 SILVAE Heliades, Phaethontis sorores, quae flendo sunt in populeas arbores demutatae.

417 MORTIS HONOS insigne enim mortis est pallor.

419 PVTRIBVS cadente in cinerem lignorum structura 10 quiescunt.

421 CVI TORRERE DATVM subaudis 'pyrae', cui concessum est urere cadauera mortuorum.

423 DISSENSVROS discordantes siue in duos apices diuidendos.

15 431 DIVISO quod in duas flamma diuisa est partes.   Lind. p. 416

432 CORVSCANT lucent.

433 COMMISERIT IGNES ita rogi flamma diuisa est, ut et hoc instinctu Furiae perpetratum credatur.

434 MINAX eminens.   CONATVR VTERQVE se ab in- 20 uicem separare.

447 CAMPOS TREMOR id est: sceleris horrore, quo se flammae diuiserant, terrae factus est motus. diuidebantur quidem odio flammae, sed plus disiunctae sunt terrae. prodigiale enim monstrum exhorruit terra.

25 449 IPSE MALORVM quae per diem fecerant, ea ante oculos uersabantur in somniis.

451 INDAGINE inquisitione.

456 AMBITVR contenditur.

---

1 *post* COMES M *praeb.*: solamq⸴, Pa: solam, Pb: sola. *scribendum puto*: (396) VNAM solam ‖ 2 tristes *Statius* ‖ 3 PROFERTE LP | perficite *om.* Pa ‖ 5 restīxerant Pb ‖ 7 sunt *post* arbores *posuit* L | mutate Pb ‖ 8 signum L ‖ 9 cinere MP | structă Pa ‖ 11 subaudi Pb | Pyrrhae L pure Pb ‖ 15 partes diuisa est flamma L ‖ 17 ignis MP ‖ 18 et *om.* Pb | distinctu M ‖ 20 separat⌢/ M ‖ 21 id est] s. Pb ‖ 22 et diuidebantur L ‖ 23 diiunctę M | terrae sunt Pb ‖ 24 terra exōruit Pb ‖ 26 ūsabant M | somnis MPb

462 IRAM ODIVMQVE subaudis 'inesse'.

463 AD REGEM custodes trahebantur ad regem, ut dicerent, quid uidissent, quas tenerent.

Lind. p. 417 464 ACTAEIS quia Athenae primo Acte dictae sunt.

465 PHORONEAS Argiuas. Phoroneus, rex Argiuorum, qui primus Iunonem honore sacrificii decorauit.

466 COETVMQVE GEMENTEM Argiuarum mulierum multitudinem.

467 HONOREM reuerentiam.

469 OBTENTA obducta seu apposita.

470 PRAEFERRE magis efferre.

472 VNA pariter. trunco sermone, inarticulata uoce siue semipleno sermone.

480 DVPLICES THALAMOS scilicet Procnae et Philomelae.

481 CONCESSA POTENTVM ARA DEVM Ἐλέου βωμόν dicit. hanc aram Cicero Misericordiae nominat. eius Terentius meminit ⟨Heaut. 975 sq.⟩: 'nec tu aram tibi nec precatorem pararis'.

484 VOTA REPVLSA quia illa nunquam miserorum uota contempsit.

486 PLACARE QVERELIS nullo sacrificio nec sumptuosis litationibus, sed solis miserorum lacrimis pietate opulentum numen placari consueuit.

488 LACRIMIS non igni haec altaria sudare consuerunt.

490 MVTATA SORTE feliciter percepta.

---

1 subaudi Pb ‖ 3 qd̄ M | quasque L ‖ 4 primo Athenae L | Actae L actis M acti' Pa ‖ 5 argiuos Pb | Phoroneus ... honore *om.* Pb | phoroneos M ‖ 11 maius LP | etferre Pa hec ferre M ‖ 13 seu L ‖ 14 scilicet *om.* P | Procne L progne MPa prognes Pb | philomene P ‖ 16 ARA DEVM *om.* MP | eleuvbo.n̄ (u *in rasura*) M Fleuibo nō Pa eleuibo non Pb *om.* L | dicit *om.* L ‖ 17 hanc aram Cicero ἐλέου βωμὸν id est misericordiae nominat Lo | *post* Cicero L *inseruit* libro Tusculanarum | Misericordiae *om.* P | eiusque L | terrae Pb *om.* Pa ‖ 18 nec⁴ *om.* M | deprecatorem L ‖ 25 suadere M | consueuerunt LPb consueuer̄t Pa consuer̄ M

491 MITE NEMVS non | austeritate numinis terribile. Lind. p. 418
INSIGNE VERENDO pro insigniter reuerendo.

492 SVPPLICIS ARBOR OLIVAE per quam pax petitur
supplicando. et in secundo diximus hanc ab Atheniensibus
εἰρεσιώνην dici, a reliquis autem Graecis ἱκετηρίαν. sup-
plicis autem oliuae, non quod ipsa sit supplex, sed
quod omnes, qui rogant, hac suppliciter utuntur.

495 TREPIDOS supplices.   HORRET EGENIS horridior
fit miseris.

497 FAMA EST Atheniensium scilicet.   POST BVSTA
PATERN Hyllus Deianirae et Herculis filius et reliqui ex
eodem mati, postquam Hercules terris abiit, pulsi ab
Eurystheo Athenas confugerunt. a quibus postquam tam
facile auxilium meruerunt, hanc aram consecrasse memo-
rantur asserentes apud Athenas tantummodo sedes Misericordiam posuisse.

499 CREDERE DIGNVM minus dicit, quam res habet.

501 CEV LEGES HOMINEMQVE primi enim Athenienses
inter reliqua bona legum tabulas inuenerunt. sic ergo huc
confugiunt ceu ad leges et humanos ritus.

503 SIC SACRASSE LOCO Ouidius ⟨met. II 795 sq.⟩ de
Athenis, ad quas uenit Inuidia: 'ingeniis opibusque et
festa pace uirentem, uixque tenet lacrimas, quia nil lacrimabile cernit'.

505 FORTVNA RECEDERET ARIS ut ne casus quidem
laederet, qui ad has aras confugissent, quamuis meliorem
fortunam debemus accipere regis aut potentioris fortunae

---

1 MIRE L | quia non est L | numinis om. Pa ‖ 3 quem
LM ‖ 4 hanc om. M | ab om. Pa ‖ 5 resionē MP | Graecis autem
reliquis L | aut Pa om. Pb | hyr&erian M hyreteran Pa
irrheteriā Pb ‖ 6 aut L | nūqd M | sed q̊ M ‖ 8 ET TREPIDOS L ‖
10 scilicet Atheniensium L ‖ 11 filius om. L | et om. Pb ‖
12 Hercules ... postquam² om. Pb ‖ 15 asserentes om. Pa |
misericordie Pb ‖ 17 schol. quadrat ad uerba eiusdem uersus
FAMA MINOR FACTIS ‖ 18 hominesque Pb ‖ 19 bona reliqua L | hoc
M ‖ 21 de thebanis Pb ‖ 22 ad om. P ‖ 24 uid MP ‖ 26 quia
sacris c̄fugissent M

uiri. et uult hoc loco intellegi poeta nulla ui potentium religionem huius arae posse perfringi.

Lind. p. 420

510 VICIT ET OEDIPODAE FVRIAS mox uicit, quia nondum factum est. hoc tamen significat: Oedipus expulsus Creontis imperio confugit ἐπὶ κολωνόν, in quo locus erat Furiis 5 consecratus. sed misericordia Atheniensium illa sede est erutus hospitaliterque tractatus. hanc tragoediam Aristophanes scripsit. FVNVS OLYNTHI Olynthus ciuitas Athenis seruiens. haec se auctoribus Lasthene et Euthycrate Philippo tradidit. ob quam culpam Atheniensibus placuit 10 euertere ciuitatem. quo comperto ad aram Misericordiae confugerunt.

511 SVMMOVIT ORESTE quia Orestes post absolutionem cum fureret, ad hanc aram Pylade amico trahente confugit et resipuit. matrem autem summouit Virgiliane. 15 nam sibi imminere non Furia, sed mater uidebatur occisa. ut ⟨Aen. IV 472 sq.⟩ 'armatam facibus matrem et serpentibus atris cum fugit ultricesque sedent in limine Dirae'. summouit ait, quasi sequentis matris umbram religio arae summouerit. illic enim, ut supra dictum est, furore 20 purgatus est.

513 TVRBA PRIORVM asyli prior turba discessit Argolicis uenientibus matribus.

Lind. p. 422

515 QVI GELIDAM BRAVRONA Brauron locus Atticae regionis in Boeotiam uergens. 25

---

1 intelligi LP | ui] in Pa im- Pb | potentum L | 2 pstringi Pb ‖ 3 VICIT om. Pb | ET om. M | uincit Pb ‖ 4 tantum LPa ‖ 5 Creontis om. M | Epicolono LMP | loco Pb | 6 consecratum Pb | ēē M | 7 tractus Pa | Aristophanes superscr. iđ M legendum est uidelicet Sophocles ‖ 8 est ciuitas L | olīpti olimptus Pb ‖ 9 se om. Pb | Lastene L corr. in lastine M iactent Pa lascene Pb | uticrate M ‖ 10 placuit atheniensibus L ‖ 11 uertere M | quā M quo miserunt (om. comperto . . . confugerunt) Pa | compato Pb | misere (om. -cordiae confugerunt) M ‖ 13 submouit ubique Pb ‖ 14 cum ante post posuit L ‖ 15 uigilando Pb ‖ 16 imminere M ‖ 17 ut om. MP ‖ 18 confugit LMP | lumine M | 19 ait om. superscr. M aut Pa ut Pb ‖ 20 submouerit Pb | 21 pugnatus corr. in pugnatū M ‖ 23 matribus uenientibus L ‖ 24 QVI GELIDAM om. MP

616 MVNICHIA ET PIRAEEA Munichium et Piraea iuxta Piraeum, portum Atheniensium, loca sunt.

617 MARATHONA TRIVMPHO necdum ibi ab Atheniensibus uictus fuerat Perses. in hoc enim loco postquam
5 Persarum classis exstincta est, quos in orientali fama manifestum est . . . . ideo Eoum triumphum dixit.

620 AEGALEOS NEMORVM PARNESQVE ET LYCABESOS montes Attici.

622 ATROX ALAEVS unum pro gente. quidam hunc
10 regem uolunt esse Tegeae auxiliarem, non ciuem. HYMETTI montis creatoris mellis bene olentis.

623 ACHARNAE in hoc loco primum Dionysia et inuenta et celebrata dicuntur.

628 MISIT ARATRIS Ceres a Dite filiam raptam dum
15 quaerit, hospitio regis Eleusi fertur fuisse suscepta. cuius filium Triptolemum pro beneficii gratia sustulit nutriendum. cui agriculturam et inueniendi frumenti artificium Ceres ostendit.

629 CALLIRHOE fons nouem capitibus means.

20 630 ORITHYIAE Orithyia Erechthei filia. hanc Boreas Thracius rapuit a flumine Eliso, ex qua Zetus et Calais oriuntur.

632 IPSE QVOQVE Acropolin dicit, arcem Thebarum, de qua Neptuno et Mineruae dicitur fuisse certamen. per-

---

1 MONICHIA L monicia MPa monitia Pb | ET PYREIA L om. MP | Monichium L Montiū M monitium P | Pyreia L pireia MP ‖ 2 Pereum LPa | atheniensium portum Pa ‖ 3 ibi om. M ‖ 4 Xerses LPb | postea? ‖ 5 quos . . . est sumpsi ex M quos in orientali infamia manifestum est P orientales a Marathonibus auxilio uicti sunt L exspectamus quos in oriente habitare manifestum est ‖ 6 Eoum Kohlm. enim LPa eū MPb | dixit triumphum L ‖ 7 NEMORVM om. MP ‖ 8 (montes om.) actici Pb ‖ 9 ILEVS L aleos P aleus M ‖ 10 esse om. Pb | auxiliariū Pb auxiliar///ū M | non om. L superscr. ĭ u M ‖ 13 celebrate M ‖ 16 beneficio Pb | grām M om. Pb ‖ 17 cui om. P ‖ 18 dedit Pb ‖ 19 Gallirophe M | migrans Pb ‖ 20 oritrię oritria M | Erecthei LM el'ecthiei Pa elethei Pb ‖ 21 Elyso L | lege Zetes ‖ 23 acropolem Pb | lege Athenarum ‖ 24 percussa Neptuno terra L

cussa terra equum dedit, indicium belli, Mineruae uero oliuam, pacis insigne.

634 RVPIBVS magnitudinem arboris ostendit ex umbrae qualitate, qua obscurat. FRANGERET insultaret uicto Neptuno.

639 GLISCERE cum furore cupere.

Lind. p. 423   643 INSVMITE inuocatio.

651 TREMEFECIT concussit.

653 VENTOSA uentis abundans. SIBILAT resonat.

657 MVTAT atterit.

658 AGER herba, quae protrita incursu belli non nascitur.

660 FRANGITVR crispatur. ARDENT splendent.

661 ADEO in tantum. OPERI itineris magnitudini.

Lind. p. 424   672 CVM SAEPTVS cum armatus esset pictura Minotauri.

676 LIMINA Labyrinthi. GNOSIDA FILO Ariadnen dicit Cretensem. quae cum Theseum amaret et uereretur, ne occiso quamuis Minotauro multiplex et perplexum Labyrinthi iter explicare non posset, quae domus erat Minotauri, Daedalum, fabricatorem operis, exorauit. a quo globum fili accepit, cuius summitatem tenens ipsum Theseo intranti dedit post se soluendum. quem ille occiso Minotauro relegens uictor egressus est.

681 DESTITVVNT contemnunt.

688 RENIDENS cum iracundia subridens.

689 DOCVMENTA exempla, quae in uictos edidimus, quos prohibuimus sepeliri.

693 CALIGARE DIEM faciente caligine non parere.

---

4 aequalitate L quantitate *Bentley* | qua *om.* Pb | obscurabat P ‖ 7 Insū mittate M | inuocat M insacat Pa ins .... Pb ‖ 10 actterit Pa ‖ 11 ptrita Pb ‖ 14 magnitudinis Pa ‖ 16 GNOSIDA ... Labyrinthi *om.* M | Ariadnem L adrianem Pb ‖ 17 Theseum *om.* Pa ‖ 18 quamuis Minotauro occiso L | Minotauro *om.* Pa | minotauro ǫuis Pb ‖ 19 labirinthus (*om.* iter) Pb possit P ‖ 21 ipsa LPb ‖ 22 posse Pb ‖ 23 religens M | regressus LP | est *om.* Pa ‖ 25 Renidens *superscr.* t M rediens Pa ‖ 26 inuicta M ‖ 27 prohibimus P | sepelire Pa ‖ 28 caliginem L | apparere L

701 HVMILES sine cristis aut fractas.

712 DIRIS graue olentibus.   AEGRVM corruptum.   Lind p. 425

713 DVCENS odorans.

722 PVBES Thebana iuuentus.

5   724 CAEDVNT quatiunt.

730 QVERCVM pro hasta.

733 EDONOS Thracicos.

740 DEGENERES timidos.   IRA LEONES in magnam praedam feruntur.

10   743 TRIPLICI quia tres erant gentes, quibus stipabantur ad bellum.

745 CONTINVAT id est sine intermissione prosternit.

746 HVMERO TRANSMISIT per humeros ferrum exiit.

749 TENORE de longe missa. quasi dicat: adhuc potuit Lind. p. 427 transire tertium, sed retenta est in temone.

756 COMITES socii Creontis.

759 COLLIGIT confirmat.

766 VLCISCARE fratres uidelicet in se inuicem parricidas.

774 TEGMINE DVRO textu ferrato.

20   775 THORACA CATENAE id est iuxta eam partem, ubi est loricae medietas.

776 PER MILLE FORAMINA per infinitos loricae circulos.

782 ACCEDVNT iunguntur.   TVMVLTV Argiuorum atque Thebanorum gaudentium strepitu.

25   793 GAVDENT LAMENTA luctus mutantur in gaudia.

801 IGNIBVS EVADNE haec Capanei uxor nimio amore et dolore flammata in rogum coniugis se praecipitem dedit.

804 SORORI Deipylae.

---

1 fractis *superscr.* a M ‖ 3 odores Pb ‖ 5 Ledunt Pa ‖ 7 AEDONIOS LM Etclonus Pa donum Pb | Thracas L thracitus Pa tracius Pb ‖ 10 stipantur M ‖ 12 id est *om.* MP | inmissione Pa | p̄sternit Pa ‖ 13 Vmero Pa | TRANSMISIT ... TENORE de *om.* Pb ‖ 14 TEMONE L | quasi ... temone *om.* MP ‖ 18 uidelicet] unde Pb | parricidis Pa ‖ 19 ferreo L ‖ 20 id est *om.* MP ‖ 21 loricae est L loricę P ‖ 22 infinito M ‖ 24 strepitū MPa ‖ 26 LAMENTA *om.* LMPb ‖ 27 precipientem Pa | dedit praecipitem L ‖ 28 Sorore M | De(i)philae LMP

805 CLAMET cum lamento inuocet.

808 VIX NOVVS FVROR noui carminis iteratio.

Lind. p. 428   813 STRAVIT ITER Fama sternente benignum iter ad posteros usque ad proceres.

816 TEMPTA prouoces.

819 REFERENTVR HONORES post mortem meam te honorabit inuidia.

---

2 FVROR *om.* **MP** ‖ 4 ad *om.* **L** ‖ 5 TENTA **LPb** ‖ 6 referuntur **Pa** ‖ Finis Latantii super Statio thebaidos. *Τέλος* **Pb**

1 FORMIDATAMQVE TONANTI PROGENIEM cum Iuppiter Lind. p. 430
cuperet Thetidem suo coniugio sociare, uetuerunt decreta
Parcarum. quae dixerunt prolem, quae nata fuisset, uim
caelo impellere. ideo ait formidatam.

5 **3** VIRI Achillis.

4 MAEONIO Homerico.

5 SCYRO insula, ubi Achilles fuit absconditus.

6 DVLICHIA Graeca. PROFERRE publicare. NEC
IN HECTORE TRACTO SISTERE tacere. Homerus enim usque
10 ad mor|tem Hectoris descripsit Iliados et tacuit. unde Lind. p. 431
superius: 'cantu Maeonio, sed plura uacant'. unde et
Virgilius ⟨Aen. I 456⟩: 'uidet Iliacas ex ordine pugnas'
id est: non usque ad mortem Hectoris, sed usque ad excidium Troiae pictas. pugna enim Amazonae, quae in
15 auxilium Priami uenit, post defunctum Hectorem fuit.

7 DEDVCERE describere.

8 TV MODO inuocatio.

10 AONIVM NEMVS Thebanum. mons enim Boeotiae est —
cognominatus hoc nomine est ab Aone, filio Neptuni —
20 Musis consecratus.

12 DIRCAEVS Thebanus. Dirce enim regina fuit, nouerca Zethi et Amphionis. quam propter iniuriam matris
Antiopes priuigni Zethus et Amphion religauerunt tauris
ferocibus et ita traxerunt. quae misericordia deorum in
25 fontem mutata est, qui Dirces nominatur.

---

2 Thetiden **LM** ‖ 3 dixerant **L** ‖ 7 SCHYRO **L**(**M**) | ab-
sconsus **M** ‖ 10 eliados **M** ‖ 11 uocant **M** | et *om.* **L** ‖ 12 Vidit
et **L** ‖ 13 nusquam **L** ‖ 14 *pretas **L** Pietas **M** | Amarone **L**
amatone **M** ‖ 19 hoc nom̄ ē **M** hic uero est **L** ‖ 20 Musis *om.* **L** ‖
21 Dirces **LM** ‖ 22 qua **L**

13 CVMQVE SVO NVMERANT AMPHIONE THEBAE Zethus et Amphion, Iouis et Antiopae filii: Zethus rusticus, Amphion musicus. Amphion citharam a Mercurio meruit, cuius dulcedine dicitur muros struxisse Thebanos.

20 SOLVERAT narratio.

21 DARDANVS Paris pro 'Dardanius'. INCAVTAS BLANDE POPVLATVS argute depraedatus. legitur in historiis, quod Troiani cum Graecis foedus habuerunt, unde etiam Paris est susceptus hospitio et sic commisit adulterium. ideo ait blande. quod autem dicit populatus, historiam tangit. Hercules cum ex|pugnato Ilio filiam Laomedontis Hesionam, Priami sororem, Telamoni dedisset, profecti sunt legati a Priamo et eam minime repetere potuerunt illis dicentibus eam se habere iure bellorum. unde commotus Priamus misit Paridem cum exercitu, ut aliquid tale committeret aut in uxorem regis aut in filiam. qui expugnata Sparta Helenam rapuit.

Lind. p. 432

22 PLENAQVE MATERNI REFERENS PRAESAGIA SOMNI Hecuba filia secundum Euripidem Cissei. quem Ennius, Pacuuius et Virgilius secuntur. unde idem Virgilius ⟨Aen. VII 319 sq.⟩: 'nec face tantum Cisseis praegnans ignis enixa iugalis'. haec dum praegnans esset Paride, uidit in somniis facem se parere. quod fuit praesagium futuri incendii. Homerus autem Dymantis filiam dicit.

26 VITREO lucido.

28 COEVNTIA PHRIXI LITORA cum Phrixus et Helle per mare Hellespontum transirent, Phrixus ascendit in arietem pellem auream habentem. Helle natans ad caudam ipsius arietis se tenebat. fessa tandem ponto submersit. unde mare Hellespontum nominatum est. Phrixus transiens peruenit ad Colchos ibique arietem occidit et eius pellem

---

4 cuius] cū **M** ‖ 6 per Dardanum **L** ‖ 8 habuerint **L** ⸳ 11 laoṁtis **M** ‖ 16 in² *om.* **M** ‖ 19 *Hecub.* 3 ‖ 20 sequuntur **L** ‖ 21 praegnans Cisseis **LM** ‖ 23 somnis **M** | parare **M** ‖ 24 *Iliad.* *XVI 718* ‖ 26 LITTORA **L** | Helles **L** telles **M** ‖ 27 ellespontū **M** | ascendent **M** ‖ 28 Elles **LM** ‖ 29 arietis *om.* **L** | tenebat *om.* **L** | fessus **L** fessum **M** | sūmersit **M** ‖ 30 ellespontū **M**

in templo dicauit. quam Iason postea cum Argonautis
Medea faciente tulit et Creonti regi portauit.

32 PROTEA uatem.

34 NVRVM Helenam.

5   36 TVMIDIS nobilibus aut superbis.   ATRIDIS usur- Lind. p. 433
patum est. nam Plisthenis filii fuerunt Menelaus et Aga-
memnon.

39 COMMISIMVS re properantis est. ut Virgilius ⟨Aen.
IV 600⟩: 'non potui abreptum diuellere corpus'.

0   41 PATRIA pro 'paterna'. nam a patre 'paterna', a
loco 'patria'.

44 RHOETEAE Troianae. Rhoeteum enim promunturium
est Troianae urbis.

65 RVPIT IASONIA PVPPIS PAGASAEA RAPINA hic fabu-
15 lam Iasonis tangit, quae talis est: Athamas rex habuit
uxorem nomine Nubem. de qua habuit duos filios Phrixum
et Hellen. cum Nubes insania Liberi patris concitata
siluam peteret, ne repeteret larem mariti, filiis suis Athamas superduxit nouercam Ino. quae nouercali odio pueris
20 exitium machinans Matronas petiit, ut frumenta serenda
corrumperent. quo facto fames innata est. cum ad Apollinem consultum ciuitas misisset, Ino eum, qui missus
erat, corrupit, ut referret oraculo dictum Nubis filios
immolandos. nam et ipsa dixit eos frumenta incendisse.
25 pater timens populi inuidiam filios suos nouercae commisit arbitrio, sed occulte illis remedium dedit. nam
Phrixum mortis suae ignarum summisit, ut memoratum
adduceret arietem. qui Iunonis nutu admonitus, ut cum
sorore fugeret, confestim se cum ea morti subtraxit.
30 deinde cum arieti adhaerentes maria supernatarent, puella
in mare cecidit. qui locus ex ea Hellespontus dicitur.
Phrixus ad Colchos delatus arietem, quo uectus erat,
mactauit et eius uellus consecrauit Marti. quod draco

---

5 et L ‖ 6 Plisénis LM ‖ 17 Ellen L ellem M ‖ 20 fe-
renda M ‖ 21 facta M ‖ 22 eum] enim L ‖ 24 ipse L (om.
dixit . . . incendisse) ‖ 29 secure eam L secum ex M se cum
ea myth. I 23 ‖ 31 Ellespontus LM ‖ 33 consecrant L

custodiebat informis. ad quod auferendum Iason missus a Creonte est. qui cum ad Aeetem, Solis filium, Colchorum regem, uenisset — cui responsum fuerat tamdiu illum in regno manere posse, quamdiu in Martis templo illud

Lind. p. 434 uellus aureum | durare potuisset — potestatem uelleris ⁵ auferendi ita Iasoni permisit, ut tauros ignem naribus efflantes aratro iungeret et draconis dentes sereret. cumque Medeae, regis eiusdem filiae, amore atque artibus Iason cautus esset, uniuersa compleuit et dum armata manus ex ipsis sulcis creuisset, Medeae in se artibus ¹⁰ concitata mutuis est interempta uulneribus. tum rapto uellere fugit Iason. Pagasaea Argo a loco dicta, ubi facta est. Pagasus ciuitas Thessaliae. Lucanus ⟨II 715⟩: 'ut Pagasaea ratis'.

78 CAERVLEIS marinis.   RECTOR Neptunus.   ¹⁵

79 MVLCET consolatur.

84 SIGEO Troiano.

88 HECTOREO TARDAVIT PONDERE CVRRVS quia exstincto Hectore religauit ad currum suum Achilles corpus eius et traxit circa muros Troiae.   ²⁰

89 OPERA IRRITA MVROS hoc quidem habet fabula: Neptunus cum Apolline Troiae fabricauerunt muros a Laomedonte rogati. sed constat Laomedontem supra dictis diis certam uouisse pecuniam ad sacra facienda. quam post conditam Troiam dare noluit. ergo damnatum osten- ²⁵ dit, cum dicit muros Troianos opera irrita esse. et Virgilius in euersione Troiae ⟨Aen. II 610 sq.⟩: 'Neptunus muros magnoque emota tridenti fundamenta quatit'.

91 CREDIDERIS PEPERISSE IOVI cum Iuppiter uellet Thetidem ducere, fata prohibuerunt eo, quod proles, quae ³⁰

---

1 at **M** ‖ 2 Aeëtam **L** &em **M** ‖ 6 iason inmisit **M** ‖ 8 atque **M** aliisque **L** ‖ 12 Pegasea **LM** | ergo **L** g̊ (= ergo) argo (*om. a*) **M** ‖ 13 Pegasus **L** pegaseus **M** | thessalicę **M** ‖ 14 pegasea **LM** ‖ 18 TARDANT **L** | quando **L** ‖ 21 hoc quidem ... 'Neptunus muros *om.* **L** ‖ 25 dm̄ natū **M** ‖ 26 esse et] e&̄ **M** ‖ 28 s̄lam̄ta **M** ‖ 30 Thetiden **LM**

nasceretur, Iouem pelleret regno. Thetis nupsit Peleo, mortali homini. ergo dum quereretur apud Neptunum et timeret de morte Achillis, eo quod a patre esset mortalis, dicit Neptunus non timeri de eo, quia talis futurus esset, ut credatur deo genitus. ergo sic illam consolatur dicens: noli queri, quod de Peleo mortali sit genitus, quia crederis eum de Ioue peperisse.

93 CVM REDVCES DANAI NOCTVRNAQVE SIGNA CAPHEREVS hic historiam tangit. Palamedes septimo gradu a Belo originem trahens, ut Apollonius dicit, cum dilectum per Graeciam ageret, simulantem insaniam Vlixem duxit inuitum. cum ille iunctis dissimilis naturae animalibus salem sereret, filium ei Palamedes opposuit. quo uiso Vlixes aratra suspendit et ad bellum ductus habuit iustam causam doloris. postea cum Vlixes frumentatum missus ad Thraciam nihil aduexisset, a Palamede uehementer est increpitus. et cum diceret adeo non esse neglegentiam suam, ut ne ipse quidem, si pergeret, quicquam posset aduehere, profectus Palamedes infinita frumenta deuexit. qua inuidia Vlixes auctis inimicitiis fictam epistulam ad Palamedem Priami nomine, per quam agebat gratias proditionis et commemorabat certum auri pondus esse transmissum, dedit captiuo et eum in iti|nere iussit occidi. ᴸⁱⁿᵈ· ᵖ· ⁴³⁵ haec inuenta more militiae regi allata est et lecta principibus conuocatis. tunc Vlixes, cum se Palamedi adesse simularet, ait: si uerum est, in eius tentoriis aurum quaeratur. quo facto et inuento auro, quod ipse per noctem corruptis seruis absconderat, Palamedes lapidibus interemptus est. hunc autem constat fuisse prudentem. nam et tabulam ipse inuenit ad comprimendas otiosi seditiones exer-

---

2 quer&⌢ **M** ‖ 5 ergo si **M** | dicens *om.* L ‖ 6 querere(!) **LM** | mortale **M** ‖ 8 SIGNA CAPHEREVS *om.* L ‖ 9 Palamedis L ‖ 10 apollini⁹ **M** ‖ 11 (duxit *om.*) inuitus L ‖ 13 Vlisses L (*semper fere*) ‖ 14 aratra ... Vlixes *om.* **M** ‖ 16 est uehementer L ‖ 17 negligentiam L ‖ 18 ipsi **M** | si] sibi L | quidquam L ‖ 20 quia L | factam **M** | epistolam L eptam **M** ‖ 24 morte **M** | (et *om.*) electa **M** ‖ 28 ferris L ‖ 29 tabulas L

citus. huius pater mortem dolens Nauplius nomine reuertentibus Graecis post deletam Troiam tempestate laborantibus montem Caphereum ascendit et elata facula signum dedit uicini portus. qua re decepti sunt Graeci et per rimosos scopulos pertulere naufragia. ⁵

94 QVAEREMVS persequemur.

Lind. p. 436 96 PARABAT quae se parabat naues euertere Troianas.

98 HAEMONIAS Thessalicas.

101 CONVBIALIA quia ibi nupsit Peleo.

102 SPERCHIOS fluuius. ¹⁰

103 CIRCVIT VNDA quia illa amara erat rore maris.

104 ILLA NIHIL quia sollicita erat de filio sciens fata eius.

105 SOLLERS inquisitrix.   MAGISTRA quia nouit indulgere clementer. ¹⁵

107 ARCV fornicem describit.

111 STABVLA propter equum.   NEFANDIS FRATRIBVS illis, qui cum Lapithis in conuiuio pugnauerunt. unde Virgilius ⟨georg. II 455 sqq.⟩: 'ille furentis Centauros leto domuit, Rhoetumque Pholumque et magno Hylaeum ²⁰ Lapithis cratere minantem'.

112 HOMINVM sed ferarum.

115 TERGA pelles.

118 ALVMNO Achilli.

119 REDITVRVM Achillem.

120 OPPERIENS Chiron.   SERENAT illuminat.

122 NEREIS Thetis.

Lind. p. 437 126 OMNIA VISV quod ibi Achillem non uidebat.

134 TARTARA dicta uel, quod omnia illic turbata

---

1 napuli⁹ **M** | reuert. Graecis *om.* **L** ‖ 2 delatam **L** delictam *corr. in* delutam **M** | Troiani **L** ‖ 3 Capareum **L** ‖ 7 euertere naues **L** | troianos **M** ‖ 9 CONNVBIALIA **L** Conubia **M** | ibi] tibi **M** ‖ 11 *post* maris **L** *praebet*: de...., **M**: clemẽt *irrepsisse uidetur ex uersu 105* ‖ 12 sollicitata **L** ‖ 14 nouum **L** ‖ 16 descripsit **L** ‖ 18 illis *om.* **M** | pugnarunt **L** ‖ 19 furentis *om.* **LM** ‖ 21 Lapithis *om.* **L** ‖ 22 hominem **L** | ferarum *spectat ad u. 115* ‖ 29 illic *om.* **M**

sunt, ἀπὸ τῆς ταραχῆς aut, quod est melius, ἀπὸ τοῦ ταρταρίζειν id est a tremore frigoris. sole enim caret.   ET AD STYGIOS ITERVM FERO MERGERE FONTES Thetis cum cognouisset fata Achillis, timens de morte eius in Stygem paludem intinxit, et toto corpore inuulnerabilis fuit excepta parte, qua tentus est. qui cum amatam Polyxenam, ut in templo acciperet, statuisset, insidiis Paridis post simulacrum latentis occisus est. ipsam enim fabulam tangit.

136 CARPATHIVS VATES Proteus. Carpathus insula est iuxta Aegyptum, a qua uicinum pelagus Carpathium nominatum est. hic aliquando regnauit Proteus relicta Pallene, ciuitate Thessaliae, ad quam tamen reuersus est postea. unde Virgilius ⟨georg. IV 390 sq.⟩: 'patriamque reuisit Pallenen'. sacerdos enim fuit.

143 SENI Chironi.

156 PINVS CVM THESSALA quia Argo apud Thessaliae oppidum Pagasum facta est.

165 MATER INEST redditur similitudine.

167 GAVDIA FORMAE constat ex qualitate animi homines sumere uultum aut tristem aut hilarem. ut Iuuenalis ⟨IX 18 sqq.⟩: 'deprendas animi tormenta latentis in aegro corpore, deprendas et gaudia: sumit utrumque inde habitum facies'.

168 FETAM enixam.

172 VLNIS amplexibus.

175 PATROCLVS cum Achilles fureret aduersus Agamemnonem propter Briseida, noluit ad pugnam egredi aduersum Troianos. tunc rogatus, ut uel arma sua Patroclo daret, quae manu erant fabricata Vulcani, persuadente Vlixe concessit. egressusque Patroclus cum armis eius | suceptus ab Hectore occisus est, illaque arma abstulit Lind. p. 438

---

1 sint L s̄ M | apote taraches M | apotu tartazin M ‖ 2 id est om. M | timore M ‖ 3 FERRO L ‖ 4 agnouisset fatum L | Stygon L ‖ 12 thessalice M | tā M ‖ 14 Pallenem L ‖ 16 THESSALI L thessalia M | Thessalis L thessalice M ‖ 21 dep̄ndis M | aequo LM ‖ 25 VENIS L ‖ 27 Briseidam LM | egredi ad pugnam L | 28 aduersus L

Hector. unde Virgilius ⟨Aen. II 275⟩: 'qui redit exuuias indutus Achillis'. ideo ⟨u. 177⟩: 'aequali uisurus Pergama fato'.

180 EVROTAE Eurotas fluuius est Laconicae, qui ab Apolline suas educit laurus, quibus eius plenae sunt ripae. 5

CASTOR ANHELO errant, qui credunt Castorem Iouis filium. nam de Ioue et Leda Helena et Pollux nati sunt, qui immortales fuerunt. Castor autem Tyndarei filius fuit mortalis. cuius mortem Pollux suo interitu fraterna pietate redimebat. quod ideo fingitur, quia horum stellae 10 ita se habent, ut occidente una oriatur altera.

185 OBLECTAMINE ad laborum dulce lenimen.

187 POLLICE CHORDAS ... uel temperauit.

188 LIBENS securus.

189 SVPERARIT IVSSA NOVERCAE Eurystheus rex fuit 15 Graeciae, Persei genus. qui Iunonis instinctu imperabat Herculi, ut uaria monstra superaret, quibus posset perire. unde Virgilius ⟨georg. III 4⟩: 'quis aut Eurysthea durum'.

190 CRVDVM superbum.

191 POLLVX Iouis filius. 20

192 AEGIDES Theseus. MINOIA BRACCHIA TAVRI indicato a Sole adulterio Martis et Veneris Vulcanus minutissimis catenis lectulum cinxit. quibus Mars et Venus ignorantes impliciti sunt et cum ingenti turpitudine resoluti sub testimonio cunctorum deorum. quod factum 25 Venus uehementer dolens stirpem omnem Solis persequi infandis amoribus coepit. igitur Pasiphae, Solis filia, Minois regis Cretae uxor, tauri amore flagrauit et arte Daedali inclusa intra uaccam ligneam saeptam corio iuuencae

1 caedit L ‖ 2 Idem L ‖ 4 Eurota L | est *om.* L ‖ 5 edocet L educet M ‖ 7 et² *om.* L ‖ 8 inmortales M ‖ 12 ab L | leuamen L | *Horat. carm. I 32, 14 sq.*: o laborum dulce lenimen ‖ 13 *ante* uel *praeb.* ormizaum L ormizauit M harmonizauit? organizauit *Vollm.* | temperatum L temporauit M ‖ 15 SVPERAVIT L ‖ 16 per se igneus LM *cf. schol. Theb. VI 289* ‖ 18 qui L ‖ 21 Mineia M | BRACHIA LM ‖ 23 tectum L ‖ 24 soluti M ‖ 25 testimoniū conetoī M ‖ 26 stirpum L stipem M ‖ 27 pasiphe M

pulcherrimae cum tauro concubuit. unde natus est Mino-
taurus, qui intra Labyrinthum inclusus humanis carnibus
uescebatur. sed Minos de Pasiphae habuit plures liberos
Androgeum, Ariadnen, Phaedram. sed Androgeus cum
5 esset athleta fortissimus et superaret in agonibus cunctos,
apud Athenas ab Atheniensibus et uicinis Megarensibus
coniuratis occisus est. quod Minos dolens collectis nauibus
bella commouit et uictis Atheniensibus poenam hanc
statuit, ut singulis quibusque an'nis septem de filiis et Lind. p. 439
10 septem de filiabus suis edendos Minotauro mitterent. sed
tertio anno Aegei filius Theseus missus est, potens tam
uirtute quam forma. qui cum ab Ariadne, regis filia,
amatus fuisset, Daedali consilio filo iter rexit et necato
Minotauro cum rapta Ariadne uictor aufugit. de Mino-
15 tauro enim fabula est, quod taliter fuisset genitus. nam
Taurus notarius Minois fuit, quem Pasiphae amauit. cum
quo in domo Daedali concubuit. et quia geminos peperit,
unum de Minoe, alterum de Tauro, enixa esse dicitur
Minotaurum. quod Virgilius ipse dicit ⟨Aen. VI 25⟩:
20 'mixtumque genus prolesque biformis'.

193 TOROS conubium.

197 ASSVETAQVE PECTORA Chironis.

200 VOLVTAT cogitat. Lind. p. 440

203 CECROPIDAE Athenienses a rege Cecrope.

25 206 ATQVE HOSPITA DELOS GENTIBVS de hac insula
talis est fabula: post uitiatam Latonam Iuppiter etiam
eius sororem Asterien cum uitiare uellet, illa optauit a
diis, ut in auem conuerteretur, uersaque in coturnicem
est. et cum uellet maria transfretare, quod est coturni-
30 cum, afflata a Ioue et in lapidem conuersa diu sub fluctibus latuit, postea supplicante Ioui Latona leuata aquis

---

3 liberos plures L ‖ 4 Andrageum, Ariadnem L ‖ 7 coniuratis *om.* M ‖ 8 statuit hanc L ‖ 11 p&ens M ‖ 12 filio M
om. L ‖ 16 quā M ‖ 18 euixa L ‖ 19 minotaur&⌒ʹ M ‖ 20 p. b.
f. L p. b. l. f. M ‖ 21 connubium L ‖ 22 -QVE *om.* M ‖ 25 IN-
HOSPITA LM ‖ 26 latonem M ‖ 28 uerteretur L

superferri coepit. haec primo Neptuno et Doridi fuit consecrata. postea, cum Iuno grauidam Pythone immisso
Latonam persequeretur, terris omnibus expulsa tandem
aliquando applicante se litoribus sorore suscepta est et
illic Dianam primo, post Apollinem peperit, qui statim 5
occiso Pythone ultus est matris iniuriam. sane nata
Diana parturienti Apollinem matri dicitur praebuisse ob-
stetricis officium. unde Diana, quamuis uirgo sit, tamen
a parturientibus inuocatur. haec namque est Diana, Luna,
Proserpina. nata igitur duo numina terram sibi natalem 10
errare non passa sunt, sed 'eam duabus insulis religauerunt. ueritas uero longe alia est. nam haec insula cum
terrae motu laboraret — qui fit sub terris latentibus
uentis — oraculo Apollinis terrae motu caruit. nam praecepit, ne illic mortuus sepeliretur, et iussit quaedam sacri- 15
ficia fieri. postea a Mycono Gyaroque, uicinis insulis,
populi uenerunt, qui eam tenerent. unde dicit poeta:
'atque hospita Delos gentibus'. quod autem diximus Dianam primo natam, rationis est. nam constat primam
noctem fuisse, cuius instrumentum est luna id est Diana, 20
post diem, quem sol efficit, qui est Apollo. ut autem
Delos primo Ortygia diceretur, factum est a coturnice,
quae Graece ὄρτυξ uocatur. Delos autem, quia diu latuit
et post apparuit. nam δῆλον Graeci manifestum dicunt.

Lind. p. 441   220 THAVMANTIDA Iris Thaumantia dicta secundum 25
poetas, Thaumantis filia. ceterum ex admiratione hoc nomen accepit. quae admiratio de eius coloribus nascitur.
Iris dicta, quod nunquam ad conciliationem mittitur sicut
Mercurius, sed ad disturbationem, et est ministra non
tantum dearum, sed et deorum.   30

222 TETHYS uxor Oceani, Nympharum mater.

238 PHOLOE silua est Thessaliae dicta a Pholo Centauro, qui eam incolebat. qui Pholus tempore, quo ab

---

2 inmissu *corr. ex* inmissit **M** ‖ 4 littoribus **L** ‖ 7 ob-
stetrices **M** ‖ 9 Luna] Iuno **LM** ‖ 11 passae **L** ‖ 16 (a *om.*) Mi-
conoo **L** ‖ 20 id est] ut **L** ‖ 26 thamantis **M** ‖ 31 THETIS **LM**

Eurystheo rege Hercules missus est in Thraciam, ut Diomedis equos adduceret, qui humanis carnibus uescebantur,
eum hospitio recepit. aliqui dicunt, quod eum Hercules
occidit susceptus ab eo hospitio. Velius [Asper] Longus
5 Pholum tradit aduersum Centauros ab Hercule adiutum,
cum Herculem recepisset hospitio. Asper tradit Pholo,
dum sagittas Herculis stupet, qui tot Centauros occiderat,
unam ex illis in pedem cecidisse, cuius uulnere sanari
non potuit. ideo credunt nonnulli ab Hercule occisum.
10   239 SPERCHIVS fluuius, cui suas comas Achilles deuo-
uerat, si redisset. pater autem Narcissi fuit Sperchius.
   245 SCYRIA Scyros insula est.
   263 SI IVPPITER INDVIT ARTVS Iuppiter adamauit An- ^{Lind. p. 445}
tiopen, filiam Nyctei, speciosissimam puellam. cuius dum
15 pater suspectum haberet stuprum, eam custodiis manci-
pauit. puella ipsa cum adoleuisset, Dianae se consecrauit.
Iuppiter in habitum se uertit Dianae et puellam corrupit
ita, ut arcum et pharetram mentiretur.
   264 CAENEA Caenis uirgo fuit, quae a Neptuno pro
20 stupri praemio meruit sexus mutationem. fuit etiam inuulnerabilis. qui pugnando pro Lapithis contra Centauros
crebris ictibus fustium paulatim fixus in terra post mortem tamen in sexum rediit. unde Virgilius ⟨Aen. VI 449⟩:
'rursus et in ueterem fato reuoluta figuram'. hoc autem
25 dicto Virgilius ostendit Platonicum illud uel Aristotelicum
animas per μετεμψύχωσιν sexum plerumque mutare.
   269 STYGOS AMNE SEVERO ARMAVI TOTVMQVE VTINAM
Thetis cum sciret eo, quod a Peleo Achilles mortalis
esset, in Stygem paludem eum intinxit et toto corpore
30 impenetrabilem fecit excepta corporis parte, qua eum

---

   4 verius Asper et Longus *myth. I 61* ‖ 6 pholum **M** *om.*
L ‖ 8 pede occidisse **M** | cuius *om.* **L** ‖ 10 comae **L** ‖ 13 sic
LM | anthiopē **M** ‖ 14 nicti **M** ‖ 15 custos **L** ‖ 23 unde . . .
animas per μετεμ- *om.* **L** ‖ 26 m&emsichosin **M** Sichosin **L** ‖
27 stygis **L** | TOTVMQVE VTINAM *om.* **L** ‖ 28 eo *delendum puto* ‖
29 eum *om.* **L** ‖ 30 inpen&rabilē **M**

tenuerat. pro nefas! nouum genus calamitatis! ibi mortis
locum reliquit, ubi eum est mater amplexa.

273 COGNATA quasi Nerei.

274 CHIRON Saturni et Pelopae filius.

275 GENITOR Peleus.

276 NVTRITOR Chiron.

Lind. p. 443 304 SED FAX VIBRATA MEDVLLIS Virgilius ⟨Aen. VIII
389 sq.⟩: 'accepit solitam flammam, notusque medullas
intrauit calor et labefacta per ossa cucurrit'.

308 EBVR CORRVMPITVR OSTRO Virgilius ⟨Aen. XII
67 sq.⟩: 'Indum sanguineo ueluti uiolauerit ostro si
quis ebur'.

Lind. p. 444 323 PROTERVOS superbos.

328 DOMAT componit.

329 DILECTA tractata.

330 LIMBO limbus dicitur fascia, quae ambit in extremitate uestium secundum antiquum ritum. Virgilius
⟨Aen. V 250 sq.⟩: 'uictori chlamydem auratam, quam plurima circum purpura'.

Lind. p. 445 353 AMAZONIO Amazones dictae sunt, uel quod simul
niuant sine uiris quasi ἅμα ζῶσαι, uel quod unam mam-
mam exustam habent quasi ἄνευ μαζοῦ.

Lind. p. 446 372 IDALIAE VOLVCRES columbae, quae sunt Veneri
consecratae.

387 CRETA RHEAE haec fabula est: Saturnus postquam a Themíde oraculo comperit a filio regno se posse
depelli, natos ex Rhea uxore deuorabat. quae natum
Iouem pulchritudine delectata Nymphis commendauit in
monte Cretae Dictaeo, ubi eum aluerunt apes. et adhibiti
sunt Curetes et Corybantes, qui tinnitu aeris prohiberent

2 mater est L ‖ 3 nereis M ‖ 4 Pelopes L *legendum est*
Philyrae (*cf. myth. I 103 et II 62*) ‖ 8 notasque L ‖ 11 Lu-
dum L ‖ 13 SVPERBOS proteruos L ‖ 14 componit⌄ M ‖ 15 TRAC-
TATA dilecta LM ‖ 16 *cf. schol. Theb. VI 345 (367)* | quae ad
extremitatem uestram L ‖ 18 Victor L ‖ 20 ΑΜΑΖΟ℺ΣΑΙ M ‖
21 quod simul unam L ‖ 22 ΑΝΕΤ ΜΑΖΙΣΙ M ‖ 25 CRETA RHEAE]
Nationis (= nati Iouis) M ‖ 27 ex crea M ‖ 30 qđ hinnitu M

audiri pueri uagitum. unde ipsi sunt Matris deum ministri.
ut autem fingatur Saturnus filios suos comesse, haec ratio
est, quia dicitur deus esse aeternitatis et saeculorum.
saecula autem annos ex se natos in se reuoluunt. unde
5 Graece *Κρόνιος* quasi *χρόνος* id est tempus dicitur. ergo
quo more tacebat Creta Rheae, id est: quia illis
Creta Iouis nutritus est, ne a Saturno patre occideretur,
sic tu, o Scyros, commendatum tibi Achillem absconde.

388 DELO Delos et ciuitas dicitur et insula. unde
0 interdum recipit praepositionem. Delos autem dicta est,
quia, cum ubique Apollinis responsa obscura sint, manifesta illic dantur oracula. nam *δῆλον* Graeci manifestum
dicunt.

390 CYCLADAS Cyclades non ideo dictae sunt, quia
5 in rotunditate sunt, eo quod Graeci *κύκλον* rotundum
uocant, sed quod longo ordine eas circumire necesse est
propter promunturia periculosa.

393 THIASI thiasos saltationes, choreas Liberi id est
Liberalia.

20 397 INTEREA MERITOS VLTRIX originem belli Troiani
taliter historia refert: Herculem, cum Colchos iret perdito
Hyla, post peragratam Mysiam nauibus Troiam uenisse.
a cuius portu cum eum Laomedon arceret, occisus est, et
eius filia Hesiona belli iure sublata comiti Telamoni tra-
25 dita est, qui primus ascenderat murum. unde natus est
Teucer. nam Aiacem ex alia constat esse natum. tunc
Hercules Priamum quoque redemptum a uicinis hostibus
in paterno regno locauit. unde et Priamus dictus est *ἀπὸ*

---

4 inde L ‖ 5 ΚΡΟΝΟC q̄ ΚΡΟΝΟC M ‖ 6 illic? ‖ 7 Cretae?
certa L cerua *anonym. Heidelb.* ‖ 8 si tuos cyros M ‖ 10 niti-
dum L interduro M ‖ 11 utique L | responsa *om.* M | sit L ‖
12 illis dentur L ‖ 15 in rotunditatem L | cyclon M ‖ 17 propter
om. M | promontoria L promunctoria M ‖ 18 THIASOS (*om.*
THIASI) L ‖ 20 INTEREA MERITOS VLTRIX *inserui, ne lemma deesset* |
Thebani LM Troiani Lo ‖ 24 filiam M | comite lamotii L ‖
25 unde] unus M ‖ 27 redemptus L ‖ 28 patrio L | (*om.* et) est
Priamus dictus L | Αριοτογπιαce aud emi M

τοῦ πρίασθαι id est emere. ceterum quae de liberata dicuntur Hesiona, constat esse fabulosa. postea cum creuisset, Priamus uolens repetere sororem profectus est cum legatis Salamina, ubi constabat eam regnare. et minime eam repetere ualuerunt Graecis dicentibus eam habere 5 iure bellorum. unde commotus Priamus misit Paridem cum exercitu, ut aliquid tale abduceret aut uxorem regis aut filiam. qui cum ambulasset, sollicitauit Helenam, Menelai uxorem. quae cum ei consentire noluisset, egressus est ille et ciuitatem obsedit. qua euersa Helenam rapuit. 10 unde et postea a marito recipi meruit.

Lind. p. 448   404 FOEDVS quod dicit foedus, historiam tangit, quae refert, quod Troiani cum Graecis foedus habuerint, unde etiam Paris amicabiliter est susceptus hospitio et sic commisit adulterium. 15

Lind. p. 451   444 CLASSIS classis dicitur uel quod fiat de fustibus. 'calas' enim dicebant maiores nostri fustes, quos portabant serui sequentes dominos ad proelium. unde etiam 'calones' dicebantur. nam consuetudo erat militis Romani, ut ipse sibi arma portaret, ipse uallum. uallum autem 20 dicebant calam sicut Lucilius: 'scinde calam, ut caleas', id est: o puer, frange fustes et fac focum. inde ergo classem dictam dicunt. alii magis hinc classem dictam uolunt: apud maiores nostros stipendium proelio terrestri miles pedester dabat. equites uero dabant in nauali 25 certamine: nam adhuc populus pauper fuerat. exinde etiam, quod ab equitibus dabatur stipendium, tractum est, ut diceretur classis. proprie enim classes equitum dicimus.

     447 AVLIS insula est, in qua coniurarunt Graeci se 30 non ante reuersuros, quam Troia caperetur.

---

1 emeie L ‖ 2 excreuisset L ‖ 5 se *addere nolui* ‖ 6 unus M ‖ 8 dum LM ‖ 9 qui M ‖ 11 *recipit L ‖ 17 calos L cales M ‖ 20 ipse²] et calo *coni.* L. *Mueller.* ‖ 21 *Lachmann.* p. 91 ‖ 22 o *om.* L | strange M ‖ 23 ductam M ‖ 27 iam L quo M | ab *om.* L ‖ 28 classes *om. superscr.* M | classes M classis L

469 TYDIDES Diomedes, Tydei et Deipyles filius. STHENELVS Capanei et Euadnes.

472 VLIXES Laertae et Anticliae filius. alii dicunt Sisyphi et Anticliae filium, quae ante nuptias cum Si-
5 sypho, Aeoli filio, concubuit, unde Vlixes natus est. hoc et in Ouidio Aiax obiecit.

480 STYGIOS AMNES Styx palus est quaedam apud inferos, de qua legimus ⟨Aen. VI 324⟩: 'di cuius iurare timent et fallere numen'. quod secundum fabulas ideo
10 est, quia dicitur Victoria, Stygis filia, bello Gigantum Ioui fauisse. pro cuius rei remuneratione Iuppiter tribuit, ut dii iurantes per eius matrem non audeant fallere. ratio autem haec est: Styx maerorem significat. ἀπὸ τοῦ στυγεροῦ id est a tristitia Styx dicta. dii autem laeti sunt semper.
15 inde etiam immortales, quia ἄφθαρτοι καὶ μακάριοι. ergo quia maerorem non sentiunt, iurant per rem suae naturae contrariam id est tristitiam, quae aeternitati contraria. in qua Thetis Achillem mersit eius mortem timens eo, quod natus mortali patre esset, et totum impenetrabilem
20 fecit excepta corporis parte, per quam eum tenuit. ubi postea a Paride percussus est.

543 FECVNDVM callidum. Virgilius ⟨Aen. VII 338⟩: Lind. p. 454 'fecundum concute pectus'.

546 SIC DEVS optantis est. Virgilius ⟨Aen. X 875⟩:
25 'sic pater ille deum faciat, sic altus Apollo!'

593 AGENOREI BACCHI Thebani, quod illic colitur eximie, quia ibi natus est. Agenor autem rex Phoenices fuit. de quo natus est Cadmus, qui Thebas condidit. nota fabula est. et imitatur hoc loco Virgilium, qui

---

1 TYDIDES *om.* M | Deiphiles L deiphilę M ‖ 2 Eractnes L ‖ 3 Lertae L lerte M | Antiochae L ‖ 5 Cocli L | et] ei? ‖ 6 (in *om.*) auidio M | *met. XIII 31 sqq.* ‖ 8 iuuare L ‖ 12 dii] olim M | auderent L ‖ 13 ē *om. ante* hęc *inser.* M | memorem L | ΛπυτοΥcιτεΡΟΥ M ‖ 14 di L ‖ 15 inmortales M | αφ/////άρτυι κΛιμΛκΛΡΙΟΙ M ‖ 17 id ... contraria *om.* L ‖ 19 mortale LM ‖ 21 a *om.* M ‖ 23 concurra L ‖ 25 faueat L ‖ 26 bachi M ‖ 27 quia & ibi M | est *om.* M | autem *om.* M ‖ 29 est *om.* M | uirgilius M

ubicumque lucum ponit, sequitur eam consecratio. ut ⟨Aen.
IX 3 sq.⟩: 'luco tum forte parentis Pilumni Turnus sacrata
ualle sedebat'. lucus autem dicitur, quod non luceat,
non quod sint ibi lumina causa religionis, ut quidam
uolunt.   5

599 DVCTOR Lycomedes.

Lind. p. 455   628 SPERCHIE fluuius Thessaliae, ubi Achilles apud
Chironem nutritus est.

629 PROMISSASQVE COMAS consuetudo enim erat apud
antiquos, ut quis, prout libitum erat, diuersis deabus uel 10
fluminibus crinem aut barbam suam uoueret.

634 THYRSIS hasta pampinea.

Lind. p. 459   718 ILLI SVBRIDENS ITHACVS pro Ithacesius. principale pro deriuatiuo ponitur.

Lind. p. 461   763 EXTEMPLO ilico, mox. et est augurum sermo. 15
templum enim dicitur locus manu designatus in aere.
post quem factum ilico captantur auguria.

Lind. p. 461   951 TROIA regio est Asiae, Ilium ciuitas Troiae. plerumque tamen confundunt poetae et pro ciuitate uel
regione uel prouincia ponunt. ut Iuuenalis ⟨X 266⟩: 'et 20
flammis Asiam ferroque cadentem'.

---

1 ubicumque cum lucum **L** | lucum *om.* **M** ‖ 2 sacrabat **M** ‖
3 lucanus **M** ‖ 6 Auctor **LM** ‖ 7 per sius **M** ‖ 9 enim *om.*
M ‖ 11 uouere. ut **M** ‖ 13 ILLI SVBRIDENS *om.* **M** | ithacensius
M ‖ 14 ponitur *om.* **L** ‖ 15 illico **L** | et *om.* **L** ‖ 16 designa-
tur **M** ‖ 20 prouinciam **M**

Tabula locorum,

quibus commentarii cum Mythographis Vaticanis
aliquatenus consentiunt.

Theb. I   5: Myth. II 77; I 149.
„ I   7:   „   II 77.
„ I 10:   „   II 74, 77.
„ I 11:   „   II 83, 78; III 12, 5.
„ I 12:   „   II 79; I 120.
„ I 33:   „   II 43.
„ I 66:   „   II 143; I 169.
„ I 98:   „   II 114.
„ I 106:   „   I 170.
„ I 168:   „   II 83.
„ I 173:   „   I 189.
„ I 179:   „   I 150, 151, 204; II 78.
„ I 214:   „   II 13; I 27.
„ I 221:   „   II 57; I 118; III 8, 14.
„ I 230:   „   I 12; II 102; III 6, 21.
„ I 252:   „   II 8.
„ I 254:   „   I 18; II 89; III 9, 3.
„ I 255:   „   II 110, 111; I 157; III 3,5.
„ I 258:   „   I 105; III 3, 1 et 2.
„ I 265:   „   II 90, 91; III 7, 4.
„ I 271:   „   II 173; I 166.

Theb. I 274: Myth. II 146; I 21.
„ I 275:   „   II 151; I 61.
(„ I 278:   „   II 198; I 184; III 15, 11.)
„ I 282:   „   I 80, 198.
„ I 304 sq. „   III 9, 5.
„ I 324:   „   II 108.
„ I 325:   „   II 147.
„ I 333:   „   II 127 (I 167); II 123.
„ I 355:   „   II 160.
„ I 384:   „   II 163; I 62; III 13, 4.
„ I 476:   „   II 133; I 48; II 205; I 209.
„ I 477:   „   III 6, 23; II 12; I 209.
„ I 485:   „   II 160.
„ I 509:   „   III 8, 5.
„ I 548 cf. Theb. I 278.
„ I 554: Myth. II 23; I 116; III 8, 4.
„ I 570:   „   I 168.
„ I 704:   „   III 8, 4; II 19.
„ I 710:   „   II 104; I 13.
„ I 711:   „   I 156; II 71.
„ I 713:   „   II 128; I 205.
„ I 717:   „   II 19.
„ II   4:   „   I 183; II 51.

Theb.II	29:	Myth.	I 57; II 11, 149;III 6,22.	Theb.IV 103:	Myth.II 144;I 198.	
,,	II 95:	,,	II 84.	,, IV 106:	,,	II 165.
,,	II 165:	,,	II 165; I 58.	,, IV 160:	,,	II 160;I 52.
,,	II 166:	,,	II 146; I 21, 234.	,, IV 223:	,,	II 181; I 117.
,,	II 220 cf. Theb. I 255.			,, IV 224:	,,	II 188.
,,	II 222:	Myth.	I 134;II 103.	,, IV 225:	,,	II 27.
,,	II 272:	,,	I 151.	,, IV 226:	,,	II 33; I 175.
,,	II 274:	,,	II 185.	,, IV 254:	,,	II 50.
,,	II 280:	,,	II 161; I 38.	,, IV 275:	,,	III 1,11(10).
,,	II 281:	,,	I 23; II 132, 136;III15,1.	,, IV 276:	,,	III 1, 10.
,,	II 286:	,,	I 132; II 36; III 11, 2.	,, IV 306:	,,	I 22;II 147.
				,, IV 309:	,,	I 174.
,,	II 380:	,,	II 105.	,, IV 460:	,,	II 177,178; I 6;III 6,28.
,,	II 382:	,,	II 123; I 3; II 96; I 8.	,, IV 463:	,,	III 6, 32.
,,	II 433:	,,	I 45; II 200.	,, IV 482:	,,	II 41.
,,	II 481:	,,	I 146;II 144.	,, IV 530:	,,	I 172.
,,	II 563:	,,	I 162;II 108.	,, IV 539:	,,	II 106.
,,	II 617:	,,	I 164.	,, IV 550:	,,	I 15;II 211.
,,	III 27:	,,	I 32;II 129; III 15, 8.	,, IV 570:	,,	I 97; II 74.
				,, IV 589:	,,	I 71;II 131.
,,	III 98:	,,	III 9, 12.	,, IV 655:	,,	I 19; II 61; III 15, 6.
,,	III 191:	,,	I 156.			
,,	III 274:	,,	II 78; I 151.	,, IV 658:	,,	II 98; I 31.
,,	III 288:	,,	II 219; I 75; III 11, 3.	,, IV 721:	,,	II 141; I 133.
,,	III 290:	,,	II 78.	,, IV 737:	,,	II 75.
,,	III 353:	,,	II 140; I 93.	,, IV 784:	,,	II 16.
,,	III 453:	,,	II 68; I 85.	,, IV 795:	,,	II 17; I 37.
,,	III 476:	,,	II 80; I 121.	,, V 29:	,,	I 133; II 141.
,,	III 506:	,,	II 22; I 115.			
,,	III 507:	,,	II 39.	,, V 59:	,,	II 121; III 11, 6.
,,	III 511:	,,	II 100; I 7.			
,,	III 516:	,,	II 135; I 24.	,, V 261:	,,	II 108.
,,	III 521:	,,	II 86;II 224; I 194.	,, V 263:	,,	II 162.
				,, V 335 cf. Theb. III 516.		
,,	III 560:	,,	II 73; I 189.	,, V 347: Myth.II 93.		
,,	III 685:	,,	II 58, 59.	,, V 431:	,,	I 47;II 120.
,,	IV 43:	,,	II 119; III 5, 4.	,, V 484:	,,	II 128. (Theb. VI 353)
,,	IV 59:	,,	II 79.	,, V 448:	,,	I 49;II 199.
,,	IV 61:	,,	II 112;I 130; III 14, 3.	,, V 475:	,,	II 134.
				,, V 533:	,,	I 37; II 17; III 8, 3.

Index nominum et rerum memorabilium.

(Numeris indicantur paginae.)

ADDENDA ET CORRIGENDA.

LaVergne, TN USA
09 May 2010
182008LV00003B/36/P